Arbeit 4.0 im Mittelstand

Christian K. Bosse · Klaus J. Zink
Hrsg.

Arbeit 4.0 im Mittelstand

Chancen und Herausforderungen des
digitalen Wandels für KMU

Hrsg.
Christian K. Bosse
Institut für Technologie und Arbeit e.V.
TU Kaiserslautern
Kaiserslautern, Deutschland

Klaus J. Zink
Institut für Technologie und Arbeit e.V.
TU Kaiserslautern
Kaiserslautern, Deutschland

ISBN 978-3-662-59473-5   ISBN 978-3-662-59474-2 (eBook)
https://doi.org/10.1007/978-3-662-59474-2

Die Deutsche Nationalbibliothek verzeichnet diese Publikation in der Deutschen Nationalbibliografie; detaillierte bibliografische Daten sind im Internet über http://dnb.d-nb.de abrufbar.

Springer Gabler
© Springer-Verlag GmbH Deutschland, ein Teil von Springer Nature 2019
Das Werk einschließlich aller seiner Teile ist urheberrechtlich geschützt. Jede Verwertung, die nicht ausdrücklich vom Urheberrechtsgesetz zugelassen ist, bedarf der vorherigen Zustimmung des Verlags. Das gilt insbesondere für Vervielfältigungen, Bearbeitungen, Übersetzungen, Mikroverfilmungen und die Einspeicherung und Verarbeitung in elektronischen Systemen.
Die Wiedergabe von allgemein beschreibenden Bezeichnungen, Marken, Unternehmensnamen etc. in diesem Werk bedeutet nicht, dass diese frei durch jedermann benutzt werden dürfen. Die Berechtigung zur Benutzung unterliegt, auch ohne gesonderten Hinweis hierzu, den Regeln des Markenrechts. Die Rechte des jeweiligen Zeicheninhabers sind zu beachten.
Der Verlag, die Autoren und die Herausgeber gehen davon aus, dass die Angaben und Informationen in diesem Werk zum Zeitpunkt der Veröffentlichung vollständig und korrekt sind. Weder der Verlag, noch die Autoren oder die Herausgeber übernehmen, ausdrücklich oder implizit, Gewähr für den Inhalt des Werkes, etwaige Fehler oder Äußerungen. Der Verlag bleibt im Hinblick auf geografische Zuordnungen und Gebietsbezeichnungen in veröffentlichten Karten und Institutionsadressen neutral.

Springer Gabler ist ein Imprint der eingetragenen Gesellschaft Springer-Verlag GmbH, DE und ist ein Teil von Springer Nature.
Die Anschrift der Gesellschaft ist: Heidelberger Platz 3, 14197 Berlin, Germany

Vorwort

Digitalisierung und ihre Auswirkungen auf die Arbeitswelt sind ein großes Thema, das sowohl viele Chancen für Unternehmen eröffnet, sie aber gleichzeitig auch vor große Herausforderungen stellt. Insbesondere in mittelständischen Unternehmen ist die Ungewissheit groß, welche Veränderungen auf sie zukommen, welche Relevanz die verschiedenen Aspekte im Unternehmenskontext entwickeln und – noch viel wichtiger – wie der Wandel angegangen und bewältigt werden kann.

Während große Unternehmen die digitale Transformation mit Projektgruppen, entsprechenden finanziellen Mitteln und personellen Kapazitäten angehen können, stehen insbesondere mittelständische Unternehmen vor teilweise existenziellen Entscheidungen. Beispielsweise kann für einen kleinen Betrieb mit unter 50 Mitarbeitern die Investition in eine neue Branchensoftwarelösung ein gewagter Schritt sein, selbst wenn dadurch die internen Prozesse deutlich vereinfacht und die Mitarbeiter in ihrer Tätigkeit unterstützt werden. Gegenüber hohen Anschaffungs- und Einführungskosten ist es oftmals die vorab schlecht abschätzbare Rentabilität der digitalen Lösung, die Geschäftsführer und Unternehmensinhaber vor einer Investition zurückschrecken lässt. Aber auch eine fehlende Übersicht, mangelnde Fachkenntnisse und unbekannte Auswirkungen auf das organisationale, technologische und soziale Gefüge im Unternehmen sind hemmende Faktoren für die Digitalisierung im Mittelstand.

Um mittelständischen Unternehmen eine Auswahl an Lösungsansätzen für verschiedene Herausforderungen der digitalen Transformation aufzuzeigen, entwickelte sich im Rahmen des Arbeitskreises „Arbeit 4.0" des bundesweiten Netzwerks der Mittelstand 4.0-Kompetenzzentren und -agenturen die Idee zu diesem Buch. Diese Kompetenzzentren und Agenturen werden im Rahmen der Förderinitiative „Mittelstand Digital" des Bundesministeriums für Wirtschaft und Energie (BMWi) gefördert. Ziel des Netzwerkes ist es, kleine und mittlere Unternehmen (KMU) für den digitalen Wandel zu sensibilisieren, über die Chancen und Herausforderungen zu informieren sowie einen Zugang zu Expertenwissen, Demonstrationszentren und praktischen Beispielen zu ermöglichen.

Anknüpfend an die Aktivitäten des Arbeitskreises entstand dieses Buch, das verschiedene Herausforderungen und Problemstellungen, die sich im Kontext des digitalen Wandels der Arbeit in den Unternehmen ergeben, ebenso wie praxiserprobte Lösungsansätze in den Fokus stellt. Es führt die vielfältigen Umsetzungsprojekte und Konzepte aus den verschiedenen Kompetenzzentren und Agenturen in einer praxisorientierten Publikation zusammen. Darüber hinaus werden weitere Lösungsansätze aus verschiedenen Forschungsprojekten vorgestellt, die unter anderem durch das Bundesministerium für Bildung und Forschung (BMBF) gefördert werden. Ergänzend werden auch spezifische Rahmenbedingen – wie zum Beispiel rechtliche Aspekte – betrachtet, die im Kontext der Digitalisierung der Arbeit für die unternehmerische Praxis relevant sind.

In Zusammenhang mit der Erstellung dieses Buches gilt unser Dank zunächst den Autorinnen und Autoren der Beiträge sowie Herrn M.A. Ralf Klinkowski vom Mittelstand 4.0-Kompetenzzentrum Ilmenau, der als Leiter der Arbeitsgruppe „Arbeit 4.0" der Mittelstand 4.0-Kompetenzzentren die Idee zu dem Buchprojekt durch die Arbeitskreistreffen mitgetragen und unterstützt hat. Ebenso danken wir dem Springer Verlag, vertreten durch Christine Sheppard und Janina Tschech, für die Übernahme und Begleitung dieser Publikation. Wir sind auch Frau M.Sc. Stephanie Dupont und Frau Dr. Viola Hellge zu Dank verpflichtet, die neben der Erstellung eigener Beiträge insbesondere bei der Bearbeitung der eingereichten Beiträge mitgewirkt haben, sowie Herrn Dominik Kaus für die Unterstützung bei der formellen Aufbereitung des Manuskripts.

Kaiserslautern, im Januar 2019

Prof. Dr. Klaus J. Zink
Christian K. Bosse

Aus Gründen der besseren Lesbarkeit verwenden wir in diesem Buch überwiegend das generische Maskulinum. Dies impliziert immer beide Formen, schließt also die weibliche Form mit ein.

Inhaltsverzeichnis

1 Arbeit 4.0 im Mittelstand 1
Klaus J. Zink und Christian K. Bosse
1.1 Bedeutung und Entwicklung des Begriffs „Arbeit 4.0". 2
1.2 Auswirkungen auf den Mittelstand 6
1.3 Förderung und Unterstützung des deutschen Mittelstands 8
1.4 Zusammenfassung 9
Literatur 9

2 Digitalisierung im Mittelstand erfolgreich gestalten 13
Christian K. Bosse, Viola Hellge, Delia Schröder und Stephanie Dupont
2.1 Herausforderung der digitalen Transformation 14
2.2 Digitalisierung als Gestaltungsaufgabe: der digitale
    Transformationsprozess 16
2.3 Qualifizierung 21
2.4 Digitalisierungsstrategie 25
2.5 Partizipation 28
2.6 Führung 29
2.7 Fazit 31
Literatur 32

3 Rechtliche Herausforderungen in der Arbeitswelt 4.0 im Mittelstand anhand von zwei Beispielen 35
Dagmar Gesmann-Nuissl
3.1 Rechtliche Aspekte der Arbeitswelt 4.0 im Mittelstand 36
3.2 Flexibilisierung von Arbeitszeit und -ort 36
    3.2.1 Arbeitszeitrechtliche Aspekte 37
    3.2.2 Arbeitssicherheitsrechtliche Aspekte 42

3.3 Kollaboration mit cyber-physischen Systemen oder Robotern 46
    3.3.1 Arbeits- und Gesundheitsschutz 46
    3.3.2 Datenschutzrechtliche Aspekte 47
    3.3.3 Haftungsrechtliche Aspekte 50
3.4 Abschließende Zusammenfassung 51
Literatur 52

4 Demografiefestigkeit 4.0 – Chancen des digitalen Wandels zur Förderung von Beschäftigungsfähigkeit und Arbeitgeberattraktivität nutzen 55
Frank Eierdanz, Esther Herzog-Buchholz, Ellen Sieling und Klaus Schick
4.1 Herausforderungen des Demografischen Wandels für kleine und mittlere Unternehmen 56
4.2 Aspekte der Digitalisierung als Erweiterung des Konstrukts „Demografiefestigkeit" 58
4.3 Benchmarking der Demografiefestigkeit 61
4.4 Chancen der Digitalisierung nutzen – Beispiele Guter Praxis aus kleinen und mittleren Unternehmen in Rheinland-Pfalz 66
Literatur 68

5 Sind unsere Mitarbeiter für einen Einsatz in der digitalen Fabrik richtig qualifiziert? Ermittlung zukünftiger Mitarbeiteranforderungen in der Smart Factory 71
Susanne Vernim, Svenja Korder und Barbara Tropschuh
5.1 Veränderungen im Produktionsumfeld 72
5.2 Analyse von Mitarbeiteranforderungen in der Smart Factory 76
5.3 Fazit – Was ändert sich dadurch für das Unternehmen? 88
Literatur 89

6 Lebenslanges Lernen in der Digitalisierung – Veränderung als Teil der DNA eines Unternehmens 91
Pia Sue Helferich und Thomas Pleil
6.1 Digitalisierung – Ein Schnelldurchlauf 92
6.2 Ständige Veränderungen – Eine Herausforderungen für Unternehmen... 93
6.3 Lebenslanges Lernen im Unternehmen – mehr als nur Seminare 94
    6.3.1 Kompetenzen für das lebenslange Lernen in der Digitalisierung ... 96
6.4 Wie können Unternehmen lebenslanges informelles Lernen der Mitarbeiter unterstützen? 97
6.5 Umsetzungsempfehlungen und Fazit 99
Literatur 102

7 Befähigung und Begleitung unternehmensinterner Change Enabler als Wegbereiter und Triebfedern der Digitalisierung 105
Christina Meisterjahn, Christina Krins und Jonas M. Koch

- 7.1 Einführung 106
- 7.2 Change 4.0 – Change Management im digitalen Wandel 107
- 7.3 Hintergründe des Change-Enabler-Konzeptes 108
  - 7.3.1 Digitalisierung aus der soziotechnischen Perspektive 108
  - 7.3.2 Systemisches Change Management 110
  - 7.3.3 Systemische Beratungsansätze als Ausgangspunkt 110
  - 7.3.4 Die 3W-Basis als systemisches Grundkonzept 111
  - 7.3.5 Vom Change Agent zum systemischen Change Enabler 113
- 7.4 Die Qualifizierung zum Change Enabler 113
  - 7.4.1 Zielsetzungen des Change-Enabler-Konzepts 113
  - 7.4.2 Auswahl und Kompetenzen von Change Enablern 114
  - 7.4.3 Aufbau und Organisation der Change Enabler-Workshopreihe 114
  - 7.4.4 Workshop-Inhalte 115
- 7.5 Fazit 117
- Literatur 118

8 Strategische Potentiale der Digitalisierung für Unternehmen und Mitarbeiter identifizieren und nutzen 121
Michael Schneider, Delia Schröder, Florian Mohr und Tobias Thielen

- 8.1 Herausforderung annehmen: planvoller Einstieg in die Digitalisierung bei der Günter Effgen GmbH 122
  - 8.1.1 Die Günter Effgen GmbH 122
  - 8.1.2 Der Readiness-Check Digitalisierung 123
- 8.2 Informationen teilen und Mitarbeiter einbinden: Kommunikation und Partizipation von Anfang an 124
  - 8.2.1 Die Mitarbeiterversammlung 125
  - 8.2.2 Weitere Kommunikationskanäle 127
- 8.3 Grundlagen schaffen – Digitalisierung in der Strategiearbeit 128
- 8.4 Am Ball bleiben – erste Umsetzungsprojekte und Kontinuität in der Umsetzung der Strategie 131
- 8.5 Fazit 132
- Literatur 132

9 Personal digital – Wie ein KMU in einer kaum digitalisierten Branche eine digitale Strategie entwickelt und Möglichkeiten der Digitalisierung für sich nutzt ... 135
Katharina Hölzle, Fabian Gerhardt, Nelly Kalischewski, Sophie Petzolt und Oliver Kullik
- 9.1 Einleitung ... 136
- 9.2 Die Hürden meistern – ein Best Practice Beispiel ... 138
  - 9.2.1 In einer konservativen Branche den ersten Schritt wagen – Die ImmoVex Estate GmbH ... 139
  - 9.2.2 Ausarbeitung einer digitalen Strategie ... 141
  - 9.2.3 Prozesse optimieren ... 144
  - 9.2.4 Widerstände und Ängste bei Mitarbeitern abbauen ... 146
  - 9.2.5 Digitale Weiterbildung ... 148
  - 9.2.6 Zusammenfassung ... 149
- 9.3 Übertragbarkeit des Beispiels und Fazit ... 149
- Literatur ... 151

10 Einsatz einer Industrie 4.0-Potenzialanalyse zur methodischen und strukturierten Identifikation von Digitalisierungsmöglichkeiten ... 153
Marc Münnich, Marian Süße, Dimitri Bolev und Tino Langer
- 10.1 „Industrie 4.0" – Schlagwort und Herausforderung für KMU ... 154
- 10.2 Potenziale im eigenen Betrieb identifizieren und ausschöpfen ... 154
- 10.3 Veränderung der Wertschöpfung durch Digitalisierung ... 156
- 10.4 Analyse des digitalen Reifegrades von Unternehmen ... 157
  - 10.4.1 Die Phasen der I4.0-Potenzialanalyse ... 158
  - 10.4.2 Entwicklung eines digitalen Plattform-Geschäftsmodells ... 168
- 10.5 Fazit ... 172
- Literatur ... 173

11 Partizipation von Beschäftigten in der Gestaltung einer digitalisierten Arbeitswelt 4.0 mittels einer Canvas-Methode ... 177
Holger Fischer, Florian Rittmeier, Thim Strothmann und Nina Schwenniger
- 11.1 Einführung ... 178
- 11.2 Grundlagen ... 179
- 11.3 Canvas-Methode für digitale Assistenzsysteme ... 182
  - 11.3.1 Bestehende Canvas-Methoden ... 183
  - 11.3.2 Beobachtungen innerhalb von Praxisprojekten ... 184
  - 11.3.3 Ziele ... 186
  - 11.3.4 Die Canvas-Struktur ... 188
  - 11.3.5 Verwendung des Canvas ... 190
- 11.4 Der Canvas im Praxiseinsatz ... 192
- 11.5 Fazit ... 193
- Literatur ... 193

12 Arbeitsplatzplanung mit Augmented Reality und ein Dienstleistungssystem im Konformitätsmanagement als Anwendungsszenarien in der industriellen Praxis ... 197
Michael Bansmann, Marc Foullois, Lars Wöste, Dominik Bentler, Agnieszka Paruzel, Lisa Mlekus, Sascha Jenderny, Roman Dumitrescu und Günter W. Maier

- 12.1 Die Digitalisierung der Arbeitswelt ... 198
- 12.2 Strukturierung und Bewertung von Arbeit 4.0-Anwendungsszenarien ... 199
  - 12.2.1 Referenzarchitektur für Arbeit 4.0-Anwendungsszenarien ... 200
  - 12.2.2 Kriterien zur soziotechnischen Bewertung von Arbeit 4.0-Anwendungsszenarien ... 202
- 12.3 Arbeit 4.0-Anwendungsszenarien in der industriellen Praxis ... 207
  - 12.3.1 „Mixed-Mock-Up" in der Produktionssystemplanung ... 208
  - 12.3.2 Dienstleistungssystem zum Konformitätsmanagement ... 211
- 12.4 Fazit und Ausblick ... 214
- Literatur ... 215

13 Die Einführung eines ERP-/PLM-Systems in den frühen Phasen der digitalen Transformation erfolgreich vorbereiten ... 219
Viola Hellge, Tobias Thielen, Andreas Eiden und Nina Obreschkova

- 13.1 Ausgangslage und Problemstellung des Unternehmens ... 220
- 13.2 Grundlagen des digitalen Transformationsprozesses ... 220
- 13.3 Der Readiness-Check Digitalisierung als Ausgangspunkt des digitalen Transformationsprozesses ... 224
- 13.4 Anforderungen an die Technologieauswahl von PLM/ERP-Systemen ... 226
  - 13.4.1 Grundlagen PLM- und ERP-Systeme ... 226
  - 13.4.2 Systemeinführung ... 227
- 13.5 Kommunikation und Mitarbeiterpartizipation als Instrument in der Orientierungs- und Planungsphase ... 228
  - 13.5.1 Vorgehen und Methoden in der Orientierungsphase ... 228
  - 13.5.2 Vorgehen und Methoden in der Planungsphase ... 232
- 13.6 Schlussbetrachtung ... 234
- Literatur ... 235

14 Die Digitalisierung nutzerzentriert gestalten: Das digitale Kontrollzentrum für die Warenannahme ... 239
Jochen Scheeg, Michaela Scheeg und Tobias Thimm

- 14.1 Einleitung ... 240
- 14.2 Ausgangssituation: Informationsasymmetrien zwischen Warenannahme und Einkauf ... 241
- 14.3 Das digitale Kontrollzentrum für die Warenannahme – von der Idee zur prototypischen Umsetzung ... 243
  - 14.3.1 Lösungselemente, Funktionen und Oberfläche ... 244

	14.3.2	Datenquellen	246
	14.3.3	Technische Umsetzung und Verknüpfung der Systeme	247
	14.3.4	Zusammenfassender Überblick und Mehrwerte aus der Verknüpfung der Informationsebenen	247
14.4		Die übertragbare Lösung für den Mittelstand – die mobile Erlebnisstation	249
14.5		Fazit	249
Literatur			250

15 Shopfloor-App als informatorisches Assistenzsystem zur Steigerung der Flexibilität der manuellen Montage ... 253
Christian K. Bosse und Viola Hellge

15.1	Flexibilität als Herausforderung	254
15.2	Mitarbeiterorientierte Anforderungserhebung	255
15.3	Wissensmanagement: Wissen ist Produktions- und Erfolgsfaktor auch im digitalen Zeitalter	259
15.4	Bewertung und Auswahl von Lösungsalternativen	260
15.5	Vorgehensweise im Einführungsprozess	263
15.6	Zusammenfassung	264
Literatur		266

16 Smartes Fehlermanagement auf dem Shop Floor. Ein Lösungsansatz für KMU ... 267
Maximilian Rüßmann, Sajedeh Haghi, David Bergstein und Robert H. Schmitt

16.1	Einleitung	268
16.2	Lösungsweg	271
16.3	Einführung der Lösung im Unternehmen	276
16.4	Fazit: Was hat sich im Unternehmen dadurch verändert?	277
Literatur		277

17 Digitale Assistenzsysteme für die Produktion: Von der Zielfindung bis zur Einbindung gemeinsam mit den Mitarbeitern ... 279
Laura Merhar, Georg Höllthaler und Christoph Berger

17.1	Einleitung		280
17.2	Allgemeines zur Vorgehensweise		281
	17.2.1	Aufbau	281
	17.2.2	Projekt und Projektteam	283
	17.2.3	Mitarbeiterpartizipation	283
17.3	Vorgehensweise		287
	17.3.1	Schritt 1: Ziel festlegen	287
	17.3.2	Schritt 2: Produktionsprozesse bewerten und auswählen	290

		17.3.3	Schritt 3: Anforderungen beschreiben und Assistenzsystem finden	294
		17.3.4	Schritt 4: Assistenzsystem implementieren, testen und ausrollen	297
	17.4		Zusammenfassung und Ausblick	299
	Literatur			300
18	\multicolumn{3}{l	}{Einführung eines intelligenten Logistikkonzepts zur Unterstützung der Mitarbeiter in Fertigung und Montage}	303

Stephanie Dupont, Stefan Braun, Carina Siedler, Jan C. Aurich und Klaus J. Zink

	18.1	Ausgangssituation	304
	18.2	Problemstellung	305
	18.3	Vorgehensweise	307
	18.4	Aktuelle Situation und weiteres Vorgehen	315
	18.5	Lessons Learned	317
	Literatur		318
19	\multicolumn{2}{l	}{Optimierung innerbetrieblicher Logistikprozesse mit Hilfe eines digitalen Assistenzsystems}	321

Katharina Rönick, Christopher Stockinger, Ilka Zöller und Markus Weß

	19.1		Einleitung	322
	19.2		Darstellung des Optimierungspotenzials in der innerbetrieblichen Logistik	323
		19.2.1	Ausgangszustand der zu optimierenden Arbeitsbereiche	323
		19.2.2	Ansatzpunkte für den Einsatz eines digitalen Assistenzsystems	325
	19.3		Entwicklung eines digitalen Assistenzsystems mithilfe des menschzentrierten Gestaltungsprozesses	326
		19.3.1	Menschzentrierter Gestaltungsprozess	327
		19.3.2	Vorgehen bei der Entwicklung	328
		19.3.3	Das entwickelte Assistenzsystem im Überblick	332
	19.4		Fazit und Ausblick	334
	Literatur			335
20	\multicolumn{3}{l	}{Stärkung von Selbstorganisation und Autonomie der Beschäftigten in der Pflege durch eine digitalisierte kollaborative Dienstplanung}	337

Vanessa Kubek, Annette Blaudszun-Lahm, Sebastian Velten, Rasmus Schroeder, Nadine Schlicker, Alarith Uhde und Ursula Dörler

	20.1		Einführung in die Problemstellung: Warum kollaborative Dienstplanung?	338
	20.2		Wie wurde die Problemstellung angegangen?	342
		20.2.1	Was wünschen Beschäftigte und Leitungskräfte? Erkenntnisse aus der Anforderungserhebung	342

        20.2.2 Wie wird kollaborative Dienstplanung technisch realisiert? Konflikterkennung und Architektur der Kollaborationsplattform 344
        20.2.3 Wie kann die Gestaltung der App zur digitalisierten Planung motivieren? Ansatz der erlebnisorientierten Gestaltung 348
  20.3 Wie wird die technische Innovation in einen Organisationsentwicklungsprozess eingebunden? Partizipative Projektumsetzung 352
  20.4 Welche Chancen ergeben sich, welche Herausforderungen stellen sich? Fazit und Ausblick 354
  Literatur 355

21 Einsatz eines textilbasierten Assistenzsystems zur Analyse von körperlich anstrengenden Arbeitsprozessen 359
Rocco Raso, Andreas Emrich, Torsten Burghardt, Oliver Sträter, Peter Fettke und Peter Loos
  21.1 Notwendigkeit eines Workflow-Managementsystems in physisch anspruchsvollen Berufen 360
  21.2 Das Forschungsprojekt „PREFLOW" 361
        21.2.1 Systemkomponenten 363
        21.2.2 Interoperabilität der Systembestandteile 364
  21.3 Anwendung des Workflow-Managementsystems unter realen Bedingungen 366
        21.3.1 Das PREFLOW-System in industriellen Anwendungsfällen 366
        21.3.2 Evaluation und Ergebnisse 367
  21.4 Fazit 369
  Literatur 370

Glossar 373

Arbeit 4.0 im Mittelstand

Klaus J. Zink und Christian K. Bosse

Zusammenfassung

Bereits seit einigen Jahren stehen Industrie 4.0 und die damit einhergehenden Veränderungen in der Arbeitswelt als Synonym für die Digitalisierung in der Wirtschaft im Fokus einer breiten Diskussion. Da die digitale Transformation aber nicht nur große Industrieunternehmen, sondern auch den Mittelstand betrifft, müssen sich diese Unternehmen ebenfalls mit dem Wandel der Arbeitswelt und der Arbeit der Zukunft (Arbeit 4.0) auseinandersetzen. Die Herausforderungen sind dabei sehr vielschichtig, geht es doch nicht nur um einen Einsatz neuer Technologien im Arbeitsalltag. Welche Bedeutung und Inhalte hinter dem Schlagwort Arbeit 4.0 stehen und welche Auswirkungen sich für den Mittelstand daraus ergeben, wird im Rahmen dieses einleitenden Beitrags erläutert. Ebenso werden der Förderschwerpunkt Mittelstand-Digital und das bundesweite Netzwerk der Mittelstand 4.0-Kompetenzzentren als Möglichkeiten, sich in der digitalen Transformation zu orientieren und informieren, vorgestellt.

Die Auswirkungen des Megatrends „Digitalisierung" sind in allen Bereichen des alltäglichen Lebens zu spüren. Schon heute ist es üblich, mit Hilfe des Smartphones einen direkten Zugang zum Internet zur Verfügung zu haben sowie die verschiedensten Geräte zu steuern – egal ob dies die Haustechnik bzw. die Elektrogeräte in den eigenen vier Wänden sind oder die Produktionsanlagen im Unternehmen. Per Knopfdruck und Fingerwisch sind nahezu von überall die aktuellsten Daten und Informationen abrufbar, können Funktionen und Prozesse überwacht, neue Einstellungen getätigt oder sogar Aktivitäten gestartet

K. J. Zink · C. K. Bosse (✉)
Institut für Technologie und Arbeit e.V., TU Kaiserslautern, Kaiserslautern, Deutschland
E-Mail: klaus.j.zink@ita-kl.de; christian.bosse@ita-kl.de

werden. Zudem ermöglichen neue Technologien sowohl im Privatleben als auch in der Arbeitswelt neue Möglichkeiten: Fertigungsverfahren wie der 3D-Druck steigern die Individualisierung in der Herstellung von Bauteilen oder gesamten Produkten, die Vernetzung über das Internet der Dinge erlaubt Maschinen einen selbstständigen Informations- und Datenaustausch und der durch zahlreiche Sensoren zusammengetragene Datenberg bietet schier unendliche Möglichkeiten der Auswertung. Es scheint, als könne im Rahmen der digitalen Transformation nahezu jeder Prozess effektiver, flexibler und individualisierter gestaltet werden (Zink und Bosse 2019).

Während der Megatrend Digitalisierung eher den gesamtgesellschaftlichen Wandel umschreibt, adressiert der Oberbegriff Arbeit 4.0 den Wandel der Arbeitswelt. In der Literatur finden sich zahlreiche weitere Begriffe, die teilweise synonym verwendet werden. Hierzu zählen beispielsweise Arbeiten 4.0, Zukunft der Arbeit oder Arbeitswelt der Zukunft. Weitere Begriffe fokussieren auf einzelne Aspekte des Wandels in der Arbeitswelt. Lindner et al. (2018) unterscheiden hier unter anderem folgende Begriffe, die in Tab. 1.1 aufgeführt werden.

1.1 Bedeutung und Entwicklung des Begriffs „Arbeit 4.0"

Der Begriff Arbeit 4.0 knüpft an den Begriff Industrie 4.0 an, der als Schlagwort für die umfassende Digitalisierung der industriellen Produktion bereits seit Jahren propagiert wird. Ursprung ist ein gleichnamiges Zukunftsprojekt der Bundesregierung, das im Rahmen der Hightech-Strategie für Deutschland definiert wurde. Ziel des Zukunftsprojektes war die stärkere Vernetzung in der Industrie mit Hilfe von neuen Informations- und Kommunikationstechnologien (IKT), um die (Großserien-) Produktion individueller und flexibler zu gestalten. Die daraus sich entwickelnden Wertschöpfungsnetzwerke sollten mit Hilfe intelligenter Monitoring- und Entscheidungsprozesse in nahezu Echtzeit gesteuert und optimiert werden. Aber auch die enge Einbindung von Kunden und Geschäftspartnern sowie die Verknüpfung der Produktion mit (digitalen) Dienstleistungen wurden als Ziele festgelegt (Bundesministerium für Bildung und Forschung 2014).

Tab. 1.1 Übersicht über Begrifflichkeiten im Oberthema Arbeit 4.0

Begriff	Erklärung
Digitaler Arbeitsplatz/Digital Workplace	Untersuchung der Verbreitung und des Einflusses von Technologie auf den individuellen Arbeitsplatz von Mitarbeitern
New Work/Smart Working	Orts- und Zeitflexibilisierung von Arbeit (u. a. Homeoffice etc.) mit Fokus auf Arbeitsmodelle
Future Work/Activity Based Working	Moderne Büro- und Gebäudekonzepte
Agile Arbeit/Arbeit mit agilen Methoden	Arbeit mit agilen Methoden wie u. a. Scrum

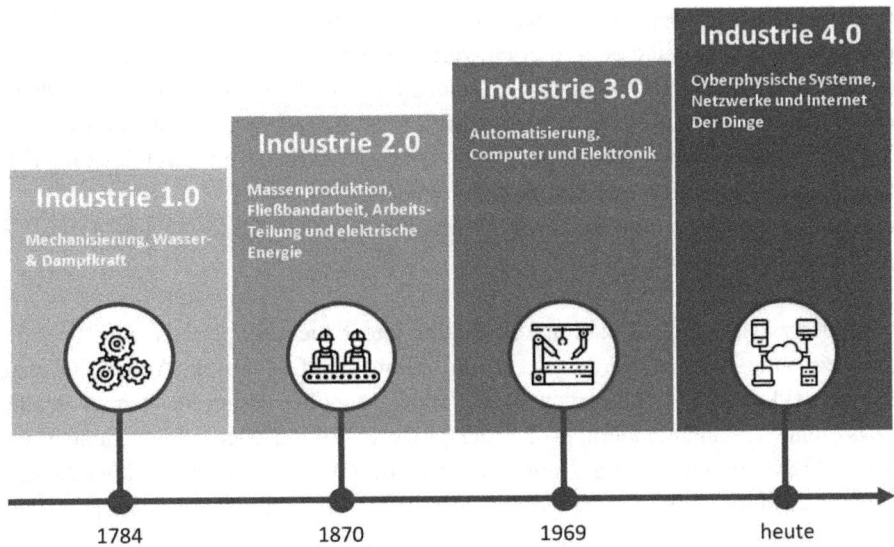

Abb. 1.1 Die 4 Stufen der industriellen Revolution (Acatech 2013)

Mit der Ziffer 4.0 wird einerseits angedeutet, dass die aktuelle Entwicklung als vierte industrielle Revolution an die vorherigen drei Stufen anknüpft. Andererseits wird mit der Schreibweise Bezug genommen auf die in der Softwareentwicklung übliche Versionierung, die mit der Null an zweiter Stelle der Versionsnummer auf eine tiefgreifende Weiterentwicklung zur Vorgängerversion hinweist. Demnach deutet beides darauf hin, dass anknüpfend an die drei industriellen Revolutionen (Mechanisierung, Elektrifizierung und Automatisierung mit Hilfe von Digitaltechnologie) mit der fortschreitenden Entwicklung der IKT sowie der damit einhergehenden Verknüpfung der physischen mit der digitalen Welt auf Basis Cyber-Physischer-Systeme die nächste, vierte Stufe der industriellen Revolution eingeleitet wird (Abb. 1.1).

Da der Begriff „Arbeit 4.0" sehr oft im Kontext der Konzepte um Industrie 4.0 genannt wird, könnte der falsche Eindruck entstehen, dass sich diese neue Arbeitsform vor allem auf den Produktionsbereich in der Industrie bezieht. Dies wäre allerdings viel zu eng gegriffen, da einerseits alle Betriebe im herstellenden Gewerbe (also z. B. auch Handwerksbetriebe) betroffen sind und andererseits auch Dienstleistungen jeglicher Art. Dazu zählen einfache Dienstleistungen, die z. B. durch Service-Roboter ausgeführt werden können, ebenso wie komplexe Dienstleistungen wie ärztliche Diagnosen, juristische Fallaufbereitungen oder technische Entwicklungsaufgaben. Insofern muss Arbeit 4.0 als Synonym für einen tiefgreifenden Wandel der Arbeitswelt und der Arbeit an sich begriffen werden (Zink et al. 2019).

Wenn nach der Zukunft der Arbeit gefragt wird, gibt es unterschiedliche Bilder, je nachdem, um welche Art von Arbeit es sich handelt (Vgl. hierzu u. a. Zink und Bosse 2019). Dennoch können einige Trends erkannt werden, die die Zukunft der Arbeit prägen werden (Morgan 2014):

- ein neues Verhalten der insbesondere jüngeren Belegschaft, geprägt durch den Umgang mit sozialen Medien und dem Internet, verbunden mit neuen Vorstellungen von Arbeit,
- die Verfügbarkeit neuer Technologien wie Clouds, Collaboration Platforms (Plattformen für Kommunikation und Zusammenarbeit), Big Data, Internet of Things,
- die größere Mobilität in Bezug auf Arbeitsplatz und Arbeitszeit durch leistungsfähige Informations- und Kommunikationstechnologien,
- die globale Verfügbarkeit von Arbeitskräften verbunden mit der Unabhängigkeit von lokalen Arbeitsmärkten.

Dabei muss zwischen einer stationären Produktion sowie Verwaltungs- und Dienstleistungsarbeit unterschieden werden, z. B. im Hinblick auf Mobilität. Außerdem werden diese Entwicklungen in hoch entwickelten Staaten schneller voranschreiten als in Entwicklungs- und Schwellenländern, wobei der größere Teil der Menschheit nicht in (wirtschaftlich) hoch entwickelten Staaten lebt. Nichtsdestotrotz ist der Wandel der Arbeit ein absolutes Schwerpunktthema, sind die Auswirkungen der Digitalisierung nicht nur in der Industrie, sondern in der gesamten Wirtschaft zu spüren.

Die Relevanz des Themas wurde ebenfalls in der Hightech-Strategie des Bundesministeriums für Bildung und Forschung (2014) festgehalten. Unter dem Aspekt einer innovativen Arbeitswelt wurde das Schwerpunktthema Arbeit in einer digitalisierten Welt aufgegriffen und zentrale Herausforderungen durch den Einsatz digitaler Arbeitsmittel und neuer Arbeitsinhalte benannt. Insbesondere Konzepte zur ganzheitlichen Arbeits- und Organisationsgestaltung sowie zur Personal- und Kompetenzentwicklung im Kontext der betrieblichen Praxis wurden gefordert (Bundesministerium für Bildung und Forschung 2014).

In der breiten Öffentlichkeit jedoch wurde das Thema erst durch den Dialogprozess Arbeiten 4.0 des Bundesministeriums für Arbeit und Soziales (BMAS) bekannt, der von April 2015 bis November 2016 als teils öffentlicher, teils fachlicher Dialog durchgeführt wurde, bekannt. Dort wurden die verschiedenen Herausforderungen und Sichtweisen auf die Gestaltung einer Arbeitswelt der Zukunft beleuchtet. Dabei ging es nicht nur darum, Arbeiten in den neuen Produktionswelten der Industrie 4.0 zu thematisieren, sondern darüber hinaus die sozialen Bedingungen und Spielregeln der künftigen Arbeitsgesellschaft basierend auf dem Leitbild „Guter Arbeit" zu diskutieren. Die Ergebnisse wurden 2017 im Weißbuch Arbeiten 4.0 zusammengeführt und veröffentlicht. Wie die zukünftige Arbeitswelt im Einzelnen aussehen wird, ist zum aktuellen Zeitpunkt noch nicht präzise beschreibbar. Übergreifend wird jedoch deutlich, dass die Arbeit im Großen und Ganzen vernetzter, digitaler und flexibler sein wird (Bundesministerium für Arbeit und Soziales 2017).

Eine ähnliche Perspektive nimmt auch der Arbeitskreis „Arbeit 4.0" der bundesweit geförderten Mittelstand 4.0-Kompetenzzentren ein. In seiner Arbeitsdefinition von „Arbeit 4.0 im Mittelstand" werden insbesondere die Veränderungen von Flexibilität, Komplexität, Interaktion und der Kompetenzanforderungen hervorgehoben. Konsens besteht darüber, dass Arbeitszeit und -ort zunehmend flexibler werden sowie der Arbeitsplatz und die Arbeitsinhalte tiefgreifenden Veränderungen unterliegen. Die daraus resultierenden Chancen und Risiken sowohl für Unternehmen als auch für Mitarbeiter sind ein zentraler Aspekt, den es zukünftig vor dem Hintergrund des Leitbilds „Guter Arbeit" auszugestalten gilt. Darüber hinaus erhöht sich durch eine Zunahme und Verdichtung der in Echtzeit bereitstehenden Daten und Informationen die Komplexität in den Arbeitsvorgängen. Dies kann unter anderem zu Überforderung, fehlender Motivation und einer sinkenden Effizienz führen. Gleichzeitig besteht die Möglichkeit, durch geeignete Interaktionssysteme zwischen Menschen und Technik die Komplexität erneut zu reduzieren. Beispielsweise können informatorische Assistenzsysteme die Mitarbeiter bei der Ausführung ihrer Tätigkeiten individuell unterstützen und bei der Entscheidungsfindung entlasten. Aber nicht nur die Mensch-Maschine-Interaktion verändert sich, auch die Kommunikation und Zusammenarbeit zwischen Menschen stützt sich immer mehr auf Technik. Unter anderem ermöglichen Kollaborationstools und Softwarelösungen einen transparenten und gleichzeitig effizienten Austausch sowohl unternehmensintern, als auch -extern. Als weitere Herausforderung beschreibt der Arbeitskreis den aus den Veränderungen in der Arbeitswelt resultierenden Bedarf an eine fachübergreifende und kontinuierliche Weiterbildung. Aufgrund des hohen Technologisierungsgrades der Arbeit ändern sich die Kompetenzprofile und -anforderungen nachhaltig. Aspekte des lebenslanges Lernens gewinnen in diesem Kontext erneut an Relevanz (Arbeitskreis Arbeit 4.0 der Mittelstand 4.0 Kompetenzzentren 2018).

Auch wenn die Digitalisierung als der maßgebliche Treiber und Protagonist in der Veränderung der Arbeitswelt gesehen wird, so ist sie noch lange nicht alleinige Ursache für den Wandel. Die von der Hans-Böckler-Stiftung eingesetzte Kommission „Arbeit der Zukunft" macht beispielsweise deutlich, dass es neben der Digitalisierung auch um den demografischen Wandel, die veränderten Lebensentwürfe von Frauen und Männern, die Frage der Vereinbarkeit von Beruf und Sorgearbeit und um Zuwanderung geht (Jürgens et al. 2017). Insbesondere der demografische Wandel, der zu einer Schrumpfung der Erwerbsbevölkerung und damit einer Verknappung der Arbeitskräfte in einzelnen Berufen führen wird und unter anderem bei Ingenieuren und Informatikern heute schon erkennbar ist, wird dazu führen bzw. hat schon dazu geführt, dass sich Unternehmen um Arbeitskräfte bewerben müssen. Daraus folgt, dass die Attraktivität als Arbeitgeber immer wichtiger wird. Dies muss sich zwangsweise in der Gestaltung von Arbeitsinhalten niederschlagen, was insbesondere beim Einsatz neuer Technologien und dort vor allem bei der Anwendung fortgeschrittener Konzepte der Informations- und Kommunikationstechnologie und der damit verbundenen Definition von Mensch-Technik-Schnittstellen notwendig wird, damit attraktive Arbeitsinhalte erhalten bleiben (Zink et al. 2019).

Schließlich sind in die Diskussion um Arbeit 4.0 ebenso veränderte normative Rahmenbedingungen zu integrieren, die sich einerseits aus der internationalen Nachhaltigkeitsdiskussion (United Nations 2015), andererseits auch aus veränderten Berichtspflichten von Unternehmen ergeben, beispielsweise durch nationale Aktionspläne zur Umsetzung der UN-Leitprinzipien für Wirtschaft und Menschenrechte (Die Bundesregierung 2016) oder das Gesetz zur Umsetzung der EU-CSR-Richtlinie (Deutscher Bundestag 2017). Diese

Regelungen beziehen sich zwar zunächst auf größere Unternehmen, und deren Nichteinhaltung ist (noch) weitgehend sanktionsfrei. Es lässt sich aber absehen, dass die Diskussion über die ethische Verantwortung von Unternehmen eher zu- als abnehmen wird.

1.2 Auswirkungen auf den Mittelstand

Der Mittelstand in Deutschland ist sehr vielschichtig. Unterschiedliche Branchen, Produkte und Dienstleistungen kennzeichnen die Varianz mittelständischer Unternehmen ebenso wie Unternehmensgröße, Umsatz oder regionale Lage. Trotz aller Vielfalt, vom Handwerker über das Maschinenbauunternehmen bis hin zum Dienstleister oder Händler, wird der Mittelstand in vielen Studien verallgemeinert betrachtet (Heyse 2018). Die Herausforderungen sind oftmals jedoch sehr unterschiedlich, ebenso wie die Chancen und Risiken, die aus dem Megatrend Digitalisierung resultieren.

Die Themen rund um Industrie 4.0, wie zum Beispiel eine steigende Automatisierung und Vernetzung von Produktionsanlagen oder Cyber-Physische-Systeme, haben für kleine und mittlere Unternehmen oftmals wenig Bedeutung. Eine Ausnahme bildet hier der Bereich der Industriezulieferer, in dem industrielle Maschinenanlagen zum Einsatz kommen und deren Einbindung in die bestehenden Wertschöpfungsprozesse mit Hilfe neuer Technologien eine Notwendigkeit ist. Der Einsatz neuer Technologien in einer digitalisierten Arbeitswelt hingegen wirkt sich auf alle Unternehmen unabhängig von Branche und Betriebsgröße aus und eröffnet eine Reihe an neuen Möglichkeiten (Abb. 1.2).

Auch in mittelständischen Unternehmen werden mobile Endgeräte wie Smartphones, Tablets und auch Datenbrillen ein zentrales Arbeitsmittel sein. Sie eröffnen den Mitarbeitern einen ubiquitären Zugang zu Informationen und Wissen, ermöglichen das (Fern-) Steuern von Prozessen und Maschinen und eröffnen neue Möglichkeiten bspw. im Bereich der mobilen Arbeit. Ergänzend hierzu bieten sich Cloud-Lösungen und Internetplattformen an, um neue Organisationsformen und agile Strukturen im Unternehmen umzusetzen, aber auch um

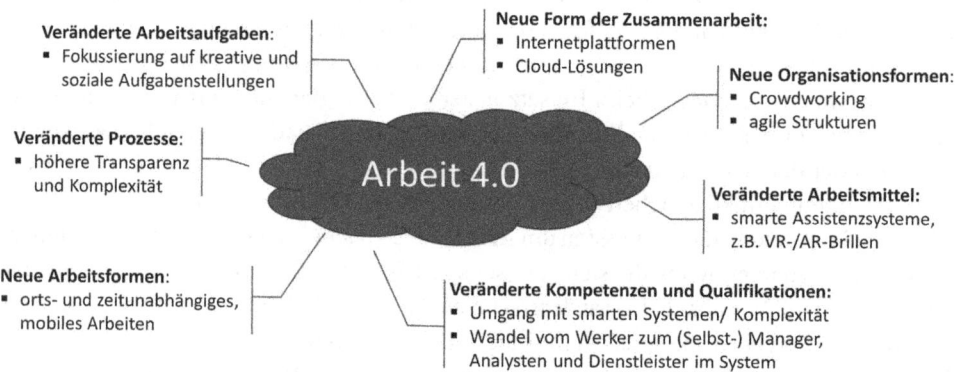

Abb. 1.2 Aspekte der veränderten Arbeit in der digitalisierten Welt

die Zusammenarbeit mit Partnern und Lieferanten zu intensivieren. Dabei wird sich die Arbeitsweise grundlegend verändern. Der informelle Austausch, der bisher an der Kaffeemaschine, Teeküche oder auf Betriebsfeiern stattfand, verlagert sich immer mehr auf die digitale Ebene, beispielsweise in (firmeninterne) soziale Netzwerke. Durch die digitalen Technologien werden Telearbeit bzw. mobile Arbeitsformen vermehrt zum Einsatz kommen. Aber auch völlig neue Formen der Arbeitsorganisation, wie zum Beispiel „Crowdwork" oder „Work-On-Demand". Gemeint ist damit das Angebot von Arbeit auf einer Internetplattform an eine beliebige Anzahl („Crowd") von Interessenten (Individuen, Gruppen oder Organisationen). Jeder, der (weltweit) Zugang zum Internet hat, kann diese Aufgaben übernehmen.

Zusätzlich wird der Mensch bei der Ausführung seiner Aufgaben und Tätigkeiten von intelligenten Assistenzsystemen unterstützt, insbesondere informatorisch in komplexen Entscheidungssituationen oder physisch bei körperlich schweren bzw. sich oft wiederholenden Tätigkeiten. Gleichzeitig fokussieren sich Aufgabenstellungen immer mehr auf kreative Aspekte (bspw. in Innovationsprozessen) und soziale Tätigkeiten (bspw. bei Verhandlungen), was sich auch auf die Kompetenz- und Qualifikationsprofile auswirkt. Der Mensch wird als Entscheider, „universeller Sensor" und Handelnder weiterhin im Mittelpunkt stehen.

Es sind nicht nur die technischen Innovationen, die die Arbeitswelt der Zukunft bestimmen und verändern. Begleitende soziale Innovationen, die bspw. betriebliches Gesundheitsmanagement sowie die Vereinbarkeit von Familie und Beruf betreffen, sondern auch die rechtlichen Rahmenbedingungen, die im Kontext von Arbeit 4.0 betrachtet werden müssen. Eine große Herausforderung in diesem Kontext wird die Veränderung der Unternehmens- und Führungskultur in vielen mittelständischen Unternehmen sein. Während diese größtenteils familien- und inhabergeführt und streng hierarchische organisiert sind, gewinnen flexible und selbstverantwortlich arbeitende Projektteams immer mehr an Bedeutung. Sie sind die wichtigsten Treiber im digitalen Wandel, während Führungskräfte vermehrt Leitplanken und Rahmenbedingungen für zukünftige Entwicklungen vorgeben. Eine Zusammenarbeit auf Augenhöhe ist kennzeichnend für ein neues Rollenverständnis von Führungskräften. Derzeit definieren sich die meisten Führungskräfte als „klassische Manager", bei denen die betriebswirtschaftliche Sacharbeit (z. B. Umsatz generieren) im Vordergrund steht. In einer digitalisierten Arbeitswelt hingegen wird die Bedeutung der Führungskraft als Entwickler und Begleiter sowie als „Vernetzer" und „Befähiger" stark zunehmen. In diesem Kontext werden vermehrt Kommunikationskompetenzen gefordert sein, auch um räumliche und zeitliche Distanzen zu überbrücken. Digitale Kommunikationsformen gewinnen weiter an Bedeutung, beispielsweise bei Abstimmungsprozessen oder Arbeiten in virtuellen Teams (Hofmann und Wienken 2018).

Des Weiteren besteht eine wichtige Aufgabe der Führungskräfte in der Weiterentwicklung und Förderung ihrer Mitarbeiter. Denn die digitale Transformation in Unternehmen wird nur dann erfolgreich gelingen, wenn die Organisation auf die neuen Rahmenbedingungen ausgerichtet ist und die Mitarbeiter für die Zukunft qualifiziert sind. Der Begriff des lebenslangen Lernens bzw. des lebensbegleitenden Lernens gewinnt hierbei erneut an Relevanz. Mitarbeiter, die qualifiziert und für den digitalen Wandel gut vorbereitet sind, können als Multiplikator, Unterstützer oder auch „Befähiger" im eigenen Unternehmen agieren. Ausreichende Information, Qualifikation sowie eine Einbindung in die relevanten Prozesse sind hier eine Grundvoraussetzung. Geschieht dies nicht oder nicht in einem ausreichenden Maß, so können Überforderung, mangelnde Akzeptanz und Ablehnung auf Seiten der Mitarbeiter entstehen (Baudach et al. 2019; Petry 2016).

In der unternehmerischen Praxis finden sich noch zahlreiche weitere Stolpersteine auf dem Weg hin zur digitalisierten Arbeitswelt der Zukunft. Unwissenheit bzw. mangelndes Verständnis der neuen Technologien und der daraus resultierenden Potenziale und Risiken für das Unternehmen werden oftmals als Begründung für ein gebremstes Digitalisierungsstreben genannt. Darüber hinaus sind ein schlecht abschätzbares Kosten-Nutzen-Verhältnis einer digitalen Lösung sowie unklare rechtliche Rahmenbedingungen hemmende Faktoren, wenn es um die Umsetzung von Digitalisierungslösungen im Arbeitsalltag geht. Ein Beispiel sei hier die Flexibilisierung von Arbeitszeit und -ort genannt, deren Umsetzung bei mittelständischen Betrieben oftmals viele Fragen bzgl. rechtlicher Aspekte aufwirft. Aus Angst vor nicht abschätzbaren Konsequenzen wird vielerorts auf die Umsetzung solcher Vorhaben durch die Arbeitgeber letztendlich verzichtet, selbst wenn sie von Arbeitnehmern durchweg begrüßt werden (Kap. 3).

1.3 Förderung und Unterstützung des deutschen Mittelstands

Seit Beginn der Diskussion um die digitale Transformation und ihre Auswirkungen auf eine zukünftige Produktions- und Arbeitswelt sind im Rahmen von Forschungsaktivitäten zahlreiche Pilotprojekte und Vorzeigefabriken entstanden. Für viele Unternehmen des Mittelstands sind solche Projekte jedoch schwierig umzusetzen, da die notwendigen Ressourcen sowie Übersicht und Wissen im Bereich der neuen Technologien fehlen. Gleichzeitig bildet der Mittelstand das Fundament der deutschen Wirtschaft und viele sind in ihrer Branche sogar Weltmarktführer. Diese Unternehmen auf dem Weg durch den digitalen Transformationsprozess nicht zu unterstützen oder gar im digitalen Wandel abzuhängen, hätte weitreichende Folgen.

Um dem entgegenzuwirken, adressieren verschiedene Förderinitiativen des Bundes mittlerweile verstärkt mittelständische Unternehmen. Insbesondere der Förderschwerpunkt Mittelstand-Digital des Bundesministeriums für Wirtschaft und Energie unterstützt kleine und mittlere Unternehmen bei ihrer digitalen Transformation. Seit 2015 werden schrittweise regionale und thematische Mittelstand 4.0-Kompetenzzentren etabliert, die mit Hilfe von Praxisbeispielen, Demonstratoren, Informations- und Weiterbildungsveranstaltungen sowie einem direkten Austausch mit Experten die Digitalisierung für mittelständische Unternehmer erlebbar machen (Mittelstand-Digital 2017).

Insbesondere die im Rahmen der Begleitung von mittelständischen Unternehmen erarbeiteten Best Practice-Beispiele der bundesweit verteilten Kompetenzzentren ermöglichen es weiteren Unternehmern, Möglichkeiten zur Digitalisierung kennenzulernen. Auch wenn diese Beispiele aufgrund der verschiedenen Rahmenbedingungen und Herausforderungen der spezifischen Unternehmen in der Regel nicht identisch übertragbar sind, bieten sie dennoch eine Orientierung. Eine Auswahl an Beispielen aus der unternehmerischen Praxis und der angewandten Forschung wird in den folgenden Kapiteln vorgestellt. Diese zeigen, wie neue Technologie die Arbeit bereits heute verändern und welche Möglichkeiten sie bieten, bestehende Herausforderungen anzugehen.

1.4 Zusammenfassung

Die digitale Transformation und der Wandel der Arbeitswelt sind nicht nur ein Thema der großen Industrieunternehmen, auch der Mittelstand ist von den Veränderungen betroffen:

- Mobile Endgeräte und ein steigender Grad der Vernetzung ermöglichen in einzelnen Bereichen ein räumlich und zeitlich flexibles Arbeiten,
- im Unternehmen bestehende Prozesse werden optimiert und schließlich digitalisiert, um sie effizienter und transparenter zu durchlaufen,
- Assistenzsysteme unterstützen den Menschen sowohl bei körperlich anstrengenden und gefährlichen Tätigkeiten physisch, als auch bei komplexen Entscheidungen informatorisch,
- durch den Wandel der Arbeit und den steigenden Technologieeinsatz verändern sich die Kompetenzprofile fortwährend, sodass auch in kleinen und mittleren Unternehmen die Mitarbeiter durch Weiterbildungs- und Qualifikationsmaßnahmen gezielt gefördert und weiterentwickelt werden müssen.

Um die Veränderungen resultierend aus dem digitalen Wandel zu meistern, müssen mittelständische Unternehmen auch neue Wege gehen und den Schritt zur gezielten Digitalisierung wagen. Die Digitalisierungsbereitschaft wird jedoch oftmals durch eine zu große Unsicherheit gebremst, sei es bzgl. der Vor- und Nachteile einer (weitergreifenden) Digitalisierung im Unternehmen, unklarer Kosten-Nutzen-Verhältnisse eines Technologieeinsatzes oder einfach nur fehlender Erfahrung in der Umsetzung von Digitalisierungsvorhaben. Die technologischen Lösungen und Anwendungsbeispiele aus der Industrie werden nur von wenigen Mittelständlern als praktikable Lösungen gesehen, finden sie in ihren Betrieben meist völlig andere Rahmenbedingungen vor. Hier gilt es gezielt für die Herausforderungen in kleinen und mittleren Unternehmen umsetzbare Lösungen zu entwickeln und als Anregung für weitere Unternehmen zu kommunizieren.

Literatur

Arbeitskreis Arbeit 4.0 der Mittelstand 4.0 Kompetenzzentren (Hrsg.) (2018). Arbeitsdefinition Arbeit 4.0.
Bundesministerium für Arbeit und Soziales BMAS (Hrsg.) (2017). Weißbuch Arbeiten 4.0. Berlin.
Bundesministerium für Bildung und Forschung BMBF (Hrsg.) (2014). Die neue Hightech-Strategie, Innovationen für Deutschland. Berlin.

Acatech – Deutsche Akademie der Technikwissenschaften; Forschungsunion Wirtschaft und Wissenschaft (2013). Umsetzungsempfehlungen für das Zukunftsprojekt Industrie 4.0. Abschlussbericht des Arbeitskreises Industrie 4.0. Frankfurt/Main.

Baudach, T.; Hellge, V.; Schröder, D.; Zink, K.J. (2019). Organisation und Führung 4.0. In: Zink, K.J. (Hrsg.). Arbeit und Organisation im digitalen Wandel, S. 143–188. Baden-Baden.

Deutscher Bundestag (2017). Gesetz zur Stärkung der nichtfinanziellen Berichterstattung der Unternehmen in ihren Lage- und Konzernlageberichten (CSR-Richtlinie-Umsetzungsgesetz). Bundesgesetzesblatt, Jg. 2017, Teil I, Nr. 20, S. 802–814. Bundesanzeiger: Bonn.

Die Bundesregierung (2016). Nationaler Aktionsplan Umsetzung der VN-Leitprinzipien für Wirtschaft und Menschenrechte 2016-2020. Berlin: Auswärtiges Amt. Verfügbar unter: https://www.bundesregierung.de/breg-de/service/publikationen/nationaler-aktionsplan-wirtschaft-und-menschenrechte-735164 [05.02.2019].

Heyse, V. (2018). Mittelstand 4.0 im Spannungsfeld des digitalen Wandels. In: Heyse, V.; Erpenbeck, J.; Ortmann, S.; Coester, S. (Hrsg.), Mittelstand 4.0 – eine digitale Herausforderung. Führung und Kompetenzentwicklung im Spannungsfeld des digitalen Wandels, S. 9–62. Münster.

Hofmann, J.; Wienken, V. (2018). Digital Leadership. Führung in der digitalen Transformation. Stuttgart.

Jürgens, K.; Hoffmann, R.; Schildmann C. (2017). Arbeit transformieren! Denkanstöße der Kommission „Arbeit der Zukunft". Bielefeld.

Lindner, D.; Ludwig, T.; Amberg, M. (2018). Arbeit 4.0 – Konzepte für eine neue Arbeitsgestaltung in KMU. HMD Praxis der Wirtschaftsinformatik, 55 (5), S. 1065–1085.

Mittelstand-Digital (Hrsg.) (2017) Mittelstand 4.0-Kompetenzzentren unterstützen vor Ort. Verfügbar unter: https://www.mittelstand-digital.de/MD/Redaktion/DE/Artikel/Mittelstand-4-0/mittelstand-40-kompetenzzentren-gesamt.html [05.02.2019]

Morgan, J. (2014). The Future of Work – Attract New Talent, Build Better Leaders, and Create a Competitive Organization. Hoboken.

Petry, T. (2016). Digital Leadership – Unternehmens- und Personalführung in der Digital Economy. In: Petry, T. (Hrsg.). Digital Leadership – Erfolgreiches Führen in Zeiten der Digital Economy, S. 21–82. Baden-Baden.

United Nations (2015). Transforming our world: the 2030 Agenda for sustainable development. New York.

Zink, K.J.; Bosse, C.K. (2019). Megatrends im Kontext von Arbeit und Organisation im 21. Jahrhundert. In: Zink, K.J. (Hrsg.). Arbeit und Organisation im digitalen Wandel, S. 31–49. Baden-Baden.

Zink, K. J.; Schröder, D.; Hellge, V.; Bosse, C.K. (2019). Zukunft der Arbeit = Arbeit 4.0? In: Zink, K.J. (Hrsg.). Arbeit und Organisation im digitalen Wandel, S. 51–94. Baden-Baden.

Prof. Dr. Klaus J. Zink war von 1980 bis 2012 ordentlicher Professor an der Technischen Universität (TU) Kaiserslautern (Lehrstuhl für Industriebetriebslehre und Arbeitswissenschaft) und hat seit 2012 eine Senior-Forschungs-Professor an der TU Kaiserslautern. Seit 1995 ist er wissenschaftlicher Leiter des Instituts für Technologie und Arbeit e.V. (ITA). Er ist Mitglied in nationalen und internationalen Gremien in leitender Funktion, Mitglied des Editorial Board mehrerer arbeitswissenschaftlichen Zeitschriften. Er wurde für Verdienste in der Arbeitswissenschaft mehrfach international ausgezeichnet.

Dipl.-Kfm. Techn. Christian K. Bosse studierte Betriebswirtschaftslehre mit technischer Qualifikation im Fach Informatik an der Technischen Universität Kaiserslautern und der Auckland University of Technology (Neuseeland). Seit 2011 ist er als Wissenschaftlicher Mitarbeiter am Institut für Technologie und Arbeit e.V. beschäftigt. Neben seiner Forschungstätigkeit in verschiedenen Projekten in den Themenbereichen Digitalisierung und Zukunft der Arbeit/Arbeit 4.0 unterstützt er als Experte im Mittelstand 4.0-Kompetenzzentrum kleine und mittlere Unternehmen bei ihrer digitalen Transformation und der Einführung neuer Technologien.

Digitalisierung im Mittelstand erfolgreich gestalten

Christian K. Bosse, Viola Hellge, Delia Schröder und Stephanie Dupont

Zusammenfassung

Obwohl mittlerweile viele mittelständische Unternehmen die Relevanz der Digitalisierung erkannt haben, stehen die meisten bei der Umsetzung noch relativ am Anfang. Ursache hierfür sind die verschiedenen Herausforderungen, wie z. B. mangelnde Kompetenzen der Mitarbeiter oder das Fehlen einer strategischen Ausrichtung der Digitalisierung, denen sich die Geschäftsführer und Inhaber gegenübersehen, sowie die übergreifende Frage, wie der digitale Wandel angegangen werden soll. Dieser Beitrag fokussiert insbesondere letzteres, indem er mit dem digitalen Transformationsprozess den mittelständischen Unternehmen ein strukturiertes Vorgehen bei Digitalisierungsvorhaben an die Hand gibt und zentrale Aspekte in den einzelnen Phasen des Wandels hervorhebt. Darüber hinaus erfolgt eine kurze Einführung in die verschiedenen Themenfelder von Arbeit 4.0, wie unter anderem die Qualifizierung von Mitarbeitern, die Entwicklung einer Digitalisierungsstrategie, die Möglichkeiten einer partizipativen Einführung von verschiedenen Technologien und Assistenzsystemen oder neue Führungsstile, die schließlich einen Rahmen um die in diesem Buch enthaltenen Beiträge und den darin präsentierten Praxisbeispielen aus dem Mittelstand bilden.

Der Beitrag entstand im Rahmen des Mittelstand 4.0-Kompetenzzentrums Kaiserslautern, gefördert durch das Bundesministerium für Wirtschaft und Energie (BMWi) im Förderschwerpunkt Mittelstand-Digital (FKZ: 01MF15004A-D).

C. K. Bosse (✉)
Institut für Technologie und Arbeit e.V., TU Kaiserslautern, Kaiserslautern, Deutschland
E-Mail: christian.bosse@ita-kl.de

V. Hellge · D. Schröder · S. Dupont
Institut für Technologie und Arbeit e.V., Kaiserslautern, Deutschland
E-Mail: viola.hellge@ita-kl.de; delia.schroeder@ita-kl.de; stephanie.dupont@ita-kl.de

© Springer-Verlag GmbH Deutschland, ein Teil von Springer Nature 2019
C. K. Bosse, K. J. Zink (Hrsg.), *Arbeit 4.0 im Mittelstand*,
https://doi.org/10.1007/978-3-662-59474-2_2

2.1 Herausforderung der digitalen Transformation

Die digitale Transformation wird inzwischen in nahezu allen Bereichen als eine unausweichliche Entwicklung gesehen – sowohl aus Metaperspektive, also was die Veränderung des Wirtschaftens allgemein anbelangt, als auch aus der Perspektive des Unternehmens, das sich dieser Transformation stellen sollte. Die Implikationen und Herausforderungen werden jedoch sehr unterschiedlich diskutiert. Die Bandbreite der Einschätzungen reicht von positivistischer Sicht hinsichtlich des technologischen Fortschritts und damit einhergehendem Wohlstand bis hin zu kritischen Prognosen des Auseinandertriftens der Gesellschaft durch das unterschiedliche Maß an digitaler Teilhabe und einer Verletzung von Persönlichkeitsrechten infolge totaler (Daten-)Transparenz. Eines steht jedoch für die meisten Akteure (nach den ersten Transformationserfahrungen) fest: Der Mensch muss ins Zentrum gerückt werden, wenn Digitalisierung erfolgreich sein soll.

Erfolg lässt sich rein ökonomisch begründen: Nur wenn der Mensch sich auf den Wandel einlässt, kann die Technologie wirtschaftlichen Nutzen bringen. Darüber hinaus gibt es ethische Argumente, die vor allem das Wohl der Beschäftigten in den Unternehmen in der Debatte um die digitale Transformation und ihre Implikationen für die Arbeit der Zukunft in den Vordergrund stellt.

Es greift jedoch zu kurz, wenn man die Digitalisierung und ihre Auswirkungen auf Gesellschaft, Wirtschaft und die Zukunft der Arbeit isoliert betrachtet. Die Kommission „Arbeit der Zukunft" der Hans-Böckler-Stiftung nennt auch den demografischen Wandel, die veränderten Lebensentwürfe von Männern und Frauen (und damit den Wertewandel), die Vereinbarkeit von Beruf und Sorgearbeit und die Zuwanderung (Jürgens et al. 2017). In der Zusammenfassung des Dialogprozesses Arbeiten 4.0 des Bundesministeriums für Arbeit und Soziales (BMAS) werden Digitalisierung, Globalisierung, demografischer Wandel, Bildung und Migration sowie Wandel von Werten und Ansprüchen genannt (BMAS 2018). Die „Global Commission on the Future of Work" der International Labour Organization (ILO) rechnet außerdem den Klimawandel hinzu, der viel zu oft noch unterschätzt wird (ILO 2017).

Jedes fünfte Unternehmen in der Digitalwirtschaft sieht laut Digitalverband BITKOM in Künstlicher Intelligenz (KI) ein Topthema. Branchenübergreifend rechnen laut BITKOM fast 80 Prozent mit positiven Auswirkungen des KI-Einsatzes auf Personalkosten und Personalaufwand in der Produktion. In einigen Branchen ist der neue Technologie-Trend deutlich zu erkennen, so zum Beispiel in der Finanzbranche: Unternehmen, die Finanztechnologie anbieten (sog. FinTech-Unternehmen) schießen wie Pilze aus dem Boden und entwickeln digitale Berater oder Apps für die persönliche Finanzplanung. KI-Technologie wird auch als Grundlage für das viel diskutierte, autonome Fahren in der Automobilbranche gesehen und kann ebenfalls im Kontext der ergonomischen Gestaltung von Arbeitsschritten zum Einsatz kommen. Im verarbeitenden Gewerbe werden durch Prozessautomatisierung Zulieferketten optimiert und es wird zunehmend auf Anforderung bzw. Nachfrage produziert.

2 Digitalisierung im Mittelstand erfolgreich gestalten

Von der Digitalisierung sind nahezu alle Bereiche betroffen. Über alle Branchen hinweg wird an dem Thema digitale Transformation gearbeitet: in produzierenden Unternehmen ebenso wie in Handwerksbetrieben oder auch im Dienstleistungssektor. In Wertschöpfungsnetzwerken setzen die Endhersteller, also z. B. die Automobilindustrie, die Standards. Vergleichbar mit den Qualitätsnormen müssen auch hier die Zulieferer folgen und ihre Lieferbeziehungen durch ein entsprechendes Datenmanagement unterstützen. Im Business-to-Consumer (B2C)-Bereich ist es der Endkunde, der bei Produkten und Dienstleistungen digitale Funktionen nachfragt und damit die Unternehmen unter Zugzwang setzt. Die Veränderungen, die dadurch in den Unternehmen induziert werden, sind weitreichend. Prozesse werden erneuert, Arbeit ändert sich und die Anforderungen an die Mitarbeiter wandeln sich gleichermaßen. Die sozialverträgliche Gestaltung dieses Change-Prozesses beschäftigt aktuell sowohl Wissenschaftler als auch Berater und wird sie auch in den nächsten Jahren weiterhin vor große Herausforderungen stellen.

In diesem Kontext der digitalen Transformation in Unternehmen wird oftmals das Bild einer Digitalisierung in zwei Geschwindigkeiten bemüht: Einerseits schreitet die technologische Entwicklung rasant voran, während andererseits die erforderliche Gestaltung der Organisationen deutlich mehr Zeit und Veränderungswillen bedarf. Dieses Bild lässt sich ebenso auf den Unterschied zwischen großen und kleinen Unternehmen übertragen. Während man in Großkonzernen bereits ein hohes Maß an technologischer Reife und viele Beispiele flankierender Maßnahmen zur Neudefinition von (Zusammen-)Arbeit finden kann (durchaus mit unterschiedlicher Wirkkraft), gibt es viele kleinere Unternehmen in klassischen Branchen, die sich erst allmählich auf den Weg machen, z. B. über eine Vernetzung von Maschinen nachdenken oder Potenziale suchen, ihre Prozesse durch digitale Lösungen schlanker und flexibler zu entwickeln.

Die grundlegenden Herausforderungen der digitalen Transformation für kleine und mittlere Unternehmen liegen meist in der systematischen Identifikation von Digitalisierungspotenzialen, der Formulierung einer eigenen Digitalisierungsstrategie sowie der strukturierten Umsetzung der digitalen Transformation unter Einbezug aller relevanten Akteure im Unternehmen. Im Rahmen dieses Buches werden daher entsprechende Lösungsansätze aufgezeigt, die unterstützt durch die Mittelstand 4.0-Kompetenzzentren sowie durch weitere Forschungsinstitute in Unternehmen umgesetzt wurden und entsprechende Herausforderungen adressieren. Zunächst wird auf den digitalen Transformationsprozess als strukturelle Grundlage eingegangen, der sowohl für einzelne Digitalisierungsvorhaben als auch für den gesamtunternehmerischen Prozess der digitalen Transformation herangezogen werden kann (Abschn. 2.2). In den anschließenden Abschnitten folgen jeweils eine kurze Einführung sowie eine Übersicht über die Beiträge in diesem Buch zu den Themen Qualifikation (Abschn. 2.3), Digitalisierungsstrategie (Abschn. 2.4) sowie Partizipation, insbesondere im Kontext der Entwicklung und des Einsatzes diverser digitaler Assistenzsysteme (Abschn. 2.5). Darüber hinaus werden ergänzend auch rechtliche Herausforderungen in der Arbeitswelt 4.0 (Kap. 3) sowie die Relevanz demografiefester aufgestellter Unternehmen (Kap. 4) im Rahmen des Buches betrachtet und anhand von Beispielen aus der unternehmerischen Praxis verdeutlicht.

2.2 Digitalisierung als Gestaltungsaufgabe: der digitale Transformationsprozess

Digitalisierung bedeutet nicht nur, eine neue Software zu installieren oder eine vernetzte Produktionsanlage mit hohem Automatisierungsgrad in Betrieb zu nehmen. Oftmals sind es weniger die technischen Voraussetzungen, sondern eher die Fragen, welche Technologie unter den gegebenen Bedingungen im Unternehmen einen Nutzen generieren kann, wie sie sinnvoll in die betrieblichen Abläufe integriert und von den Mitarbeitern akzeptiert und genutzt werden kann. Die erfolgreiche Einführung digitaler Lösungen ist daher als eine komplexe Gestaltungsaufgabe zu verstehen, die mehr als nur die technische Ebene im Unternehmen tangiert.

Technologie allein löst nie ein Problem! Sie ist stets nur ein Gestaltungselement im Kontext einer organisatorischen Weiterentwicklung, die neben der technischen Sphäre eines Unternehmens auch die organisationale und soziale Sphäre beeinflusst (Abb. 2.1). So müssen beispielsweise bei der Einführung einer neuen Technologie auf organisationaler Ebene die verschiedenen, kontextspezifischen Regelungen wie zum Beispiel Gesetze, Normen oder Betriebsvereinbarungen beachtet werden. Beispielsweise bei der Einführung von Telearbeit bzw. der Einrichtung von Heimarbeitsplätzen müssen seitens des Arbeitgebers u. a. die Arbeitssicherheit, der Datenschutz und die Einhaltung des Arbeitszeitgesetztes gewährleistet sein. Ebenfalls ist die soziale Ebene zu beachten, im aufgezeigten Beispiel der Heimarbeitsplätze bspw. in Form von Regelungen zur Kommunikation und zum Informationsaustausch mit den Kollegen und Vorgesetzten. In der technischen Sphäre gilt es, neben der einzuführenden Technologie auch die Abhängigkeiten zu den bestehenden Systemen zu beachten wie zum Beispiel die Schnittstellen und Kompatibilität zu bereits vorhandener Hard- und Software, sowohl auf physischer als auch auf der Datenebene. Werden

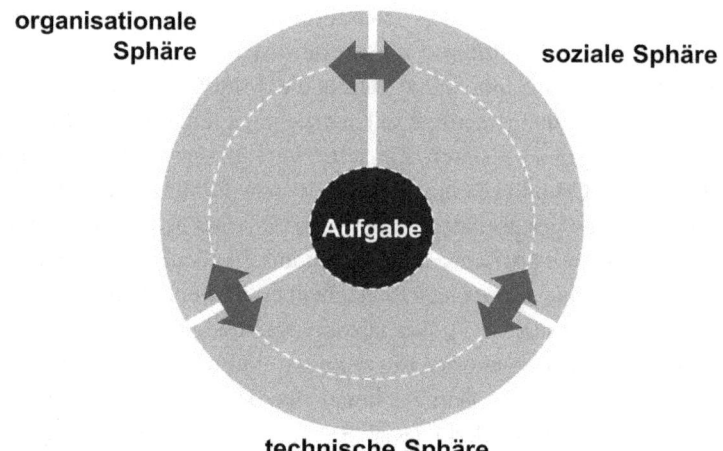

Abb. 2.1 Die drei Ebenen der digitalen Transformation als komplexe Gestaltungsaufgabe

die Wechselwirkungen zwischen den drei Sphären beachtet und das Arbeitsumfeld entsprechend gestaltet, ist eine erste Grundlage für die digitale Transformation geschaffen. Hierbei lassen sich zwei grundlegende Erfolgsgrößen auf Seiten des Unternehmens unterscheiden: Zum einen eine adäquate materielle bzw. ressourcentechnische Ausstattung, durch die der Wandel situativ ermöglicht wird, zum anderen eine strukturierte Vorgehensweise, bei der alle Mitarbeiter im Unternehmen im digitalen Wandel mitgenommen werden.

Um den vielfältigen Veränderungen einer digitalen Transformation begegnen zu können, bietet sich ein strukturiertes Vorgehen an, mit dem die aufkommenden und bestehenden Herausforderungen aufgegriffen werden. Denn die Umsetzung von Digitalisierungsvorhaben birgt nicht nur viele Chancen und Möglichkeiten, sondern auch Risiken und Herausforderungen, die es zu beachten gilt. Werden beispielsweise organisationale oder mitarbeiterbezogene Aspekte vernachlässigt, unter anderem indem Anforderungen an die Digitalisierungslösung nicht ausreichend genau erfasst wurden, der Betriebsrat nicht frühzeitig eingebunden oder Mitarbeiter nicht geschult wurden, kann der langfristige Erfolg der Digitalisierung ausbleiben.

Digitalisierungsvorhaben sind tiefgreifende Veränderungen, bei denen komplexe Zusammenhänge zwischen technischen, organisationalen und mitarbeiterbezogenen Aspekten beachtet werden müssen, um den effektiven Einsatz und das Ausschöpfen des vollen Potenzials der Digitalisierungslösungen zu ermöglichen. Digitalisierungsvorhaben können somit als mehrdimensionale Wandlungsprozesse verstanden werden, bei deren praktischen Umsetzung sich vielfältige Fragen stellen:

- Wie müssen bestehende Prozesse und organisatorische Abläufe für die bestmögliche Nutzung der Technologie weiterentwickelt werden?
- Wie können die Mitarbeiter vom Einsatz der Digitalisierungslösung profitieren? Welche Schulungen sind sinnvoll?
- Welchen Beitrag kann der Einsatz der Technologie zur Verbesserung der Arbeitsbedingungen leisten?
- Bietet die Digitalisierung das Potenzial für neue Geschäftsmodelle?
- Wann müssen wir den Betriebsrat über die geplante Änderung informieren und wie sollten wir ihn im weiteren Verlauf einbinden?

Insbesondere in kleineren und mittelständischen Unternehmen (KMU) fehlt es für die Beantwortung dieser Fragen häufig an Erfahrungswerten und klaren Bewertungskriterien für die Auswahl geeigneter Technologien (Mittelstand 4.0-Kompetenzzentrum Kaiserslautern 2018). Digitalisierungsvorhaben sind für KMU dadurch häufig mit finanziellen Risiken verbunden, die notwendige Veränderungsprozesse verhindern. Um Fehlinvestitionen zu vermeiden und die Wettbewerbsfähigkeit des Unternehmens nicht zu gefährden, müssen digitale Transformationsprozesse bei KMU noch sorgfältiger geplant werden (BMWi 2017; Hellge et al. 2017).

Um die notwendigen Entscheidungen für die Umsetzung von Digitalisierungsvorhaben aufzuzeigen, wird im Folgenden ein fünfstufiger Transformationsprozess vorgestellt, wie er in Abb. 2.2 abgebildet ist (Hellge et al. 2017). Für jede der fünf Phasen werden eine kurze Beschreibung sowie eine Zusammenfassung der zentralen Fragestellungen gegeben.

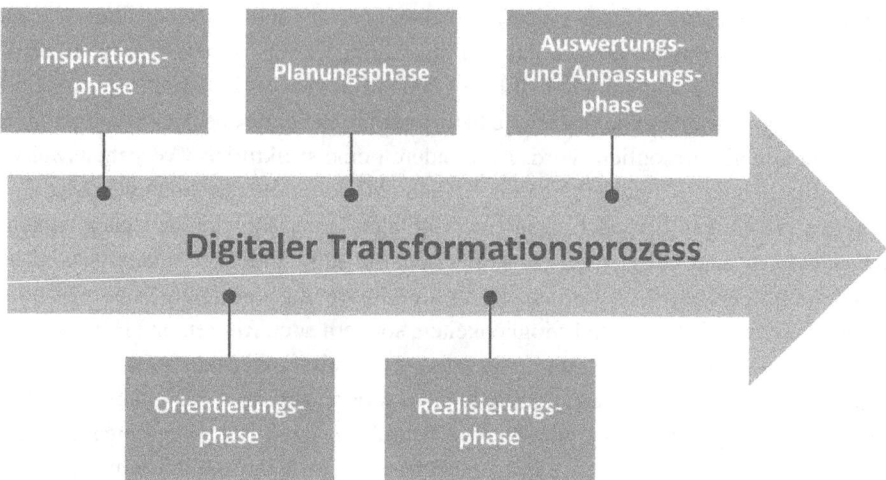

Abb. 2.2 Der digitale Transformationsprozess mit seinen fünf Phasen

Inspirationsphase

Der digitale Transformationsprozess beginnt für viele Unternehmen mit einer Inspirationsphase, in der sich Unternehmer und Verantwortliche über bestehende Technologien und Lösungen informieren. Hierzu können sowohl Praxisbeispiele herangezogen als auch Demonstrationsanlagen besichtigt werden, die in einem ähnlichen betrieblichen Umfeld umgesetzt wurden. Darüber hinaus können ebenfalls Lösungsansätze aus anderen Branchen oder einem abweichenden Unternehmensumfeld betrachtet werden, da diese oftmals auch auf eigene, konkrete Herausforderungen übertragen werden.

Ziel dieser Phase ist es schließlich, ein Zukunftsbild bzw. eine Vision für das eigene Unternehmen zu entwickeln (Spielberg und Roehl 2015). Dabei ist es wichtig, Chancen und Herausforderungen, die durch die Digitalisierung für das eigene Unternehmen entstehen, zu erkennen. Das entwickelte Zukunftsbild ist dabei nicht nur im Unternehmen als Leitlinie für die weitere Entwicklung zu sehen. Vielmehr sollen die Chancen der anstehenden Veränderung damit auch an Kunden und Partnerunternehmen kommuniziert werden.

Zentrale Fragen, die sich Unternehmen in dieser Phase stellen sollten, sind somit:

- Welche Chancen und Risiken hat Digitalisierung für unser Unternehmen?
- Welche Erfolgsbeispiele gibt es in unserem Umfeld, die wir als Vorbilder für unsere Entwicklung berücksichtigen können?
- Welche Vision verfolgt unser Unternehmen für die Zukunft?
- Wie können wir die anstehende Veränderung mit Hilfe des entwickelten Zukunftsbilds an unsere Mitarbeiter, aber auch an Kunden und Partnerunternehmen kommunizieren?

Orientierungsphase

Nachdem das Unternehmen eine Zukunftsvision entwickelt hat, steht in der Orientierungsphase eine Standortbestimmung im Mittelpunkt. Oftmals wird hierfür ein Reifegradmodell genutzt, mit dem das Unternehmen seine digitale Reife, auch im Vergleich zu anderen Unternehmen, ermitteln kann (Merz 2016). Aus diesem Vergleich können Handlungsfelder für das Unternehmen abgeleitet werden, die die Entwicklungsrichtung der Digitalisierung aufzeigen können. Im Zuge dessen, sollte auch eine Digitalisierungsstrategie entwickelt werden, falls im Unternehmen noch keine vorhanden ist.

Eine Digitalisierungsstrategie bildet die Grundlage für die Umsetzung digitaler Transformationsprozesse, da sie langfristige Unternehmensziele definiert und zur systematischen Auseinandersetzung mit internen Stärken und Schwächen sowie externen Chancen und Risiken anregt. Studien zeigen, dass insbesondere bei KMU noch Nachholbedarf bei der Entwicklung von Digitalisierungsstrategien besteht. Eine eigene Erhebung des Mittelstand 4.0-Kompetenzzentrums Kaiserslautern (2018) deckt auf, dass lediglich 37 Prozent der teilnehmenden Unternehmen (n = 862) über eine definierte Digitalisierungsstrategie mit konkreten Zielen und Zielwerten verfügen. In einer weiteren Studie haben Saam et al. (2016) ermittelt, dass sogar nur bei einem Fünftel der deutschen KMU eine Digitalisierungsstrategie bereits mit Hilfe von (Pilot-)Projekten geplant und umgesetzt wurde.

In der Orientierungsphase stellen sich somit für Unternehmen folgende Leitfragen:

- Welche Chancen und Risiken eröffnet die Digitalisierung für unser Unternehmen?
- Welche internen Stärken und Schwächen haben wir?
- Welche strategischen Optionen ergeben sich hieraus für die langfristige Entwicklung unseres Unternehmens?
- Welche Digitalisierungsstrategie wollen wir verfolgen?

Planungsphase

Die sich anschließende Planungsphase definiert erste Pilotprojekte, um die festgelegten Ziele der Digitalisierungsstrategie fristgerecht erfüllen zu können (Merz 2016). Hierfür sollten Teams gebildet werden, die wiederum Umsetzungsziele und damit verbundene Zielwerte festsetzen. Dieser Vorgang schafft Verbindlichkeiten, auch wenn die Ziele im Prozess ggf. wieder angepasst werden müssen. Bei der Umsetzung des ersten Pilotprojekts sollte darauf geachtet werden, dass ein Projekt ausgewählt wird, bei dem schnell erste sichtbare Erfolge zu erwarten sind. Diese können Mitarbeitern, aber auch Kunden und Partnerunternehmen präsentiert werden, wodurch die Motivation für die Umsetzung weiterer Vorhaben steigen kann. „Mit der Fokussierung steigen Interesse und die Energie, etwas zu erreichen" (Pakdeenurit et al. 2014, S. 213). Neben der Projektumsetzung sollte auch schon an die spätere Auswertungs- und Anpassungsphase gedacht werden, indem bereits in dieser Phase ein überschaubares Set von Indikatoren definiert und ein kurzzyklisches Monitoring der Pilotprojekte gestartet wird.

Das Unternehmen sollte in dieser Phase folgende Fragen beantworten:

- Welche Anforderungen stellen wir an die neu einzuführende Technologie?
- Was sind die Rahmenbedingungen des Technologieeinsatzes im Unternehmen?
- Welche Pilotprojekte wollen wir umsetzen?
- Welches Pilotprojekt sollte gewählt werden, um die Motivation für die weitere Umsetzung durch eine schnelle Durchführung und die Generierung sichtbarer Erfolge zu steigern?
- Welche Indikatoren sollen für das Monitoring der Projekte herangezogen werden?

Realisierungsphase

In der dritten Phase des digitalen Transformationsprozesses, der Realisierungsphase, werden die geplanten Maßnahmen schrittweise umgesetzt. Dabei sollten technische Maßnahmen immer gemeinsam mit organisationalen Veränderungen realisiert werden. Insbesondere die partizipative Gestaltung des Prozesses ist dabei wichtig, da eine fehlende Einbindung der Mitarbeiter zur Ablehnung des Projekts und somit zum Scheitern des Digitalisierungsvorhabens führen kann. Werden Mitarbeiter frühzeitig in den Prozess eingebunden, steigt die Akzeptanz gegenüber der neuen Technologie und dem Wandel im Unternehmen, da die Mitarbeiter die Möglichkeit erhalten aktiv Einfluss auf die Gestaltung zu nehmen. Auch für die Umsetzung des Projekts können sich unmittelbare Vorteile durch die Beteiligung der Mitarbeiter ergeben, da diese ihr Arbeitsumfeld und ihre Arbeitsaufgabe am besten beurteilen und somit wichtige Hinweise zu Funktionalitäten und Nutzungsweisen der neuen Technologien machen können. Mitarbeiter werden so ermutigt, sich aktiv für das neue System zu engagieren und eigene Ideen einzubringen. Durch den direkten Kontakt mit den beteiligten Mitarbeitern können auch Veränderungen hinsichtlich der Akzeptanz der Veränderung frühzeitig erkannt und die Kommunikation entsprechend angepasst werden.

Um die Einbindung aller Mitarbeiter zu ermöglichen und sie auf den Einsatz der neuen Technologie oder Software vorzubereiten, sollten frühzeitig Qualifizierungsmaßnahmen durchgeführt werden. Fehlen entsprechende Maßnahmen, können digitale Lösungen von den Mitarbeitern nicht bestmöglich genutzt werden, sodass das Potenzial des Digitalisierungsvorhabens nicht effizient ausgeschöpft wird.

Um den Projektverlauf zu steuern, empfiehlt es sich, klassische Projektmanagementmethoden einzusetzen. Auch die definierten Indikatoren sollten umsetzungsbegleitend angewendet werden, um den Projekterfolg kurzzyklisch zu überwachen und ggf. bereits in dieser Phase Anpassungen vornehmen zu können. Die Nutzung von Indikatoren stellt dabei die objektive Bewertung des Projektfortschritts sicher.

Zentrale Fragen in der Realisierungsphase sind:

- Welche Projektmanagementmethoden können wir einsetzen, um das Projekt zu steuern?
- Wie können wir die notwendigen Angaben für die definierten Indikatoren erheben?
- Wie können wir Mitarbeiter frühzeitig einbinden?
- Welche Schulungsmaßnahmen sind notwendig?

Auswertungs- und Anpassungsphase
Es empfiehlt sich, den digitalen Transformationsprozess erst nach einer Auswertungs- und Anpassungsphase zu beenden. Durch die Auseinandersetzung mit den vorangegangenen Prozessschritten können wichtige Erkenntnisse für Folgeprojekte gewonnen werden. Für das Projektmanagement lässt sich feststellen, welche Aspekte der Umsetzung positiv verlaufen und an welchen Stellen Verbesserungspotenziale vorhanden sind. Hinsichtlich des geplanten Transformationsprozesses lässt sich im Rückblick auf die Planungsphase festhalten, wie sich die digitale Reife entwickelt hat und ob positive Entwicklungstrends aus dem aktualisierten Vergleich mit anderen Unternehmen abgeleitet werden können. Dies kann eventuell nur durch eine Wiederholung der Ausgangsmessung festgestellt werden. Weiterhin sollte geprüft werden, ob die Ergebnisse der Auswertungsphase Implikationen für die Digitalisierungsstrategie haben und ob diese ggf. angepasst werden muss.

Die Fragen der Auswertungs- und Anpassungsphase sind somit:

- Welche Erkenntnisse können aus der Umsetzung des Projekts gewonnen werden?
- Welche dieser Erkenntnisse sollten wir in Folgeprojekten beachten?
- Wie hat sich die digitale Reife unseres Unternehmens (auch im Vergleich zu anderen Unternehmen) verändert?
- Sollten wir unsere Digitalisierungsstrategie anpassen?
- Welche weiterführenden Projekte möchten wir angehen?

In verschiedenen Beiträgen dieses Buches werden einzelne oder auch mehrere Phasen des digitalen Transformationsprozesses fokussiert betrachtet. So zum Beispiel in Kap. 8, in dem der strukturierte Einstieg in den digitalen Transformationsprozess der Günter Effgen GmbH vorgestellt wird. In Kap. 13 wird anhand des Beispiels eines mittelständischen Sondermaschinenherstellers gezeigt, wie in der Orientierungs- und frühen Planungsphase Anforderungen im Kontext einer Technologieauswahl ausgestaltet werden können. In den hinteren Kapiteln werden schließlich Beispiele aufgezeigt, wie verschiedene Technologien schließlich realisiert und im Unternehmen eingeführt werden. Beispielhaft ist hier die Umsetzung und Einführung im Logistikbereich in den Kap. 18 und 19 anzuführen.

2.3 Qualifizierung

Digitalisierung stellt aufgrund der neuen Technologien, die sich dynamisch und teilweise rasant weiterentwickeln, immer neue Herausforderungen an Kompetenzen und Fähigkeiten von sowohl Mitarbeitern als auch Führungskräften. Gleichzeitig bieten digitale Technologien auch neue Lösungsansätze für die Qualifizierung und Weiterbildung von Kompetenzen für Unternehmen. Diese werden insbesondere dabei unterstützen können, die berufliche Aus- und Weiterbildung qualitativ und in der benötigten Geschwindigkeit auf diese Veränderungen anzupassen. Dazu müssen aber auch flexible und individuell anpassbare Möglichkeiten und Wege der digitalen Weiterbildung (z. B. Mikrozertifikate oder sog. „Nanodegrees") geschaffen und zum Einsatz gebracht werden. Sie eröffnen Mitarbeitern die Möglichkeit, sich auf schnell ändernde oder vollkommen neue Kompetenzanforderungen anzupassen (BITKOM 2018).

Es wird verstärkt möglich sein, Mitarbeitern mit Hilfe digitaler Technologien Wissen orts- und zeitunabhängig bereit zu stellen und so auch ein umfassendes Lernen am Arbeitsplatz zu ermöglichen, ohne dass Mitarbeiter für mehrere Tage auf eine Schulung oder ein Seminar fahren und ihren Arbeitsplatz verlassen müssen. Dies ist laut einer Studie des Instituts der Deutschen Wirtschaft (Seyda et al. 2018) mit einer Stichprobe von N = 1706 Unternehmen unter anderem das wichtigste Argument, warum digitale Lernmöglichkeiten in Unternehmen eingesetzt werden. Insbesondere für mittelständische Unternehmen bieten sich hier Möglichkeiten der Kompetenzentwicklung „on-the-job", die keinen Ausfall einer Arbeitskraft für mehrere Tage nach sich ziehen.

Beide oben genannten Aspekte der Kompetenzentwicklung im und für den digitalen Wandel sollen im Folgenden nochmals genauer betrachtet werden.

Gesteigerter Kompetenzentwicklungsbedarf
Der Einsatz digitaler Technologien in Unternehmen geht häufig mit einem gesteigerten Bedarf an Mitarbeiterqualifizierung und Kompetenzentwicklungsmaßnahmen einher. Insbesondere IT-Kompetenzen werden häufiger vermittelt, wenn Unternehmen neue digitale Technologien einführen (Seyda et al. 2018). Neben diesen Kompetenzen werden insbesondere auch neue Anforderungen an Kooperations- und Kommunikationsfähigkeit sowie Selbstständigkeit und Planungskompetenz gestellt, da Mitarbeiter sich in neuen Formen der Zusammenarbeit zurechtfinden müssen, z. B. zunehmend in Netzwerkstrukturen (Seyda et al. 2018). Weitere zukünftig relevante Mitarbeiterkompetenzen, die sich als eher klassische Kompetenzen einordnen lassen, sind unter anderem interdisziplinäres Handeln und Denken, Prozess-Know-how, Führungskompetenz, Mitwirkung an Innovationsprozessen, Problemlösungs- und Optimierungskompetenz, Kreativität, Adaptionsfähigkeit sowie eigenverantwortliches Arbeiten und Entscheiden/Unternehmerisches Denken und Handeln (acatech 2016; Kirchner et al. 2018). Ebenfalls als zukünftig sehr relevant werden Kommunikations- und Kooperationsfähigkeiten sowie Planungs- und Organisationsfähigkeit angesehen (Hammermann und Stettes 2015; Hays 2017).

Weiterbildungsbedarf wird insbesondere für die Entwicklung eines routinierten Umgangs mit elektronischen Daten, Grundkenntnissen bzgl. Datenschutz, der Zusammenarbeit mit anderen in einem Team, lebenslangem Lernen und weitgehend selbstständigem Arbeiten gesehen. Technologische Fähigkeiten, die an Bedeutung gewinnen werden, sind vor allem die Analyse komplexer Daten, Fähigkeiten in der smarten Hardware- und Robotik- sowie Webentwicklung im Bereich nutzerorientiertem Design (UX). Als digitale Grundkompetenzen werden der Umgang mit KI und Software („digital literacy"), angemessene digitale Kommunikationsfähigkeiten („digitaler Knigge"), Kollaborationsfähigkeiten sowie die Fähigkeit zum agilen Arbeiten (u. a. „rapid protoyping") und zur selbstständigen Zusammenstellung und Beurteilung digitaler Informationen („digitales Lernen") besonders relevant werden (Kirchner et al. 2018).

Aber auch die Fähigkeit zum lebenslangen Lernen wird vor dem Hintergrund der Digitalisierung und sich dynamisch verändernder Anforderungen und Rahmenbedingungen immer wichtiger werden. So stimmen ca. 99 Prozent der befragten Unternehmen einer BITKOM Studie aus dem Jahr 2018 mit 504 befragten Unternehmen ab (siehe auch Deutsche Telekom et al. 2018). Weitere 18 Prozent der befragten Unternehmen schätzen Digitalkompetenz als zukünftig wichtigste Kompetenz ein. Entsprechend geben 63 Prozent der befragten Unternehmen an, Mitarbeiter in diesem Bereich weiterzubilden, bzw. 41 Prozent der KMU besitzen eine digitale Weiterbildungsstrategie. Digitalkompetenz kann in diesem Zusammenhang verstanden werden als „der sichere Umgang mit digitalen Geräten wie Computern oder Smartphones sowie digitalen Anwendungen wie Software oder Apps". Diese Einschätzung nimmt mit der Unternehmensgröße zu. Immerhin noch 17 Prozent der KMU unter den befragten Unternehmen halten Digitalkompetenz für die wichtigste Kompetenz in Zukunft (BITKOM & VdTÜV 2018).

Über 80 Prozent der Unternehmen, die generell bereits im Rahmen von Weiterbildung aktiv sind, nutzen bereits digitale Formen der Weiterbildung. Generell sind Unternehmen aktiver bzgl. Weiterbildung, je mehr digitale Technologien bereits zum Einsatz kommen. Zudem werden eher Kompetenzen bzgl. der Bereiche Selbstständigkeit, Planungs- und Organisationsfähigkeit sowie zu Führungskompetenz bei Unternehmen vermittelt, die bereits digitale Technologien nutzen (Seyda et al. 2018). Es wird zudem deutlich, dass der Weiterbildungsbedarf bzgl. IT-Kompetenzen zu differenzieren ist. Es muss unterschieden werden zwischen dem Bedarf an Weiterbildung bzgl. IT-Anwendungskenntnissen, der eher bei einer Vielzahl an Mitarbeitern vorhanden ist, und dem Bedarf an vertieften IT-Kompetenzen für eine ausgewählte Mitarbeitergruppe (Hammermann und Stettes 2015). Bezüglich des zukünftigen Kompetenzbedarfs ist generell zwischen den Berufsbildern zu unterscheiden, bspw. wird von Facharbeitern zunehmend die Interaktion mit Maschinen, Steuerung der Maschinen und eigenverantwortliches Handeln verlangt, während bei Ingenieuren Kenntnisse produktionsnaher Software sowie Datenanalyse und -interpretation und für Betriebswirte unter anderem die Fähigkeit zur Entwicklung digitaler Geschäftsmodelle und ebenfalls Datenanalysefähigkeiten gefordert werden (acatech 2016; DGFP 2016).

Digitale Lernangebote
Neuartige Formen des Lernens durch Digitalisierung sind insbesondere arbeitsplatznahes Lernen oder Just-in-time Lernen (Jürgens et al. 2017; Kagermann et al. 2013). Die häufigsten digitalen Lernangebote sind weiterhin die Bereitstellung von Literatur oder Anleitung in PDF-Form, gefolgt von Lernvideos oder Audio-Aufzeichnungen (z. B. Podcasts) sowie interaktives webbasiertes Lernen über Webinare, virtuelle Klassenräume oder sog. Massive Open Online Courses (MOOCs). Eher selten werden aktuell noch mobile Lernapps oder digitale Arbeitsmittel als Lernmedium eingesetzt (IW 2018; Gayvoronskaya et al. 2016). Eine Vielzahl an Unternehmen schätzt zudem E-Learning als sehr förderlich für lebenslanges Lernen und Selbstorganisation ein. Als weitere Vorteile digitaler Lernangebote werden v. a. die zeitliche und örtliche Flexibilität, die Individualisierbarkeit und

der erleichterte Zugang sowie die einfacher standardisierbare Qualität der Lernangebote, die Visualisierbarkeit und die einfache Vermittlung von Anwendungskenntnissen gesehen (BITKOM und VdTÜV 2018). Lernvideos können schnell erstellt werden und so auch neue Inhalte zeitnah in ein bestehendes System integriert werden. Auf diese Weise kann die Flexibilität, die sich häufig schon in kurzen Entwicklungszeiten zeigt, fortgesetzt und weiter unterstützt werden (Seyda et al. 2018).

Eine weitere digitale Lernmöglichkeit sind sog. „Gamification"-Ansätze, bei denen bspw. Qualifizierung mit Hilfe von spielerischen Bausteinen, die z. B. Gameshows oder Computerspielen entlehnt sind, wie bspw. das Erreichen eines nächsten Levels, Inhalte vermittelt werden, insbesondere solche, die eine geringe intrinsische Lernmotivation mit sich bringen (Boes et al. 2016). Auf diese Weise kann u. a. auch partizipatives Lernen in einem Kollegen-Netzwerk in den Vordergrund gestellt werden (Jacobs et al. 2017). Einige weitere digitale Lernansätze sind in der folgenden Abb. 2.3 im Überblick festgehalten.

Als zentrale Vorteile von digitalen Lernmedien lassen sich u. a. festhalten (Behrendt 2016; Hellge et al. 2019):

- Lernen ist unabhängig von Zeit und Ort möglich,
- die Lerninhalte sind individualisierbar und bedarfsgerecht anpassbar,
- Lerneinheiten können selbstorganisiert absolviert werden,
- eine Kombination aus digitalen und klassischen Vor-Ort-Lernmodulen verbindet Ansätze der fachlichen als auch eine motivierend-unterstützende Rückmeldung und Steuerung.

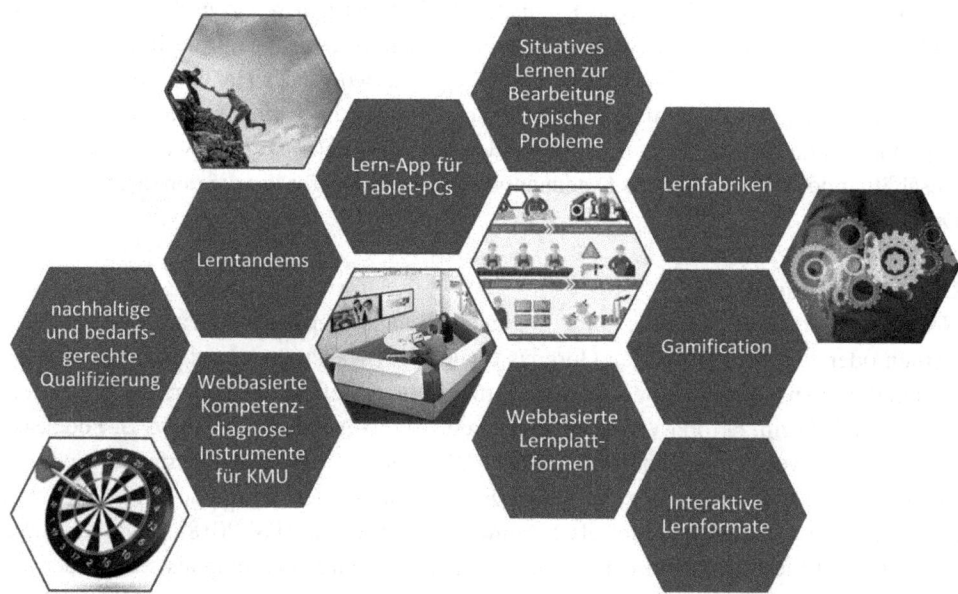

Abb. 2.3 Übersicht über Smarte Lernformen

Welche Relevanz das Thema Qualifizierung heutzutage bzw. im Kontext der digitalen Transformation einnimmt, wird in verschiedenen Kapiteln dieses Buchs deutlich herausgestellt. So greift beispielsweise Kap. 6 das Konzept des lebenslangen Lernens heraus, erläutert dieses und zeigt Möglichkeiten, mit welchen einfachen Schritten lebenslanges Lernen in die Unternehmenskultur eingebettet werden kann. Grundlage für eine zielgerichtete Qualifikation der Mitarbeiter ist dabei immer die Kenntnis darüber, welche Anforderungen an die Kompetenz- und Qualifikationsprofile zukünftig gestellt werden. In der Praxis ist dies oftmals schwer, insbesondere wenn Unternehmen noch in den frühen Phasen der digitalen Transformation sind. Hier liefert Kap. 5 einen guten Einstieg in die Thematik: Kern des Beitrags ist ein Vorgehen, mit dessen Hilfe Unternehmen Anforderungsprofile für zukünftige Arbeitsplätze ableiten und Kompetenzlücken bei den Mitarbeitern identifizieren können.

2.4 Digitalisierungsstrategie

Die Digitalisierung ist für viele Geschäftsführer und Inhaber von mittelständischen Unternehmen sowohl faszinierend als auch abschreckend. Die Einführung und der Einsatz moderner Industrie 4.0-Technologien bieten viele Chancen und Möglichkeiten und stellen den Unternehmen in Aussicht, als technologische Vorreiter eine führende Rolle einzunehmen. Gleichzeitig sind die dadurch entstehenden Kosten sowie der resultierende Nutzen des Technologieeinsatzes für die Geschäftsführer jedoch kaum zu überblicken. Welche Kennzahlen sich inwiefern verändern und ob letztendlich Vorteile für das Unternehmen daraus entstehen, ist oftmals unklar.

Um Fehlinvestitionen zu vermeiden und ihre Wettbewerbsfähigkeit sicherzustellen, müssen insbesondere mittelständische Unternehmen ihren digitalen Transformationsprozess sorgfältig planen. Kaum ein Mittelständler kann es sich finanziell erlauben, nur um den Trend der Digitalisierung mitzugehen eine beliebige neue Technologie einzuführen bzw. auszuprobieren. Vielmehr ist es essenziell, eine klare Vision oder zumindest eine Art von Zukunftsbild zu entwerfen, mit deren Hilfe sowohl Kunden als auch Partner und Mitarbeiter sich ein Bild des angestrebten Ziels und damit der Unternehmenszukunft machen und die Aktivitäten nachvollziehen können. Ein besonderer Fokus sollte hierbei stets auf die Potenziale und Chancen gelegt werden, die aus zukünftigen Entwicklungen resultieren können.

Eine entsprechende Ausrichtung der bestehenden Unternehmensstrategie auf die zukunftsrelevanten Digitalisierungsthemen ist in diesem Kontext unumgänglich, um die Wettbewerbsfähigkeit auch auf mittlerer und langer Frist sicherzustellen. Studien zeigen jedoch, dass nur ein Fünftel der mittelständischen Unternehmen in Deutschland über eine Digitalisierungsstrategie verfügen, mit deren Hilfe (Pilot-) Projekte bzw. der gesamte digitale Wandel des Unternehmens systematisch geplant und umgesetzt werden. Dies belegen auch die Ergebnisse des Readiness-Checks Digitalisierung des Mittelstand 4.0-Kompetenzzentrums Kaiserslautern (Abb. 2.4). Sie zeigen, dass über alle drei Bereiche

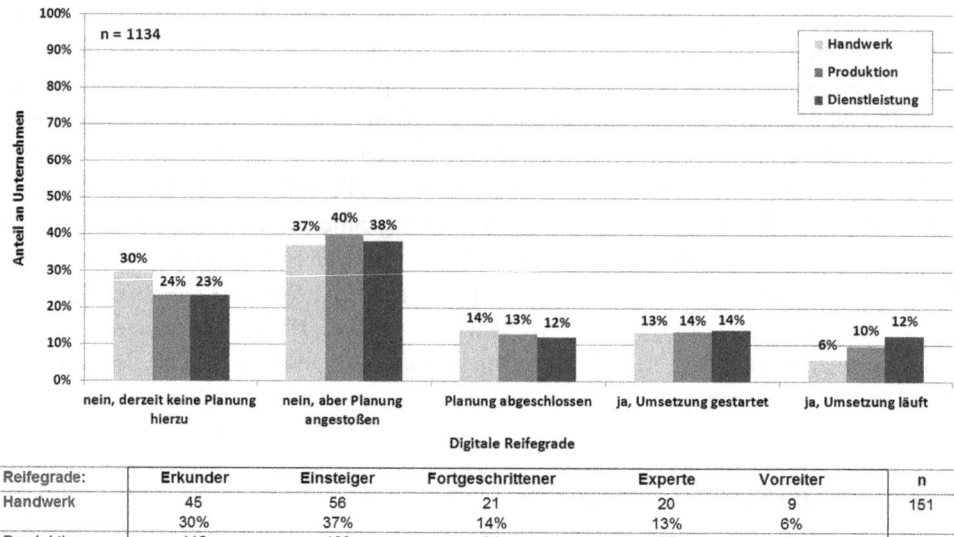

Abb. 2.4 Ergebnisse des Readiness-Check Digitalisierung des Mittelstand 4.0-Kompetenzzentrums Kaiserslautern zu der Frage: „Haben Sie eine Digitalisierungsstrategie mit konkreten Zielen und Zielwerten in Ihrem Unternehmen definiert?"

(Handwerk, Produktion, Dienstleistung) hinweg über 60 Prozent der 1134 teilnehmenden Unternehmen aktuell in den Reifegradstufen „1 Erkunder" und „2 Einsteiger" nicht über eine definierte Digitalisierungsstrategie mit konkreten Zielen und Zielwerten verfügen (Handwerk 67 Prozent, Produktion bzw. produzierende Unternehmen 64 Prozent und Dienstleistung 61 Prozent). Ebenso verdeutlicht das Ergebnis den Unterschied zwischen den drei Bereichen generell. Hier zeigt sich, dass insbesondere Handwerksbetrieben häufiger eine Digitalisierungsstrategie fehlt und diese auch nicht planen, eine zu entwickeln. Im Gegensatz dazu stehen Unternehmen im Dienstleistungsbereich, die den größten Anteil des Reifegrads „5 Vorreiter" ausmachen. Insgesamt zeigt sich, dass Unternehmen im Dienstleistungssektor in der Regel einen höheren Reifegrad in der Digitalisierung vorweisen können, als das produzierende Gewerbe oder Handwerksbetriebe.

Mit der Entwicklung einer (Digitalisierungs-) Strategie gewinnen mittelständische Unternehmen einen groben Fahrplan, mit dessen Hilfe sie sich gesteckte Ziele erreichen können. In der Praxis, insbesondere wenn die wirtschaftliche Lage gut und die Auftragsbücher gefüllt sind, wird die Relevanz einer Zukunftsvision des eigenen Unternehmens mit konkreten Zielen und Zielwerten oftmals unterschätzt. Sätze wie zum Beispiel: „Warum soll ich noch mehr machen, wenn doch alles super läuft?" oder „Strategieentwicklung? Für so etwas habe ich gar keine Zeit!" kommen dem ein oder anderen Geschäftsführer bzw. Inhaber in Gesprächen doch häufiger über die Lippen als „Wir arbeiten an unseren Zielen und wollen uns als Unternehmen weiterentwickeln." Dabei ist es genau diese Weiterentwicklung, die strategisch geplant die Zukunftsfähigkeit der Unternehmen sichert. Die wirtschaftlichen und gesellschaftlichen Rahmenbedingungen verändern sich stetig und stellen die mittelständischen Unternehmen vor neue Herausforderungen.

Die Digitalisierung ist generell nicht als weitere Herausforderung anzusehen, sondern als Instrument und Hilfsmittel, sich auf die zukünftigen Veränderungen frühzeitig einzustellen und die Zukunftsfähigkeit sicherzustellen. Durch den gezielten Einsatz digitaler Technologie sollen keine Arbeitsplätze wegrationalisiert werden, sondern vielmehr die Arbeitsbedingungen verbessert und die Attraktivität der Arbeit im eigenen Unternehmen gesteigert werden. Prozesse und Abläufe können effizienter gestaltet werden, um beispielsweise Ressourcen für neue Projekte, Aufträge und Tätigkeiten zu schaffen. Dies kann auch Zeit für mögliche neue, kreative Arbeits- und Ideenfindungsprozesse bedeuten, die im Unternehmen erprobt und umgesetzt werden können. Es können ebenso ein neues Arbeitszeitmodell bzw. eine neue Arbeitsorganisation eingeführt werden, um gegebenenfalls als Arbeitgeber familienfreundlicher und attraktiver für jüngere Fachkräfte zu sein. Oder mit Hilfe der digitalen Technologien wäre die Erschließung neuer Geschäftsbereiche oder eine Neuausrichtung des gesamten Unternehmens eine doch radikale, aber umsetzbare Möglichkeit. Eine gezielte Analyse der Digitalisierungspotenziale für das eigene Unternehmen, gekoppelt mit der Entwicklung einer eigenen (Digitalisierungs-) Strategie mit Zielen, sind der erste Schritt hin zur Zukunftsfähigkeit.

Auf welche Art und Weise diese ersten Schritte im digitalen Transformationsprozess angegangen werden können, zeigen einige Praxisbeispiele in diesem Buch. Zum einen spielt der Aspekt der Demografiefestigkeit eine große Rolle, also die strategische Ausgestaltung der strukturellen Voraussetzungen und Prozesse im Unternehmen auf die Herausforderungen des demografischen Wandels, wie zum Beispiel den Fachkräftemangel. Digitale Technologien können hier dazu beitragen, die Demografiefestigkeit von Unternehmen zu steigern, etwa indem bspw. neue Arbeitszeitmodelle und Telearbeit die Arbeitgeberattraktivität erhöhen oder durch den Einsatz von (digitalen) Assistenzsystemen die Beschäftigungsfähigkeit gefördert wird (Kap. 4). Wie sich eine passende Digitalisierungsstrategie für ein Unternehmen partizipativ erarbeiten und umsetzen lässt, zeigen unter anderem die Kap. 8 und 9. Darüber hinaus existieren diverse Ansätze zur digitalen Reifegradmessung, wie z. B. der Readiness-Check Digitalisierung des Mittelstand 4.0-Kompetenzzentrums Kaiserslautern, mit deren Hilfe Unternehmen ihren Standpunkt und mögliche Digitalisierungspotenziale identifizieren können. Ein ähnlicher Ansatz wird auch in Kap. 10 mit der Industrie 4.0-Potenzialanalyse des Mittelstand 4.0 des Kompetenzzentrums Chemnitz präsentiert. Um den strategischen Wandel im Unternehmen richtig anzugehen und die Mitarbeiter mitzunehmen bietet sich über die in Kap. 8 aufgezeigten Formate hinausgehend die Möglichkeit, Change Enabler als Unterstützer und Förderer des digitalen Wandels im Unternehmen zu identifizieren und entsprechend weiterzubilden. Ein Konzept des Mittelstand 4.0-Kompetenzzentrums Siegen, das dieses Ziel verfolgt, wird in Kap. 7 vorgestellt.

2.5 Partizipation

Neben einer strategischen Orientierung sowie einer systematischen Vorgehensweise ist eine menschenzentrierte Ausgestaltung digitaler Systeme und Arbeitsmittel ein zentraler Erfolgsfaktor, um den digitalen Transformationsprozess erfolgreich zu durchlaufen. Dabei ist insbesondere die Mitarbeiterpartizipation als ein integraler Bestandteil der Einführung und Ausgestaltung neuer digitaler/ technologischer Lösungen aufzufassen, der die menschenzentrierte Umsetzung einer digitalisierten Arbeitswelt möglich macht.

Es ist daher vorstellbar, den digitalen Transformationsprozess um ein Modell der Ausgestaltung von Partizipation zu ergänzen. Bauer und Markenbach (2018) schlagen hier ein Partizipationsmodell zur Einführung Cyber-Physischer Systeme vor. Das Modell identifiziert für jede Phase des Vorgehens bei der Auswahl und Einführung derartiger Systeme geeignete Beteiligungsformate. Im Rahmen des Modells werden die Aspekte Einfluss des individuellen Mitarbeiters, Grad der Einbindung sowie Grad der Verantwortung des Einzelnen über die Beteiligungsformate hinweg gesteigert. Das heißt, sowohl der Grad der Beteiligung als auch der Grad der Delegation nehmen über die verschiedenen Formate hinweg zu (Bauer und Markenbach 2018).

Das Modell unterscheidet die nachstehenden Ausprägungen der Mitarbeiterpartizipation, die ergänzend eingesetzt werden können (Bauer und Markenbach 2018) und die im Folgenden auf die Phasen des digitalen Transformationsprozesses (Abschn. 2.2) übertragen werden:

- **Keine Partizipation** in der Realisierungsphase und Auswertungs-/Anpassungsphase, trotzdem Einsatz von Mailings, allgemeiner Information oder Pressemitteilungen
- **Information** in der Phase der Realisierung mit Hilfe von Informationen im Intranet, Trainings/ Coachings, Workshops oder einer Lernwerkstatt
- **Konsultation** in den Phasen Planung und Realisierung bspw. über Fragebögen, Interviews, Meetings, KVP-Ansätze, Problemlösungsgruppen, Rollenspiele oder Nutzertests
- **Geleitete Mitwirkung** in den Phasen Orientierung, Planung und Realisierung über Ansätze wie z. B. Experimentiergruppen oder Beratungsteams
- **Partnerschaftliche Kooperation** in den Phasen der Inspiration, Orientierung, Planung und Realisierung mit Hilfe von bspw. Open-Space-Formaten
- **Abgabe von Verantwortung** ab der Inspirationsphase bspw. mit dem Einrichten von Innovationszirkeln.

Insbesondere die Beteiligung der Mitarbeiter auch bei der Definition und Umsetzung der Digitalisierungsstrategie sowie bei der Ermittlung von Anforderungen an digitale Technologien wird entscheidend sein, um passgenaue technische Lösungen zu erhalten und mögliche Widerstände und Hemmnisse, die Mitarbeiter gegenüber den Veränderungen, die durch Digitalisierung ausgelöst werden, empfinden, frühzeitig entgegenzuwirken und abzubauen. Eine frühzeitige Information über Digitalisierungsvorhaben und die Möglichkeit, diese aktiv mitzugestalten, steigern die Motivation der Mitarbeiter und reduzieren deren Unsicherheiten.

Beispiele für ein partizipatives Vorgehen – unter anderem im Kontext der Anforderungserhebung und Einführung neuer Technologien – finden sich auch in diesem Buch. So zeigt Kap. 13 die Möglichkeit des Einbezugs der Mitarbeiter bei der Anforderungserhebung an ein ERP-/PLM-System, während Kap. 14 die nutzerzentrierte Gestaltung eines digitalen Assistenzsystems für die Warenannahme in den Fokus stellt. Kap. 15 zeigt auf, wie bei der PS Automation GmbH sowohl die Anforderungen als auch die Ausgestaltung eines digitalen Assistenzsystems zur Unterstützung von Produktionsmitarbeitern in der Handmontage unter Einbezug der Betroffenen durchgeführt wurde. Die Beiträge in den Kap. 18 und 19 legen ihren Fokus auf den Bereich Logistik, in dem digitale Assistenzsysteme in den Firmen Braun Maschinenbau GmbH sowie Anlagenbau Günther GmbH partizipativ entwickelt, erprobt und eingeführt werden. Besonders herauszuheben ist die Entwicklung einer kollaborativen, digitalen Plattform zur Dienstplanung für Pflegeberufe in einer Senioreneinrichtung für pflegebedürftige Menschen der Protestantischen Altenhilfe Westpfalz, die mit Hilfe von Gamification-Ansätzen die Selbstorganisation und Autonomie der Beschäftigten in der Pflege stärken soll (Kap. 20).

2.6 Führung

Digitale Transformations- bzw. Veränderungsprozesse bringen erhöhte Anforderungen an Anpassungsfähigkeit für ein Unternehmen mit sich. Insbesondere erhöht sich der Druck an Produkt- und Dienstleistungsinnovationen durch digitale Geschäftsmodelle sowie auf Mitarbeiter, da Arbeit zunehmend mobil, projekt- und teamorientiert sowie interdisziplinär ausgestaltet werden wird.

In diesem Zusammenhang sind geeignete Führungskonzepte erforderlich, um den digitalen Transformationsprozess zu unterstützen und zu begleiten. Führung ist ein entscheidender Einflussfaktor, um sowohl technologische Aspekte zur Steuerung des Unternehmens einsetzbar zu gestalten und gleichzeitig auch eine Organisationsstruktur und -kultur zu schaffen, die diese technologischen und organisatorischen Veränderungen mitträgt (Buxmann und Zillmann 2016). Eine konsensorientierte, demokratische Führung wird im Rahmen von Digitalisierungsprojekten zunehmend an Bedeutung gewinnen, um mit den Herausforderungen virtueller bzw. vernetzter Teams umzugehen, neue Formen der (Selbst-)Kontrolle zu nutzen sowie Regelungen zum Umgang mit Informationstransparenz zu definieren (Sattelberger et al. 2015; Boes et al. 2016).

Eine weitere Herangehensweise an Führung im Rahmen der digitalen Transformation spricht von sog. „reflexiver" Führung, welche die Möglichkeiten interpersonaler Beeinflussung aufgrund einer Netzwerkbildung sowie der Förderung von Selbstorganisation und Teamarbeit als Ansatzpunkte für Führung in den Vordergrund rückt (Alvesson et al. 2017).

Führungskräfte werden zunehmend aufgefordert sein, eine agile Organisationsgestaltung zu unterstützen, sodass das Unternehmen erfolgreich mit diesen zunehmend dynamischen Anforderungen umgehen kann. Eine solche Ausgestaltung kann Anhand einer Reihe von Ansatzpunkten realisiert werden, um Unternehmen agiler und wettbewerbsfähiger zu machen (Gehrckens 2016). Zink, Hellge und Schröder (2016) machen deutlich, dass eine Führung im Kontext des digitalen Wandels zukünftig mehrere Rollen einnehmen muss, u. a. als Befähiger und Motivator in agilen und flexiblen Teams, als Analytiker in strategischen Entscheidungsprozessen, als Coach für die Entwicklung von Selbstorganisation sowie als Teilender, der Wissen und Macht in zunehmend enthierarchisierten Organisationsstrukturen an seine Mitarbeiter abtritt und als Vorbild im Kontext der Digitalisierung voranschreitet (Urban 2016; Spielberg und Roehl 2015; Oenning 2015).

Führungskräfte werden zudem Mitarbeiterleistungen stärker ergebnisorientiert bewerten sowie gleichzeitig ein höheres Augenmerk auf die Gesundheit ihrer Mitarbeiter legen müssen, um den zunehmenden Druck, der durch Digitalisierung und Agilität entsteht, nach Möglichkeit mit geeigneten Maßnahmen abmildern zu können. Darüber hinaus müssen Führungskräfte im Zuge der Digitalisierung mit unterschiedlichen Werkzeugen und Hilfsmitteln umgehen können, die sie bei der Steuerung und Entscheidungsfindung unterstützen (Schwarzmüller et al. 2017).

Zusammenfassend kann festgestellt werden, dass Führungskräfte zukünftig die zentralen „Gatekeeper" sein werden, die im digitalen Wandel dafür sorgen, dass

- der Zweck der Organisation verfolgt wird,
- der Fokus auf Menschen bestehen bleibt,
- Organisationen vernetzt werden,
- neue Geschäftsmodelle unterstützt werden,
- langfristiges Agieren und Verantwortung im Fokus stehen und
- Mitarbeiter sich entfalten können (Deutsche Telekom et al. 2018).

Insbesondere in mittelständischen Unternehmen lässt sich häufig noch ein Nachholbedarf bzgl. Führung im Kontext des digitalen Wandels erkennen. In vielen Fällen werden Führungskräfte als unvorbereitet bzgl. Digitalisierung angesehen, bzw. fehlt es an speziell qualifizierten Führungskräften für die Begleitung und Unterstützung der digitalen Transformation (Mittelstand 4.0-Agentur Kommunikation und Business School Berlin 2016). Ergebnisse des Readiness-Checks Digitalisierung des Mittelstand-4.0-Kompetenzzentrums Kaiserslautern zeigen zudem, dass ein großer Anteil an Unternehmen keine expliziten Verantwortlichkeiten für das Thema Digitalisierung definiert hat. Lediglich 29 Prozent der teilnehmenden Unternehmen (n = 1130) haben explizit eine Person als für die Digitalisierung im Unternehmen Verantwortlichen definiert und nur 12 Prozent haben darüber hinaus auch die Aufgaben des Verantwortlichen formal festgehalten (Abb. 2.5).

Die in diesem Buch folgenden Beiträge berücksichtigen zum Teil neue Anforderungen an Führung als Rahmenbedingungen für Arbeit und es zeigen sich einige Kernherausforderungen sowie Ansatzpunkte für eine neue Führungsrolle im Rahmen der Digitalisierung mittelständischer Unternehmen (z. B. in Kap. 13).

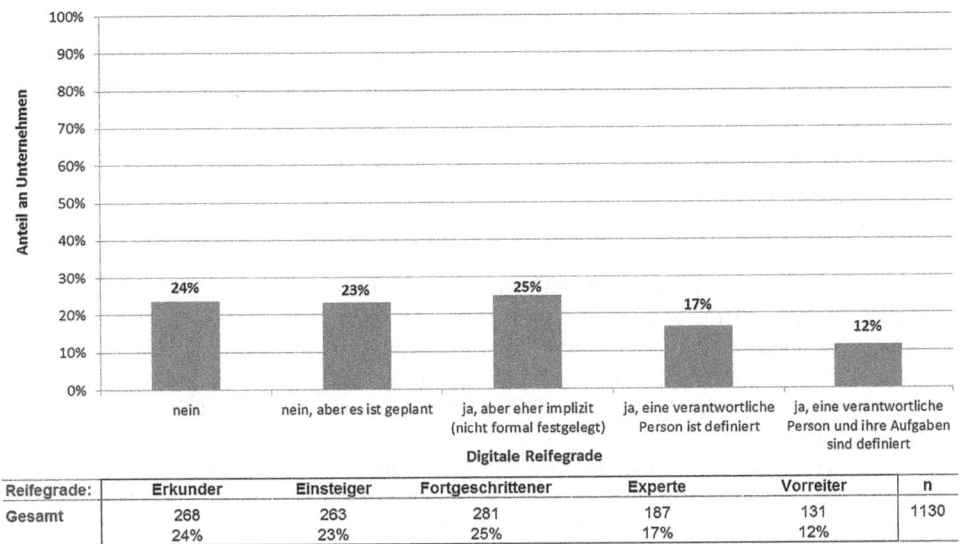

Abb. 2.5 Ergebnisse des Readiness-Checks Digitalisierung des Mittelstand 4.0-Kompetenzzentrums Kaiserslautern zu der Frage: „Gibt es einen Hauptverantwortlichen für das Thema Digitalisierung?"

2.7 Fazit

Für viele mittelständische Unternehmen bedeutet die Digitalisierung eine große Herausforderung. Eine Ursache hierfür ist oftmals die Ungewissheit darüber, wie der digitale Wandel angegangen und gestaltet werden kann. Dies zeigt sich unter anderem an den unterschiedlichen Geschwindigkeiten, mit denen der digitale Wandel in den verschiedenen Unternehmen voranschreitet. Einerseits ist in Großkonzernen bereits ein hohes Maß an technologischer Reife vorzufinden, während andererseits viele kleinere Unternehmen in klassischen Branchen sich erst allmählich auf den Weg machen. Auch wenn es oftmals so scheint, die fehlende Investitionskraft ist nicht der zentrale Aspekt dieser gehemmten Haltung gegenüber der Digitalisierung. Vielmehr sind bei kleinen und mittleren Unternehmen die grundlegenden Herausforderungen die systematische Identifikation von Digitalisierungspotenzialen, die Formulierung einer eigenen Digitalisierungsstrategie sowie die strukturierte Umsetzung der digitalen Transformation unter Einbezug aller relevanten Akteure im Unternehmen.

Dieser Beitrag liefert mit dem digitalen Transformationsprozess eine strukturelle Grundlage für das Vorgehen von kleinen und mittleren Unternehmen. Mit Hilfe der fünf Phasen des aufgezeigten Prozesses soll es den Unternehmen möglich werden, den Weg des digitalen Wandels zu beschreiten und die Umsetzung von Digitalisierungsvorhaben vorzubereiten. Daran anknüpfend dienen die Erläuterungen zu den zentralen Themen Qualifikation, Strategieentwicklung, Partizipation und Führung dazu, grundlegende Rahmenbedingungen für eine erfolgreiche Ausgestaltung der Digitalisierung im Unternehmen zu verstehen und zu gestalten. Gleichzeitig wird in den jeweiligen Abschnitten auf verschiedene Beiträge in diesem Buch verwiesen, die spezifische Aspekte der Themen explizit adressieren und Umsetzungsbeispiele aus der unternehmerischen Praxis zeigen.

Literatur

Acatech – DEUTSCHE AKADEMIE DER TECHNIKWISSENSCHAFTEN; Fraunhofer IML; Equeo (Hrsg.) (2016). Kompetenzentwicklungsstudie Industrie 4.0. Erste Ergebnisse und Schlussfolgerungen. April 2016, Berlin. Verfügbar unter: https://www.acatech.de/wp-content/uploads/2018/03/acatech_DOSSIER_neu_Kompetenzentwicklung_Web.pdf [22.03.2019].

Alvesson, M.; Blom, M.; Sveningsson, S. (2017). Reflexive Leadership: Organising in an Imperfect World. London: Sage.

Bauer, W.; Markenbach, D. (Hrsg.) (2018). MyCPS- Migrationsunterstützung für die Umsetzung menschenzentrierter Cyber-Physical Systems. Abschlussbuch. Verfügbar unter: http://publica.fraunhofer.de/eprints/urn_nbn_de_0011-n-5185593.pdf [22.03.2019]

Behrendt, E. (2016). Mit digitalen Medien qualifizieren: Hohes Potential wird in Deutschland kaum genutzt. Mittelstand-Digital Wissenschaft trifft Praxis, Heft 5, S. 42–47.

BITKOM (2018): Stellungnahme zu den Eckpunkten der Bundesregierung für eine Strategie Künstliche Intelligenz 25.09.2018.

BITKOM & VdTÜV (2018). Weiterbildung für die digitale Arbeitswelt. Eine repräsentative Untersuchung von Bitkom Research im Auftrag des VdTÜV e. V. und des Bitkom e. V.

Boes, A.; Kämpf, T.; Gül, K.; Langes, B.; Lühr, T.; Marrs, K.; Ziegler, A. (2016). Digitalisierung und „Wissensarbeit". Der Informationsraum als Fundament der Arbeitswelt der Zukunft. Aus Politik und Zeitgeschichte, 66(18-19), S. 32–39.

Bundesministerium für Arbeit und Soziales (BMAS) (2018). Zusammenfassung der Ergebnisse des Arbeit 4.0 Dialogprozesses. Verfügbar unter: https://www.arbeitenviernull.de/dialogprozess/weissbuch/zusammenfassung-der-ergebnisse.html.

Bundesministerium für Wirtschaft und Energie (BMWi) (2017): Digitale Geschäftsmodelle – Themenheft Mittelstand digital.

Buxmann, P.; Zillmann, M. (2016). Digitalisieren Sie schon? Ein Benchmark für die digitale Agenda. Mindelheim: Lünendonk.

Deutsche Gesellschaft für Personalführung e. V. (DGFP) (Hrsg.) (2016): Leitfaden: Kompetenzen im digitalisierten Unternehmen. DGFP-Praxispapiere, Nr. 02/2016.

Deutsche Telekom; Detecon International; Henley Center for Leadership (Hrsg.) (2018). Arbeit 2028- Trends, Dilemmata & Chancen. Henley Business School 2018.

Gayvoronskaya, T.; Bauer, M.; Talmeier, M.; Meinl, C. (2016). Wie digitale Weiterbildungsangebote kleinen und mittleren Unternehmen bei der Digitalisierung helfen können. Mittelstand-Digital Wissenschaft trifft Praxis, Heft 5, S. 24–29.

Gehrckens, H. M. (2016). Agilität im Kontext der digitalen Transformation – Kernanforderung an die Organisation von morgen In: Heinemann, G.; Gehrckens, H. M.; Wolters, U. J. (Hrsg.): Digitale Transformation oder digitale Disruption im Handel. Vom Point-of-Sale zum Point-of-Decision im Digital Commerce, S. 79–110.

Hammermann, A.; Stettes, O. (2015). Fachkräftesicherung im Zeichen der Digitalisierung. Empirische Evidenz auf Basis des IW-Personalpanels 2014.

Hays (Hrsg.) (2017). HR-REPORT 2017 Schwerpunkt Kompetenzen für eine digitale Welt. Eine empirische Studie des Instituts für Beschäftigung und Employability IBE im Auftrag von Hays für Deutschland, Österreich und die Schweiz. Verfügbar unter: https://www.hays.de/documents/10192/118775/Hays-Studie-HR-Report-2017.pdf [11.04.2019]

Hellge, V.; Osranek, R.; Schröder, D.; Zink, K. J. (2019). Gestaltungsansätze für den digitalen Transformationsprozess. In: Zink, K. J. (Hrsg.). Arbeit und Organisation im 21. Jahrhundert. Nomos, S. 187–232.

Hellge, V.; Schröder D.; Zink, K. J. (2017). Der „Readines Check Digitalisierung" als Instrument im digitalen Transformationsprozess. In: Lingnau, V.; Müller-Seitz, G.; Roth, S. (Hrsg.): Management der digitalen Transformation – Interdisziplinäre theoretische Perspektiven und praktische Ansätze. München, S. 171–185.

International Labour Organization (ILO) (Hrsg.) (2017): Inception report for the Global Commission on the Future of Works, Geneva: ILO.

Jacobs, J. C.; Kagermann, H.; Spath, D. (Hrsg.) (2017). Arbeit in der digitalen Transformation. Agilität, lebenslanges Lernen und Betriebspartner im Wandel. Verfügbar unter: https://www.acatech.de/wp-content/uploads/2018/03/170609_DISKUSSION_HR-Kreis_WEB.pdf [15.03.2019].

Jürgens, K.; Hoffmann, R.; Schildmann, C. (2017). Arbeit transformieren – Denkanstöße der Kommission „Arbeit der Zukunft". Hans-Böckler-Stiftung Bielefeld. Verfügbar unter: https://www.boeckler.de/pdf/p_forschung_hbs_189.pdf [11.04.2019].

Kagermann, H.; Wahlster, W.; Helbig, J. (2013). Recommendations for implementing the strategic initiative INDUSTRIE 4.0. Securing the future of German manufacturing industry. Final report of the Industrie 4.0 Working Group. Verfügbar unter: https://www.din.de/blob/76902/e8cac883f42bf28536e7e8165993f1fd/recommendations-for-implementing-industry-4-0-data.pdf [11.04.20419].

Kirchner, J.; Klier, J.; Lehmann-Brauns, C.; Winde, M. (2018) (Hrsg.) (2018). Future Skills Diskussionspapier 1. Future Skills- welche Kompetenzen in Deutschland fehlen. Verfügbar unter: file://tramiel/redirection/cbosse/Downloads/future_skills_diskussionspapier_01_welche_kompetenzen_fehlen.pdf [11.04.2019]

Merz, S. L. (2016). Industrie 4.0-Strategie: So geht man bei der Einführung vor. In: Roth, A. (Hrsg.): Einführung und Umsetzung von Industrie 4.0. Grundlagen, Vorgehensmodell und Use Cases aus der Praxis. Berlin, Heidelberg, S. 83–110.

Mittelstand 4.0-Agentur Kommunikation; Business School Berlin (2016). Mittelstand 4.0 – Führungsverhalten im Wandel. Berlin, Potsdam.

Mittelstand 4.0-Kompetenzzentrum Kaiserslautern (2018). Kurzbericht zum Readiness-Check Digitalisierung. September 2018. Kaiserslautern.

Oenning, L. (2015). Digitalisierung – Das müssen Chefs drauf haben. Wirtschaftswoche Online. Verfügbar unter https://www.wiwo.de/erfolg/management/digitalisierung-das-muessen-chefs-drauf-haben-/12987898.html [11.04.2019].

Pakdeenurit, P.; Suthikarnnarunai, N.; Rattanawong, W. (2014). Special Economic Zone: Facts, Roles, and Opportunities of Investment: IAENG. Hongkong. Verfügbar unter: http://www.iaeng.org/publication/IMECS2014/IMECS2014_pp1047-1051.pdf [11.04.2019].

Saam, M.; Viete, S.; Schiel, S. (2016). Digitalisierung im Mittelstand: Status Quo, aktuelle Entwicklungen und Herausforderungen. Zentrum für Europäische Wirtschaftsforschung GmbH. Verfügbar unter: https://www.kfw.de/PDF/Download-Center/Konzernthemen/Research/PDF-Dokumente-Studien-und-Materialien/Digitalisierung-im-Mittelstand.pdf [11.04.2019].

Sattelberger, T.; Welpe, I., Boes, A. (2015). Das demokratische Unternehmen. Neue Arbeits- und Führungskulturen im Zeitalter der Digitalisierung. Haufe: Freiburg/München.

Schwarzmüller, T.; Brosi, P.; Welpe, I. M. (2017). Führung 4.0 – Wie die Digitalisierung Führung verändert. In: Hildebrandt, A.; Landhäußer W. (Hrsg.): CSR und Digitalisierung. Der digitale Wandel als Chance und Herausforderung für Wirtschaft und Gesellschaft. Berlin: Springer Gabler, S. 617–628.

Seyda, S.; Meinhard, D. B.; Placke, B. (2018). IW-Trends 1/2018 Weiterbildung 4.0 – Digitalisierung als Treiber und Innovator betrieblicher Weiterbildung. Vierteljahresschrift zur empirischen Wirtschaftsforschung, Jg. 45, Köln: Institut der Deutschen Wirtschaft.

Spielberg, H.; Roehl, H. (2015). Digitalisierung braucht Ehrlichkeit. Herausforderung Digitalisierung – Change Management in der digitalen Welt – Ein Gespräch mit Holger Spielberg. Zeitschrift Organisationsentwicklung, Ausgabe Nr. 3/2015, S. 6–10.

Urban, H.-J. (2016). Arbeiten in der Wirtschaft 4.0. Über kapitalistische Rationalisierung und digitale Humanisierung. In: Schröder, L.; Müller, N. (Hrsg.): Digitale Arbeitswelt. Trends und Anforderungen. Frankfurt a. M.: Bund-Verlag, S. 21–45.

Zink, K. J.; Hellge, V.; Schröder, D. (2016): Führung und Organisation im digitalen Wandel. In: Schwuchow, K.; Gutmann, J. (Hrsg.). Personalentwicklung – Themen, Trends, Best Practices 2017, S. 159–170.

Dipl.-Kfm. Techn. Christian K. Bosse studierte Betriebswirtschaftslehre mit technischer Qualifikation im Fach Informatik an der Technischen Universität Kaiserslautern und der Auckland University of Technology (Neuseeland). Seit 2011 ist er als Wissenschaftlicher Mitarbeiter am Institut für Technologie und Arbeit e.V. beschäftigt. Neben seiner Forschungstätigkeit in verschiedenen Projekten in den Themenbereichen Digitalisierung und Zukunft der Arbeit/Arbeit 4.0 unterstützt er als Experte im Mittelstand 4.0-Kompetenzzentrum kleine und mittlere Unternehmen bei ihrer digitalen Transformation und der Einführung neuer Technologien.

Dr. Viola Hellge studierte Diplom-Wirtschaftsingenieurwesen an der Technischen Universität Kaiserslautern und der St. Ambrose University in Davenport, Iowa. Seit 2012 ist Frau Hellge als wissenschaftliche Mitarbeiterin am Institut für Technologie und Arbeit e.V. beschäftigt. Sie promovierte im Jahr 2019 zu den Themen Personalmanagement und Unternehmenscluster. Ihre weiteren Forschungsschwerpunkte liegen in den Bereichen Organisation, Changemanagement insbesondere digitaler Transformationsprozess, soziotechnologische Systemgestaltung, Industrie 4.0 und Zukunft der Arbeit/Arbeit 4.0 im Rahmen des Mittelstand 4.0-Kompetenzzentrum Kaiserslautern.

Dipl.-Soz. Delia Schröder, MBA studierte Soziologie an der Universität des Saarlandes, später berufsbegleitend an der Hochschule Pforzheim und schloss dort mit einem MBA ab. Sie arbeitete in Saarbrücken und München in Wissenschafts- und Beratungseinrichtungen. Seit 2006 ist sie am Institut für Technologie und Arbeit e.V. tätig und beschäftigt sich mit Arbeits-und Organisationsgestaltung, derzeit vor allem im Kontext der Digitalisierung. In diesem Kontext unterstützt sie auch als Expertin im Mittelstand 4.0-Kompetenzzentrum Kaiserslautern bei der digitalen Transformation von kleinen und mittleren Unternehmen.

Stephanie Dupont, M. Sc. studierte Wirtschaftswissenschaften an der Technischen Universität in Kaiserslautern und ist seit 2016 wissenschaftliche Mitarbeiterin am Institut für Technologie und Arbeit e.V. Dort befasst sie sich insbesondere mit den Themen Digitalisierung und Arbeit 4.0.

Rechtliche Herausforderungen in der Arbeitswelt 4.0 im Mittelstand anhand von zwei Beispielen

Dagmar Gesmann-Nuissl

Zusammenfassung

Die digitale Transformation in der Arbeitswelt 4.0 eröffnet dem Mittelstand neue Chance, wie beispielsweise die Flexibilisierung von Arbeitszeit und -ort. Aber auch die Kooperation von Mensch und Maschine verändert sich grundlegend, unter anderem beim Einsatz von physischen Assistenzsystemen wie einem Exoskelett. Auch wenn die Umsetzung sowohl für Arbeitnehmer, als auch Arbeitgeber viele Vorteile bietet, sind bei der Umsetzung die rechtlichen Vorgaben und Rahmenbedingungen einzuhalten. Insbesondere im Mittelstand sind diese aber nicht immer präsent und stellen viele Geschäftsführer und Führungskräfte vor weitere Herausforderungen. Nicht selten werden unklare rechtliche Aspekte auch als Begründung für eine ausbleibende Digitalisierung im Unternehmen angeführt. Dieser Beitrag beleuchtet daher diverse Fragestellungen, die im Zuge der Digitalisierung und Transformation des Mittelstandes am Beispiel der Flexibilisierung von Arbeitszeit und -ort sowie der einer engen Kollaboration von Mensch und Technik auftreten.

Der Beitrag entstand im Rahmen des Mittelstand 4.0-Kompetenzzentrums Chemnitz, gefördert durch das Bundesministerium für Wirtschaft und Energie (BMWi) im Förderschwerpunkt Mittelstand-Digital (FKZ: 01MF16001A).

D. Gesmann-Nuissl (✉)
Technischen Universität Chemnitz, Professur für Privatrecht und Recht des geistigen Eigentums, Chemnitz, Deutschland
E-Mail: dagmar.gesmann@wirtschaft.tu-chemnitz.de

© Springer-Verlag GmbH Deutschland, ein Teil von Springer Nature 2019
C. K. Bosse, K. J. Zink (Hrsg.), *Arbeit 4.0 im Mittelstand*,
https://doi.org/10.1007/978-3-662-59474-2_3

3.1 Rechtliche Aspekte der Arbeitswelt 4.0 im Mittelstand

Die Arbeitswelt der Zukunft wird sich erheblich verändern, so auch die Herausforderungen für den Mittelstand. Derzeit sind diese meist noch überschaubar, denn in mittelständischen Unternehmen sind es oft kleinere Schritte, die in Richtung Digitalisierung des Unternehmens und der Arbeitswelt unternommen werden. Häufig geht es um den erstmaligen Einsatz von digitalen Lösungen verbunden mit dem Ziel, Abläufe innerhalb des Unternehmens sozialverträglicher, effizienter sowie transparenter zu gestalten oder die Arbeitnehmer sowohl physisch als auch psychisch zu entlasten.

Dabei unterscheiden sich die Rahmenbedingungen bei kleinen und mittleren Unternehmen deutlich von denen der großen Industrieunternehmen. Zum einen sind sie zumeist nicht an die Entscheidung der Konzernleitung oder des Betriebsrates gebunden, wodurch sie in der Lage sind, schnell und unbürokratisch etwas auszuprobieren. Zum anderen lassen sich aufgrund einer zumeist überschaubaren Unternehmensgröße die Mitarbeiter von Anfang an in die Planungen einbeziehen. Dadurch können aufkeimende Bedenken schon im Vorfeld eines Vorhabens identifiziert und ausgeräumt werden. Ebenso lassen sich implementierte Abläufe recht schnell wieder umkehren, sofern sie sich als Trugschluss erwiesen haben. Der Mittelstand besitzt damit die strukturelle Flexibilität, um Innovationen in der Arbeitswelt anzustoßen und umzusetzen.

Trotz der vorhandenen Flexibilität müssen sich auch mittelständische Unternehmen im bestehenden Rechtsrahmen bewegen. Sie haben die rechtlichen Vorgaben zu berücksichtigen, die für die jeweiligen Vorhaben gelten. Denn nur, wenn sich die Veränderungsprozesse der Arbeitswelt im geltenden Recht bewegen, lassen sie sich am Ende auch dauerhaft einführen und nachhaltig gestalten - stets mit dem übergeordneten Ziel, für einen gerechten Ausgleich zwischen den Arbeitgeber- und Arbeitnehmerinteressen zu sorgen und dabei auch die gesellschaftlichen Ansprüche zu wahren.

Vor welchen rechtlichen Herausforderungen der Mittelstand bei der Gestaltung der Arbeitswelt 4.0 steht und wie diese im Interesse aller aufgelöst werden können, soll nachfolgend anhand von zwei typischen Sachverhaltskonstellationen beleuchtet werden.

3.2 Flexibilisierung von Arbeitszeit und -ort

Ein Sachverhalt, der regelmäßig thematisiert wird, ist die Entgrenzung bzw. „Entbetrieblichung" der Arbeit durch die Flexibilisierung von Arbeitszeit und -ort (u. a. Jacobs 2016; Wiebauer 2016a). Dem Unternehmen bzw. dem Arbeitgeber bietet sich hierdurch die Chance zu einem effizienteren Arbeitseinsatz zu gelangen, wenn die Arbeitszeit stärker auf den Arbeitsanfall und die tatsächlichen Bedarfe ausrichtet wird. Zeiten von Unterauslastung oder teuer bezahlte Überstunden lassen sich vermeiden. Auf Seiten der Arbeitnehmer steht demgegenüber der Wunsch, die Arbeit sozialverträglicher zu gestalten und sie nicht zwingend in der Betriebsstätte verrichten zu müssen. Arbeitsort und Arbeitszeit sollen sich an den privaten bzw. familiären Bedürfnissen ausrichten. Flexibilisierung wird somit in der Regel von allen Beteiligten begrüßt.

Insofern wird häufig die folgende Idee formuliert:

> Das familienfreundliche Unternehmen X möchte seinen Mitarbeitern in gewissem Umfang mobiles und flexibles Arbeiten ermöglichen. Hierfür werden die Mitarbeiter mit mobilen Endgeräten, d.h. unternehmenseigenen Handys und Tablets ausgestattet, welche den Zugriff auf den Arbeitsplatz auch von außerhalb des Unternehmens ermöglichen. Selbst die Wartung einiger Maschinen soll aus der Ferne ermöglicht werden.

Die Umsetzung eines solchen Vorhabens ist nicht trivial, da die Frage, „wann", „wo" und „in welchem Umfeld" ein Arbeitgeber die geschuldete Arbeitsleistung vergütungspflichtig verlangen kann bzw. der Arbeitnehmer sie zu erbringen hat, gesetzlich bestimmt ist und das Vorhaben insofern eine Aufweichung der gesetzlich angelegten Grenzen bedeutet. Gerade die bislang gesetzlich angelegte Unterscheidung zwischen Arbeitszeit und Freizeit (Arbeit vs. Nicht-Arbeit) würde in dem angedachten Vorhaben zu verschwimmen drohen, was zu Konflikten mit dem Arbeitszeitgesetz (ArbZG) und dem Arbeitsschutzgesetz (ArbSchG) führen kann, da diese Gesetze Zwischenkategorien („Grauzonen") nicht kennen.

3.2.1 Arbeitszeitrechtliche Aspekte

Das Arbeitszeitrecht ist Teil des öffentlichen Arbeitsschutzes und dient dazu, die Sicherheit und den Gesundheitsschutz der Arbeitnehmer zu gewährleisten.

Der maßgebliche Rechtsrahmen wird auf europäischer Ebene durch die Arbeitszeitrichtlinie 2003/88/EG festgelegt, deren Inhalte sich auf nationaler Ebene im ArbZG wiederfinden und dort weiter konkretisiert werden. Beiden Rechtsakten liegt eine strikte Zweiteilung in „Arbeitszeit" einerseits und „Ruhezeit" (Nicht-Arbeitszeit bzw. Freizeit) andererseits zugrunde. Dazwischen gibt es nichts (EuGH 2000 – Simap; EuGH 2016 – Tyco). Ein Arbeitnehmerverhalten muss stets einer der beiden Grundformen zugeordnet werden, um dem Arbeitszeitrecht zu entsprechen.

Zur Arbeitszeit zählen alle Zeiträume, in denen der Arbeitnehmer nach der nicht sehr klaren Definition des Art. 2 Nr. 1 RL 2003/88/EG arbeitet, d. h. dem Arbeitgeber zur Verfügung steht, seine Tätigkeit ausübt oder Aufgaben wahrnimmt. § 2 ArbZG beschreibt die Arbeitszeit als Zeitspanne, während der ein Arbeitnehmer – auch wenn er nicht arbeitet – seine Arbeitskraft dem Arbeitgeber zur Verfügung stellen muss; es ist die Zeit vom Beginn bis zum Ende der Arbeit ohne Ruhepausen.

Sowohl die RL 2003/88/EG als auch das ArbZG konkretisieren im Hinblick auf die täglichen Höchstarbeitszeiten weiter. Das deutsche Recht sieht den Acht-Stunden-Tag mit einer Option zur Verlängerung auf zehn Stunden täglich vor, sofern die Arbeitszeit innerhalb von sechs Monaten bzw. 24 Wochen acht Stunden werktäglich nicht überschreitet (§ 3 ArbZG), während auf der europäischen Ebene alleine die maximale Arbeitszeit von

48 Stunden pro Woche vorgegeben wird (Art. 6 RL 2003/88/EG). Bezüglich der täglichen Ruhepausen und -zeiten herrscht dagegen Übereinstimmung in den Rechtsakten. Nach § 4 S. 1 ArbZG sind Mindestruhepausen von 30 Minuten bei einer Arbeitszeit zwischen 6 und 9 Stunden und von 45 Minuten im Falle einer Arbeitszeit von mehr als 9 Stunden einzuhalten. Zudem wird eine Mindestruhezeit von elf Stunden zwischen zwei aufeinanderfolgenden Arbeitstagen verlangt (§ 5 Abs. 1 ArbZG). Wird eine Ruhephase durch Arbeitsleistung unterbrochen, so beginnt sie erneut von vorn zu laufen (§ 5 Abs. 1 ArbZG). Von den vorgenannten Zeitvorgaben lässt das Gesetz nur vereinzelt Ausnahmen zu, beispielsweise bezüglich der Ruhezeiten für Krankenhäuser (§ 5 Abs. 2 und 3 ArbZG) und bei Nachtarbeit (§ 6 ArbZG). Darüber hinaus werden gemäß § 7 ArbZG abweichende Regelungen in Tarifverträgen oder Betriebsvereinbarungen erlaubt, insbesondere wenn in erheblichem Umfang Bereitschaftsdienst geleistet wird.

Die Regelungen des ArbZG haben dabei zwingenden Charakter. Außerhalb der vom Gesetz vorgesehenen Öffnungen können die gesetzlichen Grenzen nicht verschoben werden. Sie sind sowohl für die Mitgliedstaaten verbindlich (Art. 17 RL 2003/88/EG) als auch für die Arbeitsvertragsparteien. Dementsprechend ist es auch nicht statthaft, wenn Arbeitgeber und Arbeitnehmer das Arbeitszeitrecht einvernehmlich missachten oder eine objektiv als Arbeit zu qualifizierende Tätigkeit zur „Nicht-Arbeit" erklären (Krause 2017). Der Arbeitgeber ist vielmehr dafür verantwortlich, dass Arbeitszeiten, die über die werktägliche Arbeitszeit von acht Stunden hinausgehen, als solche aufgezeichnet (und vergütet) werden (§ 16 ArbZG). Er hat bußgeld- und strafbewehrt darauf zu achten, dass die Arbeitnehmer die gesetzlichen Regelungen einhalten. Lediglich leitende Angestellte sind davon ausgenommen.

Das ArbZG – dies wird deutlich – geht von einem klassischen „Nine-to-five-Job" innerhalb eines Betriebes aus, was angesichts der Lebenswirklichkeit in der digitalisierten Arbeitswelt zu diversen Fragestellungen führt.

3.2.1.1 Problem: Aufnahme der Arbeit bei jederzeitiger Arbeitsmöglichkeit?

Probleme bereitet die Entgrenzung der Arbeit besonders im Hinblick darauf, wie die ständige Erreichbarkeit bzw. jederzeitige Arbeitsmöglichkeit eines Arbeitnehmers arbeitszeitrechtlich zu bewerten ist (Wiebauer 2016a).

Sofern ein Arbeitnehmer via Smartphone oder Tablet die Möglichkeit besitzt, aus der Ferne z. B. Buchungsvorgänge für seinen Betrieb vorzunehmen oder eine Maschine durch Remote-Control zu überwachen und bei Fehlern sogar steuernd einzugreifen, so muss entschieden werden, welcher arbeitszeitrechtlichen Kategorie ein solches „Ad-hoc-Handeln bei Möglichkeit" zuzuordnen ist. Handelt es sich dabei um eine sog. Arbeitsbereitschaft, die – ähnlich wie der Bereitschaftsdienst – voll-umfänglich als vergütungspflichtige Arbeitszeit i.S. des ArbZG eingestuft wird, selbst wenn der Arbeitnehmer tatsächlich keine dienstlichen Handlungen vornimmt bzw. vornehmen muss? Oder steht die freiwillige Aufnahme der Arbeit bei jederzeitiger Arbeitsmöglichkeit der Rufbereitschaft näher, die grundsätzlich keine Arbeitszeit i.S. des ArbZG ist, vielmehr als Frei- bzw. Ruhezeit gilt, bei der am Ende nur die tatsächlich und eigeninitiativ erbrachte Arbeitsleistung (nicht das Bereithalten bzw. die Erreichbarkeit als solche) als vergütungspflichtige Arbeitszeit gewertet wird?

Die herrschende Meinung stellt – in Anlehnung an die bisherige Kategorisierungspraxis – darauf ab, inwieweit die vom Arbeitgeber erwartete Erreichbarkeit die Freizeitgestaltung des Arbeitnehmers beschränkt. Je stärker in die Dispositionsbefugnis des Arbeitnehmers eingegriffen und seine Erreichbarkeit eingefordert wird, desto eher ist von der Inanspruchnahme von Arbeitszeit auszugehen. Wenn dem Arbeitnehmer z. B. eine Überwachungs- und Handlungspflicht auferlegt ist, d. h. von ihm erwartet wird, dass er jederzeit erreichbar und bereit sein muss in den Arbeitsprozess lenkend einzugreifen oder er wegen des ständigen Bereithaltens sogar aus seinem sozialen Umfeld herausgerissen wird, handelt es sich um eine Arbeitsbereitschaft und damit um Arbeitszeit. Kommt es dagegen (nur) zur freiwilligen Aufnahme einer dienstlichen Tätigkeit bei bloßer Erreichbarkeit bzw. Möglichkeit, ohne dass zuvor ein entsprechender Erwartungsdruck seitens des Arbeitgebers aufgebaut wurde, so ist diese „faktische Bereitschaft" nur eine besondere Form der Rufbereitschaft (Wank 2014; Maier 2016). Diese wird dann nicht als Arbeitszeit, sondern als Ruhezeit gewertet. Entsprechend ist hier nur die tatsächliche Zeit der Arbeitsleistung als Arbeitszeit zu berücksichtigen. Situationen, in denen der Arbeitnehmer wiederholt kontaktiert wird und er sich selbst im privaten Umfeld kaum mehr seinen sozialen Interessen zuwenden kann, sind als eine „faktische Erreichbarkeit" zur Arbeitsbereitschaft bzw. zum Bereitschaftsdienst anzusehen (Krause 2017). Es kommt daher stets auf die angetroffene Arbeitswirklichkeit im Einzelfall an.

Sofern der Arbeitgeber dienstliche Tätigkeiten in der Freizeit ausdrücklich untersagt, können selbst dienstliche Handlungen der Arbeitnehmer in Umgehung dieser Anordnungen dem Arbeitgeber nicht mehr als geleistete Arbeitszeit zugerechnet werden – selbst wenn sie ihm am Ende nützlich sind (Jacobs 2016; Wiebauer 2016a; Wisskirchen und Schiller 2015).

3.2.1.2 Problem: Geringfügige Unterbrechungen der Ruhezeit?

Die digitale Verwobenheit von Arbeitswelt und privatem Umfeld ermöglicht es, dass Arbeitnehmer dienstliche E-Mails schon vor dem Frühstück lesen und beantworten oder zuhause bis weit in die Nacht hinein Projektberichte oder Geschäftstermine für den nächsten Tag vorbereiten.

Diese Handlungen sind – sofern sie dienstlichen Charakter haben – grundsätzlich als Arbeit zu qualifizieren. Auf die tatsächliche Intensität der Tätigkeit kommt es ebenso wenig an, wie darauf, mit welcher Intention oder in welcher Umgebung der Arbeitnehmer agiert und ob der Arbeitgeber davon wusste (EuGH 2005 – Dellas). Letzteres bedeutet dann aber auch, dass mit der Qualifizierung einer Tätigkeit als Arbeit auch Arbeitszeit in Anspruch genommen wird, die elfstündige arbeitsfreie Ruhezeit unterbrochen ist und von neuem beginnen müsste. Diese Forderung ist jedoch im Digitalzeitalter kaum noch nachzuvollziehen und wird selbst von betroffenen Arbeitnehmern nicht geteilt.

Einige Stimmen in der Literatur plädieren daher für eine Reduktion des § 5 ArbZG, wonach kurzfristige und geringfügige Unterbrechungen der Ruhezeit gänzlich unschädlich sein sollen. Schließlich – so deren Auffassung – werde der Erholungszweck der Ruhezeit durch eine nur kurzfristige Unterbrechung nicht ernsthaft gefährdet. Außerdem seien die Arbeitnehmer in selbst gestalteter Arbeitszeit und -umgebung auch weniger schutzbedürftig (Günther und Böglmüller 2015; Jacobs 2016).

Eine solche Auffassung lässt sich zwar gut nachvollziehen, ist aber angesichts der eindeutigen Abgrenzung zwischen Arbeitszeit und Freizeit in Art. 5 RL 2003/88/EG (EuGH 2000 – Simap; EuGH 2016 – Tyco) sowie der Tatsache, dass die Vorschrift nicht durch die Mitgliedsstaaten verändert werden dürfen (Art. 17 RL 2003/88/EG), wohl kaum durchsetzbar. Zudem ist die Beschreibung „kurzfristig" nicht ausreichend, da dieser ein unbestimmte Begriff Interpretationsspielraum offen lässt. Wann von einer kurzfristigen Unterbrechung der Ruhezeit ausgegangen werden und wann nicht mehr, wäre jedenfalls vorab zu klären, um eine Interpretation zulasten des Arbeitnehmers zu vermeiden. Ferner stellt sich die Frage, wer entscheidet, ob die kurzfristige Unterbrechung der Ruhezeit Konsequenzen hat -der Arbeitgeber oder der Arbeitnehmer? Hierbei ist zu bedenken, dass bei aller Bereitschaft der Arbeitnehmer, ihre Ruhezeit zum Teil aufzugeben, jede noch so kurzfristige Unterbrechung der Ruhezeit dazu führt, dass sie in den Arbeitsalltag zurückgeholt werden. Damit tritt aber ein Umstand ein, der durch die Festlegung der strikten Ruhezeit gerade vermieden werden soll. Denn nach bisherigen wissenschaftlichen Erkenntnissen garantiert nur die unbelastete Erholungsphase den vom Gesetz angestrebten Gesundheitsschutz.

Andere Ansätze – und in diese Richtung zielt auch der Vorschlag eines Wahlarbeitszeitgesetzes im Weißbuch „Arbeiten 4.0" des Bundesministeriums für Arbeit und Soziales (BMAS 2016) – wollen die tarifvertraglichen Öffnungsklauseln für eine Flexibilisierung nutzbar machen. Sie streben eine Verkürzung der Ruhezeit auf neun Stunden bei gleichzeitiger Qualifizierung der kurzfristigen Unterbrechungen als ruhezeitunschädlich an, sofern zumindest neun zusammenhängende Stunden Ruhezeit gewährt werden. Daneben soll eine detaillierte Aufzeichnung der erbrachten Arbeitszeit, eine Gefährdungsbeurteilung sowie die individuelle Zustimmung des betroffenen Arbeitnehmers einen Missbrauch zulasten bzw. die Selbstausbeutung der Arbeitnehmer verhindern. Auch wenn sich hierdurch mehr Spielraum für die Gestaltung der Arbeitszeit ergäbe und dem Gesundheitsschutz durch die Gefährdungsbeurteilung zumindest Rechnung getragen würde, löst man die zuvor angesprochenen Probleme nicht. Denn auch in den dann verbleibenden neun Stunden würden wahrscheinlich E-Mails gelesen und Berichte bearbeitet, d. h. auch weiter dienstliche Tätigkeiten in Ruhezeiten erbracht werden. Insofern würde sich die verbindlich einzuhaltende Ruhezeit und damit die Erholungsphase zwar verkürzen, die Fragestellungen blieben jedoch weitgehend dieselben. Im Übrigen wäre zu klären, ob eine so verstandene tarifvertragliche Öffnung tatsächlich noch als richtlinienkonform gelten könnte und auch auf europäischer Ebene Bestand hätte.

Die Diskussion um die „geringfügigen Unterbrechungen" ist daher noch nicht abgeschlossen. Bisweilen sind die vorgegebenen Grenzen des ArbZG zu beachten. Für die Zukunft muss auf europäischer Ebene nach Wegen gesucht werden, die arbeitszeitrechtlichen Vorgaben sinnvoll weiterzuentwickeln. Das bereits angeführte Weißbuch „Arbeiten 4.0" ist hierfür eine erste Diskussionsgrundlage, ebenso der Diskurs um die sog. Vertrauensarbeitszeit.

3.2.1.3 Problem: Erlaubnis zur eigenverantwortlichen Arbeitszeitgestaltung?

Stand bei den bisherigen Ausführungen die arbeitszeitrechtliche Einordnung der diversen Arbeitnehmeraktivitäten im Vordergrund, bleibt daneben die Frage, inwieweit der Arbeitgeber die Arbeitszeitgestaltung überhaupt den Arbeitnehmern selbst überlassen darf. Die Frage spitzt sich im digitalen Arbeitsumfeld insofern zu, als dass der Arbeitgeber einen außerhalb des Betriebes agierenden Arbeitnehmer nicht mehr – wie früher – vollumfänglich anweisen und kontrollieren kann. Ihm bleibt verborgen, ob der Arbeitnehmer die Höchstarbeitszeit erbringt, Ruhezeiten einhält oder das Sonntagsarbeitsverbot (§ 9 Abs. 1 ArbZG) beachtet. Andererseits werden ihm jegliche Verstöße gegen das ArbZG bußgeld- und strafbewehrt zugerechnet (§§ 22, 23 ArbZG). Für die Einhaltung von Ruhepausen hat das Bundesarbeitsgericht (BAG) bereits entschieden, dass diese nicht der unkontrollierten Eigenverantwortung der Arbeitnehmer überlassen werden dürfen (BAG 1992), was dann wohl auch für alle anderen arbeitszeitlichen Gestaltungen gelten muss. Die Begründung der restriktiven Auslegung seitens des BAG ist, dass die Regelungen des ArbZG der Sicherheit und Gesundheit der Arbeitnehmer dienen und der Arbeitnehmer auch davor bewahrt werden muss, sich selbst zu schaden. Die Verantwortung dafür, dass der Arbeitnehmer ein entsprechendes Gesundheitsbewusstsein hat, trägt der Arbeitgeber (§ 16 ArbZG).

Insofern muss der Arbeitgeber die freie Arbeitszeitgestaltung seiner Mitarbeiter im eigenen Interesse begrenzen, weil ihm andernfalls die Arbeitszeitverstöße angelastet werden (Wiebauer 2016a). Nur wenn der Arbeitgeber die Ausübung von dienstlichen Tätigkeiten außerhalb der vorgegebenen Grenzen verbietet und auch nicht duldet, ist ihm die Überschreitung der arbeitszeitrechtlichen Maßgaben nicht mehr zurechenbar. Dabei müssen die arbeitgeberseitigen Gestaltungsverbote in Form von Unterweisungen oder Anleitungen eindeutig in Richtung Arbeitnehmerschaft kommuniziert werden (§ 12 ArbZG). Ebenso ist ein Kontrollmechanismus vorzusehen, um den Schutzgedanken am Ende nicht leerlaufen zu lassen. Diesbezüglich können die Arbeitnehmer u. a. zur Dokumentation ihrer Arbeitszeiten verpflichtet werden (Isenhardt 2016), was auch der Betriebsrat – sofern vorhanden – einfordern kann (BAG 2003). Dass diese Dokumentation auch in elektronischer Form, z. B. über das Erfassen von Log-in-Zeiten geschehen kann, steht dabei außer Frage. Die darüber hinausgehende Einleitung technischer Maßnahmen, um arbeitnehmerseitige Arbeitszeitverstöße zu verhindern (z. B. in Form von Server-Zugangssperren in festgelegten Zeitfenstern), wird derzeit widerstreitend diskutiert (DJT 2016). Schaden würde es vermutlich wenig, da der Arbeitgeber im Zweifel vortragen und belegen muss, dass er alles Zumutbare unternommen hat, um vorhersehbare Arbeitszeitverstöße durch arbeitnehmerseitige Arbeitszeitgestaltung zu unterbinden. Andererseits darf der Arbeitgeber auch nicht zum „Oberaufseher" über eine eigenverantwortliche und anlasslose Selbstgefährdung der Arbeitnehmerschaft ernannt werden (Wiebauer 2016a).

3.2.2 Arbeitssicherheitsrechtliche Aspekte

Neben dem ArbZG nimmt das Arbeitsschutzgesetz (ArbSchG) eine bedeutende Rolle im Zusammenhang mit der Entgrenzung von Arbeit ein. Insbesondere bei der Arbeitssicherheit findet das ArbSchG als allgemeines (Auffang-)Gesetz Anwendung, unabhängig davon, an welchem Ort die dienstliche Tätigkeit verrichtet wird (§ 1 Abs. 1 ArbSchG).

Nach § 3 Abs. 1 S. 1 ArbSchG i.V.m. § 4 ArbSchG ist der Arbeitgeber verpflichtet, die Sicherheit und Gesundheit seiner Arbeitnehmer durch geeignete technische, organisatorische oder persönliche Schutzmaßnahmen zu gewährleisten. Welche Maßnahmen im Einzelfall erforderlich sind, ergibt sich nach einer arbeitsplatzbezogenen Gefährdungsbeurteilung (§ 5 ArbSchG), die der Arbeitgeber im Einzelfall durchzuführen hat. Sie wird regulatorisch durch Verordnungen (insbesondere der Arbeitsstättenverordnung und der Betriebssicherheitsverordnung), technische Regelwerke (z. B. der „ASR A 1.3: Sicherheits- und Gesundheitsschutzkennzeichnung" oder der „TRBS 1151: Gefährdungen an der Schnittstelle Mensch – Arbeitsmittel – Ergonomische und menschliche Faktoren, Arbeitssystem") sowie Normen (z. B. der „DIN EN 574: Sicherheit von Maschinen – Zweihandschaltungen – Funktionelle Aspekte – Gestaltungsleitsätze") unterstützt.

Die Verantwortung für den Arbeitsschutz und die -sicherheit trägt der Arbeitgeber, der – nach klassischem Verständnis – die Arbeitsbedingungen bestimmt bzw. bestimmen kann. Er richtet die Arbeitsstätte ein (ArbStättV) und wählt die angemessenen Arbeitsmittel aus (BetrSichV).

Mag die so normierte Organisationspflicht noch passend sein, sofern der Arbeitgeber einen direkten Zugriff auf den Arbeitsplatz in der Betriebsstätte besitzt, so passt sie dagegen nur noch eingeschränkt, wenn die Arbeit am heimischen Telearbeitsplatz (Home Office) oder von unterwegs aus (Mobile Office) erbracht wird. In diesem Umfeld bestimmt nämlich regelmäßig der Arbeitnehmer die Rahmenbedingungen selbst oder sie werden von der vorzufindenden Umgebung vorgegeben. Der Arbeitnehmer macht es sich beispielsweise auf der Couch bequem, nimmt im Garten Platz oder arbeitet im Zug. Inwieweit auch für diese Sachverhalte die strikten Vorgaben des ArbSchG eingehalten werden können, wird derzeit diskutiert.

3.2.2.1 Gefährdungsbeurteilung – Ausgangslage nach dem ArbSchG

Bei der nach dem ArbSchG geforderten Gefährdungsbeurteilung durch den Arbeitgeber ist zu überprüfen (und zu dokumentieren), welche Gefährdungen vorliegen und welche Vorkehrungen oder Schutzmaßnahmen arbeitgeberseitig zu veranlassen sind. Weitere Vorgaben oder konkrete Anforderungen an die Gefährdungsbeurteilung hält das Gesetz nicht bereit, insbesondere macht es keine zeitlichen Vorgaben. Man kann jedoch davon ausgehen, dass die Gefährdungsbeurteilung bereits bei Einrichtung eines Arbeitsplatzes zu erfolgen hat und bei sich verändernden Arbeitsbedingungen (z. B. neue Arbeitsmittel oder veränderte Arbeitsabläufe) auch zu wiederholen ist (§ 3 Abs. 7 ArbSchG) (Wiebauer 2016b).

Dabei muss die Gefährdungsbeurteilung nicht für jeden einzelnen Arbeitsplatz individuell vorgenommen werden. Vielmehr können die einzelnen Arbeitsbereiche sowie die dort ausgeführten Tätigkeiten durchaus kategorisiert werden, so dass eine stellvertretende Beurteilung für gleichgelagerte Arbeitsbedingungen möglich ist (Wiebauer 2016b). Hinsichtlich der tatsächlichen Beurteilung der vorgefundenen Situation verbleibt dem Arbeitgeber mangels konkreter Regelungen ein gewisser Spielraum, wobei er alle Gefährdungen zu berücksichtigen hat, die er kennt oder von denen vernünftigerweise bei Arbeitsverrichtung ausgegangen werden kann (Kreizberg 2016).

Die jeweils ermittelten Gefährdungslagen werden schließlich verschiedenen Risikostufen – maßgeblich sind das drohende Schadenspotenzial sowie die Eintrittswahrscheinlichkeit – zugeordnet. Daraus leiten sich anschließend der Handlungsbedarf sowie die erforderlichen Vorkehrungen und Maßnahmen ab (Wiebauer 2016b), über die der Arbeitgeber den Arbeitnehmer während der Arbeitszeit zu unterrichten hat, § 12 ArbSchG.

3.2.2.2 Problem: Informationsbeschaffung

Um eine Gefährdungsbeurteilung in geforderter Weise durchzuführen und entsprechende Maßnahmen ableiten zu können, muss der Arbeitgeber diverse Informationen erhalten. Insofern umfasst die Pflicht zur Gefährdungsbeurteilung auch eine Ermittlungspflicht. Diese ist zum Teil in den Verordnungen (z. B. § 3 ArbStättV; § 3 Abs. 4 S. 1 BetrSichV) weiter konkretisiert, muss jedoch für den Bereich „Arbeit 4.0" erst noch weiter ausdifferenziert werden ist.

Derweil gilt für den häuslichen Telearbeitsplatz, als einem vom Arbeitgeber fest eingerichteten Bildschirmarbeitsplatz im Privatbereich des Beschäftigten (Home Office), dass eine arbeitgeberseitige Gefährdungsbeurteilung zumindest eine tatsächlichen Begehung des Telearbeitsplatzes vor Arbeitsaufnahme voraussetzt, § 1 Abs. 3 Nr. 1 ArbStättV. Für nachfolgende Evaluationen genügt es, wenn sich der Arbeitgeber über die sich verändernden Arbeitsbedingungen beim Beschäftigten erkundigt, der seinerseits zur entsprechenden Auskunft verpflichtet ist (§§ 15 Abs. 1, 16 Abs. 2 ArbSchG). Eine weitere Begehung muss dann nicht mehr stattfinden. Auf die Vollständigkeit und Richtigkeit der erhaltenen Auskünfte darf der Arbeitgeber vertrauen, insofern sie nicht offensichtlich widersprüchlich erscheinen, und anschließend auf deren Basis seine Gefährdungsbeurteilung vornehmen. Kommt der Arbeitnehmer der Auskunftsverpflichtung nicht nach, so lässt sich daraus keine bußgeld- oder strafbewehrte Pflichtverletzung (§ 9 ArbStättV, 25, 26 ArbSchG) des Arbeitgebers ableiten.

Mag eine Begehung und Inspektion des Home Office-Arbeitsplatzes noch möglich sein, so ist dies im Rahmen des Mobile Office praktisch ausgeschlossen. Hier wirken eine Vielzahl unterschiedlicher Umwelt- und damit Arbeitsbedingungen zusammen, die der Gefährdungsbeurteilung zugrunde zu legen sind. Da der Beschäftigte sie jedoch nicht selbst bestimmt (z. B. auf Reisen), kann er auch keine gesicherte Auskunft über die Arbeitsbedingungen geben. Insofern gesteht man dem Arbeitgeber hier zu, dass er die typischerweise zu erwartenden Bedingungen bei seiner Beurteilung zu Grunde legen darf. Dabei muss er jedoch versuchen die relevanten Umstände zu ermitteln – etwa durch Nachfragen bei den Beschäftigten selbst, indem er sie nach ihren bisherigen Erfahrungen befragt, oder auch beim Kunden, sofern dort ein regelmäßiger Einsatz erfolgt

(z. B. Außendienst). Gänzlich unwahrscheinliche oder außergewöhnliche Konstellationen dürfen im Rahmen der Gefährdungsbeurteilung dagegen unberücksichtigt bleiben.

Ähnliches wird man daher auch im Hinblick auf den Einsatz von Wearables oder dem kollaborativen Zusammenarbeiten mit Bots annehmen dürfen, deren kognitiven und psychischen Auswirkungen auf die Arbeitnehmer bis heute noch nicht endgültig geklärt sind. Bis dahin können und dürfen die Arbeitgeber ihre Gefährdungsprognose auf nachvollziehbare Vermutungen stützen.

3.2.2.3 Problem: Anordnung der erforderlichen Maßnahmen zum Arbeitsschutz?

Nach der Gefährdungsbeurteilung hat der Arbeitgeber die erforderlichen Arbeitsschutzmaßnahmen festzulegen und einzuleiten. Allerdings wird er diese außerhalb seines Betriebes nicht mehr ohne Unterstützung des Arbeitnehmers oder Dritter selbständig um- und durchsetzen können, weil ihm hierfür der tatsächliche Zugriff oder die rechtlichen Befugnisse fehlen.

Art. 13 Abs. 1 GG schützt beispielsweise die Wohnung des Arbeitnehmers. Der Arbeitgeber kann sich keinen eigenmächtigen Zutritt verschaffen, um z. B. einen Home-Arbeitsplatz zu begutachten. Er ist vielmehr darauf angewiesen, dass ihm der Arbeitnehmer freiwillig ein Zutrittsrecht einräumt. Insofern gilt im Bereich der häuslichen Telearbeit, dass die Einrichtung eines Telearbeitsplatzes nur gestattet wird, wenn der Arbeitnehmer dem Arbeitgeber im Gegenzug ein Zutrittsrecht zum Telearbeitsplatz gewährt.

Bei mobiler Arbeit hilft aber selbst diese Bestimmung nicht mehr weiter, da ein Arbeitnehmer nicht in die rechtlichen Befugnisse von Dritten (z. B. Hotel, Bahn, Ehepartner) eingreifen kann. Insofern werden sich im Bereich der mobilen Arbeit die Arbeitsschutzpflichten wohl auf rein organisatorische Schutzmaßnahmen verdichten. Der Arbeitgeber wird hier insbesondere in Form von detaillierten Unterweisungen, konkreten Arbeitsanweisungen und auch strikten Rahmenvorgaben, „wann", „wo" und „in welcher Weise" der Arbeitnehmer mobil arbeiten darf, den Arbeitsschutz zu gewährleisten haben (Thüsing 2016). Diese Vorgaben müssen hinreichend konkret sein. Die Aufforderung „Sorgt für Eure eigene Sicherheit!" ist keine Schutzmaßnahmen i.S. des ArbSchG (Wiebauer 2016a).

3.2.2.4 Problem: „Bring Your Own Device" und „Mobile Device"

Weitere rechtliche Fragen ergeben sich bei der Nutzung von privaten Endgeräten, z. B. Smartphone, Laptop oder Tablet, für berufliche Zwecke, im englischen auch bekannt als „Bring Your Own Device" (BYOD). Zumeist erhofft sich der Arbeitnehmer hierdurch eine gewisse Selbstbestimmtheit am Arbeitsplatz, da er sein Endgerät mit der von ihm konfigurierten Benutzerfreundlichkeit einsetzen kann. Die dienstliche Nutzung privater Geräte wird vielfach toleriert, auch wenn das Arbeitsmittel nicht vom Arbeitgeber zur Verfügung gestellt wurde, da hierdurch die Kosten eines Dienstgerätes entfallen.

Diese Praktik entspricht jedoch nicht den arbeitssicherheitsrechtlichen Bestimmungen der BetrSichV, nach der alleine der Arbeitgeber die zur Arbeitsleistung erforderlichen Mittel, einschließlich technischer Geräte, zur Verfügung stellen muss. Er hat (§§ 22

Nr. 10, 23 BetrSichV) dafür Sorge zu tragen, dass nur die von ihm zur Verfügung gestellten oder die durch ihn genehmigten Arbeitsmittel verwendet werden (§ 5 Abs. 4 BetrSichV). Daraus folgt zweierlei: Zum einen kann der Arbeitgeber den Arbeitnehmer nicht zur dienstlichen Nutzung seines privaten Eigentums verpflichten. Zum anderen muss der Arbeitgeber jeden – auch den freiwilligen – Einsatz privater Arbeitsmittel zu dienstlichen Zwecken gestatten. Entweder indem er deren Einsatz zuvor (ggf. pauschal) erlaubt oder diesen nach Kenntnis duldet. Verbietet er dagegen private Endgeräte zu nutzen, dürfen sie auch nicht eingesetzt werden, selbst wenn dies zu Arbeitserleichterungen etwa im Home Office führen würde. Jede Zuwiderhandlung könnte eine Abmahnung und verhaltensbedingte Kündigung seitens des Arbeitgebers rechtfertigen, die – wie sich nachfolgend zeigt – durchaus im Interesse des Arbeitgebers liegen kann. Denn bei allen Vorteilen, die der Einsatz von privaten Devices haben mag, birgt BYOD auch einige besondere Risiken und Herausforderungen, die am Ende insbesondere den Arbeitgeber betreffen.

In der Regel konfiguriert der Beschäftigte seine privaten Endgeräte, indem er Apps oder sonstige Software installiert. Sie stehen ihm zumeist, entsprechend der zugrundeliegenden Lizenz- und Nutzungsbedingungen, ohne Zahlung eines weiteren Entgelts nur zum privaten Gebrauch zur Verfügung. Bedient sich der Beschäftigte der Software im Rahmen seiner beruflichen Tätigkeit für Zwecke des Unternehmens, begeht er einen Lizenzverstoß. Für die damit einhergehende Urheberrechtsverletzung des Arbeitnehmers haftet nicht nur er, sondern auch der Arbeitgeber verschuldensunabhängig (§ 99 UrhG). Zudem können auch Ansprüche auf Schadensersatz und entfallene Lizenzgebühren geltend gemacht werden. Die unerlaubte gewerbsmäßige Nutzung sowie deren Unterstützung kann sogar zu Freiheitsstrafen von bis zu 5 Jahren und Geldstrafen führen (§ 108a Abs. 1 i. V. m. § 106 Abs. 1 UrhG).

Mit dem Einsatz von BYOD sind ferner diverse Konstellationen denkbar, in denen die Vermischung von privaten und geschäftlichen Daten zu befürchten ist. Diese Vermischung kann u. U. zu Dilemma-Situationen führen. Kommt beispielsweise ein Smartphone oder Laptop abhanden, so könnten geschäftliche Daten ausgespäht werden. Hat der Arbeitgeber zuvor eine Möglichkeit geschaffen, auf dem Endgerät abgespeicherten Daten durch eine externe Zugriffsmöglichkeit zeitnah zu löschen, könnten, sofern der Löschvorgang ausgelöst wird, auch private Daten der Arbeitnehmer betroffen sein, was allerdings zu Haftungsansprüchen des Arbeitnehmers gegen den Arbeitgeber führen würde. Schon um solche Dilemma-Situationen zu vermeiden wird der Arbeitgeber ein hohes Interesse daran haben, von Anfang an eine klare physische Trennung der privaten und geschäftlichen Daten herzustellen.

Diese Forderung stellt auch das Bundesdatenschutzgesetzes (BDSG). Denn auch danach muss sichergestellt werden, dass auf dem mobilen Endgerät private Daten von dienstbezogenen Daten (z. B. personenbezogene Daten von Kollegen) systematisch getrennt sind, um einen Zugriff des Arbeitnehmers auf für ihn unbefugte Daten zu verhindern (Weichert 2017).

In der Praxis wird diese physische Trennung durch die Installation sog. Container-Apps gewährleistet. Solche Container-Lösungen (z. B. Mobile Device Management) ermöglichen die exakte Abgrenzung zu bereits vorinstallierten Applikationen und gewährleisten, dass private und geschäftliche Daten auf Dauer auseinandergehalten werden. Der Arbeitnehmer erhält über das Mobile Device Management eine externe Zugriffsmöglichkeit ausschließlich auf den freigegebenen „geschäftlichen Container" (Wirtgen 2016), dem Arbeitgeber steht im Gegenzug die uneingeschränkte Fernüberwachung, -sperrung oder -löschung der unternehmensbezogenen Daten zu (Wyllie 2014).

Neben solchen technischen Lösungen sollten aber auch vertragliche Vereinbarungen stehen, welche u. a. die zulässige und unzulässige Nutzung privater Endgeräte, Lizenzierungsfragen, die Haftung bei Verlust sowie dem Einschleppen von Schadsoftware, die Verpflichtung zum Passwort- und Virenschutz, die Herausgabepflicht für bestimmte Fälle (z. B. interne Untersuchungen) oder den Aufwendungsersatz für dienstliche Nutzung vorab transparent und für die Arbeitsvertragsparteien nachvollziehbar regeln.

3.3 Kollaboration mit cyber-physischen Systemen oder Robotern

Andere rechtliche Bereiche werden angesprochen, wenn die Unternehmen z. B. cyber-physische Systeme oder Roboter einsetzen möchten, die nicht nur als Maschinenschnittstelle dienen, sondern Mensch und Maschine kollaborativ zusammenbringen. Dies ist bspw. bei der Einführung von aktiven Exoskeletten zur körperlichen Unterstützung der Fall oder bei assistierenden Robotersystemen, welche Arbeitnehmern Bauteile zur richtigen Zeit in einer ergonomisch optimalen Position anreichen.

In diesem Zusammenhang ließe sich das folgende Szenario beschreiben:

> Das Unternehmen Y plant den Einsatz von sog. Exoskeletten, um seinen zum großen Teil bereits älteren Lageristen bei Handlungsroutinen im Versand, wie etwa dem Heben von schweren Gegenständen, zu unterstützen. Dabei soll das einzusetzende Exoskelett nicht nur rein mechanisch von der körperlich schweren Tätigkeit entlasten (z.B. mehr Unterstützung bei schwereren Gegenständen), sondern auch das körperliche Befinden des Mitarbeiters über seine Vitaldaten auslesen, um die persönliche Belastungssituation zu erfassen und die Unterstützungsleistung gezielt und orientiert an die Bedürfnissen des Mitarbeiters anzupassen (z.B. mehr Unterstützung bei einsetzender Müdigkeit). Ebenso wird erwogen, das Exoskelett dazu zu nutzen, automatisiert Handlungsanweisungen aus der Bestellung direkt an den Exoskelett-Träger zu übermitteln (z.B. welches Objekt zuerst aus dem Lager geholt und verpackt werden soll).

Die rechtssichere Umsetzung eines solchen Vorhabens erschöpft sich dabei nicht in der Berücksichtigung des Arbeits- und Gesundheitsschutzes (§§ 617 ff. BGB i. V. m. den Vorschriften des ArbSchG und der BetrSichV), sondern es müssen zudem auch datenschutzrechtliche und haftungsrechtliche Erwägungen angestellt werden.

3.3.1 Arbeits- und Gesundheitsschutz

Nach den allgemeinen Bestimmungen des ArbSchG sowie der BetrSichV muss zur Wahrung des Gesundheitsschutzes des Arbeitnehmers bereits vor der Inbetriebnahme von Exoskeletten eine umfassende Gefährdungsbeurteilung erfolgen (§ 3 BetrSichV). Der Arbeitgeber muss – gegebenenfalls unter Beiziehung fachkundiger Dritter – sämtliche vom System ausgehenden Gefährdungen für die menschliche Gesundheit im Betrieb ermitteln und anschließend die nach dem Stand der Technik notwendigen Schutzmaßnahmen ergreifen. Andernfalls darf ein solches System nicht eingesetzt werden (§ 4 BetrSichV).

Da es derzeit aber keine spezifischen Normen für Exoskelette gibt, welche den Stand der Technik im Hinblick auf die notwendigen und zu ergreifenden Schutzmaßnahmen definieren würden, findet eine Orientierung an der EN ISO 10218:2011 statt, welche die Sicherheitsvorkehrungen bei kollaborierenden Roboter umschreibt, sowie an der DIN EN ISO 13482:2014-11, die die Anforderungen für persönliche Assistenzroboter zur Verbesserung der Lebensqualität festlegt. Nach diesen beiden Normen müssen ein Notaus-Mechanismus, eine händisch steuerbare Geschwindigkeitsüberwachung sowie steuerbare Leistungs- und Kraftbegrenzungen vorhanden sein, um die Sicherheit und Gesundheit der Arbeitnehmer zu schützen. Zumindest diese, in beiden Normen gleichermaßen abgeforderten Schutzvorkehren, wird der Arbeitgeber daher auch bei Exoskeletten zu berücksichtigen haben. Weiteres muss im Einzelfall bewertet werden.

3.3.2 Datenschutzrechtliche Aspekte

Exoskelette sind – wie der oben skizzierte Sachverhalt zeigt – auch darauf angelegt, große Mengen an Daten zu erheben und zweckgerichtet zu verarbeiten. Erfasst werden zum einen die Umweltdaten des Exoskeletts (z. B. Maschinendaten, Tracking-Codes, GPS-Positionen der Ware etc.) aber ebenso die Daten der Träger, d. h. der Arbeitnehmer (z. B. Körpergröße, Stimmfrequenz bei Sprachsteuerung, Alter, Vitalfunktionen etc.). Erst die Kombination der Informationen lässt einen sinnvollen Einsatz dieses Systems zu.

Sofern von den Arbeitnehmern Daten erhoben und anschließend verarbeitet werden, ist deren Recht auf informationelle Selbstbestimmung tangiert (Art. 2 Abs. 1 i. V. m. Art. 1 Abs. 1 GG bzw. 8 GRCh), welches besagt, dass der Arbeitnehmer stets selbst über Informationen zu seiner Person entscheidet. Der Arbeitnehmer hat einen grundrechtlichen Anspruch darauf, „Herr seiner Daten" zu bleiben. Dieses Persönlichkeitsrecht verliert er auch nicht im Arbeitsverhältnis. Dass dieses Persönlichkeitsrecht des Arbeitnehmers eben auch in dem Hierarchieverhältnis Arbeitgeber zu Arbeitnehmer gewahrt bleibt, sichert der sog. Beschäftigtendatenschutz, der seine normative Grundlage über die Öffnungsklausel des Art. 88 DSGVO in § 26 BDSG 2018 findet. Die DSGVO vertraut den Beschäftigtendatenschutz auch weiterhin der Regelungsmacht der Mitgliedstaaten an, setzt aber zugleich wichtige und unverrückbare Leitplanken in Form von Grundprinzipien und Schutzkonzepten (Martini und Botta 2018).

§ 26 BDSG 2018 regelt die „Datenverarbeitung für Zwecke des Beschäftigungsverhältnisses" in Deutschland. Hiernach ist der Zugriff auf und die Verarbeitung von Arbeitnehmer- bzw. Beschäftigtendaten grundsätzlich verboten, es sei denn, dass eine Erlaubnis den Zugriff ausdrücklich gestattet (Verbot unter Erlaubnisvorbehalt). Letzteres erfolgt entweder durch eine Einwilligung (§ 26 Abs. 2 BDSG 2018) oder über einen gesetzlichen

Erlaubnistatbestand (§§ 26 Abs. 1 und 3 BDSG 2018). Ob das eine oder andere den Zugriff auf die personenbezogenen Daten gestatten kann, muss stets vor der Realisierung eines Vorhabens überprüft werden.

3.3.2.1 Einwilligung nach § 26 Abs. 2 BDSG 2018

Vom Verbot, personenbezogene Daten zu Zwecken des Beschäftigungsverhältnisses zu verarbeiten, können Arbeitnehmer ihren Arbeitgeber durch eine Einwilligung befreien (§ 26 Abs. 2 BDSG 2018). An die Einwilligung, die der Schriftform bedarf (§ 26 Abs. 2 BDSG 2018), werden hohe Anforderungen gestellt. Nur wenn sie freiwillig, (selbst) bestimmt und informiert erfolgt (Art. 4 Nr. 11, Art. 6 Abs. 1, Art. 7 DSGVO), gilt sie tatsächlich auch als Ausdruck einer autonomen Entscheidung des Arbeitnehmers über die Verarbeitung seiner personenbezogenen Daten.

Um eine solche „informierte" Entscheidung seitens des Arbeitnehmers zu ermöglichen, muss der Arbeitgeber den Träger des Exoskeletts zunächst einmal sehr genau darüber aufklären, welche Daten erhoben werden sollen und zu welchem Zweck. Hier reichen abstrakte Zweckumschreibungen „zum Einsatz von Exoskeletten" oder „zur Unterstützung von Tätigkeiten" nicht aus. Vielmehr müssen die Daten, die erhoben werden sollen, konkret benannt werden (z. B. Vitalfunktionen) und es muss zudem für den Arbeitnehmer klar erkennbar werden, welchen Weg seine Daten gehen – bleiben sie im System oder werden sie an Dritte weitergeleitet. Zudem muss erörtert werden welche systemimmanenten oder organisatorischen Reaktionen die erhobenen Daten auslösen sollen (z. B. Veränderung der Federspannung, Auslösen eines Notstop-Mechanismus, Konsultierung des Betriebsarztes, etc.). Je exakter dies kommuniziert wird, desto informierter gibt der Arbeitnehmer anschließend seine Einwilligungserklärung ab.

Die Einwilligung muss zudem freiwillig erteilt werden. Für die Beurteilung der Freiwilligkeit sind insbesondere die im Beschäftigungsverhältnis bestehende Abhängigkeit der beschäftigten Person sowie die Umstände, unter denen die Einwilligung erteilt worden ist, zu berücksichtigen. Eine Erklärung unter direktem oder faktischem Zwang gilt nicht mehr als freiwillig. Faktischer Zwang könnte bereits dadurch entstehen, dass der Arbeitgeber für eine leistungsstärkere Arbeitserfüllung mit einem Exoskelett plötzlich Leistungszuschläge oder Boni einführen würde, welche aber ohne das Tragen der Exoskelette nicht erlangt werden könnten. Eine Einwilligung des Arbeitnehmers wäre unter diesen Umständen keine freiwillige mehr. Sofern der Arbeitgeber seinen Arbeitnehmern allerdings vor die Wahl stellt, die Exoskelette zu nutzen oder nicht, und zugleich sicherstellen würde, dass der Arbeitnehmer keine beruflichen oder finanziellen Nachteile gegenüber seinen Arbeitskollegen erleidet, wenn er das Angebot ablehnt, wäre die eingeräumte Wahlmöglichkeit ein starkes Indiz für die Freiwilligkeit der Einwilligung. Dass ein Arbeitnehmer freiwillig agiert wird ferner anzunehmen sein, wenn das Erheben und Verwerten der Daten dem Arbeitnehmer einen rechtlichen Vorteil vermittelt. Wenn etwa das Auslesen der Vitaldaten einen ohnehin existierenden „Gesundheitscheck" im Gesundheitsmanagement des Unternehmens ersetzen würde, kann sich die Freiwilligkeit aus dem Vorteil der Zeitersparnis ergeben, welche der Arbeitnehmer dadurch erlangt, dass er nun nicht mehr zum

Betriebsarzt gehen müsste. Ferner könnten Gesundheitsrisiken früher aufgedeckt werden, was ebenfalls ein Vorteil für den Arbeitnehmer begründen und damit die Freiwilligkeit seiner Einwilligungserklärung indizieren könnte. Welche Aspekte für die Freiwilligkeit der Erklärung sprechen, muss jedoch stets im Einzelfall festgestellt werden.

Da es sich bei den Gesundheitsdaten um besonders (sensible) personenbezogene Daten handelt (Art. 4 Nr. 15, Art. 9 Abs. 1 DSGVO), muss sich die Einwilligung nicht nur direkt auf die zu erhebenden Gesundheitsdaten beziehen, sondern das Gesetz verlangt außerdem, dass der Arbeitgeber „angemessene und spezifische Maßnahmen" ergreift, um die Interessen der betroffenen Person zu wahren (§ 26 Abs. 3 S. 3 i. V. m. § 22 Abs. 2 BDSG 2018). Dazu gehören insbesondere Maßnahmen der Pseudonymisierung, Anonymisierung und Verschlüsselung sowie Maßnahmen, die sicherstellen, dass die Datenbestände nur einem sehr begrenzten Personenkreis (z. B. dem Betriebsarzt) zugänglich gemacht werden (vgl. auch Art. 32 Abs. 1 a und b DSGVO). Organisatorisch muss ferner die Löschung der Daten sichergestellt werden, Löschbefugnisse und -fristen sind daher vorzusehen. Denkbar wären auch die Einrichtung spezieller sowie individueller Datenverwaltungssysteme, die es alleine dem Arbeitnehmer gestatten, ad hoc privilegierte Zugangs- und Leserechte zu seinen Daten einzuräumen oder die Weitergabe der Daten an Dritte selbst zu veranlassen (Martini und Botta 2018).

Dem Arbeitgeber muss außerdem bewusst sein, dass die einmal erteilte Einwilligung vom Arbeitnehmer jederzeit und ohne die Angabe von Gründen widerrufen werden kann (Art. 7 Abs. 3 DSGVO).

3.3.2.2 Gesetzliche Erlaubnis zur Datenverarbeitung nach §§ 26 Abs. 1 und 3 BDSG 2018

Sofern ein Arbeitnehmer nicht einwilligt oder seine Einwilligung zu einem späteren Zeitpunkt widerruft, bedeutet das nicht notwendig, dass das Vorhaben scheitern muss. Denn das Erheben der Beschäftigtendaten und deren Verarbeitung kann auch kraft Gesetzes gestattet sein, sofern dies „geeignet und erforderlich" ist, um ein Beschäftigungsverhältnis zu begründen, durchzuführen oder zu beenden (§ 26 Abs. 1 BDSG 2018) und die schutzwürdigen Interessen des betroffenen Arbeitnehmers nicht überwiegen (§ 26 Abs. 3 BDSG).

Das Exoskelett in den Arbeitsalltag zu integrieren ist zunächst einmal eine unternehmerische Entscheidung des Arbeitgebers. Dabei sind aktive Exoskelette ein durchaus geeignetes Mittel, um bei gleichzeitiger Verbesserung des Arbeits- und Gesundheitsschutzes Arbeitsabläufe zu optimieren und damit die betriebliche Effizienz zu steigern.

Ob sie auch erforderlich sind, das heißt die am wenigsten einschränkende Maßnahme, lässt sich nicht pauschal beantworten, da ein Vergleich, ob mildere Maßnahmen zur Erledigung der Aufgaben zur Verfügung stehen, kaum möglich ist. Denn bislang gibt es für Exoskelette keine vergleichbaren Alternativen.

Erweist sich das Exoskelett als geeignet und erforderlich um ein gesetzliches Ziel (z. B. die Arbeits- und Betriebssicherheit) zu erreichen, ist weiter darauf zu achten, dass die Einführung und die damit verbundene Datenverarbeitung die Interessen des Arbeitgebers an der Realisierung des Vorhabens mit dem Persönlichkeitsrecht des Arbeitnehmers in

Ausgleich zu bringen sind. Dies bedeutet in erster Linie Wege im Umgang mit den Daten zu finden, die den Arbeitnehmer in seinem informellen Selbstbestimmungsrecht am wenigsten einschränken (Art. 25 Abs. 1 und 2 DSGVO; „privacy by design" und „privacy by default"). In diesem Sinne kann es notwendig sein, Daten zu anonymisieren, externe Zugriffe zu unterbinden, die Exoskelett-Träger selbst über die Daten befinden zu lassen (individueller Datentresor), Spracherkennung und Standortbestimmung ein- und ausschaltbar zu gestalten sowie die Daten nach deren Verwendung zu löschen – auch, um den Grundsätzen der Datenminimierung und Speicherbegrenzung (Art. 5 Abs. 1 c, e DSGVO) hinreichend Rechnung zu tragen. Berücksichtigt man diese Aspekte und bedenkt darüber hinaus, dass die Exoskelette auch einen wesentlichen Beitrag für den Arbeitsschutz leisten, der vom Arbeitgeber kraft Gesetzes sicherzustellen und zu fördern ist (§ 617 BGB i. V. m. § 3 und 4 Nr. 3 ArbSchG), scheint die Erhebung von Beschäftigtendaten – selbst der sensiblen Gesundheitsdaten, die einem strengeren Verarbeitungsvorbehalt unterliegen (Art. 9 Abs. 1 DSGVO) – im Rahmen des Einsatzes von Exoskelette durchaus verhältnismäßig und gerechtfertigt (Weichert 2018; Wybitul 2017). Einzelne Stimmen in der Literatur schlussfolgern auf Grund dieser Überlegungen sogar, dass das ArbSchG zum Einsatz von Robotersystemen verpflichtet (Günther und Böglmüller 2015).

3.3.3 Haftungsrechtliche Aspekte

Neben datenschutzrechtlichen Überlegungen müssen die Arbeitgeber auch haftungsrechtliche Überlegungen anstellen, da nicht auszuschließen ist, dass durch das Tragen sowie autonome Agieren des Exoskeletts Unfälle im Betrieb ausgelöst werden, die zu Sach- und Personenschäden führen. Besonders brisant wird die Situation, wenn nicht mehr geklärt werden kann, ob der Unfall auf einem Fehlverhalten des Arbeitnehmers, einer fehlerhaften Programmierung durch den Exoskelett-Hersteller, einen Fehler in der Maschine-Maschine-Kommunikation oder auf einer unsachgemäßen Implementierung der Systeme durch das Unternehmen Y zurückzuführen ist. Gerade in solchen unklaren Konstellationen wird sich die Frage stellen, wer am Ende für den entstandenen Schaden haftet und ob der Arbeitnehmer vollständig oder zum Teil in Anspruch genommen werden kann.

Im Arbeitsverhältnis wird gemeinhin der Arbeitnehmer privilegiert, insbesondere sofern ein Schaden während einer betrieblichen Tätigkeit verursacht worden ist. Es kommen die Grundsätze des sog. „innerbetrieblichen Schadensausgleich" (angelehnt an §§ 104 ff. SGB VII) zur Anwendung. Danach bemisst sich die Privilegierung am Grad des Verschuldens des Arbeitnehmers. Hat er vorsätzlich gehandelt, ist er voll haftbar, bei grober und mittlerer Fahrlässigkeit kommt es zur Haftungsteilung, während er bei leicht fahrlässigem Handeln keine Haftung mehr übernehmen muss.

Problematisch ist die Schuldfrage besonders im Falle von vernetzten intelligenten Systemen. In diesen Konstellationen kann wohl nur noch mit sachverständiger Hilfe nachvollzogen werden, worin die Ursache für den Schadensverlauf liegt und ob bzw. in welcher Weise den Arbeitnehmer ein Verschulden trifft (Groß und Gressel 2016). Dabei ist nicht in jedem Fall davon auszugehen, dass eine Aktion der Maschine als von einem Menschen beeinflusst angesehen werden kann. Vielmehr gibt der Mensch das System aus der Hand. Handlungsbefehle, die Auslöser für eine Fehlsteuerung sind, stammen mitunter nicht mehr vom Menschen, sondern folgen aus der Maschine-Maschine-Kommunikation. Für solche Fallgestaltungen passt weder das herkömmliche Haftungsrecht, welches auf einen menschlichen Beitrag und damit menschliches Verschulden abstellt, noch die aus dem Sozialrecht stammenden Anknüpfungen für die Privilegierung. Insofern wird man bis zur weiteren Klärung der arbeitsrechtlichen Einstufungen davon ausgehen müssen, dass Unfallszenarien als betrieblich veranlasst anzusehen sind und stets zulasten des Arbeitgebers gehen, d. h. eine Inanspruchnahme des Exoskelett-Trägers nur schwer möglich sein wird. Letzteres wird sich im Risikomanagement des Unternehmens spiegeln müssen, d. h., es sollten zur Unfallvermeidung klare Anweisungen, Unterweisungen und Schulungen im Hinblick auf das Tragen und den Umgang mit Exoskeletten stattfinden. In dieser Weise lässt sich das Risiko eines Schadenseintritts und in der Folge einer Inanspruchnahme des Arbeitgebers zumindest minimieren. Auch der Abschluss von Versicherungen könnte zur Risikominimierung erwogen werden.

3.4 Abschließende Zusammenfassung

Im Rahmen dieses Beitrags wurde anhand zweier Szenarien aufgezeigt, dass sich in der Arbeitswelt 4.0 rechtliche Fragen stellen, die Unternehmen berücksichtigen müssen. Unsicherheiten und Unkenntnis über rechtliche Aspekte sind oftmals die Ursache für eine gehemmte Umsetzung digitaler Transformationsvorhaben. Die Kompetenzzentren, wie beispielsweise das Mittelstand 4.0-Kompetenzzentrum Chemnitz, können zwar keine Rechtsberatung durchführen, helfen allerdings den mittelständischen Unternehmen die Probleme zu erkennen und rechtzeitig sachgerechte Lösungen für die diversen Herausforderungen zu finden.

Eine große Herausforderung, die im Rahmen des Beitrags aufgezeigt wurde, liegt in der Etablierung neuer Arbeitszeitmodellen, die im Rahmen der Digitalisierung der Arbeitswelt möglich werden. Die angestrebten Neuerungen (z. B. Funktionsarbeitszeit, Wahlarbeitszeit, Vertrauensarbeitszeit etc.) sollen mehr Flexibilität sowohl für den Arbeitnehmer als auch den Arbeitgeber ermöglichen. Jedoch ist bei all diesen Modellen darauf zu achten, dass die flexible Arbeitszeitgestaltung mit dem ArbZG in Einklang zu bringen ist. Daran führt kein Weg vorbei und es ist die originäre Aufgabe des Arbeitgebers, dieses sicherzustellen. Je weiter sich die Arbeitsumgebung vom Betrieb wegbewegt und Arbeit „entgrenzt" stattfindet, desto schwieriger wird es, diese Aufgabe wahrzunehmen. Hier muss der Arbeitgeber vertragliche und organisatorische Maßnahmen ergreifen, die den Arbeits- und Gesundheitsschutz des Arbeitnehmers hinreichend sicherstellen. Arbeitszeitkonten oder technische Lösungen können bei der Organisation helfen und zugleich gewährleisten, dass z. B. der „Arbeit-Ruhe-Rhythmus" vom Arbeitnehmer eingehalten wird.

Ein anderer Rechtsbereich wurde im Zusammenhang mit kollaborativen Assistenzsystemen angesprochen, wie sie z. B. in Form aktiver Exoskelette zum Einsatz kommen. Hier treten unter anderem Aspekte des Arbeits- und Gesundheitsschutzes sowie datenschutzrechtliche Herausforderungen in den Fokus. Werden beispielsweise Exoskelette in erster Linie zum Arbeits- und Gesundheitsschutz eingesetzt, d. h. zur Unterstützung des Arbeitnehmers bei schweren Tätigkeiten, und schließen gleichzeitig durch das informatorisch-technische Design ein „Komplett-Screening" des Arbeitnehmers aus, so lässt sich ihr Einsatz wohl datenschutzrechtlich rechtfertigen. Jedoch muss die Datenverarbeitung dabei stets so angelegt sein, dass den allgemeinen Grundsätzen der DSGVO (z. B. Datensparsamkeit, Datensicherheit) sowie deren Schutzkonzepte (z. B. Privacy-by-Design, Privacy-by-Default) genügt wird. Die Unternehmen sollten daher bei Einführung solcher Systeme die Interessen der Arbeitnehmer in besonderem Maße berücksichtigen und dies auch technisch, schon bei der Voreinstellung der Systeme oder bei deren organisatorischen Einbindung, etwa ins betriebliche Gesundheitsmanagement, zum Ausdruck bringen.

Literatur

Bundesarbeitsgericht BAG (1992). Urteil vom 27.02.1992 – 6 AZR 478/90.
Bundesarbeitsgericht BAG (2003). Beschluss vom 06.05.2003 – 1 ABR 13/02.
Bundesministerium für Arbeit und Soziales BMAS (Hrsg.) (2016). Weißbuch "Arbeiten 4.0". Berlin.
Deutscher Juristentag DJT (Hrsg.) (2016). DGB-Thesen für den 71. Deutschen Juristen Tag, Abt. Arbeits- und Sozialrecht, Digitalisierung der Arbeitswelt – Herausforderungen und Regelungsbedarf, Arbeit und Recht (AuR).
Europäischer Gerichtshof EuGH (2000). Urteil vom 03.10.2000 – C 303/98 (Simap).
Europäischer Gerichtshof EuGH (2005): Urteil vom 01.12.2005 – C-14/04 (Dellas).
Europäischer Gerichtshof EuGH (2016): Urteil vom 10.09.2015 – C-266/14 (Tyco).
Groß, N.; Gressel, J. (2016). Entpersonalisierte Arbeitsverhältnisse als rechtliche Herausforderung – Wenn Roboter zu Kollegen und Vorgesetzten werden. Neue Zeitschrift für Arbeitsrecht, 33 (16), S. 977–1040.
Günther, J.; Böglmüller, M. (2015). Arbeitsrecht 4.0 – Arbeitsrechtliche Herausforderungen in der vierten industriellen Revolution. Neue Zeitschrift für Arbeitsrecht, 32 (17), S. 1025–1031.
Isenhardt, T. (2016). Homeoffice: Einrichtung und Ausgestaltung. Der Betrieb, 69 (25), S. 1499–1502.
Jacobs, M. (2016). Reformbedarf im Arbeitszeitrecht. Neue Zeitschrift für Arbeitsrecht, 33 (12), S. 733–737.
Krause, R. (2017). Herausforderung Digitalisierung der Arbeitswelt und Arbeiten 4.0. Neue Zeitschrift für Arbeitsrecht, Beilage 34 (2), S. 53–59.
Kreizberg, K. (2016). ArbSchG § 5 Beurteilung der Arbeitsbedingungen. In: Kollmer, N.; Klindt, T.; Schucht, C. (Hrsg). Arbeitsschutzgesetz: ArbSchG, 3. Auflage, Rn. 85 ff.
Maier, N. (2016). Freie Arbeitszeiteinteilung von Wissensarbeitern: Selbstbestimmung oder Ausbeutung? Der Betrieb, 69 (46), S. 2723–2728.
Martini, M.; Botta, J. (2018). Iron Man am Arbeitsplatz? Exoskelette zwischen Effizienzstreben, Daten- und Gesundheitsschutz: Chancen und Risiken der Verschmelzung von Mensch und Maschine in der Industrie 4.0. Neue Zeitschrift für Arbeitsrecht, 35 (10), S. 625–636.
Thüsing, G. (2016). Digitalisierung der Arbeitswelt – Impulse zur rechtlichen Bewältigung der Herausforderung gewandelter Arbeitsformen. Soziales Recht, 6 (3), S. 87–108.

Wank, R. (2014). Facetten der Arbeitszeit, Recht der Arbeit, 64 (5), S. 285–290.
Weichert, T. (2017). Die Verarbeitung von Wearable-Sensordaten bei Beschäftigten. Neue Zeitschrift für Arbeitsrecht, 34 (9), S. 565–570.
Weichert, T. (2018). § 22 Verarbeitung besonderer Kategorien personenbezogener Daten. In: Kühling, J.; Buchner, B. (Hrsg.). Kommentar zur DS-GVO/BDSG, 3. Aufl., München, S. 1359–1367.
Wiebauer, B. (2016a). Arbeitsschutz und Digitalisierung. Neue Zeitschrift für Arbeitsrecht, 33 (23), S. 1430–1436.
Wiebauer, B. (2016b). ArbSchG § 5. In: Landmann, R. von; Rohmer, G. (Hrsg.). Gewerbeordnung. Rn. 8 ff.
Wirtgen, J. (2016). FAQ Datentrennung auf Handys. Heise online. Verfügbar unter: https://www.heise.de/ct/hotline/FAQ-Datentrennung-auf-Handys-3572299.html [28.01.2019].
Wisskirchen, G.; Schiller, J.P. (2015). Aktuelle Problemstellungen im Zusammenhang mit „Bring Your Own Device". Der Betrieb, 68 (20), S. 1163–1171.
Wybitul, T. (2017). Der neue Beschäftigtendatenschutz nach § 26 BDSG und Art. 88 DSGVO. Neue Zeitschrift für Arbeitsrecht, 34 (7), S. 413–419.
Wyllie, D. (2014). Die besten Lösungen fürs Mobile Device Management. Computerwoche. Verfügbar unter: http://www.computerwoche.de/a/die-besten-loesungen-fuers-mobile-device-management,2547010 [28.01.2019].

Univ.-Prof. Dr. Dagmar Gesmann-Nuissl ist Inhaberin der Professur für Privatrecht und Recht des geistigen Eigentums an der Technischen Universität Chemnitz. Zahlreiche Veröffentlichungen zum Unternehmens- und Technikrecht, u. a. Mitherausgeberin des Werkes „Technikrecht – Rechtliche Grundlagen des Technologiemanagements" sowie der juristischen Fachzeitschrift „Innovations- und Technikrecht (InTeR)". Ihre Forschungsinteressen liegen im modernen technik- und technologiebezogenen Unternehmensrecht. Sie ist mit ihrem Team Konsortialpartnerin des Mittelstand 4.0-Kompetenzzentrum Chemnitz.

Demografiefestigkeit 4.0 – Chancen des digitalen Wandels zur Förderung von Beschäftigungsfähigkeit und Arbeitgeberattraktivität nutzen

Frank Eierdanz, Esther Herzog-Buchholz, Ellen Sieling und Klaus Schick

Zusammenfassung

Der bereits aktuell im Handwerk massiv spürbare Fachkräftemangel wird sich allen Prognosen zufolge durch den voranschreitenden Demografischen Wandel schon in den nächsten Jahren deutlich verschärfen. Um demografiefest zu sein, sollten Unternehmen hinsichtlich ihrer Unternehmenskultur, ihrer strukturellen Voraussetzungen und Prozesse so aufgestellt sein, dass sie die Veränderungen durch den Demografischen Wandel bewusst gestalten, die auftretenden Herausforderungen bewältigen und sich bietende Chancen erfolgreich nutzen können. Die Digitalisierung kann zur Steigerung der Demografiefestigkeit beitragen, indem digitale Technologien gezielt auch dafür eingesetzt werden, Belastungen der Mitarbeiter zu reduzieren, Vereinbarkeit von Familie und

---

Dieser Beitrag bezieht sich auf Ergebnisse mehrerer Projekte zum „Benchmarking der Demografiefestigkeit", die durch den Europäischen Sozialfonds (ESF) und aus Haushaltsmitteln des Ministeriums für Soziales, Arbeit, Gesundheit und Demografie des Landes Rheinland-Pfalz gefördert wurden.

F. Eierdanz (✉) · E. Sieling
Institut für Technologie und Arbeit, Kaiserslautern, Deutschland
E-Mail: frank.eierdanz@ita-kl.de; ellen.sieling@ita-kl.de

E. Herzog-Buchholz
Mainzer Kompetenz Initiativen, Mainz, Deutschland
E-Mail: esther.herzog-buchholz@mki-ev.de

K. Schick
Dienstleistungszentrum Handwerk, Ludwigshafen, Deutschland
E-Mail: klaus@schick-weingarten.de

© Springer-Verlag GmbH Deutschland, ein Teil von Springer Nature 2019
C. K. Bosse, K. J. Zink (Hrsg.), *Arbeit 4.0 im Mittelstand*,
https://doi.org/10.1007/978-3-662-59474-2_4

Beruf zu verbessern und die Attraktivität der Arbeitsplätze zu steigern. Der Beitrag erläutert das Konzept der Demografiefestigkeit und stellt Befragungsergebnisse aus elf Handwerksbetrieben vor. Praktische Beispiele veranschaulichen Potenziale für eine Steigerung der Demografiefestigkeit durch den Einsatz neuer Technologien.

4.1 Herausforderungen des Demografischen Wandels für kleine und mittlere Unternehmen

Der Demografische Wandel ist beileibe kein neues Phänomen. Bereits seit 1972 liegt in Deutschland die Geburten- unterhalb der Sterberate, sodass ohne Nettozuwanderung die Bevölkerungszahl kontinuierlich sinken würde. Die Geburtenrate ist seit 2012 etwas angestiegen, was auch an Verbesserungen im Bereich der Kinderbetreuung und Fördermaßnahmen wie dem Elterngeld liegt. Wichtige Ursachen für diese Entwicklung sind außerdem eine stabil gute konjunkturelle Lage, stärkere Zuwanderung aus südeuropäischen und muslimischen Ländern (Pötsch 2018) sowie die derzeit günstige Altersstruktur mit relativ gut besetzten 1980er-Jahrgängen, die das gebärfähige Alter erreichen. Aufgrund der schwach besetzten 1990er-Jahrgänge ist nach 2020 jedoch von einer wieder sinkenden Geburtenziffer auszugehen (Statistisches Bundesamt et al. 2018). Ein positiver Saldo aus internationaler Zu- und Abwanderung schwächt die Bevölkerungsverluste aus der natürlichen Bevölkerungsentwicklung ab. Nach der starken Zuwanderungswelle mit dem Höhepunkt im Jahr 2015 gab es zahlreiche Schlagzeilen, Deutschland schrumpfe nicht mehr (Astheimer 2017) oder die Demografie-Krise falle aus (Mayntz 2017). Die Bevölkerungsvorausberechnung des Statistischen Bundesamtes (2015) wurde aktualisiert und um eine Modellrechnung mit einem höheren zukünftigen Wanderungssaldo in Höhe von 200.000 Personen pro Jahr im langjährigen Mittel ergänzt. Demnach bliebe die Bevölkerungszahl bis 2030 weitgehend konstant, um erst danach bis 2060 auf 76,5 Millionen, das heißt 6 Millionen weniger als heute, abzusinken. Die Variante, die von einer langfristigen Nettozuwanderung von 100.000 Personen pro Jahr ausgeht, kommt auf eine Bevölkerungsabnahme bis 2030 auf knapp 81 Millionen und bis 2060 auf 73 Millionen (Statistisches Bundesamt 2017). Die beliebte Kurzformel zur Beschreibung des Demografischen Wandels „Wir werden weniger, älter und bunter" (z. B. Hoppenstedt und Stiftung Niedersachsen 2006) gilt nach wie vor.

Das *Weniger* bedeutet dabei vor allem, dass bei einer sinkenden Bevölkerungszahl und einer aufgrund der Veränderung der Altersstruktur noch stärker zurückgehenden Erwerbsbevölkerungszahl das Angebot von Fach- und Nachwuchskräften geringer wird. In wenigen Jahren werden die geburtenreichen Jahrgänge der so genannten Babyboomer das Ruhestandsalter erreichen und aus dem Erwerbsleben ausscheiden, sodass sich spätestens dann der Demografische Wandel massiv auf den Arbeitsmarkt auswirken wird (Carrasco Heiermann et al. 2018). Die aktuell angespannte Fachkräftesituation ist weniger durch die demografische als die konjunkturelle Entwicklung bedingt (Chalupa und Mai 2018), vermittelt aber den Unternehmen einen guten Ausblick auf die zu erwartende Situation in nicht mehr ferner Zukunft. Denn schon jetzt ist es so, dass beispielsweise im Handwerk tausende von Ausbildungsstellen unbesetzt bleiben (Handwerk Magazin 2018) und Betriebe zum Teil keine einzige Bewerbung mehr für Ausbildungsplätze erhalten (Deutscher Industrie- und Handelskammertag 2018). Zwar sind die angebotenen Ausbildungsplätze in den Jahren 2007 bis 2016 um 80.000 gesunken, aber auch die Zahl der Bewerber um einen Ausbildungsplatz hat sich um 155.000 verringert (DGB/HBS 2018), so dass in Deutschland immer weniger Fachkräfte ausgebildet werden. Damit bildet die Fachkräfteproblematik aktuell eines der bedeutendsten Wachstumshindernisse (Institut der deutschen Wirtschaft 2018).

Das *Älter* der oben genannten Formel gilt nicht nur für die Zunahme des Anteils Älterer an der Gesamtbevölkerung, sondern auch für alternde Belegschaften in Unternehmen. Insbesondere infolge veränderter gesetzlicher Rahmenbedingungen steigen das durchschnittliche Renteneintrittsalter und die Erwerbsquote Älterer seit den 1990er-Jahren kontinuierlich an (Frerichs 2015). Fachkräfteengpässe verbessern zudem die Chancen Älterer auf dem Arbeitsmarkt. Zeitweilig kann das Durchschnittsalter in Unternehmen sinken, wie etwa im öffentlichen Dienst durch das Erreichen des Pensionsalters geburtenstarker Jahrgänge (Altis 2018). Längerfristig ist aber von einem Altersdurchschnitt jenseits von 45 Jahren und einem hohen Anteil über 50 und über 60-jähriger in vielen Unternehmen auszugehen. Die Konzepte der Beschäftigungsfähigkeit und der Altersgerechten Arbeitsgestaltung (z. B. Schütte und Gesellschaft für Arbeitswissenschaft 2009) gewinnen daher an Bedeutung. Der Begriff *Bunter* als Kurzbeschreibung der demografischen Veränderungen meint in gesamtgesellschaftlichem Zusammenhang vor allem die stärkere kulturelle, religiöse und ethnische Vielfalt infolge der internationalen Migration, aber auch Veränderungen in Lebensstilen und Werten. Im Kontext von Unternehmen lässt sich der Begriff auf das Konzept der Diversität erweitern, das allgemein die Vielfalt innerhalb der Belegschaft aus Altersklassen, Geschlechtern, Kulturen, Ethnien, Religionen, sexuellen Orientierungen u. a. beschreibt (z. B. Offensive Mittelstand – Gut für Deutschland 2018).

Für Unternehmen bringt der Demografische Wandel vielerlei Herausforderungen, aber auch Chancen mit sich. Fachkräfteengpässe und der Wandel hin zu einem Bewerbermarkt erfordern von Betrieben, Rekrutierungsaktivitäten und Öffentlichkeitsarbeit zu intensivieren und eine hohe Arbeitgeberattraktivität zu bieten. Die Beschäftigungsfähigkeit alternder Belegschaften muss über betriebliches Gesundheitsmanagement, lebenslange Fort- und Weiterbildung und systematisches Wissensmanagement gefördert werden. Die Potenziale der Diversität sollten durch gezieltes Generationen- und Diversity-Management aktiviert werden. Da sich der Demografische Wandel nicht nur auf die Belegschaft der Unternehmen auswirkt, sondern auch auf Märkte, Kundenstruktur und Kundenbedarfe, hängt die Zukunftsfähigkeit von Unternehmen außerdem davon ab, Innovation rechtzeitig zu erkennen und darauf zu reagieren. Die Chancen, etwa für Handwerksbetriebe, durch neue Technologien in den Bereichen Smart Living und Ambient Assisted Living für die wachsende Zahl zahlungskräftiger Kunden im höheren Alter sind hierfür ein gutes Beispiel.

Während in großen Unternehmen gut ausgestattete Abteilungen mit ausgebildeten Experten für Innovations- und Personalmanagement zur Verfügung stehen, um all diesen

Herausforderungen zu begegnen, liegt diese Aufgabe in kleinen und mittleren Unternehmen oft bei den Inhabern, Handwerksmeistern oder Geschäftsführern selbst. Neben Zeit, finanziellen Ressourcen und Fachwissen fehlt es in kleinen Unternehmen auch an geeigneten Analyse- und Controlling-Instrumenten. In großen Unternehmen werden systematisch Informationen gesammelt und ausgewertet, etwa zu Fehlzeiten, Belastungs- und Gefährdungsfaktoren, fachlichen und nichtfachlichen Qualifikationen, zur Arbeitszufriedenheit, Altersstruktur u. a. Im kleinen Betrieb stehen entsprechende Daten selten zur Verfügung und die Steuerung erfolgt eher aus dem Bauch heraus. Vorteile kleinerer Unternehmen sind allerdings eine hohe Flexibilität, schnelle Anpassungsfähigkeit und leichte Umsetzbarkeit von Veränderungen. Das Konstrukt der „Demografiefestigkeit" drückt aus, in wie weit es Unternehmen gelingt, sich trotz der genannten Herausforderungen erfolgreich zu behaupten.

4.2 Aspekte der Digitalisierung als Erweiterung des Konstrukts „Demografiefestigkeit"

Unternehmen können als demografiefest bezeichnet werden, wenn sie hinsichtlich ihrer Unternehmenskultur, ihrer strukturellen Voraussetzungen und Prozesse so aufgestellt sind, dass sie die oben skizzierten Veränderungen durch den Demografischen Wandel bewusst gestalten, die auftretenden Herausforderungen bewältigen und sich bietende Chancen erfolgreich nutzen können (Eierdanz et al. 2015). Die Digitalisierung der Arbeitswelt und die Einführung von Arbeit 4.0 sollten auch im Zusammenhang mit dem Thema Demografiefestigkeit betrachtet werden. In der Regel wird der Nutzen des digitalen Wandels für Unternehmen in zwei wesentlichen Bereichen gesehen: Zum einen bieten neue Technologien vielfältige Möglichkeiten, um Produktivität, Effizienz und Qualität zu erhöhen. Produkte und Dienstleistungen können durch neue technische Möglichkeiten schneller, individueller, kundenorientierter, in besserer Qualität zu niedrigerem Preis angeboten werden. Zum anderen können ganz neue digitale Geschäftsmodelle und völlig neue Produkte entwickelt werden, die es zuvor nicht gab. Die Perspektive auf das Thema Demografiefestigkeit erweitert den Nutzen der Digitalisierung um einen dritten Aspekt. Digitale Technologien können dazu beitragen, die Demografiefestigkeit von Unternehmen zu steigern, etwa indem durch sie die Arbeitgeberattraktivität erhöht oder die Beschäftigungsfähigkeit gefördert wird.

Abb. 4.1 illustriert die Vielfalt des Konstrukts „Demografiefestigkeit" und verdeutlicht beispielhafte Aspekte der Digitalisierung. Die zahlreichen Faktoren, die die Demografiefestigkeit bestimmen, lassen sich in die acht Hauptthemenfelder Gesundheit, Arbeitsorganisation, Vereinbarkeit Familie & Beruf, Personal, Führung & Kommunikation, Betriebsklima & Teamarbeit, Arbeitgeberattraktivität sowie Management & Innovation unterteilen. Für jeden dieser Themenbereiche lässt sich ein Unterthemenfeld „Digitalisierung" mit Aspekten benennen, die einen wichtigen Beitrag zu dem jeweiligen Thema leisten.

Im Themenfeld *Gesundheit* beispielsweise geht es um den Gesundheitszustand der Mitarbeiter, um Belastungsfaktoren und Angebote der Gesundheitsförderung. Wenn Unternehmen

4 Demografiefestigkeit 4.0 – Chancen des digitalen Wandels zur Förderung von …

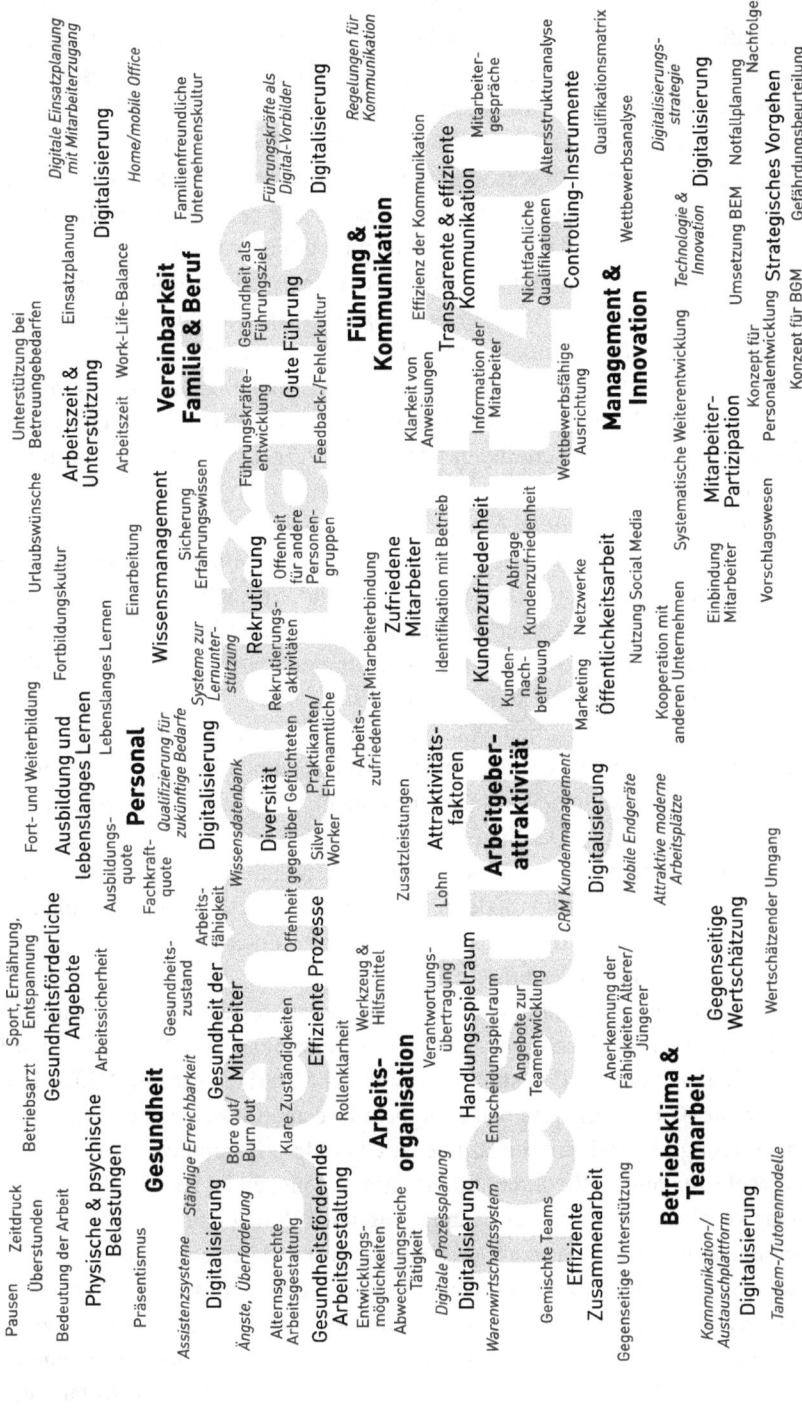

Abb. 4.1 Demografiefestigkeit 4.0 – Themenfelder und Aspekte

die Gesundheit der Belegschaft erfolgreich fördern und erhalten, werden sie auch bei einem Anstieg des Durchschnittsalters die Beschäftigungsfähigkeit der Mitarbeiter eher bewahren und den Demografischen Wandel besser bewältigen können. Die Digitalisierung kann im Themenfeld Gesundheit zu Verbesserungen beitragen, indem zum Beispiel Assistenzsysteme körperliche und mentale Belastungen reduzieren. Es könnte aber auch zu neuen zusätzlichen psychischen Belastungen kommen, etwa wenn Mitarbeiter sich durch die digitale Kommunikation auch in der Freizeit unter Erreichbarkeitsstress fühlen oder aber allgemein Ängste und ein Gefühl der Überforderung belastend wirken. Angebote und Zeit für entsprechende Qualifizierungen können hier ein Gefühl des Ausgeliefertseins verhindern helfen.

Die *Arbeitsorganisation* sollte im demografiefesten Unternehmen durch eine effiziente, alterns- und gesundheitsgerechte Arbeitsgestaltung geprägt sein, in der es ausreichend Handlungsspielräume für die Mitarbeiter gibt. Digitale Technologien, insb. zur Prozessplanung oder als Warenwirtschaftssystem, erhöhen die Effizienz und erleichtern die Abläufe für die Mitarbeiter. Dabei müssen jedoch von Anfang an klare Regeln und eine hohe Transparenz im Umgang mit den anfallenden Daten der Angst vor erhöhter Kontrolle und Überwachung vorbeugen.

Eine hohe *Vereinbarkeit Familie & Beruf* sichert attraktive Arbeitsbedingungen für die Mitarbeiter, was wiederum die Fachkräftesicherung und die Mitarbeiterbindung verbessert. Vereinbarkeit wird durch flexible Arbeitszeit- und Einsatzregelungen, aber auch durch konkrete Unterstützungsangebote gewährleistet. Digitale Einsatzplanungstools, auf die Mitarbeiter zugreifen und in die sie Wünsche eintragen können, können Vereinbarkeit ebenso steigern wie eine großzügige Home Office Regelung.

Um in Zeiten des Demografischen Wandels ausreichend qualifiziertes *Personal* zur Verfügung zu haben, müssen sich demografiefeste Unternehmen intensiv um eigene Ausbildung, Fort- und Weiterbildung, Wissensmanagement, aber auch vielfältige Rekrutierungsaktivitäten kümmern. Die Qualifizierung sollte vorausschauend auch Bedarfe der Digitalisierung berücksichtigen. Das Wissensmanagement kann durch digitale Tools vereinfacht werden. Rekrutierung sollte moderne digitale Kanäle, etwa Social Media, nutzen. Und die Ausbildung kann auf digitale Systeme zur Lernunterstützung, Methoden des E-Learnings und ähnliches zurückgreifen.

Die Kultur der *Führung & Kommunikation* im demografiefesten Unternehmen setzt auf eine positive Fehler- und Feedbackkultur und stärkt Führungskräfte darin, bei allen Entscheidungen die Gesundheit und Belastungsfaktoren der Mitarbeiter in den Mittelpunkt zu stellen. Transparente Kommunikation und geeignete Informationsinstrumente erhöhen die Mitarbeiterbeteiligung und steigern die Effizienz. Über klare Kommunikationsregelungen werden Zusatzbelastungen z. B. durch Emails am Wochenende vermieden. Führungskräfte treten als Vorbilder für einen gelingenden digitalen Wandel auf.

Im Bereich *Betriebsklima & Teamarbeit* ist neben einer effizienten Zusammenarbeit vor allem entscheidend, dass es im Unternehmen eine Kultur der gegenseitigen Wertschätzung gibt. Durch guten und respektvollen Umgang miteinander werden Belastungen reduziert und die Zufriedenheit gesteigert. Um Digitalisierung im Team voran zu bringen, können Tandem- und Tutorenmodelle eingesetzt werden. Wenn jüngere technikaffine Mitarbeiter als

Technikpaten wirken, steigert das die Anerkennung für die Jüngeren und erleichtert die Einarbeitung in neue Technologien für manch zögernden Älteren. Digitale Kommunikationsplattformen verbessern und beschleunigen außerdem die gegenseitige Information im Team.

Die *Arbeitgeberattraktivität* basiert auf einer hohen Mitarbeiterzufriedenheit, wird aber auch durch konkrete Attraktivitätsfaktoren wie Lohn und Lohnzusatzleistungen gefördert. Im Hinblick auf den zukünftigen hart umkämpften Bewerbermarkt müssen demografiefeste Unternehmen eine professionelle Öffentlichkeitsarbeit betreiben. Gerade kleine Betriebe sollten darüber hinaus vernetzt agieren, um gemeinsam aufzutreten und von der Gesundheitsförderung bin hin zum Standortmarketing eine größere Schlagkraft zu entfalten. Die Möglichkeiten der Digitalisierung sollten in diesem Themenfeld dazu genutzt werden, durch technische Ausstattung moderne und attraktive Arbeitsplätze zu bieten. Mobile Endgeräte, die Mitarbeiter auch privat nutzen können, sind hierfür ein einfaches Beispiel.

Das Themenfeld *Management & Innovation* umfasst Aspekte der allgemeinen Unternehmenskultur und der strategischen Unternehmensteuerung. Die Entwicklung wichtiger Bereiche wie der Personalentwicklung und dem Gesundheitsmanagement sollten dabei mit Hilfe systematischer Konzepte erfolgen. Es sollte einen kontinuierlichen Verbesserungsprozess unter Einbeziehung der Mitarbeiter zur Steigerung der vorgenannten Bereiche der Demografiefestigkeit geben. Zur wissens- und datenbasierten Steuerung sollten geeignete Controlling-Instrumente eingesetzt werden. Über eine ausgearbeitete Digitalisierungsstrategie sollten dabei technische Innovationen frühzeitig erkannt und systematisch umgesetzt werden.

Wie diese, sicher nicht vollständige, Auflistung von Beispielen belegt, kann jedes Themenfeld von Demografiefestigkeit um Aspekte der Digitalisierung erweitert werden. Es resultiert ein Konstrukt, das man als „Demografiefestigkeit in Zeiten der Digitalisierung" oder kurz „Demografiefestigkeit 4.0" bezeichnen kann.

4.3 Benchmarking der Demografiefestigkeit

Im Rahmen einer Reihe durch das Ministerium für Soziales, Arbeit, Gesundheit und Demografie Rheinland-Pfalz sowie den Europäischen Sozialfonds geförderter Projekte konnte seit 2013 ein Instrument entwickelt und eingesetzt werden, um Demografiefestigkeit zu messen und im Unternehmensvergleich als Benchmarking zu bewerten (Institut für Technologie und Arbeit Kaiserslautern & Institut für sozialpädagogische Forschung Mainz 2014). Informationen zu ungefähr 300 verschiedenen Aspekten der oben aufgeführten acht Hauptthemenfelder werden für den Benchmarking-Vergleich mit Hilfe dreier verschiedener Erhebungsmethoden gesammelt:

I. Eine Checkliste aus 120 Fragen, die von der Unternehmensleitung ausgefüllt wird, liefert Einschätzungen aus einer strategischen Leitungsperspektive.
II. Daten zu etwa 30 Kennzahlen (z. B. Fehlzeitenquote, Altersstruktur, Anteil geringfügig Beschäftigte, Anteil befristet Beschäftigte, Anzahl Unternehmensaustritte aus verschiedenen Gründen u. a.) ergänzen eine objektive Perspektive.

III. Eine Mitarbeiterbefragung mit rund 150 Fragen, an der alle Beschäftigten freiwillig teilnehmen können, ermöglicht den Blick auf die subjektiven Meinungen innerhalb der Belegschaft.

Die Ergebnisse aller drei Erhebungsmethoden werden zur besseren Vergleich- und Kombinierbarkeit in einen einheitlichen Punktwert umgerechnet. Dabei werden 100 Punkte bei Leitungscheckliste und Mitarbeiterbefragung erzielt, wenn immer die beste Antwortoption ausgewählt wurde. Bei Kennzahlen stehen 100 Punkte für einen Wert in mindestens der Höhe des 90 Prozent-Quantils, das heißt ein Wert innerhalb der besten 10 Prozent aller Werte. Die untere Grenze von 0 Punkten wird analog erreicht, wenn alle Fragen von allen mit der schlechtesten Antwortoption beantwortet wurden bzw. Kennzahlenwerte innerhalb der unteren 10 Prozent aller Werte auftreten. In den Jahren 2013 bis 2018 konnten insgesamt 54 Unternehmen am Benchmarking der Demografiefestigkeit teilnehmen. Dabei stammten 18 aus der Sozial- und Gesundheitswirtschaft, während die übrigen 36 kleinen und mittleren Unternehmen aus Handwerk und Industrie waren.

In Abb. 4.2 sind die durchschnittlichen Punktwerte dargestellt, die die Unternehmen in den acht Hauptthemenfeldern der Demografiefestigkeit sowie als Gesamtwert erzielt haben. Der Gesamtmittelwert aller Unternehmen liegt bei knapp über 60 Punkten, wobei 24 Prozent der Unternehmen weniger als 55 und 20 Prozent mehr als 65 Punkte aufweisen. Auf Rang 1 mit hervorragenden 80 Punkten findet sich ein Fensterbaubetrieb mit 30 Mitarbeitern, dahinter folgen ein ambulanter Pflegedienst und ein Malerbetrieb mit 71 bzw. 70,5 Punkten. Am hinteren Ende des Feldes liegen zwei Krankenhäuser sowie ein metallverarbeitender Betrieb mit rund 50 Punkten. Das Themenfeld mit den höchsten

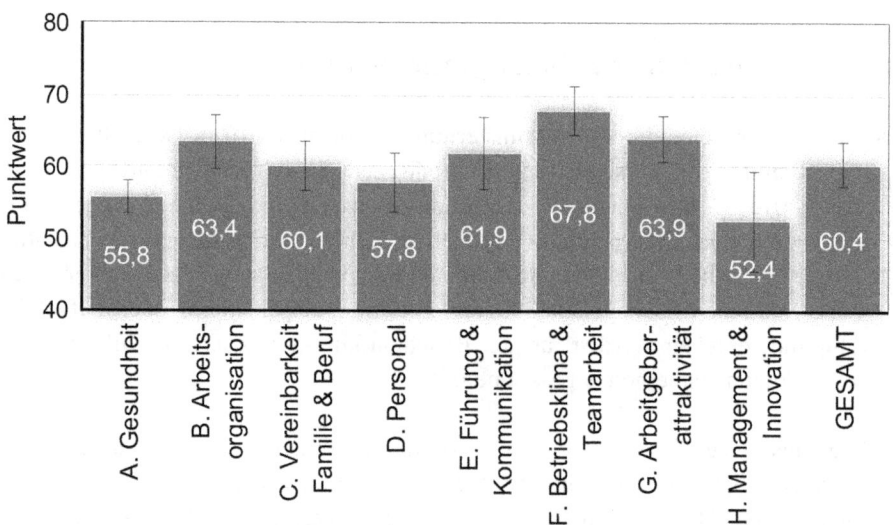

Abb. 4.2 Punkt-Mittelwerte von 54 Unternehmen für verschiedene Dimensionen der Demografiefestigkeit

Werten ist der Bereich „Betriebsklima & Teamarbeit" mit einem Mittelwert von knapp 68 Punkten. Zwei Drittel der Unternehmen erreichen bei diesem Thema gute Werte oberhalb von 65 Punkten. Nur in einem Industriebetrieb und einem stationären Altenpflegeheim ist die Stimmung mit unter 55 Punkten kritisch. Auffallend niedrige Werte werden in den Themenfeldern Gesundheit, Personal sowie Management & Innovation erreicht. Einen Wert über 65 Punkten im Feld Gesundheit, etwa durch intensiv genutzte betriebliche Gesundheitsförderung und eine erfolgreiche Reduktion von Belastungsfaktoren, erreicht nur ein Betrieb, was 2 Prozent entspricht. Nur 17 Prozent der Unternehmen sind im Bereich „Personal" gut aufgestellt. Neben vielfältigen Rekrutierungsmaßnahmen und einer attraktiven eigenen Ausbildung funktioniert in diesen Unternehmen auch das Wissensmanagement. Das Themenfeld „Management & Innovation" ist das mit der größten Streuung. Während 15 Prozent der Unternehmen gute Werte über 65 Punkten erreichen, durch gut organisiertes Controlling, systematisches strategisches Vorgehen und gelingende Partizipation, weisen 52 Prozent weniger als 55 Punkte auf und offenbaren hohen Verbesserungsbedarf. Der Bereich mit der zweithöchsten Streuung ist das Thema „Führung & Kommunikation". In oben erwähntem Fensterbaubetrieb zeigen 90 Punkte eine außergewöhnliche hohe Zufriedenheit der Mitarbeiter mit den Führungskräften, aber auch vorbildliche transparente Kommunikation. Immerhin 41 Prozent der Unternehmen beweisen mit Werten über 65 Punkten eine gute Führungs- und Kommunikationskultur, etwa auch mit regelmäßigen Mitarbeitergesprächen. In 31 Prozent der Betriebe dagegen werden weniger als 55 Punkte erreicht, es mangelt oft an Führungskompetenzen, einer systematischen Führungskräfteentwicklung und ausreichend Information.

In der Benchmarking-Erhebung 2018, an der 11 Betriebe aus Handwerk und Industrie beteiligt waren, wurden eine Reihe von Aspekten von Digitalisierung und Arbeit 4.0 sowohl durch die Unternehmensleitungen (31 Fragen) als auch durch die Mitarbeiter (26 Fragen) beurteilt. Abb. 4.3 zeigt ausgewählte Ergebnisse dieser Einschätzungen zusammengefasst in drei Hauptdimensionen. Es wurden jeweils die gleichen Fragen von der Leitung und von den Mitarbeitern beantwortet. Jede Markierung in der Abbildung steht für ein Unternehmen, wobei die Leitungsbeurteilung die Lage auf der Abszisse und der Mittelwert der Mitarbeiterantworten die Position auf der Ordinate festlegen. Die Dimension „Einstellung" steht für den Mittelwert aus fünf Aspekten (Bereitschaft zum Einsatz digitaler Lösungen, keine Ängste und Sorgen vor Überforderung, Arbeitsverdichtung, Zusatzbelastung). Alle Unternehmen finden sich für diese Dimension im oberen rechten Quadranten der Abbildung. Das heißt, Unternehmensleitungen und Belegschaften schätzen die Einstellung und Bereitschaft, digitale Lösungen umzusetzen, gleichermaßen hoch ein. Der Umfang, in dem digitale Technologien aktuell im Betrieb bereits genutzt werden, wird mit der Dimension „Systeme" abgebildet. Sieben verschiedene Einsatzfelder wurden hierfür abgefragt (Systeme zur körperlichen, kognitiven Entlastung, zur Prozesssteuerung, zur Einsatz-/Auftragsplanung, zur Sensorik, zum Wissensmanagement, zur Lernunterstützung, zur Kommunikation). Die Lage fast aller Unternehmen im linken unteren Quadranten der Abbildung verdeutlicht, dass die Be-

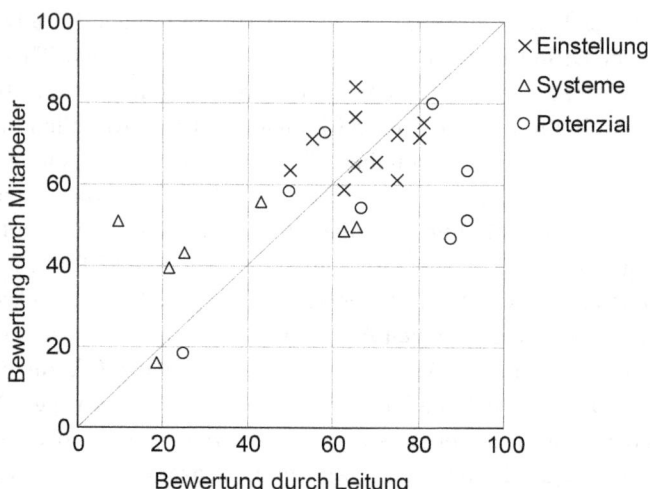

Abb. 4.3 Beurteilung von Aspekten der Digitalisierung aus Sicht von Unternehmensleitung und Mitarbeitern

triebe mit der Umsetzung der Digitalisierung noch am Anfang stehen, auch wenn es hierbei eine große Streuung von 20 bis über 60 Punkte gibt. Mitarbeiter schätzen den Stand dabei meistens höher ein als die Unternehmensleitungen. Die Dimension „Potenzial" besteht aus drei Aspekten, die erheben, ob Digitalisierung im Unternehmen als strategisches Ziel verfolgt, vorausschauend hierfür qualifiziert und zusätzliches Kundenpotenzial durch digitale Lösungen gesehen wird. Sowohl von Mitarbeitern als auch von den Leitungskräften wird hohes Potenzial und hohe strategische Bedeutung gesehen. Die Unternehmensleitungen erreichen dabei zumeist deutlich höhere Werte als die Beschäftigten.

Tab. 4.1 ergänzt weitere Aspekte der Digitalisierung, die in der Mitarbeiterbefragung abgefragt wurden. Mobile Endgeräte für die tägliche Arbeit werden in einigen Betrieben bereits von der Mehrzahl der Mitarbeiter intensiv genutzt. Mobiles Arbeiten spielt dagegen in den wenigsten der handwerklich geprägten Betriebe und insgesamt nur für 9 Prozent der Befragten eine Rolle. Immerhin die Hälfte der Beschäftigten findet, dass die Außendarstellung ihrer Betriebe unter Nutzung von Social Media zeitgemäß ist. Die hohe Streuung zeigt dabei allerdings einen Nachholbedarf in einem Teil der Unternehmen. Etwas niedriger fällt die Bereitschaft der Mitarbeiter aus, selbst bei der Außendarstellung mitzuwirken. Nur 40 Prozent sind etwa bereit vom privaten Account aus Firmeninhalte zu teilen und zu „liken". Knapp ein Drittel der Befragten stimmt zu, dass digitale Technologien in ihrem Betrieb zu Entlastungen geführt haben, 47 Prozent sehen diesen Effekt (noch) nicht. Nur gut ein Viertel der Beschäftigten sieht (bisher) eine Steigerung der Attraktivität der Arbeitsplätze im eigenen Betrieb durch den Einsatz digitaler Technologien.

Tab. 4.1 Ergebnisse ausgewählter Digitalisierungsaspekte als Durchschnitt von 11 Unternehmen

	Anzahl Befragte	Sehr hoch/ hoch	Mittel	Niedrig/ sehr niedrig	Punkt-Mittelwert	Standardabweichung
Mobile Endgeräte für Mitarbeiter	149	55 %	8 %	37 %	62,4	28,7
Arbeiten von Zuhause	213	9 %	12 %	78 %	19,4	10,1
Zeitgemäße Außendarstellung (Social Media)	232	51 %	30 %	19 %	59,5	16,9
Bereitschaft zur Mitarbeit bei Außendarstellung	220	40 %	20 %	41 %	47,5	14,4
Entlastung durch digitale Technologien	228	32 %	33 %	34 %	47,1	13,6
Attraktivere Arbeitsplätze durch digitale Technologien	234	26 %	34 %	40 %	44,2	14,6

Fasst man alle 57 abgefragten Digitalisierungsaspekte zusammen und ordnet sie dem Hauptthemenfeld der Demografiefestigkeit zu, zu dem sie am ehesten einen Beitrag leisten, ergeben sich die in Abb. 4.4 dargestellten mittleren Punktwerte. Die Themenfelder mit den höchsten Werten, „Arbeitgeberattraktivität", „Management & Innovation" und „Gesundheit" erreichen diese allerdings vorwiegend durch die positive Einstellung gegenüber digitalen Technologien, die (bisher) nicht durch nennenswerte Ängste vor Arbeitsverdichtung, Überwachung oder durch eine empfundene Zusatzbelastung getrübt wird. Die niedrigen Werte im Bereich „Personal" erklären sich durch den bisher seltenen Einsatz von digitalen Mitteln des Wissensmanagements und im Rahmen von Aus- und Weiterbildung. Im Themenfeld „Betriebsklima & Teamarbeit" gibt es in einigen Betrieben zwar erste gute Erfahrungen mit digitalen Plattformen, Tandem- und Tutorenmodelle zur gegenseitigen Unterstützung im Team werden jedoch selten eingesetzt.

Wie die teils hohen Streuungen zeigen, unterscheiden sich die Unternehmen, die am Demografie-Benchmarking teilgenommen haben, deutlich voneinander, was für ihre Demografiefestigkeit insgesamt ebenso gilt wie für den Stand der Digitalisierung. Auf alle Unternehmen bezogen, wird der im Abschn. 4.2 skizzierte Beitrag digitaler Technologien zur Steigerung der Demografiefestigkeit bisher nur teilweise erfolgreich umgesetzt. Einzelne Unternehmen jedoch sind deutlich weiter und weisen einen hohen Grad an Digitalisierung auf. In diesen Unternehmen bestätigen Mitarbeiter durchaus, dass der digitale Wandel die Erhaltung und Steigerung der Beschäftigungsfähigkeit unterstützen und Arbeitsplätze attraktiver machen kann. Im folgenden Abschnitt werden Beispiele Guter Praxis hierfür vorgestellt.

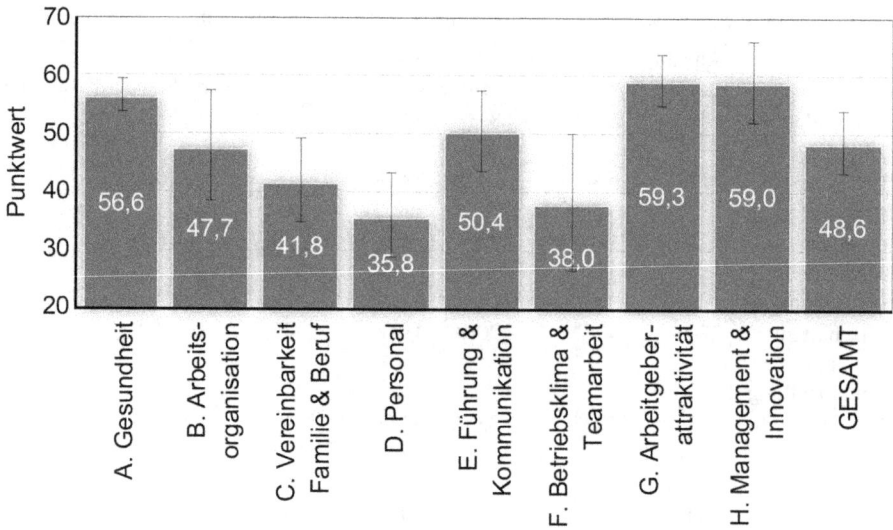

Abb. 4.4 Mittelwerte von 57 Digitalisierungsaspekten bezogen auf Hauptthemenfelder der Demografiefestigkeit

4.4 Chancen der Digitalisierung nutzen – Beispiele Guter Praxis aus kleinen und mittleren Unternehmen in Rheinland-Pfalz

Das Benchmarking-Instrument versteht sich nicht als Wettbewerb um Rang 1 im Sinne gegenseitiger Abgrenzung und Konkurrenz, sondern als Basis für Kooperation und Wissensaustausch („Lernen vom Besten"). Fester Bestandteil jedes Benchmarking-Durchlaufs ist daher der Auswertungs-Workshop, bei dem alle Unternehmen zusammenkommen und die Besten pro Themenfeld ihre Lösungsansätze präsentieren, die zu den herausragenden Ergebnissen geführt haben.[1] Einige besonders eingängige Beispiele zeigen, wie digitale Lösungen zur Steigerung der Demografiefestigkeit beitragen können.

1. Steigerung von Effizienz und Partizipation durch digitale Auftragsordner: Es gab zwei erhoffte Wirkungen bei der Einführung digitaler Prozesse bei einem kleinen Elektrohandwerksbetrieb im ländlichen Raum. Zum einen sollte die Effizienz der Prozesse erhöht werden. Zum anderen sollten Mitarbeiter aber auch besser einbezogen und beteiligt werden. Die digitalen Auftragsordner leisten beides. Für die Organisation der täglichen Arbeit werden im Vorfeld zu jedem Auftrag möglichst alle vorliegenden Informationen (Beauftragender, Pläne, Besonderheiten, Adresse, Fotos) in einem digitalen Arbeitsauftrag zusammengestellt und zwei bis drei Tage vorher an die jeweiligen Mitarbeitenden

---

[1] Einige Beispiele Guter Praxis werden auf folgender Internetplattform vorgestellt: http://gutepraxis.demografie-benchmarking.de/.

übersendet. Neben dem Arbeitsauftrag wird zudem ein digitaler Baustellenordner erstellt, der per mobilem Endgerät auf der Baustelle genutzt wird. Dieser umfasst alle Zahlen, Daten, Fotos, Dokumentationen vom Eingang des Auftrages bis zur Abwicklung. Ziel des Ganzen ist es, den Mitarbeitenden eine gute Arbeitsvorbereitung (Anfahrtsplanung, mentale Vorbereitung, gezielter Einsatz der Arbeitsmittel) zu ermöglichen, Ihnen ausreichend Zeit und Unterstützung zu geben, um damit ausreichend Gestaltungsspielraum für das eigenverantwortliche Abarbeiten der Aufträge sicherzustellen. Der Betrieb stellt die dafür benötigte Technik zur Verfügung. Notwendige Daten werden durch das System besser verteilt, stehen schneller jedem zur Verfügung und können leichter aktuell gehalten werden. Neben diesem Effekt für höhere Effizienz und Produktivität zeigt sich aber auch die erhoffte Wirkung bei den Mitarbeitern. Frust durch fehlende Information, unnötige Wege, vermeidbare Fehler wird vermieden. Mitarbeiter haben einen tieferen Einblick in alle Informationen des Auftrages, erhöhen ihr Verständnis und lernen dadurch hinzu. Es kann eigenverantwortlicher und mit höherem Handlungsspielraum gearbeitet werden. Letztlich verbessert sich auch die Arbeitszufriedenheit.
2. Familienfreundliche Unternehmenskultur durch digitale Auftragsplanung: Als Baustein einer familienfreundlichen Unternehmenskultur setzt ein Unternehmen im Bereich Heizung, Sanitär, Luft- und Klimatechnik mit 30 Beschäftigten ein System zur digitalen Auftragsplanung ein. Mittels einer branchenüblichen Software zur digitalen Auftragsplanung werden Adressdaten der Kunden, Anlagedaten, Auftragsnummern, Dokumente sowie ausgewählte Personaldaten erfasst. Jedem Auftrag können beliebig viele Mitarbeiter, Tage und Zeiten zur Einsatzplanung hinzugebucht werden. Die veranschlagten Zeiten und Arbeitsaufträge werden jedem Monteur in einer aktuellen Kalenderübersicht angezeigt. Der Einsatz der digitalen Einsatzplanung ermöglicht jedem Mitarbeitendem des Unternehmens, über die EDV Tages-, Wochen- und Monatsplanungen einzusehen. Durch die vom Betrieb zur Verfügung gestellten technischen Endgeräte wird jeder Mitarbeitende in die Lage versetzt, auf die Termingestaltung frühzeitig Einfluss zu nehmen und verschiedene Bedarfe (für Betreuungsbedarfe, Kindergartenbringo- oder Schließzeiten) und Wunschtermine (Urlaub) frühzeitig über das System zu artikulieren. Die Vorbehalte seitens der Mitarbeitenden gegenüber der Einführung des Systems waren zunächst groß. Befürchtungen, das System sei zu kompliziert und die Berücksichtigung kurzfristiger Änderungen schwierig. Nach der Einführung etablierte sich das System und wurde von allen Mitarbeitenden akzeptiert. Nachteilig wird allerdings bewertet, dass bei Ausfall der EDV kein Redundanzsystem verfügbar ist und kurzfristige Unterbrechungen nur aufwändig zu kompensieren sind. Die verbesserte Passung der verschiedenen Mitarbeitenden und der zu erledigenden Aufträge wird als großer Vorteil für die verlässliche Planbarkeit von Familie & Beruf wahrgenommen. Durch direkte Eingabe der Mitarbeitenden reagiert das System automatisch und Aufträge werden ggfs. umgebucht oder müssen neu datiert werden. Familiäre Termine und Wünsche können frühzeitig eingebracht und berücksichtig werden.
3. Bessere Kommunikation und Information durch digitale Austauschplattform: Im Privaten längst selbstverständliche Kommunikationsanwendungen können auch im betrieblichen

Kontext den raschen Informationsaustausch sowohl von Leitung/Zentrale und Mitarbeitern als auch zwischen den Mitarbeitern verbessern. Auch wenn die am weitesten verbreitete Anwendung „Whatsapp" aufgrund der Anforderungen der neuen Datenschutzgrundverordnung nicht ohne Weiteres eingesetzt werden kann, gibt es zahlreiche geeignete Alternativen. In einem kleinen Heizungs- und Sanitärbetrieb wird beispielsweise „Threema" genutzt. Der Betrieb stattet seine Mitarbeiter konsequent mit mobilen Endgeräten aus und erlaubt auch die private Nutzung der Geräte nach Feierabend. Sogar Auszubildende erhalten das Firmen-Smartphone. Um psychische Belastungen durch eine ständige Erreichbarkeit auch in der Freizeit zu vermeiden, gibt es klare Regelungen im Betrieb. Mitarbeiter mit Einsatzbereitschaft für Notfälle sind von diesen Regelungen allerdings ausgenommen. Die Mitarbeiter empfinden die mobilen Geräte als Bonusgabe des Betriebs und fühlen sich nicht zur Erreichbarkeit nach Feierabend verpflichtet. Die Technologie erleichtert die Kommunikation und steigert die Attraktivität der Arbeitsplätze.

Die aufgeführten Beispiele zeigen, dass der Einsatz digitaler Technologien besonders dann gut gelingt, wenn dabei nicht nur das Ziel der Effizienz- und Produktivitätssteigerung, sondern auch eine Verbesserung der Arbeitsbedingungen für die Mitarbeiter verfolgt wird. Wie die Mitarbeiterbefragungen in zahlreichen Unternehmen belegen, sehen die Beschäftigten überwiegend Chancen und Potenziale in der Digitalisierung und haben zumindest bisher kaum Vorbehalte und Ängste gegenüber dem technikbedingten Wandel. Dieses Ergebnis ist so allerdings nur für die Handwerksbranche gültig, in der Fachkräfte in Zeiten massiven Fachkräftemangels im Moment keine Sorge vor Arbeitsplatzabbau durch Digitalisierung zu haben brauchen. Die positive Einstellung der Mitarbeiter ist ein Vorteil bei der Einführung von Technologien. Um diese Haltung zu erhalten, ist es empfehlenswert, die Auswirkungen neuer Technologien auf die Mitarbeiter und die dabei zu verändernden Prozesse zu berücksichtigen. Optimal sind Lösungen, die als Synergieeffekt sowohl Effizienz erhöhen als auch Mitarbeiterzufriedenheit steigern können. Mitarbeiter können durch den digitalen Baustellenordner auf dem persönlichen Tablet eigenverantwortlicher agieren, durch die digitale Einsatzplanung besser planen, überflüssige Wege vermeiden und Privates besser vereinbaren. Assistenztechnologie reduziert körperliche Belastungen. Anwendungen unterstützen das lebenslange Lernen. Das alles nutzt dem Unternehmen, erhöht aber gleichzeitig die Attraktivität der Arbeitsplätze und verbessert die Beschäftigungsfähigkeit der Mitarbeiter. Diese Sicht auf eine „Demografiefestigkeit 4.0" weist den Weg zu einer sinnvoll umgesetzten Digitalisierung.

Literatur

Altis, A. (2018). Entwicklung der Beschäftigung im öffentlichen Dienst bis 2017. In: Statistisches Bundesamt (Destatis) (Hrsg.). WISTA – Wirtschaft und Statistik, Ausgabe 5/2018. S. 57–67. Wiesbaden.

Astheimer, S. (2017). Deutschland schrumpft nicht mehr. Frankfurter Allgemeine Zeitung. Verfügbar unter: https://www.faz.net/aktuell/wirtschaft/was-wird-aus-der-rente/demographischer-wandel-deutschland-schrumpft-nicht-mehr-14817255.html [14.12.2018].

Carrasco Heiermann, A.; Körber-Stiftung; Klingholz, R.; Slupina, M. (2018). Die Babyboomer gehen in Rente: Was das für die Kommunen bedeutet: Thesenpapier des Berlin-Instituts für Bevölkerung und Entwicklung für die Körber-Stiftung

Chalupa, J.; Mai, C.-M. (2018). Entwicklungen am Arbeitsmarkt in Österreich und Deutschland – zwischen Jobwunder und Produktivitätsparadoxon. In: Statistisches Bundesamt (Destatis) (Hrsg.). WISTA – Wirtschaft und Statistik, Ausgabe 6/2018. S. 48–60. Wiesbaden.

Deutscher Gewerkschaftsbund (DGB)/Hans-Böckler-Stiftung (HBS) (2018). Atlas der Arbeit – Daten und Fakten über Jobs, Einkommen und Beschäftigung. Verfügbar unter: https://www.dgb.de/atlas-der-arbeit [09.01.2019].

Deutscher Industrie- und Handelskammertag (2018). Ausbildung 2018 – Ergebnisse einer DIHK-Online-Unternehmensbefragung. Verfügbar unter: https://www.dihk.de/ressourcen/downloads/ausbildungsumfrage-2018.pdf/at_download/file?mdate=1531897730046 [11.12.2018].

Eierdanz, F.; Ottersböck, N.; Herzog-Buchholz, E.; Greulich, P.; Weber, H. (2015). Fit für den Demografischen Wandel? Benchmarking der Demografiefestigkeit in Unternehmen der Gesundheitswirtschaft. In: Dokumentation des 61. Arbeitswissenschaftlichen Kongresses Karlsruhe 25.02.-27.02.2015 „VerANTWORTung für die Arbeit der Zukunft".

Frerichs, F. P. D. (2015). Demografischer Wandel in der Erwerbsarbeit – Risiken und Potentiale alternder Belegschaften. In: Journal for Labour Market Research: Zeitschrift für Arbeitsmarkt Forschung, 48(3), S. 203–216.

Handwerk Magazin (2018): So startet das Handwerk in das neue Ausbildungsjahr 2018/2019. Verfügbar unter: https://www.handwerk-magazin.de/so-startet-das-handwerk-in-das-neue-ausbildungsjahr-20182019/150/516/376931 [11.12.2018]

Hoppenstedt, D. H.; Stiftung Niedersachsen (2006). „Älter – Bunter – Weniger" Die demografische Herausforderung an die Kultur. Tagung „Kultur und Demografischer Wandel" (14. und 15. Oktober 2005 in Hannover).

Institut der deutschen Wirtschaft (2018). Wachstumsbremse Fachkräfteengpässe. IW-Kurzbericht 27/2018. Verfügbar unter: https://www.iwkoeln.de/fileadmin/user_upload/Studien/Kurzberichte/PDF/2018/IW-Kurzbericht_2018_27_Wachstumsbremse_Fachkraefteengpaesse.pdf [11.12.2018].

Institut für Technologie und Arbeit Kaiserslautern; Institut für sozialpädagogische Forschung Mainz (2014). Demografiefestigkeit messen und bewerten. Handlungsleitfaden für Unternehmen. Verfügbar unter: https://www.ita-kl.de/fileadmin/Dateien/Demografie-Benchmarking/Demografie-Benchmarking_Handlungsleitfaden.pdf [17.12.2018].

Mayntz, G. (2017). Die Demografie-Krise fällt aus, aber die Probleme wachsen. RP Online. Verfügbar unter: https://rp-online.de/politik/deutschland/die-demografie-krise-faellt-aus-aber-die-probleme-wachsen_aid-19192929 [14.12.2018].

Offensive Mittelstand – Gut für Deutschland (2018). INQA-Check „Vielfaltsbewusster Betrieb". Erfolgreich durch Vielfalt: Eine Selbstbewertung für Unternehmen. Heidelberg.

Pötsch, O. (2018). Aktueller Geburtenanstieg und seine Potenziale. In: Statistisches Bundesamt (Destatis): Wirtschaft und Statistik, Ausgabe 3/2018. S. 72–89. Wiesbaden.

Schütte, M.; Gesellschaft für Arbeitswissenschaft (2009). Arbeit, Beschäftigungsfähigkeit und Produktivität im 21. Jahrhundert: 4. – 6. März 2009 (Als Ms. gedr.). GfA-Press.

Statistisches Bundesamt (Destatis) (2015). Bevölkerung Deutschlands bis 2060. 13. koordinierte Bevölkerungsvorausberechnung. Wiesbaden.

Statistisches Bundesamt (Destatis) (2017). Bevölkerungsentwicklung bis 2060. Ergebnisse der 13. koordinierten Bevölkerungsvorausberechnung, Aktualisierte Rechnung auf Basis 2015. Wiesbaden.

Statistisches Bundesamt (Destatis); Wissenschaftszentrum Berlin für Sozialforschung (WZB); Bundeszentrale für politische Bildung (2018). Datenreport 2018. Ein Sozialbericht für die Bundesrepublik Deutschland. Bonn. Verfügbar unter: https://www.destatis.de/DE/Publikationen/Datenreport/Downloads/Datenreport2018.pdf?__blob=publicationFile [14.12.2018].

Dr. Frank Eierdanz ist Diplom-Geograph und hat in der Psychologie zum Thema „Erfolgreicher Umgang mit Unsicherheit – Ein psychologisches Fuzzy Logik Modell" promoviert. Von 2001 bis 2008 war er an der Universität Kassel am Wissenschaftlichen Zentrum für Umweltsystemforschung und am Institut für Psychologie tätig. Seit 2009 arbeitet Frank Eierdanz am Institut für Technologie und Arbeit e.V. hauptsächlich in Benchmarking- und Demografie-Projekten.

Esther Herzog-Buchholz ist Diplom-Sozialarbeiterin (FH) und Master of Arts im Fachbereich Human Resources. Sie forscht seit 2006 beim Institut für Sozialpädagogische Forschung in Mainz (ism e.V.) und seit 2015 bei den Mainzer Kompetenz Initiativen e.V. (mki e.V.). Ihre thematischen Arbeitsschwerpunkte der letzten Jahre lagen in den Bereichen Demografie, Fachkräftesicherung, Qualität der Ausbildung, sowie Resilienz und in der Entwicklung und Umsetzung von Benchmarkingprojekten.

M.A. Ellen Sieling studierte Sozialmanagement an der Alice Salomon-Hochschule Berlin. Ihre Studienschwerpunkte lagen auf den Themen Betriebswirtschaftslehre, Organisationsentwicklung und Qualitätsmanagement. In ihrer Masterarbeit befasste sie sich mit dem Thema Wirkungsorientierte Steuerung im Bereich der Behindertenhilfe. Frau Sieling verfügt über langjährige Berufserfahrung in der Eingliederungshilfe durch ihre Tätigkeit als stellvertretende Wohnhausleitung und als staatlich geprüfte Ergotherapeutin. Seit September 2016 ist Frau Sieling am Institut für Technologie und Arbeit e.V. als wissenschaftliche Mitarbeiterin in verschiedenen Benchmarking-Projekten zum Thema Inklusion und Demografie tätig.

Klaus Schick, Staatlich anerkannter Betriebswirt des Handwerks ist Betriebsanalytiker, Coach und Trainer. Er kommt ursprünglich aus dem Elektrohandwerk. Seit Februar 2013 bringt er seine Kompetenzen im Dienstleistungszentrum Handwerk in Ludwigshafen (Kreishandwerkerschaft Vorderpfalz) in mehreren Projekten mit ein. Die Projektschwerpunkte liegen hierbei in der Fachkräftesicherung und -gewinnung sowie in Strategien zur Steigerung der Arbeitgeberattraktivität mit Blick auf den Demografischen Wandel. Darüber hinaus berät Klaus Schick kleine und mittelständische Unternehmen (KMU) betriebswirtschaftlich sowie zur Unternehmensnachfolge.

5 Sind unsere Mitarbeiter für einen Einsatz in der digitalen Fabrik richtig qualifiziert? Ermittlung zukünftiger Mitarbeiteranforderungen in der Smart Factory

Susanne Vernim, Svenja Korder und Barbara Tropschuh

Zusammenfassung

Die Digitalisierung verändert nicht nur die technische Ausstattung in produzierenden Unternehmen, sondern auch die Arbeit der Produktionsmitarbeiter. Sowohl bei Mitarbeitern als auch bei Unternehmen herrscht Unsicherheit, inwiefern sich diese Veränderungen auf die Anforderungen an den Mitarbeiter auswirken und somit seine zukünftige Tätigkeit beeinflussen. In diesem Beitrag wird ein Vorgehen vorgestellt, wie Unternehmen für zukünftige Arbeitsplätze Anforderungsprofile ableiten und gezielt Kompetenzlücken bei ihren Mitarbeitern identifizieren können. Dies schafft Sicherheit für beide Seiten, da für alle bekannt ist, was die Mitarbeiter an einem manuellen, digitalisierten Montagearbeitsplatz können müssen und ob sie dafür bereits ausreichend qualifiziert sind.

Der Beitrag entstand im Rahmen des Mittelstand 4.0-Kompetenzzentrums Augsburg, gefördert durch das Bundesministerium für Wirtschaft und Energie (BMWi) im Förderschwerpunkt Mittelstand-Digital (FKZ: 01MF16002B).

S. Vernim (✉) · S. Korder · B. Tropschuh
Institut für Werkzeugmaschinen und Betriebswissenschaften (*iwb*), Technische Universität München, Garching, Deutschland
E-Mail: susanne.vernim@iwb.mw.tum.de; svenja.korder@iwb.mw.tum.de; barbara.tropschuh@iwb.mw.tum.de

© Springer-Verlag GmbH Deutschland, ein Teil von Springer Nature 2019
C. K. Bosse, K. J. Zink (Hrsg.), *Arbeit 4.0 im Mittelstand*,
https://doi.org/10.1007/978-3-662-59474-2_5

5.1 Veränderungen im Produktionsumfeld

Technologische und organisatorische Veränderungen des globalen Umfelds beeinflussen produzierende Unternehmen. In gewisser Weise sind sie der Motor, der für stetigen Wandel und permanente Weiterentwicklung sorgt (Reinhart und Zühlke 2017). Um auf dem Markt zu bestehen und national sowie international konkurrenzfähig zu bleiben, müssen Unternehmen stets am Puls der Zeit und sowohl für ihre Kunden als auch für ihre Mitarbeiter attraktiv bleiben (Abele und Reinhart 2011). Ein erfolgreiches Produkt allein reicht dafür nicht aus. Besonders in Zeiten eines zunehmenden Mangels an Fachkräften sind Unternehmen darauf angewiesen attraktiv für Arbeitnehmer zu sein, um weiterhin hochqualifizierte Mitarbeiter für sich zu gewinnen (Matt und Rauch 2014). Die Produktion muss sich auf die Veränderungen einstellen und gleichzeitig für die Mitarbeiter ein passendes Umfeld schaffen, damit diese langfristig motiviert bleiben und sich für das Unternehmen einsetzen.

Technisch-ökonomische und demografisch-gesellschaftliche Veränderungen prägen produzierende Unternehmen

Diese Veränderungen gilt es zunächst genauer zu verstehen und ihre Zusammenhänge zu analysieren, bevor die Auswirkungen auf die Unternehmen und ihre Mitarbeiter untersucht werden können.

Abb. 5.1 zeigt ohne Anspruch auf Vollständigkeit eine Vielzahl von Entwicklungen und Veränderungen, die sich auf produzierende Unternehmen auswirken. Diese sind im äußeren Kreis dargestellt. Dabei handelt es sich einerseits um technisch-ökonomische Veränderungen, wie z. B. kürzere Durchlaufzeiten oder kürzere Produktlebenszyklen. Andererseits gehören auch demografisch-gesellschaftliche Veränderungen wie z. B. der Wunsch nach mehr Individualisierung und Work-Life-Balance dazu. Global auftretende Entwicklungen, wie der demografische Wandel oder die Globalisierung, werden häufig als Megatrends bezeichnet. Sie sind die übergeordnete Ursache für eine Vielzahl konkreterer Entwicklungen (Abele und Reinhart 2011). Produzierende Unternehmen haben jedoch eine Reihe von Möglichkeiten mit den auf sie einwirkenden Veränderungen umzugehen (Bauernhansl 2014). Diese Handlungsoptionen werden in der Abb. 5.1 ausgehend vom Unternehmen im Zentrum exemplarisch dargestellt. Zu ihnen gehören beispielsweise der Einsatz von Assistenzsystemen oder eine zunehmende Automatisierung. Zunächst werden im Folgenden die Megatrends als Ursachen für alle konkreteren Veränderungen beschrieben.

Die *Globalisierung* beschleunigt durch das Zusammenwachsen von Ländern und Märkten das Arbeiten und Leben der Weltbevölkerung und führt zu einer ständigen Weiterentwicklung von Technologien, Produkten und Produktionsprozessen. Informationen und Produkte sind rund um den Globus verfügbar und erzeugen bei den Endkunden eine Reihe von Veränderungen. Beispielsweise steigen die Ansprüche der Kunden aufgrund der größeren Anzahl zur Verfügung stehender Produkte und Anbieter. Neben höheren Qualitätsansprüchen werden Hersteller zunehmend mit dem Wunsch nach individuelleren Produkten konfrontiert. Gleichzeitig müssen die Güter schneller zur Verfügung stehen und

5 Sind unsere Mitarbeiter für einen Einsatz in der digitalen Fabrik richtig … 73

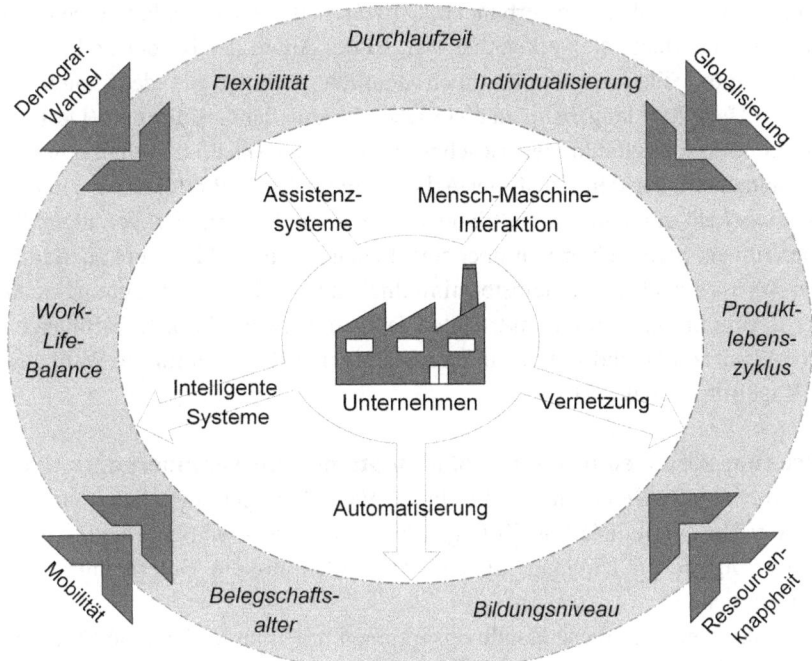

Abb. 5.1 Handlungsoptionen produzierender Unternehmen zum Umgang mit Einflüssen von außen

weiterentwickelt werden, um für Kunden interessant und wettbewerbsfähig zu bleiben. Für Unternehmen führt dies zu kürzeren Produktlebenszyklen, damit zu beschleunigten Entwicklungszeiten und schnelleren Durchlaufzeiten bei gleichbleibenden bzw. sogar steigenden Qualitätsanforderungen (Reinhart und Zühlke 2017).

Durch die Globalisierung entsteht für Arbeitnehmer die Möglichkeit, ihren Lebensmittelpunkt frei zu wählen. *Mobilität*, nicht nur innerhalb des eigenen Landes sondern auch international, ist zu einer Standardanforderung in vielen Branchen und Berufen geworden. Steigende Ausbildungsniveaus und Einkommen sind mitunter die Folge, weil es einfacher geworden ist, in städtische Zentren oder in Länder mit besseren Entwicklungschancen zu ziehen und dort die berufliche Weiterentwicklung voranzutreiben.

Die Weiterentwicklung der Gesellschaft führt über die Zeit zu einer *Knappheit an Rohstoffen und anderen Ressourcen*. Diese bedingt steigende Rohstoffpreise und ist häufig der Auslöser für produzierende Unternehmen die Herstellungsprozesse ihrer Produkte zu überdenken und gegebenenfalls Materialien zu substituieren. Die Kunden verstärken dies durch entsprechende Qualitätsansprüche und eine größere Nachfrage nach nachhaltig produzierten Produkten (Abele und Reinhart 2011).

Besonders hochentwickelte Industrienationen sehen sich bereits seit einiger Zeit einem stetig voranschreitenden *demografischen Wandel* ausgesetzt. In Deutschland ist dieser Wandel nach wie vor mit einer Zunahme des durchschnittlichen Lebensalters und einer

Schrumpfung der Bevölkerung verbunden. Obwohl in den letzten Jahren eine leichte Steigung bei den Geburtenzahlen erkennbar war, ist der Anteil der Kinder und Jugendlichen an der Gesamtbevölkerung immer noch deutlich geringer als der Anteil der über 50-Jährigen. Dies führt langfristig zu einer Überalterung der Gesellschaft (Destatis 2018). Längere Lebensarbeitszeiten der Beschäftigten führen dazu, dass Unternehmen und Politik Maßnahmen für den Erhalt der Arbeitsfähigkeit und Produktivität älterer Arbeitnehmer entwickeln müssen. Der stattfindende Wertewandel verändert vor allem die jüngeren Generationen. Statt sich primär über beruflichen Erfolg und Karriere zu identifizieren, rückt der Wunsch nach mehr Selbstbestimmtheit und Selbstverwirklichung auch außerhalb des Berufs in den Mittelpunkt. Unter dem Schlagwort Work-Life-Balance werden flexiblere Arbeitszeiten und -orte zu immer wichtigeren Kriterien für die Wahl des Arbeitgebers (Kagermann et al. 2013).

Digitalisierungslösungen bieten Handlungsoptionen mit Veränderungen umzugehen
Damit produzierende Unternehmen mit diesen Veränderungen umgehen können, müssen sie aktiv werden. Digitalisierungslösungen bieten eine Auswahl an Handlungsoptionen, die einen erfolgreichen Umgang mit den von außen auf die Unternehmen wirkenden Trends ermöglichen.

Die Politik unterstützt diese Handlungsoptionen mit einer Vielzahl an Förderprogrammen. Was vor einigen Jahren als Initiative bzw. Zukunftsprojekt der Bundesregierung mit dem Schlagwort „Industrie 4.0" gestartet wurde (Kagermann et al. 2013), ist zu einer branchenübergreifenden Bewegung geworden, die das Ziel verfolgt, die Wirtschaft zukunftsfähig zu gestalten. Die Digitalisierung von Geschäftsmodellen, Produkten und Prozessen steht dabei im Mittelpunkt. Es geht vorrangig darum, digitale Technologien einzusetzen und durch fortschreitende Vernetzung von Produkten, Maschinen und Mitarbeitern eine Optimierung des Unternehmens zu erzielen (Paul 2016). Durch die Weiterentwicklung von Informations- und Kommunikationstechnologien sowie Sensoren und Aktoren ist heute ein Stand erreicht, der eine Umsetzung und Implementierung dieser Technologien in der Produktion vor allem aufgrund eines geringeren Investitionsbedarfs ermöglicht.

Eine weiterentwickelte Sensorik, Informationsverarbeitung sowie Aktorik ermöglichen es technischen Systemen zu lernen und in bestimmten Situationen selbstständig zu agieren – sie werden zu intelligenten Systemen (Bauer et al. 2015; Jasperneite 2012). Immer mehr Produktionsprozesse können dadurch nutzbringend automatisiert werden. Es geht also nicht um eine bedingungslose Automatisierung, sondern um den gezielten Einsatz neuer technologischer Möglichkeiten.

Es ist dabei nicht das Ziel Menschen vollständig zu ersetzen, sondern eine „Symbiose" zwischen Mensch und Maschine zu erreichen. So sehen in einer Studie des Fraunhofer-Instituts für Arbeitswirtschaft und Organisation fast 97 % der Befragten menschliche Arbeit auch in Zukunft als bedeutend an (Spath et al. 2013). Auch wenn generell von einer steigenden Automatisierung der Produktion ausgegangen wird, sind die Vorteile des Menschen (z. B. Flexibilität, Kreativität und Anpassungsfähigkeit) unübertroffen und werden weiterhin in der Produktion benötigt (Spath et al. 2013). Die Technologie wird in diesem

Kontext als „Fähigkeitsverstärker physischer und kognitiver Leistungen" (Botthof und Hartmann 2015, S. 4) gesehen, die den Menschen bei seiner Arbeit unterstützt. Eine Zunahme von Mensch-Maschine-Interaktionsformen ist somit die Folge.

Die zunehmende Individualisierung der Produkte und eine damit einhergehende sinkende Losgröße erfordern eine flexiblere Produktion, in welcher die Tätigkeiten und Anforderungen durch die zunehmende Variantenvielfalt für die Mitarbeiter komplexer werden. Um Belastungen zu reduzieren, Fehler im Produktionsprozess zu vermeiden und eine entsprechende Qualität der Produkte zu gewährleisten, müssen die Mitarbeiter aktiv bei ihren Tätigkeiten unterstützt werden (Teubner et al. 2017). Der fortschreitende demografische Wandel und das zunehmende Belegschaftsalter unterstreichen diesen Bedarf zusätzlich. Assistenzsysteme, welche eine Vernetzung von Technik und Mitarbeiter ermöglichen, können kognitiv oder physisch bei der Ausführung immer variablerer und komplexerer Arbeitstätigkeiten unterstützen. Allen Handlungsoptionen ist jedoch gemein, dass sie zwar eine Unterstützung für den Mitarbeiter bedeuten, gleichzeitig jedoch auch sein Qualifikationsprofil beeinflussen werden (Dombrowski et al. 2014).

Veränderungen führen zu Unsicherheit hinsichtlich zukünftiger Qualifikationsanforderungen von Produktionsmitarbeitern

Die Vielzahl und das Ausmaß dieser Entwicklungen werden die Arbeitswelt und die Rolle des Menschen in ihr deutlich verändern (Rump und Eilers 2017). Neben der Modifizierung der Arbeitsinhalte und -tätigkeiten werden die Qualifikationsprofile einer Anpassung unterliegen.

Die wesentlichen Veränderungen für die Produktionsmitarbeiter sind in Anlehnung an Vernim et al. (2016):

- Zunahme der zeitlichen und womöglich auch örtlichen Flexibilität der Arbeitsausführung
- Wegfall einfacher, monotoner Standardtätigkeiten
- Zuwachs komplexer Fragestellungen zur Lösung von auftretenden Problemen
- Intensivierung der Interaktion mit technischen Geräten aller Art, z. B. Assistenzsysteme und Automatisierungslösungen
- Ausweitung von Informationsflüssen und Vernetzung mit technischen Systemen
- Forderung nach vermehrter Bereitschaft zu permanenter Weiterbildung bzw. -entwicklung, um mit den technologischen Veränderungen Schritt zu halten
- Anstieg der Lebensarbeitszeit

Die exakten Veränderungen zu bestimmen oder allgemeingültige Aussagen über die Zukunft der Produktionsarbeit zu treffen, gestaltet sich schwierig. Die konkrete Ausprägung der technologischen Weiterentwicklung und die Gestaltung des jeweiligen Arbeitsumfelds des Mitarbeiters sind zu individuell. Aus diesem Grund herrscht sowohl bei Unternehmen als auch bei den Mitarbeitern Unsicherheit darüber, welche Auswirkungen zukünftig tatsächlich erkennbar sein werden.

Um zu erfassen und zu bewerten welche Anforderungen ein Arbeitsplatz an einen Mitarbeiter stellt, wird klassischerweise eine Arbeitsanalyse durchführt. Sie umfasst alle Methoden mit welchen die Prozesse der menschlichen Arbeitstätigkeit erfasst und bewertet werden. Dabei wird eine konkrete Arbeitstätigkeit betrachtet und ihre Bedingungen und Auswirkungen auf den Mitarbeiter ermittelt. Eine Anforderungsanalyse ist eine spezielle Form der Arbeitsanalyse. Mit ihr können die Anforderungen an den Mitarbeiter, welche für die betrachtete Tätigkeit relevant sind, identifiziert und beschrieben werden. Das Ziel ist eine Übereinstimmung der Tätigkeitsanforderungen und der Personenmerkmale des Mitarbeiters am jeweiligen Arbeitsplatz (Kauffeld und Martens 2014). Ist diese Übereinstimmung nicht gegeben, besteht Handlungsbedarf für das Unternehmen, da dann eine Unter- oder Überqualifizierung vorliegt. Beides führt zu Leistungsverlusten und sollte deshalb vermieden werden.

Um eine Anforderungsanalyse durchzuführen, wird im ersten Schritt das Arbeitssystem analysiert. Das Arbeitssystem entspricht dabei dem betrachteten Arbeitsplatz inklusive der darin enthaltenen Arbeitssystemelemente und seines Umfelds. Zunächst wird es in seine Bestandteile zerlegt und die Verknüpfungen der einzelnen Elemente zueinander bzw. ihre gegenseitige Beeinflussung untersucht. Diese Arbeitssystemanalyse bildet die Basis für eine genauere Analyse der Arbeitstätigkeiten, welche an diesem Arbeitsplatz durchgeführt werden. Daraus werden die Anforderungen an die Mitarbeiter abgeleitet. Relevante Fähigkeiten, Fertigkeiten, Einstellungen und alles nötige Wissen werden gesammelt, in ein Anforderungsprofil aufgenommen und anschließend bewertet. Mit diesem Profil wird entschieden, ob ein Mitarbeiter die nötigen Anforderungen für die Tätigkeit am betrachteten Platz erfüllt oder ob ein Qualifizierungsbedarf vorliegt. Eine solche Analyse wird daher häufig bei der Neugestaltung und Veränderung von Arbeitsplätzen durchgeführt oder dient zur Bestimmung von Eignungsanforderungen bei der Neubesetzung von Stellen (Kauffeld und Martens 2014).

Eine Anforderungsanalyse funktioniert besonders gut bei Arbeitsplätzen deren Aufbau, Inhalt und Funktion klar umrissen und definiert sind. Im Kontext der Digitalisierung ist dies, wie eingangs geschildert, häufig schwierig und mit vielen Unsicherheiten belegt. Ein angepasstes Vorgehen, das mit den beschriebenen Veränderungen und Unsicherheiten umgehen kann, ist somit nötig. Es bietet Unternehmen eine Möglichkeit, frühzeitig Klarheit für die betroffenen Mitarbeiter zu schaffen, wenn Digitalisierungsmaßnahmen an Arbeitsplätzen durchgeführt werden sollen. Gegebenenfalls können so rechtzeitig Maßnahmen ergriffen werden, um die Mitarbeiter für ihre zukünftigen Arbeitsaufgaben weiterzubilden. Die folgenden Abschnitte beschreiben dieses Vorgehen genauer.

5.2 Analyse von Mitarbeiteranforderungen in der Smart Factory

Damit eine Vorgehensweise oder Methode nutzbringend für den Anwender ist, muss sie verschiedene Anforderungen erfüllen. Objektivität, Reliabilität und Validität gelten als grundlegende Gütekriterien. Eine Methode ist objektiv, wenn die erzeugten Ergebnisse vom Anwender unabhängig sind. Reliabilität ist gegeben, wenn eine wiederholte Anwendung der Vorgehensweise bei gleichen Bedingungen zum selben Ergebnis führt, d. h., wenn die Ergebnisse zuverlässig reproduziert werden können. Wenn sich durch ein strukturiertes und dokumentiertes Vorgehen, das alle vorhandenen Daten und Informationen berücksichtigt, valide Ergebnisse und Schlussfolgerungen ableiten lassen, ist auch die Validität erfüllt. Besonders wichtig für den Anwender sind jedoch die spezifischen Anforderungen, die bezogen auf die jeweilige Zielstellung einer Methode gestellt werden. Im hier beschriebenen Beitrag sind das insbesondere die Verständlichkeit, die Anwendbarkeit, die Allgemeingültigkeit und die Ganzheitlichkeit der Vorgehensweise. Sie muss einfach und unkompliziert sein, damit der Anwender in der industriellen Praxis schnell und ohne zusätzliche Schulung einen Nutzen daraus ziehen kann. Dafür sind eine klare und verständliche Formulierung der Schritte und eine möglichst intuitive Durchführung entscheidend. Die Vorgehensweise muss weiterhin unternehmensunabhängig gestaltet sein und eine umfassende, ganzheitliche Analyse ermöglichen. Das bedeutet, dass sie für beliebige manuelle Montagearbeitsplätze anwendbar sein soll und sowohl technische als auch nicht-technische Einflüsse und Veränderungen einbezieht. Werden diese Punkte berücksichtigt, wird am Ende das Ziel der Vorgehensweise erreicht und der Nutzer erhält Auskunft über zukünftige Anforderungen an einem Montagearbeitsplatz der Smart Factory. Dadurch wird ein Mehrwert für sein Unternehmen gewonnen.

Um die Anwendbarkeit und Verständlichkeit sicherzustellen, wird das Vorgehen in drei Schritten erläutert, die vom Anwender durchlaufen werden:

- Schritt 1: Belastbares Zukunftsbild für einen Montagearbeitsplatz beschreiben.
- Schritt 2: Neue Anforderungen an die Mitarbeiter am zukünftigen Montagearbeitsplatz bestimmen.
- Schritt 3: Ganzheitliches Anforderungsprofil für die Mitarbeiter erarbeiten und konkreten Entwicklungsbedarf ableiten.

Abb. 5.2 zeigt dieses Vorgehen und verdeutlicht die einzelnen, in jedem Schritt zu bestimmenden Komponenten.

Basis für die Ermittlung und Beschreibung konkreter Anforderungen ist ein detailliertes Systemverständnis. Ziel des ersten Methodenschritts ist es, dieses Verständnis zu entwickeln. Dafür werden dem Anwender verschiedene Werkzeuge zur Verfügung gestellt. Zunächst verschafft er sich mittels einer Systemanalyse ein vertieftes Verständnis für den betrachteten Arbeitsplatz und die darin enthaltenen Komponenten sowie ihre Verbindungen und Beziehungen zueinander. Ein Trendkatalog hilft anschließend festzustellen, welche Veränderungen am Arbeitsplatz zu erwarten sind. Mit Hilfe einer Einflussmatrix 1 wird ermittelt wo, wie und in welcher Form die Veränderungen die einzelnen Systemelemente beeinflussen.

Mit dieser Aussage erfolgt im zweiten Schritt die Ableitung von zukünftigen Anforderungen. Dazu nutzt der Anwender einen Anforderungskatalog, welcher eine Übersicht möglicher Anforderungen bietet. Aus diesen werden mit einer weiteren Einflussmatrix 2

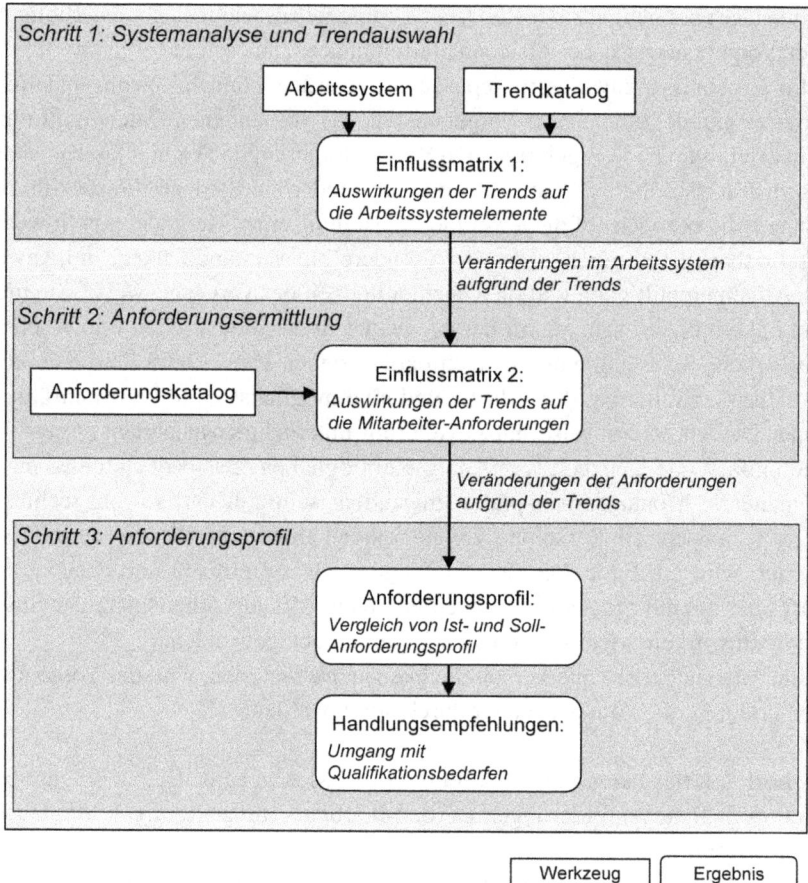

Abb. 5.2 Vorgehen zur Ermittlung von Anforderungsprofilen in der Smart Factory

die extrahiert, die aufgrund der in Schritt 1 ermittelten Trends zukünftig eine Veränderung erfahren oder neu hinzukommen. Die so bewerteten Anforderungen werden schließlich im dritten Schritt in ein Anforderungsprofil übertragen. Hierfür ist eine Bewertung der Ausprägung einer jeden Anforderung nötig. Hierdurch entsteht das Soll-Anforderungsprofil des betrachteten Arbeitsplatzes. Mittels eines Vergleichs mit dem aktuell vorhandenen Ist-Anforderungsprofil werden Qualifizierungspotenziale identifiziert.

Die folgenden Abschnitte beschreiben die Methodenschritte und die jeweils nötigen Werkzeuge detailliert.

Schritt 1: Systemanalyse und Trendauswahl

Im ersten Schritt muss der Anwender sich ein klares Bild des zu bewertenden Arbeitsplatzes verschaffen. Hierbei unterstützt die Darstellung eines typischen Arbeitssystems in der manuellen Montage in Abb. 5.3. Sie hilft die systemrelevanten Elemente am Arbeitsplatz und ihre Interaktion zu identifizieren, welche im späteren Verlauf der Vorgehensweise ana-

5 Sind unsere Mitarbeiter für einen Einsatz in der digitalen Fabrik richtig …

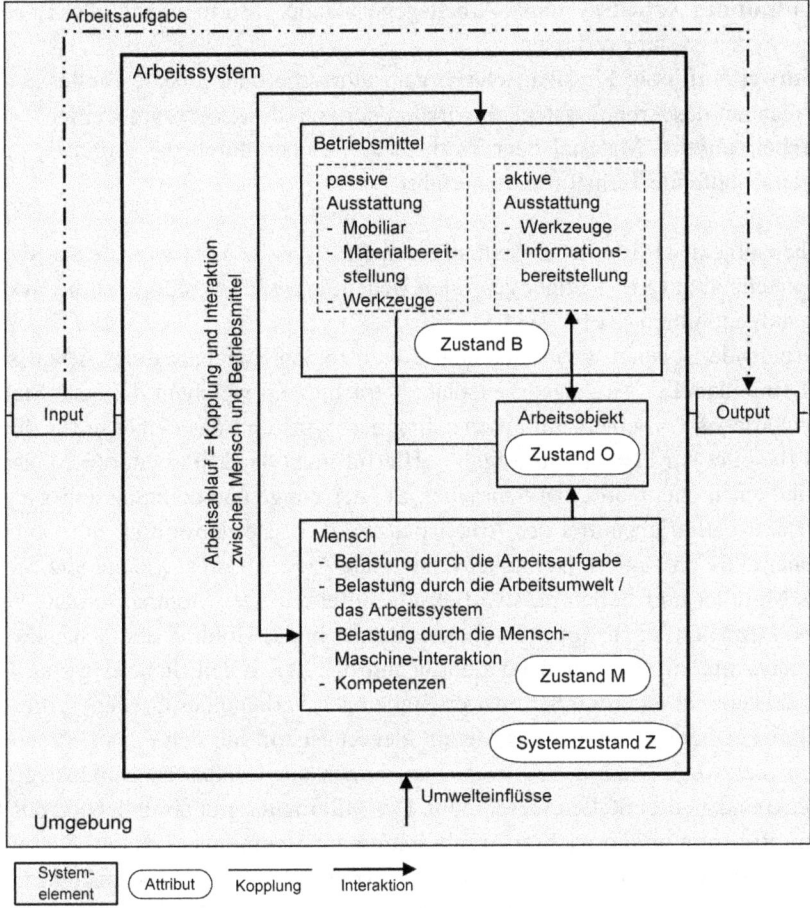

Abb. 5.3 Arbeitssystem einer manuellen Montage

lysiert und bewertet werden. Nach REFA (1990) werden sieben Systemelemente unterschieden. Die folgende Auflistung erläutert diese:

- **Arbeitsaufgabe**: Zweck des Arbeitssystems
- **Arbeitsablauf**: Räumliche und zeitliche Koordination von Mensch, Betriebsmittel und Input, um den Input hinsichtlich der Arbeitsaufgabe zu verändern oder zu verwenden
- **Mensch**: Stellt neben den Betriebsmitteln die Kapazität des Arbeitssystems dar, durch die Input in Output umgewandelt wird
- **Betriebsmittel**: Ist gemeinsam mit dem Menschen an der Erfüllung der Arbeitsaufgabe beteiligt
- **Input des Arbeitssystems**: Arbeitsgegenstände, Informationen und Energie, die im Sinne der Arbeitsaufgabe in ihrem Zustand, ihrer Form oder Lage verändert bzw. verwendet werden

- **Output des Arbeitssystems**: Arbeitsgegenstände, Informationen oder Energie, die das Arbeitssystem verlassen
- **Umwelteinflüsse**: Physikalische, organisatorische oder soziale Einflüsse, die von außen auf das Arbeitssystem einwirken oder von diesem erzeugt werden
- **Arbeitsobjekt**: Material oder Werkstück, welches durch das Arbeitssystem eine wertschöpfende Transformation erfährt

Das Arbeitsobjekt wird in der Systematik von REFA zwar nicht explizit als Systemelement bezeichnet, aufgrund seiner zentralen Bedeutung wird es jedoch in die Systemdarstellung aufgenommen (REFA 1990).

Das folgende Beispiel veranschaulicht die einzelnen Elemente eines Arbeitssystems. Es wird ein manueller Montagearbeitsplatz betrachtet, an welchem die erste Stufe eines Planetengetriebes von einem Mitarbeiter montiert wird und das Gehäuse für die zweite Stufe vorbereitet wird (= Arbeitsaufgabe). Hierfür nutzt der Mitarbeiter (= Mensch) eine Zange und einen pneumatischen Schrauber. Bei der Zange und dem Schrauber handelt es sich um aktive Betriebsmittel des Arbeitsplatzes, d. h. Betriebsmittel, mit welchen der Mitarbeiter aktiv interagiert. Der höhenverstellbare Arbeitstisch sowie die Sitz-Steh-Hilfe sind das Mobiliar und stellen passive Betriebsmittel dar. Der Montagevorgang sieht wie folgt aus: Der Mitarbeiter fügt einen Planetenträger in das Hohlrad des Gehäuses der ersten Getriebestufe ein, anschließend zieht er mit der Zange den Sicherungsring über die Nut des Trägers. Im nächsten Schritt werden, je nach Variante des Getriebes, drei schräg- oder geradverzahnte Zahnräder aus Metall oder Kunststoff auf den Planetenträger aufgesetzt. Für die zweite Stufe des Getriebes wird noch der Gehäusering inklusive Hohlrad aufgesteckt und an drei Stellen verschraubt. Der Mitarbeiter gibt abschließend das Bauteil über eine Rollbahn an die nächste Arbeitsstation zur Endmontage weiter. Dieser Ablauf bezeichnet den Arbeitsablauf am betrachteten Arbeitsplatz. Das Arbeitsobjekt ist das zu montierende Produkt in seinen unterschiedlichen Zuständen. Als Input am Arbeitsplatz erhält der Mitarbeiter die Auftragspapiere zusammen mit der ersten Getriebestufe auf einem Werkstückträger. Zusätzlich ist Strom als Energiequelle am Arbeitsplatz nötig. Der Output, welcher für diesen Arbeitsplatz relevant ist, ist die fertige Baugruppe „zweite Getriebestufe", die an den nächsten Arbeitsplatz weitergegeben wird. Der Mitarbeiter wird an seinem Arbeitsplatz durch die ihn umgebende Umwelt beeinflusst. Hierzu gehören physikalische Einflüsse, wie z. B. die Lichtverhältnisse, soziale Einflüsse, die z. B. durch die Interaktion mit Kollegen oder Vorgesetzten entstehen, oder organisatorische Einflüsse, die z. B. durch Materiallieferungen am Arbeitsplatz auftreten.

Um mittels der Arbeitssystemdarstellung ein vertieftes Verständnis des Arbeitsplatzes zu erreichen, müssen neben den vorhandenen Elementen die Beziehungen der Elemente untereinander näher beschrieben werden. Es muss beispielsweise analysiert werden, in welcher Form der Mitarbeiter und die Betriebsmittel interagieren oder in welcher Form der Informationsfluss an den Arbeitsplatz und wieder von ihm weg gestaltet ist. Diese Beziehungen sollten entsprechend in Form von Interaktionen oder Kopplungen in die Systemdarstellung eingetragen werden. Eine Interaktion tritt auf, wenn die verbundenen Systemelemente aufeinander reagieren, z. B. wenn der Mitarbeiter den Schrauber betätigt und dieser eine Verschraubung durchführt. Eine Kopplung tritt auf, wenn die Systemelemente zwar in Verbindung zueinander stehen, aber nicht aktiv aufeinander reagieren. Ein Beispiel hierfür ist die Sitz-Steh-Hilfe, die der Mitarbeiter zwar nutzt, aber im Normalfall nicht aktiv in Interaktion mit ihr tritt.

Die Kernelemente des Arbeitssystems, nämlich die Betriebsmittel und der Mensch, können weiterhin genauer charakterisiert werden. Bei den Betriebsmitteln wird, wie im vorherigen Abschnitt beschrieben, zwischen aktiver Ausstattung und passiver Ausstattung unterschieden. Der Mensch wird vor allem über die ihn betreffenden Belastungen und seine Kompetenzen charakterisiert. Bei den Belastungen wird nach der Herkunft unterschieden. Sie entstehen durch die Arbeitsaufgabe, durch die Arbeitsumwelt bzw. das Arbeitssystem oder durch die Interaktion mit Maschinen (Schlick et al. 2010) und lassen sich durch Bewertungskriterien genauer spezifizieren. Einige davon sind exemplarisch in Abb. 5.5 aufgeführt. Nach Erpenbeck et al. (2017) werden personale Kompetenzen, Aktivitäts- und Handlungskompetenzen, Fach- und Methodenkompetenzen sowie sozial-kommunikative Kompetenzen unterschieden, um den Menschen dahingehend zu charakterisieren.

Mit diesem detaillierten Verständnis schafft sich der Anwender ein genaues Bild des betrachteten Arbeitsplatzes. Die entscheidende Frage, die mithilfe der vorgestellten Methode beantwortet werden soll, ist, welche Trends auf den Arbeitsplatz zukünftig einwirken. Diese Trends können als Umwelteinflüsse verstanden werden, welche von außen das betrachtete Arbeitssystem beeinflussen. Hierbei wird grundsätzlich zwischen drei Kategorien von Trends bzw. Umwelteinflüssen unterschieden, die sich am Konzept der MTO-Analyse (Mensch-Technik-Organisation) orientieren (Strohm und Ulich 1997):

- Gesellschaftliche Trends
- Organisatorische Trends
- Technische Trends.

Abb. 5.4 zeigt exemplarisch, welche konkreten Ausprägungen diese Trends annehmen können. Eine solche Liste unterstützt den Anwender dabei zu konkretisieren, welche Veränderungen am Arbeitsplatz künftig vorgenommen werden sollen.

Es werden Trends berücksichtigt, die sich direkt auf die Elemente im Arbeitssystem auswirken und Einfluss auf den Menschen und seine Kompetenzen haben. Bezogen auf den Anwendungsfall der manuellen Montage sind das vor allem die Betriebsmittel, der Arbeitsablauf und der Mensch selbst.

Das letzte Werkzeug, das in Schritt 1 vom Anwender genutzt wird, ist die Einflussmatrix aus Abb. 5.5. Sie hilft auf Basis des vertieften Systemverständnisses eine Einschätzung zu treffen, in welcher Stärke sich die Trends auf die Systemelemente auswirken. Diese Elemente werden in der Einflussmatrix als Ebenen aufgetragen und mit Kriterien aus der Arbeitsanalyse bewertet. Hierbei ist eine qualifizierte Einschätzung durch den Anwender nötig. Zielführend ist es, wenn die Methode durch einen Produkti-

Abb. 5.4 Katalog aktueller Trends im Produktionsumfeld

Trendliste		
Gesellschaftliche Trends		
Zunehmende Individualisierung & individuelle Produkte		
Neue Ansprüche & Werte		
...		
Organisatorische Trends		
Flexibilisierung	Funktional	
	Zeitlich	
	Örtlich	
Kooperation & Kollaboration		
Veränderte Rolle des Mitarbeiters		
Qualifizierung	On-the-Job	
	Off-the-Job	
Vernetzung (horizontal, vertikal)	Mensch-Mensch	
	Mensch-Maschine	
	Maschine-Maschine	
...		
Technische Trends		
Assistenzsysteme	Physische Unterstützung	
	Kognitive Unterstützung	Unterstützung der Wahrnehmung
		Unterstützung der Entscheidung
Intelligente / Smarte Objekte		
Teilautomatisierung		
Neue, preiswerte, leistungsfähigere Elektronik		
Virtual, augmented & mixed Reality		
...		

onsverantwortlichen (z. B. Meister oder Produktionsplaner), der Kenntnis über geplante Digitalisierungsprojekte oder neu einzuführende Technologien in seinem Bereich hat, in Zusammenarbeit mit dem Personalwesen durchgeführt wird. Die Zusammenarbeit ermöglicht ein besseres Verständnis der einzelnen Kompetenzarten. Darüber hinaus ist in den meisten produzierenden Unternehmen das Personalwesen verantwortlich für die Qualifizierung der Mitarbeiter und somit ein Nutzer der Ergebnisse. Als Bewertung für die einzelnen Einflüsse bietet sich eine einfache, qualitative Skala an, beispielsweise in der folgenden Form:

- 0 = keine Beeinflussung
- + = geringe Beeinflussung
- ++ = starke Beeinflussung

Es werden lediglich die Trends bewertet, von welchen bereits bekannt ist, dass sie sich in naher Zukunft auf den betrachteten Arbeitsplatz auswirken werden. Das bedeutet, die gezeigte Matrix ist lediglich als Beispiel zu verstehen und muss in der praktischen Anwendung zunächst mit den entsprechenden Trends der Trendliste befüllt werden. Damit der Anwender die Einflüsse auf den Arbeitsplatz möglichst konkret bewerten kann, muss er sich zuerst eine klare Vorstellung davon verschaffen, wie sich der jeweilige Trend am Arbeitsplatz äußert. Hierzu hilft es, durch gezieltes Fragenstellen die Vorstellung nach und nach zu detaillieren. Solche Fragen könnten beispielsweise wie folgt lauten:

5 Sind unsere Mitarbeiter für einen Einsatz in der digitalen Fabrik richtig ...

Ebenen	Kriterien	Industrie 4.0-Trends						Summe
		gesellschaftliche Trends		organisatorische Trends		technische Trends		
		gesellschaftlicher Trend 1	gesellschaftlicher Trend 2 ...	organisatorischer Trend 1	organisatorischer Trend 2 ...	technischer Trend 1	technischer Trend 2 ...	
aktive Ausstattung	Werkzeuge							
	Informationsbereitstellung							
Arbeitssystem / -umwelt	Vernetzung							
	Störungen							
	Flexibilität des Mitarbeiters							
Arbeitsaufgabe	Ganzheitlichkeit der Aufgabe							
	Kommunikationserfordernisse							
	Anforderungsvielfalt							
	Zeitbindung							
	Transparenz							
Mensch-Maschine-Interaktion	Nachvollziehbarkeit							
	Bindung an das tech. System							
	Summe							

Abb. 5.5 Einflussmatrix 1 der Trends auf die Elemente des Arbeitssystems

- Gesellschaftlicher Trend „zunehmende Individualisierung": Werden zukünftig am Arbeitsplatz kundenindividuelle Produkte oder kleine Stückzahlen gefertigt? Wie wird dies am Arbeitsplatz organisiert? Werden dadurch die Arbeitsinhalte für den Mitarbeiter verändert, etc.?
- Organisatorischer Trend „Vernetzung": Wird der betrachtete Arbeitsplatz künftig mehr mit den vor- und/oder nachgelagerten Arbeitsplätzen verknüpft? Wie äußert sich das für den Mitarbeiter? Welche technischen Systeme werden zur Vernetzung verwendet usw.?
- Technischer Trend „Kognitive Unterstützung": Wird der Mitarbeiter zukünftig am betrachteten Arbeitsplatz bei der Wahrnehmung und Durchführung seiner Aufgaben unterstützt? Wie wird dieses System realisiert? Welche Informationen bekommt der Mitarbeiter vom System usw.?

Im Anschluss werden Antworten auf Basis der geplanten Digitalisierungsprojekte gesucht und entsprechend die Bewertung durchgeführt. Mit dem Befüllen der Einflussmatrix 1 ist der erste Schritt der Methode abgeschlossen. Die Aussage über die Beeinflussung der kompetenzrelevanten Arbeitssystemelemente geht direkt in den Methodenschritt 2 ein. Die Trends, welche über die Systemelemente hinweg den größten Einfluss auf das Arbeitssystem haben, werden ihrer Einflussstärke nach priorisiert und mit einem Gewichtungsfaktor versehen. Dieser Gewichtungsfaktor entspricht der Spaltensumme in Abb. 5.5 und wird im nachfolgenden Schritt der Methode berücksichtigt.

Schritt 2: Anforderungsermittlung
Zur Ermittlung von Mitarbeiteranforderungen existiert eine Reihe von Kompetenzkatalogen, welche hierfür herangezogen werden können. Eine der bekanntesten und am weitesten verbreiteten Zusammenstellungen ist der Kompetenzatlas von Heyse und Erpenbeck (2004), welcher 64 Eigenschaften enthält, die ein Mensch an seinem Arbeitsplatz erfüllen kann. Diese Eigenschaften sind in vier Kompetenzdimensionen eingeteilt, welche in der Arbeitssystemdarstellung gemäß Abb. 5.3 den Menschen charakterisieren – die personalen Kompetenzen, die Aktivitäts- und Handlungskompetenzen, die sozial-kommunikativen Kompetenzen sowie die Fach- und Methodenkompetenzen (Heyse und Erpenbeck 2004).

Bisher gibt es keinen an die Digitalisierung bzw. die Smart Factory angepassten Kompetenzkatalog, der eine Ableitung konkreter Anforderungen für Mitarbeiter in der manuellen Montage erlaubt. Speziell für diesen Kontext wurde eine ausführliche Literaturrecherche über zukünftige Kompetenzbedarfe durchgeführt. Eine Zusammenführung klassischer Kompetenzkataloge und erwarteter Zukunftsszenarien für die manuelle Produktionsarbeit führt so zu einer Liste neuer, zukünftiger Kompetenzen, die ein Mitarbeiter in der Smart Factory besitzen sollte. Sie ist in Abb. 5.6 dargestellt.

Diese Sammlung wurde zunächst von einer kleinen Gruppe von Experten aus der Automobil- und Elektroindustrie in ausführlichen Interviews bestätigt. Alle Befragten haben Personalverantwortung in der Produktion und beschäftigen sich intensiv mit dem Thema Industrie 4.0. Dennoch erhebt dieser Kompetenzkatalog keinen Anspruch auf Vollständigkeit. Unter Berücksichtigung häufig diskutierter Szenarien und Trends liefert er jedoch eine aussagekräftige Orientierung für die Bewertung zukünftiger Kompetenzbedarfe.

Eine Einflussmatrix 2 ermöglicht es dem Anwender, im zweiten Schritt die zukünftigen Kompetenzen mit den konkreten Trends am Arbeitsplatz in Beziehung zu setzen (Abb. 5.7). Die Gewichtung der Trends aus Einflussmatrix 1 (Abb. 5.5) liefert Hinweise, welche Trends in diesem Schritt unbedingt bewertet werden müssen, weil sie die größten Veränderungen bei den Arbeitssystemelementen hervorrufen. Mit Hilfe der Skala, die bereits im Schritt 1 eingeführt wurde (0 = keine Beeinflussung, + = geringe Beeinflussung, ++ = starke Beeinflussung), lässt sich abschätzen, in welcher Intensität ein betrachteter Trend vermutlich auf die Kompetenzen der Mitarbeiter wirkt.

Die Spaltensummen der Matrix liefern Aussagen darüber welche Trends besonders großen Einfluss auf die Kompetenzen haben. Aus diesen können mögliche Themen für eine fachliche Weiterqualifizierung zu einem bestimmten Trend abgeleitet werden. Die

Abb. 5.6 Kompetenzkatalog für die Smart Factory

Kompetenzkatalog	
Flexibilität	
Örtlich	
Zeitlich	
Funktional	
Veränderungsfähigkeit	
Lernfähigkeit und -bereitschaft	
Innovationsfreudigkeit	
Reaktionsfähigkeit	
Anpassungsfähigkeit	
Fach-/Methodenkompetenz	
Wissen	Fachwissen allgemein
	Fachwissen tiefgehend
	Fachübergreifendes Wissen
	IT-Verständnis
Erfahrung	Arbeitstechnisch
	Bedienung von „smarten Geräten"
	Interaktion Mensch-Maschine
Denkweise / Vorgehen	Methodisch / Organisiert
	Ganzheitliches Denken
Teamfähigkeit	
Wahrnehmungsfähigkeit	
Entscheidungsfähigkeit	
Eigenverantwortung	
Verbale Kommunikationsfähigkeit	
Digitale Kommunikationsfähigkeit	
Kooperationsfähigkeit	
Systemkompetenz	
Interdisziplinarität	
Komplexitätsmanagement	
Physische Belastbarkeit	
Psychische Belastbarkeit	
Kreativität	

Zeilensummen zeigen auf, welche Kompetenzen die größten Veränderungen erfahren. Damit erkennen die Vorgesetzten in der Produktion und das Personalwesen, an welchen Stellen der Mitarbeiter Qualifizierungsbedarf hat. Um dies zu entscheiden, muss jedoch zuerst ein Abgleich der zukünftigen Qualifikationsanforderungen mit dem aktuellen Ist-Profil des Mitarbeiters durchgeführt werden. Dieser Vergleich ist Inhalt des dritten Methodenschritts.

Schritt 3: Anforderungsprofil und Qualifikationsbedarf
Ein Anforderungsprofil zeichnet sich durch eine Auflistung aller am betrachteten Arbeitsplatz benötigten Kompetenzen aus. Diese werden hinsichtlich des Kompetenzlevels bewertet. Dabei ist weniger die konkrete Ausführung bzw. Festlegung der Bewertungsskala entscheidend, als vielmehr, dass im Unternehmen mit einheitlichen und konsistenten Skalen gearbeitet wird, so dass die Vergleichbarkeit der Ergebnisse gewährleistet ist.

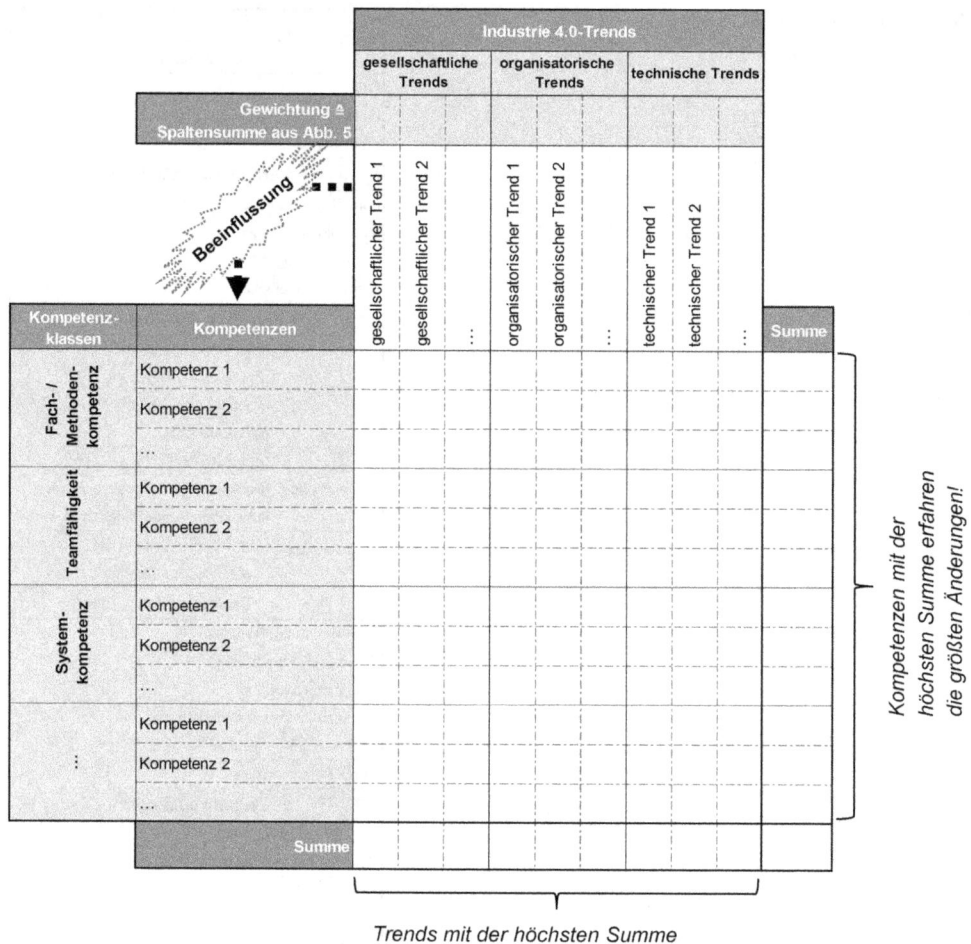

Abb. 5.7 Einflussmatrix 2 der wichtigsten Trends auf die zukünftigen Kompetenzen eines Mitarbeiters

Klassischerweise werden diese Skalen vom Personalmanagement vorgegeben. Sie dienen zum einen der Bewertung von Mitarbeiterkompetenzen, zum anderen sollten Weiterbildungsangebote entsprechend eingeordnet sein, damit die richtigen Maßnahmen zugewiesen werden können.

Wie ein solches Anforderungsprofil aussehen kann, zeigt die Abb. 5.8a. Neben der Auflistung der Kompetenzen ist die Bewertungsskala angeordnet, so dass eine eindeutige Zuordnung zwischen den beiden möglich ist. Um den Soll-Ist-Vergleich zu vereinfachen, bietet es sich an, beide Zustände in einem Profil festzuhalten. Abb. 5.8b zeigt die Zusammenfassung des Soll-Ist-Vergleichs. In dieser Darstellung ist erkennbar, welche Anforderungen unverändert bestehen bleiben und bei welchen Handlungsbedarf besteht.

5 Sind unsere Mitarbeiter für einen Einsatz in der digitalen Fabrik richtig …

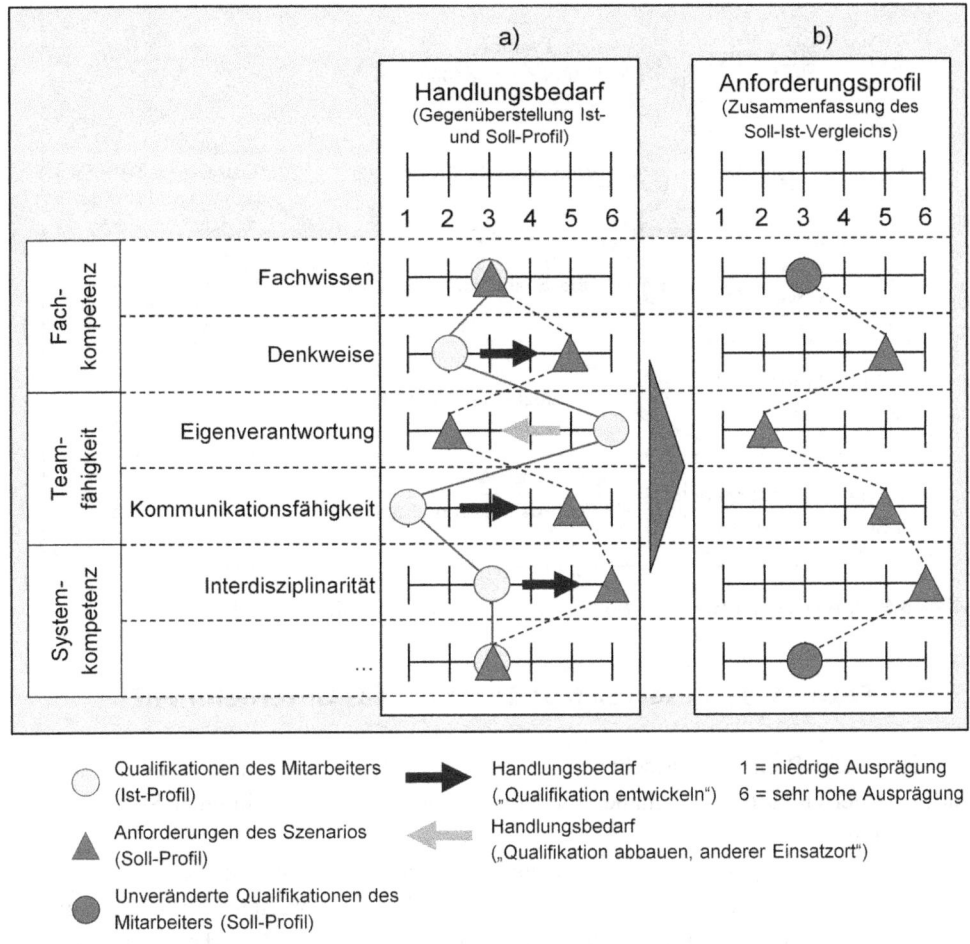

Abb. 5.8 Anforderungsprofil auf Basis eines Soll-Ist-Vergleichs

Nutzer dieser Anforderungsprofile sind in erster Linie die Personalabteilungen produzierender Unternehmen, da diese für die Qualifizierung der Mitarbeiter zuständig sind. Aber auch die Produktionsbereiche profitieren von den detaillierten Profilen, da damit leichter abzuschätzen ist, welche Auswirkungen technologische Veränderungen auf dem Shopfloor haben können. Neben einer Bewertung der reinen Investitionskosten können damit auch weiterführende Kosten einer solchen Veränderung besser abgeschätzt werden.

Auf Basis des Soll-Ist-Vergleichs des Anforderungsprofils können eine Reihe von Aussagen getroffen werden, welche zugleich als Handlungsempfehlungen für das Personalmanagement zu verstehen sind. Sie sind in Abb. 5.9 dargestellt. Jede Zeile der Abbildung zeigt ein mögliches Ergebnis des Soll-Ist-Vergleichs im Anforderungsprofil und das dazugehörige Fazit, welches aus dem Ergebnis abgeleitet werden kann.

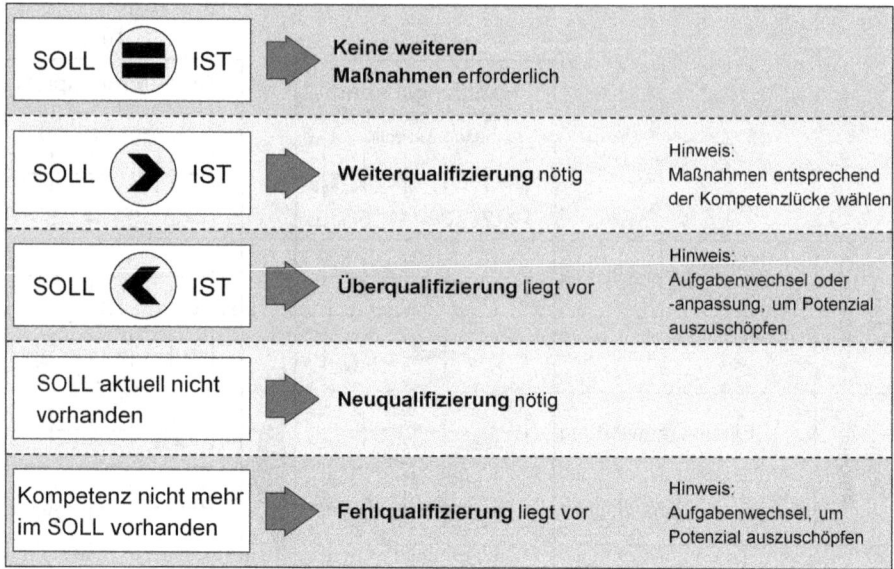

Abb. 5.9 Aussagen auf Basis des Soll-Ist-Vergleichs des Anforderungsprofils

5.3 Fazit – Was ändert sich dadurch für das Unternehmen?

Die in diesem Beitrag vorgeschlagene Methode ermöglicht es Unternehmen, auf Basis individueller zukünftiger Vorhaben die Mitarbeiteranforderungen in einer Smart Factory zu ermitteln.

Sowohl aus Unternehmens- als auch aus Mitarbeitersicht lässt sich dadurch ein Nutzen generieren. Für Unternehmen liegt der größte Vorteil in der erwarteten Kosteneinsparung, welche durch eine frühzeitige, zielgerichtete Qualifizierung der Mitarbeiter zu erreichen ist. Eine Bewertung der Anforderungen, die durch ein Veränderungsprojekt entstehen, schafft bereits in einem frühen Projektstadium Transparenz und Sicherheit für alle Beteiligten. Dadurch gelingt es, die Motivation der Mitarbeiter hoch zu halten und sie in den Veränderungsprozess einzubeziehen. Die gezielte und strukturierte Auseinandersetzung mit den Veränderungen verhindert Aktionismus und unausgereifte Maßnahmen, welche andernfalls eventuell zu einem Scheitern des Projekts oder zumindest zu einem verringerten Ansehen führen könnten. Ebenfalls lässt sich mit einer solchen Vorgehensweise eine gute Basis für offene und konstruktive Diskussionen und Verhandlungen mit dem Betriebsrat schaffen. Mit diesem frühzeitigen Überblick über entstehende Veränderungen kann das Unternehmen schneller und effizienter handeln sowie reagieren.

Aus Mitarbeitersicht spielt vor allem die zusätzliche Sicherheit und Transparenz eine große Rolle. Sicherheit entsteht dadurch, dass Schulungsmaßnahmen rechtzeitig durchgeführt werden und den Beschäftigten die Angst genommen wird, eventuell mit Technologien oder Veränderungen am Arbeitsplatz arbeiten zu müssen, mit denen sie noch nicht umgehen können. Transparenz für den Mitarbeiter bedeutet in erster Linie, dass er sich und seine Kompetenzen besser einschätzen kann und weiß, welchen Kompetenzstand er aktuell hat. So kann er sich aktiv damit auseinandersetzen und mehr Verantwortung übernehmen. Gegebenenfalls steigt dadurch bei einzelnen Mitarbeitern der Wunsch nach Weiterqualifizierung und nach der Übernahme von anderen Aufgaben.

Wie bei vielen Veränderungsprojekten ist auch bei Projekten im Rahmen der Digitalisierung ein offener und transparenter Umgang mit den erwarteten Veränderungen gegenüber der Belegschaft entscheidend für den Projekterfolg. Die vorgestellte Methode leistet hierbei einen wertvollen Beitrag.

Literatur

Abele, E.; Reinhart, G. (2011). Zukunft der Produktion – Herausforderungen, Forschungsfelder, Chancen. Carl Hanser Verlag, München.

Bauer, W.; Herkommer, O.; Schlund, S. (2015). Die Digitalisierung der Wertschöpfung kommt in deutschen Unternehmen an. ZWF Zeitschrift für wirtschaftlichen Fabrikbetrieb, 110 (2015). 1–2, S. 68–73.

Bauernhansl, T. (2014). Die vierte industrielle Revolution – Der Weg in ein wertschaffendes Produktionsparadigma. In: Bauernhansl,T.; ten Hompel, M.; Vogel-Heuser, B. (Hrsg.). Industrie 4.0 in Produktion, Automatisierung und Logistik – Anwendung, Technologien, Migration, S. 5–35. Springer Vieweg Verlag, Wiesbaden.

Botthof, A.; Hartmann E. (2015). Zukunft der Arbeit in Industrie 4.0. Springer Vieweg, Wiesbaden.

Destatis (Statistisches Bundesamt). (2018). Datenreport 2018 – Ein Sozialbericht für die Bundesrepublik Deutschland. Bundeszentrale für politische Bildung, Bonn.

Dombrowski, U.; Riechel, C.; Evers, M. (2014). Industrie 4.0 – Die Rolle des Menschen in der vierten industriellen Revolution. In: Kersten, W.; Koller, H.; Lödding, H. (Hrsg). Industrie 4.0 – Wie intelligente Systeme unsere Arbeit verändern, S. 123–153. GITO mbH Verlag, Berlin.

Erpenbeck, J.; Rosenstiel, L. von; Grote, S.; Sauter, W. (2017). Handbuch Kompetenzmessung – Erkennen, verstehen und bewerten von Kompetenzen in der betrieblichen, pädagogischen und psychologischen Praxis. Schäffer-Poeschel Verlag, Stuttgart.

Heyse, V.; Erpenbeck, J. (2004). Kompetenztraining – 64 Informations- und Trainingsprogramme. Schäffer-Poeschel Verlag, Stuttgart.

Jasperneite, J. (2012). Was hinter Begriffen wie Industrie 4.0 steckt. Computer & Automation, 2012 (12), S. 24–28.

Kagermann, H.; Wahlster, W.; Helbig, J. (2013). Umsetzungsempfehlungen für das Zukunftsprojekt Industrie 4.0 – Abschlussbericht des Arbeitskreises Industrie 4.0.

Kauffeld, S.; Martens, A. (2014). Arbeitsanalyse und -gestaltung. In: Kauffeld, S. (Hrsg). Arbeits-, Organisations- und Personalpsychologie für Bachelor, S. 211–240. Springer Verlag, Berlin Heidelberg.

Matt, D.; Rauch, E. (2014). Chancen zur Bewältigung des Fachkräftemangels in KMU durch die Urbane Produktion von morgen. In: Kersten, W.; Koller, H.; Lödding, H. (Hrsg) Industrie 4.0 – Wie intelligente Systeme unsere Arbeit verändern, S. 148–176. GITO mbH Verlag, Berlin.

Paul, H. (2016), Industrie 4.0: Annäherung an ein Konzept, Forschung Aktuell, 2016 (5), Institut Arbeit und Technik, Westfälische Hochschule, University of Applied Sciences.

REFA (1990). Planung und Gestaltung komplexer Produktionssysteme. REFA – Verband für Arbeitsstudien und Betriebsorganisation. Carl Hanser Verlag, München.

Reinhart, G.; Zühlke, D. (2017). Von CIM zu Industrie 4.0. In: Reinhart, G. (Hrsg). Handbuch Industrie 4.0 – Geschäftsmodelle, Prozesse, Technik, S. XXXI–XL. Carl Hanser Verlag, München.

Rump, J.; Eilers, S. (2017). Im Fokus: Digitalisierung und soziale Innovation. In: Rump, J. (Hrsg). Auf dem Weg zur Arbeit 4.0 – Innovationen in HR, S. 79–84. Springer-Gabler, Berlin.

Schlick, C.; Bruder, R.; Luczak, H. (2010). Arbeitswissenschaft. Springer Verlag, Berlin.

Spath, D. (Hrsg.); Ganschar, O.; Gerlach, S.; Hämmerle, M.; Krause, T.; Schlund, S. (2013). Produktionsarbeit der Zukunft – Industrie 4.0. Fraunhofer Verlag, Stuttgart.

Strohm, O.; Ulich, E. (1997). Unternehmen arbeitspsychologisch bewerten. Ein Mehr-Ebenen-Ansatz unter besonderer Berücksichtigung von Mensch, Technik und Organisation. vdf Hochschulverlag AG, Zürich.

Teubner, S.; Bengler, K.; Reinhart, G.; Rimpau, C.; Intra, C. (2017). Individuelle dynamische Werkerinformationssysteme. In: Reinhart, G. (Hrsg). Handbuch Industrie 4.0 – Geschäftsmodelle, Prozesse, Technik, S. 66–77. Carl Hanser Verlag, München.

Vernim, S.; Wehrle, P.; Reinhart, G. (2016). Entwicklungstendenzen für die Produktionsarbeit von morgen. ZWF Zeitschrift für wirtschaftlichen Fabrikbetrieb, 111 (9), S. 569–572.

Dipl.-Wirtsch.-Ing. Susanne Vernim, geb. 1987, studierte Wirtschaftsingenieurwesen mit den Schwerpunkten Fertigungsautomatisierung und Produktionssystematik sowie Industriebetriebslehre an der Friedrich-Alexander-Universität Erlangen-Nürnberg und ist seit 2014 Wissenschaftliche Mitarbeiterin am Institut für Werkzeugmaschinen und Betriebswissenschaften (*iwb*) der Technischen Universität München. Im Forschungsfeld „Mensch in der Fabrik" beschäftigt sie sich unter anderem mit der Fragestellung wie sich Mitarbeiterkompetenzen in der digitalisierten Montage verändern. Darüber hinaus leitet sie im Mittelstand 4.0-Kompetenzzentrum Augsburg den Bereich Arbeit 4.0.

M. Sc. Svenja Korder, geb. 1990, studierte Gesundheitswissenschaften und Human Factors Engineering mit dem Schwerpunkt Produktionsergonomie an der Technischen Universität München. Seit 2018 ist sie Wissenschaftliche Mitarbeiterin am *iwb* der TUM. Ihre Themenschwerpunkte im Forschungsfeld „Mensch in der Fabrik" umfassen die effiziente Unterstützung des Mitarbeiters in der Produktion durch Assistenzsysteme sowie die kompetenzbasierte Springereinsatzplanung im Rahmen des von der Bayerischen Forschungsstiftung geförderten Forschungsprojekts Smart Interfaces.

M. Sc. Barbara Tropschuh, geb. 1994, studierte Maschinenwesen mit den Schwerpunkten Produktionsmanagement und Logistiksysteme an der Technischen Universität München und war bereits während des Studiums als Trainee am *iwb* tätig. Seit 2018 ist sie Wissenschaftliche Mitarbeiterin am selbigen Institut. Als Leiterin des Forschungsfelds „Mensch in der Fabrik" beschäftigt sie sich unter anderem mit der Entwicklung von Methoden zur beanspruchungs- und kompetenzorientierten sowie flexiblen Mitarbeitereinsatzplanung in der Produktion.

Lebenslanges Lernen in der Digitalisierung – Veränderung als Teil der DNA eines Unternehmens

6

Pia Sue Helferich und Thomas Pleil

> **Zusammenfassung**
>
> Die Veränderungen ausgehend von der Digitalisierung sind in der Arbeitswelt allgegenwärtig. Mit dem Einzug der neuen Technologien in die Arbeitswelt und der fortschreitenden Digitalisierung von Unternehmensprozessen verändern sich auch zunehmend die benötigten Kompetenzen und Qualifikationen der Mitarbeiter. Um mit dem dynamischen Wandel der Arbeit schrittzuhalten, aber auch um dem Unternehmen Flexibilität und Veränderungsmöglichkeiten im digitalen Wandel offen zu halten, muss eine kontinuierliche Weiterentwicklung der Qualifikation der Beschäftigten stattfinden – also ein lebenslanges Lernen. Ziel dieses Beitrags ist daher, einen Überblick über lebenslanges Lernen im Kontext der Digitalisierung zu geben. Hierzu wird zunächst erläutert, worum es sich beim lebenslangen Lernen handelt und welche einzelnen Kompetenzen benötigt werden, um lebenslang zu lernen. Zudem werden im letzten Schritt Möglichkeiten aufgezeigt, mit welchen Schritten Unternehmen starten können, lebenslanges Lernen in ihre Unternehmenskultur zu integrieren.

Der Beitrag entstand im Rahmen der Mittelstand 4.0-Agentur Kommuniaktion, gefördert durch das Bundesministerium für Wirtschaft und Energie (BMWi) im Förderschwerpunkt Mittelstand-Digital (FKZ: 01ML16002B).

P. S. Helferich (✉) · T. Pleil
Hochschule Darmstadt, Institut für Kommunikation & Medien, Dieburg, Deutschland
E-Mail: pia-sue.helferich@h-da.de; thomas.pleil@h-da.de

© Springer-Verlag GmbH Deutschland, ein Teil von Springer Nature 2019
C. K. Bosse, K. J. Zink (Hrsg.), *Arbeit 4.0 im Mittelstand*,
https://doi.org/10.1007/978-3-662-59474-2_6

6.1 Digitalisierung – Ein Schnelldurchlauf

Digitalisierung bedeutet eine umfassende Transformation von Unternehmen. Mit ihr verbunden sind unter anderem die Digitalisierung von bestehenden Produktionsprozessen und Geschäftsmodellen, aber auch die Entwicklung neuer, digitaler Geschäftsmodelle. Die Veränderungen stehen in engem Zusammenhang mit veränderten Anforderungen von Stakeholdern wie Mitarbeitern, Lieferanten und vor allem Kunden. Ihre Integration in digitale Prozesse treibt die Digitalisierung von Unternehmen voran. Voraussetzungen für den Erfolg solcher Veränderungen sind die Entwicklung einer digitalen Vision, eine veränderte Unternehmenskultur, die Kommunikation mit allen Stakeholdern, der Einsatz neuer und flexibler Methoden sowie besonders die kontinuierliche Weiterentwicklung der Qualifikation der Beschäftigten – also lebenslanges Lernen (Grebe et al. 2018; Appelfeller und Feldmann 2018).

Im 20. Jahrhundert nutzen Unternehmen die Informationstechnologie hauptsächlich für die Automatisierung und Optimierung; Computernetzwerke wurden geschaffen und Softwareprodukte für das Büro und die Planung von Ressourcen und Produktion eingeführt (Bendel 2017). Seit dem 21. Jahrhundert ist der Begriff Digitalisierung mit disruptiven Technologien, innovativen Geschäftsmodellen, Individualisierung und Flexibilität verknüpft (AirBnB, Uber etc.) (Bendel 2017). Diese Entwicklungen führen zur so genannten vierten industriellen Revolution, die mit dem Konzept Industrie 4.0 und somit auch Arbeit 4.0 verknüpft ist (Bendel 2017). Dabei entstehen neue Produkte und Services, die einen bleibenden Effekt auf unser Leben und im Speziellen auch unser Arbeitsleben haben und dieses weiter verändern werden. Diese Veränderungen können auf unterschiedlichen Ebenen betrachtet werden: Auf der Ebene jedes Einzelnen, der Organisation bzw. des Unternehmens und der Gesellschaft (Bengler und Schmauder 2016).

Auf der gesellschaftlichen Ebene führt Digitalisierung zu strukturellen Veränderungen: Neue Services kommen auf, traditionelle Bildungssysteme werden überdacht und durch die ständige Möglichkeit, sich auszutauschen und zu netzwerken entsteht eine hohe Dynamik in Informations- und Kommunikationsprozessen (Bengler und Schmauder 2016). Unternehmen haben mehr denn je die Herausforderung, Sichtbarkeit für sich und ihre Produkte oder Dienstleistungen in der Vielzahl der Angebote zu schaffen, fast immer auch im Internet. Gleichzeitig stellen Kunden und Partner neue Anforderungen an die Unternehmen. Unternehmen sollen prompt und ohne Zeitverzug auf Anfragen der Kunden individuell reagieren. Und zu allem Überfluss bietet das Internet Kunden sehr gute Vergleichsmöglichkeiten, und die Chance, sich über nahezu jeden Aspekt des täglichen Lebens zu informieren (Ruisinger 2016). Letztlich verändern sich komplette Informationsabläufe und Entscheidungsprozesse, die zwischen digitalen und analogen Quellen nahtlos wechseln (Appelfeller und Feldmann 2018). Bezogen auf die Kunden spricht man von einer neuen Customer Journey. Jedoch lassen sich auch bei der Mitarbeitergewinnung und -qualifizierung ähnlich komplexe Wechselspiele zwischen analogen und digitalen Elementen beobachten.

Auf der Ebene jedes Einzelnen kann man beobachten, dass die Nutzung von Smartphones und Social Media eine wichtige Rolle im Privat- und Arbeitsleben spielt (Bengler und Schmauder 2016). Jeder ist jederzeit erreichbar. Zudem können Nutzer durch Social Media einfach selbst aktiv werden, eigene Inhalte in Blogs, in soziale Netzwerke oder auf anderen Plattformen veröffentlichen und so ihre Erfahrungen sowie Meinungen mit anderen teilen (Ruisinger 2016). Damit verbunden sind veränderte Anforderungen und Entscheidungsprozesse.

6.2 Ständige Veränderungen – Eine Herausforderungen für Unternehmen

Diese permanenten Veränderungen verlangen von Unternehmen Flexibilität. Wenn man einen Blick darauf wirft, was ein Unternehmen wirtschaftlich erfolgreich macht, gelangt man schnell zu einer starken Unternehmenskultur (Herget und Strobl 2018). Was eine starke Unternehmenskultur ausmacht, lässt sich an verschiedenen Dimensionen festmachen (Herget und Strobl 2018):

1. „Klare und kommunizierte Identität,
2. Durchgängige strategische (Ziel-)Orientierung,
3. Kundenorientierung,
4. Lern- und Anpassungsfähigkeit,
5. Innovationsfähigkeit,
6. Nutzen der Potenziale der Mitarbeiter,
7. Partnerschaftliche und kulturkonforme Führung und offene Kommunikation,
8. Leistungsorientierung/Leistungsbereitschaft und -fähigkeit,
9. Balancierte Stakeholder-Orientierung".

Der Fokus in diesem Beitrag liegt auf dem vierten Aspekt, der Lern- und Anpassungsfähigkeit. Wir erleben in der Praxis oft, dass Veränderungsmanagement isoliert bzw. als Einzelmaßnahme eingesetzt wird, um ein Unternehmen für die Zukunft aufzustellen. Es wird dann ähnlich wie ein Projekt betrachtet, das nach einer bestimmten Zeit abgeschlossen ist. Dies greift zu kurz. Ein Missverständnis wäre auch, Veränderung als rein organisatorische Maßnahme zu verstehen. Stattdessen geht es immer um die Menschen, die sich in einer neuen Struktur zurecht finden müssen und eine neue Haltung einnehmen sollen, beispielsweise gegenüber Kunden oder Arbeitsabläufen (Deutinger 2017).

Wir argumentieren in diesem Beitrag, dass durch die Veränderungen eine kontinuierliche Veränderungsbereitschaft sozusagen in die DNA des Unternehmens verankert werden muss. Dazu gehören verschiedenen Bausteine. Ein Baustein zu einer permanenten Veränderung ist unter anderem das lebenslange Lernen. Wenn sich Mitarbeiter lebenslang im Job weiterbilden, hilft dies dem Unternehmen wettbewerbsfähig und flexibel zu bleiben, um sich auf die kommenden Gegebenheiten einzustellen.

Wir erläutern im Folgenden zunächst das Konzept des lebenslangen Lernens und stellen vor, welche Kompetenzen in der Digitalisierung hierfür notwendig sind.

6.3 Lebenslanges Lernen im Unternehmen – mehr als nur Seminare

Lebenslanges Lernen als Konzept ist lange bekannt – allerdings haben sich, wie oben beschrieben, die Bedingungen für unser Privat- und Arbeitsleben verändert (Uhlig 2008; Head et al. 2015). Die kontinuierliche Bildung und Weiterbildung von Erwachsenen wird unter dem Konzept des lebenslangen Lernens zusammengefasst (Head et al. 2015) und ist zu einer der wichtigsten europäischen Leitlinien der Bildung geworden (Óhidy 2011). Lebenslanges Lernen findet sowohl im Privatleben bzw. der Freizeit als auch im Berufsleben statt (Head et al. 2015). Wir fokussieren hier auf das Berufsleben. Kontinuierliches Lernen im Berufsleben ist entscheidend geworden, sowohl für den Einzelnen, als auch für die Organisationen (Tynjälä 2008; Gijbels et al. 2010).

Es gibt in Unternehmen verschiedene Möglichkeiten des Lernens: Beispiele sind sowohl informelles Lernen, Lernen im Job oder mit Kollegen als auch formales Lernen wie bspw. in Weiterbildungen, Kursen oder in speziellen Trainings (Head et al. 2015; Tough 1979; Avergun und Del Gaizo 2011). Personalabteilungen – oder in kleinen und mittleren Unternehmen auch oft die Geschäftsführer selbst – bieten den Beschäftigten oft Lernmöglichkeiten in Form von formalen Trainings oder Kursen an. Seit einigen Jahren ist jedoch das Interesse an informellem Lernen gestiegen (Eraut 2004). Laut der UNESCO sind 70 Prozent aller Aktivitäten des lebenslangen Lernens (Neuber 2009) informell. Dies liegt vor allem daran, dass im Arbeitsalltag laufend kleinere neue Aufgaben bzw. Probleme zu bewältigen sind und beispielsweise Kollegen oder Online-Recherchen zur Lösung beitragen können, wodurch bei den Beschäftigten ein Lerneffekt eintritt. Tab. 6.1 verdeutlicht die Unterschiede zwischen formalem, nicht-formalem und informellem Lernen.

Livingstone (2001) definiert informelles Lernen als „jede Tätigkeit, die das Streben nach Verständnis, Wissen oder Fertigkeiten beinhaltet, die ohne das Vorhandensein von extern auferlegten curricularen Kriterien erfolgt" (übersetzt aus dem Englischen aus Livingstone 2001, S. 4). Auch wenn die Unterscheidung in Tab. 6.1 oft genutzt wird, ist eine Abgrenzung zwischen formalem und informellem Lernen in der Praxis häufig schwierig (Carliner 2013). Eraut (2004) zum Beispiel spricht daher von Lernaktivitäten, die entweder näher am informellen Ende oder am formalem Ende eines Kontinuums liegen.

Weiterhin hat die digitale Transformation der letzten Jahre und damit verbunden vor allem die Verlagerung der Kommunikation und des Wissens in das Internet neue Möglichkeiten und Erwartungen an das lebenslange Lernen gestellt. In Zeiten ständig verfügbaren Wissens gilt dies insbesondere für das informelle Lernen (Dron und Anderson 2014; Head et al. 2015). Die Verfügbarkeit neuer Lernoptionen online ist natürlich ein wichtiger Grund für deren Nutzung – übrigens häufig mit anderen: Neue Lernmöglichkeiten ergeben sich mit jeder neuen Verbindung zu anderen Menschen (Dron und Anderson 2014). Gerade in der aktuellen Transformation gibt es verschiedene Gründe für informelles Lernen, betont Eraut: „Erstens ist es ein Kontrast zum „herkömmlichen" formellen Lernen und bietet den Lernern mehr Freiheit und Flexibilität. Zweitens fokussiert es auf soziales Lernen, also das Lernen in sozialen Kontexten und Kontexten, die uns

Tab. 6.1 Unterschiede zwischen formalem, nicht-formalem und informellem Lernen (Zuber 2014)

	Formales Lernen	Nicht-formales Lernen	Informelles Lernen
Lehrstruktur	Üblicherweise in einer Bildungs- oder Ausbildungseinrichtung	Nicht in einer Bildungs- und Ausbildungseinrichtung	Im Alltag, am Arbeitsplatz oder im privaten Umfeld
	Führt zur Zertifizierung	Führt üblicherweise nicht zur Zertifizierung	Führt nicht zur Zertifizierung
	Aus Sicht der Lernendenden und der Führung zielgerichtet	Aus Sicht der Lernenden und der Führung zielgerichtet	Kann zielgerichtet sein, ist jedoch meist nicht intentional
	In Bezug auf die Lernziele, Lernzeit und Lernförderung systematisch	In Bezug auf Lernziele, Lernzeit und Lernförderung systematisch	In Bezug auf Lernziele, Lernzeit und Lernförderung nicht strukturiert
	Fortbildung plan- und steuerbar	Fortbildung plan- und steuerbar	In keiner Weise plan- und steuerbar
Lehrinhalt	Aggregiert		Situativ und einzelfallbezogen
	Generell-abstrakt und bewertet		Individuell-konkret
	Von konkreten Problemen entkoppelt und zeitlich stark versetzt		In aktuellen und konkreten Problemstellungen
	In konkreten Problemstellungen nicht unmittelbar wirksam		Unmittelbare Lösungsentwicklung und handlungsorientiert

in dem Moment beschäftigen, die weitreichender sind als die ‚normalen' Trainings-Situationen" (Eraut 2004, S. 247).

Wie genau sehen nun Aktivitäten aus, die informell stattfinden? Helferich (2017) hat dazu eine Meta-Analyse durchgeführt und verschiedene informelle Lernaktivitäten identifiziert. Dazu gehören u. a. die Folgenden: Fehler mit Kollegen oder Vorgesetzen diskutieren, Kollaboration im Team, Wissen und Ressourcen teilen, das Lernen in der Interaktion mit anderen, z. B. auf Konferenzen, Barcamps oder Ausstellungen; ebenso gehören dazu die Recherche im Internet oder Fachzeitschriften, um Probleme im Job zu lösen. Eine wichtige Rolle spielt zudem das Lernen von erfahrenen Kollegen, diese zum Beispiel zu beobachten sowie ihre Handlung zu kopieren (Lohman 2006; Berings et al. 2008; Pool et al. 2016; Moore und Klein 2015; van Bernadette Rijn et al. 2013; Alonderienė 2010; Eraut 2011; Cheetham und Chivers 2001; Cunningham und Hillier 2013).

Bei einem genauen Blick fällt auf, dass die meisten der aufgezählten Aktivitäten andere Personen involvieren. Vielen Autoren betrachten daher informelles Lernen auch als das „Lernen aus sozialer Interaktion mit anderen" (Berings et al. 2008; Pool et al. 2016; Moore und Klein 2015).

Informelles Lernen bedeutet aber auch mehr Verantwortung für die Lernenden selbst und damit verbunden sind bestimmte Kompetenzen. Hierzu zählen beispielsweise das Bewusstsein für die Notwendigkeit zum Lernen im Einzelfall, die Motivation sowie die Fähigkeit zur direkten oder digitalen Interaktion mit anderen und verfügbaren Informationsquellen. Denn insbesondere durch die Digitalisierung sind Informationen nahezu in Echtzeit verfügbar und müssen gesucht, gefiltert, erfasst und durch die Lernenden bewertet werden. Aber welche Kompetenzen benötigen Mitarbeiter, um diese oft digitalen Lernhäppchen für sich und für das Unternehmen nutzbar zu machen? In der Didaktik wird in diesem Zusammenhang von speziellen medienbezogenen Kompetenzen gesprochen. Da es sich hierbei weniger um klassische Medien handelt, sondern um digitale, werden diese Kompetenzen international unter Begriffen wie „Web Literacy" und „Digital Literacy" diskutiert. Relevant sind diese Fähigkeiten für das informelle Lernen, weil dieses nicht nur im persönlichen Kontakt innerhalb eines Büros stattfindet und diese Kompetenzen einen Bogen schlagen vom Finden von und Umgehen mit Informationen über den digitalen Austausch mit anderen sowie die Fähigkeit, selbst Informationen aufzubereiten, damit sie von anderen genutzt werden können.

6.3.1 Kompetenzen für das lebenslanges Lernen in der Digitalisierung

Es gibt verschiedene Kompetenzmodelle, die seit Anfang des 21. Jahrhunderts international diskutiert werden (Pleil und Helferich 2015). Wir möchten an dieser Stelle zwei der bekanntesten Modelle vorstellen, die Web Literacy Map von Mozilla (2016) (Abb. 6.1) und DigiComp, ein Kompetenzmodell der Europäischen Kommission (Carretero et al. 2017).

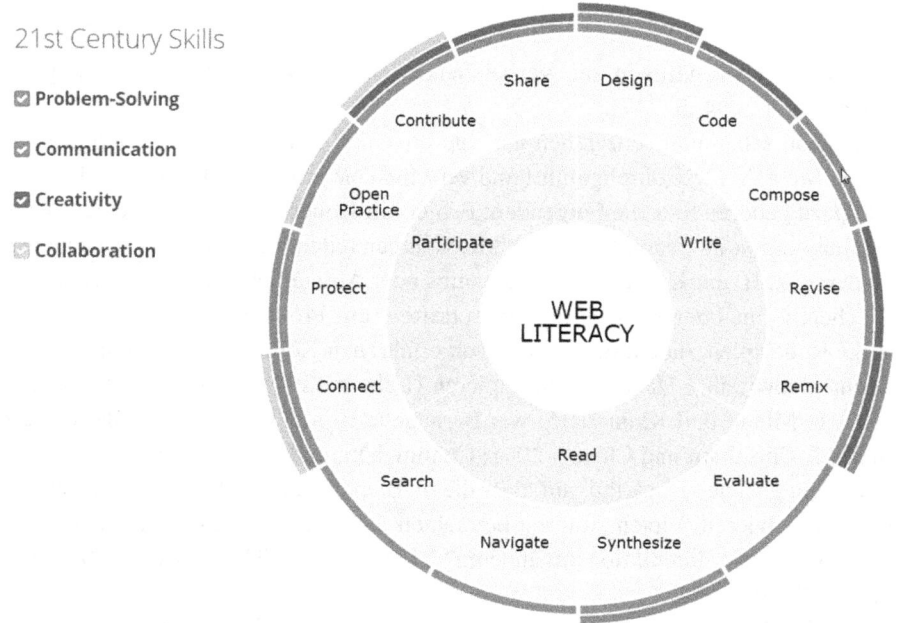

Abb. 6.1 Web Literacy Map von Mozilla (2016)

Zur Einführung ins Thema spricht Wittenbrink (2012) von drei Ebenen der Web Literacies:

„Info literacies oder data literacies als die Fähigkeiten, mit Informationen oder Daten im Web umzugehen; Content literacies oder die Kompetenzen, die nötig sind, um Inhalte für das Web zu erzeugen; Network literacies oder die Fähigkeiten, sein Netzwerk zu organisieren, in ihm zu kooperieren und seine eigene Identität oder Reputation zu gestalten."

Wittenbrink versteht dabei Web Literacies ausdrücklich nicht als Bildung in Bezug auf das Web, sondern generell als Bildung im Web-Zeitalter (Pleil und Helferich 2015). Die Mozilla Foundation hat zu diesem Thema eine breite und offene Diskussion angestoßen, aus der die Mozilla Web Literacy Map resultiert (Belshaw et al. 2014). Beteiligt war hieran eine große internationale Gemeinschaft. Sie hat vier große Kompetenzfelder herausgearbeitet: Problemlösen, Kommunikation, Kollaboration und Kreativität. Diesen Kompetenzfeldern sind jeweils Einzelkompetenzen zugeordnet. International werden diese Kompetenzen als sinnvoll für alle Internetnutzer gesehen. Aus unserer Sicht helfen diese Kompetenzen auch, das lebenslange Lernen in Unternehmen zu fördern.

Ein weiteres Modell ist das DigiComp-Modell der Europäischen Kommission, das Digitalkompetenzen beschreibt, die Bürger haben sollten. Dabei stehen fünf Kompetenzbereiche im Mittelpunkt (Carretero et al. 2017):

- Informations- und Daten-Literacy,
- Kommunikation und Kollaboration,
- Erstellung digitaler Inhalte,
- Sicherheit,
- Problemlösen.

In vielen Aspekten sind sich die beiden Modelle ähnlich, im Rahmen der Europäischen Kommission wurden darüber hinaus noch verschiedene Level beschrieben, auf denen diese Kompetenzen erreicht werden können.

6.4 Wie können Unternehmen lebenslanges informelles Lernen der Mitarbeiter unterstützen?

Wir haben bisher argumentiert, dass das lebenslange Lernen für Einzelpersonen und Unternehmen wichtig ist, um in dieser sich schnell verändernden, stark globalisierten und digitalisierten Arbeitswelt wettbewerbsfähig zu bleiben. Im Folgenden schlagen wir erste Schritte vor, die ein Unternehmen gehen kann, um informelles lebenslanges Lernen stärker im Arbeitsalltag zu integrieren. Diese Ansätze basieren auf Befragungen, die im Rahmen der Arbeit von Helferich (2017) mit kleinen und mittleren Unternehmen in der Kommunikationsbranche entstanden sind.

Lebenslanges informelles Lernen als Kernelemente der Unternehmensentwicklung
Lebenslanges Lernen von Mitarbeitern sollte von Führungskräften und Personalabteilungen als notwendiges Element für die weitere Entwicklung des Unternehmens angesehen werden. Damit verbunden ist auch die Anerkennung des informellen Lernens von Mitarbeitern als wichtige Quelle der Weiterbildung und Weiterentwicklung.

Soziale Netzwerke würdigen
Viele Mitarbeiter, die wir befragt haben, lernen über soziale Beziehungen. Das bedeutet: Sie fragen entweder Kollegen oder externe Kontakte, wenn sie etwas nicht wissen. Dies kann auf zwei Arten gefördert werden: Durch interne Events, um den Kontakt zu Kollegen und anderen Abteilungen zu stärken und einen besseren Austausch zu ermöglichen. Einige Betriebe haben deshalb interne Barcamps als offene Austausch- und Lernformate eingesetzt, andere bringen gezielt Beschäftigte aus unterschiedlichen Bereichen zusammen, damit diese sich gemeinsam und selbstgesteuert Wissen erarbeiten können. Das Konzept „Working out Loud" von John Stepper (2016) (eine Erläuterung der Methode findet sich in Abschn. 6.5) wird in diesem Zusammenhang häufig umgesetzt.

Die andere Seite betrifft die externen Kontakte: Hier sollten Mitarbeitern Möglichkeiten gegeben werden, diese Kontakte auch zu pflegen. Dies kann analog geschehen, z. B. indem sie auf Netzwerkveranstaltungen, Konferenzen oder Branchenveranstaltungen gehen. Die Kontaktpflege und damit verbunden auch die Diskussion arbeitsbezogener Fragen findet jedoch heute häufig auch mit Hilfe digitaler Werkzeuge statt, beispielsweise in Gruppen innerhalb von Social Networks wie Xing oder LinkedIn oder bei Twitter und in anderen Communities. Mitarbeiter, die ihre sozialen Arbeitsbeziehungen pflegen, bringen neues Wissen in Unternehmen und können bei Problemen schneller Lösungen erarbeiten, da sie Möglichkeiten haben, auf das Wissen aus ihrem Netzwerk zuzugreifen. Die Entwicklung einer solch digitalen Vernetzung ist im Unternehmen einerseits eine Frage der Kultur und des damit verbundenen Vertrauens in die Beschäftigten, andererseits ist dies auch manchmal eine Frage der IT-Intrastruktur im Unternehmen, die dies auch ermöglichen sollte.

Mitarbeitern Zeit geben, sich mit Themen zu beschäftigen
Einige der befragten Mitarbeiter gaben an, dass ihr Unternehmen ihnen Zeit gibt, sich mit für die Arbeit im weitesten Sinn relevanten Themen jede Woche zu beschäftigen. Im Detail konnten diese Themen von den Beschäftigten gewählt werden. Wichtig war nur, dass das Wissen dann einmal im Monat an alle Kollegen weitergegeben wurde. Oft bleibt im Alltagsgeschäft wenig Zeit fürs Lernen, daher war es diesen Unternehmen wichtig, dass die Mitarbeiter hierfür jede Woche 2 bis 4 Stunden Zeit haben.

Die Gestaltung des eigenen Lernprozesses liegt dabei in der Verantwortung der Beschäftigten. Es ist jedoch wichtig, einen Rahmen dafür zu definieren. Hier kann zum Beispiel festgelegt werden, wie viel Zeit für die persönliche Entwicklung und wie viel für die konkrete Bearbeitung anstehender Unternehmensaufgaben aufgewendet werden kann. Eine andere Möglichkeit besteht darin, Ziele für das persönliche lebenslange Lernen in das jährliche Bewertungsgespräch aufzunehmen.

Wissen sollte nicht als Machtinstrument verstanden werden
Dieser Punkt betrifft insbesondere die Unternehmenskultur. Das Teilen von Wissen und Ideen sollte in einem Unternehmen selbstverständlich sein. Wird Wissen dagegen als Machtinstrument betrachtet, bremst dies das informelle Lernen der Beschäftigten massiv – im Ergebnis wird die Entwicklung des Unternehmens erschwert, da Verbesserungen in Prozessen ausgebremst und größere Innovationsschritte womöglich gar nicht in Gang kommen. Die Pflege von Herrschaftswissen sollte nicht durch Anreizstrukturen im Unternehmen befördert werden. Stattdessen gilt: Eine Kultur des Gebens und Nehmens ist für das lebenslanges Lernen wichtig.

Das Unternehmen auch für private Projekte nutzen können
Eine weitere Idee ist, dass Unternehmen auch private Projekte ihrer Mitarbeiter unterstützen können. Sei es der Schreiner, der seine Werkstatt für das private Holzprojekt einer Mitarbeiterin zur Verfügung stellt oder das IT-Unternehmen, das seinen Mitarbeitern ermöglicht, einen „Hackathon" für einen guten Zweck in den Räumen des Unternehmens zu organisieren. Solche Aspekte fördern die intrinsische Motivation der Mitarbeiter und schaffen eine stärkere Identifikation mit dem Unternehmen. Außerdem sind solche Projekte häufig auch eine Innovationsquelle, die helfen kann, das Portfolio des Unternehmens weiterzuentwickeln.

6.5 Umsetzungsempfehlungen und Fazit

Ausgangspunkt dieses Beitrags ist die notwendige kontinuierliche Veränderung, die sich aus der Digitalisierung ergibt. Ein wichtiges Element, um in diesem nie abgeschlossenen Prozess bestehen zu können, ist die laufende Weiterentwicklung der Kompetenzen der Beschäftigten eines Unternehmens. Dabei hat sich gezeigt, dass formale Weiterbildung in diesem Zusammenhang nur in Teilen zielführend und in der Praxis nur selten anzutreffen ist (Helferich 2017). Stattdessen ist nach unserem Verständnis das informelle und möglichst selbstgesteuerte, eigenmotivierte Lernen im Berufsalltag der Schlüssel, um in der Digitalisierung zu bestehen.

Wir haben im vorigen Kapitel einen Rahmen beschrieben, in dem nach unserer bisherigen Forschung lebenslanges, informelles Lernen am Arbeitsplatz funktionieren kann (Helferich 2017). Diesen Rahmen könnte man als „Corporate Learning Governance" bezeichnen.

Allerdings stellt sich die Frage, wie Unternehmen diesen Zustand, der nach unserem Verständnis einerseits als Leitplanke zu verstehen und andererseits inhaltlich eng mit dem Schlagwort „Arbeit 4.0" verbunden ist, erreichen können. Wir schlagen hierzu vor, sechs Felder zu betrachten und sechs konkrete Maßnahmenpakete in Betracht zu ziehen.

Voraussetzungen für erfolgreiches informelles Lernen in Zeiten der Digitalisierung sehen wir bei Unternehmen als formale Organisation selbst sowie bei den einzelnen Beschäftigten. Folgende Felder sollten betrachtet werden, die in den erwähnten Rahmen einer Corporate Learning Governance einzahlen können:

- **Unternehmenskultur:** Versteht man Unternehmenskultur als Gesamtheit der Verhaltensweisen von Beschäftigten in einem Unternehmen (Herget und Strobl 2018), so sind Werte wie Offenheit, Austausch, das Teilen von Wissen etc. von grundlegender Bedeutung und sollten auch klar formuliert werden. Hierzu gehört auch die Anerkennung des informellen Lernens als Erfolgskriterium für die Weiterentwicklung der Beschäftigten und damit des Unternehmens.
- **Organisationsstrukturen:** Diese Strukturen betreffen unter anderem die Möglichkeit der Zusammenarbeit und des Austauschs zwischen Beschäftigten (ggf. in unterschiedlichen Abteilungen), aber beispielsweise auch die Abläufe innerhalb einer Arbeitswoche. Hierzu zählen beispielsweise Freiräume für Lernprozesse, entweder ad hoc oder zu bestimmten Zeiten im Verlauf einer Woche (z. B. Freitagnachmittag).
- **IT-Strukturen:** Die IT-Struktur eines Unternehmens kann lernhemmend oder -fördernd sein. Klassische Kommunikationskanäle wie E-Mail, Intranet oder geteilte Ordner sind für vernetztes, informelles Lernen eher Hemmnisse; typischerweise empfiehlt sich, Mechanismen aus dem Social Web ins Unternehmen zu integrieren. Hierzu gehören beispielsweise Intranets, die Vernetzung und Austausch ermöglichen (Social Intranets), unternehmensinterne Communities und Business Messenger.
- **Motivation:** Einen Knackpunkt für informelles Lernen, das typischerweise selbstgesteuert ist, stellt die Motivation dar. Statt passiver Mitarbeit ist der Wille notwendig, mit veränderten Situationen selbst umgehen und laufend neue Kompetenzen erwerben zu wollen. Dies steht typischerweise in einem engen Zusammenhang mit dem Vertrauen in die Beschäftigten, aber auch mit Anreizen, die letztlich motivierend auf das Lernen wirken (z. B. Status, Freiheit, wirtschaftlich).
- **Resilienz:** In engem Zusammenhang mit der Motivation der Mitarbeiter und den Organisationsstrukturen ist Resilienz zu sehen. Sie kann als Fähigkeit gesehen werden, mit Veränderungen umzugehen und schließt die Ebenen Organisation, Führung und alle Beschäftigten ein (Tirpitz et al. 2018). Unter Einbezug der Beteiligten werden hierbei typischerweise Strategien entwickelt, die unterschiedliche Einzelmaßnahmen umfassen können, die das Arbeitsumfeld in einem Unternehmen weiterentwickeln helfen – von der Raumgestaltung über Führung bis zum Umgang unter Kollegen.
- **Web Literacy:** Sie ist nach unserem Verständnis wie oben beschrieben eine Voraussetzung für jedes informelle Lernen am Arbeitsplatz, das über den Face-to-Face-Kontakt hinausgeht, also beispielsweise die Beteiligung an Online-Communities oder auch das Erschließen bzw. Schaffen von digitalen Lernressourcen (z. B. Erklärvideos, Blogbeiträge).

Unternehmen, die in der digitalen Transformation als Vorreiter gelten, können direkte Marktvorteile durch ihre Digitalisierungs-Bemühungen feststellen (Grebe et al. 2018). Allerdings ist klar, dass bis dorthin ein Weg zurückzulegen ist und Erfolge nicht von heute auf morgen sichtbar sind. Konkret empfehlen wir für diesen Weg sechs Maßnahmenpakete:

- **Kulturentwicklung:** Ein Startpunkt könnte die Arbeit mit der so genannten „Culture Map" sein. Die Culture Map kann als Vorlage z. B. bei Strategyzer.com kostenlos

heruntergeladen werden. Letztlich geht es darum, einen Prozess zu ermöglichen, der den Beschäftigten hilft, die Zusammenarbeit und den Umgang untereinander, aber auch eventuelle Probleme und Lösungsideen zu diskutieren (Osterwalder 2015). Eine Culture Map kann dabei helfen, eine Unternehmenskultur Stück für Stück zu gestalten.
- **Informelle Kommunikation unterstützen**: Eine weitere Maßnahme ist die Unterstützung der informellen Kommunikation. Dies kann durch physische Räume geschehen, z. B. dass es einen Platz im Unternehmen gibt, an dem sich Kollegen miteinander austauschen können (Ehrhart et al. 2017). Eine weitere Möglichkeit sind die digitalen Räume, hier sind z. B. Messenger eine Möglichkeit.
- **Pilotprojekte:** Eine weitere Idee ist die Entwicklung von kleinen Prototypen (Grebe et al. 2018), z. B. im Internet auffindbare Lernhäppchen (Learning Nuggets) zusammenzustellen bzw. kurze eigene Inhalte der Mitarbeiter (z. B. Erklärvideos, Blogposts). Aus der laufenden Evaluierung dieser Schritte entsteht das Wissen, um diese Stück für Stück weiter entwickeln zu können.
- **Reverse Mentoring**: Mentoring ist oft so gedacht, dass es vom erfahrenen, d. h. älteren, Kollegen zu den jüngeren, d. h. unerfahrenen, Kollegen funktioniert. Sicher gibt es Aspekte, in denen jüngere Mitarbeiter unerfahren sind, allerdings gibt es auch Bereiche, in denen sie den erfahrenen Kollegen voraus sind, zum Beispiel bzgl. digitaler Kompetenz. Daher ist es wichtig, Mentoring in beide Richtungen zu denken (Marcinkus Murphy 2012). Dieses Vorgehen setzt jedoch auch eine entsprechende Unternehmenskultur voraus, die zulässt, dass alle Beteiligten bestehende Kompetenzen noch ausbauen können.
- **Leitung als Vorbild**: Eine wichtige Maßnahme ist auch, dass die Führungskräfte als Vorbildfunktion fungieren und in der Digitalisierung voranschreiten und zudem durch klare Kommunikationsmaßnahmen die digitale Vision des Unternehmens immer wieder bewusst machen (Appelfeller und Feldmann 2018). Möglichkeiten, um die eigene Vorbildrolle auszufüllen sind z. B. ein interner Blog und die selbstverständliche Nutzung eingeführter Maßnahmen wie des Firmenmessengers.
- **„Working out Loud"-Circles von Interessierten** (Stepper 2016): Diese Methode ist dazu gedacht, Beziehungen quer durch Abteilungen aufzubauen, die dabei helfen, ein Ziel zu erreichen, also in einer Gruppe zu lernen. Dazu bildet sich eine Gruppe von vier bis fünf Personen und trifft sich zwölf Mal für je eine Stunde. Ein wichtiges Element ist das (unternehmens-)öffentliche Lernen, beispielsweise durch den Einsatz digitaler Kommunikationskanäle.

Nicht alle Maßnahmen passen in jeder Situation. Deshalb empfiehlt sich, im einzelnen Unternehmen gemeinsam mit den Interessierten – also intrinsisch Motivierten – eine Vision für das lebenslange informelle Lernen zu entwickeln und abzuwägen, welche der vorgeschlagenen Maßnahmen in welcher Form umsetzbar erscheinen. Diese Empfehlungen leiten sich aus der Übertragung von Forschungsergebnissen zur Digitalisierung in Unternehmen allgemein ab. Bezogen auf die spezielle Frage des lebenslangen Lernens in der Digitalisierung sind die Konzepte dafür kontinuierlich zu evaluieren und weiterzuentwickeln.

Literatur

Alonderienė, R. (2010). Enhancing informal learning to improve job satisfaction. In: Baltic Journal of Management, 5 (2), S. 257–287. DOI: https://doi.org/10.1108/17465261011045151.

Appelfeller, W.; Feldmann, C. (2018). Die digitale Transformation des Unternehmens. Systematischer Leitfaden mit zehn Elementen zur Strukturierung und Reifegradmessung. Berlin: Springer Gabler.

Avergun, A.; Del Gaizo, E. R. (2011). Professionals in Lifelong Learning. In: London, M. (Hrsg.). The Oxford handbook of lifelong learning. Oxford, New York: Oxford University Press, S. 195–208.

Belshaw, D.; Smith, K. L.; Mozilla Community (2014). Why Mozilla cares about Web Literacy: White Paper. Verfügbar unter https://mozilla.github.io/webmaker-whitepaper [16.12.2018].

Bendel, O. (2017). Stichwort: Digitalisierung. Gabler Wirtschaftslexikon. Verfügbar unter http://wirtschaftslexikon.gabler.de/Archiv/-2046143105/digitalisierung-v3.html [09.04.2017].

Bengler, K.; Schmauder, M. (2016). Digitalisierung. Zeitschrift für Arbeitswissenschaft, 70 (2), S. 75–76. DOI: https://doi.org/10.1007/s41449-016-0021-z.

Berings, M.; Poell, R.; Gelissen, J. (2008). On-the-job learning in the nursing profession. Personnel Review, 37 (4), S. 442–459. DOI: https://doi.org/10.1108/00483480810877606.

Carliner, S. (2013). How Have Concepts of Informal Learning Developed Over Time? Performance Improvement, 52 (3), S. 5–11. DOI: https://doi.org/10.1002/pfi.21330.

Carretero, S.; Vuorikari, R.; Punie, Y. (2017). DigComp 2.1. The digital competence framework for citizens with eight proficiency levels and examples of use. Luxembourg: Publications Office (Scientific and technical research series, 28558).

Cheetham, G.; Chivers, G. (2001). How professionals learn in practice. An investigation of informal learning amongst people working in professions. Journal of European Industrial Training, 25 (5), S. 247–292. DOI: https://doi.org/10.1108/03090590110395870.

Cunningham, J.; Hillier, E. (2013). Informal learning in the workplace. Key activities and processes. In: Education + Training, 55 (1), S. 37–51. DOI: https://doi.org/10.1108/00400911311294960.

Deutinger, G. (2017). Kommunikation im Change. Berlin, Heidelberg: Springer.

Dron, J.; Anderson, T. (2014). Teaching Crowds: Learning and Social Media. Learning and social media: Athabasca University Press.

Ehrhart, C.; Hardt, C.; Maloney, P. (2017). Die Rolle der Unternehmenskommunikation. In: Deekeling, E.; Barghop, D. (Hrsg.). Kommunikation in der digitalen Transformation, S. 33–67. Wiesbaden: Springer Fachmedien.

Eraut, M. (2004). Informal learning in the workplace. Studies in Continuing Education, 26 (2), S. 247–273. DOI: https://doi.org/10.1080/158037042000225245.

Eraut, M. (2011). Informal learning in the workplace. Evidence on the real value of work-based learning (WBL). Development and Learning in Organizations, 25 (5), S. 8–12. DOI: https://doi.org/10.1108/14777281111159375.

Gijbels, D.; Raemdonck, I.; Vervecken, D. (2010). Influencing Work-Related Learning. The Role of Job Characteristics and Self-Directed Learning Orientation in Part-Time Vocational Education. Vocations and Learning, 3 (3), S. 239–255. DOI: https://doi.org/10.1007/s12186-010-9041-6.

Grebe, M.; Leyh, M.; Franke, M. R.; Förderer, J.; Heinzl, A. (2018). Digitale Reife und Unternehmenserfolg. Eine industrie- und länderübergreifende Bestandsaufnahme. Wirtschaftsinformatik & Management, 10 (5), S. 48–55. DOI: https://doi.org/10.1007/s35764-018-0099-5.

Head, A.; Van Hoeck, M.; Garson, D. (2015). Lifelong learning in the digital age: A content analysis of recent research on participation. In: First Monday 20 (2). DOI: https://doi.org/10.5210/fm.v20i2.5857.

Helferich, P. S. (2017). Developing a model for Lifelong Learning of Communication Professionals in Agencies. Dissertation. Cork Institute of Technology, Irland. International Business.

Herget, J.; Strobl, H. (2018). Unternehmenskultur – Worüber reden wir? In: Herget, J.; Strobl, H. (Hrsg.). Unternehmenskultur in der Praxis. Grundlagen – Methoden – Best Practices, S. 3–18. Wiesbaden: Springer Fachmedien.

Livingstone, D. W. (2001). Adults' Informal Learning: Definitions, Findings, Gaps and Future Research (Working Paper). Verfügbar unter https://tspace.library.utoronto.ca/retrieve/4484/21adultsinformallearning.pdf [19.11.2016].

Lohman, M. C. (2006). Factors influencing teachers' engagement in informal learning activities. Journal of Workplace Learning, 18 (3), S. 141–156. DOI: https://doi.org/10.1108/13665620610654577.

Marcinkus Murphy, W. (2012). Reverse mentoring at work. Fostering cross-generational learning and developing millennial leaders. Human Resource Management, 51 (4), S. 549–573. DOI: https://doi.org/10.1002/hrm.21489.

Moore, A. L.; Klein, J. D. (2015). Live and Learn. Informal Learning Among Future Professionals. Performance Improvement, 54 (9), S. 19–26. DOI: https://doi.org/10.1002/pfi.21530.

Mozilla (2016). Web Literacy. Hg. v. Mozilla. Verfügbar unter: https://learning.mozilla.org/en-US/web-literacy/ [16.12.2018].

Neuber, N. (2009). Informelles Lernen im Sport. Bewegung, Spiel und Sport in der Ganztagsbildung. Wiesbaden: VS Verlag für Sozialwissenschaften.

Óhidy, A. (2011). Der erziehungswissenschaftliche Lifelong Learning-Diskurs. Rezeption der europäischen Reformdiskussion in Deutschland und Ungarn. Wiesbaden: VS-Verl. (Europa).

Osterwalder, A. (2015). Culture Map. Strategyzer. Verfügbar unter https://blog.strategyzer.com/posts/2015/10/13/the-culture-map-a-systematic-intentional-tool-for-designing-great-company-culture [16.12.2018].

Pleil, T.; Helferich, P. S. (2015). Fit in der Onlinekommunikation: Web Literacies und Communities of Practice als Bausteine des lebenslangen Lernens von Kommunikationsmanagern. Medien Journal, 39(1), S. 5–18.

Pool, I. A.; Poell, R. F.; Berings, M.; ten Cate, O. (2016). Motives and activities for continuing professional development. An exploration of their relationships by integrating literature and interview data. Nurse Education Today, 38, S. 22–28. DOI: https://doi.org/10.1016/j.nedt.2016.01.004.

Ruisinger, D. (2016). Die digitale Kommunikationsstrategie. Praxis-Leitfaden für Unternehmen – Mit Case Studys und Expertenbeiträgen – Für eine Kommunikation in digitalen Zeiten. Stuttgart: Schäffer Poeschel.

Stepper, J. (2016). Working out loud. Training & Development, 43 (1), S. 6–8.

Tirpitz, A.; Schlütter, D.; Zessin, A. (2018). Entwicklung organisationaler Resilienz in der Arbeitswelt 4.0. In: Pfannstiel, M. A.; Mehlich, H. (Hrsg.). BGM – Ein Erfolgsfaktor für Unternehmen. Lösungen, Beispiele, Handlungsanleitungen, S. 767–787. Wiesbaden: Springer Fachmedien.

Tough, A. M. (1979). The adult's learning projects. A fresh approach to theory and practice in adult learning. 2d ed. Austin, Tex.: Learning Concepts (Research in education series, no. 1). Verfügbar unter: http://ieti.org/tough/books/alp.htm [06.02.2019].

Tynjälä, P. (2008). Perspectives into learning at the workplace. Educational Research Review, 3 (2), S. 130–154. DOI: https://doi.org/10.1016/j.edurev.2007.12.001.

Uhlig, J. (2008). Lebenslänglich lernen. In: Herwig, R.; Uhlig, J.; Küstner, J. (Hrsg.). Wissen als Begleiter!? Das Individuum als lebenslanger Lerner, S. 9–15. Berlin, Münster: Lit (Diagonal denken, Bd. 4).

van Bernadette Rijn, M.; Yang, H.; Sanders, K. (2013). Understanding employees' informal workplace learning. Career Development International, 18 (6), S. 610–628. DOI: https://doi.org/10.1108/CDI-12-2012-0124.

Wittenbrink, H. (2012). Web Literacy = Data Literacies + Content Literacies + Network Literacies. In: Lost and Found, Weblogeintrag vom 19.4.2012. Online. Verfügbar unter: https://wittenbrink.net/lostandfound/web-literacy-data-literacies-content-literacies-network-literacies/ [16.12.2018].

Zuber, U. (2014). Der Arbeitsplatz der Zukunft. Entwicklungspfad für eine lern- und wandlungsfähige Institution. In: Schönherr, K. W.; Tiberius, V. (Hrsg.). Lebenslanges Lernen. Wissen und Können als Wohlstandsfaktoren, S. 171–202. Wiesbaden: Springer VS.

Prof. Dr. Pia Sue Helferich ist Professorin für Onlinekommunikation, insbesondere Organisationskommunikation an der Hochschule Darmstadt. Sie arbeitete in verschiedenen Projekten und Unternehmen zu den Themen Onlinekommunikation, Public Relations und Erwachsenenbildung, sowohl im privaten als auch öffentlichen Sektor. Weitere Schwerpunkte ihrer Arbeit sind lebenslanges Lernen sowie digitale Transformation und Kommunikation im Mittelstand.

Prof. Dr. Thomas Pleil ist Professor für Public Relations, insbesondere Online-PR, an der Hochschule Darmstadt und Sprecher des Direktoriums des Instituts für Kommunikation und Medien. Er hat den Studiengang Onlinekommunikation (B.Sc.) aufgebaut und zahlreiche Projekte zum Wissenstransfer – vor allem im Mittelstand – durchgeführt. Seine Themen sind unter anderem Onlinekommunikation, digitale Transformation, Web Literacy und lebenslanges Lernen.

7 Befähigung und Begleitung unternehmensinterner Change Enabler als Wegbereiter und Triebfedern der Digitalisierung

Christina Meisterjahn, Christina Krins und Jonas M. Koch

Zusammenfassung

Durch die Digitalisierung werden in den nächsten Jahren viele Veränderungen auf Unternehmen zukommen. Es lassen sich kaum Branchen ausmachen, die durch den digitalen Wandel gänzlich unberührt bleiben. Unbestritten ist, dass ein Großteil dieses Wandels auf technische Innovationen zurückzuführen ist. Hierdurch entsteht leicht die Versuchung, Digitalisierungsprojekte nur aus der technologischen Perspektive anzugehen oder Digitalisierung als reinen Selbstzweck zu betreiben. Dies hat in der Praxis meist zur Folge, dass Prozesse zwar digitalisiert werden, die Projekte aber scheitern, da menschliche und organisationale Aspekte nicht berücksichtigt werden. Um dem entgegenzuwirken, wurde im Rahmen des Mittelstand 4.0-Kompetenzzentrums Siegen das Change-Enabler-Konzept entwickelt, das Mitarbeitende frühzeitig in Veränderungsprojekte einbindet. Klassische Change-Management-Methoden stoßen bei der gesteigerten Komplexität, die die Digitalisierung mit sich bringt, häufig an ihre Grenzen. Die Change-Enabler-Workshops des Kompetenzzentrums Siegen fußen daher auf einem systemischen Beratungsansatz, der darauf abzielt, das Handlungsrepertoire der

---

Der Beitrag entstand im Rahmen des Mittelstand 4.0-Kompetenzzentrums Siegen, gefördert durch das Bundesministerium für Wirtschaft und Energie (BMWi) im Förderschwerpunkt Mittelstand-Digital (FKZ: 01MF17008C).

C. Meisterjahn (✉) · C. Krins · J. M. Koch
Fachhochschule Südwestfalen, Meschede, Deutschland
E-Mail: meisterjahn.christina@fh-swf.de; meisterjahn.christina@fh-swf.de; koch.jonasmaximilian@fh-swf.de

Teilnehmenden in den Kategorien Wahrnehmung, Wertschätzung und Wirksamkeit zu erweitern und mit dem eigenen Erfahrungs- und Wissensschatz zielgerichtet anzuwenden. Die Qualifizierung zum Change Enabler richtet sich an all diejenigen, die Digitalisierungsprojekte in den Unternehmen vorantreiben und neben dem Technischen auch die beteiligten Menschen in den Blick nehmen, um erfolgreich zu sein.

7.1 Einführung

„Die zunehmende Digitalisierung ist allgegenwärtig." (Petry 2016). Dies gilt nun bereits seit einigen Jahren – auch für kleine und mittlere Unternehmen (KMU). Während sich bis zum Jahr 2016 noch das Bild ergab, dass das Engagement von KMU im Vergleich zu größeren Unternehmen in Digitalisierungsprojekten eher zurückhaltend war und mehrheitlich keine Digitalisierungsstrategie existierte, lässt sich auf der Basis der IUBH-Studie aus dem Jahr 2018 erkennen, dass die Digitalisierung mittlerweile im Mittelstand angekommen ist. Nur 16,4 Prozent der Befragten geben an, dass Digitalisierung kein Bestandteil der Unternehmensstrategie sei (IUBH 2018). Diese Ergebnisse bestätigen auch unsere Gespräche mit Vertreterinnen und Vertretern kleiner und mittlerer Unternehmen im Rahmen des Mittelstand 4.0-Kompetenzzentrums Siegen: Die Digitalisierung findet mittlerweile in den Unternehmen statt. Es entsteht ein Selbstverständnis und ein Bewusstsein für den Mehrwert der Digitalisierung. Die Anmutung eines „Schreckensgespensts" geht verloren.

Das Hauptaugenmerk der Digitalisierungsaktivitäten liegt allerdings nach wie auf der technischen Seite. Oftmals fehlt dabei der Blick auf die mit der Digitalisierung einhergehenden Veränderungen in der Unternehmensorganisation und -kultur. Dies identifiziert auch die Studie zum digitalen Wandel von Capgemini Consulting (2017). In deutschen Unternehmen sehen demnach 72 Prozent der befragten Mitarbeiter die Unternehmenskultur als eines der größten Hemmnisse des digitalen Wandels an:

> „Wenn die Digitalisierung die Unternehmen auf eine höhere Stufe der Wertschöpfung bringen soll, ist Technik nur die notwendige Voraussetzung. Als hinreichende Bedingung hinzukommen muss die Anpassung, möglicherweise ein größerer Umbau der Unternehmenskultur, damit die Führung und die Einstellungen, Verhalten und Attitüden der Mitarbeiter in den digitalen Kontext passen." (Capgemini 2017, S. 13)

Hoher Handlungsbedarf besteht bei Change-Kompetenzen wie der Bereitschaft, sich aktiv auf Veränderungen einzulassen. Die wichtigste Herausforderung ist die Vorbereitung der Beschäftigten auf die Veränderungen der Arbeitswelt. Während vor allem Großunternehmen Stellen für die Organisationsentwicklung und das Change Management eingerichtet haben, fehlt es in kleinen und mittelständischen Unternehmen hierfür an Kapazitäten und Expertise. Gerade kleinere und mittelständische Unternehmen, die keine Verantwortlichen für die Bereiche Organisationsentwicklung oder Change Management haben und sich beim Thema Digitalisierung zunächst einmal nur auf technische Lösungen fokussieren, bedürfen also noch der Unterstützung.

Im Rahmen einer unserer Change 4.0-Workshops mit KMUs hat ein Teilnehmer auf die Frage „Was fördert/hindert Digitalisierung aus Ihrer Sicht?" folgende Antwort gegeben:

> „Mitarbeiter sind das größte Hindernis aber zugleich die größten Förderer der Digitalisierung."

Mit dieser Aussage wird die Wirkungsweise des Change Managements pointiert beschrieben: Es geht darum, hinderliche, kritische und widerstrebende Perspektiven der Beschäftigten in den Blick zu nehmen (d. h., sie nicht zu ignorieren oder auszublenden) sowie gleichzeitig durch gezielte Eingriffe, Maßnahmen und Instrumente die Energien zu aktivieren, welche die Beschäftigten zu Impulsgebern, Multiplikatoren und Förderern des digitalen Wandels werden lassen.

Um in diesem Sinne beim Change 4.0 zu unterstützen, haben wir das Change-Enabler-Konzept entwickelt, das in diesem Beitrag vorgestellt wird. Dazu wird zunächst beschrieben, was Change Management im digitalen Wandel bedeutet, welche Herausforderungen sich ergeben und wo die Grenzen klassischer Veränderungsansätze liegen. Hintergründe des Konzepts, die in der Erweiterung der Technikperspektive um soziale Aspekte sowie einem veränderten Verständnis von Change Management liegen, werden erläutert. Auf diesen Grundlagen aufbauend, wird in Abschn. 7.4 die praktische Ausgestaltung der Change-Enabler-Workshopreihe beschrieben.

7.2 Change 4.0 – Change Management im digitalen Wandel

Die Frage, was Change Management eigentlich bedeutet, ist nicht leicht zu beantworten. Gegenstand zahlreicher Change Management-Ansätze ist der geplante Wandel von Unternehmen. Change Management wird entsprechend definiert als Vorbereitung, Analyse, Planung, Realisierung, Evaluierung und laufende Weiterentwicklung von ganzheitlichen Veränderungsmaßnahmen mit dem Ziel, ein Unternehmen von einem bestimmten Ist-Zustand zu einem erwünschten Soll-Zustand weiterzuentwickeln und so die Effizienz und Effektivität aller Unternehmensaktivitäten nachhaltig zu steigern (Vahs und Weiand 2013). Mit dieser Definition gehen bestimmte Phasen eines Veränderungsprozesses einher. Das Verständnis des geplanten Wandels mit einer festen Vorgehensweise stößt angesichts der Komplexität, die mit dem digitalen Wandel einhergeht, allerdings an seine Grenzen.

Das Change Management gilt nun seit mehr als 50 Jahren als anerkannte Disziplin, um Veränderungsprozesse in Unternehmen und Institutionen zu gestalten (Ashkenas 2013). Dennoch wird der Anteil der Veränderungsprozesse, die scheitern, mit Werten zwischen 50 und 80 Prozent beziffert. Viele Veränderungsprojekte, die durch Change Management begleitet werden, scheitern an Widerständen der Organisationsmitglieder (Vahs und Leiser 2007; Ashkenas 2013). Dies zeigt, dass viele bestehende Change Management-Ansätze nicht erfolgreich sind, da sie beispielsweise von einer starken Top-Down-Orientierung ausgehen (d. h., das Top-Management plant die Veränderung, die entsprechenden Leitlinien werden von den Führungskräften dann an die Beschäftigten nach unten weitergetragen). Auf diese Weise wird eine Kluft zwischen Top-Management und der Gruppe der Betroffenen kreiert, in der die Starken bewegen und die Schwachen bewegt werden (Schwemmle 2014).

Ein weiteres Argument, welches Skepsis gegenüber den klassischen Change-Management-Ansätzen steigen lässt, ist die mit der Digitalisierung einhergehende Komplexität heutiger Organisationen (Tiffert 2013; Wimmer 2012). Organisationen müssen agil sein und sich kontinuierlich an neue Gegebenheiten anpassen. In diesem Sinne wird es als unerlässlich angesehen, die mit der Digitalisierung einhergehenden Chancen und Potenziale zu nutzen, um im globalen Wettbewerb bestehen zu können (Kagermann et al. 2011; Merz 2016). Für die Unternehmen gilt, dass angesichts der Digitalisierung nicht immer und alles geändert werden kann, sondern Veränderungsprozesse als fester Bestandteil in die Organisationsabläufe zu integrieren sind (Kostka 2017). Ausgehend von diesen Überlegungen werden Change Management-Konzepte gefordert, die der hohen Komplexität und Flexibilität, die mit der Digitalisierung verbunden ist, gerecht werden. Vorgehensweisen eines systemischen Change Managements liefern hier wichtige Ansatzpunkte für ein Umdenken im Management von Veränderungsprozessen im Sinne eines „Change the Change Management" (Gergs 2016).

Im Folgenden werden die Hintergründe des Change-Enabler-Konzeptes skizziert. Unser Konzept basiert zum einen auf dem soziotechnischen Ansatz, der fordert, bei anstehenden Veränderungen neben der Technik stets die arbeitenden Menschen und die Arbeitsorganisation in den Blick zu nehmen. Die zweite Basis des Change-Enabler-Konzeptes bilden systemische (Beratungs-)Ansätze.

7.3 Hintergründe des Change-Enabler-Konzeptes

7.3.1 Digitalisierung aus der soziotechnischen Perspektive

Die durch die Digitalisierung getriebenen Veränderungsprozesse in Unternehmen, insbesondere in der Fertigung, verleihen dem soziotechnischen Ansatz erneute Aktualität. Die Ursprünge dieses Ansatzes liegen in den Publikationen zur Organisationsgestaltung, die durch das Travistock Institute in den 1950er-Jahren herausgegeben wurden. Insbesondere die damaligen Mitarbeiter Eric Trist und Fred Emery können als Urheber genannt werden (Freimuth und Freimuth 2017). Trist beschrieb 1951 in einem Aufsatz die Neueinführung des sogenannten Strebbauverfahrens in einem Bergwerk und beobachtete, dass die Leistung der Mitarbeiter spürbar zurückging. Auslöser dieses Rückgangs war die beschnittene Selbstorganisation der Arbeiter, die diese technologische Änderung mit sich brachte. Dies trug zu der Erkenntnis bei, dass technologische Optimierung, menschliche Zusammenarbeit und Organisation nicht als einzelne Faktoren betrachtet werden dürfen, sondern in wechselseitiger Beziehung stehen. Daher gilt es auf den Prozess der Leistungserstellung eine soziotechnische Perspektive einzunehmen (Trist, zitiert nach Freimuth und Freimuth 2017).

Auf Grundlage des soziotechnischen Ansatzes wurde von Oliver Strohm und Eberhard Ulich am Institut für Arbeitspsychologie der ETH Zürich das MTO-Konzept entwickelt. Auch hier werden die Teilsysteme Mensch, Technik und Organisation miteinander verknüpft und als ein Gesamtsystem behandelt. Im Fokus der Systemgestaltung steht die Arbeitsaufgabe. Die Reihenfolge „MTO" ist von Ulich bewusst gewählt. Für ihn ist die Funktionsteilung zwischen Mensch und Maschine die zentrale Bezugsgröße für den Grad an Automatisierung und Autonomie der Mitarbeitenden und bestimmt nicht zuletzt den betrieblichen Erfolg. Dabei greift Ulich (2013) durchaus die humanzentrierten Ansätze auf, die schon Trist und Emery definierten. Dazu gehört z. B., dass die Kontrolle über den Arbeitsprozess bei den Mitarbeitenden verbleibt und die Aufgabenstellung eine ganzheitliche Charakteristik und einen inhaltlichen Zusammenhang aufweist. Der soziotechnische Ansatz bildet für das gegenwärtige Change Management eine wichtige konzeptionelle Leitplanke, da er einen humanzentrierten Wandlungsprozess zum Gegenstand hat, bei dem berücksichtigt wird, dass Digitalisierung eine Verknüpfung von technischen und nicht-technischen Elementen zu komplexen soziotechnischen Systemen bedeutet (Hirsch-Kreinsen und Weyer 2014).

In unserem Change-Enabler-Konzept steht nicht mehr, wie im Ansatz von Ulich, die Gestaltung einer (physischen) Arbeitsaufgabe im Mittelpunkt, sondern die kontinuierliche Entwicklung und dauerhafte Aufrechterhaltung von relevanten Erfolgsvariablen, wie Mitgestaltung, Dialog usw. (Abb. 7.1). Gerade die gegenwärtige Euphorie um künstliche Intelligenz und Internet-of-Things verlockt zu einer „Digitalisierung zum Selbstzweck". Eine technologische Weiterentwicklung allein ist für die Innovation- und Wandlungsfähigkeit nicht ausreichend. Neben Technik- und Prozessinnovation ist auch soziale

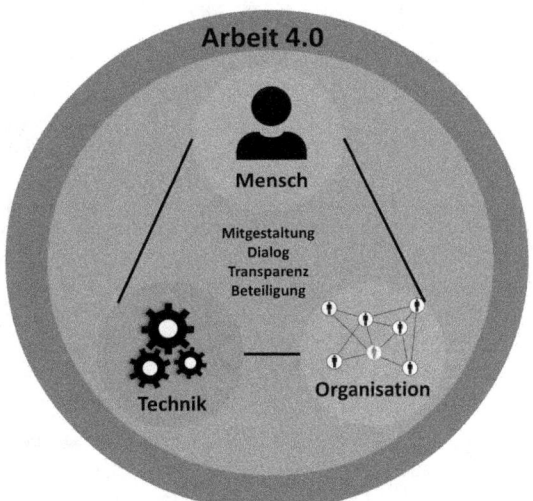

Abb. 7.1 Der soziotechnische Ansatz von Arbeit 4.0

Innovation erforderlich. Außerdem kann nur eine flexible und lernoffene Organisation den Herausforderungen gerecht werden, die sich an heutige Unternehmen stellen (Eilers et al. 2016).

7.3.2 Systemisches Change Management

Unser Change-Enabler-Konzept orientiert sich neben der soziotechnischen Perspektive an systemischen Management- und Beratungsansätzen. Dabei wird auf insbesondere drei zentrale Merkmale des systemischen Ansatzes eingegangen, die in Abb. 7.2 zusammengefasst sind und im Folgenden skizziert werden.

7.3.3 Systemische Beratungsansätze als Ausgangspunkt

Die Systemische Perspektive zeichnet sich dadurch aus, dass – anders als bei klassischen Beratungsansätzen – der Blick weniger auf fachliche Inhalte als vielmehr auf soziale Prozesse gerichtet wird (Handler 2007). Im Veränderungsmanagement bewusst soziale Prozesse in den Mittelpunkt zur rücken ist wichtig, da Menschen einzigartige Individuen mit einem freien Willen sind (Seliger 2014). Menschen funktionieren nicht wie technische Geräte. Das Betätigen eines Knopfs ruft bei ihnen nicht zwangsläufig eine eindeutige Reaktion hervor. Menschen sind vielmehr durch Weltbilder, Gefühle, Erfahrungen, Ziele, Absichten und Fähigkeiten geprägt, die dafür ausschlaggebend sind, wie sie jeweils in einer Situation reagieren – und diese Reaktionen können ganz unterschiedlich ausfallen (Seliger 2014). Menschen „haben im Prinzip unendlich viele Möglichkeiten auf Impulse von außen zu reagieren. Die Vielfalt an Optionen und die Unkalkulierbarkeit der Reaktion macht lebende Systeme zu unsteuerbaren Systemen" (Seliger 2014, S. 68). Im Fokus der

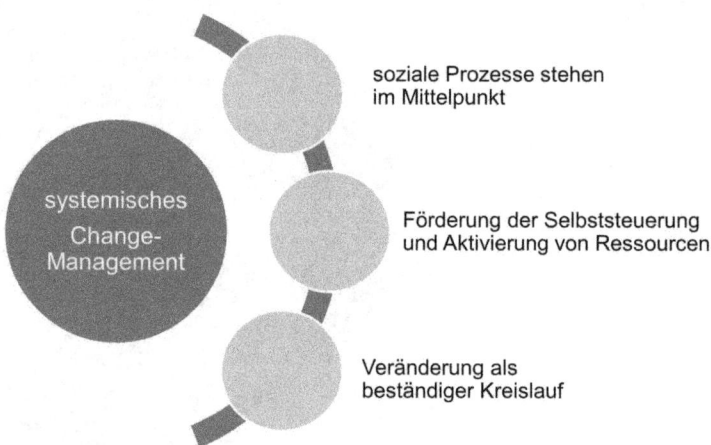

Abb. 7.2 Merkmale des Systemischen Change Managements

Interventionen steht somit die Frage, wie technische oder organisatorische Veränderungen im Rahmen von Digitalisierungsprojekten von den Beteiligten im Unternehmensumfeld aufgenommen und umgesetzt werden, wie die Akzeptanz und das aktive Mitwirken der Beteiligten gefördert werden können. Dabei wird Abschied genommen von der Vorstellung einer exakten und detaillierten Steuerung.

Systemische Beratungsansätze sind darauf ausgelegt, Klienten bei der eigenständigen Lösung der anstehenden Problemstellung zu unterstützen und deren eigenen Ressourcen zu mobilisieren (Handler 2007). Es geht also nicht darum, im Rahmen der Beratung einen inhaltlichen Lösungsvorschlag einzubringen (z. B. klare Phasen-Modelle wie im klassischen Change Management oder technische Lösungen im Sinne einer fachlichen Technikberatung). Vielmehr geht es um die Förderung der Selbststeuerung der Beteiligten sowie um eine Aktivierung der Ressourcen, die eine selbstständige Lösungsfindung ermöglichen. Im Sinne des systemischen Ansatzes wird folglich davon ausgegangen, dass die Betroffenen grundsätzlich über Wissen und nötige Erfahrungen verfügen, um Veränderungen voranzutreiben, dieses aber nicht gezielt abrufen und einsetzen können (Handler 2007). Die Betroffenen sind im Sinne des systemischen Verständnisses dabei zu unterstützen, eingefahrene Routinen, Denkweisen oder Vorgehensmodelle zu verlassen und Neues auszuprobieren. Eine solche Erweiterung der Handlungs- und Deutungsmöglichkeiten – so der Grundgedanke – ist wichtig für erfolgreiche Veränderungen.

Übertagen auf das Change-Enabler-Konzept bedeutet dies, dass wir diejenigen, die Digitalisierungsprojekte im Unternehmen vorantreiben, in die Lage versetzen, all die Belange in den Blick zu nehmen und zu beeinflussen, die für ein erfolgreiches Digitalisierungsprojekt – neben dem Technischen – entscheidend sind. Wichtig ist dabei aus einer systemischen Perspektive, dass wir zwar verschiedene Instrumente, Methoden und Ansätze des Change Managements vermitteln, es aber den Verantwortlichen selbst überlassen, welche für das Setting, in dem sie sich bewegen, die passendsten sind und wie sie diese einsetzen möchten.

Ein weiteres Charakteristikum des systemischen Beratungsansatzes besteht darin, dass Veränderung als beständiger Kreislauf verstanden wird. Ruth Seliger (2014) spricht in diesem Sinne davon, dass Führung – oder eben auch Change Management – keine „einmalige Heldentat" (Seliger 2014) mit einem klaren Anfang und einem definierten Ende ist. Vielmehr sind Wechselwirkungen in den Blick zu nehmen. So tragen beispielsweise Erfahrungen, die im Rahmen eines erfolgreichen Einführungsprojekts gemacht wurden, dazu bei, dass die Veränderungsfähigkeit der Organisation steigt und die nächste Einführung i. d. R. reibungsloser und vielleicht auch schneller zu bewältigen ist. Der Führungsprozess nach Seliger wird im Folgenden weiter ausgeführt, da er die Basis unseres Change-Enabler-Konzepts bildet.

7.3.4 Die 3W-Basis als systemisches Grundkonzept

Führung umfasst nach Ruth Seliger (2014) drei miteinander verbundene und aufeinander Bezug nehmende Elemente: Erstens die Wachsamkeit, zweitens die Wertschätzung sowie drittens die Wirksamkeit.

Anders als Seliger sprechen wir in unserem Change-Enabler-Konzept jedoch nicht von Wachsamkeit, sondern von Wahrnehmung (Abb. 7.3). Wahrnehmung bedeutet, sich in komplexen Umwelten orientieren zu können, Veränderungen zu erfassen und bereit zu sein, sich auf neue Bedingungen einzustellen. Dabei richtet sich die Wahrnehmung sowohl nach innen (z. B. auf die Veränderungsfähigkeit der Organisation, der Führungskräfte und der Beschäftigten) als auch nach außen (z. B. darauf, welche Rahmenbedingungen sich ändern und welche Möglichkeiten sich durch neue Technologien ergeben).

Das Element der Wertschätzung besagt, dass die wahrgenommenen Informationen wohlwollend danach bewertet werden müssen, welche Potenziale und Möglichkeiten sie für die Entwicklung neuer Lösungen und Strategien enthalten. Eine ressourcenorientierte und wertschätzende Kultur in der Organisation ist dabei eine Zielsetzung (Seliger 2014). Beim Change Management geht es letztlich um die Wirksamkeit. Wirksamkeit bedeutet souveränes Handeln und Umsetzen, Entscheidungen treffen, aktiv werden und die Lage verändern. Um es mit Seliger zu formulieren: „Die Wirksamkeit (…) ist gleichsam die sichtbare Spitze eines Eisbergs" (Seliger 2014, S. 108). Unter der Wasseroberfläche liegen die Elemente der Wahrnehmung und der Wertschätzung, die – wenn (erfolgreiches) Management beobachtet wird, nicht unbedingt in Erscheinung treten. Das Element der Wirksamkeit haben wir daher in unserem Change-Enabler-Konzept wie folgt definiert: Potenziale und Möglichkeiten nutzen und bewusste Entscheidungen treffen, zielorientiert handeln und Strategien vorantreiben.

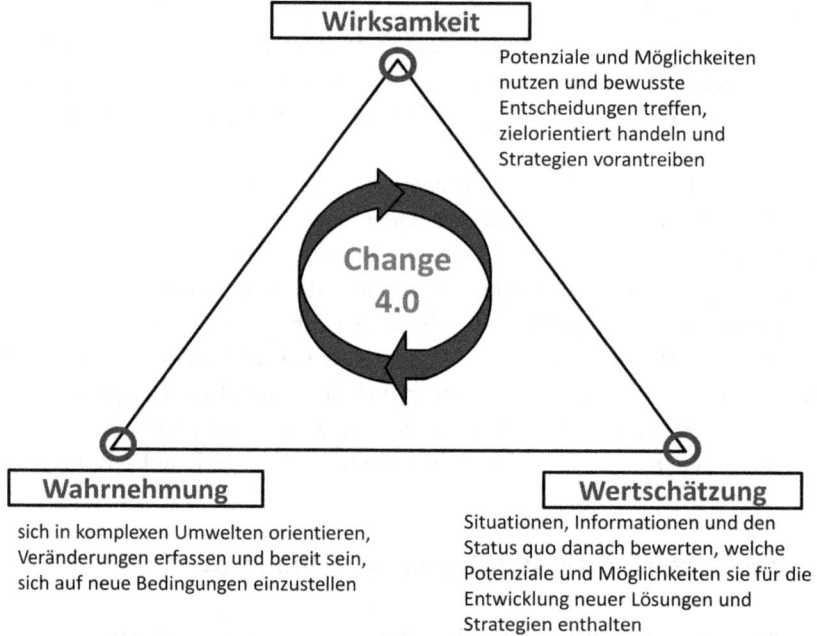

Abb. 7.3 3W-Ansatz als Basis des Change Enabler-Konzepts

Wie im folgenden Kapitel erläutert wird, sind die Change-Enabler-Workshops inhaltlich auf diese drei „W's" ausgerichtet. Dabei ist es wichtig zu bemerken, dass auch schon durch die ersten Workshops, die sich auf Wahrnehmung und Wertschätzung beziehen, wirksames Handeln, Entscheiden, Umsetzen und Verändern bewirkt wird. Der letzte Workshop, der sich bewusst dem Thema Wirksamkeit widmet, hat hingegen die langfristige Wirksamkeit zum Gegenstand.

7.3.5 Vom Change Agent zum systemischen Change Enabler

Zum Abschluss soll nun noch darauf eingegangen werden, was einen Change Enabler auszeichnet. Im Sinne eines systemischen Verständnisses von Change Management wandelt sich die Rolle der Verantwortlichen von einem „Change Agent" zu einem „Change Enabler". Diesen Begriff von Hamel und Zanini (2014) haben wir in unserem Konzept bewusst aufgegriffen. Anders als beim Change Enabler wird bei der Rolle des Change Agents die Macht eine Veränderung zu initiieren und zu koordinieren betrachtet:

> „A change agent is anyone who has the skill and power to stimulate, facilitate, and coordinate the change effort." (Lunenburg 2010, S. 121)

Der Change Enabler leitet hingegen nicht an, sondern inspiriert (Hamel und Zanini 2014).

In unserem Verständnis sind Change Enabler demnach Wegbereiter und Triebfedern im digitalen Wandel. Change Enabler sind von der Digitalisierung begeistert und dazu bereit, andere Beteiligte auf einen unbekannten und häufig als unsicher empfundenen Weg mitzunehmen. Sie bestärken sie darin, Neues auszuprobieren. Indem sie kreatives Denken und Experimentieren der Beteiligten fördern, wird die Wandlungsbereitschaft und -fähigkeit verbessert. Hierbei ermutigen sie alle Betroffenen sich zu beteiligen. Somit fördern und begleiten sie ebenfalls eine aktive Kommunikation und sind Ansprechpartner im Change Prozess.

7.4 Die Qualifizierung zum Change Enabler

7.4.1 Zielsetzungen des Change-Enabler-Konzepts

Wie oben skizziert, geht es in systemischen Ansätzen darum, die Selbstorganisationsfähigkeit zu steigern und die Sicht der Dinge sowie das Handlungsrepertoire der Beteiligten zu erweitern. Somit zielen unsere Workshops darauf ab, die Teilnehmenden zu befähigen, passende Hebel zur Förderung der Wandlungsfähigkeit ihres Unternehmens zu identifizieren und umzusetzen sowie die anstehenden Digitalisierungsprojekte voranzubringen und aktiv auszugestalten. Die Workshops sind daher so gestaltet, dass die Change Enabler bewährte Methoden und Ansätze des Change Managements kennen lernen und schon in den Workshops auf ihr Unternehmen bzw. ihren Bereich anwenden. Ebenso wird der Austausch gefördert. Durch diesen Austausch sollen neue Perspektiven eröffnet, andere Herangehensweisen kennengelernt und Alternativen vermittelt werden. Hierdurch wird das Blickfeld erweitert und die Wahrscheinlichkeit verringert, in eigenen Denkblockaden oder festgefahrenen organisationstypischen Routinen zu verharren.

Die Lernziele der Change-Enabler-Workshops lassen sich wie folgt zusammenfassen:

- Standortbestimmung der eigenen Organisation im digitalen Wandel vornehmen
- Potenziale erkennen und diese wertschätzend nutzen
- Wandel durch den Einsatz geeigneter Change-Tools/-Methoden/-Modelle unterstützen
- Austausch und Vernetzung initiieren
- Perspektiven und Handlungsmöglichkeiten der Beteiligten erweitern
- eine kreative Veränderungskultur entwickeln
- Grundsteine legen, um Veränderungsprojekte erfolgreich zu realisieren
- die Umsetzung von Projekten reflektieren, würdigen und hieraus lernen.

7.4.2 Auswahl und Kompetenzen von Change Enablern

Bevor wir darauf eingehen, welche Inhalte im Rahmen der Change-Enabler-Workshopreihe vermittelt werden, soll geklärt werden, nach welchen Kriterien Change Enabler ausgewählt werden können. Unter systemischer Betrachtungsweise ist es wichtig, dass sie nicht durch hierarchische Strukturen bestimmt werden, sondern aus verschiedenen Unternehmensbereichen und Hierarchieebenen stammen können. Eben dies ermöglicht es, das Setting im Unternehmen zu erfassen und zielgruppengerecht vorzugehen. Um der Tätigkeit der Change Enabler allerdings die notwendige Durchschlagskraft zu verleihen, ist die Unterstützung der Leitung unerlässlich. Bestenfalls sind Change Enabler aktiv in Digitalisierungsprojekte eingebunden, aber gleichzeitig sowohl motiviert als auch fähig, diese nicht nur auf der technischen Ebene erfolgreich durchzusetzen. Wir haben die Erfahrung gemacht, dass in der Praxis zumeist technische Kompetenzen im Vordergrund stehen. Eine solche Fokussierung führt zu einer Vernachlässigung „weicher" Faktoren, was oftmals zur Folge hat, dass Digitalisierungsprojekte scheitern. Gerade weiche Kompetenzen rücken wir in unseren Workshops in den Vordergrund.

7.4.3 Aufbau und Organisation der Change Enabler-Workshopreihe

Das Change-Enabler-Konzept wird im Rahmen von fünf vierstündigen Workshops vermittelt, wie Abb. 7.4 zeigt. Jeder Workshop adressiert ein bestimmtes Themenfeld der oben gezeigten 3W-Basis. Die ersten beiden Workshops beziehen sich auf die Wahrnehmung (Modul 1). Dabei wird der Blick zunächst auf und in die Organisation gerichtet: Wie wandlungsbereit ist diese und wo steht sie im digitalen Wandel? Die Teilnehmer lernen

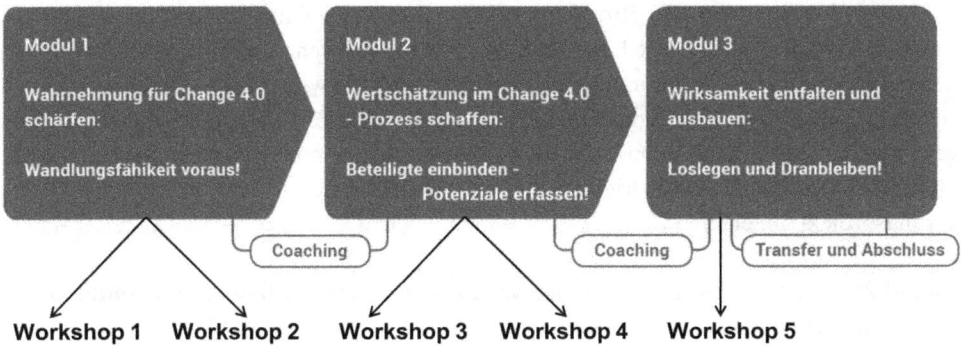

Abb. 7.4 Ablauf der Qualifizierung zum Change Enabler

entsprechende Analyse- und Diagnose-Tools wie zum Beispiel eine kreative Methode zur Standortbestimmung im digitalen Wandel kennen. Der dritte und vierte Workshop beziehen sich auf die Wertschätzung (Modul 2). Die Change Enabler lernen, wie alle Beteiligten regelmäßig informiert und eingebunden werden, damit sie sich wertgeschätzt fühlen und ein Zutrauen in die eigene Wandlungsfähigkeit entwickeln. Ebenso geht es um die Entwicklung einer identifikationsförderlichen Visionsbildung. Darüber hinaus lernen die Teilnehmenden, Einwänden zu begegnen, Widerstand als hilfreiches Signal zu deuten und konstruktiv damit umzugehen. Der fünfte und letzte Workshop der Change-Enabler-Reihe konzentriert sich auf die Prozessbegleitung und -steuerung sowie auf die Förderung der langfristigen Wirksamkeit (Modul 3). Die Change Enabler lernen, Erkenntnisse aus erreichten Veränderungsschritten abzuleiten, wenn nötig nachzusteuern und Erfolge zu würdigen. Ziel ist es, aufbauend auf den Lerneffekten und durch das Sichtbarmachen von Erfolgen eine langfristige Wandlungsfähigkeit herzustellen.

Zwischen den Workshops können die Change Enabler Coaching-Sprechstunden mit den Experten des Kompetenzzentrums in Anspruch nehmen, um Umsetzungsvarianten zu diskutieren oder möglicherweise auftauchende Unstimmigkeiten oder Besonderheiten in ihrem Unternehmen zu reflektieren.

7.4.4 Workshop-Inhalte

Modul 1: „Wahrnehmung für Change 4.0 schärfen: Wandlungsfähigkeit voraus!"
Im ersten Workshop wird zunächst eine Wahrnehmung für den Ist-Zustand geschaffen und es erfolgt eine Beschäftigung mit typischen Reaktionen von Betroffenen in Veränderungsprozessen. Es geht um das Verstehen von und den Umgang mit beim Wandel auftretenden Emotionen. Zum Start werden außerdem partizipative Methoden wie z. B. das World Café erprobt. Ein World Café fördert bereichs- und hierarchieübergreifende kooperative Gespräche, regt zum Austausch von Wissen und zum Entwickeln neuer Handlungsmöglichkeiten an. Durch die Methodik können auch größere Gruppen in einen

Austausch gebracht werden (Brown und Isaacs 2007). Da Change-Verantwortliche aus Kapazitätsgründen aber nicht langfristig mit allen Betroffenen und in großen Gruppen persönlich und dauerhaft kommunizieren können, sind die wichtigsten Interessengruppen zu identifizieren. Die Stakeholder-Analyse wird im zweiten Workshop genutzt, um die verschiedenen Interessengruppen einzuordnen und ein entsprechendes Kommunikationskonzept abzuleiten. Es wird Orientierung zur systematischen Kommunikation im Veränderungsprojekt gegeben.

Modul 2: „Wertschätzung im Change 4.0-Prozess schaffen: Beteiligte einbinden – Potenziale erfassen!"
Ein erfolgreiches Veränderungsvorhaben erfordert eine Vision, eine Strategie sowie die Entwicklung einer Kultur mit Werten, die die Vision stützen. Die Vision soll diejenigen, die beteiligt sind, befähigen, motivieren und inspirieren (Gill 2003). Die Vision geht im Change Management auf folgende wichtige Fragen ein (Stolzenberg und Heberle 2013):

- Was genau soll eigentlich passieren?
- Wofür sind die angestoßenen Maßnahmen gut?
- Warum muss überhaupt etwas verändert werden?
- Wo wollen wir hin?
- Warum genau dorthin?
- Auf welche Art und Weise werden wir die Ziele erreichen?
- Welche Werte stehen bei der Veränderung im Vordergrund?
- Wie werden wir behandelt?

Im dritten Workshop werden Eigenschaften einer effektiven Vision vermittelt und Hinweise zur Entwicklung einer Vision gegeben. Ausgehend von der Vision werden Ziele entwickelt. Ansätze zur Formulierung von Zielen wie beispielsweise die Zielformulierung nach der SMART-Regel werden hierbei besprochen. Aus den Zielen werden wiederum Maßnahmen inklusive Zeitrahmen zur Umsetzung sowie entsprechende Verantwortlichkeiten abgeleitet, so dass ein Change Plan entsteht. Damit einher geht auch das Instrument eines Kommunikationsplans, der verschiedene Möglichkeiten des Kommunikationsverhaltens, den Einsatz unterschiedlicher Kommunikationsmittel und -medien sowie deren Wirkung betrachtet.

Da es keine Veränderung ohne Widerstände gibt, ist es wichtig, diese wertschätzend wahrzunehmen. Werden Widerstände nicht beachtet führt dies schnell zu Blockaden. Dieser wichtigen Thematik widmet sich daher der vierte Workshop. Die Potenziale von Widerständen sollten erfasst werden, da Widerstand meist eine verschlüsselte Botschaft enthält und ein wichtiges Signal dafür ist, wo Energie blockiert ist. Ein größeres Hindernis als der Widerstand ist oft auch die gestörte Wahrnehmung und die Ungeduld der Planer und Entscheider diesbezüglich (Doppler und Lauterburg 2008). Widerstände sind auf unterschiedliche Ursachen zurückzuführen, die erlebbar gemacht werden. Instrumente zum Umgang mit Widerständen und Einwänden runden dieses Themenfeld schließlich ab.

Modul 3: „Wirksamkeit entfalten und ausbauen: Loslegen und Dranbleiben!"
Der fünfte Workshop konzentriert sich auf die Umsetzung von Change-Maßnahmen, die Prozessbegleitung und -steuerung. Die Change Enabler lernen durch Instrumente der Reflexion, Erkenntnisse aus erreichten Veränderungsschritten abzuleiten, wenn nötig nachzusteuern und erste Erfolge zu würdigen. Es werden „Lessons Learned" aus dem bereits Umgesetzten gezogen und auf die eigenständige Einbindung weiterer Change Enabler gesetzt. Ziel ist es, im digitalen Wandel eine langfristige Wirksamkeit zu schaffen, um die Veränderungsfähigkeit und -umsetzung im Unternehmen zu fördern.

Durch Instrumente zur Projektsteuerung und zur Messung des Projektfortschritts, können Abweichungen frühzeitig erkannt werden. Instrumente des Change-Controllings sind hier wichtig. Jedes Veränderungsprojekt bringt für die Beteiligten vielfältige Erfahrungen mit sich, die jedoch meistens nicht thematisiert werden, so dass eine Übertragung auf andere Projekte ausbleibt. Mit der Methode des Debriefing soll verborgenes und persönliches Wissen durch Interviews formuliert und dokumentiert werden, so dass dieses für andere verfügbar wird. Neben prozessorientierten Vorgehensmethoden wie Projekt-Reviews zählen hierzu auch kreative Methoden wie Fallstudien (Vahs und Weiand 2013). Ein weiteres Mittel, um Wirksamkeit zu entfalten, ist das Feiern von Erfolgen. Bereits Kotter integrierte in seinem Acht-Stufen-Prozess des Wandels einen Zwischenschritt hierfür. Er postuliert, dass diejenigen, die es geschafft haben, sichtbare Erfolge hervorzubringen, eine deutliche Anerkennung erfahren sollten, um motiviert zu bleiben. Eine erhöhte Motivation und die Glaubwürdigkeit des Erfolges wirken sich bereits während des Change-Prozesses positiv aus (Kotter 2011). Gerade auch zum Abschluss eines Veränderungsprojektes ist dies also entscheidend, um eine positive Einstellung gegenüber nachfolgenden Veränderungen zu schaffen. Zum Abschluss lernen die Change Enabler entsprechend Möglichkeiten kennen, Erfolge sichtbar zu machen und zu würdigen, um so auch für den nächsten anstehenden Wandel gut gerüstet zu sein.

7.5 Fazit

Der digitale Wandel bedeutet nicht nur eine Veränderung der technischen Möglichkeiten sondern auch der sozialen und organisatorischen Gegebenheiten. Die neuen Technologien werden von Menschen bedient oder treten mit diesen in Interaktion. Außerdem werden sie in einer bestimmten organisationalen Struktur und einem bestimmten Setting eingesetzt. In diesem Beitrag wurde aufgezeigt, dass viele Digitalisierungsprojekte nach wie vor aus einer rein technischen Perspektive angegangen werden und dadurch scheitern. Es wurde ein Qualifizierungskonzept vorgestellt, das es ermöglicht bei der Einführung digitaler Techniken die Perspektive des Menschen und die der Organisation mit einzubeziehen. Dieses Konzept baut auf dem soziotechnischen Verständnis auf und nutzt systemische Beratungsansätze als Grundlage für ein modernes Change Management.

Das Ziel des vorgestellten Change Enabler-Konzeptes besteht darin, Verantwortliche des digitalen Wandels in den Unternehmen für alle Belange fit zu machen, die neben dem Technischen wichtig sind. Einige der vorherrschenden prozessualen Change-Modelle sind für einen solchen Wandel unzureichend und stoßen angesichts der mit der Digitalisierung verbundenen Dynamik an ihre Grenzen. Durch die beschriebene Qualifizierung soll eine Standortbestimmung der eigenen Organisation im digitalen Wandel ermöglicht werden, Betroffene sollen zu Beteiligten gemacht und vorhanden Potenziale erkannt und wertgeschätzt werden. Dies wird durch Austausch und Vernetzung gefördert. Realisierte Veränderungsprojekte werden reflektiert und ein Lernprozess angeregt. Diese Ziele werden durch das Erlernen verschiedener geeigneter Change-Tools, -Methoden und -Modelle gestützt und vorangetrieben. Schließlich soll durch die Aktivitäten der Change-Enabler langfristig eine kreative Veränderungskultur in den Unternehmen geschaffen werden, um nicht nur heute, sondern auch in Zukunft für anstehende Veränderungen bereit zu sein.

Das Change-Enabler-Konzept wurde bereits in ersten Workshops mit Vertretern von KMUs erprobt und positiv angenommen. Das Konzept wird nun in weiteren Workshop-Reihen ausgerollt. Hier gilt es flexibel auf die Wünsche der Teilnehmerinnen und Teilnehmer zu reagieren und in der Ausgestaltung des Konzepts flexibel zu bleiben. Außerdem ist zu prüfen, inwiefern die neue Art des Change Managements und der 3W-Ansatz als Grundlage sowie die starke Orientierung, an den Personen, die in erster Linie technisch fokussiert sind, auch auf Felder jenseits der Digitalisierung übertragbar sind.

Literatur

Ashkenas, R. (2013). Was sich ändern muss. Verfügbar unter: http://www.harvardbusinessmanager.de/blogs/a-898305.html [30.11.2018].

Brown, J.; Isaacs, D. (2007). Das World Café: Kreative Zukunftsgestaltung in Organisationen und Gesellschaft, Carl-Auer Verlag: Heidelberg.

Capgemini Consulting (2017). Culture First! Von den Vorreitern des digitalen Wandels lernen, Change Management Studie 2017.

Doppler, K.; Lauterburg, C. (2008). Change Management: Den Unternehmenswandel gestalten, 12. Auflage, Campus Verlag: Frankfurt/Main.

Eilers, S.; Möckel, K.; Rump, J.; Schabel, F. (2016). HR-REPORT 2015/2016, Eine empirische Studie des Instituts für Beschäftigung und Employability IBE im Auftrag von Hays für Deutschland, Österreich und die Schweiz, Ettlingen.

Freimuth, J.; Freimuth, L. (2017). Klassiker der Organisationsforschung (24). Organisationsntwicklung, 2017 (2). S. 94–99.

Gergs, H.-J. (2016). Die Kunst der kontinuierlichen Selbsterneuerung. Acht Prinzipien für ein neues Change Management, Beltz Verlag: Weinheim und Basel.

Gill, R. (2003). Change management – or change leadership? Journal of Change Management, 3 (4), S. 307–318.

Hamel, G.; Zanini, M. (2014). Build a change platform, not a change program. In: McKinsey & Company (Hrsg.). Insights & Publications, October 2014.

Handler, G. (2007). Konzept zur Entwicklung integrierter Beratung – Integration systemischer Elemente in die klassische Beratung, Deutscher Universitätsverlag: Wiesbaden.

Hirsch-Kreinsen, H.; Weyer, J. (2014). Wandel von Produktionsarbeit- „Industrie 4.0", Soziologisches Arbeitspapier 38.

IUBH Internationale Hochschule (2018). Digitalisierung im Mittelstand 2018, Bad Honnef.

Kagermann, H.; Lukas, W.-D.; Wahlster, W. (2011). Industrie 4.0: Mit dem Internet der Dinge auf dem Weg zur 4. industriellen Revolution. VDI Nachrichten, Ausg. 13-2011, S. 2.

Kostka, C. (2017). Change Management. 1. Auflage, Carl Hanser Verlag: München.

Kotter, J. P. (2011). Leading Change: Wie Sie Ihr Unternehmen in acht Schritten erfolgreich verändern, Vahlen: München.

Lunenburg, F. C. (2010). Managing change: The role of the change agent. International Journal of Management, Business, and Administration, 13 (1), S. 121–142.

Merz, S. L. (2016). Industrie 4.0 – Vorgehensmodell für die Einführung. In: Roth, A. (Hrsg.). Einführung und Umsetzung von Industrie 4.0, Springer-Verlag: Berlin und Heidelberg.

Petry, T. (2016). Digital Leadership. Erfolgreiches Führen in Zeiten der Digital Economy, Freiburg/München/Stuttgart: Haufe.

Schwemmle, M. (2014). Organisationsentwicklung heute. In: Schmid, B. (Hrsg.). Systemische Organisationsentwicklung. Change und Organisationskultur gemeinsam gestalten, Schäffer-Poeschel: Stuttgart.

Seliger, R. (2014). Positive Leadership: die Revolution in der Führung, Schäffer-Poeschel: Stuttgart.

Stolzenberg, K.; Heberle, K. (2013). Change Management: Veränderungsprozesse erfolgreich gestalten – Mitarbeiter mobilisieren. Vision, Kommunikation, Beteiligung, Qualifizierung, 3. Auflage, Springer: Berlin, Heidelberg.

Tiffert, A. (2013). Everything changes – systemische Ansätze für das Change Management. In: Binckebanck, L.; Hölter, A.-K.; Tiffert, A. (Hrsg.). Führung von Vertriebsorganisationen, Springer Gabler: Wiesbaden, S. 381–401.

Ulich, E. (2013). Arbeitssysteme als Soziotechnische Systeme - eine Erinnerung. Psychologie des Alltagshandelns, 6 (1), S. 4–12.

Vahs, D.; Weiand, A. (2013). Workbook Change Management – Methoden und Techniken, 2. Auflage, Schäffer-Poeschel Verlag: Stuttgart.

Vahs, D.; Leiser, W. (2007). Change Management in schwierigen Zeiten: Erfolgsfaktoren und Handlungsempfehlungen für die Gestaltung von Veränderungsprozessen, 2. Auflage, Deutscher Universitäts-Verlag: Wiesbaden.

Wimmer, R. (2012). Die neuere Systemtheorie und ihre Implikationen für das Verständnis von Organisation, Führung und Management. In: Rüegg-Stürm, J.; Bieger, T. (Hrsg.). Unternehmerisches Management. Herausforderungen und Perspektiven, S. 7–65.

Christina Meisterjahn, M.Sc. ist wissenschaftliche Mitarbeiterin im Lehrgebiet Personalmanagement sowie im Mittelstand 4.0-Kompetenzzentrum Siegen an der Fachhochschule Südwestfalen am Standort Meschede. Sie studierte Management und Märkte an der Universität Siegen mit den Vertiefungen Personalmanagement & Arbeitsmärkte, Management neuer Medien & Informationsmärkte sowie Marketing-Management & Absatzmärkte. Ihre Forschungsschwerpunkte liegen in den Bereichen Change Management, Arbeit 4.0, Kompetenzentwicklung im digitalen Wandel und der soziotechnischen Systemgestaltung. Hierbei nimmt sie eine systemische Perspektive ein.

Prof. Dr. Christina Krins leitet das Lehrgebiet Betriebswirtschaftslehre mit dem Schwerpunkt Personalmanagement am Fachbereich Ingenieur- und Wirtschaftswissenschaften der Fachhochschule Südwestfalen. In der Forschung beschäftigt sie sich mit der Interaktion und dem Zusammenwirken von Menschen in organisationalen Settings, um Gestaltungsansätze zu ergründen, mit denen

Innovation und Wertschöpfung sowie die Entwicklung der Mitarbeiter/innen und Teams nachhaltig gefördert werden. Ein besonderer Schwerpunkt liegt hierbei auf sozialen und kulturellen Hintergründen organisationaler Veränderungen. Ihre Forschung basiert auf einer anwendungsorientierten empirischen Methodik.

Jonas M. Koch, M.A. ist wissenschaftlicher Mitarbeiter im Mittelstand 4.0-Kompetenzzentrum Siegen an der Fachhochschule Südwestfalen am Standort Meschede. Er absolvierte sein Bachelorstudium in Businessadministration an der Hochschule Düsseldorf und schloss den Masterstudiengang Wirtschaft an der Fachhochschule Südwestfalen ab. Herr Kochs Forschungsschwerpunkte liegen insbesondere im Bereich des Kompetenzmanagements und der sozialen Netzwerk- und Sozialkapitalforschung im Kontext digitaler Veränderungsprozesse in Unternehmen und Organisationen.

Strategische Potentiale der Digitalisierung für Unternehmen und Mitarbeiter identifizieren und nutzen

Michael Schneider, Delia Schröder, Florian Mohr und Tobias Thielen

Zusammenfassung

Die Digitalisierung planvoll angehen: Die Günter Effgen GmbH wollte nichts dem Zufall überlassen und startete den digitalen Transformationsprozess mit der Entwicklung einer Digitalisierungsstrategie und einer breit angelegten Information der Belegschaft. Da das Familienunternehmen über äußerst komplexe Prozesse zur Herstellung von über 200.000 verschiedenen Varianten von Schleifwerkzeugen verfügt, gab es viele mögliche Ansatzpunkte für digitale Technologien. Wo ist der größte Handlungsbedarf und wo liegen die meisten Potenziale, um das Unternehmen fit für die Zukunft zu machen? Mit einer Reifegradmessung und durch die Unterstützung des Mittelstand 4.0-Kompetenzzentrums Kaiserslautern gelang es dies zu ermitteln und erste Schritte in einem Pilotprojekt umzusetzen. Großen Wert wurde von Beginn an auf die Mitarbeiterorientierung bei den Veränderungen gelegt.

Der Beitrag entstand im Rahmen des Mittelstand 4.0-Kompetenzzentrums Kaiserslautern, gefördert durch das Bundesministerium für Wirtschaft und Energie (BMWi) im Förderschwerpunkt Mittelstand-Digital (FKZ: 01MF15004A-D).

M. Schneider (✉)
Günter Effgen GmbH, Herrstein, Deutschland
E-Mail: michael.schneider@effgen.de

D. Schröder
Institut für Technologie und Arbeit e.V., Kaiserslautern, Deutschland
E-Mail: delia.schroeder@ita-kl.de

F. Mohr · T. Thielen
Technologie-Initiative Smartfactory KL e.V., Kaiserslautern, Deutschland
E-Mail: florian.mohr@smartfactory.de; tobias.thielen@smartfactory.de

8.1 Herausforderung annehmen: planvoller Einstieg in die Digitalisierung bei der Günter Effgen GmbH

Die Digitalisierung und der Aufbruch in das Zeitalter der Industrie 4.0 bieten auch Potenziale für die Firma Günter Effgen GmbH, da waren sich die Geschäftsführung und technische Fachleute im Unternehmen sicher. Nahezu vorbildlich gestaltete das familiengeführte Unternehmen im Hunsrück den Einstieg in die Digitalisierung. Neben der Definition von strategischen Zielen und Digitalisierungspotenzialen informierte die Unternehmensleitung sehr frühzeitig die Beschäftigten darüber, dass es Veränderungen geben wird und der Aufbruch in eine digitale Zukunft bevorsteht.

8.1.1 Die Günter Effgen GmbH

Der Hersteller von Sonderwerkzeugen für Schleiftechnik bietet ein breites Spektrum an Produkten und hat entsprechend komplexe Herstellungsprozesse. Die große Fertigungstiefe verbunden mit einem sehr heterogenen Produktportfolio an hochharten Schleifwerkzeugen, die überwiegend kundenbezogen in kleinen Losgrößen im Rahmen einer Werkstattfertigung erzeugt werden, stellen große Herausforderungen an die Planungs- und Steuerungsprozesse in der Fertigung. Das familiengeführte Traditionsunternehmen setzt im Bereich Verwaltung bereits seit Mitte der 1980er-Jahre auf digitale Lösungen. Zu diesem Zeitpunkt wurde bereits begonnen eine eigene Software, zunächst für die Abwicklung von Vertriebs- und Produktionsaufgaben, zu entwickeln. Heute umfasst diese Lösung, mit Ausnahme von klassischen Standardanwendungen wie Finanz- und Lohnbuchhaltung sowie Dokumentenmanagement, alle wesentlichen relevanten Kernaufgaben eines modernen Enterprise-Resource-Planning-Systems (ERP). Auch im Bereich der Produktion hat die Günter Effgen GmbH bereits vor 1990 ein Betriebsdatenerfassungssystem in der Fertigung etabliert.

Im Zuge der Beschäftigung mit der Digitalisierung im Kontext von Industrie 4.0 musste jedoch konstatiert werden, dass neben dem zentralen ERP-System viele digitale Insellösungen ohne definierte digitale Schnittstellen entstanden sind. In der Konsequenz erlebt man zahlreiche Medienbrüche bei der Abwicklung der altetablierten Geschäftsprozesse, eine mangelnde Verfügbarkeit von Informationen aus Fremdsystemen oder archaisch anmutende Schnittstellen zwischen verschiedenen Anwendungen mit einem teilweise nur rudimentären Informationsaustausch. Eine ganze Reihe von etablierten Geschäftsprozessen – man darf gelegentlich auch von eingebürgerten Prozessen, denen eine klare Strukturierung in Form allgemeinverbindlicher Handlungsanweisungen fehlt, sprechen – verfügt also über erhebliches Verbesserungspotenzial. Folgerichtig gab es – je nach IT-Kenntnis und Affinität der betroffenen Mitarbeiter – unterschiedliche Verfahrenskonzepte für die Bearbeitung gleichgelagerter Aufgaben. Praktisch allen gemeinsam ist aber, dass sie das Potenzial, das in den Einzelkomponenten der verfügbaren IT Infrastruktur bereits angelegt ist, nicht erschließen. Aufgrund des individuellen Lösungsansatzes fehlt in diesen Fällen häufig die abteilungsübergreifende Optimierung der Abläufe.

Die etwa 2015 beginnende intensivere Auseinandersetzung mit dem Thema Industrie 4.0 brachte durch den erweiterten Blick auf die IT und ihre Prozesse die Erkenntnis hervor, dass nur eine systemweite und vernetzte Betrachtung aller Abläufe die Voraussetzungen für neue Lösungsansätze schaffen können. Diese neuen Lösungsansätze müssen den Anforderungen einer zunehmend digital vernetzten unternehmensübergreifenden Wertschöpfungskette gerecht werden. Die Tatsache, dass in praktisch allen relevanten Unternehmensbereichen mit digitalen Systemen gearbeitet wird, bedeutet nicht, dass eine digitale Durchdringung der Geschäftsprozesse auch optimal gelungen ist. Die Notwendigkeit einer unternehmensweit abgestimmten Digitalisierungsstrategie war die notwendige Schlussfolgerung. Zunächst musste es darum gehen, sich hinsichtlich der Möglichkeiten einer (weiteren) planvollen Digitalisierung von Prozessen zu orientieren und dabei auch nicht den Vergleich mit anderen Unternehmen zu scheuen. Die Günter Effgen GmbH war außerdem bereit, dem Thema digitale Transformation einen hohen Stellenwert in den planerischen Prozessen der Geschäftsführung einzuräumen und strategische Maßnahmen anzustoßen.

8.1.2 Der Readiness-Check Digitalisierung

In einer Art Orientierungsphase nahm das Unternehmen Kontakt zum Mittelstand 4.0-Kompetenzzentrum Kaiserslautern auf und führte den dort entwickelten „Readiness-Check Digitalisierung" durch, um relevante Themen und Handlungsbedarfe im Feld der Digitalisierung zu identifizieren. „Dabei wurde uns klar, dass wir in Sachen Digitalisierungsstrategie noch wenig vorzuweisen hatten. Auch bei einigen technischen Aspekten, wie der Vernetzung von Maschinen, leiteten wir aus dem Vergleich zu den Reifegraden anderer Unternehmen Handlungsbedarf für die Zukunft ab, damit die Günter Effgen GmbH weiterhin wettbewerbsfähig fertigen kann", so Michael Schneider, Leitung Fertigungsplanung und Controlling. Darüber hinaus wurde durch die Selbstbewertung transparent, wie wichtig die Mitarbeiterorientierung bei der ganzheitlichen Umsetzung von Digitalisierungsmaßnahmen ist.

Neben den Fragen nach den aktuellen technologischen Standards im Unternehmen, wie etwa einer durchgängigen Datenverfügbarkeit oder dem Vernetzungsgrad von Produktionsanlagen, stellt der Test auch darauf ab, die Reife hinsichtlich Strategie, adäquaten Formen der Organisation und des Prozessdesigns zu ermitteln. Außerdem erfährt der Teilnehmer sein Ergebnis zu zentralen Aspekten der Mitarbeiterbeteiligung, wie z. B. der Passgenauigkeit von Kompetenzentwicklungsmaßnahmen oder zukunftsweisenden Führungsansätzen (Bosse et al. 2019). Abb. 8.1 gibt einen Überblick über die verschiedenen Aspekte, die in den fünf Themenfeldern des Readiness-Check Digitalisierung adressiert werden (Hellge et al. 2018).

Die Ergebnisse der Selbstbewertung werden ins Verhältnis gesetzt zu den Werten aller Befragten des Readiness-Checks; das Unternehmen kann aus dem Vergleich heraus den eigenen Entwicklungsstand interpretieren. Ergänzend zu den Reifegraden gibt der

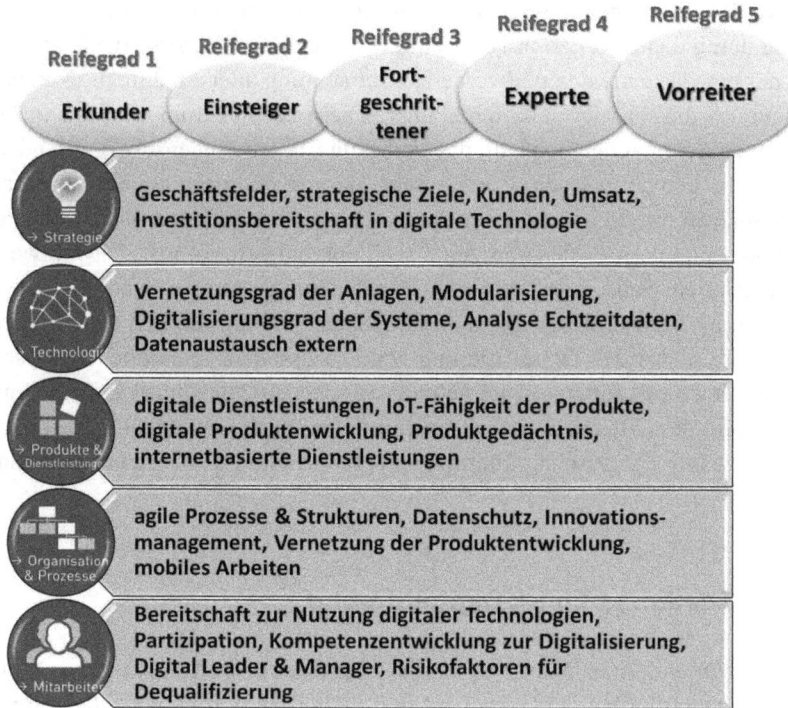

Abb. 8.1 Reifegradstufen in den verschiedenen Dimensionen des Readiness-Checks Digitalisierung

Check Handlungsempfehlungen generell sowie zu den unterschiedlichen Themenfeldern aus:

- Wo sollte das Unternehmen aktiv werden?
- Wo sind Lücken zu schließen im Vergleich zu anderen Befragungsteilnehmern?

Wie viele Unternehmen nutzte auch die Günter Effgen GmbH die Testergebnisse als Impuls für weitere Schritte bei der Analyse und Planung des Digitalisierungsprozesses. Vorausgehend zu den technologischen Maßnahmen entschloss man sich dazu, erstens Informations- und Beteiligungsmaßnahmen für die Mitarbeiter zu starten und zweitens eine Digitalisierungsstrategie für die Günter Effgen GmbH zu entwickeln.

8.2 Informationen teilen und Mitarbeiter einbinden: Kommunikation und Partizipation von Anfang an

Ein Teil der Unternehmenskultur, der gelebten Werte bei Effgen ist die Mitarbeiterorientierung. Das Unternehmen beschäftigt zum Teil die zweite oder dritte Generation von Familien aus dem nahen ländlichen Umfeld. Die Firmeninhaber legten stets großen Wert auf ein persönliches und offenes Verhältnis zu den Mitarbeitern. Das sollte auch und gerade in Zeiten des großen Umbruchs gelten. Ungeachtet der Betrachtung der technischen Lösungsansätze, die sich im Zuge der Beschäftigung mit der Digitalisierung des Unternehmens ergaben, war der Geschäftsführung der Günter Effgen GmbH also von Anfang an klar, dass eine erfolgreiche Digitalisierungsstrategie nur in Zusammenarbeit mit den Mitarbeitern auf allen Ebenen des Unternehmens zum Erfolg führen wird. Die qualifizierten Mitarbeiter bleiben für die Geschäftsführung Garant für eine nachhaltige Entwicklung des Unternehmens, auch und besonders unter den Herausforderungen von Industrie 4.0.

Die Geschäftsführung entschloss sich, die digitale Transformation mit einer Informationskampagne in den Kreis der Belegschaft zu starten und auch darüber hinaus der Beteiligung von Mitarbeitern bei der Umsetzung von Maßnahmen einen hohen Stellenwert einzuräumen. Ziel dabei war es, dass alle Beschäftigten über ein gemeinsames Grundverständnis verfügen, was Digitalisierung und Industrie 4.0 für die Günter Effgen GmbH bedeutet und welche Ansätze die Geschäftsführung dabei verfolgt. Neben der Vermeidung von unbegründeten Ängsten war ein weiteres Motiv, die Mitarbeiter für eine aktive Beteiligung, idealerweise gar als Initiator, bei den anstehenden Transformationsprozessen zu gewinnen.

Grundsätzlich reicht das Spektrum der Partizipation von Mitarbeitern an Entscheidungen von rein informativen Maßnahmen bis hin zur Delegation der Entscheidung. Im Zuge der Diskussion um neue, flexible und stark mitarbeitergetragene Organisationsmodelle und ein sog. Management 4.0 rücken Fragen der Partizipation und Entscheidungsdelegation (wieder) verstärkt in den Vordergrund. Dabei folgt man dem Grundsatz: Je höher der Partizipationsgrad, desto größer das Ausmaß an Verantwortungsübernahme, Identifikation mit der Maßnahme und Motivation zur Umsetzung (Zink 2007). Dabei stellt die Digitalisierung neue, bedeutsame Herausforderungen an den organisationalen Wandel. Eine dieser Herausforderungen ist beispielsweise das Ausmaß und der Umfang der Transformation sowie die nachhaltig angelegte Strategie zum Umgang mit diesem großen Umbruch. Die erfolgreichen Veränderer planen vom ersten Tag an nachhaltig und mit einer langen Perspektive und sorgen für ein Committment auf allen Ebenen der Organisation (Blake et al. 2018).

8.2.1 Die Mitarbeiterversammlung

Die Beschäftigten der Günter Effgen GmbH kannten das Thema „Industrie 4.0" bislang in erster Linie aus den Medien. Hier waren es vor allem kritische Statements wie „Digitalisierung kostet jeden 3. Job", die die Angst um den eigenen Arbeitsplatz nährten. Die Unternehmensleitung beschloss daher, dieser Stimmungslage etwas entgegenzusetzen: Einerseits durch eine Kultur der Offenheit gegenüber der Belegschaft und andererseits durch Konkretisierung: „Was heißt das für unser Unternehmen?". Der Grundstein zu einer Art „Informationskampagne" wurde mit einer Mitarbeiterversammlung gelegt.

Die Unternehmensleitung bereitete gemeinsam mit den Experten des Mittelstand 4.0-Kompetenzzentrum Kaiserslautern den Termin vor. Ziel der Veranstaltung war es, die

Unwissenheit zum Thema Digitalisierung abzubauen und über die „Effgen-Vorgehensweise" aufzuklären. Durch das Ausräumen von potentiellen Angstfaktoren wollte die Geschäftsführung die Grundlage für eine positive Grundhaltung in der Belegschaft und eine Aktivierung für mögliche anstehende Projekte erreichen.

Zur Durchführung der Veranstaltung mietete das Unternehmen eine örtliche Veranstaltungshalle an, die über eine für die Versammlung der Gesamtbelegschaft angemessene Ausstattung verfügte. Zusätzlich wurden Transporte zum Veranstaltungsort organisiert und für das leibliche Wohl vor Ort gesorgt. Die Geschäftsleitung schaffte somit ein „Setting", das die Bedeutung dieses Termins für jeden Beteiligten sichtbar machte. Die Versammlung wurde in einem klassischen Stil mit frontal Vortragenden und der Möglichkeit für Rückfragen nach jedem Vortrag geplant. Die Beiträge wurden hierbei von einem gemischten Team aus Vertretern der Geschäftsleitung und Experten des Kompetenzzentrums vorgetragen.

Der Geschäftsführer eröffnete die Sitzung und bedankte sich im ersten Satz bei allen Beschäftigten für das Erscheinen und im Voraus für Aufmerksamkeit für die nächsten Vorträge. Er erklärte, weshalb sich Effgen auf den Weg hin zu Industrie 4.0 bewegen muss. Hierzu brachte er einige Beispiele aus der Produktion und der Administration des Unternehmens, welche ein hohes Potenzial zu Digitalisierung ausweisen. Er verstand die Versammlung als Chance die Belegschaft „einzuschwören" und positionierte sich dabei eindeutig: „Digitalisierung ist im ersten Schritt erstmal Chefsache!" Allerdings ist dieser Wandel ein „Marathon", weshalb zur erfolgreichen Umsetzung die Hilfe eines jeden benötigt wird. „Nur mit einer außerordentlichen Teamleistung ist das für uns zu schaffen".

Im zweiten Vortrag erläuterte ein Experte des Mittelstand 4.0-Kompetenzzentrums technische Hintergründe und aktuelle Entwicklungstrends in der Industrie 4.0, die in Zukunft hier einen Einfluss haben werden. Der Vortrag verfolgte zwei Ziele: Zum einen sollten technisches Wissen und Grundlagen von Industrie 4.0 anschaulich vermittelt werden. Zum anderen wollte man damit zeigen, dass der Zugang zu dem notwendigen technischen Expertenwissen verfügbar ist. Auch für ein mittelständisches Unternehmen ohne tiefes Erfahrungswissen um den Bereich Digitalisierung und Informationstechnologie.

Der dritte Beitrag setzte den Schwerpunkt auf die Folgen der Einführung von Industrie 4.0 für die Mitarbeiter im Unternehmen. Der Vortag „Wie sieht Arbeit 4.0 aus und was bedeutet das für mich?" gab den Zugang zu einem großen Spannungsfeld innerhalb der sich im Wandel befindlichen Unternehmen. Die Referentin des Kompetenzzentrums Kaiserlautern zeigte auf, dass Digitalisierung am Arbeitsplatz Risiken beinhaltet, aber auch Chancen offenbart, die genutzt werden sollten. Es wurde ausdrücklich darauf hingewiesen, wie wichtig eine aktive Einbindung der Beschäftigten ist, um den Erfolg von Industrie 4.0 sicherzustellen und um die Zukunft der Arbeit an den Bedürfnissen der betroffenen Personen auszurichten. Dazu braucht es nicht nur die Bereitschaft der Geschäftsleitung, den „Beteiligungskorridor" zu öffnen, sondern auch das aktive Zutun der Mitarbeiter. Gerade für KMU in der aktuellen Wirtschaftslage ist dies eine wichtige Erkenntnis. Aufgrund der vollen Auftragsbücher und der entstehenden Personalengpässe fehlt es oft an Freiraum, die Digitalisierung als eigenständiges Projekt voranzutreiben. Daher ist das aktive Zutun aller Unternehmensbeteiligten während der alltäglichen Arbeit der entscheidende Schritt für den Schritt in die digitalisierte Zukunft.

Im vierten Beitrag kündigte die Geschäftsleitung konkrete Projekte an, die im Rahmen der Digitalisierung angegangen werden sollen. Hierbei sprach die Geschäftsleitung auch über die derzeitige außergewöhnlich gute Auftragslage und versicherte der Belegschaft die Mitarbeiterzahl nicht durch Digitalisierung reduzieren zu wollen, sondern vielmehr auszubauen. Mit einem Satz wurde einer der größten Ängste der Belegschaft, der Angst um den eigenen Arbeitsplatz, entgegengewirkt.

Die Geschäftsführung reagierte eindrucksvoll auf die Frage, ob die Digitalisierung für die Zukunft von Effgen denn überhaupt essentiell sei. Die Digitalisierung ist aktuell ein „Hype". Niemand könne mit Bestimmtheit sagen, wie sich dieser in Zukunft entwickeln wird. Allerdings ist eine enorme Dynamik wahrnehmbar, die der „Digitalisierungszug" schon aufgenomen hat. Im Sinn der Zukunftsfähigkeit des Unternehmens und der Absicherung zeitgemäßer Arbeitsplätze für die Mitarbeiter sieht die Geschäftsleitung das eigene Engagement zur Digitalisierung als ihre Pflicht an.

Während ihrer Vorträge luden die Referenten immer wieder aktiv zu Fragen ein. Hierauf gab es nur vereinzelte Reaktionen. Die Fachvorträge, wie auch die Ankündigungen zur betrieblichen Weiterentwicklung stellten eine enorme Informationsmenge dar. Die Vermutung liegt nahe, dass ein Großteil der Belegschaft diese Informationen erst verarbeiten und sich mit Kollegen austauschen musste, bevor sie Fragen formulieren konnte.

Zu Ende der Mitarbeiterversammlung wurde die neue Betriebszeitung mit dem Sonderthema rund um die Digitalisierung bei Effgen ausgegeben. In Gesprächen mit einzelnen Mitarbeitern zeigte sich, dass die Informationskampagne der Unternehmensleitung positiv gewertet wurde und dass man sich eine kontinuierliche Kommunikation von aktuellen Entscheidungen und Digitalisierungsmaßnahmen bei Effgen wünscht.

8.2.2 Weitere Kommunikationskanäle

Über die Mitarbeiterversammlung hinaus nutzt die Geschäftsführung seither weitere Möglichkeiten die Mitarbeiter über aktuelle Entwicklungen im Bereich der Digitalisierung auf dem Laufenden zu halten. Über Pilotmaßnahmen und konkrete Umsetzungsprojekte wird in den Fachabteilungen berichtet. Die Geschäftsführung hat die Abteilungsleiter dazu angehalten, Ziele und Umsetzungsstand zu Projekten kontinuierlich im Rahmen ihrer Regelkommunikation in die Fachabteilungen zu bringen. Die aktive Einbindung von Mitarbeitern der Abteilungen in denen konkrete Digitalisierungsprojekte umgesetzt werden, dient neben der Nutzung der fachlichen Expertise auch als Kommunikationskanal in die jeweilige Organisationseinheit. Die Tatsache, dass der eigenen Projektvertreter in einer völlig informellen Weise auf „Augenhöhe" über die Erkenntnisse und Schritte von den Digitalisierungsschritten berichten kann, eröffnet einen direkteren Zugang zu den Mitarbeitern. Berichtet der Kollege aus der Abteilung von Fortschritten im Projekt, so ist der Praxisbezug des Lösungsansatzes schneller und glaubhafter zu transportieren.

Wichtige Kurzinformationen zu laufenden Projekten oder zu neuen Digitalisierungsansätzen erscheinen nun regelmäßig in der Betriebszeitung. Hier wird unter dem Label „Effgen 4.0" über abgeschlossene Meilensteine berichtet. Durch die Darstellung der Maßnahmen wird auch in den Bereichen, die nicht unmittelbar in konkrete Digitalisierungsprojekte eingebunden sind, das Bewusstsein geschaffen, dass der „Digitalisierungszug" noch in Bewegung ist, und der Austausch mit den Kollegen aus den Bereichen mit aktiven Projekten wird angeregt. So wächst das Vertrauen der Mitarbeiter, dass die Digitalisierung tatsächlich gemäß den Ankündigungen aus der Mitarbeiterversammlung umgesetzt wird.

Werden, etwa zur Dokumentation von Unterstützungsleistungen durch das Mittelstand 4.0-Kompetenzzentrum Kaiserslautern, spezifische Veröffentlichungen oder Medienbeiträge erstellt, so werden diese auch den Mitarbeitern, zum Beispiel über einen Link auf der Website der Günter Effgen GmbH, zur Verfügung gestellt. Die Bekanntgabe erfolgt ebenfalls in der Betriebszeitung. Auch die Beiträge aus der Öffentlichkeitsarbeit des Kompetenzzentrums Kaiserslautern mit Beteiligung der Günter Effgen GmbH in der örtlichen Presse finden bei den Mitarbeitern Beachtung und vertiefen den Eindruck, dass ein langfristiger Prozess konsequent verfolgt wird.

Im Rahmen der alljährlichen Weihnachtsfeier, die traditionell auch eine Ansprache des Geschäftsführers zur aktuellen Lage und Entwicklung des Unternehmens beinhaltet, werden auch Fortschritte in den Digitalisierungsprojekten und neue Digitalisierungsideen kommuniziert. Die „Projektgruppe Effgen 4.0", ein Kreis von Führungskräften verschiedener Abteilungen, die die Koordination aller Digitalisierungsprojekte bei der Günter Effgen GmbH übernehmen, steht allen Mitarbeitern als Ansprechpartner z. B. auch für Vorschläge zu neuen Ansätzen zur Verfügung. Auf diese Weise konnte ein einfacher Kommunikationskanal von „unten nach oben" etabliert werden. Genau wie das betriebliche Vorschlagswesen, in das auch Vorschläge zu Digitalisierungsmöglichkeiten eingebracht werden können, ist die Nutzung dieser Optionen bisher leider noch etwas unterrepräsentiert.

Die Frage, ob erneut eine Mitarbeiterversammlung mit dem exklusiven Thema Digitalisierung einberufen wird, ist noch nicht abschließend beantwortet. In Anbetracht des organisatorischen Aufwands und der dargestellten alternativen Kommunikationsmöglichkeiten setzte das thematisch eine einschneidende Veränderung in den Arbeitsabläufen der Günter Effgen GmbH voraus. Da die Digitalisierung derzeit aber eher als evolutionärer Prozess vorangebracht wird, ist das derzeit nicht absehbar.

8.3 Grundlagen schaffen – Digitalisierung in der Strategiearbeit

Der nächste entscheidende Schritt bei der Günter Effgen GmbH war die Arbeit an einer Digitalisierungsstrategie. Sein Unternehmen in das digitale Zeitalter zu führen ist keine leichte Aufgabe: Der Weg zur digitalen Transformation muss von allen getragen und unterstützt werden. Es gilt daher heute mehr denn je, auch die strategische Ausrichtung einer Organisation an der Digitalisierung zu orientieren um dem Management eine entsprechende Entscheidungsbasis zu ermöglichen (Hellge et al. 2017). Angestoßen von der

Unternehmensleitung und durch Einbezug aller Mitarbeiter eines Unternehmens kann eine starke Basis zur Überführung des Unternehmens in die Digitalisierung geschaffen werden.

Eine Strategie lässt sich in der klassischen Hausform darstellen, in welcher beginnend mit einer Vision als Dach eine Mission, anschließend strategische Ziele und zuletzt Maßnahmen erarbeitet werden (Abb. 8.2). Die Maßnahmen bilden die operative Ebene in diesem Modell und dienen, z. B. in Form von Arbeitspaketen der Realisierung der strategischen Ziele; sie tragen letztlich zur Erreichung der Vision bei. Bei der Entwicklung der Strategie ist es wichtig, diese als kontinuierlichen Prozess zu verstehen: Fängt man bei der Beschreibung der Ausgangslage an, wägt seine strategischen Optionen ab, formuliert im Anschluss seine Strategie und implementiert diese, so lässt sich die letzte Phase des Strategiecontrolling wiederum als kontinuierlicher Verbesserungsprozess verstehen, in welchem die umgesetzte Strategie im Sinne einer Status Quo Analyse reflektiert wird und den Prozess erneut anstößt. Egal nach welchem Modell vorgegangen wird, wichtig ist immer, dass man den Blick auch über die eigenen Unternehmensgrenzen hinaus richtet. Eine Unternehmensstrategie wird nicht durch die organisationalen Grenzen restringiert, sondern unterliegt auch externen Einflussfaktoren. Dies sollte auch im Prozess der Digitalisierungsstrategieentwicklung der Firma Effgen im Blick behalten werden.

Entwicklung einer Vision als Leitbild für die Digitalisierungsstrategie
Ein erster Schritt zur erfolgreichen Digitalisierung im Unternehmen ist es, sich zu informieren und Impulse für eine Überführung des Themas in das eigene Unternehmen zu suchen. Kooperationen mit anderen Unternehmen oder mit öffentlichen Fachzentren, wie den Mittelstand 4.0-Kompetenzzentren, bieten gute Möglichkeiten, sich dem Thema Digitalisierung zu nähern, sich weiterzubilden, Unterstützung zu holen oder gemeinsam Projekte zu realisieren.

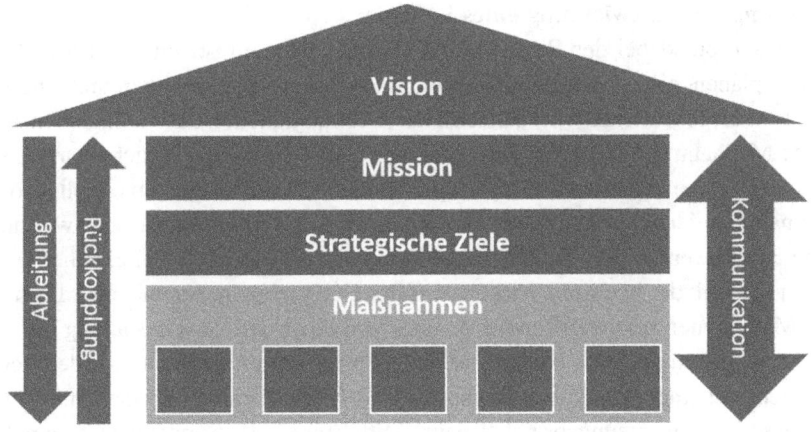

Abb. 8.2 Strategiehaus

Um sich ein genaueres Bild von der Arbeitsweise und dem Standort machen zu können, wurde der erste gemeinsame Termin zur Strategiearbeit mit den Experten des Kompetenzzentrums Kaiserslautern mit einer Werksführung bei der Günter Effgen GmbH verbunden. Im Anschluss wurden Vertreter verschiedener Abteilungen des Unternehmens zu einem ersten Workshop eingeladen. Die abteilungsübergreifende Zusammensetzung der Arbeitsgruppe sollte sicherstellen, dass möglichst alle Bedarfe aus der gesamten Organisation heraus in die Strategiearbeit einfließen. Die Workshopteilnehmer formulierten zunächst ihre Erwartungen an eine Digitalisierungsstrategie: Warum sollte man sich mit dem Themenfeld in dieser strukturierten Art und Weise auseinandersetzen? Letztendlich wurde klar, dass Digitalisierung kein Selbstzweck ist, sondern vor allem einen Beitrag zu den Unternehmenszielen leisten muss. Die Visionsentwicklung fand unter dem Motto „Effgen 2025" statt. Das Zukunftsbild des Unternehmens fokussierte vor allem die Kundenorientierung, eine hohe technologische Reife der Produkte sowie den Anspruch, ein guter Arbeitgeber in der Region zu sein.

Entwicklung Strategischer Ziele und Maßnahmen zur Strategieumsetzung
Der zweite Termin knüpfte an die Vision „Effgen 2025" an. Bei der Stärken- und Schwächen-Analyse wurden folgende Dimensionen in Betracht gezogen: Mitarbeiter, Kunden, Produkte, Prozesse, Strategie, Technologie. In einem interaktiven Setting arbeiteten die Teilnehmer konkrete Stärken des Unternehmens heraus, die es zu verstetigen gilt, sowie Schwächen, die abgebaut oder in Stärken überführt werden könnten. Hieraus abgeleitet wurden Ziele und konkrete Zielwerte erarbeitet, die Bausteine zur Erreichung der Vision bildeten. Hierzu bediente man sich einer etablierten Methode des Managements, der Balanced Scorecard. Ziel der Methode ist es, abstrakte Ideen in überprüfbare Zahlen zu überführen. Aus den gemeinsam formulierten Zielen leiteten die Führungskräfte konkrete Handlungsmaßnahmen ab, um somit greifbar zu machen, was zur Realisierung der Vision im Detail getan werden muss.

Priorisierung und Entwicklung eines Fahrplans
Um einen Startpunkt bei der Realisierung einer Strategie zu setzen und Folgeaktivitäten sinnvoll zu planen, gilt es, die identifizierten Maßnahmen zu priorisieren und eine zeitliche Abfolge festzulegen. Hierzu wird zunächst nach Abhängigkeiten der Maßnahmen geschaut: kann eine Maßnahme A ohne die Fertigstellung einer Maßnahme B nicht starten, so muss Maßnahme B vorgezogen werden, spielt die zeitliche Reihenfolge keine Rolle, so können die Maßnahmen danach sortiert werden, wie hoch ihre Dringlichkeit oder wie hoch ihre Wirkung ist. So werden erst die dringlichen Maßnahmen ergriffen, bei gleicher Dringlichkeit diejenigen mit der höchsten Wirkung auf das Unternehmen. Auch bei der Firma Effgen wurden Maßnahmen priorisiert und eine Liste von Projekten zur Umsetzung der Digitalisierungsstrategie aufgestellt. Die am höchsten priorisierten Projekte wurden schriftlich festgehalten. Mit einer Projektidee bewarb sich die Effgen GmbH um eine Unterstützung in Form eines sog. Umsetzungsprojekts beim Mittelstand 4.0-Kompetenzzentrum Kaiserslautern. Nach der erfolgreichen Auswahl Effgens als einer der Umsetzungspartner wurde

das Projekt in einem nächsten Termin im Detail beschrieben und ein Plan zur Realisierung erarbeitet, sodass das Umsetzungsprojekt zeitnah starten konnte.

8.4 Am Ball bleiben – erste Umsetzungsprojekte und Kontinuität in der Umsetzung der Strategie

Eine Analyse der Produktionsabläufe und der produktionsnahen Aufgaben inklusive der Konstruktion führte zu der Erkenntnis, dass verschiedene, isolierte Softwarelösungen im Einsatz sind. Die Arbeitsergebnisse aus der Konstruktion können nur umständlich bzw. in der Regel nur selten ohne manuellen Eingriff der Mitarbeiter in späteren Prozessschritten genutzt werden. Hier konnten im Rahmen der Digitalisierungsstrategie bereits ältere Überlegungen hinsichtlich einer besseren Vernetzung der Bereiche CAD, CNC-Programmierung und CAQ wieder aufgegriffen werden. Das Mittelstand 4.0-Kompetenzzentrum Kaiserslautern unterstützte die Günter Effgen GmbH hierbei und begleitete die Konzepterstellung in einem 6-monatigen Umsetzungsprojekt in Form von Workshops. Neben den Mitarbeitern des Kompetenzzentrums war das Team seitens der Günter Effgen GmbH interdisziplinär besetzt.

Interessant waren im Verlauf der Workshops die gruppendynamischen Prozesse, die sich zwischen den Teilnehmern der Effgen GmbH entwickelt haben. So konnten aus diesem Kreis eine Reihe von Verbesserungsmöglichkeiten bei der Zusammenarbeit der verschiedenen Abteilungen identifiziert werden, die nicht unmittelbar mit der Zielsetzung des Projekts in Zusammenhang stehen. Die ersten dieser Vorschläge befinden sich ebenfalls in der Umsetzung. Die beteiligten Mitarbeiter von Effgen haben durch dieses Projekt neben neuem Methodenwissen wertvolle Erkenntnisse in Bezug auf bereichsübergreifende interdisziplinäre Zusammenarbeit gewinnen können.

Da die Beteiligten aus den Fachabteilungen allesamt sehr stark vom Tagesgeschäft vereinnahmt sind, war es eine besondere Herausforderung, den straffen Zeitplan des sechsmonatigen Projekts einzuhalten. Durch den Umstand, dass das Projekt durch Externe moderiert und strukturiert wurde, konnte es trotz der angespannten zeitlichen Situation zur Zufriedenheit aller Beteiligten abgeschlossen werden. Die gleich zu Beginn des Projektes festgelegten Workshoptermine für die komplette Laufzeit gaben eine feste Struktur vor. Sicher ist dieses Konzept nicht für jedes Digitalisierungsprojekt umsetzbar. Es zeigt aber, dass auch unter ungünstigen Rahmenbedingungen im Alltagsgeschäft ein erfolgreiches Digitalisierungsprojekt durchgeführt werden kann. Entsprechend empfiehlt sich immer, einen Projektverantwortlichen zu bestimmen und mit ausreichend zeitlichen Freiräumen auszustatten.

Darüber hinaus konnten insbesondere im Bereich der Verwaltung Digitalisierungspotenziale identifiziert werden, die vornehmlich in organisatorischen, standardisierten Abläufen und einer konsequenten und medienbruchfreien Nutzung der Möglichkeiten der bei der Günter Effgen GmbH etablierten Software liegt. Digitale Unterlagen bleiben digital und werden mittels digitaler Workflows, bei denen die dokumentierten Ergebnisse einzelner Arbeitsschritte sofort beim nächsten Bearbeitungsschritt auch digital verfügbar sind, durch den Prozess geführt. Erste Abläufe in diesem Bereich wurden inzwischen bereits umgestellt. Ziel ist hier innerhalb der nächsten 2–3 Jahre die Kernprozesse in Vertrieb und Einkauf nahezu hundertprozentig durchgängig digital abzubilden.

Ein weiterer Ansatz für eine Verbesserung der informationellen Durchdringung der Produktion wird durch ein Projekt zur Maschinendatenerfassung (MDE) angegangen. Zwar setzt die Günter Effgen GmbH seit mehr als drei Jahrzehnten Systeme zur Betriebsdatenerfassung, durchaus gut integriert in die eigene ERP-Software, ein. Die sehr hohe Variantenvielfalt bei Produkten und Produktionsabläufen kann jedoch nicht die erforderliche Transparenz für eine Optimierung der Produktionsabläufe liefern. Immer höhere Anforderungen an die Präzision der Werkzeuge, verbunden mit einem steten überproportionalen Wachstum im Kontext steigender Probleme bei der Gewinnung qualifizierter Mitarbeiter im erforderlichen Umfang, erzwingen neue Strategien bei der Optimierung der Fertigung. Hier sieht die Günter Effgen GmbH über die MDE hinaus in der Digitalisierung der Produktion ein enormes Potenzial bei der Bewältigung der zukünftigen Aufgaben. Digitalisierung in Form von Automation spielt dabei derzeit aufgrund der heterogenen Prozesse nur eine sehr untergeordnete Rolle.

8.5 Fazit

Insgesamt zeigen die Erfahrungen bei der Entwicklung der Digitalisierungsstrategie und Realisierung erster Schritte in der Umsetzung, dass bei der Komplexität der Prozesslandschaft und den vielfältigen Ansatzpunkten im Zuge der Digitalisierung ein strukturiertes Vorgehen absolut notwendig ist. Darüber hinaus haben die Beteiligten der Günter Effgen GmbH die Fokussierung auf die allgemeinen Unternehmensziele zum Grundsatz der Digitalisierungsstrategieentwicklung und der Maßnahmenpriorisierung gemacht, was einen dauerhaften Erfolg der Aktivitäten sehr wahrscheinlich macht. Ein weiterer herausragender und erfolgversprechender Aspekt im gesamten Vorgehen war und ist die stetige Information und Beteiligung von Mitarbeitern und Führungskräften über die verschiedenen Abteilungen hinweg.

Literatur

Blake, L.; Smit, E.; Waugh N. (2018). How the implementation of organizational change is evolving. Verfügbar unter: https://www.mckinsey.com/business-functions/mckinsey-implementation/our-insights/how-the-implementation-of-organizational-change-is-evolving [05.02.2019]

Bosse, C.K.; Hellge, V.; Schröder, D. (2019). Partizipation als Schlüssel zum Erfolg. Mittelstand-Digital Magazin Wissenschafft trifft Praxis, Ausgabe 11, S. 5–11.

Hellge, V.; Schröder, D.; Bosse, C.K. (2018). Der Readiness-Check Digitalisierung. Ein Instrument zur Bestimmung der digitalen Reife von KMU. Verfügbar unter: https://kompetenzzentrum-kaiserslautern.digital/wp-content/uploads/2019/01/Brosch%C3%BCre_Readiness_Check_Digitalisierung_Januar_2019_final.pdf [15.02.2019]

Hellge, V.; Schröder, D.; K.J. Zink (2017). Der Readiness-Check „Digitalisierung" als Instrument im digitalen Transformationsprozess. In: Lingnau, V.; Müller-Seitz, G.; Roth, S. (Hrsg.). Management der digitalen Transformation: Interdisziplinäre theoretische Perspektiven und praktische Ansätze. Vahlen.

Zink, K. J. (2007). Mitarbeiterbeteiligung bei Verbesserungs- und Veränderungsprozessen: Basiswissen, Instrumente, Fallstudien. München: Hanser.

Michael Schneider studierte während seiner Zeit bei der Luftwaffe Wirtschafts- und Organisationswissenschaften an der Helmut Schmidt Universität Hamburg (Universität der Bundeswehr Hamburg). Nach erfolgreichem Abschluss seines Studiums 1985 und dem Ende seiner Dienstzeit 1992 wechselte er zur Günter Effgen GmbH und war dort als Produktionscontroller tätig. In den Folgejahren war er an mehreren Projekten der Günter Effgen GmbH zur Weiterentwicklung der IT-Infrastruktur beteiligt. Zurzeit ist er als Prokurist des Unternehmens für Fertigungsplanung Controlling und Projektmanagement zuständig.

Dipl.-Soz. Delia Schröder, MBA studierte Soziologie an der Universität des Saarlandes, später berufsbegleitend an der Hochschule Pforzheim und schloss dort mit einem MBA ab. Sie arbeitete in Saarbrücken und München in Wissenschafts- und Beratungseinrichtungen. Seit 2006 ist sie am Institut für Technologie und Arbeit e.V. tätig und beschäftigt sich mit Arbeits-und Organisationsgestaltung, derzeit vor allem im Kontext der Digitalisierung. In diesem Kontext unterstützt sie auch als Expertin im Mittelstand 4.0-Kompetenzzentrum Kaiserslautern bei der digitalen Transformation von kleinen und mittleren Unternehmen.

Dipl.-Ing. Florian Mohr studierte Maschinenbau und Verfahrenstechnik an der TU Kaiserslautern. Nach dem Studium sammelte er mehrere Jahre Industrieerfahrung in verschiedenen Domänen. Seit 2017 arbeitet er als wissenschaftlicher Mitarbeiter in der Technologie-Initiative SmartFactory KL e.V. und dem Deutschen Forschungszentrum für Künstliche Intelligenz (DFKI). Er beschäftigt sich u. a. mit der Entwicklung von vernetzten, integrierten und intelligenten Produktionssystemen, sowie deren Anpassung an die Bedürfnisse des Mittelstands. Seit 2019 leitet er das Mittelstand 4.0-Kompetenzzentrum Kaiserslautern.

Dr. Tobias Thielen, M.Sc. studierte Wirtschaftsingenieurwesen an der TU Kaiserslautern und der Memorial University of Newfoundland, Kanada. Von 2015 bis 2018 war er wissenschaftlicher Mitarbeiter am Lehrstuhl für Strategie, Innovation und Kooperation an der Technischen Universität Kaiserslautern und arbeitete im Mittelstand 4.0-Kompetenzzentrum Kaiserslautern. Seit 2018 ist er im Industrietransfer der Technologie-Initiative SmartFactory KL e.V. tätig. Er promovierte zum Thema Geschäftsmodellinnovationen auf Whole Network Level. Seine Forschungsschwerpunkte liegen in den Bereichen Strategie und Geschäftsmodelle in der Digitalisierung, Industrie 4.0 sowie Netzwerkmanagement.

9

Personal digital – Wie ein KMU in einer kaum digitalisierten Branche eine digitale Strategie entwickelt und Möglichkeiten der Digitalisierung für sich nutzt

Katharina Hölzle ⓘ Fabian Gerhardt ⓘ Nelly Kalischewski, Sophie Petzolt ⓘ und Oliver Kullik

Zusammenfassung

Mittelständische Unternehmen in Deutschland halten die digitale Transformation und damit ihre Digitalisierung für sehr wichtig. Laut einer Bitkom-Studie aus 2017 stehen die meisten aber bei der Umsetzung noch relativ weit am Anfang. Der vorliegende Beitrag zeigt mögliche Ursachen und Hemmnisse auf. An einem anschaulichen Beispiel wird der Digitalisierungsprozess eines kleinen und mittleren Unternehmens (KMU) skizziert und anhand dessen gezeigt, wie kleine und mittlere Unternehmen Digitalisierungshürden überwinden können. In einem weitestgehend analog arbeitenden Umfeld entwickelte sich das KMU von einem digital wenig affinen Unternehmen, hin zu einem der digitalen Arbeitswelt aufgeschlossenen Unternehmen, welches positive Effekte, die die Digitalisierung ermöglicht, nutzt. Das Beispiel soll nicht als idealtypischer Prototyp verstanden werden, sondern vielmehr aufzeigen, wie mit Blick auf die aktuellen Gegebenheiten im Unternehmen und in dessen Umfeld ein eigener Weg gefunden werden kann.

Der Beitrag entstand im Rahmen des Mittelstand 4.0-Kompetenzzentrums Berlin, gefördert durch das Bundesministerium für Wirtschaft und Energie (BMWi) im Förderschwerpunkt Mittelstand-Digital (FKZ: 01MF15003F).

K. Hölzle (✉) · F. Gerhardt · N. Kalischewski · S. Petzolt · O. Kullik
Lehrstuhl für IT Entrepreneurship, Universität Potsdam, Potsdam, Deutschland
E-Mail: katharina.hoelzle@hpi.de; fabian.gerhardt@uni-potsdam.de; n.kalischewski@gmail.com; sophie.petzolt@ime.uni-potsdam.de; oliver.kullik@uni-potsdam.de

© Springer-Verlag GmbH Deutschland, ein Teil von Springer Nature 2019
C. K. Bosse, K. J. Zink (Hrsg.), *Arbeit 4.0 im Mittelstand*,
https://doi.org/10.1007/978-3-662-59474-2_9

9.1 Einleitung

Die Relevanz des Themas Digitalisierung ist in deutschen KMU angekommen. In einer Studie des Karrierenetzwerkes Xing (2017) gaben 97 Prozent der Geschäftsführungen und Personalverantwortlichen mittelständischer Unternehmen an, die Digitalisierung sei wichtig oder sehr wichtig für ihr Unternehmen. Trotzdem schreitet die Digitalisierung in deutschen KMU eher langsam voran. So erreichen deutsche mittelständische Unternehmen auf dem „Digitalisierungsindex", einer jährlich erscheinenden Studie der Telekom (2017), 54 von möglichen 100 Punkten und liegen damit nur im Mittelfeld des potenziell Möglichen. In einer Befragung des Digitalverbandes Bitcom (2017) gaben 60 Prozent der teilnehmenden Unternehmen an, sie sähen sich als Nachzügler beim Thema Digitalisierung. Der Status quo ist bei den meisten KMU somit durchwachsen und mäßig digital.

Doch woran liegt das? Und wie können kleine und mittlere Unternehmen in einem wenig digital affinen Umfeld einen Wandel vollziehen und Digitalisierungsmaßnahmen in spürbare, positive Effekte umwandeln? Mit diesen und weiteren Fragen beschäftigt sich nicht nur die Praxis, sondern auch die Forschung, unter anderem der Lehrstuhl für Innovationsmanagement und Entrepreneurship der Universität Potsdam. Mit Blick auf die Frage, woran es liegt, dass KMU einen vergleichsweise niedrigen Digitalisierungsstand aufweisen, wurden im Rahmen des Mittelstand 4.0-Kompetenzzentrums Berlin „_Gemeinsam Digital" die kontaktierten Unternehmen nach den für sie wichtigsten Digitalisierungshürden befragt. Die Antworten werden in Abb. 9.1 gezeigt und geben wichtige Hinweise darauf, an welchen Stellschrauben noch gedreht werden muss, um KMU bei der digitalen Transformation ihrer Unternehmen zu unterstützen.

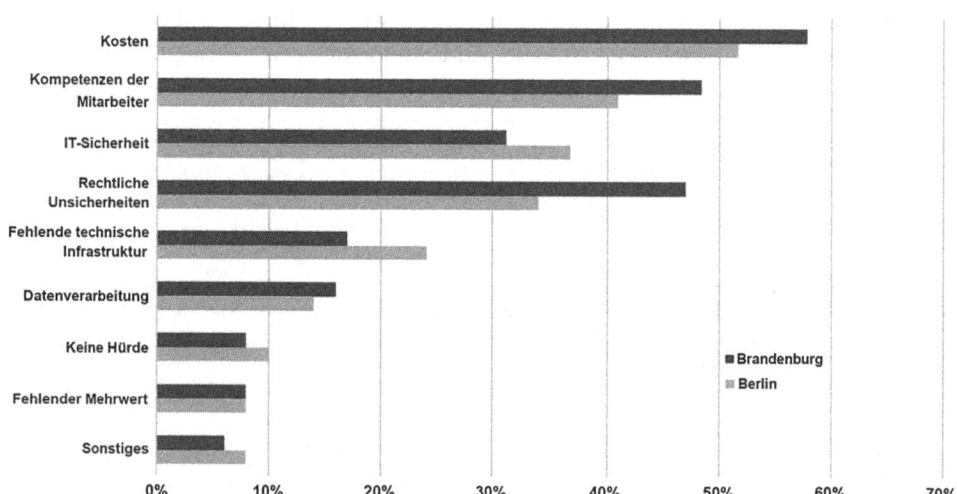

Abb. 9.1 Digitalisierungshürden von KMU in Berlin und Brandenburg; Ergebnisse aus der Evaluation des Mittelstand 4.0-Kompetenzzentrums Berlin

In den beiden betrachteten Bundesländern Berlin und Brandenburg werden die Kosten für digitale Neuerungen (Brandenburg: 58 Prozent; Berlin: 52 Prozent) sowie eine mangelnde Kompetenz der Mitarbeiter (Brandenburg: 48 Prozent; Berlin: 41 Prozent) am häufigsten als Hürden benannt. Dies deckt sich mit den Ergebnissen anderer Befragungen. So gaben in einer Studie der Unternehmensberatung Ernst & Young (2018) 42 Prozent der befragten Unternehmen an, die steigenden Anforderungen an die Kompetenzen der Mitarbeiter sei eine „hoch relevante" Herausforderung. Bei keiner potenziellen Hürde sahen mehr Teilnehmer eine hohe Relevanz für ihr Unternehmen. Die IHK Berlin kam 2016 zu dem Ergebnis, dass andere Prioritäten (53 Prozent), fehlende finanzielle Ressourcen (50 Prozent) sowie fehlendes Know-how (43 Prozent) die Top-Hemmnisse bei der Digitalisierung der Unternehmen aus der Region sind.

Die Ergebnisse zeigen, dass Unternehmen, insbesondere KMU, mit einer Vielzahl an Hürden für eine erfolgreiche Transformation konfrontiert sind.

Die Betrachtung der Kosten als besonders relevante Hürde durch viele Unternehmen ist naheliegend und gibt zeitgleich einen Hinweis darauf, dass der finanzielle Mehrwert, den Digitalisierungsmaßnahmen bringen können, noch stärker kommuniziert werden sollte. Dabei ist es wichtig, nicht nur kurzfristige Ausgaben zu berücksichtigen, sondern auch langfristige Wettbewerbsvorteile zu bedenken. Möglich ist beispielsweise, dass sich die Außenwirkung, als digitaler Vorreiter positiv aufzufallen, auf das Unternehmensimage auswirkt. Mit Blick auf die mitunter hohen Kosten sollten gerade KMU die verschiedenen finanziellen Fördermöglichkeiten berücksichtigen. Ein Beispiel für eine solche Förderung ist der Brandenburgische Innovationsgutschein (BIG), der Investitionsbank des Landes Brandenburg (ILB). Bevor Digitalisierungsvorhaben in die Tat umgesetzt werden, lohnt es sich für Unternehmen, sich gründlich über Förderprogramme zu informieren und die vorhandenen Programme zu nutzen.

Dass mangelnde Kompetenzen der Mitarbeiter von den befragten Unternehmen als relevante Digitalisierungshürde gesehen werden, zeigt, dass sich Unternehmen bei der digitalen Transformation stärker auf die Qualifikation ihres Personals fokussieren müssen. Die Aneignung von digitalem Know-how ist kein Selbstläufer. Häufig bedarf es gezielter Informations- und Trainingsmaßnahmen. Dabei sollte nicht nur der Kompetenzerwerb, sondern auch die Frage nach Sinn und Nutzen der digitalen Neuerungen im Fokus stehen. Nur wenn Mitarbeiter verstehen, warum die Weiterbildung wichtig ist, werden sie auch motiviert sein, sich neben ihrem normalen Arbeitspensum Zusatzqualifikationen anzueignen. Gerade in Unternehmen mit einer sehr heterogenen Belegschaft ist es darüber hinaus wichtig, dass Mitarbeiter, die bislang sehr analog gearbeitet haben, und digital affine Kollegen nicht gegeneinander ausgespielt werden, sondern sich bestmöglich unterstützen. Wenn erfahrene Mitarbeiter ihr Wissen an neuere Kollegen weitergeben und technisch versierte Mitarbeiter bei zum Beispiel IT-seitigen Problemen als Ansprechpartner ein offenes Ohr haben, wird im Unternehmen ein Klima geschaffen, in dem Wissensvermittlung und -erwerb zu einem natürlichen Prozess werden. Zusammenfassend lässt sich feststellen, dass die Qualifikation von Personal gleichzeitig eine der am häufigsten genannten und am besten durch ein Unternehmen beeinflussbaren Digitalisierungshürden ist.

Eine weitere Hürde, die zwar selten in Befragungen adressiert wird und dennoch mitunter ein Auslöser von blockierendem Verhalten im Unternehmen sein kann, ist Angst vor dem Wegfall von Arbeitsplätzen, da die Gefahr von Jobverlust fortwährend in den Medien diskutiert wird (z. B. Zeit Online 2018; Palka 2018). Naheliegend, um konstruktiv mit dem Thema umzugehen, sind eine offene Ansprache und der glaubwürdige Umgang mit den Befürchtungen. In vielen Unternehmen tragen Faktoren wie eine erschwerte Fachkräftesicherung, verantwortungsvolle Personalpolitik sowie eine durch Digitalisierungsvorhaben gestärkte Absatz- und Wettbewerbsposition dazu bei, dass es anders als gelegentlich angenommen, nicht um eine Substitution von Beschäftigten geht. Häufig geht es darum Arbeitskräfte zu unterstützen, einen Fachkräftemangel zu kompensieren und bei zumindest gleicher Arbeitnehmeranzahl bessere wirtschaftliche Ergebnisse zu erzielen. So zeigt eine Studie der Unternehmensberatung Capgemini (2017), dass die Einführung künstlicher Intelligenz in den meisten der befragten Unternehmen zu einem Zuwachs statt eines Abbau von Jobs geführt hat.

Dass es möglich ist, trotz anfänglicher Wiederstände von Innen und Außen eine ambitionierte Digitalisierungsstrategie zu verfolgen und Mitarbeiterinnen dafür zu begeistern, zeigt das Beispiel eines Berliner KMU aus der Immobilienbranche. Das Unternehmen, dessen Digitalisierungsprozess nachfolgend dargestellt wird, ist fiktiv, basiert jedoch auf zahlreichen realen Erfahrungen und empirischen Daten, die im Rahmen der Arbeit im Mittelstand 4.0 Kompetenzzentrum Berlin geschildert und gesammelt wurden.

9.2 Die Hürden meistern – ein Best Practice Beispiel

Facebook, Google oder Apple – wenn die Relevanz der Digitalisierung in Unternehmen deutlich gemacht werden soll, werden die digitalen Leuchttürme des Silicon Valley häufig als Beispiele und mögliche Vorbilder genannt. Deutsche KMU profitieren davon allerdings nur begrenzt. Zu gering ist das Identifikationspotenzial mit internationalen Großunternehmen und zu eingeschränkt die Übertragbarkeit auf den eigenen Arbeitsalltag. Vielmehr profitieren KMU von Vorbildern erfolgreich digitalisierter Unternehmen einer ähnlichen Größe, da sie hier Denkanstöße zu Maßnahmen erhalten, die für sie selbst umsetzbar sind. Hürden und Schwierigkeiten, die während des Digitalisierungsprozesses auftreten sind ebenfalls näher am eigenen Erleben von KMU als die Widerstände, mit denen Konzerne zu kämpfen haben. Aus diesem Grund soll hier ein Best Practice Beispiel eines erfolgreich digitalisierten KMU dargestellt werden. Hierbei geht es nicht darum, „den einen richtigen Weg" aufzuzeigen, sondern KMU dazu zu motivieren, eine individuelle Strategie zu entwickeln. Dafür soll das Beispiel einige Handlungsoptionen und Ideen beisteuern. Welche Anregungen davon aufgenommen und in das eigene Digitalisierungsvorhaben implementiert werden, bleibt jedem KMU selbst überlassen. Die folgenden Abschnitte zielen darauf ab, dass sich KMU stärker mit ihrer Digitalisierung und der Planung einer strategischen Umsetzung auseinandersetzen müssen.

9.2.1 In einer konservativen Branche den ersten Schritt wagen – Die ImmoVex Estate GmbH

Die ImmoVex Estate GmbH ist ein seit 1993 deutschlandweit im Immobiliengeschäft tätiges Unternehmen mit 68 Mitarbeitern an den Standorten Berlin, Köln und München. Ihr Hauptgeschäft ist die Entwicklung und Verwaltung gewerblicher Immobilien. Daneben werden verschiedene Beratungs- und Unterstützungsleistungen z. B. im Bereich der Immobilienfinanzierung, des An- und Verkaufs sowie der Konzeptentwicklung für eine optimale Immobiliennutzung angeboten. Ziel des Unternehmens ist es, für Kunden maßgeschneiderte Lösungen auszuarbeiten und das Thema Immobilien in seiner Gesamtheit zu bearbeiten, sodass sich die Kunden der ImmoVex Estate GmbH, vorwiegend andere Unternehmen, auf ihr Kerngeschäft konzentrieren können.

Die Digitalisierung versteht das Unternehmen vorranging als Chance. In einer konservativen Branche, in der Prozesse bislang vor allem manuell ablaufen, schaffen digitale Neuerungen Anreize, die Arbeitsprozesse grundlegend zu überdenken und effizienter sowie sicherer zu gestalten. Zudem eröffnet sich die Gelegenheit, sich frühzeitig von Wettbewerbern abzusetzen und Kunden innovative Lösungen zu präsentieren. Aus dieser Motivation heraus begann das Unternehmen sich dem Thema der Digitalisierung intensiv anzunehmen.

Schon früh erkannte die ImmoVex Estate GmbH, dass die Digitalisierung nicht „einfach nebenherlaufen" kann, sondern eine intensive Auseinandersetzung, Investitionen und einen Umbau der gesamten organisationalen Strukturen und Prozesse bedarf. Wie die Neuausrichtung des Unternehmens gelang, mit welchen Hindernissen es dabei zu kämpfen hatte und wie konkrete Maßnahmen aussahen, mithilfe derer die digitale Transformation in eine erfolgreiche Richtung gelenkt wurde, wird nun entlang wichtiger thematischer und strategischer Handlungsfelder aufgezeigt. Eine Übersicht über die Handlungsfelder gibt Abb. 9.2.

Vor allem die Branche und das Umfeld, in dem das Unternehmen agiert, wurden zunächst als Hemmnis wahrgenommen. Die Immobilienwirtschaft ist hinsichtlich der Digitalisierung eine weniger weit entwickelte Branche. So sieht die Mehrheit mittelständischer Immobilienunternehmen in einer Studie des BFW in der Digitalisierung keine Chance, neue Geschäftsmodelle oder Produkte im eigenen Unternehmen zu etablieren. Neue technische Möglichkeiten, wie Smart Home oder Big Data, werden nur von wenigen Unternehmen genutzt (BFW 2018). Visionäre Ansätze sind in der Branche folglich bisher die Ausnahme und das nicht ganz ohne Grund. Prozesse sind häufig von vielen Beteiligten geprägt, auf deren Bereitschaft zur Digitalisierung Unternehmen nur bedingt Einfluss nehmen können. So müssen Kunden dazu bereit sein, ihre Daten elektronisch zur Verfügung zu stellen. Bedenken hinsichtlich des Datenschutzes spielen hier eine besondere Rolle, auch wenn im Business to Customer Bereich in den größeren Städten der Vorteil aufgrund der aktuell hohen Nachfrage für den angebotenen Wohnraum klar auf Anbieterseite ist. Dennoch bestehen Unsicherheiten z. B. in Bezug auf die Verbindlichkeit von per E-Mail gemachten Zusagen, digital geschlossenen Verträgen und, Zudem

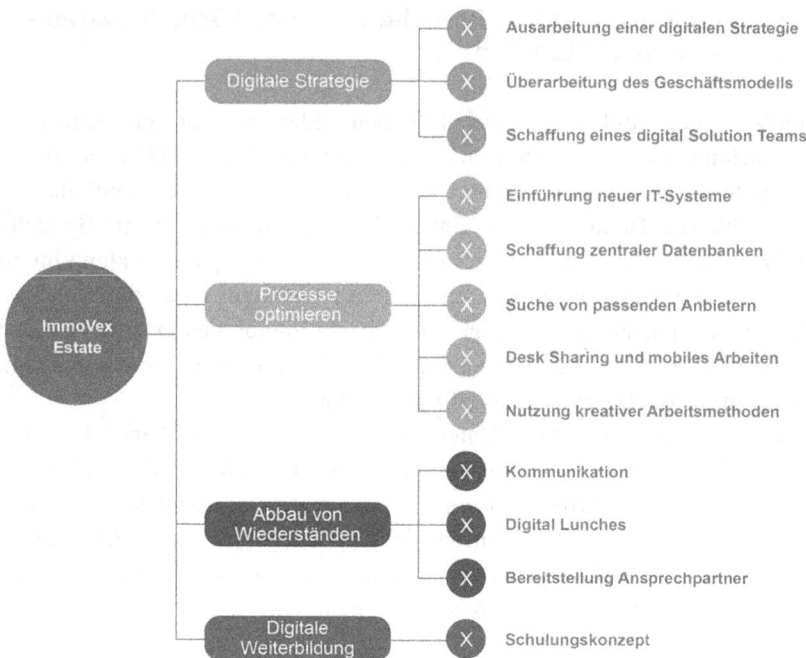

Abb. 9.2 Die digitale Transformation der ImmoVex Estate – Übersicht über Handlungsfelder und Maßnahmen

gibt es viele Partnerunternehmen, die beispielsweise mit der Pflege der Immobilien vor Ort beauftragt sind und häufig noch nicht über eine passende IT-Infrastruktur verfügen. Demografische Entwicklungen und die Marktgegebenheiten wirken sich ebenso auf das Geschäft aus: Ältere Kunden im Endkundengeschäft nutzen digitale Kommunikationskanäle seltener und auch die digitale Vertragsgestaltung ist für diese Kunden fremd. Zudem sind im Immobiliengeschäft viele Dienstleister tätig, die nur kurze Verträge, mit einer Laufzeit von ein- bis zwei Jahren mit ihren Kunden abschließen, also zu kurz und damit zu unvorhersehbar, um größere Investitionen in digitale Technologien zu tätigen. Insbesondere Investitionen, bei denen kein unmittelbarer Effizienzgewinn, sondern eher langfristige Effekte zu erwarten sind, werden daher oft gemieden. Das Unternehmen möchte sich an dieser Stelle in der Branche positiv hervorheben und Vorreiter in Sachen Digitalisierung werden. Bereits im Jahr 2014 begann das Unternehmen sich aktiv mit dem Thema auseinanderzusetzen und schrittweise, wie im Folgenden näher erläutert, Digitalisierungsmaßnahmen umzusetzen.

Es folgte eine kritische Betrachtung der genannten externen und weiteren internen Faktoren, wie dem aktuellen Stand der internen Digitalisierung und dem digitalen Know-how der Mitarbeiter. Diese Bestandsaufnahme führte zu der Entscheidung, zunächst noch keine Großprojekte mit großer Außenstrahlkraft zu initiieren. Erste Schritte in diese Richtung wären mit teilweise erheblichen Investitionen verbunden gewesen und hätten außerdem aufgrund des Fachkräftemangels und eines fehlenden Überblicks über die intern bestehenden digitalen Kompetenzen ein erhebliches Risiko dargestellt. Stattdessen entwickelte das Unternehmen, wie im folgenden Abschnitt näher erläutert, eine digitale Strategie, die einen groben Fahrplan für das Digitalisierungsvorhaben festlegte. Zunächst wurde sich dabei auf Maßnahmen mit vergleichsweise wenig Außenstrahlkraft fokussiert, wie die Digitalisierung interner Prozesse und der Schulung von Mitarbeitern.

Nachdem intern die digitale Transformation begonnen wurde und erste positive Effekte, wie höhere Leistungsfähigkeit einzelner Arbeitsbereiche, sichtbar wurden, konnten mithilfe der zwischenzeitlich durch Schulungen und Projekterfahrungen gewonnenen digitalen Fähigkeiten und Kompetenzen auch erste Projekte mit größerer bzw. offensichtlicher Außenwirkung angegangen werden. Aktuell arbeitet das Unternehmen beispielsweise zusammen mit Digitalisierungsexperten des Mittelstand 4.0-Kompetenzzentrums Berlin an einem neuen Angebot, welches im nächsten Jahr mit Pilotkunden erprobt werden soll. In diesem Projekt geht es um die flexible Architektur in geschäftlich vermieteten Immobilien. Das Ziel ist es, Kunden mit schwankendem Auftragsvolumen und Saisongeschäft so zu kombinieren, dass mit flexiblen Räumlichkeiten und einer geschickten Mieterauswahl, positive wirtschaftliche Aspekte für die Kunden und den Vermieter bzw. die Vermieterin realisiert werden. Dem ging allerdings die Entwicklung der digitalen Strategie voraus.

9.2.2 Ausarbeitung einer digitalen Strategie

Bei der Ausarbeitung der Digitalisierungsstrategie standen die Neuausrichtung des gesamten Unternehmens sowie die Schaffung einer nachhaltigen Innovationskultur im Vordergrund. Auf geringe, kurzfristige Gewinne wurde dafür verzichtet. In ihren Grundzügen wurde die Strategie von der Geschäftsführung entwickelt. Anschließend wurde eine, das „Digital Solutions Team", und mit dieser die Strategie konkretisiert und in einen Handlungsplan überführt. Während des Strategieentwicklungsprozesses tagten die Stabstelle und die Geschäftsführung regelmäßig. Entlang der definierten Zielstellung, die unternehmensintern kommuniziert wurde, werden nun Projekte abhängig von Aufgeschlossenheit und Priorität durchgeführt.

Ein Kernelement des Vorgehens ist, dass es keinen ressourcenintensiven und bis ins letzte Detail geplanten Prozess gibt. Viel mehr gibt es eine Zielstellung an der von Spezialisten in Zusammenarbeit mit verschiedenen Abteilungen bedarfsorientiert gearbeitet wird. Es steht ein vorab definiertes Ressourcenkontingent zur Verfügung. Fernerhin bleibt durch dieses Vorgehen die Digitalisierung im Unternehmen flexibel und bedarfsorientiert. Inhaltlich waren der Entwurf einer Vision und das Abstecken wichtiger Meilensteine und Teilziele Kernbestandteil der digitalen Strategie. Als erste grundlegende Handlungsschritte wurden dabei das Überarbeiten des eigenen Geschäftsmodells sowie die Schaffung der Digitalisierungsstabstelle identifiziert.

Darüber hinaus wurde beschlossen, die internen Prozesse zu optimieren. Dafür wurden Maßnahmen zur Standardisierung und Automatisierung von Aufgaben durch neue und bestehende IT-Systeme geplant. Thematisiert wurden in diesem Kontext auch die zentrale Datenspeicherung, die Suche nach neuen Softwareanbietern und der Ausbau der IT-Infrastruktur. Daneben wurden ebenfalls weniger technische Themen aufgegriffen. So beinhaltet die Strategie einen Absatz zu möglichen neuen, kreativen Arbeits- und Ideenfindungsprozessen, die erprobt werden sollen.

Einen weiteren Schwerpunkt bildet der Umgang mit dem Personal. Von besonderer Bedeutung sind hier der Abbau von Widerständen und eine Steigerung der Akzeptanz gegenüber Neuerungen und die Qualifizierung für die Digitalisierung. Aus diesen Zielen wurden ebenfalls konkrete Maßnahmen abgeleitet, wie z. B. die Durchführung von Informationsveranstaltungen und Weiterbildungsangeboten in kleinen Gruppen.

Alle hier angesprochenen Maßnahmen werden im späteren Verlauf des Beitrags näher erläutert. Zudem findet sich eine zusammenfassende Übersicht in (Abb. 9.3).

Ziel ist die Positionierung des Unternehmens als digitaler Fullservicedienstleister, vorranging im Business-to-Business-Geschäft an den Unternehmensstandorten. Um dies zu erreichen, wurde eine schrittweise Strategieumsetzung festgelegt. So sollten digitale Neuerungen zunächst in prototypischen Pilotprojekten in einzelnen Abteilungen eingeführt werden, bevor die netzwerkartige Ausweitung auf den Standort und schließlich aufs gesamte Unternehmen erfolgt. Durch dieses Vorgehen kann ein erstes Feedback schnell eingeholt und aufkommende Aspekte eingearbeitet werden. Zudem werden positive Er-

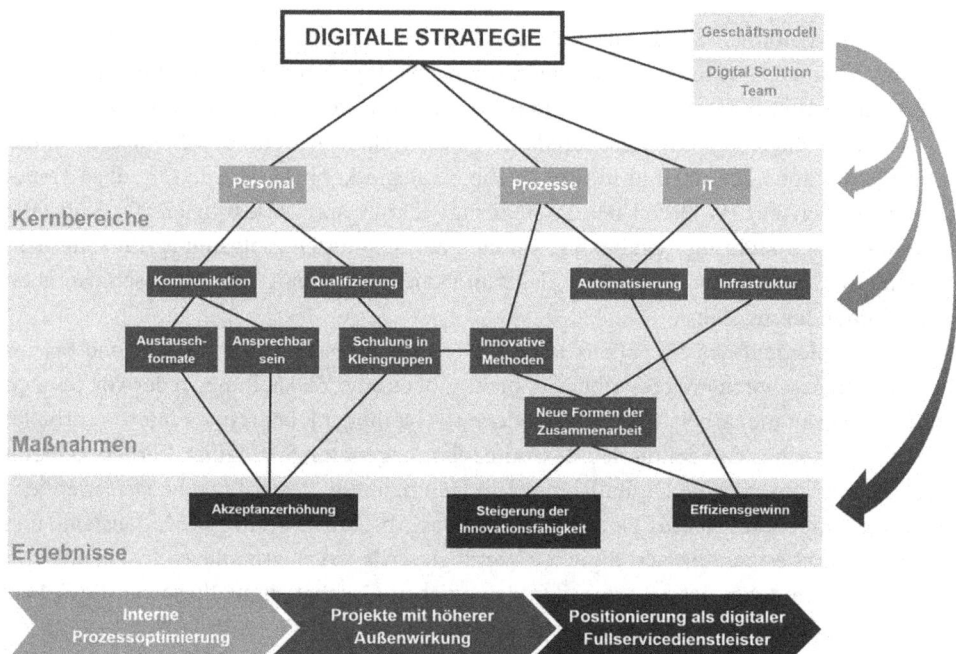

Abb. 9.3 Überblick über den Digitalisierungsprozess der ImmoVex Estate GmbH

fahrungen mit den umgesetzten Neuerungen aus den Pilotabteilungen kommuniziert und so die Akzeptanz noch vor der Einführung im Gesamtunternehmen erhöht.

Langfristig ist die Strategie darauf ausgerichtet, eine Kapazitätserweiterung sowie die Steigerung von Umsatz und Gewinn bei einer gleichbleibenden oder einer moderaten Erhöhung der Mitarbeiterzahl zu erreichen.

Überarbeitung des Geschäftsmodells
Nachdem grundsätzliche Ziele definiert und ein strategischer Plan entwickelt wurden, befasste sich das Unternehmen mit der Veränderung seines eigenen Geschäftsmodells. Ziel war es, sich selbst zu hinterfragen und neue, digitale Ansätze für das Immobiliengeschäft zu entwickeln. Dabei wurde auch in Kauf genommen, sich für einen digitalisierten Markt völlig anders aufstellen zu müssen, um eine solide Zukunftsbasis zu schaffen. Das bestehende Geschäftsmodell wurde dabei nicht abgeschafft. Vielmehr wurde eine digital verbesserte Umsetzung des bestehenden Modells angestrebt. Darüber hinaus wurden neue Geschäftsmodelle mit starkem Branchenbezug erarbeitet, die nach Digitalisierungsprojekten im Kerngeschäft erneut überprüft und angegangen werden sollen.

Bildung eines Digital Solution Teams
Als ersten praktischen Schritt des Digitalisierungsprozesses, baute das Unternehmen ein stetig wachsendes Digital Solution Team auf, das die Strategie weiter ausarbeitet und für die Umsetzung Verantwortung übernimmt. Aus einer Stabstelle, die die Geschäftsführung bei den ersten Schritten begleitete ist innerhalb von zwei Jahren eine Abteilung mit insgesamt 5 Mitarbeitern geworden.

Eine Kernkompetenz des Teams ist die Umsetzung technischer Neuerungen. Gemeinsam mit Mitarbeitern aus Fachabteilungen plant das Team Veränderungen in der IT-Infrastruktur, versucht neue Softwarelösungen zu finden und bestehende zu optimieren und behält den Veränderungsprozess ganzheitlich im Auge. Das Team unterstützt vielfältige Digitalisierungsvorhaben vor allem dadurch, dass es den permanenten Austausch mit den betreffenden Abteilungen und Mitarbeitern begleitet. Das Team sorgt für transparente Entscheidungen, führt Gespräche, um Ängste und Vorbehalte zu reduzieren und pflegt den Kontakt mit der Geschäftsführung. Ferner werden an den verschiedenen Standorten regelmäßig verschiedene Events organisiert, die einen Überblick über den Digitalisierungsstand des Unternehmens geben und an konkreten Beispielen den momentanen Status quo verdeutlichen sowie Erfolge und Schwierigkeiten aufzeigen. Ziel solcher Events ist es, Feedback einzuholen, Probleme anzusprechen, Unsicherheiten zu reduzieren und durch das Aufzeigen von Erfolgen für darauffolgende Veränderungsprozesse zu motivieren.

Bei Digitalisierungsvorhaben stößt das Digital Solutions Team meistens die grundlegende Idee zur Veränderung an. Die Verantwortung zur praktischen Umsetzung trägt, nachdem die Idee konkretisiert wurde, dann das Projektteam, das interdisziplinär für das entsprechende Veränderungsvorhaben gebildet wird. Als Ansprechpartner und Projektbegleitung bleibt das Digital Solutions Team allerdings erhalten und bildet somit die Schnittstelle, in der die Digitalisierungsmaßnahmen und Pläne im Unternehmen zusammenlaufen.

9.2.3 Prozesse optimieren

Ein großer Anteil der Digitalisierungsvorhaben zielt darauf, Prozesse effizienter zu gestalten und die interne Zusammenarbeit, aber auch den Kundenkontakt, zu erleichtern. Dabei wurden die im Folgenden aufgeführten Maßnahmen genutzt.

Einführung neuer IT-Systeme und damit verbundene Auslagerung einfacher Arbeitsaufgaben
Im Zuge des digitalen Transformationsprozesses führte das Unternehmen mehrere neue IT-Systeme ein, die Teilaufgaben, die zuvor von Mitarbeitern manuell ausgeführt wurden, übernahmen. Damit wollte das Unternehmen gleich mehrere Probleme lösen. Zum einen waren es in der Vergangenheit häufig eher einfache Aufgaben mit wenig Spielraum für Flexibilität, die besonders fehleranfällig waren. Beim manuellen Übertragen von Abrechnungen in unübersichtliche Tabellenformate kam es beispielsweise häufig zu Tippfehlern. Die neuen IT-Systeme boten dem Unternehmen die Möglichkeit, solche unkreativen, eintönigen Aufgaben auf Computersysteme auszulagern und Fehlerquellen dadurch zu reduzieren. Zum anderen konnte die Arbeit der Mitarbeiter, die zuvor solche Aufgaben ausführten, bereichert werden. Das Wegfallen repetitiver Standardaufgaben ermöglichte, dass nun mehr Zeit für anregende Aufgaben verfügbar ist, bei denen der Faktor „Mensch" im Vordergrund steht. Für das Unternehmen bedeutete dies auch, dass „menschliche Ressourcen" nun gewinnbringender für Aufgaben, die Planungsprozesse und Kreativität benötigen, genutzt werden. Gerade in der starken Wachstumsphase, in der sich das Unternehmen befindet, bietet es einen großen Vorteil, das Personal mit Blick auf individuelle Stärken, möglichst wertschöpfend beispielsweise bei der Entwicklung neuer, innovativer Kundenlösungen und der Erweiterung von Geschäftszweigen einsetzen zu können.

Bisher sind aufgrund der Digitalisierungsmaßnahmen keine Kündigungen erfolgt. Das ist wichtig, da sonst die Bereitschaft zu digitalen Neuerungen deutlich geringer wäre und die positiven Aspekte weniger Thema im Unternehmen wären. Ein Schritt, der der Einführung neuer IT-Systeme und der Vereinfachung bestehender monotoner Aufgaben folgte, ist die Automatisierung und Standardisierung komplexerer übergeordneter Prozesse, wie dem Berichtwesen.

Schaffung zentraler Datenbanken
Ein weiteres Ziel war die Verbesserung des Informationsflusses. In einem Umfeld, in dem menschliches Wissen und automatisierte, maschinell gesteuerte Prozesse interagieren, ist die Verknüpfung und Verbindung von Informationen zentral, um diese möglichst gewinnbringend zu nutzen. Damit alle an einem Vorgang beteiligten Mitarbeiter schnell Informationen einholen und weiterverarbeiten können, wurden zentrale Datenbanken geschaffen, auf die von überall aus zugegriffen werden kann. Informationswege sind dadurch nun kürzer und telefonische sowie postalische Abstimmungszeiten wurden reduziert, reibungslosere Abläufe sind die Folge. Auch die Sicherheit der Daten spielt bei der

Schaffung der Datenbanken eine große Rolle. Dadurch dass Daten nicht mehr auf einzelnen Endgeräten, sondern zentral gespeichert werden, ist die Gefahr des Datenverlustes deutlich geringer.

Suche von passenden Anbietern/ Partnern
Bei der Nutzung komplexer Softwaresysteme sind Unternehmen auf eine gute Zusammenarbeit mit Softwareanbietern und/ oder IT-Dienstleistern angewiesen. Hier setzt das Unternehmen auf nachhaltige und wechselseitig gewinnbringende Partnerschaften. In der Vergangenheit stieß die Zusammenarbeit mit internationalen Branchenriesen an Grenzen. Bei der gigantischen Menge an Kunden, die Marktführer zu betreuen haben, wurde das KMU als vergleichsweise kleiner Abnehmer häufig übersehen. So gestaltete sich die Entwicklung spezifischer Lösungen oder Anpassungen häufig schwierig, da das KMU kein so hohes Budget bereitstellen konnte wie Großkunden der Softwareanbieter und folglich als Kunde weniger stark im Fokus stand. Als sich das Unternehmen entschloss, die Zusammenarbeit mit Branchenriesen aufzugeben und stattdessen auf mittelständische, regionale Anbieter setzte, begann die Ausarbeitung individueller Lösungen auf Basis eines engen Austausches. So konnten für technische Probleme maßgeschneiderte Lösungen entwickelt und bei Problemen ein schneller Support garantiert werden.

Anpassung der IT-Infrastruktur: Desk Sharing und mobiles Arbeiten
Neben den Softwareumrüstungen wurde die IT-Infrastruktur auch mit Blick auf die Arbeitsplatz- und Raumgestaltung angepasst. Mobile Endgeräte unterstützen und/ oder ersetzen nach und nach die bestehende und teilweise veraltete Hardware, sodass mobiles Arbeiten möglich wird. Dies bietet den Mitarbeitern flexible Arbeitsmöglichkeiten, z. B. im Home-Office und auf Dienstreisen. Daneben werden kreativere Arbeitsprozesse angeregt, da Mitarbeiter sich an unterschiedlichen Orten im Unternehmen, z.B. in Meeting Räumen, treffen und ihre Geräte mitnehmen können, um gemeinsam an Aufgaben zu arbeiten. Unterstützt wird diese Zusammenarbeit durch die schrittweise Neuanschaffung von Möbeln, die sich flexibel im Raum bewegen lassen und einfach zu Tischgruppen zusammengeschoben werden können. Dies erleichtert den Austausch im Team erheblich. Nach und nach sollen solche Möbel an allen Unternehmensstandorten das alte Mobiliar ersetzen.

Aufgrund des Umstiegs auf mobile Endgeräte sowie der zentralen Datenspeicherung wäre auch Desk Sharing, also die flexible Nutzung von Arbeitsplätzen möglich. Da der komplette Wegfall des „eigenen" Schreibtischplatzes oftmals Konfliktpotenzial bietet und zu vielen Berufen in der Immobilienbranche, wie z. B. der Buchhaltung, nach wie vor eine Papierablage gehört, wurde hierauf weitestgehend verzichtet. Dennoch, die Schaffung von Orten, an denen Mitarbeiter sich treffen können, die Möglichkeit, im eigenen Büro mithilfe modernen Mobiliars Inseln zu schaffen und die Nutzung mobiler Geräte führt dazu, dass weniger starr am eigenen Arbeitsplatz verharrt wird und mehr Bewegung und Austausch stattfindet.

Spezifische Nutzung von kreativen Arbeitsmethoden für die Konkretisierung von Digitalisierungsvorhaben

Die Leiterin der Abteilung für Digitalisierung nahm u. a. im Rahmen ihrer beruflichen Weiterbildung an einer Workshop-Reihe zum Thema Personal 4.0 teil, die das Mittelstand 4.0 Kompetenzzentrum Berlin im Jahr 2017 anbot. Im Nachgang der Tagesworkshops verbreitete sie das Gelernte im Unternehmen durch einen Austausch im Digitalisierungsteam und mit einigen Fachabteilungen weiter. Das neue Wissen wurde direkt in zwei bestehende Projekte im Zusammenhang mit der Überarbeitung des Onlineauftritts des Unternehmens und eine Neukonzeption des Employer Brandings eingebracht. Zudem wurde ein Design Thinking Coach eingekauft, der die in Workshops kennengelernten Methoden in ein drittes Vorhaben einbrachte. Seither werden punktuell unterschiedliche kreative Methoden in einzelnen Phasen der Projektkonzeption sowie in Workshops, in denen neue Digitalisierungsprojekte entwickelt werden, eingesetzt. Ein Workshopergebnis im Digitalisierungsteam, welcher den Umgang mit Ängsten von Mitarbeitern in Digitalisierungsprojekten thematisierte, sind die Digital Lunches, die in dem gleichnamigen Kapitel beschrieben werden. Im Ergebnis stellen Mitarbeiter immer wieder fest, dass Digitalisierung nicht nur eine Reduzierung monotoner Aufgaben bedeuten kann, sondern auch Freiraum für kreatives Arbeiten schafft und dass Digitalisierung und Kreativität gelegentlich sehr nahe beieinander liegen.

9.2.4 Widerstände und Ängste bei Mitarbeitern abbauen

Alle bisher geschilderten Veränderungen haben zu einer höheren Effizienz der Arbeitsprozesse beigetragen und konnten so die Produktivität des Unternehmens steigern. Dies gelang jedoch nur, da die Mitarbeiter konsequent und von Beginn an in die vielseitigen Veränderungsvorhaben des Unternehmens einbezogen wurden. Darüber hinaus wurden Maßnahmen zur Akzeptanzsteigerung fest in die Digitalisierungsstrategie verankert. Dabei ist sich das Unternehmen bewusst, dass Veränderungen, sowohl technischer, als auch organisationaler Natur, immer Widerstände und Ängste in Menschen auslösen. Zunächst besteht oftmals und zum größten Teil begründet die Angst vor Mehraufwand und Überlastung. Neuerungen und die damit verbundene Einarbeitung bedeuten immer, zumindest für einen vorübergehenden Zeitraum, zusätzliche Arbeit zum ohnehin fordernden operativen Tagesgeschäft, das währenddessen normal weiterläuft. Eine etwas umfassendere Veränderung bedeutet den zeitweisen Parallelbetrieb neuer und bestehender Lösungen. Zusätzlich können Befürchtungen entstehen, dass sich positive Aspekte eher für Andere und nicht die eigene Arbeit einstellen und die Digitalisierung ein Selbstzweck sein könnte. Gerade zu den besonders arbeitsintensiven Phasen, wie dem Jahresabschluss in der Buchhaltung und im Rechnungswesen, gestaltet sich die Veränderung von Arbeitsmitteln und Prozessen daher schwierig. Dies von Beginn an mit einzukalkulieren, erleichtert die Einführung von Neuerungen. Dennoch, rein quantitativ lässt sich die Mehrarbeit durch Umstrukturierungsprozesse nicht vollends vermeiden. Umso wichtiger ist es, mit gezielten Maßnahmen die Bereitschaft der Mitarbeiter für ebensolche Veränderungen sicherzustellen. Im Folgenden werden ausgewählte Maßnahmen skizziert, die das Unternehmen durchführt, um Mitarbeiter verschiedener Fachbereiche einzubeziehen und Vorbehalten entgegenzutreten.

Kommunikation
Die ImmoVex Estate GmbH erkannte, dass die Mitarbeiter verstehen müssen, was verändert werden soll, und welche Ziele mit einer konkreten Veränderung verfolgt werden, damit sie motiviert sind, die Veränderung positiv aufnehmen und sie unterstützen. Die stetige Vermittlung des Nutzens digitaler Neuerungen sowie die Klärung der Fragen „Was bedeutet das für mich als Mitarbeiter persönlich?" und „Welche Vorteile kann ich daraus ziehen?" hat sich für das Unternehmen als wichtiges Instrument etabliert, um die Akzeptanz zu erhöhen. Viele Mitarbeiter nehmen eine kurzzeitig höhere Arbeitsbelastung in Kauf, wenn sie wissen, dass sie sich langfristig ihre Arbeit dadurch erleichtern oder die Chance bekommen, wichtige neue Kompetenzen zu erwerben, von denen sie in ihrer beruflichen Zukunft profitieren können. Neben der Angst vor Überlastung bestand teilweise die Sorge „abgehängt" zu werden. Auslöser kann hier das Gefühl sein, von der Komplexität neuer, digitaler Arbeitsweisen überfordert zu sein und aufs „Abstellgleis" gestellt zu werden bis hin zur erlebten Bedrohung des eigenen Arbeitsplatzes und die Ablösung durch eine Maschine oder Software. Solchen Befürchtungen begegnet das Unternehmen offensiv. Hier können zum einen ganz rational Zahlen kommuniziert werden, die zeigen, dass seit Beginn des Digitalisierungsprozesses zahlreiche neue Stellen geschaffen wurden und kein Kollege das Unternehmen aufgrund der Digitalisierung von Arbeit verlassen musste. Für Mitarbeiter, deren Aufgaben teilweise maschinell ersetzt wurden, wurden interessante Alternativen mit gleichen oder etwas höheren Anforderungen präsentiert, sodass der Tätigkeitswechsel häufig sogar mit interessanten Entwicklungsmöglichkeiten einherging. Zudem wurde aufgezeigt, dass auch Routineaufgaben, z. B. in der Buchhaltung, nicht vollständig wegfielen und Expertenwissen auf diesen Gebieten nach wie vor gefragt ist. Durch die stetige transparente und ehrliche Kommunikation konnten bisher die meisten Ängste abgebaut und Vertrauen gestärkt werden.

Digital Lunches
Zur Verstetigung der Kommunikation und Sensibilisierung zum Thema Digitalisierung wurde ein Veranstaltungsformat entwickelt, bei dem Sorgen angesprochen und geplante Maßnahmen diskutiert werden können. Der sogenannte „Digital Lunch" findet in einer informellen Runde zur Mittagszeit bei einem gemeinsamen Essen statt. Dabei gibt es zunächst einen Input in Form eines kurzen Vortrags. Dieser Input kommt häufig von externen Sprechern, um einen Blick über den Tellerrand des Unternehmens hinaus zu ermöglichen und Offenheit für Neuerungen zu schaffen. Die Mitarbeiter werden so angeregt, sich mit neuen Digitalisierungstrends zu beschäftigen und sich für das Thema zu begeistern, Neuerungen aber auch kritisch zu hinterfragen. Nach dem Input wird über das angesprochene Thema oder die vorgestellte Lösung diskutiert und sich ausgetauscht. Regelmäßig stellen auch Mit-

arbeiter und Teams ihre eigenen Themen und Projekte vor. Dies geschieht insbesondere nach der Implementierung von Veränderungen in einem Bereich. Im Vordergrund steht dann, die Kollegen dazu auf den neusten Stand zu bringen, sich Ratschläge und Feedback zu holen, Erfolge sichtbar zu machen, aber auch Schwierigkeiten zu thematisieren und voneinander zu lernen. Ziel hierbei ist es, als Unternehmen stärker zusammenzuwachsen und sich gegenseitig zu unterstützen. Dadurch, dass die Mitarbeiter erfahren, was andere Teams bereits erreicht haben, sollen die Motivation und das Selbstvertrauen wachsen, auch im eigenen Team anstehenden Veränderungen offener entgegen zu sehen und sich selbst in den Prozess einzubringen.

Ansprechpartner bereitstellen
Neben Veranstaltungen, bei denen über die Digitalisierung und damit einhergehende Veränderungen im Unternehmen gesprochen wird, ist es wichtig, dass die Mitarbeiter wissen, dass auch im Arbeitsalltag jederzeit Ansprechpartner für ihre Probleme und Sorgen im Digitalisierungsprozess zur Verfügung stehen. Zudem ist Feedback jederzeit erwünscht. Das Digital Solutions Team ist hier eine zentrale Anlaufstelle, an die sich Mitarbeiter wenden können, sei es formal, bei einem vereinbarten Termin oder ganz niederschwellig in der gemeinsamen Kaffeepause. Der Austausch hilft nicht nur Mitarbeitern dabei, Schwierigkeiten aus dem Weg zu räumen, sondern bietet auch einen wichtigen Input für das Digital Solutions Team. Die Mitarbeiter aus den betroffenen Fachabteilungen wissen oft am besten Bescheid, an welchen Stellen es noch hakt und an welchen Stellen Neuerungen Sinn oder vielleicht auch wenig Sinn ergeben. Nur durch den regen Austausch mit Mitarbeitern übers gesamte Unternehmen hinweg kann das Team Strategien ausarbeiten, die wirklich nützlich und gewinnbringend sind und eine hohe Akzeptanz erreichen. Als weitere Anlaufstelle sind die Projektteams zu nennen, die die Verantwortung für die konkrete Umsetzung für digitale Neuerungen tragen. Diese interdisziplinären Teams werden – wie bereits geschildert – speziell für die Einführung einer bestimmten Neuerung gebildet und stehen als interne Fachleute für Fragen anderer Mitarbeiter zur Verfügung.

9.2.5 Digitale Weiterbildung

Die Akzeptanz von Veränderungen ist ein wichtiger Bestandteil des Digitalisierungsprozesses, reicht aber allein noch nicht aus, um die Transformation im Unternehmen erfolgreich zu gestalten. Vielmehr brauchen die Mitarbeiter auch die nötigen Kompetenzen, um mit all den Neuerungen gewinnbringend arbeiten zu können. Die Qualifizierung des Personals spielt daher eine besonders wichtige Rolle in der Digitalisierungsstrategie.

Schulungskonzept
Zu Beginn stieß das Unternehmen auf das Problem, dass sich bei den Mitarbeiterinnen Beharrungskräfte zeigten, da viele Beschäftigte den hohen Mehraufwand scheuten, sich neben ihrem Tagesgeschäft neue Softwarekenntnisse anzueignen. Frontalunterricht und Standardschulungen stießen schnell an ihre Grenzen. Daher schwang das Unternehmen um und setzte

vermehrt auf interaktive Trainings und Workshops in Kleingruppen. Auf diese Weise kann seither individuell auf die Bedürfnisse und den Kenntnisstand der Teilnehmer eingegangen werden. Anstoß zu solchen Weiterbildungskonzepten erhielt das Unternehmen, neben dem mangelnden Erfolg von Frontalschulungen, auch durch die Erfahrungen, die in den besuchten Workshops des Kompetenzzentrums gesammelt wurden. In dem nun angebotenen Qualifizierungsprogramm des Unternehmens wird ein sicherer Raum geschaffen, der zum Ausprobieren anregt, sodass Mitarbeiter nach einem Training mit einem bestärkten Gefühl an ihren Arbeitsplatz zurückkehren können. Mithilfe dieser Weiterbildungsangebote schafft es das Unternehmen, Mitarbeiter zum Lernen zu motivieren. Darüber hinaus trugen die Trainingsteilnehmer ihr neu erworbenes Wissen selbstständig in ihre Arbeitsteams weiter. Das miteinander und voneinander Lernen stellt hier einen zentralen Ansatz des Unternehmens dar.

9.2.6 Zusammenfassung

Mithilfe der dargestellten Maßnahmen schaffte es das Unternehmen bereits trotz hoher getätigter Investitionen seinen Gewinn zu steigern und weiter zu wachsen. Auch wenn damit schon erste wichtige Schritte der digitalen Transformation getan sind, ist der Digitalisierungsprozess der ImmoVex Estate GmbH keinesfalls abgeschlossen. Fortlaufend werden neue Projekte geplant.

Das Beispiel des Unternehmens zeigt, dass die Einführung technischer und organisationaler Neuerungen und die Motivation und Qualifizierung des Personals bestenfalls Hand in Hand verlaufen. Zudem wird deutlich, dass die Ziele zwar gern ambitioniert sein dürfen, die Umsetzung jedoch schrittweise erfolgt, vom kleinen Pilot-Team zum Gesamtstandort, von der Verlagerung monotoner Standardprozesse auf IT-Systeme bis hin zur Automatisierung komplexer, übergeordneter Prozesse. Zusammenfassend ist der Digitalisierungsprozess aus dem Beispiel in Abb. 9.3 dargestellt.

Aus diesem skizzierten Prozess lassen sich wichtige Erkenntnisse für KMU ziehen, die sich ebenfalls mit dem Thema der Digitalisierung befassen und einen Schritt in die Zukunft gehen möchten. Inwieweit sich die dargestellten Maßnahmen generalisieren und auf andere Unternehmen übertragen lassen, wird im folgenden Kapitel diskutiert.

9.3 Übertragbarkeit des Beispiels und Fazit

Natürlich können die beschriebenen Maßnahmen nicht als Universallösung für sämtliche KMU gesehen werden. Zentral sind jedoch die folgenden Ansatzpunkte:

1. Ausgestaltung einer digitalen Strategie: Nur wer weiß, wo es hin gehen soll, kann effizient und zielgerichtet handeln.
2. Verantwortlichkeiten schaffen: Es braucht mutige Führungskräfte und Mitarbeiter, die Verantwortung dafür übernehmen, dass die Digitalisierung im Unternehmen vorangetrieben wird.

3. Transparent sein und gute Kommunikation: Veränderung ruft Widerstände hervor. Diese sollten mit transparenter Kommunikation und einem offenen Ohr für Sorgen und Probleme aufgefangen werden.
4. Qualifizierung: Viele digitale Neuerungen können nicht nebenbei erlernt werden, sondern setzen Weiterbildung voraus.

Diese Bausteine lassen sich – in unterschiedlichem Detailgrad – in fast allen KMU anwenden. Eine digitale Strategie muss beispielsweise kein seitenlanger Text sein. Wenn eine detaillierte Strategie besteht – umso besser. Manchmal reicht es bereits aus, in prägnanten Schlagworten festzuhalten, welche Kernziele in einem Zeitraum erreicht werden sollen. Auf diese Weise können immer konkreter werdende Handlungsschritte abgeleitet und schrittweise umgesetzt werden

Auch hinsichtlich des zweiten Aspekts gibt es Maßnahmen, die ein Unternehmen relativ einfach ergreifen kann. Statt des Einrichtens eines eigens für die Digitalisierung zuständigen Teams kann es unter Umständen reichen, Ansprechpartner zu schaffen, die neben ihrer Arbeit in den jeweiligen Fachabteilungen Ressourcen, sowohl zeitlich, als auch finanziell, bereitgestellt bekommen, um sich dem Digitalisierungsthema zu widmen.

Bezüglich der transparenten Kommunikation den eigenen Mitarbeitern gegenüber kann jedes Unternehmen ohne viel Zusatzaufwand und -kosten schnell handeln. Das Grundprinzip lautet: „Holen Sie Ihre Mitarbeiter mit ins Boot!" Bei der Art und Weise sind der Kreativität kaum Grenzen gesetzt. Authentizität und Glaubwürdigkeit sind allerdings entscheidend. Wöchentliche Stand-Up Meetings können hier genauso Mittel der Wahl sein wie Thementische, die abwechselnd von verschiedenen Teams oder Abteilungen organisiert werden. Wichtig ist der persönliche Kontakt. Reine Info-E-Mails reichen in den wenigsten Fällen aus, um die Akzeptanz für Veränderungen sicherzustellen. Vielmehr müssen die Mitarbeiter Teil des Prozesses werden.

Große Spielräume sind auch hinsichtlich der Qualifizierung vorhanden. Wie viel Schulung notwendig ist und welche Formate sich eignen ist sehr stark einzelfallabhängig und auch durch die begrenzte Verfügbarkeit von Ressourcen bestimmt. Zentral ist, sich gut über externe Angebote zu informieren. Dank staatlicher Förderungen gibt es qualitativ hochwertige Angebote zum Teil völlig kostenfrei, verwiesen sei an dieser Stelle z. B. auf regionale Förderungen der Länder oder die bundesweite Initiative Mittelstand Digital des Bundesministeriums für Wirtschaft und Energie (BMWi). Unternehmen müssen lediglich ihre Mitarbeiter für die Trainingstage freistellen – im Vergleich zur Organisation eigener Qualifizierungsformate ein überschaubarerer Einsatz. Auf die Bedürfnisse des Unternehmens besser zugeschnitten sind z. B. Inhouse Seminare von externen Trainer oder internen Experten. Bedacht werden sollten auch unkonventionellere Methoden, wie beispielsweise die gegenseitige Befähigung von Mitarbeitern in Lern-Tandems, die über völlig unterschiedliche digitale Kompetenzen verfügen.

Fazit ist, auch mit begrenzten Ressourcen lassen sich Maßnahmen implementieren, die zu einer erfolgreichen digitalen Transformation beitragen können. Nicht bei jedem Unternehmen wird der Wandel in gleicher Geschwindigkeit verlaufen und nicht jeder kann –

oder muss – Vorreiter in Sachen Digitalisierung sein. Unternehmen und besonders Führungskräfte sollten sich immer selbst und ihr Geschäftsmodell hinterfragen. Das Wissen um die eigene Identität und den Markenkern ist wegweisend in einer Zeit, in der es durch eine sich schnell verändernde Umwelt oft an Orientierung fehlt. Wenn Unternehmen sich und ihre Zielgruppe kennen, den Menschen – sei es Kunde oder Mitarbeiter – in den Fokus rücken und Veränderungen als Chance begreifen, dann hat eine Organisation gute Aussichten die digitale Transformation erfolgreich zu durchlaufen.

Literatur

Bitkom Research (2017). Digitalisierung der Wirtschaft. Online verfügbar: https://www.bitkom.org/Presse/Anhaenge-an-PIs/2017/11-November/170119-Bitkom-Charts-Digitalisierung-der-Wirtschaft-28-11-2017-v3.pdf [Stand: 06.08.2018].
BFW Bundesverband Freier Immobilien- und Wohnungsunternehmen (2018). Das Digitalisierungsparadoxon. Online verfügbar: https://www.bfw-bund.de/services/presse/pressemitteilungen/61575-bfw-umfrage-zur-digitalisierung-mittelstaendische-immobilienunternehmen-drohen-sich-selbst-auszubremsen/. [Stand: 06.11.2018]
Capgemini (Hrsg.) (2017). Turning AI into concrete value: the successful implementers' toolkit. Online verfügbar: https://www.capgemini.com/consulting-de/wp-content/uploads/sites/32/2017/09/artificial-intelligence-report.pdf. [20.11.2018].
Ernst & Young GmbH (Hrsg.) (2018). Digitalisierung im Deutschen Mittelstand. Online verfügbar: https://www.ey.com/Publication/vwLUAssets/ey-digitalisierung-im-deutschen-mittelstand-maerz-2018/$FILE/ey-digitalisierung-im-deutschen-mittelstand-maerz-2018.pdf [06.08.2018].
IHK Berlin (Hrsg.) (2016). Digitalisierung in der Unternehmensstrategie: Wo steht die Berliner Wirtschaft?
Palka, A. (2018). OECD-Studie zur Zukunft des Arbeitsmarktes. Digitalisierung gefährdet Millionen von Jobs – welche besonders betroffen sind. Hg. v. Handelsblatt. Online verfügbar: https://www.handelsblatt.com/unternehmen/management/digitaletransformation/oecd-studie-zur-zukunft-des-arbeitsmarktes-digitalisierung-gefaehrdet-millionen-von-jobs-welche-besonders-betroffen-sind/21217278.html?ticket=ST-5466804-h5N4j4eYcpJxiFSa2vE5-ap2 [06.11.2018].
Telekom AG (Hrsg.) (2017). Digitalisierungsindex Mittelstand. Online verfügbar: https://www.digitalisierungsindex.de/wp-content/uploads/2017/12/Digitalisierung-Studie-Mittelstand-web.pdf [06.08.2018].
Xing E-Recruiting GmbH & Co. KG (Hrsg.) (2017). Recruiting 4.0: Unternehmenserfolg durch digitale Personalgewinnung. Online verfügbar: https://www.strimgroup.com/wp-content/uploads/2018/01/studie-whitepaper-recruiting4.pdf [06.08.2018].
ZEIT ONLINE (2018). Studie sieht Millionen Jobs durch Digitalisierung gefährdet. Online verfügbar: https://www.zeit.de/wirtschaft/2018-02/arbeitsmarkt-digitalisierung-roboter-arbeitnehmer-stellenverlust [06.11.2018].

Prof. Dr. Katharina Hölzle, MBA ist Inhaberin des Lehrstuhls für IT Entrepreneurship an der Universität Potsdam und hatte zuvor den Lehrstuhl für Innovationsmanagement und Entrepreneurship an der gleichen Hochschule inne. Seit 2015 ist sie Herausgeberin der Zeitschrift Creativity and Innovation Management (Wiley). Im August 2018 wurde sie in die Expertenkommission Forschung und Innovation der Deutschen Bundesregierung berufen. Ihre Forschungsgebiete sind die Umsetzung von Kreativität und Innovation im Unternehmen, Design Thinking, Digitalisierung, Geschäftsmodellinnovation und Strategic Foresight.

Fabian Gerhardt, M. Sc. ist studierter Betriebswirt und Erziehungswissenschaftler. Seit 2019 ist er Projektleiter und wissenschaftlicher Mitarbeiter am Lehrstuhl für IT Entrepreneurship an der Universität Potsdam. Zuvor war er vier Jahre wissenschaftlicher Mitarbeiter am Lehrstuhl für Innovationsmanagement und Entrepreneurship an der gleichen Hochschule und davor für mehrere mittelständische Unternehmen und Potsdam Transfer, der zentralen wissenschaftlichen Einrichtung für Gründung, Innovation, Wissens- und Technologietransfer der Universität Potsdam, tätig. Seine Forschungsinteressen liegen im Entrepreneurship und der digitalen Transformation von Unternehmen.

Nelly Kalischewski studiert im Masterstudiengang Psychologie an der Universität Potsdam. Ihr Schwerpunkt liegt dabei im Bereich Arbeits- und Organisationspsychologie. Seit Juli 2017 ist sie zudem als wissenschaftliche Hilfskraft am Lehrstuhl für Innovationsmanagement und Entrepreneurship an der Universität Potsdam tätig und unterstützt dabei das Projekt „_Gemeinsam Digital" vorranging in der Evaluation der Angebote. Daneben forscht sie zu den Zusammenhängen zwischen Führung, Kultur und proaktivem Verhalten in Organisationen.

Sophie Petzolt, M. Sc. ist seit Juli 2016 wissenschaftliche Mitarbeiterin am Lehrstuhl IT Entrepreneurship der Universität in Potsdam. Ihr Forschungsinteresse gilt der digitalen Transformation von Unternehmen. Sie studierte Internationale Betriebswirtschaftslehre (B.Sc) an der Europa Universität Viadrina, ihren Master (M.Sc) mit Schwerpunkt Innovationsmanagement absolvierte sie an der Universität Potsdam. Vor ihrer Tätigkeit am Lehrstuhl arbeitete sie bei der BASF.

Oliver Kullik, MBM ist wissenschaftlicher Mitarbeiter am Lehrstuhl IT Entrepreneurship an der Universität Potsdam. Sein Forschungsinteresse gilt den Themen Corporate Entrepreneurship mit Fokus auf Corporate Venturing, Inkubatoren und Acceleratoren sowie der Digitalisierung von mittelständischen Unternehmen. Vor seiner Tätigkeit am Lehrstuhl arbeitete er für die Unternehmensberatungen BearingPoint und Horváth & Partners jeweils im Bereich Public Management. Schwerpunkte waren dabei E-Government, Performance und Strategisches Management.

10

Einsatz einer Industrie 4.0-Potenzialanalyse zur methodischen und strukturierten Identifikation von Digitalisierungsmöglichkeiten

Marc Münnich, Marian Süße, Dimitri Bolev und Tino Langer

Zusammenfassung

Die Bedarfe von Unternehmen im Bereich Industrie 4.0 gestalten sich vielfältig im Hinblick auf Art und Einsatzfeld der benötigten Lösungen. Entsprechende Potenziale können durch vielfältige marktseitig verfügbare Angebote identifiziert werden, besitzen jedoch Defizite in den individuellen Analysemöglichkeiten von Unternehmensstrukturen oder in der Transparenz von Kosten und dem daraus entstehenden Nutzen. Im vorliegenden Beitrag wird die Industrie 4.0-Potenzialanalyse als ganzheitliches Analysetool zur zielgerichteten Identifikation von Bedarfen und Potenzialen im Bereich Industrie 4.0 genauer vorgestellt und ein Querschnitt der Erkenntnisse und Herausforderungen in den bisherigen Partnerunternehmen gegeben. Es werden sowohl innerbetriebliche Problemstellungen als auch übergeordnete Potenziale in den grundlegenden Geschäftsmodellen aufgezeigt. Ausgangspunkt bildet die praktische Evaluierung im Hinblick auf den Grad der Digitalisierung der Technologie-, Organisations- und Personalstrukturen sowie der Ableitung von strategischen Maßnahmen zur digitalen Transformation. Mit Fokus auf Geschäftsmodelle wird daran anknüpfend ein Ansatz zur Analyse und Weiterentwicklung dieser beschrieben. Dazu wird ein Plattform-Geschäftsmodell konzeptioniert und die spezifischen Elemente von diesem

---

Der Beitrag entstand im Rahmen des Mittelstand 4.0-Kompetenzzentrums Chemnitz, gefördert durch das Bundesministerium für Wirtschaft und Energie (BMWi) im Förderschwerpunkt Mittelstand-Digital (FKZ: 01MF16001B).

M. Münnich (✉) · M. Süße · D. Bolev · T. Langer (Deceased)
Fraunhofer Institut für Werkzeugmaschinen und Umformtechnik IWU, Chemnitz, Deutschland
E-Mail: marc.muennich@iwu.fraunhofer.de; marian.suesse@iwu.fraunhofer.de; dimitri.bolev@iwu.fraunhofer.de

© Springer-Verlag GmbH Deutschland, ein Teil von Springer Nature 2019
C. K. Bosse, K. J. Zink (Hrsg.), *Arbeit 4.0 im Mittelstand*,
https://doi.org/10.1007/978-3-662-59474-2_10

genauer hinsichtlich Wettbewerbstauglichkeit analysiert. Übergeordnetes Ziel soll es sein, eine methodische und strukturierte Vorgehensweise bei der Analyse und Umgestaltung betrieblicher Abläufe zu fördern und potenzielle Hürden in diesem Prozess genauer zu beleuchten.

10.1 „Industrie 4.0" – Schlagwort und Herausforderung für KMU

Große Teile des Mittelstandes in Deutschland sehen sich immer stärker mit neuen Herausforderungen konfrontiert, die den regionalen Wettbewerb zunehmend zu einem globalen Wettbewerb verändern. Dieser betrifft längst nicht mehr nur das Produkt, sondern auch die Art, wie Produkte bereitgestellt und vertrieben werden. Veränderungen des Marktumfeldes durch Zölle, Outsourcing, Ressourcenverknappung oder Währungsschwankungen zwingen Unternehmen zur Verringerung von Fertigungskosten und Lieferzeiten bei steigenden qualitativen Anforderungen an Produkte und Prozesse. Gleichzeitig verlangen Kunden ein größeres Angebot an Produktvarianten, die sogar noch während der Produktion anpassbar sein sollen.

„Industrie 4.0" (I4.0) ist das Schlagwort, mit dem große Unternehmen bereits seit Jahren diesen Herausforderungen begegnen. Grundlegend verbirgt sich dahinter die engere Verzahnung von Technologien der digitalen mit der physischen Welt, Produktion und Informationstechnologie rücken enger zusammen. Prozesse werden digitalisiert, Schnittstellen reduziert und IT-Systeme miteinander harmonisiert. Ausgehend von diesen Aktivitäten haben sich Daten über Prozesse und Produkte zu einer eigenständigen Ressource für Unternehmen entwickelt und können genutzt werden, um sich an flexible Kundenanforderungen anzupassen oder innovative Geschäftsmodelle umzusetzen.

Oftmals sind Digitalisierungsaktivitäten der betrieblichen Prozesse mit großen Investitionen und Entwicklungsaufwänden verbunden, die für kleine und mittlere Unternehmen (KMU) nur schwer umzusetzen sind. Das Angebot an Lösungen am Markt ist zugleich wenig transparent im Hinblick auf die eigenen Bedarfe. Zudem mangelt es KMU oftmals an Erfahrung in Digitalisierungsprojekten und es ergibt sich die Frage, wo und wie am besten damit begonnen werden soll. Die vorhandenen Potenziale, um effizient und gewinnbringend zu digitalisieren, können durch KMU in Eigenregie oftmals nur unter großem Aufwand identifiziert und mit passenden Lösungen versehen werden.

10.2 Potenziale im eigenen Betrieb identifizieren und ausschöpfen

2016 wurden im Rahmen der Studie Wirtschaftsindex DIGITAL über 700 sächsische Unternehmen aus sieben Kernbranchen zu Chancen, Hemmnissen und dem aktuellen Stand der Digitalisierung im eigenen Betrieb befragt. Im Ergebnis gaben 35 Prozent der Unternehmen an, niedrig digitalisiert, 47 Prozent durchschnittlich digitalisiert und 18 Prozent hoch digitalisiert zu sein. Der bundesweite Vergleich zeigt, dass der Anteil niedrig digitalisierter Unternehmen in Sachsen deutlich höher und der hoch digitalisierte Anteil geringer ausfallen. Die Hemmnisse liegen laut den Unternehmen unter anderem bei den hohen Investitionsbedarfen und dem Zeitaufwand bei der Digitalisierung. Als Wünsche wurden dementsprechend die Notwendigkeit digitalisierungsfreundlicher Rahmenbedingungen, d. h. Standardisierung und bessere Kommunikation von relevanten Inhalten, genannt (Sächsisches Staatsministerium für Wirtschaft, Arbeit und Verkehr 2016). Entsprechend groß ist das Angebot an Informations- und Beratungsformaten, das sich von kostenpflichtigen Unternehmensberatungen über öffentlich geförderte Initiativen bis hin zu eigenständig durchführbaren Analysen im Internet erstreckt.

Im Gegensatz dazu stehen die Potenziale durch den Einsatz digitaler Lösungen in betrieblichen Prozessen, die sich entlang der technischen, organisatorischen und personellen Bereiche und auch im generellen Geschäftsmodell des Unternehmens ergeben. Dies betrifft nicht nur interne Prozesse, sondern auch die Erschließung neuer Kundenkreise durch die Nutzung digitaler Vertriebswege. Gerade Plattformen bieten in diesem Bereich weitreichende Möglichkeiten und haben sich im Business-to-Consumer Bereich bereits stark etabliert. Diese fungieren als digitale Marktplätze, auf denen Anbieter von einer großen Reichweite des eigenen Angebots und Nachfrager von besseren Vergleichsmöglichkeiten der Angebote profitieren, wodurch auch im Business-to-Business Bereich (B2B) Potenziale in dieser Art von Geschäftsmodellen vorhanden sind.

▶ Im vorliegenden Beitrag wird die I4.0-Potenzialanalyse als Möglichkeit für Unternehmen vorgestellt, innerbetriebliche Strukturen umfassend zu analysieren und Konzepte zum Einsatz digitaler Lösungen zu entwickeln. In diesem kostenfreien Format des Mittelstand 4.0 Kompetenzzentrum Chemnitz (M4.0-KC) werden gemeinsam mit Unternehmen Workshops zur Erarbeitung einer I4.0-Umsetzungsroadmap durchgeführt und die Unternehmen weiterführend bei der Vermittlung sowie Initiierung von Digitalisierungsprojekten unterstützt. Anhand praktischer Erfahrungen aus der I4.0-Potenzialanalyse[1] werden die Herausforderungen geschildert, die bei einer strukturierten Analyse von Prozessen entstehen und es wird aufgezeigt, welche methodischen Schritte zur Identifikation geeigneter digitaler Lösungen vorgenommen werden können. Dabei werden sowohl innerbetriebliche Prozesse wie auch übergeordnet die Geschäftsmodelle von Unternehmen betrachtet, da gerade diesem Bereich erfahrungsgemäß weniger Beachtung zukommt. Die Erkenntnisse aus der Zusammenarbeit mit Unternehmen werden daher genutzt, um die Rahmenbedingungen von Geschäftsmodellen anhand der Entwicklung einer Plattform zu spiegeln. Der Fokus liegt dafür auf der strukturierten und methodischen Analyse bestehender und der Erschließung neuer Geschäftsmodelle.

---

[1] Mit Hinblick auf die Offenlegung konkreter Bedarfe in Unternehmen sowie der einhergehenden Wettbewerbssituation wird die konkrete Benennung der Partner im vorliegenden Beitrag explizit vermieden.

10.3 Veränderung der Wertschöpfung durch Digitalisierung

Der Begriff I4.0 vereint verschiedenste Definitionen und beinhaltet dementsprechend auch eine große Menge an Leistungsangeboten am Markt (ZVEI 2016). Ebenso weitreichend und komplex ist die Auswahl von passenden Lösungen für individuelle Bedarfe im Betrieb. Um Digitalisierungsprojekte erfolgreich umzusetzen, müssen zuerst Bereiche im Unternehmen identifiziert werden, die Potenziale für dieses Vorhaben bieten. Dazu bietet sich eine strukturierte Analyse von Bereichen des Unternehmens an, wie sie durch Reifegradmodelle ermöglicht wird (Stachowiak 2013). In Bezug auf I4.0 ist es das Ziel eines solchen Modells, die Stärken und Schwächen des Unternehmens herauszuarbeiten und daraus die Möglichkeiten zur Integration von I4.0-Lösungen, also Informations- und Kommunikationstechnologien (IuK), abzuleiten. Damit hilft ein Reifegradmodell insbesondere Unternehmen, die sich nicht sicher sind, welche Entwicklung sie anstreben sollten und aktuelle Marktentwicklungen im Bereich I4.0 nicht überblicken (Leineweber et al. 2018). Zu diesem Zweck sind bereits eine Vielzahl von Modellen am Markt verfügbar und erstrecken sich über Online-Checks wie der Plattform Industrie 4.0 oder Industrie 4.0-Readiness, öffentlich geförderten Initiativen wie der Mittelstand 4.0-Kompetenzzentren (M4.0-KC) und kommerziellen Anbietern wie das Industrie 4.0-Readiness Assessment der Unternehmensberatung KPMG. Die Liste lässt sich um weitere Beispiele ergänzen, die sich in Aufbau und Ablauf der Untersuchung ähneln (Anderl und Fleischer 2015; Morlock et al. 2016; Schuh et al. 2017). Im M4.0-KC wird für die I4.0-Potenzialanalyse ein Reifegradmodell nach Langer et al. (2017) angewendet, um neben den Kompetenzen auch die Bedarfe der Unternehmen in den Bereichen Technik, Organisation und Personal erfassen zu können. Der methodische und strukturierte Aufbau des Workshops ermöglicht es, feingranulare Veränderungen auf Prozessebene zu identifizieren bis hin zur Beantwortung übergeordneter Fragestellungen der Werterzeugung im Rahmen des Geschäftsmodells eines Unternehmens.

Gerade Geschäftsmodelle gewinnen im Zuge steigender Datenverfügbarkeit und des zunehmenden wirtschaftlichen Wertes von Informationen an Bedeutung. In Zusammenfassung der vielschichtigen Dimensionen kann ein Geschäftsmodell als eine aggregierte und vereinfachte Darstellung der Aktivitäten verstanden werden, mit denen ein Unternehmen Werte generiert. Der Begriff stammt aus dem IT-Bereich und wird seit Mitte der 70er-Jahre zunehmend im Sinne eines Management-Werkzeuges verstanden (Wirtz et al. 2016), besonders in den letzten Jahren wurde eine Vielzahl an Werkzeugen und Methoden zur Analyse, Erarbeitung und Kategorisierung von Geschäftsmodellen veröffentlicht. Hervorzuheben sind das Business Model Canvas von Osterwalder und Pigneur (2010) sowie das Business Model Framework von Abdelkafi und Salameh (2014) für die Analyse und Erarbeitung von Geschäftsmodellen. Eine Kategorisierung von Geschäftsmodellen bieten die 55 Muster von Gassmann et al. (2017). In Anlehnung an die aufgezeigten Modelle, jedoch spezifisch an die Anforderungen von digitalen Plattformen angepasst, haben Täuscher et al. mit ihrer Methode zur Entwicklung von digitalen Plattform-Geschäftsmodellen die wesentlichen Elemente herausgearbeitet (Täuscher et al. 2017). Diese setzen sich aus den Dimensionen Wertangebot, Wertbereitstellung, Werterzeugung, Wertkommunikation und Gewinnerzielung zusammen.

Laut einer Umfrage der BITKOM haben allerdings 54 Prozent der Geschäftsführer und Vorstände von branchenübergreifend 505 Unternehmen angegeben, noch nie etwas von digitalen Plattformen oder Plattform-Ökonomie gehört zu haben (BITKOM 2018), wodurch sich unter anderem die Notwendigkeit der Methoden nach Täuscher et al. begründet. Digitale Plattformen verknüpfen mindestens zwei oder mehr unterschiedliche Akteursgruppen am Markt, wobei die Gruppen von der gegenseitigen Anwesenheit profitieren. Die Mechanismen und Eigenschaften dieser wurden 2003 von Rocket und Tirole erarbeitet. Demnach stellen Plattformen Intermediäre dar, die zwei Akteursgruppen zusammenbringen und eine Interaktion zwischen diesen ermöglichen. Mehrwerte dieses Geschäftsmodells liegen in der Reichweite des Angebots durch die digitale Bereitstellung und die Möglichkeit zur Skalierung der Plattform, die zum großen Teil an Rechnerkapazitäten gebunden ist. Die Transparenz von Angeboten wird enorm gesteigert, sodass sich für den Nachfrager der direkte Vorteil einer besseren Vergleichbarkeit und somit eine Unterstützung bei der Kaufentscheidung ergibt (Engelhardt et al. 2017).

In Bezug auf das Geschäftsmodell wird der Wert einer Plattform durch die Bereitstellung eines Service für die Anbieter und Nachfrager generiert, nicht durch den Verkauf von Produkten (Arbeitskreis Kartellrecht 2015). Für die Anpassung oder den Ersatz bestehender Geschäftsmodelle ergeben sich jedoch verschiedene Herausforderungen, denn der Aufbau neuartiger Geschäftsmodelle hat die Ablösung etablierter Modelle und deren Unternehmensstrukturen zur Folge. So treten laut Abdelkafi und Posselt (2017) insbesondere im mittleren Management Vorbehalte auf. Zusätzlich sind vor allem die Ängste der Mitarbeiter aufgrund negativer Erfahrungen in vergangenen Veränderungsprozessen im Zuge der Geschäftsmodellinnovation zu berücksichtigen. Insbesondere mit Einführung digitaler Geschäftsmodelle wachsen die Risiken durch Cyberattacken. Zusätzlich erfordern Fragestellungen zu Datenschutz und Datensicherheit eine verstärkte Aufmerksamkeit (Gassmann und Sutter 2016).

10.4 Analyse des digitalen Reifegrades von Unternehmen

Im Folgenden werden Inhalte und Erfahrungen aus durchgeführten I4.0-Workshops mit regionalen KMU geschildert, um den Fokus auf die vorhandenen betrieblichen Veränderungsbedarfe zu lenken. Zudem sollen die dadurch angestoßenen Maßnahmen und Initiativen basierend auf den durchgeführten Analysen beleuchtet werden. Hierbei werden insbesondere Veränderungen der Geschäftsmodelle genauer untersucht. Zudem wird abschließend anhand eines exemplarischen Beispiels ein Plattform-Geschäftsmodell entwickelt, um einerseits das Potenzial in der Umgestaltung von Geschäftsmodellen darzustellen und andererseits auch eine Hilfestellung zu geben, wie Geschäftsmodelle methodisch entwickelt werden können.

10.4.1 Die Phasen der I4.0-Potenzialanalyse

Bereits einleitend wurde das breite Angebot an Methoden und Formaten im Kontext I4.0 angedeutet. Analog zur Vielzahl marktverfügbarer Lösungen besteht auch hier eine große Variabilität im Leistungsangebot und dem Kosten-Nutzen-Verhältnis der jeweiligen Formate. Die im Mittelstand 4.0-Kompetenzzentrum Chemnitz angewendete I4.0-Potenzialanalyse wurde basierend auf mehreren, am Markt verfügbaren Methoden zur Reifegradermittlung entwickelt und ist für den Einsatz in mittelständischen Betrieben konzipiert. Dieser Workshop wurde seit der Initiierung bereits in neun Unternehmen aus den Bereichen Metall- und Kunststoffverarbeitung, Automobilindustrie, Anlagenherstellung, Holzverarbeitung und der Automatisierungs- und Lasertechnik durchgeführt. Zusammengefasst wurde mit jedem dieser Unternehmen eine detaillierte I4.0-Potenzialanalyse vorgenommen sowie eine Empfehlung zur zielgerichteten Digitalisierung entwickelt. Die Kernaspekte bei der Durchführung liegen auf der methodischen Analyse der sogenannten TOP-Dimensionen Technik (T), Organisation (O) und Personal (P), sowie der engen Zusammenarbeit mit den Mitarbeitern des Unternehmens, da deren jeweiliges Fachwissen essentiell für die Identifikation von Potenzialen zur Digitalisierung ist. Angelehnt an den „Leitfaden Industrie 4.0" (Anderl und Fleischer 2015) besteht das gesamte Vorgehen aus fünf Phasen (Abb. 10.1).

Nachfolgend werden die inhaltlich relevanten Aspekte der einzelnen Phasen genauer vorgestellt sowie anschließend beispielhaft Erfahrungen aus den beteiligten Unternehmen in den einzelnen Phasen genauer vorgestellt.

Phase 1: Vorbereitung
In Vorbereitung zum Workshop werden in einem persönlichen Vorgespräch zwischen M4.0-KC und den Mitarbeitern des Unternehmens die Beweggründe für den Workshop abgefragt und somit festgestellt, wo aus Sicht des Unternehmens die größten Bedarfe zur

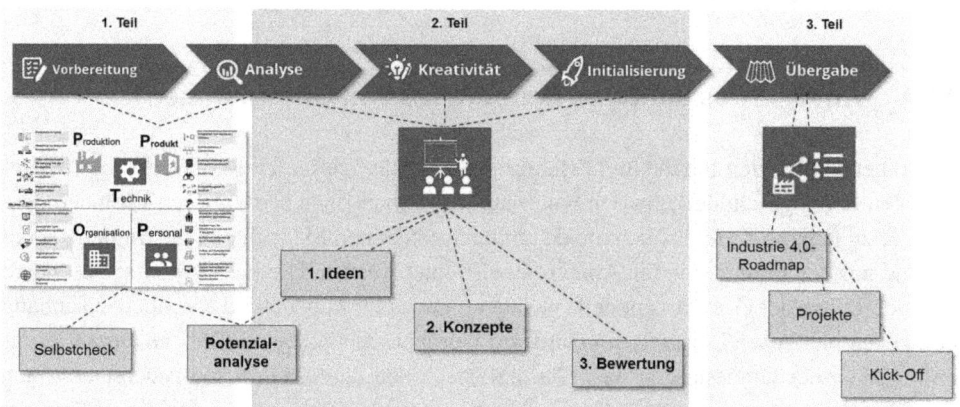

Abb. 10.1 Ablauf der I4.0-Potenzialanalyse (in Anlehnung an: Anderl und Fleischer 2015)

Veränderung vorhanden sind. Zudem wird in einem Rundgang durch den Betrieb ein erstes Bild der Organisation und des Fertigungsablaufes vermittelt. Basierend auf diesen Erkenntnissen wird ein I4.0-Team im Unternehmen gebildet, das sich aus Mitarbeitern der Kernarbeitsbereiche zusammensetzt. Dieses Team erhält die Aufgabe den aktuellen I4.0-Zustand des Unternehmens mit Hilfe des Reifegradmodells zu bewerten. Dieses wird vorab an die spezifischen Bedarfe des Unternehmens angepasst, sodass nur relevante Daten erfasst werden. Das für den Selbstcheck eingesetzte Reifegradmodell setzt sich innerhalb der Dimensionen Technik, Organisation und Personal aus Bereichen zusammen, die nochmals in Kategorien unterteilt sind. Insgesamt werden im Reifegradmodell bis zu 24 Kategorien abgefragt, die jeweils nach den fünf Reifegraden *Beobachter, Beginner, Erfahrener, Fortgeschrittener* und *Experte* bewertbar sind. Der der Dimension Technik untergeordnete Bereich *Produktion* untersucht beispielsweise die Digitalisierung der Produktionsstätte mit den darin befindlichen Produktionsmitteln sowie die Vernetzung und Kommunikation der Produktionsmittel miteinander. Der Bereich *Produkt* umfasst eine interne und externe Sicht, also die Identifizierbarkeit und Lokalisierbarkeit von Produkten während der Fertigung, aber auch die Möglichkeit der Überwachung beim Kunden sowie die Bereitstellung von Services zur Unterstützung der Verfügbarkeit von diesem. Die Dimension Organisation befasst sich mit Fragestellungen zur Planung und Umsetzung der Digitalisierungsstrategie, Investitionen in Digitalisierung oder dem Anteil digitaler Prozesse im Betrieb. Auf personeller Ebene werden die vorhandenen Kompetenzen in relevanten IT-Bereichen, das Wissen der Führungskräfte um I4.0, oder die geplante Schaffung von Kompetenzen untersucht. Insgesamt werden auf diese Weise bis zu 120 verschiedene Stufen im Modell so beschrieben, dass jedes Unternehmen eine methodische Selbstanalyse der eigenen Strukturen durchführen kann. Die Beschreibung der einzelnen Stufen vereinfacht dem Unternehmen die Selbsteinschätzung. Tab. 10.1 zeigt einen beispielhaften Ausschnitt des Bereichs Produktion.

Zudem werden die Unternehmen aufgefordert erste Ideen zu skizzieren, die aus ihrer Sicht eine mögliche Lösung für bestimmte Probleme darstellen. Um diese zu strukturieren und weiterzuentwickeln, wird auf die Dimensionen zum Geschäftsmodellentwurf nach Gassmann et al. (2017) zurückgegriffen. Fragen zur Klärung des Nutzenversprechens, der Ertragsmechanik und zur Einordnung in die Wertschöpfungskette prüfen die Idee bereits während der Formulierung auf Eignung zur Problemlösung.

Die bisherigen Erfahrungen zeigen, dass vorgelagert zur Kontaktaufnahme zum M4.0-KC zumeist grundlegende Probleme in Aufbau- und Ablauforganisation identifiziert werden können, aber gleichzeitig eine große Unsicherheit herrscht, wie diese Probleme zielgerichtet mit Lösungen versehen werden sollen.

Ein Hersteller für industrielle Kühlanlagen konnte beispielsweise vielfältige papiergetriebene Prozesse in der Fertigung, Schnittstellen zwischen IT-Systemen und Medienbrüche während des gesamten Auftragsdurchlaufes als Problem für die Durchlaufzeit identifizieren. Aus der Beobachtung der Vorarbeiter der jeweiligen Fertigungsbereiche sowie einzelnen Mitarbeitern in der Fertigung konnten verschiedene interne Prozesse als zeitaufwendig und umständlich beschrieben werden. Die Mitarbeiter der Einkaufsabteilung wurden

Tab. 10.1 Ausschnitt des Bereichs Produktion aus dem I4.0-Reifegradmodell

Kategorie	Ausprägungen				
	0 Beobachter	1 Beginner	2 Erfahrener	3 Fortgeschrittener	4 Experte
1 …	…	…	…	…	…
2 Vernetzte Maschinen	Keine Maschinenanbindung an Systeme	Anbindung einzelner Maschinen an das IT-System	Vernetzung der Maschinen untereinander	Zentrale Verwaltung, Steuerung & Überwachung von vernetzten Maschinen	Dezentrale Verwaltung der Maschinen Steuerung & Überwachung von vernetzten Maschinen
3 …	…	…	…	…	…
4 Maschine-Maschine-Kommunikation	Keine Kommunikation	Über Feldbus-Schnittstellen	Über Industrial Ethernet Schnittstellen	Maschinen verfügen über Zugang zum Internet	Webdienste (M2M-Software)
5 …	…	…	…	…	…
6 Flexibilität der Fertigung	Starre Produktionsmittel	Flexibilität einiger Produktionsmittel über Parametereinstellungen	Alle Produktionsmittel sind flexibel einstellbar	Flexible und bauteilgetriebene Produktion	Vollflexible Produktion mit Möglichkeit zu Losgröße 1

beispielsweise mit nicht hinreichend genauen Stücklisten aus der Konstruktion versorgt, die Projektleitung konnte die benötigten Arbeitszeiten an den jeweiligen Aufträgen nicht direkt in die Finanzbuchhaltung weiterleiten. Zudem wurden Rückfragen zum aktuellen Status von Aufträgen durch die unzureichend genauen Informationsquellen in Form von Ausdrucken an den zu fertigenden Anlagen in der Produktionshalle erschwert. Erste Anlagen wurden mit Modulen zur Fernwartung ausgestattet, eine Nutzung dieser Funktionalitäten wurde durch die Kunden zum Zeitpunkt des Workshops allerdings noch nicht in der Breite akzeptiert, auch wegen Bedenken zur Sicherheit der Lösungen. Das Anliegen zur Initiierung eines Workshops war in diesem Unternehmen somit klar problemgetrieben, aber die nötigen Lösungen konnten, auch bedingt durch die Verteilung der Probleme auf viele Abteilungen, nicht eindeutig identifiziert werden. In diesem Unternehmen wurde daher ein I4.0-Team gegründet, das sich aus Mitarbeitern der Konstruktion, Service, Elektronik, Produktion und Projektleitung sowie einem Studenten für die Prozessanalyse zusammensetzt. Durch das vom Unternehmen bearbeitete Reifegradmodell konnten im Vorfeld des Workshops die Dimension Organisation und der Bereich Produktion als Schwerpunkte der Analyse festgelegt werden. Zudem wurden auch die Erwartungen an die Entwicklung der eigenen I4.0-Kompetenzen in Form eines gewünschten Soll-Zustandes einzelner Kategorien im Reifegradmodell festgehalten. Im Bereich Produktion wurde der Ausbau von Kompetenz in der Datenverarbeitung und den Mensch-Maschine-Schnittstellen, bspw. durch den Einsatz mobiler Endgeräte, als besonders wichtig erachtet. Im Bereich Organisation ergänzte sich dieses Bild durch Bedarfe im Anteil digitaler interner (betriebliche IT-Systeme) und externer Prozesse (Vernetzung mit IT-Systemen von Lieferanten). Für die konkrete Lösung von Problemen wurden durch das Unternehmen insgesamt fünf vorläufige Ideen formuliert. Diese bezogen sich auf den verstärkten Einsatz der Fernwartung, mobile Endgeräte in der Fertigung und der Vereinfachung des Einkaufsprozesses durch eine Normteildatenbank in der Konstruktion. Zudem sollten Medienbrüche zwischen Buchhaltung und Fertigung für eine bessere Kalkulation verringert werden. Somit konnten für den anschließenden Workshop die Voraussetzungen für eine zielgerichtete Problemanalyse geschaffen und gleichzeitig mögliche Handlungsfelder für die spätere Ideenentwicklung fokussiert werden, wodurch das M4.0-KC ein Expertenteam aus Mitarbeitern mit den benötigten Kompetenzen und Qualifikationen bereitstellen konnte.

Ein weiteres Unternehmen aus dem Bereich Automatisierungstechnik sah den Fokus verstärkt auf der weiteren Qualifikation von Produkten und deren Funktionalitäten. Die eigene Organisation sowie im personellen Bereich wurden als bereits stark digitalisiert bewertet und demnach der Fokus der Betrachtung auf den Produktsektor gelenkt. Besonders die produktbezogenen IT-Services wurden als verbesserungswürdig in Richtung selbstständiger Ausführung von Wartungsaufgaben angesehen und dem Einsatz maschineller Lernverfahren zur Verarbeitung großer Datenmengen sowie einer dazugehörigen Service-App als Ideen formuliert. Trotz dieser spezifischen technologischen Anforderungen wurden im I4.0-Team des Unternehmens neben Mitarbeitern der Automation, IT, Robotik und Konstruktion auch Mitarbeiter der Bereiche Einkauf und Vertrieb hinzugezogen. Somit konnten technologisch getriebene Ideen absatzseitig hinsichtlich Kundenakzeptanz und einkaufsseitig durch Kostenschätzungen analysiert werden.

Phase 2: Analyse

Der Workshop selbst beginnt mit der Analyse des vorab ausgefüllten Reifegradmodells durch das Expertenteam des Zentrums sowie das I4.0-Team des Unternehmens. Gemeinsam werden die einzelnen Kategorien und Einschätzungen diskutiert und durch die Experten festgestellt, ob unternehmensseitig beschriebene Probleme und Potenziale vollständig erfasst wurden, oder noch weitere Anpassungen an den Reifegraden der einzelnen Kategorien notwendig sind. Durch Fragen beider Teams wird in dieser Phase ein einheitliches Verständnis für das Thema I4.0 und die Problemfelder im Unternehmen hergestellt. Diese Phase dient damit vorrangig der weiteren Konkretisierung des Ist-Standes im Unternehmen und festigt somit die Wissensbasis für die spätere Entwicklung einer I4.0-Umsetzungsroadmap.

Aus den bisher durchgeführten Workshops geht hervor, dass gerade in dieser Phase wichtige Verständnisfragen zum Thema I4.0 geklärt werden können, da bestimmte Kategorien aus Ausprägungen von Merkmalen nochmals detaillierter mit den Experten des M4.0-KC besprochen werden können. Zumeist ergeben sich weitere Ideen für Digitalisierungsprojekte, die parallel zur Diskussion durch das Expertenteam schriftlich festgehalten werden. So ergaben sich bei einem Betrieb aus dem Bereich Kunststoffverarbeitung während der Analyse des I4.0-Reifegrades mehrere Ideen zur technologischen Verbesserung der Fertigungsverfahren durch verbessertes Wissensmanagement von Fertigungsparametern. Eine Idee zur Erhebung von fehlenden Schnittwerten für Kunststoffe war es, die vorhandene Lehrwerkstatt als Testumgebung zu nutzen, aber auch die automatisierte Erstellung von Fräsprogrammen konnten als Idee festgehalten werden.

Ein Stückguthersteller von Metallerzeugnissen nutzte die Analysephase, um Verständnisfragen zu einzelnen Reifegraden zu klären und dadurch auch verschiedene Reifegrade des Selbstchecks anzupassen. Ursprünglich zu hoch bewertete Kategorien wurden erneut evaluiert und somit konnten weitere Handlungsfelder identifiziert werden, für die Ideen für den weiteren Kreativitätsprozess gesammelt werden konnten. Exemplarisch wird in Abb. 10.2 der gemittelte I4.0-Reifegrad der bisher untersuchten Unternehmen in den Bereichen Technik I – Produkt und Technik II – Produktion dargestellt und somit ein Überblick der subjektiven Einschätzung zur I4.0-Reife von KMU aus der Region Chemnitz und Umgebung gegeben:

Die insgesamt neun durchgeführten Reifegradermittlungen zeigen, dass bspw. im Bereich Technik I – Produkt der durchschnittliche Reifegrad auf der Stufe Beginner liegt, im Bereich Technik II – Produktion ist dieser etwas stärker ausgeprägt und befindet sich zwischen der Stufe 1 – Beginner und Stufe 2 – Erfahrener. Produkte sind in Bezug auf den I4.0-Reifegrad auf einem ähnlichen Stand, werden aber weniger stark durch die Unternehmen in der Analyse von Bedarfen und Potenzialen fokussiert. Dies deckt sich mit den initialen Gründen zur Durchführung einer I4.0-Potenzialanalyse, aber die dort teilweise ungenau beschriebenen Problemfelder werden durch das Reifegradmodell konkretisiert.

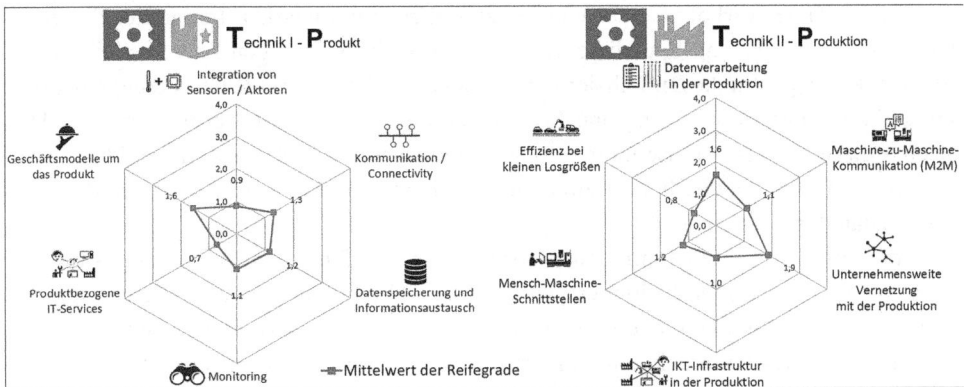

Abb. 10.2 Mittelwerte der I4.0-Reifegrade für die Bereiche Technik I-Produkt und Technik 2-Produktion (The Noun Project; Google Material Design)

Somit kann im Workshop selbst eine fokussierte Betrachtung der einzelnen Kategorien ermittelt und gezielt Ideen entwickelt werden.

Phase 3: Kreativität

Diese Phase schließt sich direkt an die Analyse des I4.0 Ist-Zustandes an und gliedert sich in die Sammlung von weiteren Ideen, der Konkretisierung dieser sowie die Bewertung der Ideen nach Erfolgspotenzial und Machbarkeit. Dafür werden die vorab im Reifegradmodell definierten Ideen aufgegriffen und Teilnehmern des Workshops vorgestellt. Die Ideen werden dadurch auf Konsistenz geprüft und durch Fragen der Teilnehmer weiter konkretisiert oder adaptiert. Ziel ist es, einzelne Ideen voneinander abzugrenzen oder zusammenzuführen sowie die Ideen in das bestehende Reifegradmodell einzuordnen. Die gesammelten Ideen werden im weiteren Verlauf zusammengefasst und zu Konzepten konkretisiert. Je nach Art und Anzahl der Ideen und beteiligten Mitarbeitern werden dafür Teams gebildet, die sich domänenspezifisch der Ausgestaltung der Ideen annehmen. Den Mitgliedern des Expertenteams kommt in dieser Phase eine hauptsächlich moderierende Rolle zu, sodass Prozess- und Strukturwissen der Mitarbeiter optimal in die Konzeptentwicklung einfließt und die Umsetzung der Ideen durch die eigenständige Ausarbeitung gefördert wird. Abgeschlossen wird die kreative Phase mit der Bewertung der Ideen nach den verfügbaren Ressourcen und Kompetenzen im Unternehmen sowie der Einschätzung, wie hoch der positive Einfluss der Idee auf die Verbesserung der eingangs identifizierten Problemfelder ist. Je stärker die eigenen Ressourcen im Unternehmen aufgestellt sind und je größer das Marktpotenzial der Idee ist, desto eher sollte diese umgesetzt werden. Dies geschieht nach einer subjektiven Bewertung der Konzepte durch das I4.0-Team unter Hilfestellung des Expertenteams in einer Bewertungsmatrix.

Im Workshop hat sich der Einsatz von Flipcharts in dieser Phase bewährt. Dadurch können sich alle Mitarbeiter in den Prozess der Ideenfindung einbringen, wodurch die aktive Mitarbeit gefördert wird. Während dieser Phase konnten bisher immer bestimmte

Ideen miteinander verknüpft oder voneinander abgegrenzt werden. In der Regel wurden nach der Sammlung und Spezifizierung aller Ideen der vorherigen Phasen drei bis vier konkrete Konzepte für die Digitalisierung entwickelt und in einer I4.0-Umsetzungsroadmap aufgearbeitet. Die Entwicklung und Konkretisierung sowie die Bewertung der einzelnen Ideen wird in Abb. 10.3 präsentiert und fasst Flipcharts, die in den jeweiligen Phasen entstanden sind, die ganzheitliche Betrachtung und strukturierte Vorgehensweise der I4.0-Potenzialanalyse zusammen:

In der praktischen Arbeit mit dem Hersteller von Kühlanlagen konnten insgesamt vier Ideen vor dem Workshop formuliert werden, die während der Diskussion auf insgesamt elf Ideen erweitert wurden. Diese Ideen bezogen sich auf Produkte, Prozesse und die Servicelandschaft des Unternehmens. Im Produktsektor wurden Ideen für den Einsatz von Monitoringkonzepten und Ausfallvorhersagen für Anlagen direkt beim Kunden sowie dazugehörige Fernwartungsfunktionen entwickelt. Für die internen Produktionsabläufe entstanden Ideen zur Erweiterung des bestehenden ERP-Systems sowie eine Datendurchgängigkeit zwischen IT-Systemen der Konstruktion, Einkauf, Produktion und Controlling herzustellen. Weitere Ideen betrafen die digitale Unterstützung der unstrukturierten Lagerhaltung mit Identifikationssystemen wie 1D-/2D-Codes und eine Datenbank mit Normteilen für die Abarbeitung von Neuaufträgen, um die Beschaffung regelmäßig benötigter Zukaufteile zu standardisieren. Auch im Rahmen des Geschäftsmodells des Unternehmens konnten weitere Ideen generiert werden. Die regelmäßigen und zeitintensiven Serviceeinsätze der Mitarbeiter bei Kunden, teilweise auch weltweit, vor Ort boten Potenzial zur Unterstützung des Kunden mit entsprechender Wartungssoftware zur eigenständigen Durchführung von Serviceaufgaben. Zudem erfordert die Sicherstellung der Keimfreiheit der Kühlanlagen regelmäßige Probenentnahmen durch Ämter und die Analyse durch Labore. Im Rahmen eines Geschäftsmodells wurde hierbei die Entnahme der Proben durch das Unternehmen als zusätzlicher Service zu den Anlagen gesehen. Für diese Ideen konnten insgesamt drei übergeordnete Themenkomplexe gefunden werden. Dabei handelte es sich um die effektive Verknüpfung des ERP-Systems mit anderen IT-Systemen, der Servicelandschaft und des mobilen Supports der Mitarbeiter in der Fertigung oder während des Serviceeinsatzes. Die anschließende Bewertung der Ideen durch das Unternehmen brachte hervor, dass die Verknüpfung des ERP-Systems als erstes Projekt angegangen werden muss, um auch die anderen Projektideen durchführen zu können. Darauffolgend wurde die Erweiterung der Servicelandschaft als vielversprechendes Konzept bewertet, gefolgt vom Konzept des mobilen Supports.

Die Durchführung bei einer Genossenschaft für Kunsthandwerker hingegen brachte eine große Anzahl an Ideen hervor. Grundlage der Wertschöpfung in dieser Genossenschaft bildet der zentralisierte Vertrieb von Kunsthandwerk, welches von den über 100 Mitgliedern regelmäßig eingeholt und zentral gelagert, verwaltet und versendet wird. Das stark logistisch getriebene Geschäftsmodell sollte im Ablauf und dem Vertrieb digitalisiert

10 Einsatz einer Industrie 4.0-Potenzialanalyse zur methodischen und strukturierten ...

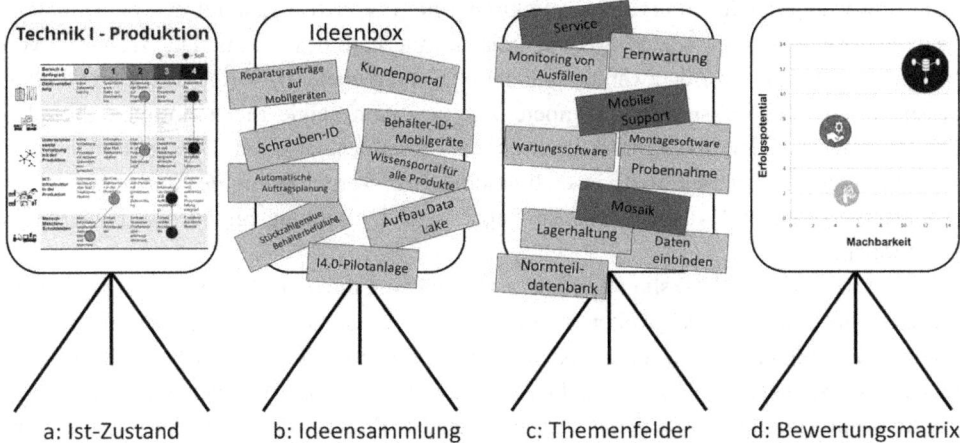

Abb. 10.3 Ablauf: **a** – Ist-Zustand; **b** – Ideensammlung; **c** – Themenfelder; **d** – Bewertungsmatrix

sowie aufwandsärmer gestaltet werden. Zum Workshop selbst konnten insgesamt 25 Ideen formuliert werden. Dies betraf beispielsweise die Digitalisierung des Bestandes durch die digitale Anbindung des Lagers an vorhandene IT-Systeme, der Verlinkung interner und externer Produktbezeichnungen sowie einem digitalen Produktkatalog. Als Ideen für die unterstützte Kommissionierung entstanden die Einführung von Barcodesystemen, Pick-Unterstützungen und einer transparenteren Gestaltung der Lagerplätze. Der gesamte logistische Ablauf sollte zudem prozessual beschrieben werden und in bestimmten Teilschritten eine Rückmeldung zur Warenwirtschaft erfolgen, um die Transparenz der Prozesse zu steigern. Zudem sollten die Kompetenzen der Belegschaft im Bereich Digitalisierung durch die Umsetzung digitaler Arbeitsmethoden in der Warenwirtschaft und der generellen „digitalen Motivierung" des Personals ausgebaut werden.

Aus diesen Ideen wurden im Laufe des Workshops die neun besten Ideen ausgewählt und wiederum kategorisiert. Hierbei wurden ähnliche Ideen zu Kategorien zusammengefasst. Diese Kategorien umfassten:

- den Einkaufsvorgang in Bezug auf Ressourcenplanung und terminierten Vorhersagen,
- den Aufbau digitaler Kompetenzen im Personal zur Nutzung der vorhandenen digitalen Prozesse
- der Digitalisierung und Trennung von Vertrieb und Versand als eigenständige Prozesse
- ein Web-Informationssystem für Handwerker sowie einem Informationsportal für Händler
- eine Veränderung des Geschäftsmodells im Rahmen einer Plattform zum Aufbau weitläufigerer Vertriebsstrukturen.

Eine Bewertung der Ideen ergab eine Fokussierung der Aktivitäten auf den Einkaufsvorgang sowie den Aufbau von I4.0-Kompetenzen innerhalb des Teams. Die Trennung von Vertrieb und Versand wurde zwar als sehr erfolgsversprechend bewertet, allerdings fehlten die benötigten Digitalisierungs-Kompetenzen im Team sowie die benötigten digitalen IT-Standards in anderen Abteilungen, um diese Aufgabe anzugehen. Dies galt ebenso für die Umsetzung des veränderten Geschäftsmodells zur Verbesserung der Vertriebsstrukturen. Dementsprechend wurden diese Konzepte in der Umsetzungsreihenfolge nach hinten verschoben.

Im Nachgang zum Workshop wurde das Geschäftsmodell gemeinsam durch die Genossenschaft mit dem M4.0-KC weiter detailliert und somit die Grundlage für die spätere Umsetzung geschaffen. Das Geschäftsmodell sieht vor, die aufwendigen Beschaffungsprozesse von den Kunsthandwerkern zu verschlanken und zudem auch die Möglichkeit zur dezentralen Artikelpflege und dem Versand zu gewährleisten. Konkret sollte der vorhandene Webshop um Funktionen erweitert werden, die es Handwerkern erlaubt, eigenständig Produkte hinzuzufügen und Versandaufträge an Kunden zu bearbeiten. Damit würde der Web-Shop einen stärkeren Charakter einer digitalen Plattform erhalten, da gezielt Anbieter und Nachfrager von Kunsthandwerk auf einer gemeinsamen Oberfläche zusammengebracht werden. Gerade für kleine Serien und niedrige Stückzahlen sollten dadurch die Kosten für Abholung und Inventarisierung deutlich gesenkt werden und der Umsatz sowie das verfügbare Sortiment erhöht werden. Zudem wurden auf Seiten der Genossenschaft kürzere Lieferzeiten, die Akquise neuer Handwerker durch das Geschäftsmodell und datenbasierte Auswertungen vorteilhaft gesehen. Für Handwerker wurden Vorteile durch steigende Sichtbarkeit im Shop, der bessere Abverkauf von eigenen Waren, und mehr Transparenz über eigene Produkte identifiziert. Dies deckt sich mit den Vorteilen, die Plattform-Geschäftsmodelle bieten. Für die Umsetzung wurden jedoch Erweiterungen des bestehenden ERP-Systems sowie des Web-Shops und auch Regelungen mit den Kunsthandwerkern bezüglich Mindestbestände sowie angepasste Kommissioniervorgänge nötig. Handwerker hingegen müssten sich für die Nutzung der Software aussprechen, entsprechende Bedienkonzepte entworfen werden, Artikeldaten pflegen und Versandaufgaben übernehmen.

Insgesamt kommt der Phase Kreativität eine besondere Bedeutung zu, da die vordefinierten Ideen gemeinsam mit den Mitarbeitern mit konkreten Inhalten untersetzt und bewertet werden. Zum Abschluss der kreativen Phase werden die erzielten Konzepte mit Verantwortlichkeiten versehen, um die eigenständige Fortsetzung der Aktivitäten einzuleiten.

Phase 4: Initialisierung

Zum Abschluss des Workshops wird eine Zusammenfassung der erzielten Ergebnisse des Tages durchgeführt sowie der Anstoß erster Projektaktivitäten forciert. Dafür bestehen mehrere Möglichkeiten, die mit oder auch ohne die Partner des M4.0-KC angegangen werden können. Je nach Art der konzeptionierten Projekte werden über Fördermöglichkeiten auf Landes- oder Bundesebene, beispielsweise im Rahmen von Forschungsprojekten oder mittelstandsorientierter Förderinitiativen, oder gegebenenfalls geeignete Partner aus dem industriellen oder forschungsseitigen Umfeld vermittelt. Somit wird neben der Erarbeitung der Ideen und Konzepte weiteres Wissen zu Lösungsanbietern vermittelt, wodurch den Unternehmen die Auswahl geeigneter Partner zur Umsetzung der Projekte erleichtert wird.

Phase 5: Übergabe
Nach der erfolgreichen Durchführung des Workshops werden die erzielten Ergebnisse im Rahmen einer I4.0-Umsetzungsroadmap durch das M4.0-KC strukturiert und aufgearbeitet. Darin werden die theoretischen und methodischen Schritte des Workshops mit den Ergebnissen der einzelnen Phasen zusammengefasst und an das teilnehmende Unternehmen im Anschluss an den Workshop übermittelt. Die Aufarbeitung der Ergebnisse dient einerseits der Rekapitulation der erarbeiteten Inhalte für das I4.0-Team und kann andererseits auch dazu genutzt werden, die generierten Ideen vor Mitarbeitern und Vorgesetzten zu vertreten.

Feedback und Ergebnisse
Die bisherigen Feedbacks zur I4.0-Potenzialanalyse und dem angebotenen Workshop zeichnen ein positives Bild und heben besonders den strukturierten und methodischen Ablauf als hilfreich hervor. Die Mitarbeiter des Unternehmens werden aktiv in den Prozess der Digitalisierung einbezogen, sodass Vorbehalte gegenüber innerbetrieblichen Veränderungen abgebaut werden können. Zudem wird durch die Einordnung des eigenen Unternehmens in die I4.0-Landschaft der Blick auf innerbetriebliche Abläufe und Prozesse geschärft. Mitarbeiter aller Abteilungen erhalten die Chance, ihre Sichtweise auf Probleme und Potenziale in den TOP-Dimensionen aufzuzeigen und werden durch die Experten des M4.0-KC unterstützt. Die Zusammenarbeit in den Workshops selbst ist durchweg konstruktiv und stark zielorientiert, weniger auf eventuell neu entstehende Probleme, bspw. durch benötigte Mitarbeiterqualifikationen, fokussiert. Als hilfreich für die Unternehmen erweist sich zudem oftmals die Aufklärung über Fördermöglichkeiten und die Vermittlung geeigneter Partner zur Durchführung der Projektideen. In diesem Bereich besteht bei anderen Formaten wie Online-Selbstchecks ein Defizit, da die Auswahl geeigneter I4.0-Anbieter ein komplexes Problem ist.

Die langfristigen Veränderungen in den Unternehmen sind dabei vielfältig. In einem Unternehmen der Automatisierungstechnik wurden die erarbeiteten Projektskizzen genutzt, um die eigenen Geschäftsprozesse weiter zu digitalisieren, aber auch neuartige Dienstleistungen für Sonderanlagen wurden im Rahmen einer Projektskizze zur Projektförderung auf Landesebene konkretisiert. Eine durchgeführte Befragung in einem Unternehmen der Metallverarbeitung ein Jahr nach Abschluss des Workshops ergab, dass Projekte zur digitalen Behälterkennzeichnung und ein Kundenportal für Neuaufträge auf Basis des zuvor durchgeführten Workshops initiiert wurden. Der Partner aus dem Kühlanlagenbau beteiligte sich zudem an einer Ausschreibung zu einem bundesweiten Forschungsvorhaben im Bereich der Fernwartung von Anlagen.

Es lässt sich anhand der Erfahrungen konstatieren, dass der digitale Reifegrad in vielen Unternehmen als unzureichend angesehen wird. Dennoch besteht große Unsicherheit, wie die vorhandene Komplexität bei der Integration geeigneter Lösungen in einzelnen Unternehmensbereichen bewältigt werden soll. Diese Komplexität wird im Rahmen der methodisch konzipierten I4.0-Potenzialanalyse verringert und somit der Einstieg in die Digitalisierung erleichtert. Die Unternehmen identifizieren überwiegend Probleme in den Bereichen Produktion und Organisation. Während des Workshops ergeben sich jedoch auch oftmals Diskussionen und Ideen für übergeordnete Potenziale in den Geschäftsmodellen wie das Beispiel der Genossenschaft für Kunsthandwerker und dem entwickelten Konzept ein Plattform-Geschäftsmodell zeigt. Konzeptionelle Voraussetzungen im Sinne eines Webshops und einem großen Netzwerk an Produktanbietern ebenso wie die gute Bewertung der Erfolgspotenziale waren bereits gegeben, die Umsetzung wurde jedoch aufgrund mangelnder Kompetenzen vorerst nicht weiter verfolgt. Methoden und Konzepte, um das Plattform-Geschäftsmodell zu beschreiben, wurden daher nicht tiefgreifender verfolgt.

Im Folgenden wird daher anhand eines konzeptionierten Beispiels die Entwicklung eines Plattform-Geschäftsmodells genauer betrachtet. Dazu werden die Erfahrungen aus den durchgeführten I4.0-Potenzialanalysen genutzt und die bisher defizitäre Vermittlung von geeigneten I4.0-Anbietern (Software-/Entwicklungsdienstleister) zu I4.0-Nachfragern effizienter und zielgerichteter gestaltet. Es ist das Ziel, die benötigte Arbeitsschritte darzustellen, um strukturiert ein Geschäftsmodell zu gestalten. Basis dafür wird die Analyse bestehender Möglichkeiten zur Vermittlung sein, wobei die Defizite den Ausganspunkt für ein verbessertes Verfahren zur Vermittlung bieten sollen. Abschließend wird eine Evaluierung des Geschäftsmodells im Marktumfeld durchgeführt, um eine Aussage über die Wettbewerbsfähigkeit von diesem treffen zu können.

10.4.2 Entwicklung eines digitalen Plattform-Geschäftsmodells

Typische Anlaufstellen zur Vermittlung von I.40-Anbietern beschränken sich zumeist auf traditionelle Vermittler mit entsprechendem Branchenwissen, wie z. B. Beratungsgesellschaften und Forschungsinstitute, oder aber digitale Vermittlungsangebote, die nur eingeschränkt nutzerspezifisch arbeiten und wenig Automatisierung dieses Prozesses bieten. Die traditionellen Vermittler arbeiten ohne offensichtliche Unterstützung von digitalen Services, wobei Webauftritt und E-Mails nicht dazu gezählt werden. Die digitalen Vermittler bieten ihre Leistungen in Form von datenbasierten Services an. Während die auf menschlicher Arbeit basierten Vermittler begrenzte Kapazitäten in Bezug auf Vorgänge, wie das Analysieren und Zusammenbringen potenzieller Partner, aufweisen, sind die digitalen Vermittler in Bezug auf Erstellung von Empfehlungen basierend auf Benutzereingaben besser skalierbar. Somit können Begrenzungen in geografischer und wissensbezogener Hinsicht durch eine entsprechend große Datenbasis abgebaut werden.

Eine Plattform als Ansatz zur Vermittlung von Anbietern passender I4.0-Lösungen zu den benötigten Lösungen von Nachfragern konnte in diesem Kontext nicht identifiziert werden. Für einen Überblick, wie für diesen Fall ein neues Geschäftsmodell entwickelt werden kann, werden nachfolgend ein verbesserter Vermittlungsmechanismus gezeigt und die Rahmenbedingungen eines Plattform-Geschäftsmodells erarbeitet. Augenmerk soll hierbei wiederum auf der strukturierten Analyse der Anforderungen und dem methodischen Vorgehen zur Umsetzung liegen, um einen übertragbaren Ansatz für ähnliche Anwendungsfälle zu liefern.

10.4.2.1 Mechanismus zur Vermittlung

Die Empfehlung von geeigneten Lösungsanbietern durch das M4.0-KC setzt eine durchgeführte I4.0-Potenzialanalyse voraus. Digitale Alternativen in Form von online verfügbaren Applikationen, wie z. B. Suchmaschinen, Register und Empfehlungstools sind zwar vorhanden, beinhalten jedoch keine ganzheitliche Vermittlung basierend auf kundenindividuellen Anforderungen und setzen zudem teilweise tiefergehendes Wissen in der Begriffswelt von I4.0 voraus. Als Mechanismus einer verbesserten Vermittlung soll daher eine Bedarfsermittlung, wie in den durchgeführten I4.0-Potenzialanalysen verwendet werden. Das zweistufige Konzept zur teilautomatisierten, digitalen Vermittlung von I4.0-Anbietern bildet die Grundlage des zu entwickelnden Plattform-Geschäftsmodells (Abb. 10.4).

Die Methodik lässt sich damit in Datenerfassung und Datenauswertung einteilen. Für den ersten Teil ist eine digitale Erfassung und Speicherung der Kompetenzen der I4.0-Anbieter notwendig. Hierfür bietet sich der Einsatz eines qualifizierten Reifegradmodells an, das eine Quantifizierung der Bedarfe von Nachfragern und Kompetenzen von Anbietern ermöglicht. Den Kern des Vermittlungskonzeptes kann ein Bewertungsverfahren bilden, um die Daten der Anbieter und die Bedarfsprofile der Nachfrage zueinander in Beziehung zu setzen. Dafür können die Anbieterprofile mit Hinblick auf die Zielkriterien und gewünschte Soll-Zustände der digitalen Reife der Nachfrager bewertet und für jeden Anbieter bestimmt werden, wie gut dieser die Bedarfe abdeckt.

Der Vermittlungsprozess selbst beginnt für den Nachfrager mit dem Hinterlegen seiner spezifischen I4.0-Bedarfe. Hierzu greift er auf das digital abrufbare Reifegradmodell zurück, um ein Bedarfsprofil zu konstruieren. Dieses Bedarfsprofil bildet die Grundlage für die Vermittlung durch die automatische Generierung einer Rangliste mit geeigneten Anbietern durch das Bewertungsverfahren. Aus dieser Liste geht für den Nachfrager hervor, welcher Anbieter am besten zu seinen Bedarfen passt. Wenn die Rangliste für den Nachfrager zufriedenstellend ausfällt, ihm also die darin aufgeführten Alternativen als bedarfsdeckend erscheinen, kann er sich für einen der gut platzierten Anbieter entscheiden und ihn anschließend kontaktieren. Durch das bedarfsorientierte Auffinden von passenden Anbietern mittels automatisierter Bewertung und Rangordnung wird ein Mehrwert in Bezug auf Zeit und Transparenz geschaffen.

10.4.2.2 Entwicklung des Plattform-Geschäftsmodells

Für die Überführung der Methodik in ein Plattform-Geschäftsmodell müssen dessen spezifische Elemente, z. B. der Auftritt als Intermediär bzw. Vermittler zwischen Akteursgruppen, berücksichtigt werden. Um die vorgestellte Methodik der Vermittlung entsprechend

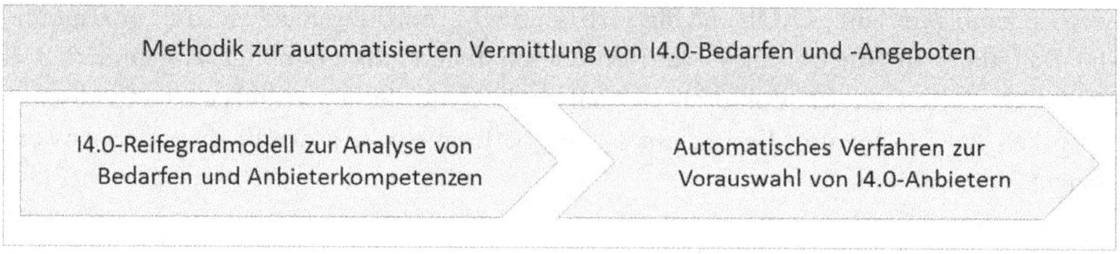

Abb. 10.4 Methodik zur Vermittlung von I4.0-Nachfragern und -Anbietern

abbilden zu können, bietet sich das Rahmenwerk nach Täuscher et al. zur Konzipierung von digitalen Plattformen an, wie bereits in Abschn. 10.3 angedeutet. Nachfolgend wird das genannte Rahmenwerk eingesetzt, um das Plattform-Geschäftsmodell für die Vermittlung von I4.0-Bedarfen und -Angeboten strukturiert darzustellen. Dazu werden Fragen zum Wertangebot, Wertkommunikation, Werterzeugung, Wertbereitstellung und Gewinnerzielung der Plattform entsprechend beantwortet und ausgestaltet.

Wertangebot
In der Dimension *Wertangebot* wird für das Geschäftsmodell das Leistungsangebot nach Typ und Breite sowie der Nutzen für Nachfrager und Anbieter eingeordnet. Die Art des Leistungsangebots umfasst die Vermittlung von I4.0-Anbietern, die digitale, z. B. das rein digitale Einrichten und Betreiben von Cloud-Infrastrukturen und Softwareentwicklung, oder physische Services wie z. B. Wartungsarbeiten oder I4.0-Beratung vor Ort anbieten. Der zentrale Nachfragernutzen liegt in einer effizienten Lösung, um bedarfsorientiert passende I4.0-Anbieter zu finden. Der zentrale Anbieternutzen besteht darin, dass Anbieter bestimmter I4.0-Lösungen von interessierten Nachfragern gefunden werden, statt diese selbst zu suchen.

Wertkommunikation
Zur *Wertkommunikation*, der Art der Bekanntmachung des Angebots und Nutzergewinnung, kann sowohl Online- als auch Offline-Marketing genutzt werden. Es bietet sich an, eine digitale Plattform über digitale Kanäle zu vermarkten, bezogen auf die produzierende Branche erscheint das klassische Marketing über Messen oder Fachpublikationen ebenso sinnvoll. Die Plattform ist so konzipiert, dass der Nutzen von Nachfragern mit der Größe der Anbietergruppe steigt und umgekehrt. Wenn sich z. B. mehr Nachfrager auf der Plattform befinden, sind genauere Benchmarks zu den Bedarfen möglich. Eine höhere Zahl an Anbietern dagegen ermöglicht bessere Empfehlungen für Nachfrager, was zugleich mehr Nachfrager anzieht und wodurch wiederum mehr Anbieter für die Plattform gewonnen werden können.

Werterzeugung
Die Dimension *Werterzeugung* beschreibt die wichtigsten Aktivitäten zur erfolgreichen Umsetzung des Geschäftsmodells (Täuscher et al. 2017). Digitale Plattformen zeichnen sich dadurch aus, dass ein großer Anteil der Wertschöpfung durch die Nutzer entsteht, statt

durch eigene Ressourcen (Parker et al. 2017). Zentrales Element hierbei sind die Plattformnutzer, da diese für die Wertschöpfung verantwortlich sind. Die Kernaktivität der Werterzeugung stellt das Zusammenbringen von I4.0-Nachfragern und -Anbietern auf Basis ihrer Profile und empfehlungsorientierter Ranglisten dar. Dazu werden Kundendaten und -beziehungen, sowie die I4.0-Anbieter, die ihre Ressourcen und Kompetenzen darlegen, benötigt. In Bezug auf marktplatzspezifische Funktionen erzeugt die Plattform zusätzlich Wert in Form von Vertrauensbildung, indem sie gegenseitige Bewertungen durch Anbieter und Nachfrager erlaubt, fördert und überprüft. Die Unsicherheit der Nutzer in Bezug auf neue Geschäftsbeziehungen wird damit reduziert.

Wertbereitstellung
Die *Wertbereitstellung* der Plattform soll über eine Web-Applikation stattfinden. Weil die Plattform zwischen Unternehmen vermittelt, handelt es sich um ein Business-to-Business-Segment, sodass auch Marketingmaßnahmen auf diese Geschäftsbeziehung abgestimmt werden müssen. Die Vorauswahl des Transaktionspartners übernimmt zunächst die Plattform in Form eines kombinierten Bewertungsverfahrens. Die finale Entscheidung, welcher Anbieter aus der generierten Rangliste kontaktiert wird, trifft jedoch der Nachfrager. Zusätzlich muss noch der ausgewählte Anbieter darüber entscheiden, ob er die Anfrage annimmt oder ablehnt.

Gewinnerzielung
Die *Gewinnerzielung* kann auf einem Cost-Per-Click-Modell sowie der Schaltung von Werbung basieren und hat dabei die Anbieter im Fokus. Während der Wert für Nachfrager erst durch eine Vielzahl von Anbieterprofilen generiert wird, haben die Anbieter einen leichter messbaren wirtschaftlichen Nutzen. Beispielsweise lassen sich die Klicks auf Anbieterprofile zählen und dementsprechend bepreisen und verkaufen. In Bezug auf Werbeeinnahmen ist Bannerwerbung von I4.0-Anbietern oder Drittanbietern als zusätzlicher Erlösstrom denkbar. Darüber hinaus können Anbieter dafür zahlen, um in Ranglisten hervorgehoben zu werden, wenn sie in wenigstens einer Kategorie besonders hohe Kompetenz besitzen. In Bezug auf den Preismechanismus lassen sich die Preise für Klicks fix festlegen, wobei hinsichtlich der Klicks in den Ranglisten und auf Werbebanner unterschieden werden kann.

Mit der Beschreibung der wesentlichen Punkte des Plattform-Geschäftsmodells soll dargestellt werden, welche Rahmenbedingungen für die Umsetzung des Geschäftsmodells vorhanden sein müssen und wie sich Mehrwert damit generieren lässt. Abschließend kann eine Einordnung von diesem in den relevanten Markt erfolgen, um einen Vergleich mit marktverfügbaren Angeboten und Wettbewerbern durchzuführen und die Potenziale des Modells zu ermitteln.

10.4.2.3 Einordnung und Vergleich des Geschäftsmodells mit relevanten Angeboten am Markt

Anknüpfend an die Gewinnerzielung lässt sich die Frage nach dem Mehrwert der Methodik gegenüber vergleichbaren Angeboten stellen. Grundsätzlich werden Vermittler entlastet, da Analysevorgänge in Richtung der Nutzer verlagert werden und die Empfehlung geeigneter Anbieter stärker automatisiert wird. Zudem ist die Methodik besser skalierbar als traditionelle Vermittler, da der datengetriebene Ansatz durch Rechenleistung flexibel gestaltbar ist und geografische Grenzen durch das digitale Angebot an Bedeutung verlieren. Die erzielbaren Erlöse sind ebenso stark skalierbar, da ein potenziell wachsender Markt für den Einsatz der Methodik vorhanden ist. Ein potenzieller Mehrwert durch die Vermittlung ist damit gegeben.

Zudem ist von Interesse, wie groß das Feld der Mitbewerber mit ähnlicher Methodik ist, ob also ein Seltenheitswert besteht. Als relevante Mitbewerber sollen die digitalen Vermittler I4.0-Kompetenzatlas und Sherlock 4.0 aus Abschn. 10.4.2 für einen Vergleich herangezogen werden

Bei dem I4.0-Kompetenzatlas sowie Sherlock 4.0 erfolgt eine im Kern auf Text und Suchbegriffen sowie Kategorie- und Präferenzauswahl basierte manuelle Suche nach geeigneten I4.0-Anbietern. Ersterer erstellt Bedarfslisten anhand der Häufigkeit des Vorkommens des gesuchten Begriffs in den Unternehmensprofilen, letzterer zieht neben Such- zusätzliche Ausschlussbegriffe hinzu. Bezahlte Anbieterprofile bekommen in diesem Fall einen generell besseren Listenplatz zugewiesen. Die entworfene Plattform stellt quantifizierte Bedarfs- und Anbieterprofile mit Hilfe eines Reifegradmodells sowie Ranglisten bereit, wodurch die Vermittlung wesentlich bedarfsorientierter gestaltet ist.

Der I4.0-Kompetenzatlas hingegen ist auf den Raum Baden-Württemberg eingegrenzt, Sherlock 4.0 ist auf die Länder Deutschland, Österreich und Schweiz begrenzt. Die Zielgruppe der entworfenen Methodik ist prinzipiell geographisch unbestimmt und auf die angebotenen Sprachen beschränkt. Zudem muss der Nutzer im Gegensatz zu den konkurrierenden Modellen der hier entwickelten Methodik nicht mit I4.0-Begriffen vertraut sein. Deshalb kann die Frage nach der Seltenheit der Methodik positiv beantwortet und weiterhin potenzielle Vorteile gegenüber den Mitbewerbern festgestellt werden wodurch sich mit dem erarbeiteten Geschäftsmodell zumindest temporär ein Wettbewerbsvorteil ergibt.

10.5 Fazit

Das Schlagwort „*Industrie 4.0*" beschreibt eine Vielzahl an verfügbaren Technologien, die eine engere Verknüpfung von physischer und digitaler Welt in Unternehmen ermöglichen. Die Identifikation der spezifischen Bedarfe und die anschließende Auswahl von geeigneten Lösungen sowie Anbietern gestalten sich aufgrund der intransparenten Marktsituation und der weitläufigen Begriffswelt als Herausforderung für Unternehmen. Die im Mittelstand 4.0-Kompetenzzentrum Chemnitz angewendete I4.0-Potenzialanalyse setzt genau an diesem Punkt an und leitet die Unternehmen durch einen strukturierten Prozess der Selbstanalyse aller Unternehmensbereiche, bevor in einem Workshop konkrete Digitalisierungskonzepte erarbeitet werden.

Die Unternehmen, die bisher an einer I4.0-Potenzialanalyse teilgenommen haben, heben besonders den methodischen und strukturierten Aufbau des Selbstchecks und des Workshops hervor. Durch die Bildung eines I4.0-Teams im Betrieb entsteht eine ganzheitliche

Sicht auf die einzelnen TOP-Dimensionen und die Ideenfindung während des Workshops wird ebenso positiv durch die verschiedenen Blickwinkel aus allen Abteilungen unterstützt. Die zusätzliche Unterstützung des Expertenteams des Zentrums hilft, dabei identifizierte Bedarfe mit konkreten Lösungen zu untersetzen und gemeinsam auszugestalten. Die Erfahrungen bisheriger Workshops zeigen, dass die häufigsten Brennpunkte im Betrieb in der Organisation interner und externer Prozesse sowie in der Vernetzung der Produktion zu finden sind. Zudem wurden auch Potenziale in neuen Geschäftsmodellen und digitalen Services für den Kunden als Handlungsfelder identifiziert, wie das Beispiel der Genossenschaft für Kunsthandwerker und dem Hersteller für Kühlanlagen zeigen. Der Bereich Geschäftsmodelle wurde in bisherigen Workshops weniger stark adressiert, weshalb der Ausblick zur Entwicklung eines Plattform-Geschäftsmodells zur zielgerichteten Vermittlung von I4.0-Leistungen als Vorgehensmodell zur strukturierten Analyse aktueller sowie der Gestaltung und Umsetzung neuer Geschäftsmodelle motivieren soll.

Literatur

Abdelkafi, N.; Posselt, T. (2017). *Change Management für Geschäftsmodellinnovationen* (Jahresbericht 2016/17). Fraunhofer-Zentrum für Internationales Management und Wissensökonomie IMW. Verfügbar unter: https://www.imw.fraunhofer.de/content/dam/moez/de/documents/Jahresbericht_17_16/20171012_Fraunhofer%20IMW%20Jahresbericht%202016-17_Leitartikel_Web.pdf [05.02.2019].

Abdelkafi, N.; Salameh, N. A. (2014). Geschäftsmodellmuster im Dienstleistungssektor – Dargestellt am Beispiel der Internationalisierung deutscher Berufsbildungsdienstleister. In: D. R.A. Schallmo (Hrsg.). *Kompendium Geschäftsmodell-Innovation*, S. 385–415. Wiesbaden: Springer Fachmedien Wiesbaden.

Anderl, R.; Fleischer, J. (2015). *Leitfaden Industrie 4.0: Orientierungshilfe zur Einführung in den Mittelstand.* Frankfurt am Main: VDMA-Verlag.

Arbeitskreis Kartellrecht (2015). *Digitale Ökonomie – Internetplattformen zwischen Wettbewerbsrecht, Privatsphäre und Verbraucherschutz.* Bundeskartellamt. Verfügbar unter: https://www.bundeskartellamt.de/SharedDocs/Publikation/DE/Diskussions_Hintergrundpapier/AK_Kartellrecht_2015_Digitale_Oekonomie.pdf?__blob=publicationFile&v=2 [05.02.2019].

BITKOM (2018). *Mehrheit hat noch nie etwas von digitalen Plattformen gehört.* Bundesverband Informationswirtschaft, Telekommunikation und Neue Medien e.V. (BITKOM). Verfügbar unter: https://www.bitkom.org/Presse/Presseinformation/Mehrheit-hat-noch-nie-etwas-von-digitalen-Plattformen-gehoert.html [05.02.2019].

Engelhardt, S. von; Wangler, L.; Wischmann, S. (2017). *Eigenschaften und Erfolgsfaktoren digitaler Plattformen.* Bundesministerium für Wirtschaft und Energie (BMWi). Verfügbar unter: https://www.digitale-technologien.de/DT/Redaktion/DE/Downloads/Publikation/autonomik-studie-digitale-plattformen.pdf?__blob=publicationFile&v=9 [05.02.2019].

Gassmann, O.; Frankenberger, K.; Csik, M. (2017). *Geschäftsmodelle entwickeln: 55 innovative Konzepte mit dem St. Galler Business Model Navigator*, 2. Auflage. München: Hanser Verlag.

Gassmann, O.; Sutter, P. (2016). *Digitale Transformation im Unternehmen gestalten: Geschäftsmodelle, Erfolgsfaktoren, Handlungsanweisungen, Fallstudien.* München: Hanser Verlag.

Langer, T.; Singer, A.; Wenzel, K.; Bolev, D. (2017). Modulbaukasten Digitalisierung. *ZWF Zeitschrift für wirtschaftlichen Fabrikbetrieb, 112*(12), S. 902–906.

Leineweber, S.; Wienbruch, T.; Lins, D.; Kreimeier, D.; Kuhlenkötter, B. (2018). Concept for an evolutionary maturity based Industrie 4.0 migration model. In: Procedia CIRP (Ed.), *51st CIRP Conference on Manufacturing Systems, 72*, S. 404–409.

Morlock, F.; Wienbruch, T.; Leineweber, S.; Kreimeier, D.; Kuhlenkötter, B. (2016). Industrie 4.0-Transformation für produzierende Unternehmen: Reifegradbasierte Migration zum Cyberphysischen Produktionssystem. *ZWF Zeitschrift für wirtschaftlichen Fabrikbetrieb, 111*(5), S. 306–309.

Osterwalder, A.; Pigneur, Y. (2010). *Business model generation: A handbook for visionaries, game changers, and challengers.* Hoboken, NJ: Wiley.

Parker, G.; van Alstyne, M.; Choudary, S. P. (2017). *Die Plattform-Revolution: Von Airbnb, Uber, PayPal und Co. lernen: wie neue Plattform-Geschäftsmodelle die Wirtschaft verändern; Methoden und Strategien für Unternehmen und Start-ups, 1. Ausgabe.* Frechen: mitp Verlags GmbH &Co. KG.

Rochet, J.-C.; Tirole, J. (2003). Platform Competition in Two-Sided Markets. *Journal of the European Economic Association, 1*(4), S. 990–1029.

Sächsisches Staatsministerium für Wirtschaft, Arbeit und Verkehr (2016). *Monitoring-Report Wirtschaft DIGITAL 2016: Sachsen.* Verfügbar unter: https://publikationen.sachsen.de/bdb/artikel/27368 [05.02.2019].

Schuh, G.; Anderl, R.; Gausemeier, J.; ten Hompel, M.; Wahlster, W. (Hrsg.) (2017). *acatech STUDIE. Industrie 4.0 Maturity Index: Die digitale Transformation von Unternehmen gestalten.* München: Herbert Utz Verlag.

Stachowiak, H. (2013). *Allgemeine Modelltheorie* (Softcover reprint of the hardcover 1. ed. 1973). Wien: Springer Verlag.

Täuscher, K.; Hilbig, R.; Abdelkafi, N. (2017). Geschäftsmodellelemente mehrseitiger Plattformen. In: Schallmo, D.; Rusnjak, A.; Anzengruber, J.; Werani, T.; Jünger, M. (Hrsg.), *Schwerpunkt Business Model Innovation. Digitale Transformation von Geschäftsmodellen. Grundlagen, Instrumente und Best Practices,* S. 179–211). Wiesbaden: Springer Gabler Verlag.

Wirtz, B. W.; Pistoia, A.; Ullrich, S.; Göttel, V. (2016). Business Models: Origin, Development and Future Research Perspectives. *Long Range Planning, 49*(1), S. 36–54.

ZVEI (2016). *Leitfaden – Welche Kriterien müssen Industrie-4.0-Produkte erfüllen?* Verfügbar unter: https://www.zvei.org/fileadmin/user_upload/Presse_und_Medien/Publikationen/2016/November/Welche_Kriterien_muessen_Industrie-4.0-Produkte_erfuellen_/ZVEI-LF_Welche_Kriterien_muessen_I_4.0_Produkte_erfuellen_17.03.17.pdf [05.02.2019].

Marc Münnich, M.Sc. hat Wirtschaftsingenieurwesen in Zwickau (FH-Diplom) und Chemnitz (Master of Science) studiert. Er ist seit Mai 2018 Wissenschaftlicher Mitarbeiter am Fraunhofer IWU in der Abteilung Digitalisierung in der Produktion. Im speziellen beschäftigt er sich mit digitalen Produktionssysteme und der Interaktion von Mensch und Technik. Sein Fokus liegt auf der Produktionsplanung und -steuerung verketteter Fertigungssysteme, Simulation und Datenanalyse.

Marian Süße, M.Sc. hat Wirtschaftsingenieurwesen in Zwickau (FH-Diplom) und Chemnitz (Master of Science) studiert. Er ist seit Mai 2017 Wissenschaftlicher Mitarbeiter am Fraunhofer IWU und seit Oktober 2018 Leiter der Gruppe Fabrikgestaltung & Simulation, die sich mit Fragestellungen der Fabrik- und Produktionsplanung mit Bezug zur Energie- und Ressourceneffizienz beschäftigt. In der Gruppe werden Bewertungsmodelle und Methoden entwickelt, um Produktionssysteme und Organisationen unter anderem hinsichtlich ihrer Wertschöpfung und des Ressourcenverbrauchs zu bewerten.

Dimitri Bolev, M. Sc. ist Consultant bei Deloitte | Technology Strategy & Architecture. Vor seinem Einstieg in die Unternehmensberatung studierte er Wirtschaftsingenieurwesen an der Universität Bayreuth und der Technischen Universität Chemnitz sowie Internationales Management in Sankt Petersburg, Russland. Praktika und Werkstudententätigkeiten bei der Fraunhofer-Gesellschaft, Brose und Audi waren prägende Meilensteine auf seinem Weg. Er ist auf die Beratung von Unternehmen in der Fertigungsindustrie spezialisiert und unterstützt die Kunden bei der Digitalisierung ihrer Geschäftsmodelle.

Dr.-Ing. Tino Langer (∗1977–†2018), studierte Informatik an der Technischen Universität Chemnitz mit dem Schwerpunkt Künstliche Intelligenz. Nach Abschluss seines Studiums 2004 als Diplom Informatiker nahm er seine Tätigkeit als Mitarbeiter am Fraunhofer-Institut für Werkzeugmaschinen und Umformtechnik IWU in Chemnitz auf. An der Fakultät Maschinenbau der Technischen Universität Chemnitz promovierte er 2015 Im Kontext Industrie 4.0 zum Thema „Ermittlung der Produktivität verketteter Produktionssysteme unter Nutzung erweiterter Produktdaten". Von 2016 bis 2018 leitete er die Abteilung „Digitalisierung in der Produktion".

Partizipation von Beschäftigten in der Gestaltung einer digitalisierten Arbeitswelt 4.0 mittels einer Canvas-Methode

Holger Fischer, Florian Rittmeier, Thim Strothmann und Nina Schwenniger

Zusammenfassung

Sinnvolle und gebrauchstaugliche digitale Assistenzsysteme, die Beschäftigte bei ihren alltäglichen Aufgaben unterstützen, stellen eine Herausforderung für viele Organisationen hinsichtlich der individuellen und organisationalen Akzeptanz einschließlich der Gebrauchstauglichkeit (Usability), dem Benutzererlebnis (User Experience, UX) und „Arbeit 4.0"-Aspekten dar. Vorhandene Methoden des Software Engineering sind nicht geeignet, Beschäftigte angemessen in die Gestaltung und Entwicklung zu integrieren und Lösungskonzepte solcher Systeme auf Augenhöhe zu betrachten. In diesem Beitrag wird eine leichtgewichtige Canvas-Methode vorgestellt, die sich mit diesen Herausforderungen befasst. Sie umfasst die menschliche, die geschäftliche sowie die technologische Perspektive in einem gemeinsamen Kommunikationsinstrument, dem „Digital Assistance System Canvas". Erste Evaluationen zeigen, dass die Teilnehmenden das Canvas-Konzept schätzen und die Methode vielseitig in verschiedenen Szenarien einsetzbar ist. Vielfältige Fragen in den Canvas-Bausteinen bereichern die gemeinsame Diskussion über neue Systeme und die Verbesserung bzw. Sicherstellung der Akzeptanz sowie die Denkweise in frühen Phasen des Design- und Entwicklungsprozesses.

Diese Arbeit wurde partiell gefördert aus Mitteln des Europäischen Fonds für regionale Entwicklung (EFRE) im Rahmen der Projekte „Arbeit 4.0 – Lösungen für die Arbeitswelt der Zukunft" (FKZ: 34.EFRE-0300029) und „Business 4.0 – Neue Geschäftsmodelle und Wertschöpfungsketten mit IKT" (FKZ: 34.EFRE-0300028) sowie aus Mitteln des Bundesministeriums für Wirtschaft und Energie (BMWi) im Rahmen des Mittelstand 4.0-Kompetenzzentrums Dortmund, Forschungsstandort Ostwestfalen-Lippe (FKZ: 01MF15001D) im Rahmen des Förderschwerpunkts „Mittelstand-Digital".

H. Fischer (✉) · F. Rittmeier · T. Strothmann · N. Schwenniger
Universität Paderborn, SI-LAB, Paderborn, Deutschland
E-Mail: h.fischer@sicp.upb.de; f.rittmeier@sicp.upb.de; t.strothmann@sicp.upb.de; n.schwenniger@sicp.upb.de

11.1 Einführung

„Arbeit 4.0" als eines von mehreren Themen der digitalen Transformation befasst sich in Deutschland mit den direkten und indirekten Wechselwirkungen zwischen digitalen Technologien und sämtlichen Prozessen der Arbeitsgestaltung, Arbeitsorganisation und Arbeitsbedingungen (BMAS 2015).

Der Einsatz von Softwarelösungen, insbesondere digitale Assistenzsysteme (DAS), nimmt im professionellen Arbeitskontext zu (BMWi 2014). Beispiele hierfür sind kooperative Roboter in der industriellen Fertigung oder Augmented Reality (AR)-Brillen in der Inbetriebnahme von komplexen technischen Systemen. Wir verstehen ein digitales Assistenzsystem wie folgt:

> Definition 1. Ein *digitales Assistenzsystem* ist eine Softwarelösung (bspw. Desktopanwendungen oder Apps) oder eine kombinierte Soft- und Hardwarelösung (bspw. Datenbrillen, Augmented Reality, Drohnen), mit dem Menschen über eine Benutzungsschnittstelle interagieren und in ihrer Arbeitssituation unterstützt werden. Ausgenommen sind Hardwarelösungen mit eingebetteter Software (bspw. autonome Flurförderzeuge, Roboter), die keine direkte Benutzerschnittstelle aufweisen.

Die Möglichkeiten digitaler Assistenzsysteme sind vielfältig und regen auch zu weiteren Diskussionen über die Auswirkungen auf das menschliche Arbeitsleben an. Die *individuelle Akzeptanz* der Beschäftigten sowie die *organisationale Akzeptanz* dieser Systeme beinhalten Qualitätsaspekte der Gebrauchstauglichkeit (Usability), des Benutzererlebnis (User Experience) sowie Aspekte von Arbeit 4.0 und der Geschäftsperspektive (Fischer et al. 2017).

Darüber hinaus können wir derzeit große Trends in Bezug auf den Wandel der Arbeit beobachten (Morgan 2014): Neue Verhaltensweisen der Beschäftigten durch soziale Medien, Millenials (Generation Z) am Arbeitsplatz, Mobilität (Arbeiten von überall), Globalisierung und neue Technologien. Diese Entwicklungen verändern die Erwartungen in Bezug auf Softwarelösungen, wie sie heute Teil der Organisationen sind.

Trotz aller Bemühungen weisen heutige Softwareprodukte Qualitätslücken in Bezug auf Funktionalität und Gebrauchstauglichkeit auf (Johnson 2014; Sage 2014). Unternehmen investieren größere Summen für die Entwicklung von digitalen Assistenzsystemen, die nach deren Einführung jedoch nicht von Beschäftigten oder Betriebsräten akzeptiert werden. Gleichzeitig steigt die Komplexität der Softwarelösungen, ebenso wie die an sie gestellten Erwartungen. Zudem werden die Erfordernisse der Anwender oft nicht ausreichend fokussiert. So wurde bspw. in einem mittelgroßen Unternehmen eine Software für die Kommissionierung auf einem Tablet entwickelt, welches die Beschäftigten Schritt für Schritt durch das Lager führen sollte. Die Beschäftigten hatten ihren Arbeitsablauf jedoch bereits selbstständig derart optimiert, dass sie mit farblichen Markierungen auf der Papier-Version arbeiteten und einen entsprechenden Überblick der einzusammelnden Waren hatten. Derartige Erfordernisse blieben bei der Entwicklung unberücksichtigt. Zudem fühlten sich die Beschäftigten in ihrer Autonomie eingeschränkt. In Folge dessen wurde die Software von den Test-Anwendenden und somit auch von den restlichen Beschäftigten abgelehnt, welches eine halbjährige Weiterentwicklung der Software und entsprechende zusätzliche Investitionen mit sich brachte.

Projektleiter und Softwareentwickler können die Herausforderungen der Digitalisierung nicht mehr alleine bewältigen. Die interdisziplinäre Gestaltung und aktive Einbindung der Beschäftigten in den Softwareentwicklungsprozess sind unerlässlich geworden. Aktuelle Methoden des Software Engineering (SE) scheinen für diese Problemstellung unzureichend. Die Methoden konzentrieren sich nicht auf die Benutzenden – die Beschäftigten, die mit der Software arbeiten – in Bezug auf eine aktive Einbindung in den Entwicklungsprozess. Methoden der menschzentrierten Gestaltung (en. Human-Centered Design (HCD)) adressieren diese aktive Beteiligung der Benutzenden, vernachlässigen jedoch die Geschäftsstrategie, die für die organisationale Akzeptanz wichtig ist.

Eine leichtgewichtige Methode zur Förderung der Kommunikation und Diskussion zwischen allen Beteiligten ist ab dem Beginn eines Assistenzsystem-Projektes notwendig, um alle drei Perspektiven einzubeziehen: Den Menschen, die Unternehmensstrategie und die Technologie. Eine solche Methode kann einen Überblick schaffen und kritische Fragen gleich zu Beginn identifizieren.

In diesem Beitrag stellen wir den Ansatz eines Canvas-Konzeptes vor. Unser Ziel ist es, eine leichtgewichtige Methode zu schaffen, die einfach zu handhaben und schnell durchzuführen ist sowie von Management und Beschäftigten gleichermaßen akzeptiert wird. Deshalb fassen wir Canvas-basierte Methoden als verwandte Arbeiten zusammen und stellen unseren *Digital Assistance System Canvas* vor. Diesen haben wir auf Basis von Projekten bei verschiedenen Unternehmen unterschiedlicher Branchen zur Unterstützung der Kommunikation abgeleitet. Abschließen möchten wir mit unseren Erfahrungen entlang eines Unternehmensbeispiels.

11.2 Grundlagen

Gemäß unserer Annahme stellen digitale Assistenzsysteme eine Möglichkeit dar, die digitale Transformation in den Unternehmen erfolgreich umzusetzen und dabei alle Beschäftigten mitzunehmen. Voraussetzung ist eine angemessene Entwicklung dieser Systeme. Das Ziel digitaler Assistenzsysteme ist es, den Beschäftigten die Informationen, die sie im Arbeitsprozess benötigen, so schnell und so einfach wie möglich jederzeit und überall zugänglich zu machen. Assistenzsysteme fassen alle Technologien zusammen, die den Beschäftigten bei der Durchführung ihrer Arbeit helfen und es ihnen ermöglichen, sich auf ihre eigentliche Arbeit (Kernkompetenzen) zu konzentrieren (Bischoff 2015). Dies sind insbesondere Technologien zur Bereitstellung von Informationen, wie Visualisierungssysteme, mobile Endgeräte (u. a. Tablets und Datenbrillen) oder Werkzeuge, die Berechnungen durchführen. Dies reicht von der einfachen Anzeige von Arbeitsanweisungen über visuelle oder multimediale Unterstützung (z. B. Kommissionier-Systeme) bis zur kontextsensitiven Augmented Reality für die Beschäftigten (Bannat 2014). Bereits heute finden wir bspw. Datenbrillen in Prozessen der Instandhaltung, über die eine Person der Wartungstechnik zusätzliche digitale Informationen in das Arbeitssichtfeld eingeblendet bekommt und somit die Wartung effizienter oder seltene Wartungstätigkeiten entsprechend angeleitet durchführen kann (Huck-Fries et al. 2017).

Digitale Assistenzsysteme können je nach Ausprägung durch die Benutzer dieser Systeme (die Beschäftigten) als disruptiv wahrgenommen werden. Wir unterscheiden daher neben der analogen Situation zwischen drei wesentlichen Stufen von digitalen Assistenzsystemen: Digitale Kopie, digitale Innovation, digitale Revolution (Abb. 11.1). Die „digitale Kopie" repräsentiert eine genaue Reflexion der Realität von etwas bereits Bestehendem (*Digitization*). Am Beispiel der industriellen Kommissionierung könnte die digitale Kopie eine Online-Checkliste auf einem Tablet sein, die genauso aussieht wie die Checkliste auf einem papierbasierten Klemmbrett. Die nächste Stufe „digitale Innovation" fügt etwas Digitales der vorhandenen digitalen Kopie hinzu (*Digitalization*). Dies könnte eine dynamisch geordnete Online-Checkliste sein, die auf einer großen Datenanalyse über die Abhängigkeiten einzelner Prüfposten basiert. Der höchste Grad digitaler Assistenzsysteme ist die „digitale Revolution", etwas ganz Neues in der digitalen Welt, das in der realen Welt nicht existiert und eine Disruption (gravierende Veränderung) in der Strukturierung, in Arbeitsabläufen oder in Aufgaben impliziert (*Digital Transformation*). Hierbei handelt es sich bspw. um ein Pick-by-Vision-System mit einer Datenbrille, in der digitale Informationen direkt im realen Arbeitsumfeld dargestellt werden, auch als Augmented Reality (AR) bekannt. Abgrenzend hierzu lässt sich des Weiteren der „digitale Ersatz" anführen, bspw. ein autonomer Pick-Roboter. Da es sich hierbei nicht mehr um eine Unterstützung einer durch einen Menschen ausgeführten Tätigkeit, sondern um eine Substitution eines Arbeitsplatzes handelt, wurde dies in unserer Definition eines digitalen Assistenzsystems ausgeschlossen. Je höher die digitale Disruption, desto kritischer ist die Softwareakzeptanz seitens der Organisation und insbesondere seitens der Beschäftigten.

Eine etablierte Methodik in der Softwareentwicklung ist das Human-Centered Design (HCD). Mit der DIN EN ISO 9241-210 (2010) existiert ein entsprechendes Rahmenwerk zur Gestaltung interaktiver Systeme, zu denen auch digitale Assistenzsysteme

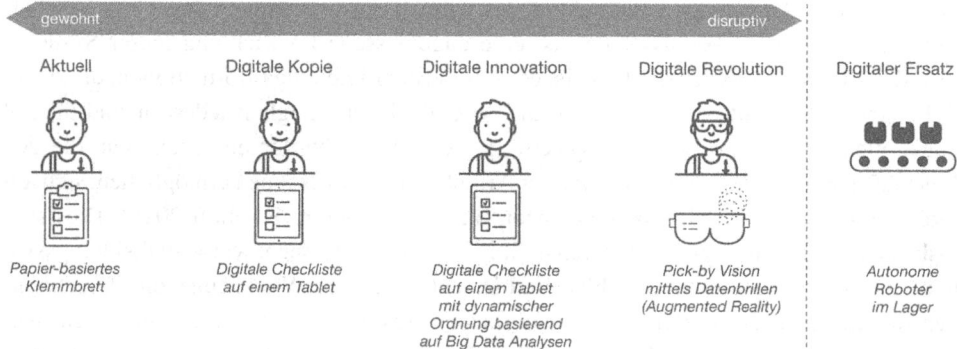

Abb. 11.1 Stufen digitaler Assistenzsysteme (am Beispiel der Kommissionierung)

zählen, welche die Menschen als Benutzende dieser Systeme mit ihren Erfordernissen, Anforderungen, Zielen und Aufgaben sowie mit deren aktiven Partizipation bei der Konzeption und Entwicklung in den Fokus stellt. Die Vorteile für die Anwendenden der Systeme sind umfangreich, nachhaltig und beinhalten verbesserte Produktivität, Arbeitsqualität und Zufriedenheit (Jokela 2001). Eines der zentralen Qualitätsmerkmale für interaktive Systeme ist ihre Gebrauchstauglichkeit (Bevan 1999). Die wichtigen Normungsorganisationen (IEEE und ISO) adressieren diesen Parameter bereits seit längerem (Granollers et al. 2003).

Neben technischen Qualitätskriterien an ein digitales Assistenzsystem, bspw. Ausfallsicherheit oder Skalierbarkeit, sind somit die Gebrauchstauglichkeit (Usability) und das Benutzererlebnis (User Experience, UX) wesentlich für die Akzeptanz des Systems seitens der Beschäftigten, der Benutzer sowie der Kunden. Sie bestimmen damit den Markterfolg des Unternehmens, aber vor allem sind sie ausschlaggebend im Unternehmen für die Qualität der Arbeitsergebnisse bzw. Produkte im Fertigungsprozess. Die Usability beschreibt das *„Ausmaß, in dem ein System, ein Produkt oder eine Dienstleistung durch bestimmte Benutzer in einem bestimmten Nutzungskontext genutzt werden kann, um festgelegte Ziele effektiv, effizient und zufriedenstellend zu erreichen"* (ISO 9241-210 2010). Die User Experience adressiert darüber hinaus alle *„Wahrnehmungen und Reaktionen einer Person, die aus der tatsächlichen und/oder der erwarteten Benutzung eines Produkts, eines Systems oder einer Dienstleistung resultieren. User Experience umfasst sämtliche Emotionen, Vorstellungen, Vorlieben, Wahrnehmungen, physiologischen und psychologischen Reaktionen, Verhaltensweisen und Leistungen, die sich vor, während und nach der Nutzung ergeben"* (ISO 9241-210 2010).

Als Norm werden in der DIN EN ISO 9241-210 (2010) keine konkreten Techniken zur Sicherstellung der Gebrauchstauglichkeit benannt, jedoch vier relevante Handlungsfelder aufgezeigt: Verstehen und Festlegen des Nutzungskontextes; Festlegen der Nutzungsanforderungen; Erarbeiten von Gestaltungslösungen zur Erfüllung der Nutzungsanforderungen; Evaluieren von Gestaltungslösungen anhand der Anforderungen. Dabei sind die folgenden Problemstellungen wesentlich: Es existiert nicht „der Benutzer", sondern es existieren meist mehrere diverse Benutzergruppen, deren Erfordernisses es zu berücksichtigen gilt.

Der Nutzungskontext kann dabei vielfältig sein und unterscheidet sich ggf. von Benutzergruppe zu Benutzergruppe. Iterationen der Nutzungsanforderungen und Gestaltungslösungen sind essentiell, da die initial erfassten Nutzungsanforderungen nicht erschöpfend sind. Insbesondere routinierte Tätigkeiten sind für den Menschen als prozedurales Wissen schwer verbalisierbar. Erst über (be-)greifbare Gestaltungslösungen (Prototypen, Mockups, etc.) zeigen sich meist wesentliche Nutzungsanforderungen. Des Weiteren können sich diese auch gegenseitig widersprechen oder im Widerspruch zu Nutzungsanforderungen anderer Benutzergruppen stehen.

Zwei entscheidende Herausforderungen bei der Anwendung der DIN EN ISO 9241-210 als abstraktes Rahmenwerk bestehen zum einen in der Auswahl geeigneter Usability/UX-Techniken (Fischer et al. 2013) und zum anderen in der Integration mit bestehenden Entwicklungsprozessen (Fischer et al. 2015).

Die Auswahl geeigneter Usability/UX-Techniken wurde vielfach diskutiert (Ferrè und Bevan 2011; Weevers 2011) und unterscheidet sich entlang der verwendeten Auswahlkriterien. Dabei werden Kriterien wie bspw. das Budget, die Kompetenz oder die aktuelle Entwicklungsphase berücksichtigt, jedoch bleibt die Auseinandersetzung mit bestehenden Softwareentwicklungsprozessen und den dort verwendeten Arbeitsprodukten, Modellen oder Werkzeugen außen vor.

Die Integration von HCD und Software Engineering wird zurzeit unter dem Schlagwort Human-Centered Software Engineering (HCSE) thematisiert. Diverse Ansätze existieren, die konkrete Tätigkeiten zur Integration vorschlagen (Ferrè 2003), gemeinsame Spezifikationen erarbeiten (Juristo et al. 2003), Prozessmodelle thematisieren (Düchting et al. 2007) oder generische Bedingungen beschreiben (Metzker und Reiterer 2002).

Insbesondere bei kleinen und mittelgroßen Unternehmen (KMU) in der industriellen Fertigung, lassen sich bisherige Ansätze nur bedingt anwenden, da in Bezug auf die Akzeptanz von Assistenzsystemen und unter Betrachtung von Einflüssen durch Arbeit 4.0 weitere Aspekte, bspw. Vermeidung von Arbeitszeitverdichtung, nicht oder nicht ausreichend berücksichtigt sind.

11.3 Canvas-Methode für digitale Assistenzsysteme

Der Arbeitskontext eines Unternehmens ist sehr wichtig. Jedes Unternehmen braucht zufriedene Beschäftigte, um deren Innovationspotenziale zu nutzen und Werte für die Kunden, in Form neuer Produkte und Dienstleistungen, zu schaffen. Durch neue technologische Möglichkeiten und neue Arbeitskonzepte verändert sich die Art und Weise wie wir arbeiten ständig. Digitale Assistenzsysteme unterstützen die Beschäftigten, die sich dadurch auf ihre Kernaufgaben konzentrieren können. Um sinnvolle Assistenzsysteme zu entwickeln und einzuführen, ist es notwendig, eine entsprechende Kommunikationskultur in Unternehmen aufzubauen. Die Akzeptanz solcher Systeme entsteht nicht nur durch die Systeme selbst, sondern auch durch die Art und Weise, wie die Beschäftigten wertgeschätzt und in den Entwicklungsprozess eingebunden werden. Wir basieren unsere Annahmen auf Beobachtungen, die wir in mehreren Projekten gemeinsam mit Projektpartnern gemacht haben.

Um eine leichtgewichtige Methode zu schaffen, die einfach zu handhaben, schnell zu implementieren und von Management und Beschäftigten akzeptiert ist, haben wir bestehende Canvas-Konzepte untersucht (Abschn. 11.3.1). Darüber hinaus haben wir mit unseren Projektpartnern mehrere Projekte analysiert und sind dabei der Frage nachgegangen, welches Verhalten wir bei den verschiedenen Stakeholdern beobachtet haben und welche Aktivitäten zu einer höheren Akzeptanz der Lösung geführt haben (Abschn. 11.3.2). Darauf aufbauend haben wir Ziele definiert, die mit unserem Canvas erreicht werden sollen (Abschn. 11.3.3) und haben eine Bausteinstruktur sowie Fragen zu jedem Baustein unseres Canvas entwickelt (Abschn. 11.3.4). Zusätzlich haben wir einen kurzen praktischen Leitfaden zum Kreieren des Canvas erstellt, der auf einer menschenzentrierten Gestaltung nach ISO 9241-210 (2010) basiert (Abschn. 11.3.5). Schließlich wurde das Konzept des Canvas mit Fokusgruppen von Praktikern evaluiert (Abschn. 11.4).

11.3.1 Bestehende Canvas-Methoden

Um das Ziel einer leichtgewichtigen sowie vom Management und den Beschäftigten akzeptierten Methode zu erreichen, haben wir das Konzept des *Business Model Canvas* (BMC) übernommen. Osterwalder und Pigneur (2011) eröffneten mit dem BMC den Weg, mächtige neue Geschäftsmodelle systematisch zu erfinden, zu gestalten und umzusetzen. Mit ihrer Methode, adressieren sie Fragen wie: *„Wie können wir alte, überholte Modelle hinterfragen, auf den Prüfstand stellen und umwandeln?"* und *„Wie können wir visionäre Ideen in spielverändernde Geschäftsmodelle verwandeln, die das Establishment herausfordern – oder es verjüngen, falls wir selbst die Betroffenen sind?"*.

Der BMC befasst sich mit der Geschäftsperspektive eines Unternehmens und beschreibt die Gründe dafür, wie ein Unternehmen Werte schafft, ausliefert und überprüft. Deshalb haben Osterwalder und Pigneur neun Grundbausteine in drei Hauptgeschäftsfelder unterteilt: die Kunden und das Angebot für sie (Kundensegmente; Kundenbeziehungen; Kommunikations- und Vertriebskanäle; Wertangebot), die Infrastruktur (Schlüsselressourcen; Schlüsselaktivitäten; Schlüsselpartner) und die finanzielle Tragfähigkeit (Einnahmequellen; Kostenstruktur).

Wie beschrieben, ist der BMC auf den Geschäftswert einer Organisation ausgerichtet. Er berücksichtigt lediglich die Beschäftigten einer Organisation als Schlüsselressourcen und modelliert nicht die Arbeitsprozesse, die mit einem digitalen Assistenzsystem unterstützt werden. Das Canvas-Konzept wird von Managern, Forschenden und Praktikern auf der ganzen Welt allerdings sehr gut angenommen und scheint ein guter Ausgangspunkt für Innovationsprojekte zu sein (Stampfl 2016).

Während sich der BMC auf die gesamte Geschäftsstrategie einer Organisation konzentriert, hat Patton (2016) das BMC-Konzept in seinen *Opportunity Canvas* übernommen und zielt darauf ab, Diskussionen über neue Funktionen oder Fähigkeiten zu erleichtern. Er geht davon aus, dass ein Produkt bereits innerhalb einer Organisation existiert und eliminiert die Bausteine im Bereich Infrastruktur und finanzielle Tragfähigkeit. Patton stellt stattdessen die Probleme des Anwenders in den Mittelpunkt, da es zu viele Ideen für Funktionen gibt, die hinzugefügt werden könnten. Mit dem Opportunity Canvas ermutigt er die Teilnehmenden, darüber nachzudenken, wie die Anwender das Produkt zur Lösung ihrer Probleme verwenden und wie dies dem Geschäft entweder helfen oder schaden kann.

Der Vorteil dieses Canvas liegt in der Fokussierung auf die Probleme der Nutzer. Im Hinblick auf die Entwicklung neuer digitaler Assistenzsysteme wäre dies ein geeigneter Ausgangspunkt, um die Beschäftigten bei ihrer Arbeit zu unterstützen. Dennoch befasst sich Patton nur mit Merkmalen bereits bestehender Systeme und vernachlässigt Themen wie den Arbeitskontext, die Arbeitsgestaltung oder mögliche Auswirkungen eines Systems. Außerdem macht er nur Annahmen über die Probleme der Nutzer, anstatt die tatsächlichen Beschäftigten in die Diskussion einzubeziehen.

Eine weitere Anwendung des BMC und des Opportunity Canvas ist der *Lean UX Canvas* von Gothelf (2016). Das Ziel dieses Canvas ist es, *„to help teams frame their work as a business problem to solve (rather than a solution to implement) and then dissect that business problem into its core assumptions"*. Daher etablierte Gothelf Bausteine, um die

Benutzer und die Kunden, den Nutzen und die Hypothesen der Nutzer sowie die Fragen zu beschreiben, was gelernt werden soll, um die Hypothesen zu validieren. Die Fokussierung auf die Validierung von Hypothesen ist ein Vorteil gegenüber dem Opportunity Canvas und reduziert die Risiken, nicht nur ein System auf Annahmen aufzubauen und von Beschäftigten oder Betriebsräten abgelehnt zu werden. Dennoch konzentriert sich der Lean UX Canvas auf Geschäftsprobleme und berücksichtigt nicht Aspekte, wie Arbeitskontext, Arbeitsgestaltung etc., die zur angemessenen Unterstützung von Arbeitsprozessen durch Assistenzsysteme wesentlich sind.

Zusammenfassend lässt sich sagen, dass alle drei Canvases lohnende Konzepte enthalten, um Geschäftsprobleme anzugehen und Geschäftsergebnisse zu diskutieren. Keiner der Canvases konzentriert sich auf den Arbeitskontext oder die zu unterstützende Aufgabe, geschweige denn auf die Erfordernisse der Benutzenden des Systems oder die Auswirkungen auf sie. Deshalb haben wir die grundlegenden Konzepte als Basis übernommen und den Fokus auf die Arbeit, die Akzeptanzkriterien und die aktive Beteiligung der Beschäftigten integriert.

11.3.2 Beobachtungen innerhalb von Praxisprojekten

In den vergangenen drei Jahren haben wir verschiedene Unternehmen bei der Konzeption und Implementierung von digitalen Assistenzsystemen in ihrem Arbeitsumfeld unterstützt. Im Folgenden werden drei der Projekte beschrieben, um die Unterschiede in ihrer thematischen Ausrichtung und in der Struktur der durchführenden Unternehmen zu verdeutlichen:

- *Projekt 1: Energieeffiziente Installation.* Das Unternehmen dieses Falles berät, installiert und wartet Blockheizkraftwerke (BHKW) aller Größenordnungen für verschiedene Liegenschaften. Deshalb sind sie für das Ergebnis, messbar durch die erreichte Energieeffizienz, verantwortlich. Die Entscheidung für ein optimales BHKW ist jedoch sehr komplex und hängt vom Zusammenspiel aller Energieverbraucher einer Liegenschaft sowie den dort tätigen Personen ab. Um die tatsächliche Energieeinsparung aufzuzeigen sowie Abweichungen im Verhalten zu interpretieren und Wartungsarbeiten vorausschauend zu planen, ist es notwendig, eine Vielzahl von Energiedaten zu analysieren und zu interpretieren. Ziel des Projektes war es, ein Assistenzsystem einzuführen, das alle Akteure vom Handwerker über den Energietechniker bis zum Eigentümer der Immobilie unterstützt. Während des Projekts bestand der Kontakt zu allen Akteuren, so dass Annahmen ständig mit diesen validiert werden konnten.
- *Projekt 2: Fassadentechnik.* Das Unternehmen dieses Falles ist im Bereich der Fassadengestaltung tätig und unterstützt seine Kunden (bspw. Architekten, Ingenieure, Bauherren) mit kostenfreien Dienstleistungen, um sie auf die Vorteile seiner Bauelemente hinzuweisen. Diese Dienstleistungen werden durch mehrere solitäre Assistenzsysteme

unterstützt. Mit dem Ziel, den gesamten Bauplanungs- und Abstimmungsprozess zu verbessern und bestehende Lösungen zu vernetzen, wurde ein Projekt zur Analyse des Nutzungskontextes innerhalb des Unternehmens (Vertrieb, Engineering, Consulting) sowie mit den Nutzenden ihrer Dienstleistungen ins Leben gerufen. Während des Projekts führten wir Kontextinterviews mit allen internen Stakeholdern durch und besuchten mehrere Kunden des Unternehmens.

- *Projekt 3: Montage von Selbstbedienungssystemen.* Das Unternehmen dieses Falles produziert verschiedene Arten von Selbstbedienungssystemen, z. B. Geldautomaten (ATM). Nach der automatisierten Fertigung der benötigten Teile erfolgt eine manuelle Montage. Mehrere Qualitätsschranken innerhalb der Montagelinie sichern die Qualität der Produkte. Da die Anzahl der produzierten Maschinen bei jedem Auftrag aufgrund der Individualisierung durch den Kunden gering ist, werden Qualitätsprobleme zu einer Zeit berichtet, in der sie nur mit erhöhtem Aufwand behoben werden können. Ein Projekt zur Identifizierung von Möglichkeiten zur Digitalisierung der papierbasierten Dokumentation und zur Qualitätsunterstützung für die Beschäftigten wurde initiiert. Dies war das komplexeste der drei beschriebenen Projekte. Aufgrund der Größe des Unternehmens und der Art des Projekts wurde sowohl der Betriebsrat als auch die Gewerkschaft eingebunden, um entsprechend die Beschäftigten in der Montagelinie mitzunehmen. Es wurden zahlreiche Interviews geführt, um alle Stakeholder zu involvieren und die Ergebnisse und Konzepte in regelmäßigen Meetings zu validieren.

Innerhalb der verschiedenen Projekte beobachteten wir, dass gemischte Teams in einer Organisation in der Vergangenheit erst miteinander sprachen, nachdem neue Softwarelösungen erfolglos eingeführt oder entwickelt wurden. Zum Beispiel wurde ein entwickeltes Enterprise Social Network vor dem Start durch den Betriebsrat gestoppt, da Datenschutz-Aspekte nicht berücksichtigt wurden, die in anderen Ländern kein Problem darstellten. Infolgedessen verzögerte sich der Start um zwei Jahre, bedingt durch technische und organisationale Anpassungen.

Ein weiteres Beispiel ist das zu Beginn des Beitrags genannte tabletbasierte Kommissionierungssystem, das nach der Nutzung durch einen Testnutzer gescheitert ist. Der Testnutzer war mit der Lösung unzufrieden und beeinflusste seine Kollegen, diese nicht zu benutzen. Das Unternehmen musste das gesamte System überarbeiten, um die Akzeptanz mit der Lösung wiederherzustellen.

Wir meinen, dass die Einführung bzw. Entwicklung eines digitalen Assistenzsystems im Unternehmen von Anfang an diskutiert werden muss und drei entscheidende Perspektiven berücksichtigt werden müssen: Eine Lösung sollte strategisch auf die Auswirkungen in Bezug auf das Geschäft und auf das Unternehmen ausgerichtet werden. Sie sollte auf das Ergebnis ausgelegt sein, das durch die Beschäftigten generiert wird und das ihre Arbeit ändern könnte. Und es sollte unter Einsatz von Technologien gebaut werden, die den Unternehmenszielen und den Erwartungen der Anwender entsprechen.

Des Weiteren stellen wir fest, dass entscheidende Fragen zu den digitalen Assistenzsystemen erst spät im Entwicklungsprozess gestellt wurden. Beispielsweise haben einige unserer Projektpartner mehrere intelligente Brillen und Tablet-Computer gekauft, weil sie an der Technologie interessiert waren. Erst danach betrachteten sie, in welchen Szenarien sie diese sinnvoll nutzen könnten. Nachdem sie viel Geld investierten und erste Anwendungen implementiert hatten, begannen die Personen in den Projektteams den Nutzungskontext zu verstehen und entscheidende Fragen zu identifizieren, die vor der Implementierung aufgrund von Kommunikationsproblemen nicht aufgetaucht waren. Hier einige Beispiele:

- Ist es unter hygienischen Gesichtspunkten akzeptabel, dass man sich Smart Glasses für die Augmented Reality mit mehreren Personen teilt?
- Wie lange ist es aus ergonomischen Gründen sinnvoll, Smart Glasses zu tragen (z. B. Halsmuskulatur)?
- Wie sieht es mit der Haftung mobiler Geräte im Schadensfall aus?
- Sollen mobile Geräte während Pausen und nach Feierabend eingeschlossen werden?
- Sollen wir ein persönliches mobiles Gerät haben oder soll es von den Beschäftigten geteilt werden?
- Wie ist der Unfallschutz organisiert, z. B. beim Einsatz von Tablets oder Smart Glasses in Bereichen von Flurförderzeugen oder autonomen Fahrzeugen?

Alle diese Fragen bergen das Potenzial, ein Projekt zu unterbrechen oder gar zu stoppen. Dies kann vermieden werden, wenn Gespräche und Diskussionen frühzeitig stattfinden. Um die Kommunikation zwischen den Menschen innerhalb eines Projektes oder einer Organisation zu bereichern, haben wir begonnen, unsere Canvas-Methode zu entwickeln, die auch weitere Ziele adressieren soll.

11.3.3 Ziele

Wir stellen eine Methode vor, um die Kommunikation in einem frühen Stadium vor dem Kauf oder der Entwicklung neuer Softwarelösungen zu fördern: Der *„Digital Assistance System Canvas"*. Der Canvas soll ein lebendes Dokument darstellen. Er soll die Diskussion in multidisziplinären Projektteams (Führungskräfte, Betriebsrat, Gewerkschafter, Beschäftigte, IT etc.) fördern, um kritische Fragen sowie entscheidende Auswirkungen auf den Arbeitsablauf (z. B. Änderungen der Aufgabenverteilung) möglichst frühzeitig aufzudecken. Diese Erkenntnisse und die Gesamtvision werden während der laufenden Gestaltung und Entwicklung somit berücksichtigt.

Mit dem Canvas werden die folgenden Ziele erreicht:

- *Kommunikation* ist ein entscheidender Aspekt in jedem Unternehmen, auch, wenn es um die digitale Unterstützung menschlicher Arbeitsabläufe geht. Die Methode soll die

Kommunikation innerhalb von Teams fördern, um ein angemessenes System aufzubauen.
- Die *Beteiligung aller Stakeholder*, d. h. der Beschäftigten, die direkt mit dem System interagieren und der Beschäftigten, die sich durch eine Entscheidung, eine Tätigkeit oder ein Ergebnis beeinflusst fühlen, sollen unterstützt werden. Die Stakeholder beteiligen sich an jeder Entwicklungsphase, beginnend bei der Anforderungsermittlung, um eine angemessene Arbeitsplatzgestaltung und eine individuelle Akzeptanz zu gewährleisten. Bei der Konzeption und Entwicklung von Assistenzsystemen soll der Mensch im Mittelpunkt stehen.
- *Interdisziplinäre Teams* sollen gebildet werden, die sowohl aus Managern, aus Beschäftigten, dem Betriebsrat etc. bestehen, um ein geeignetes Maß an Digitalisierung und Innovationen zu ermöglichen. Sie unterstützen die organisationalen Veränderungen innerhalb des benutzenden Unternehmens und sollen ein Gefühl von Mitbestimmung und Entscheidung auf Arbeitnehmerebene vermitteln (*Change Management*). Das Team soll entscheiden, welche Arbeitsschritte sie digitalisieren und auf welche Weise sie dies tun möchten. Sie müssen die verschiedenen Perspektiven mit den verschiedenen Zielen für eine Digitalisierung abstimmen. Alle Perspektiven sind zu berücksichtigen, um mögliche Auswirkungen vorherzusehen und eine Strategie zu formulieren, einschließlich Key Performance Indicators (KPI) zur Sicherstellung der individuellen und organisationalen Akzeptanz.
- Die *Akzeptanz* digitaler Assistenzsysteme kann auf zwei Arten hergestellt werden. Eine Möglichkeit ist, ein System zu konstruieren, das für die Aufgaben geeignet ist. Wichtiger jedoch ist es, durch den Prozess der Partizipation Akzeptanz zu schaffen. Beide Aspekte sollen durch die Methode gefördert werden.
- Die *Ermittlung der Erfordernisse* soll durch die Methode mittels Kommunikation und Visualisierung bereichert werden, da viele implizite Erfordernisse erst dann kommuniziert werden können, wenn die Idee greifbar wird.
- Mit dem Canvas-Konzept soll eine *gemeinsame Vision* geschaffen werden, die das Team durch das Projekt führt, so dass die Gebrauchstauglichkeit und User Experience des Systems zu mehr Akzeptanz und Nutzen führt.
- Ein *Gesamtbild* („Big Picture") der Abhängigkeiten von menschlichen Abläufen, organisatorischen Prozessen und bestehenden Systemen soll im Vorfeld identifiziert werden, um einen guten Überblick des Unternehmens zu erzeugen und um eine angemessene Interaktion und Benutzererfahrung der digitalisierten Assistenzdienste zu ermöglichen.
- *Konsolidierte Ziele* sollen durch die Methode so festgelegt werden, dass sie für jeden Stakeholder sichtbar sind.
- Als „*Begleiter*" soll der Canvas während des gesamten Design- und Entwicklungsprozesses eingesetzt werden und eine kontinuierliche Reflexion der Annahmen fördern.

11.3.4 Die Canvas-Struktur

Der Digital Assistance System Canvas soll drei Perspektiven (siehe Abb. 11.2 links) berücksichtigen: Mensch (M), Business (B) und Technologie (T). Außerdem ist der Canvas in mehrere Bereiche unterteilt (siehe Abb. 11.2 rechts). Der Canvas konzentriert sich im Wesentlichen auf die Beschäftigten, die Experten für ihre Aufgaben und somit Nutzer der Assistenzsysteme sind. Sie müssen täglich mit den Systemen arbeiten und sind entscheidend für die Akzeptanz digitaler Assistenzsysteme.

Im Rahmen der menschenzentrierten Gestaltung interaktiver Systeme (ISO 9241-210 2010) gliedert sich der Teil „Mensch" in drei Bereiche, die sich auf die Beschäftigten (I), den Arbeitskontext mit den Aufgaben (II) und Lösungskonzepte mit ihren Auswirkungen auf die Arbeit (III) konzentrieren. Die Unternehmensinvestitionen und -gewinne für das Unternehmen (IV) sind im Teil „Business" fokussiert, und die technologischen Rahmenbedingungen (V) werden im Teil „Technologie" diskutiert.

Hinter den drei Perspektiven mit ihren fünf Bereichen, stellen neun Bausteine mit unterstützenden Fragen den eigentlichen Inhalt der Canvas dar:

1. *Beschäftigte/Benutzende*: Die Beschäftigten einer Organisation und damit die Anwender der digitalen Assistenzsysteme sind im ersten Baustein dargestellt. Bei der Gestaltung interaktiver Systeme im Arbeitskontext gibt es eine Vielzahl von Charakteren. Sie haben eine unterschiedliche Technologieaffinität und auch verschiedene Kompetenzen sowie Erfahrungen. Um die Akzeptanz interaktiver Systeme zu steigern, ist es notwendig darüber nachzudenken, welche Arten von Menschen in der Organisation arbeiten, wer durch das Assistenzsystem betroffen ist, was ihre persönlichen Motivationen und Ziele sind oder ob es kulturelle Herausforderungen gibt. Im Kontext der Produktion können dies bspw. Beschäftigte in der Montage, Vorgesetzte, Betriebsleitung, Betriebsräte oder auch ein IT-Management sein, das für die Systemintegration verantwortlich ist.
2. *Arbeitskontext*: Nach der Identifizierung potenziell relevanter Stakeholder ist es erforderlich, den Problembereich zu analysieren und einen Blick auf die Tätigkeiten der

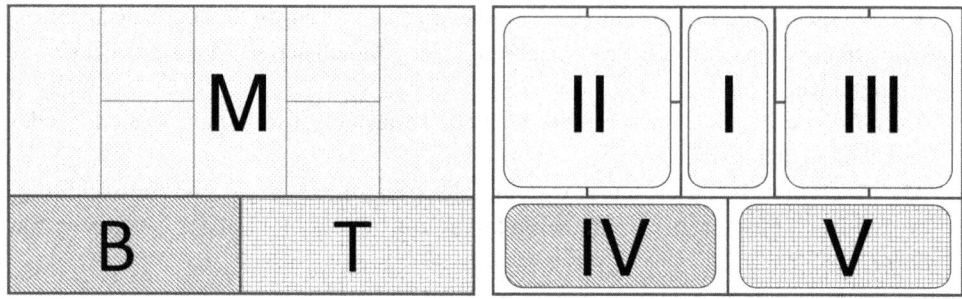

Abb. 11.2 Die drei Perspektiven (links) und fünf Bereiche des Canvas (rechts)

Stakeholder zu werfen. Zu diskutierende Fragen können sein, wie ein typischer Arbeitstag aussieht, welche Aufgaben zu erledigen sind und welche Art von ungeplanter Arbeit die normale Aufgabenstellung behindern kann, welches Verhalten beobachtet werden kann, ob es Workarounds für Tätigkeiten gibt und welche kritischen Punkte bekannt sind.

3. *Physische Umgebung*: Zusätzlich zu den Aufgaben lohnt es sich, die physische Umgebung zu betrachten, in der die Tätigkeiten ausgeführt werden. Bei der Entwicklung interaktiver Systeme ist es notwendig, den Arbeitsplatz zu analysieren und Fragen zu stellen, wie der Arbeitsplatz strukturiert ist, ob die Menschen zwischen verschiedenen Arbeitsplätzen wechseln müssen, ob es Arbeitssicherheitsanforderungen (Handschuhe, Schutzbrille, etc.) gibt oder ob Lärm- und Lichtbeeinträchtigungen vorliegen. Diese Informationen können für spätere technologische Überlegungen entscheidend sein, bspw. ob es möglich ist berührungssensitive Interaktionen mit Handschuhen zu nutzen, ob Sprachinteraktion trotz Lärmbelästigung verwendet werden kann oder ob der Einsatz von Tablets an Stellen ohne Ablagemöglichkeiten funktioniert.

4. *Soziale Beziehungen*: Bestimmte Arbeiten erfordern bspw. die Freigabe durch einen Vorgesetzten oder machen Absprachen mit Kollegen notwendig. Deshalb ist es wichtig, auch die sozialen Beziehungen zu analysieren. Welche Beschäftigten müssen zusammenarbeiten? Wie sieht die Art der Kommunikation aus (z. B. direkte Interaktion, Informationsbereitstellung, Berichterstattung, Genehmigungsverfahren, Arbeitsanweisungen)? Wie sieht der Umgang mit anderen Beschäftigten aus?

5. *Lösungsidee*: Nach der Analyse des Problemraumes können mögliche Konzepte für alternative Lösungen diskutiert werden. Daher ist es notwendig, sich für die Aufgaben zu entscheiden, die durch ein System unterstützt werden sollen und über die notwendigen Vorbedingungen. Zudem sollten potentielle und natürliche Inhibitoren der Lösungen sowie die Kernerfordernisse der Beschäftigten adressiert werden.

6. *Akzeptanzkriterien*: Nach der Skizzierung von Lösungsalternativen ist es ein entscheidender Schritt über Kriterien nachzudenken, die berücksichtigt werden müssen, um Lösungen zu schaffen, die von den Beschäftigten akzeptiert werden. Ein mögliches Modell für Akzeptanzkriterien findet sich in Fischer et al. (2017).

7. *Auswirkungen*: Bei der Entscheidung über Systeme, die den Arbeitskontext verändern, ist es notwendig, die Auswirkungen der Lösungsideen zu analysieren. Fragen können sein, wie sich Aktivitäten oder Zuständigkeiten ändern, ob es andere Arbeitsplätze gibt, die ebenfalls von der Lösung beeinflusst werden, oder ob es Auswirkungen auf die Kommunikation geben könnte.

8. *Unternehmensinvestitionen und -gewinne*: Neben inhaltlichen Fragen ist auch zu überlegen, was die Einführung des Assistenzsystems für die Organisation hinsichtlich der organisationalen Akzeptanz des Systems bedeutet. Ein wichtiger Diskussionspunkt ist die finanzielle Investition sowie die erwartete Wertschöpfung (z. B. Zeitersparnis, Effektivität, Qualitätsverbesserung oder Flexibilität). Aber auch andere Fragen über notwendige oder verursachte Veränderungen müssen berücksichtigt werden: Muss die Unternehmenskultur bzw. das Mindset im Unternehmen verändert werden? Müssen ggf. Geschäftsprozesse geändert werden?

9. *Technologisches Setting*: Nicht zuletzt ist die technologische Machbarkeit entscheidend, ob mit der Implementierung der Lösung begonnen wird. Deshalb müssen Entscheidungen über Technologien getroffen werden, wie diese verwendet werden können und wie diese Technologien zu der gesamten Systeminfrastruktur passen. Es ist notwendig zu analysieren, welche Informationen benötigt werden, von wo die Informationen bezogen werden können und ob die Datenqualität für die Lösungskonzepte ausreichend ist.

11.3.5 Verwendung des Canvas

Der Digital Assistance System Canvas (Abb. 11.3) dient als ein Kommunikationsinstrument innerhalb von Workshops, um alle relevanten Personen und Perspektiven eines Unternehmens und eines Projektes zusammenzubringen. Es kann vielseitig eingesetzt werden:

1. *Initialer Workshop*: Ein solcher Workshop findet zu Beginn eines Projektes statt und kann ca. vier Stunden dauern. In Abhängigkeit von der Größe der Organisation, kann

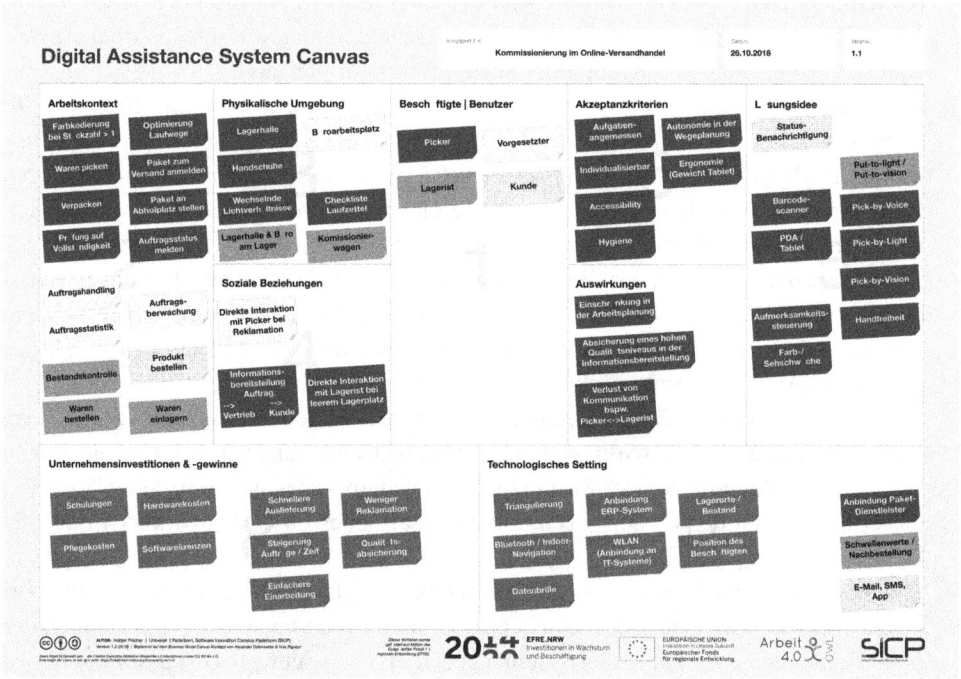

Abb. 11.3 Beispiel eines ausgefüllten Canvas (Fischer 2018)

der Canvas entweder verwendet werden, um die gesamte Organisation oder einen konkreten Bereich abzubilden und zu betrachten. Es sollten Personen mit allen Erfahrungsstufen von Auszubildenden über Fachleute bis hin zu Managern teilnehmen. Gerade in größeren Organisationen empfiehlt es sich, auch den Betriebsrat mit einzubeziehen. Der Canvas soll auf einem großen Posterformat (DIN A0) geplottet werden. Haftnotizen werden verwendet, um die Informationen auf den Canvas zu bringen. Für jede modellierte Gruppe von Beschäftigten ist eine andere Haftnotizfarbe zu verwenden. Auf diese Weise können die Farben in den anderen Bausteinen verwendet werden, um die Abhängigkeiten zu den Gruppen von Beschäftigten zu visualisieren. Haftnotizen sind flexibel und können während des Workshops auf dem Poster umgehangen werden. Sind mehr als ca. zehn Personen im Workshop, können mehrere Canvases in kleineren Gruppen mit fünf bis sechs Personen parallel bearbeitet werden. Die Canvases müssen am Ende des Workshops verglichen und zusammengeführt werden, um ein Gesamtbild zu erhalten. Die Bausteine des Canvas haben Ziffern von eins bis neun im Hintergrund. Diese leiten die Teilnehmenden während des Workshops entlang einer sinnvollen Reihenfolge.
2. *Folge-Workshops*: Der Canvas soll ein lebendiges Instrument sein. Im Besprechungs- oder Projektraum hängend, kann er kontinuierlich mit weiteren Details oder auch mit speziellen Modellen der verschiedenen Perspektiven angereichert werden. Techniken aus dem Usability Engineering können verwendet werden, um den Nutzungskontext zu analysieren und zu spezifizieren, bspw. verfeinern Personas (Cooper 1998) den Baustein „Beschäftigte", Kontextmodelle (Holtzblatt und Beyer 2017) oder Flow-Modelle (Fischer et al. 2016) beschreiben den Arbeitskontext und die sozialen Beziehungen. Techniken aus dem Bereich Business Modeling können zur Analyse und zum Spezifizieren von Geschäftsinvestitionen, -risiken und -ergebnissen verwendet werden, bspw. SWOT-Analyse (Kotler et al. 2010), Key Performance Indicators (Kaplan und Norton 1992), etc. Techniken aus dem Software Engineering können verwendet werden, um das technologische Setting zu detaillieren, bspw. UML (OMG 2018a), IFML (OMG 2018b), Softwarearchitekturen, etc. Die neuen Erkenntnisse können dann sukzessive in weiteren Workshops erörtert werden, wobei das Gesamtbild in allen Bereichen allzeit sichtbar ist.
3. *Vergleichende Workshops*: Das Projektteam lernt während des Projekts. An gewissen Punkten kann es hilfreich sein, den vorhandenen Canvas zur Seite zu hängen und mit einem leeren Canvas und einem neuen initialen Workshop zu beginnen, um zu sehen, wie sich die Ideen und Annahmen im Laufe der Zeit verändert haben.

Wie gezeigt, ist der Digital Assistance System Canvas vielseitig einsetzbar und fördert die Kommunikation innerhalb der Organisation. Die Idee eines Vergleichsworkshops mit einem leeren Canvas entstand während eines unserer Validierungsworkshops.

11.4 Der Canvas im Praxiseinsatz

Bisher haben wir das Konzept des Canvas in Fokusgruppen-Workshops mit jeweils etwa zehn Praktikern bewertet. Dabei haben wir ein leicht verständliches Szenario für die Kommissionierung eines Online-Versandhandels beschrieben (siehe exemplarisch ausgefüllten Canvas in Abb. 11.3). Digitalisierungspotenziale und Auswirkungen auf die Arbeit wurden unter den Teilnehmenden diskutiert. Wir beobachteten ihre Diskussionen während eines ersten vierstündigen Canvas-Workshops. Wir baten sie, laut zu denken, wenn es Fragen zum Canvas gab. Anschließend haben wir eine Überprüfung durchgeführt und Feedback von der Gruppe der Teilnehmenden gesammelt.

Insgesamt wurde der Canvas sehr gut angenommen und alle Teilnehmenden verstanden und schätzten die Idee sofort. Die Teilnehmenden begannen, das Szenario zu diskutieren und platzieren Haftnotizen auf dem gesamten Canvas, ohne offensichtliche Probleme zu haben. Darüber hinaus begannen die Teilnehmenden während des Review-Teils der Workshops, weitere Nutzungsszenarien des Canvas zu entwickeln. Sie deckten auf, dass der Canvas in verschiedenen Situationen verwendet werden kann:

1. Das Problem – Anlass zur Entwicklung einer Lösungsidee – ist klar verstanden und definiert. Mit dem Canvas werden neue Lösungsideen skizziert und diskutiert.
2. Die Lösungsidee ist bereits vorhanden und der Canvas wird verwendet, um die Machbarkeit der Lösung zu detaillieren, zu bewerten oder um zu prüfen, ob es bessere alternative Lösungen gibt.
3. Der Canvas wird verwendet, um den Arbeitsbereich zu identifizieren, den das Unternehmen digital unterstützen möchte. Daher gibt es mehrere Lösungsansätze, die miteinander verglichen werden.
4. Mit dem Canvas werden Digitalisierungspotenziale eines Unternehmens identifiziert.

Darüber hinaus diskutierten die Teilnehmer, ob nur ein Canvas in der Gruppe verwendet werden soll oder ob mehrere hilfreich wären, entweder einer für jede modellierte Gruppe von Beschäftigten oder für jede identifizierte Lösungsidee. Alternativ diskutierten die Teilnehmenden, die Methode zu verbessern, indem man mit der Identifizierung aller Gruppen von Beschäftigten beginnt und alle anderen Bausteine Schritt für Schritt mit nur einer Benutzergruppe nach der anderen bearbeitet.

In Bezug auf das Thema der Iteration, schlugen die Teilnehmenden die Vorgehensweise eines Vergleichsworkshops vor. Ihre Idee war es, im späteren Projektverlauf mit einem Leeren neu zu beginnen und das Ergebnis mit dem anfänglichen Canvas zu vergleichen. Das neu erarbeitete Wissen kann entweder zu weiteren Ideen führen oder die bereits vorhandenen bestätigen.

11.5 Fazit

Das Ziel dieses Beitrags besteht darin, die Kommunikation zwischen dem Projektteam und die Qualität bei der Konzeption und Entwicklung digitaler Assistenzsysteme zu verbessern. Die derzeit etablierten Anforderungstechniken, wie Beobachtungen oder kontextuelle Interviews, scheinen unzureichend zu sein. Sowohl Menschen als auch Hierarchien in größeren Unternehmen sollen voneinander lernen, um individuelle und organisatorische Akzeptanz während des Projekts und nicht erst danach zu schaffen.

Daher wurde das Konzept des Digital Assistance System Canvas vorgestellt. Es soll die Vision, das Gesamtbild sowie das sichtbare Konzept während des laufenden Projekts fördern und die Beteiligung der Menschen sicherstellen, die das System benutzen werden oder von der Einführung betroffen sind. Der Canvas adressiert gleichermaßen die menschliche, die organisatorische und die technologische Perspektive. Es diskutiert die Beschäftigten, ihre Tätigkeiten, ihr Arbeitsumfeld und die sozialen Beziehungen und stellt sie den Lösungsideen und ihren Akzeptanzkriterien sowie den Auswirkungen gegenüber.

Bestehende Canvas-Konzepte wurden hinsichtlich ihrer Fokussierung auf menschzentrierte Qualitätsmerkmale analysiert. Mehrere abgeschlossene Projekte wurden analysiert, um wichtige Fragen und entscheidende Fallstricke zu identifizieren. Der Canvas wurde auf der Grundlage dieser Ergebnisse erstellt. Es wurden Fokusgruppen-Workshops mit Unternehmen durchgeführt, um das Konzept zu bewerten. Insgesamt zeigen die Ergebnisse, dass der Canvas von den Teilnehmenden sehr gut angenommen wurde und die Teilnehmenden auf Augenhöhe kommunizierten sowie mittel- und langfristige Auswirkungen vorausschauend diskutierten.

Zukünftige Arbeiten werden weitere Evaluationen zur Validierung der praktischen Umsetzbarkeit in Digitalisierungsprojekten beinhalten. Der Canvas wird als agiler Begleiter innerhalb des Projekts betrachtet, der das Mindset kontinuierlich widerspiegelt. Da er nur durch den Einsatz weiterer Techniken bereichert werden kann, muss nachgewiesen werden, ob die Sichtbarkeit der Lösungskonzepte während des Projekts durch den Canvas unterstützt wird. Im Mittelpunkt stehen Softwarelösungen im B2B-Bereich, die sich auf die Unterstützung in Arbeitssituationen konzentrieren. Es wurde nicht für Softwarelösungen im B2C-Bereich entwickelt, z. B. E-Commerce-Webanwendungen. Jedoch wäre es interessant zu prüfen, ob der Canvas auch für solche Lösungen verwendet werden kann.

Literatur

Bundesministerium für Arbeit und Soziales BMAS (Hrsg.) (2015). Arbeit weiter denken – Grünbuch Arbeiten 4.0, verfügbar unter: https://www.bmas.de/SharedDocs/Downloads/DE/PDF-Publikationen-DinA4/gruenbuch-arbeiten-vier-null.pdf [30.01.2019]

Bannat, A. (2014). Ein Assistenzsystem zur digitalen Werker-Unterstützung in der industriellen Produktion. Dissertation. Technische Universität München.

Bevan, N. (1999). Quality in Use: Meeting User Needs for Quality. Journal of System and Software, 49(1), S. 89–96.

Bischoff, J. (Hrsg.) (2015). Erschließen der Potenziale der Anwendung von Industrie 4.0 im Mittelstand. Studie im Auftrag des BMWi. Mühlheim a.d. Ruhr.

Bundesministerium für Wirtschaft und Energie BMWi (Hrsg.) (2014): Monitoring-Report Digitale Wirtschaft – Innovationstreiber IKT, verfügbar unter: https://www.bmwi.de/Redaktion/DE/Publikationen/Digitale-Welt/monitoring-report-digitale-wirtschaft-2014.pdf [30.01.2019]

Cooper, A. (1998). The Inmates Are Running the Asylum. Indianapolis, IN.

Düchting, M., Zimmermann, D. & Nebe, K. (2007). Incorporating User Centered Requirements Engineering into Agile Software Development. In: Proceedings of HCII'07, LNCS 4550, S. 58–67. Berlin: Springer.

Ferrè, X.; Bevan, N. (2011). Usability Planner: A Tool to Support the Process of Selecting Usability Methods. In: Proceedings of 11th IFIP TC.13 International Conference on Human-Computer Interaction (INTERACT), LNCS 6949, S. 652–655. Heidelberg: Springer.

Ferrè, X. (2003). Integration of Usability Techniques into the Software Development Process. In: Proceedings of ICSE'03, S. 28–35.

Fischer, H.; Strenge, B.; Nebe, K. (2013). Towards a Holistic Tool for the Selection and Validation of Usability Method Sets Supporting Human-Centred Design. In: Design, User Experience, and Usability: Design Philosophy, Methods and Tools, Part 1, HCII 2013, LNCS 8012, S. 252–261. Berlin Heidelberg: Springer.

Fischer, H.; Yigitbas, E.; Sauer, S. (2015). Integrating Human-Centered and Model-Driven Methods in Agile UI Development. In: Proceedings of 15th IFIP TC.13 International Conference on Human-Computer Interaction (INTERACT), S. 215–221. Bamberg: University of Bamberg Press.

Fischer, H.; Rose, M.; Yigitbas, E. (2016). Towards a Task Driven Approach Enabling Continuous User Requirements Engineering. In: Joint Proceedings of the REFSQ 2016 Co-Located Events. 2nd Workshop on Continuous Requirements Engineering (CRE). CEUR-WS, vol. 1564.

Fischer, H.; Engler, M.; Sauer, S. (2017). A Human-Centered Perspective on Software Quality – Acceptance Criteria for Work 4.0. In: Marcus, A., Wang, W. (Hrsg.) Design, User Experience, and Usability: Theory, Methodology, and Management, DUXU 2017, LNCS 10288, S. 570–583. Cham: Springer.

Fischer, H. (2018). Digital Assistance System Canvas v.1.2. Verfügbar unter: https://www.holgerfischer.info/canvas/DigitalAssistanceSystemsCanvasDE.pdf [30.01.2019]

Gothelf, J. (2016). The Lean UX Canvas. http://www.jeffgothelf.com/blog/leanuxcanvas/ [30.01.2019]

Granollers, T.; Lorès, J.; Perdrix, F. (2003). Usability Engineering Process Model. Integration with Software Engineering. In: Proceedings of 10th International Conference on Human-Computer Interaction (HCII), S. 965–969. Hillsdale, NJ: Lawrence Erlbaum Associates Inc.

Holtzblatt, K.; Beyer, H. (2017). Contextual Design – Design for Life. Second edition. Cambridge, MA: Morgan Kaufmann.

Huck-Fries, V.; Wiegand, F.; Klinker, K.; Wiesche, M.; Krcmar, H. (2017). Datenbrillen in der Wartung: Evaluation verschiedener Eingabemodalitäten bei Servicetechnikern. In: Eibl, M. & Gaedke, M. (Hrsg.) INFORMATIK 2017, Lecture Notes in Informatics (LNI), S. 1413–1424.

ISO 9241-210 (2010). Ergonomics of human-system interaction – Part 210: Human-centred design for interactive systems.

Johnson, J. (2014): CHAOS 2014. The Standish Group.

Jokela, T. (2001). An Assessment Approach for User-Centred Design Processes. In: Proceedings of EuroSPI. Limerick: Limerick Institute of Technology Press.

Juristo, N.; Lopez, M.; Moreno, A.M.; Sánchez, M.I. (2003). Improving software usability through architectural patterns. In: Proceedings of ICSE'03, S. 12–19.

Kaplan, R.S.; Norton, D.P. (1992). The Balanced Scorecard – Measures That Drive Performance. Harvard Business Review, 70 (1), S. 71–79.

Kotler, P.; Berger, R.; Rickhoff, N. (2010). The Quintessence of Strategic Management. Berlin: Springer.

Metzker, E.; Reiterer, H. (2002). Evidence-Based Usability Engineering. In: Proceedings of CADUI'02, S. 323–336.

Morgan, J. (2014). The Future of Work – Attract New Talent, Build Better Leaders, and Create a Competitive Organization. Hoboken, NJ: John Wiley & Sons Inc.

Object Management Group (OMG) (2018a): Unified Modeling Language (UML). Verfügbar unter: http://www.omg.org/spec/UML/ [30.01.2019]

Object Management Group (OMG) (2018b): Interaction Flow Modeling Language (IFML). Verfügbar unter: https://www.omg.org/spec/IFML/ [30.01.2019]

Osterwalder, A.; Pigneur, Y. (2011). Business Model Generation – Ein Handbuch für Visionäre, Spielveränderer und Herausforderer. Frankfurt a.M.: Campus Verlag GmbH.

Patton, J. (2016). Opportunity Canvas. Verfügbar unter: http://jpattonassociates.com/opportunity-canvas/ [30.01.2019]

Sage Software GmbH (2014). Independent Study on IT investments. Verfügbar unter: http://goo.gl/qy0eM0 [30.01.2019]

Stampfl, G. (2016). The Process of Business Model Innovation – An Empirical Exploration. Wiesbaden: Springer.

Weevers, T. (2011). Methods selection tool for User Centred Product Development. Masterthesis, Delft University of Technology.

Holger Fischer, M.Sc. ist wissenschaftlicher Mitarbeiter an der Universität Paderborn im Software Innovation Lab (SI-Lab). Als Medieninformatiker spezialisierte er sich auf Usability Engineering und führte im Rahmen von Forschungs- und Industrieprojekten Usability-Aktivitäten in Unternehmen ein und unterstützte diese bei der Erhebung von Nutzeranforderungen und der Umsetzung von Human-Centered Design. Zu seinen veröffentlichten Forschungsschwerpunkten zählen u. a. Themen wie Arbeit 4.0, digitale Assistenzsysteme oder User Experience in Softwarequalität.

Florian Rittmeier, M.Sc. ist wissenschaftlicher Mitarbeiter an der Universität Paderborn im Software Innovation Lab (SI-Lab). Im Rahmen von Forschungs- und Industrieprojekten entwickelte er in den letzten Jahren digitale Strategien mit KMU. Zu seinen veröffentlichten Forschungsschwerpunkten zählen u. a. die Identifizierung von Digitalisierungspotenzialen in Geschäftsprozessen und digitale Assistenzsysteme.

Dr. Thim Strothmann ist Multiprojektmanager an der Universität Paderborn im Software Innovation Lab (SI-Lab). Nach seiner Promotion im Themenfeld „Theorie verteilter Systeme" im Jahr 2017 ist er im Rahmen seiner Tätigkeiten insbesondere für KMU-nahe Projekte im Kontext der Digitalen Transformation verantwortlich, bspw. Mittelstand 4.0-Kompetenzzentrum „Digital in NRW" und CPS.HUB NRW (Competence Center for Cyber Physical Systems). Dazu betreut er Projekte im Kontext von Assistenzsystemen, z. B. aktuell das Thema „Kognitive Assistenzsysteme" im Arbeit 4.0 Projekt des Spitzenclusters it's owl.

Nina Schwenniger, M.Sc. ist wissenschaftliche Mitarbeiterin an der Universität Paderborn im Software Innovation Lab (SI-Lab). Als Wirtschaftsinformatikerin spezialisierte sie sich auf Business Process Management und führte hierzu Optimierungsprojekte im Umfeld operativer Prozesslandschaft in der Luft-und Raumfahrt und der fertigenden Industrie durch. Zu Ihren Forschungsschwerpunkten gehört die Eignungsprüfung diverser Process Discovery Methoden in unterschiedlichen Einsatzgebieten.

12

Arbeitsplatzplanung mit Augmented Reality und ein Dienstleistungssystem im Konformitätsmanagement als Anwendungsszenarien in der industriellen Praxis

Michael Bansmann, Marc Foullois, Lars Wöste, Dominik Bentler, Agnieszka Paruzel, Lisa Mlekus, Sascha Jenderny, Roman Dumitrescu und Günter W. Maier

Zusammenfassung

Arbeit 4.0 konkretisiert sich in der Anwendung von digitalen Technologien in der Arbeitswelt. In diesem Zusammenhang sprechen wir von Arbeit 4.0-Anwendungsszenarien. In dem vorliegenden Beitrag wird zunächst eine Referenzarchitektur für die Strukturierung derartiger Anwendungsszenarien vorgestellt. Zum anderen werden Kriterien

---

Der Beitrag entstand im Rahmen des Verbundvorhabens „Instrumentarium zur Gestaltung individualisierter virtueller Produktentstehungsprozesse in der Industrie 4.0 – IviPep" (FKZ: 02L15A120). Dieses Forschungs- und Entwicklungsprojekt wird im Rahmen des Programms „Zukunft der Arbeit" vom Bundesministerium für Bildung und Forschung (BMBF) und dem Europäischen Sozialfonds (ESF) gefördert und vom Projektträger Karlsruhe (PTKA) betreut.

M. Bansmann (✉) · M. Foullois · L. Wöste
Fraunhofer-Institut für Entwurfstechnik Mechatronik IEM, Paderborn, Deutschland
E-Mail: michael.bansmann@iem.fraunhofer.de; marc.foullois@iem.fraunhofer.de; lars.woeste@iem.fraunhofer.de

D. Bentler · A. Paruzel · L. Mlekus · G. W. Maier
Universität Bielefeld, Fakultät für Psychologie und Sportwissenschaft, Bielefeld, Deutschland
E-Mail: dominik.bentler@uni-bielefeld.de; a.paruzel@uni-bielefeld.de; lisa.mlekus@uni-bielefeld.de; ao-psychologie@uni-bielefeld.de

S. Jenderny
Fraunhofer-Institut für Optronik, Systemtechnik und Bildauswertung IOSB, Lemgo, Deutschland
E-Mail: sascha.jenderny@iosb-ina.fraunhofer.de

R. Dumitrescu
Fraunhofer-Institut für Entwurfstechnik Mechatronik IEM, Paderborn, Deutschland
E-Mail: roman.dumitrescu@iem.fraunhofer.de

© Springer-Verlag GmbH Deutschland, ein Teil von Springer Nature 2019
C. K. Bosse, K. J. Zink (Hrsg.), *Arbeit 4.0 im Mittelstand*,
https://doi.org/10.1007/978-3-662-59474-2_12

zur soziotechnischen Bewertung von Chancen und Risiken von Arbeit 4.0-Anwendungsszenarien beschrieben. Dies ermöglicht Unternehmen eine Orientierung in dem Themenfeld. Aufbauend auf diesen theoretischen Grundlagen werden zwei Arbeit 4.0-Anwendungsszenarien aus der industriellen Praxis vorgestellt und auf Basis der vorgestellten Kriterien bewertet. Die Anwendungsszenarien wurden im Rahmen des Projekts „IviPep – Arbeit 4.0 in der Produktentstehung" erarbeitet.

12.1 Die Digitalisierung der Arbeitswelt

Der aktuelle Wandel der Arbeitswelt ist geprägt durch eine schnelle und breite Adaption von Technologien aus dem Kontext der Digitalisierung. Diese haben ein großes Potential, die Art und Weise wie wir wirtschaften und arbeiten, grundlegend zu prägen und zu verändern (Brynjolfsson und McAfee 2014; BMAS 2016). In Anlehnung an die Unternehmensberatung Roland Berger lassen sich die technologischen Grundlagen in vier Technologiefelder unterscheiden (BDI 2018). Das erste Feld bezieht sich auf Technologien, welche die Erfassung, Verarbeitung und Analyse digitaler Daten ermöglichen (z. B. Big Data-Ansätze). Des Weiteren werden Technologien zur Automatisierung von Wertschöpfungsketten und Produkten unterschieden, wie z. B. Ansätze der Robotik. Das dritte Feld umfasst Technologien zur Vernetzung von Systemen, wie z. B. Cloud-Computing. Den vierten Baustein bilden Technologien der Virtualisierung, wie Augmented und Virtual Reality (AR/VR) (Lipsmeier et al. 2018).

Der Einzug derartiger digitaler Technologien in die Arbeitswelt lässt sich zunehmend in der industriellen Praxis beobachten: So kann durch den Einsatz von Datenbrillen in der Produktion ein sog. Remote Experte eingebunden werden. Dieser kann über eine akustische Anbindung detailliertes Fachwissen übermitteln (Neugebauer 2018; Wu et al. 2014). Ein weiteres Beispiel ist der digitale Auftragsdurchlauf (Milosevic et al. 2017), wodurch ein rein IT-basierter und damit effizienterer Auftragsabwicklungsprozess von der Auftragsannahme über die Produktion bis hin zur Logistik umsetzbar wird. Ein drittes prominentes Beispiel ist die prädiktive Wartung. Eine solche Anwendung ermöglicht auf Basis einer intelligenten Zustandsüberwachung von Anlagen die Vorhersage notwendiger Wartungen auf Grundlage von Datenanalyseverfahren (Selcuk 2016). In diesem Zusammenhang sprechen wir von technologieinduzierten Arbeit 4.0-Anwendungsszenarien.

Die drei beispielhaft skizzierten Arbeit 4.0-Anwendungsszenarien machen deutlich, dass sowohl deren Nutzenpotentiale als auch deren Auswirkungen sehr heterogen und vielschichtig sind. So unterstützt der AR-basierte Remote Experte insbesondere die Handlungspersonen in ihrer Arbeitssituation, gleichzeitig wird die Handhabung neuer Arbeitsmittel erforderlich sowie die Überwachung der Arbeitsleistung ermöglicht. Der digitale Auftragsdurchlauf ermöglicht die Effizienzsteigerung eines zentralen Geschäftsprozesses, dabei verändern sich allerdings die Kompetenzprofile entlang des Auftragsabwicklungsprozesses, so benötigt der Mitarbeiter nun beispielsweise ein ganzheitliches Prozessverständnis. Durch eine prädiktive Wartung werden Kosten gesenkt, gleichzeitig werden dafür neuartige Job Profile benötigt (wie z. B. Data Scientist).

Vor dem Hintergrund wird deutlich, dass die Einführung von Arbeit 4.0-Anwendungsszenarien ein komplexes Handlungsfeld ist. Hier herrscht bei Entscheidern und Anwendern große Unsicherheit, wie digitale Lösungen für die Arbeitswelten nutzenstiftend und humanzentriert eingeführt und nachhaltig umgesetzt werden können. Das Handlungsfeld wird so zum „Drahtseilakt" (Fujitsu Technology Solutions 2016). Denn Fakt ist: Sowohl Prozesse und Strukturen von Unternehmen der produzierenden Industrie als auch die Tätigkeiten, Aufgaben und Kompetenzen der Handlungspersonen sind an die neuen Anforderungen anzupassen (Porter und Heppelmann 2015; Grundke et al. 2017). In diesem Zuge entwickelt sich bei Entscheidern zunehmend das Bewusstsein, dass nicht nur die rein technische Perspektive, sondern vielmehr auch die organisatorische und soziale Perspektive die Erfolgsfaktoren für die erfolgreiche und nachhaltige Gestaltung von digitalisierten Arbeitswelten sind und in den Mittelpunkt der digitalen Transformation gerückt werden müssen (Gausemeier 2010; Hirsch-Kreinsen 2014). Der Schlüssel zum Erfolg liegt in der soziotechnischen Betrachtung des Handlungsfeldes im Spannungsfeld Mensch-Organisation-Technik (Ulich 2011).

Unternehmen der produzierenden Industrie erkennen zunehmend die Nutzenpotentiale von Arbeit 4.0-Anwendungsszenarien. Aufgrund der Vielzahl, der Heterogenität sowie der unzähligen Kombinationsmöglichkeiten der digitalen Technologien ergibt sich eine unüberschaubare Vielfalt an Anwendungen in der Arbeitswelt. Jedoch bleibt der konkrete Nutzen oft unklar. Es mangelt an Ansätzen, wie Anwendungen von Arbeit 4.0 „greifbar" und bewertbar gemacht werden können. Dies stellt für Unternehmen der produzierenden Industrie ein wesentliches Hemmnis bei der Erschließung der Potentiale dar. Ohne eine entsprechende Strukturierung und Bewertbarkeit ist eine nachhaltige Einführung von Anwendungen von Arbeit 4.0 und die Erschließung der damit einhergehenden Nutzenpotentiale nur schwer möglich.

Im vorliegenden Beitrag wird daher zunächst eine Referenzarchitektur für Arbeit 4.0-Anwendungsszenarien vorgestellt. Dies dient zum einen der Strukturierung des Handlungsfeldes, zum anderen werden Kriterien zur soziotechnischen Bewertung von Arbeit 4.0-Anwendungsszenarien beschrieben. Sie unterstützen Unternehmen der produzierenden Industrie bei der Einschätzung von Chancen und Risiken. Aufbauend auf diesen theoretischen Grundlagen werden zwei Paxisbeispiele präsentiert, die anhand von Arbeit 4.0-Anwendungsszenarien aus der industriellen Praxis beschrieben und auf Grundlage der vorgestellten Kriterien bewertet werden.

12.2 Strukturierung und Bewertung von Arbeit 4.0 -Anwendungsszenarien

Im Folgenden wird zunächst die Referenzarchitektur ausführlich vorgestellt. Diese umfasst allgemeingültige Merkmale von Arbeit 4.0-Anwendungsszenarien (z. B. Arbeitstätigkeit) mit entsprechenden Ausprägungen (z. B. kognitiv) sowie deren Abhängigkeiten untereinander. Über diese Referenzarchitektur kann das Themenfeld Arbeit 4.0 strukturiert werden. Die Referenzarchitektur wurde auf Grundlage einer empirischen Studie erarbeitet, in der eine große Stichprobe von Arbeit 4.0-Anwendungsszenarien analysiert wurde. Damit das Nutzen-Aufwand-Verhältnis, die Auswirkungen und Handlungsempfehlungen für solche Anwendungsszenarien bestimmt werden können, gilt es die Szenarien zu bewerten. Hierfür wurden Bewertungskriterien identifiziert und in einem Katalog zusammengefasst. Dieser wird in Abschn. 12.2.2 vorgestellt. Die Bewertung wird dabei im Spanungsfeld der Dimensionen Mensch, Organisation und Technik vorgenommen.

12.2.1 Referenzarchitektur für Arbeit 4.0-Anwendungsszenarien

Die Referenzarchitektur für Arbeit 4.0-Anwendungsszenarien kann als Modellrahmen für die Strukturierung des Themenfeldes Arbeit 4.0 betrachtet werden. Diese Leitlinie wurde zunächst auf Basis wissenschaftlicher Erfahrungen entwickelt und in einem zweiten Schritt an Beispielen validiert. Hierzu wurde eine Stichprobe von über 100 Szenarien aus Forschung und Praxis analysiert. Grundlage der Stichprobe sind die Ergebnisse des Industriekreises Arbeit 4.0, des BMBF-Verbundprojekts IviPep sowie aus der Nachhaltigkeitsmaßnahme Arbeit 4.0 des Spitzenclusters it's OWL. Die Referenzarchitektur besteht aus fünf Merkmalen (Abb. 12.1).

Ein Arbeit 4.0-Anwendungsszenario weist dabei eine Ausprägung (z. B. Datenanalyse) in jedem der fünf Merkmale auf. Diese Merkmale besitzen zusätzlich Abhängigkeiten untereinander. Diese Zusammenhänge zwischen den Merkmalen vervollständigen die Referenzarchitektur und bilden die Abhängigkeiten untereinander ab. Die Pfeilrichtung gibt die Hierarchie an. So stellt bspw. die Arbeitsaufgabe Anforderungen an den Akteur, der diese ausführt. Die Arbeitsaufgabe findet in einer Situation der Arbeitswelt

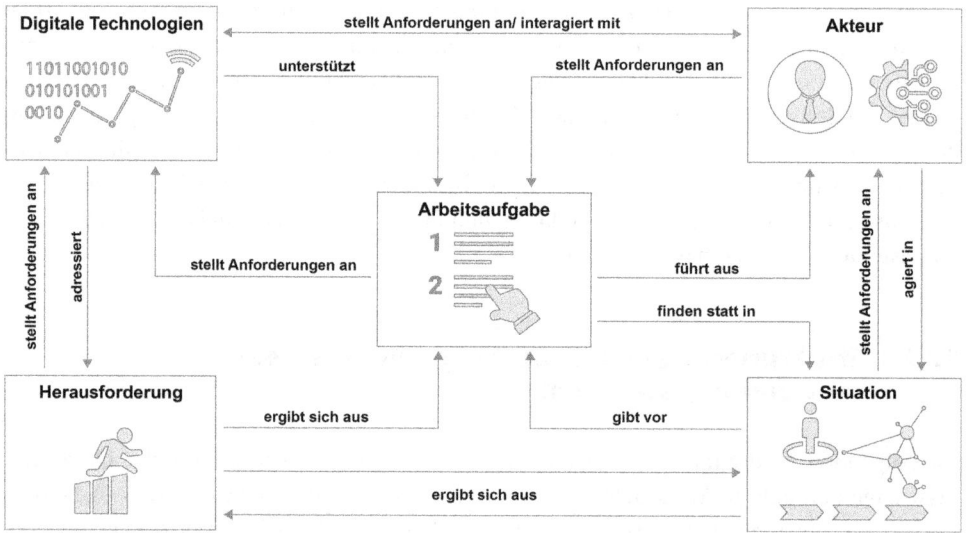

Abb. 12.1 Referenzarchitektur für Arbeit 4.0-Anwendungsszenarien

statt. Ein weiteres zentrales Element der Referenzarchitektur bildet die Herausforderung, welche sich aus der Arbeitsaufgabe und der Situation ergibt. Die digitalen Technologien adressieren die Herausforderungen. Hieraus ergeben sich Anforderungen an die digitalen Technologien.

Die fünf Merkmale (Digitale Technologien, Akteur, Situation, Herausforderung und Arbeitsaufgabe) sind jeweils durch zwei bis vier Ausprägungen charakterisiert Abb. 12.2 und werden im Folgenden beschrieben.

Digitale Technologien
Zukunftsweisende Informations- und Kommunikationstechnologien, welche in industrielle Prozesse und Anwendungen integriert werden können, stehen im Fokus dieses Merkmals. Diese sogenannten digitalen Technologien umfassen die Datenerfassung, -verarbeitung, -übertragung und -speicherung. Basierend auf einer physischen Grundlage dienen sie vorwiegend der Informationsgewinnung bzw. Datenanalyse und können nutzenstiftend in der Marktleistung und Wertschöpfung verwendet werden. Im Rahmen der Referenzarchitektur wird dabei zwischen den Ausprägungen Vernetzung, Kommunikation, Datenanalyse und Virtualisierung unterschieden. Bezieht sich eine digitale

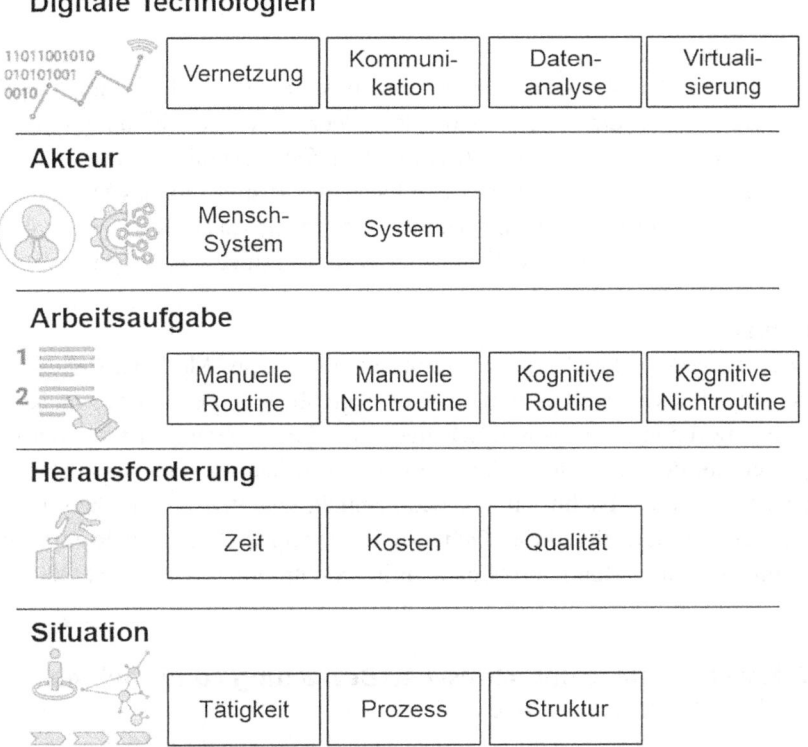

Abb. 12.2 Ausprägungen der Elemente der Referenzarchitektur für Arbeit 4.0-Anwendungsszenarien

Technologie auf mehrere Ausprägungen, wird sie mit der vorrangigen Ausprägung charakterisiert. Ein Beispiel für so eine digitale Technologie ist Augmented Reality (AR) (Lipsmeier et al. 2018).

Akteur

Dieses Merkmal beschreibt den handelnden Akteur im Arbeit 4.0-Anwendungsszenario. Im Zuge von Arbeit 4.0 wird davon ausgegangen, dass immer eine Interaktion von Mensch und Maschine vorliegt. Dies begründet auch das Merkmal Digitale Technologien. Daher kann das Merkmal Akteur entweder die Ausprägung Mensch-System (Kooperation zwischen Mensch und System) oder System annehmen. Die Ausprägung System beschreibt dabei autonom agierende Systeme welche i. d. R. aus mehreren digitalen Technologien bestehen (Razzaq et al. 2017).

Situation

Jedes Szenario ist eingebettet in seine Umwelt, dies wird mit dem Merkmal Situation erfasst. Im Kontext Arbeit 4.0 umschreibt die Situation die Ebene der Arbeitswelt, in der das Arbeit 4.0-Anwendungsszenario verortet werden kann. Die Ausprägungen, mit der die Situation charakterisiert werden kann, sind daher Tätigkeit, Prozess und Struktur (Trist 1981; Nerdinger et al. 2011).

Herausforderung

Prämisse für ein Arbeit 4.0-Anwendungsszenario ist eine Herausforderung, die adressiert wird. Der Einsatz einer digitalen Technologie in der Arbeitswelt wird auf Grund einer Herausforderung im magischen Dreieck (Zeit, Kosten, Qualität) initiiert. Die drei Eckpunkte des magischen Dreiecks repräsentieren somit auch die Ausprägung des Merkmals Herausforderung. Mit einem Arbeit 4.0-Anwendungsszenario wird in der Regel mehr als eine dieser Ausprägungen adressiert. In solchen Fällen wird die primäre Ausprägung ausgewählt.

Arbeitsaufgabe

Das letzte der fünf Merkmale ist die Arbeitsaufgabe. Dieses Merkmal steht im Zentrum der Referenzarchitektur, weil es zum einen die Aufgabe beschreibt, die es im Rahmen des Arbeit 4.0-Anwendungsszenarios zu erledigen gilt. Zum anderen weist es die meisten Abhängigkeiten mit den anderen Merkmalen auf. Die Arbeitsaufgabe wird dabei von zwei Dimensionen (Routine, Nichtroutine sowie manuell, kognitiv) beschrieben. Die Ausprägung kann jede Kombination dieser Dimensionen annehmen: manuelle Routine, manuelle Nichtroutine, kognitive Routine sowie kognitive Nichtroutine (Autor et al. 2003).

12.2.2 Kriterien zur soziotechnischen Bewertung von Arbeit 4.0 -Anwendungsszenarien

Das Themengebiet Industrie 4.0 wird in erster Linie von den technologischen Ansätzen getrieben. Ein Beispiel hierfür ist die Implementierung einer neuen Technologie in einer

Fertigungsumgebung. Aspekte der Organisation oder des Menschen werden dabei seltener berücksichtigt und stehen nicht im Mittelpunkt der Betrachtung (Erol et al. 2016). Allerdings müssen Prozesse und Strukturen der Organisation sowie Aktivitäten, Aufgaben und Kompetenzen der Mitarbeiter ebenfalls an die neuen Anforderungen angepasst werden (Kleinaltenkamp et al. 2011; BMAS 2016). Obwohl organisatorische und soziale Aspekte als zentrale Hebel für eine erfolgreiche Digitalisierung von Arbeitsumgebungen identifiziert wurden, besteht Unsicherheit darüber, wie die Szenarien nachhaltig implementiert werden können (Gausemeier 2010; Hirsch-Kreinsen 2014). Vor diesem Hintergrund werden Kriterien vorgestellt, um Szenarien der Arbeit 4.0 in Anlehnung an Ulich (2013) in Bezug auf die drei Kerndimensionen Technologie, Mensch und Organisation zu bewerten.

In einem ersten Schritt wurden die verschiedenen Kriterien für die Dimensionen auf der Grundlage gründlicher Literaturrecherchen und Experteninterviews ausgewählt. In einem zweiten Schritt wurden die Kriterien quantifizierbar gemacht. Hierzu wurden jedem Kriterium ein oder mehrere Faktoren zugeordnet, die die Kernaspekte des Problems abdecken und bei der Entwicklung einer Bewertungsform helfen. Die in diesem Beitrag vorgestellte Anhäufung von Kriterien wurde iterativ erarbeitet und beinhaltet mehrere Rückkopplungsschleifen. Die weitere Entwicklung der Kriterien wird dabei stetig vorangetrieben. Tab. 12.1 zeigt die Kriterien der drei Dimensionen (Mensch, Organisation und Technik) in der Übersicht.

Bewertung der Dimension „Mensch"
Mit der Einführung neuer Technologien haben sich die Eigenschaften der Arbeit und der Aufgaben in den letzten Jahren grundlegend verändert (BMAS 2016). Hieraus ergibt sich eine Verschiebung der Fähigkeiten, die für die erfolgreiche Erledigung dieser Aufgaben erforderlich sind (Cascio und Montealegre 2016), so werden beispielsweise die Fähigkeiten durch den Einsatz eines Exoskelettes von physisch hin zu psychomotorischen verschoben. Daher ist es wichtig, die Bewertung der benötigten Fähigkeiten der Arbeit 4.0-Anwendungsszenarien zu bestimmen. Hierbei wird eine Priorisierung der fünf Kategorien von Fähigkeiten nach Fleishman et al. (1984) vorgenommen. Dabei werden kognitive, psychomotorische, physische, sensorische und soziale/interpersonelle Fähigkeiten unterschieden (Walters et al. 1982).

Mit der Veränderung der Fähigkeiten geht eine Qualifizierung der Mitarbeiter einher. Neue oder sich verändernde Arbeiten erfordern oftmals eine zusätzliche Qualifikation der Mitarbeiter (Rauner et al. 1988). Dieses Kriterium ist für Unternehmen dahingehend wichtig, da es eine Abschätzung des Aufwands ermöglicht, den eine neue Technologie in Bezug auf die Personalentwicklung mit sich bringt. Entscheidend für eine erfolgreiche Umsetzung neuer Technologien ist neben den Anforderungen der Mitarbeiter vor allem die Gestaltung der Arbeit. Analysen haben ergeben, dass die Arbeitsgestaltung einen signifikanten Einfluss auf individuelle Faktoren wie Autonomie und kognitive Fähigkeiten (Morgeson et al. 2005) haben kann. Da Faktoren wie die soziale Unterstützung am Arbeitsplatz kritische Faktoren sind (Wrzesniewski et al. 2003) und zur Überwindung der Arbeitsüberlastung beitragen können (Cascio und Montealegre 2016), wird mit dem Kriterium „Möglichkeit zur sozialen Interaktion" diese Auswirkung bewertet. Das nächste

Tab. 12.1 Überblick über die Bewertungskriterien und Beispiel-Faktoren für die Dimensionen Mensch, Organisation und Technik

Dimension Mensch		Dimension Organisation		Dimension Technik	
Kriterium	Beispiel-Faktoren	Kriterium	Beispiel-Faktoren	Kriterium	Beispiel-Faktoren
Priorisierung benötigter Fähigkeiten	Kognitive Fähigkeiten	PEP-Verortung	Produktentwicklung	Position auf der S-Kurve	Schlüsseltechnologie
Qualifizierungsbedarf	Umfang und Art der Qualifizierungsmaßnahme	Innovationsförderung	Es wird eine hohe Markt- und Kundenorientierung begünstigt	Kompatibilität	Das System erlaubt Interoperabilität mit anderen mobilen Geräten
Autonomie	Ausmaß des wahrgenommenen Handlungsspielraums	Time-to-Market	Optimierung des Produktentstehungsprozesses	Interaktionsform	Das System nutzt Möglichkeiten der direkten taktilen Eingabe
Soziale Interaktion	Ausmaß der sozialen Interaktionsmöglichkeit	Personalaufwand	Muss von überregional verteilten Personen durchgeführt werden	Flexibilität	Die im Szenario genutzte Technologie weist eine hohe Kompatibilität auf
Ganzheitlichkeit der Aufgabe	Ausmaß an Planung, Ausführung und Kontrolle einer Tätigkeit	Bedarf an Kompetenzen	Prozessmanagement	Komplexität	Großräumig vernetztes technisches System
Anforderungsvielfalt	Vielfalt an Kompetenzen die zur Erledigung benötigt werden	Änderung in der Aufbau-/Ablauforganisation	Auswirkung auf angrenzende/andere Prozesse	Invest	Preis (€)
Unterstützung für Innovation	Neuer Ideen unterstützen sowie deren Verwirklichung fördern	Grad der Zusammenarbeit	Begünstigt eine offene und flexible Aufbauorganisation	Installationsaufwand	Erfordert Installation und einfache Auslegung eines zusätzlichen neuen Gerätes

Dimension Mensch		Dimension Organisation		Dimension Technik	
Kriterium	Beispiel-Faktoren	Kriterium	Beispiel-Faktoren	Kriterium	Beispiel-Faktoren
Ergonomie und Benutzerfreundlichkeit	*Korrekte und angepasste Haltung und Bewegung ermöglichen*	**Entgrenzung**	*Begünstigt eine Dezentralisierung der Unternehmensorganisation.*	**Betriebskosten**	*Systemwartung*
		Agilität	*Begünstigt Transparenz in Projekten*	**Security**	*Erfordert ein hohes Maß an Schulung der Mitarbeiter*
		Betriebsvereinbarungen	*Arbeitsschutzgesetz (ArbSchG)*	**Safety**	*Erfordert die Implementierung von Schutzmechanismen*

Kriterium, das für die Bewertung gewählt wurde, ist die Ganzheitlichkeit der Aufgabe. Hierbei geht es darum, inwieweit das Ergebnis der Aufgabe erkennbar ist und zur Gesamtwertschöpfung beiträgt. Als letztes Kriterium zur Bewertung der Auswirkungen eines Szenarios wird die Anforderungsvielfalt betrachtet. Die Anforderungsvielfallt umfasst die unterschiedlichen Fähigkeiten und Kenntnisse, die für eine Arbeitstätigkeit benötigt wird (Ulich 2011). Handlungsempfehlungen, welche die Bewertung vervollständigen, sind im Bereich der Unterstützung für Innovation und der Ergonomie zu geben.

Bewertung der Dimension „Organisation"
Von Bedeutung für diese Dimension ist zunächst die allgemeine Kategorisierung des Szenarios in Bezug auf seine Position im Entwicklungsprozess. Der Referenzprozess der Entwicklung ist eingeteilt in strategische Produktplanung, Produktentwicklung, Serviceentwicklung und Produktionssystementwicklung. Die Verortung des Szenarios definiert den Verantwortungsbereich.

Neben der Verortung können weitere Kriterien der Dimension Organisation entscheidend für die Einführung eines Arbeit 4.0-Anwendungsszenarios sein. Beispielsweise das Kriterium Innovationsförderung. Hierunter wird die Eigenschaft eines Unternehmens gefasst, eine gewisse Flexibilität in Hinblick auf die Suche nach neuen Nischen und Erweiterungen (am Markt) aufzuweisen (Rammer und Weißenfeld 2008). Weiterhin muss der Nutzen des Szenarios auf die Time-to-Market bewertet werden. Mit der Einführung eines Szenarios sind nicht nur Nutzen verbunden, sondern auch Aufwände. Für die Organisation werden diese mit den Bewertungskriterien Personalaufwand, Bedarf an Kompetenzen/Expertenwissen sowie den Änderungen in der Aufbau-/Ablauforganisation beschrieben. Zusätzlich sind die Auswirkungen auf den Grad der Zusammenarbeit (Kooperation, Koordination und Zusammenarbeit), Entgrenzung (Unternehmensstrukturen) und die Agilität (Anpassungsfähigkeit) zu bewerten. Abschließend sind Handlungsempfehlungen hinsichtlich Betriebsvereinbarungen zu geben.

Bewertung der Dimension „Technik"
Einer der wichtigsten Indikatoren für den Einsatz einer neuen Technologie ist der Reifegrad (Roussel 1984). Das S-Kurven-Konzept ist eine gängige Einteilung von Technologien. Es wird hierbei zwischen vier Kategorien (Einführung, Wachstum, Reife und Rückgang) unterschieden. Die Einteilung ermöglicht Unternehmen ein einfaches, aber effektives Mittel, um eine erste und klare Definition der Technologie im entsprechenden Szenario zu erhalten.

Ein weiteres Kriterium, das mit der technologischen Reife einhergeht, ist das Kriterium der Kompatibilität der Technologie. Dies gibt die Fähigkeit der Technologie an, Informationen über Technologiekomponenten hinweg unternehmensweit zu teilen (Duncan 1995). Neben der Kompatibilität, welche die Kommunikation und Integration der Technologie mit anderen technischen Geräten und Systemen beschreibt, muss die Kommunikation zwischen der Maschine und ihrem menschlichen Bediener bewertet werden. Dies wird mit dem Kriterium Interaktionsform ausgedrückt. Dies ist oftmals einhergehend mit der Usability einer

Technologie. Ein wichtiger Faktor für den erfolgreichen Einsatz neuer Technologien ist die Flexibilität des Systems. Untersuchungen zeigen, dass die Flexibilität von IT-Systemen als Notwendigkeit für (schnelle) Veränderungen in einem Geschäftsumfeld und die effektive Implementierung neuer Technologien identifiziert wurde (Byrd und Turner 2001). Was die Quantifizierung der Flexibilität betrifft, so identifizierte Duncan (Duncan 1995) die drei messbaren Schlüsselfaktoren Kompatibilität, Konnektivität und Modularität.

Während die früheren Kriterien als Vorteile betrachtet werden können, die sich aus der Einführung neuer Technologien ergeben, wurden mehrere mögliche Einschränkungen identifiziert, die sich hinderlich auf die Technologieumsetzung auswirken können. In erster Linie kann die Komplexität einer Technologie als ein Schlüsselfaktor für die Implementierung und Verbreitung von Technologien angesehen werden. Eine geringe technologische Komplexität kann positiv mit einer erfolgreichen Technologieumsetzung verbunden sein (Schmitt 2008). Darüber hinaus muss der monetäre Aufwand der Technologie bewertet werden. Hierzu findet eine Bewertung des Invests, des Installationsaufwands und der Betriebskosten statt. Schließlich wurden zwei Hauptkriterien für die Sicherheitsaspekte einer neuen Technologie ermittelt und in die Bewertung aufgenommen. In diesem Fall wurde zwischen zwei Arten der Sicherheit unterschieden: Auf der einen Seite wird die Sicherheit einer Technologie bewerten (Safety). Diese ist definiert als der Schutz der Umwelt und des Benutzers vor einem Objekt. Auf der anderen Seite die Sicherheit der Technologie (Security). Während sich die Sicherheit auf den physischen Arbeitsbereich bezieht, befasst sich die Security mit dem Schutz einer Informationstechnologie vor ihrer Umgebung mit Schwerpunkt auf Cybersicherheit, Datenschutz und Datensicherheit.

12.3 Arbeit 4.0-Anwendungsszenarien in der industriellen Praxis

Unternehmen stehen bei dem Thema der Digitalisierung vor unterschiedlichen und individuellen Herausforderungen. Somit sind auch die Zielstellungen zu differenzieren. Diese können beispielsweise eine Effizienzsteigerung oder auch eine humangerechte Arbeitsgestaltung sein. Im Folgenden werden zwei Anwendungsszenarien aus dem industriellen Kontext vorgestellt. Hierzu wird zunächst auf die Ausgangssituation und die Fragestellung im Unternehmen eingegangen. In einem zweiten Schritt wird der Lösungsansatz in Form eines Arbeit 4.0-Anwendungsszenarios beschrieben. Zum Abschluss werden die Auswirkungen auf das sozioökonomische Umfeld berücksichtigt.

Das erste Beispiel ist der „Mixed Mock-Up in der Produktionssystemplanung", welches mit dem Automobilzulieferer HELLA untersucht wird. Zweitens wird auf das Szenario „Dienstleistungssystem zum Konformitätsmanagement" eingegangen. Dieses wird zusammen mit dem Maschinenbauunternehmen HANNING erarbeitet. Die Anwendungsszenarien wurden im Rahmen des Projekts „IviPep – Arbeit 4.0 in der Produktentstehung" entwickelt. Das Verbundprojekt wird im Rahmen des Programms „Zukunft der Arbeit" vom Bundesministerium für Bildung und Forschung (BMBF) und dem Europäischen Sozialfonds (ESF) gefördert.

12.3.1 „Mixed-Mock-Up" in der Produktionssystemplanung

Ausgangssituation und Problemstellung
Unternehmen der produzierenden Industrie sehen sich zunehmend mit Herausforderungen in der Produktentwicklung konfrontiert. Steigende Komplexität der Produkte, durch den größer werdenden Anteil von Informations- und Kommunikationstechniken, induzieren eine hohe technische und organisatorische Komplexität in die Produktentstehung und erfordern einen Paradigmenwechsel in der Leistungserstellung (BMWI 2014). Dem gegenüber steht die Herausforderung der immer kürzer werdenden Produktlebenszyklen, welche sich auf den globalen Wettbewerb, die fortschreitende Technisierung und sich häufig änderndes Kundenverhalten zurückführen lässt (Steinle et al. 2008). Methoden und Technologien, welche die Time-to-Market reduzieren werden, sind daher gefragt. Eine dieser Methoden ist das Cardboard Engineering (Dombrowski 2015). Beim Cardboard handelt es sich um das Modell eines Produktionssystems (z. B. einer Fertigungsinsel), das aus Pappe hergestellt wird. Das Modell wird im Maßstab 1:1 und mit ausreichender Stabilität aufgebaut, damit ein möglichst realer Produktionsprozess simuliert werden kann. Gesamte Montageprozesse werden in interdisziplinären Teams aus Pappe aufgebaut. Wichtige Fragen der Montage können somit diskutiert, Fehlkonstruktionen von Beginn an ausgeschlossen und Bedürfnisse der Mitarbeiter berücksichtigt werden: Ist der Arbeitsplatz ergonomiegerecht gestaltet? Sind alle notwendigen Werkzeuge und Einzelteile im Blick und in greifbarer Nähe? Während der Entwicklung des Produktes kann mit der Methode des Cardboard Engineerings somit frühzeitig mit der Entwicklung der dazugehörigen Produktionssysteme begonnen werden.

Vor der eigentlichen Produktion lassen sich Arbeitsplätze oder Vorrichtungen problemlos als Papp-Attrappe nachbauen. Die Herausforderung liegt jedoch bei den Bauteilen, mit denen der Montageprozess simuliert wird. Prototypen dieser Bauteile, die in physischer Form für das Cardboard Engineering vorliegen müssen, sind zeit- und kostenintensiv. Dazu kommt, dass aktuelle Prototypen häufig nicht zur Verfügung stehen, da sich der Konstruktionsstand in der Entwicklung fortlaufend ändert.

Hieraus ergibt sich der Bedarf, das Cardboard Engineering durch den Einsatz digitaler Technologien zu erweitern, sodass aktuelle Konstruktionsstände virtuell und somit ohne physische Bauteile abgerufen werden können. Dies führt zu dem Arbeit 4.0-Anwendungsszenario „Mixed-Mock-Up".

Beschreibung des Arbeit 4.0-Anwendungsszenarios
Das Unternehmen HELLA GmbH & Co. KGaA ist ein international operierender Automobilzulieferer für Lichttechnik und Elektronikprodukte. Die Produktion findet dementsprechend weltweit statt. In der Konzeption und Entwicklung der zugehörigen Produktions- und Montagesysteme für Scheinwerfer und Heckleuchten wird derzeit mit der gängigen und beschriebenen Methode des Cardboard Engineering gearbeitet. Hierbei handelt es sich um eine besonders KMU-gerechte Methode, da Sie eine effiziente Planung des

Arbeitsplatzes mit geringem Ressourcenaufwand ermöglicht. Diese Methode wird am Beispiel des oben genannten Unternehmens erläutert. Im Forschungsprojekt „IviPep" wird an diesem konkreteren Anwendungsfall des Cardboard Engineering das Arbeit 4.0-Anwendungsszenario „Mixed-Mock-Up" untersucht. Ziel ist es, das digitale Abbild des aktuellen Produktes/Bauteils in den Papp-Montagearbeitsplatz einzublenden und so einen Mixed-Mock-Up zu erzeugen. Das digitale Abbild des Gerätes muss dabei mit dem Pappaufbau verbunden werden, so dass es sich bei Bewegung der Pappaufnahme mitbewegt. Das digitale Abbild soll dabei mit der Technologie Augmented Reality (AR) erzeugt werden. Der Einsatz der Technologie wird dabei im Zusammenwirken mit der Organisation und der Mitarbeiter analysiert.

Der reale Prototyp aus Pappe wird durch virtuelle Modelle erweitert, aus dem Papp- wird ein „Mixed-Mock-Up", daher der Name des Szenarios. In der Umsetzung werden den Mitgliedern des Teams für die Planung des Montagesystems die digitalen Informationen über eine Datenbrille angezeigt. Die virtuellen Werkzeuge und Bauteile werden per Kamera-Tracking auf der Pappe verortet. Dies ermöglicht, dass sich die digitalen Abbilder bei Bewegung des Papp-Mock-Ups mitbewegen und so eine möglichst realitätsnahe Simulation des Montageprozesses geschaffen wird. Bewegungsabläufe, wie beispielsweise die Entnahme von Schrauben aus einem Kasten, oder Positionen von Werkzeugen und Bauteilen werden im Team diskutiert und getestet. Eine AR-Datenbrille wird dabei von einem Träger verwendet. Die weiteren Workshop-Teilnehmer können auf einem Bildschirm mitverfolgen, was der Träger sieht. Der Austausch wird dadurch intensiviert und bezieht das gesamte Team mit ein. Auch standortübergreifende Workshops zur Montagesystemplanung sind dadurch möglich.

Mit der Möglichkeit virtuelle Bauteile einzublenden werden für die Produktionssystemplanung in der Zukunft keine teuren physischen Prototypen mehr benötigt, bei denen die Gefahr von veralteten Konstruktionsständen besteht. Mit Augmented Reality Arbeitsplätze zu planen wird es zukünftig Projektteams ermöglichen, ihre Planung am Papp-Mock-Up immer in Kombination mit den aktuellsten Konstruktionsständen des neuen Produktes zu testen. Eine direkte Ausleitung von CAD-Informationen auf die AR-Datenbrille bietet eine nahezu live Betrachtung der digitalen Bauteile. Standard-Werkzeuge sowie -Bauteile können in sogenannten Modellbibliotheken gespeichert werden, um einen größtmöglichen Grad an Wiederverwendung zu erreichen. Auch ganz simulierte Montageprozesse können so archiviert werden. Das Wiederverwenden von archivierten Prozessen erleichtert den Konstrukteuren eine montagegerechte Produktgestaltung von Anfang an.

Das Potential und der Nutzen des Arbeit 4.0-Anwendungsszenarios „Mixed-Mock-Up" ist dabei sehr vielseitig. Zum einen kann die Time-to-Market verkürzt werden indem die Produktionslinie künftig wesentlich früher und parallel zur Produktentwicklung entworfen werden kann. Zum anderen können auftretende Probleme mit den Bauteilen direkt und frühzeitig zurück an die Entwicklung gespielt werden. Aufwendige Änderungen an der fertigen Konstruktion des Produktes können reduziert werden.

Auswirkungen des Anwendungsszenarios

Um die Auswirkungen der Anwendungsszenarien sichtbar machen zu können, haben Experten die beschriebenen Szenarien über einen quantitativen Fragebogen anhand der Kriterien der Dimensionen Mensch, Organisation und Technik bewertet (Mlekus et al. 2018). In Abb. 12.3 sind exemplarisch Teilergebnisse dieser Befragung, unterteilt für die Dimensionen Mensch, Organisation und Technik, dargestellt. Alle abgebildeten Kriterien wurden auf einer vierstufigen Skala von 1 bis 4 bewertet, wobei der Wert 1 für eine geringe Ausprägung und der Wert 4 für eine hohe Ausprägung steht. Die Ergebnisse der Expertenbewertung sind in Abb. 12.3 über Mittelwerte sowie Standardabweichungen abgebildet.

Das „Mixed-Mock-Up"-Szenario erfordert auf der Dimension Mensch von den Beschäftigten auf nahezu allen Faktoren eine hohe Ausprägung an Fähigkeiten. Lediglich die physischen Fähigkeiten werden in einem eher geringen Maß benötigt. Auf der Bewertungsdimension Organisation fördert das „Mixed-Mock-Up" die Innovation sowie die Agilität der Organisation und verringert den Time-to-Market Verlauf. Es wird ein durchschnittlicher Personalaufwand benötigt. Weiterhin kommt es durch die Anwendung des Szenarios zu einer durchschnittlichen Änderung der Aufbau- und Ablauforganisation. Auf der Dimension Technik ist das „Mixed-Mock-Up" durchschnittlich auf den Kriterien Flexibilität, Komplexität sowie der Einschätzung zu den Betriebskosten ausgeprägt. Es wird ein eher geringer Bedarf an Sicherheitsschulungen

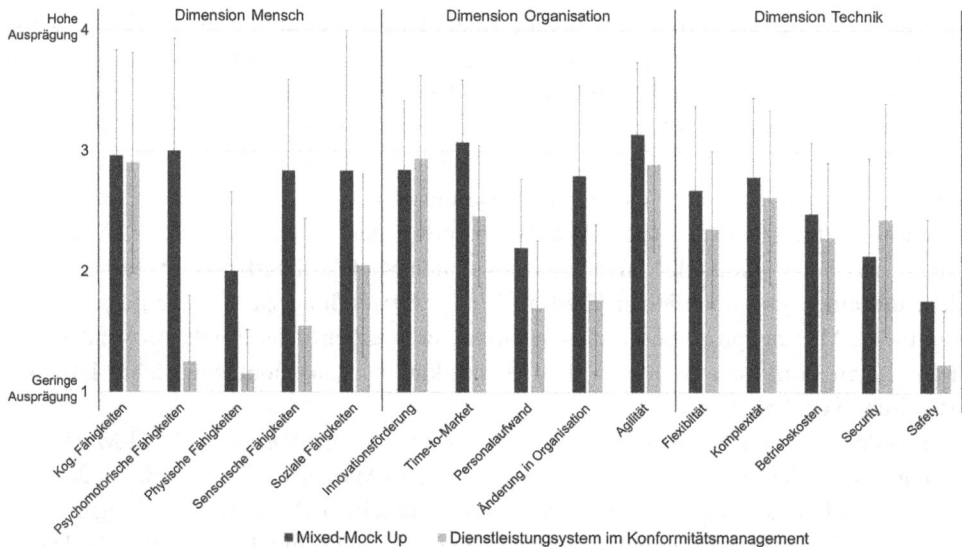

Abb. 12.3 Ergebnisse der Szenarienbewertung Mixed Mock-Up in der Produktionssystemplanung und Dienstleistungssystem im Konformitätsmanagement durch Experten (N = 24) unterteilt nach den Dimensionen Mensch, Organisation und Technik. Abgebildet sind die Mittelwerte sowie Standardabweichungen für jeweils fünf Bewertungskriterien der jeweiligen Dimensionen

der Beschäftigten (Security) benötigt. In dem Szenario besteht eine geringe Gefahr für die Gesundheit der Beschäftigten (Safety).

12.3.2 Dienstleistungssystem zum Konformitätsmanagement

Ausgangssituation und Problemstellung
Eines der wichtigsten Themen, mit denen sich Unternehmen heutzutage auseinandersetzen, ist der internationale Wettbewerb auf globalen Märkten (Porter 1989). Die steigende Globalisierung im Zuge der vierten industriellen Revolution (Industrie 4.0) und der Verkauf von technischen Produkten auf diesen globalen Märkten hat eine starke Vernetzung von Kunde, Hersteller und Lieferanten zur Folge. Speziell für komplexe technische Produkte hat dies unter anderem enorme Auswirkungen auf die Produktsicherheit. Unternehmen sehen sich seit mehreren Jahren damit konfrontiert, für ihre Produkte jederzeit aktuelle Angaben über evtl. enthaltene Schadstoffe machen zu können. Besondere Wichtigkeit hat dieser Punkt z. B. für Produkte, die unmittelbar mit Lebensmitteln in Kontakt kommen. Um die entsprechenden Angaben für die relevanten Schadstoffe, die entsprechenden Produkte, die unterschiedlichen Kunden und Zielmärkte und die jeweiligen nationalen Vorgaben zu handhaben, werden aktuell häufig Excel-Tabellen mit mehreren tausend Zeilen eingesetzt. Es ist offensichtlich, dass sowohl bezüglich Pflege als auch einfacher Nutzbarkeit bereits bei dieser einfachen Vorgabe („nur einzuhaltende Grenzwerte") Optimierungsbedarf besteht. Hersteller sind in der rechtlichen Verantwortung die Konformität der angebotenen Produkte mit dem Produktsicherheitsrecht nachzuweisen. Dies führt zu rechtlichen Anforderungen an die technische Dokumentation von Produkten (Schlagowski 2015).

Neben der Herausforderung unterschiedlicher rechtlicher Anforderungen der Legislative von Ländern, auf deren Märkten das Produkt angeboten wird, ergeben sich weitere Anforderungen der Branchen und der Kunden. In Fragen der Produktsicherheit handelt es sich hierbei meist um heterogene Anforderungen. So hat beispielsweise ein Kunde knapp über 200 Substanzen verboten oder mit strikten Grenzwerten versehen, ein anderer Kunde reglementiert dagegen über 1700 Substanzen. Selbst bei Überschneidungen der Substanzen variieren die Grenzwerte. Im Bereich des Konformitätsmanagements sind Informationen unterschiedlichster Ausprägung zu handhaben. Diese reichen von einfachen Zahlenwerten (z. B. einzuhaltende Grenzwerte) bis zu aufwändigen Gestaltungs- und/ oder Messvorschriften. Dadurch ergeben sich Anforderungen an den Entwickler, große Mengen z. T. widersprüchlicher Anforderungen aus einer Vielzahl von Quellen (intern z. B. Werksnorm / extern z. B. DIN-Normen, Zertifikate, kundenspezifische Anforderungen) mit z. T. hoher Änderungsrate kunden- und marktabhängig zu berücksichtigen. Die Kernaspekte des Konformitätsmanagements sind die Konformitätsbewertung und die Konformitätserklärung.

Der Begriff Konformitätsbewertung ist dabei in der EN ISO/IEC 17000:2004 wie folgt definiert:

> „Darlegung, dass festgelegte Anforderungen bezogen auf ein Produkt, einen Prozess, ein System, eine Person oder eine Stelle erfüllt sind." (ISO/IEC 17000:2004)

Die EN ISO/IEC 17000:2004 definiert ebenso den Begriff Konformitätserklärung:

„Erstellen einer Bestätigung (Bestätigung = Konformitätsaussage auf der Grundlage einer Entscheidung, die der Bewertung folgt, dass die Erfüllung festgelegter Anforderungen dargelegt wurde) durch den Anbieter." (ISO/IEC 17000:2004)

Der aktuelle Ansatz des Gesetzgebers sieht eine Aggregation der Informationen von unten nach oben vor. Dies bedeutet, dass der Hersteller des gesamten technischen Produktes die Substanzen gemäß gesetzlicher Vorgaben des Landes und der Branche sowie interne Normen und Vorschriften bei den Lieferanten der unvollständigen Teile des Produktes anfragt, die wiederum bei den Sub-Lieferanten anfragen. Die Informationen über enthaltenen Substanzen werden von der unteren Ebene der Lieferanten an die nächsthöhere Ebene mit einer rechtsverbindlichen Unterschrift gesendet. Diese aggregiert die Informationen der einzelnen Lieferanten und gibt diese Informationen wiederum mit einer rechtsverbindlichen Unterschrift an die nächsthöhere Ebene, bis die Informationen beim Hersteller des vollständigen technischen Produktes angelangt sind.

Dieser Ansatz bedeutet für die zunehmende Vernetzung, der zunehmenden Komplexität und Variantenvielfalt von Produkten auf der einen Seite einen erheblichen Aufwand bei der Ermittlung der Substanzen. Diese sind heutzutage meistens in Excel-Listen mit mehreren hundert bis mehreren tausend Zeilen dokumentiert. Auf der anderen Seite eine zeitliche Herausforderung, da die Anfragen und Informationen eine immer längere Kette von Lieferanten und Sub-Lieferanten durchlaufen müssen, die international verteilt ist.

Hieraus resultiert der Bedarf an neuen Ansätzen und Lösungen zur effizienten und humangerechten Gestaltung des Konformitätsmanagements. Diese sollen dem Nutzer die Möglichkeit bieten Änderungen von Richtlinien, Normen und Standards kontinuierlich zu erfassen und die notwendigen Informationen abzurufen. Dies führt zu dem Arbeit 4.0-Anwendungsszenario „Dienstleistungssystem zum Konformitätsmanagement".

Beschreibung des Arbeit 4.0-Anwendungsszenarios
Im Forschungsprojekt „IviPep" wird ein konkreter Anwendungsfall eines solchen Dienstleistungssystems zum Konformitätsmanagement untersucht. In einem Pilotprojekt der Hanning Elektro-Werke GmbH & Co. KG wird im Projektkontext von IviPep ein Konformitätsmanagement mithilfe einer Graphdatenbank erforscht. Diese Technologie im Kontext des Konformitätsmanagements wird zunehmend relevanter für KMUs. Dieser Lösungsansatz beschreibt den Einsatz einer digitalen Technologie im sozioökonomischen Wirkungsfeld, welches als Arbeit 4.0-Anwendungsszenario beschrieben werden kann. Hierbei stehen sowohl die technische Lösung als auch das Zusammenwirken von Mensch und Organisation im Fokus der Betrachtung.

Im Konformitätsmanagement müssen viele Informationen unterschiedlicher Ausprägungen im Zusammenhang analysiert werden. Dazu unterliegen die rechtlichen Anforderungen beständigen Änderungen. Aus diesen Gründen wurde für dieses Szenario eine nicht-relationale (NoSQL) Datenbank ausgewählt, welche es ermöglicht semantische Netze (semantische Graphdatenbank) abzubilden. Die Darstellung in Wissensnetzen kann durch die Vernetzung der Objekte über Relationen aus allen Richtungen und unter Berücksichtigung verschiedener Aspekte betrachtet werden.

Ziel ist es, alle für die Bestätigung von Konformitäten notwendigen Daten in einem konsistenten Datenmodell zu verwalten (Single Source of Truth) und ein möglichst hohes Maß an Transparenz und Komfort bei der Erstellung von kunden- und produktspezifischen Konformitätserklärungen zu erreichen. Erweiterungen und Änderungen müssen einfach möglich sein, um somit eine dauerhafte Abhängigkeit von einem externen Softwareanbieter zu vermeiden.

Durch eine geschickte Verknüpfung der Informationen von Mitarbeitern, Projekt, Produkt, Komponenten, Substanzen und weiteren Informationen (wie zum Beispiel Lieferanten) kann eine Datenbasis geschaffen werden, welche sich in einer Graphdatenbank problemlos erweitern lässt. Dies führt zu einer hohen Flexibilität und Anpassungsfähigkeit. Über die Einbindung in den Dienstleistungsprozess des Konformitätsmanagements können Kundenanfragen bezüglich der Produktsicherheit effizient bearbeitet werden. Hierzu müssen lediglich Abfragen (sogenannte Graph queries) mit rechtlichen und spezifischen Grenzwerten und der Liefernummer des Produktes erfolgen. Das System kann daraufhin die kritischen Substanzen mit allen zugehörigen Informationen (z. B. die Komponente in der die Substanz enthalten ist) anzeigen.

Über solche Wissensnetze können auch weiterführende Anwendungsfälle abgebildet werden, wie es das folgende Beispiel zeigt. Ein Projektmitarbeiter hat durch das Thema seines Projektes Expertenwissen im Bereich Schadstoffmanagement erlangt, ohne dass dies in einem System explizit hinterlegt ist. Die semantische Graphdatenbank kann über die Vernetzung Projekt – Thema (Schadstoffmanagement) – Projektmitarbeiter schlussfolgern, dass der Projektmitarbeiter ein relevanter Ansprechpartner für das Thema rechtliche Anforderungen im Schadstoffmanagement ist.

Für Hersteller von vollständigen und unvollständigen komplexen technischen Produkten mit einem Spektrum an unterschiedlichen Branchen in internationalen Märkten ist die Entwicklung in jeder Hinsicht konformer Produkte eine unabdingbare Voraussetzung für einen mittel- und langfristigen Unternehmenserfolg. Das beschriebene Arbeit 4.0-Anwendungsszenario ermöglicht eine zukunftsorientierte Gestaltung des Konformitätsmanagements durch die Einführung einer digitalen Technologie im sozioökonomischen Wirkungsfeld, wodurch der Aufwand zur Bearbeitung von Konformitätsanfragen erheblich reduziert werden kann. Durch die ständig steigende Komplexität der Produkte ist eine Unterstützung der Entwickler in diesem Punkt von großer Bedeutung. Hierdurch werden die bestehenden Arbeitsplätze im Bereich Entwicklung nachhaltig gesichert und Ressourcen für höherwertige Arbeiten geschaffen. Im Folgenden werden die Auswirkungen des Szenarios auf das sozioökonomische Wirkungsfeld beschreiben.

Auswirkungen des Anwendungsszenarios
Für das Szenario Dienstleistungssystem im Konformitätsmanagement werden auf der Dimension Mensch die Fähigkeiten in einem unterschiedlichen Ausmaß benötigt. Kognitive Fähigkeiten sollten in diesem Fall in einem hohen Umfang ausgeprägt sein. Von den Beschäftigten werden soziale Fähigkeiten in einer durchschnittlichen Ausprägung erfordert. Psychomotorische, physische sowie sensorische Fähigkeiten werden nur in einem geringen Ausmaß benötigt. Innovationsförderung sowie Agilität werden in diesem Szenario auf der Dimension der Organisation gesteigert. Die Bewertung zur Einschätzung der Time-to-Market ist durchschnittlich ausgeprägt. Für diese Konstellation wird wenig Personalaufwand benötigt und es kommt zu geringen Änderungen in der Aufbau- und Ablauforganisation. Die Flexibilität sowie Komplexität sind auf der Dimension Technik durchschnittlich ausgeprägt. Auch die Betriebskosten des Szenarios werden als durchschnittlich bewertet. Sicherheitsschulungen für die Beschäftigten (Security) werden in diesem Szenario in einem durchschnittlichen Ausmaß benötigt. Es besteht zudem eine geringe Gefahr für die Beschäftigten (Safety).

12.4 Fazit und Ausblick

Arbeit 4.0 konkretisiert sich in der Anwendung von digitalen Technologien in der Arbeitswelt. In dem vorliegenden Beitrag wurde zunächst eine Referenzarchitektur für derartige Anwendungsszenarien vorgestellt. Zum anderen wurden Kriterien zur soziotechnischen Bewertung von Chancen und Risiken von Arbeit 4.0-Anwendungsszenarien beschrieben. Aufbauend auf diesen theoretischen Grundlagen wurden zwei Arbeit 4.0-Anwendungsszenarien aus der industriellen Praxis vorgestellt und diese auf Grundlage der vorgestellten Kriterien bewertet. Die Anwendungsszenarien wurden im Rahmen des Verbundprojekts „IviPep – Arbeit 4.0 in der Produktentstehung" erarbeitet.

Der Vergleich zwischen den Beispielszenarien aus der Industrie lässt deutliche Unterschiede erkennen. Während im Szenario „Mixed-Mock-Up" durchschnittliche bis hohe Fähigkeiten von den Beschäftigten benötigt werden, werden die Anforderungen an die Beschäftigten im Szenario Dienstleistungssystem im Konformitätsmanagement als geringer eingeschätzt. Weiterhin kommt es im Gegensatz zum „Mixed-Mock-Up" im Szenario zum Dienstleistungssystem im Konformitätsmanagement nur zu geringen Änderungen in der Aufbau- und Ablauforganisation.

Dies verdeutlicht, dass Arbeit 4.0-Anwendungsszenarien unterschiedliche Auswirkungen haben. Die Referenzarchitektur untersucht die Ausprägungen von Arbeit 4.0-Anwendungsszenarien, um im nächsten Schritt eine Kategorisierung vorzunehmen. Hierzu müssen die Ausprägungen einer großen Stichprobe von Szenarien bestimmt und analysiert werden. Die sich daraus ergebenden Muster kategorisieren das Themenfeld Arbeit 4.0. Jede Ansammlung besitzt dabei unterschiedliche Eigenschaften, die beschrieben werden müssen. Dies erleichtert es Unternehmen, sich der Digitalisierung der Arbeitswelt zu nähern.

Literatur

Autor, D.H.; Levy, F.; Murnane, R.J. (2003). The Skill Content of Recent Technological Change: An Empirical Exploration. The Quarterly Journal of Economics, Volume 118, S. 1279–1333.

BDI – Bundesverband der deutschen Industrie (Hrsg.). (2018). Die digitale Transformation der Industrie. Verfügbar unter: https://bdi.eu/media/user_upload/Digitale_Transformation.pdf [01.02.2019].

BMAS – Bundesministerium für Arbeit und Soziales (2016) Weißbuch Arbeiten 4.0.

BMWi – Bundesministerium für Wirtschaft und Energie (Hrsg.) (2014). Monitoring-Report Digitale Wirtschaft 2014. Innovationstreiber IKT.

Brynjolfsson, E.; McAfee, A. (2014) The Second Machine Age: Work, Progress, and Prosperity in a Time of Brilliant Technologies, WW Norton & Co.

Byrd T.A., Turner D.E (2001). An exploratory analysis of the value of the skills of IT personnel: Their relationship to IS infrastructure and competitive advantage. Decision Sciences 32, 21–47.

Dombrowski, U. (Hrsg.). (2015). Lean Development: Aktueller Stand und zukünftige Entwicklungen. Springer-Verlag.

Duncan N.B. (1995). Capturing flexibility of information technology infrastructure: A study of resource. Journal Of Management Information Systems 12, 37–57.

Erol, S.; Schumacher, A.; Sihn, W. (2016). Strategic guidance towards Industry 4.0 – a three-stage process model. Coma, 495–501.

Fleishman, E. A.; Quaintance, M. K.; Broedling, L. A. (1984) Taxonomies of human performance: The description of human tasks. Academic Press, Cambridge, MA.

Fujitsu Technology Solutions (Hrsg.) (2016). Der digitale Drahtseilakt: Eine Studie von Fujitsu. Fujitsu Technology Solutions, München.

Gausemeier, J. (2010). Maschinenbau braucht Systems Engineering – In: Konstruktion, Ausgabe 12/2010. Düsseldorf: Springer VDI-Verlag.

Grundke, R.; Jamet, S.; Kalamova, M.; Keslair, F.; Squicciarini, M. (2017). Skills and global value chains: A characterization. OECD Science, Technology and Industry Working Papers, 2017/05. OECD Publishing, Paris.

Hirsch-Kreinsen, H. (2014). Wandel von Produktionsarbeit „Industrie 4.0". Soziologisches Arbeitspapier Nr. 38/2014. Technische Universität Dortmund, Dortmund.

ISO/IEC 17000:2004 – Konformitätsbewertung – Begriffe und allgemeine Grundlagen.

Kleinaltenkamp, M.; Plinke, W.; Söllner, A. (2011). Geschäftsbeziehungen – empirisches Phänomen und Herausforderung für das Management. In: Kleinaltenkamp M., Plinke W., Geiger I., Jacob F., Söllner A. (Hrsg.) Geschäftsbeziehungsmanagement, S. 17–44. Gabler Verlag

Lipsmeier, A.; Bansmann, M.; Daniel, R.; Kuerpick, C. (2018). Framework for the identification and demand-orientated classification of digital technologies. In: Proceedings of IEEE International Conference on Technology Management, Operations and Decisions Conference, Marrakech.

Milosevic, M., Lukic, D., Antic, A.; Lalic, B.; Ficko, M.; Simunovic, G. (2017). A distributed collaborative system for internet-based process planning. Journal of Manufacturing Systems, Vol. 42, 210–223.

Mlekus, L.; Paruzel, A.; Bentler, D.; Jenderny, S.; Foullois, M.; Bansmann, M.; Maier, G.W. (2018). Development of a change management instrument for the implementation of technologies. Technologies 6(4), 120.

Morgeson F.P.; Delaney-Klinger K.; Hemingway M.A. (2005). The importance of job autonomy, cognitive ability, and job-related skill for predicting role breadth and job performance. Journal of Applied Psychology 90(2), S. 399–406.

Nerdinger, F.-W.; Blickle, G.; Schaper, N. (2011). Arbeits- und Organisationspsychologie. Springer Verlag, Berlin.

Neugebauer, R. (Hrsg.) (2018). Digitalisierung. Schlüsseltechnologien für Wirtschaft und Gesellschaft, Springer, Berlin.

Porter M.E. (1989). Der Wettbewerb auf globalen Märkten: Ein Rahmenkonzept. In: Porter M.E. (Hrsg.) Globaler Wettbewerb. Gabler Verlag, Wiesbaden.

Porter, M.; Heppelmann, J. (2015). How Smart, Connected Products Are Transforming Companies. In: Harvard Business Review, 93 (10), S. 96–114.

Rauner, F.; Rasmussen, L.; Corbett, J.M. (1988). The social shaping of technology and work: human centred computer integrated manufacturing systems. AI & Society 2(1), S. 47–61.

Razzaq, M.A.; Memon, K.H.; Qureshi, M.A.; Ullah, S. (2017). A Survey on User Interfaces for Interaction with Human and Machines. In: International Journal of Advanced Computer Science and Application, 8 (7), S. 462–467.

Rammer, C.; Weißenfeld, B. (2008). Innovationsverhalten der Unternehmen in Deutschland 2006 Aktuelle Entwicklungen und ein internationaler Vergleich Studien zum deutschen Innovationssystem Studien zum deutschen Innovationssystem. Verfügbar unter: www.technologische-leistungsfaehigkeit.de [28.02.2018].

Roussel, P.A (1984). Technological maturity proves a valid and important concept. Research Management, 27(1), S. 29–34.

Schlagowski, H. (2015). Technische Dokumentation im Maschinen-und Anlagenbau: Anforderungen. Beuth Verlag.

Schmitt, P. (2008). Adoption und diffusion neuer technologien am beispiel der Radiofrequenz-Identifikation (RFID) (Dissertatrion, ETH Zurich).

Selcuk, S. (2016). Predictive maintenance, its implementation and latest trends. Journal of Engineering Manufacture. 231(9), 1670–1679.

Steinle, C.; Eggers, B.; Ahlers, F. (2008). Change Management. Rainer Hampp Verlag.

Trist, E. (1981). The evolution of socio-technical systems – a conceptual framework and an action research program // A conceptual framwork and an action research program. Ontorio Ministry of Labour, Ontario, 2.

Ulich, E. (2011). Arbeitspsychologie. Zürich: vdf Hochschulverlag / Stuttgart: Schäffer Poeschel, 7. Auflage.

Ulich, E. (2013). Arbeitssysteme als Soziotechnische Systeme – eine Erinnerung. In: Journal Psychologie des Alltagshandelns, 6(1), S. 4–12.

Walters, J.; Apter, M.J.; Svebak, S. (1982). Color preference, arousal, and the theory of psychological reversals. Motivation and Emotion, 6(3), S. 193–21.

Cascio, W.F.; Montealegre, R. (2016). How Technology Is Changing Work and Organizations. Annual Review of Organizational Psychology and Organizational Behavior, 3(1), S. 349–375.

Wrzesniewski, A.; Dutton, J.E.; Debebe, G. (2003). Interpersonal sensemaking and the meaning of work. Research in Organizational Behavior, 25, S. 93–135.

Wu, Z.; Sekar, R.; Hsieh, S.-J. (2014). Study of factors impacting remote diagnosis performance on a PLC based automated system. Journal of Manufacturing Systems, 33(4), S. 589–603.

Michael Bansmann ist wissenschaftlicher Mitarbeiter in der Gruppe „Zukunftsorientierte Unternehmensgestaltung" am Fraunhofer-Institut für Entwurfstechnik Mechatronik IEM und leitet Industrie- und Forschungsprojekte im Kontext Arbeit 4.0. Unter anderem leitet er den Industriekreis Arbeit 4.0 und koordiniert die Aktivitäten des Fraunhofer IEM im Spitzencluster it's OWL im Themenfeld Arbeit 4.0. Er studierte Wirtschaftsingenieurwesen in Stuttgart und Paderborn.

Marc Foullois ist wissenschaftlicher Mitarbeiter in der Gruppe „Entwicklungsmanagement" am Fraunhofer-Institut für Entwurfstechnik Mechatronik IEM. Unter anderem koordiniert er das Forschungsvorhaben „IviPep – Instrumentarium zur Gestaltung individualisierter virtueller Produktentstehungsprozesse in der Industrie 4.0" im Kontext Arbeit 4.0 sowie Industrieprojekte, die sich mit der Einführung von Systems Engineering beschäftigen. Er studierte Wirtschaftsingenieurwesen in Osnabrück und Paderborn.

Lars Wöste ist wissenschaftlicher Mitarbeiter im Forschungsbereich Produktentstehung von Prof. Dr.-Ing. Roman Dumitrescu am Fraunhofer-Institut für Entwurfstechnik Mechatronik IEM in Paderborn. Dort ist er Teil der Forschungsabteilung Digital Engineering & Collaboration. Im Forschungsprojekt IviPep untersucht er, wie die menschengerechte Gestaltung der digitalen Arbeitswelt bei gleichzeitiger Effizienzsteigerung in der Produktentstehung erreicht werden kann. Darüber hinaus ist er in Industrieprojekten u. a. in der Automobilbranche tätig.

Dominik Bentler, M.Sc. ist wissenschaftlicher Mitarbeiter am Lehrstuhl für Arbeits- und Organisationspsychologie der Universität Bielefeld. In zahlreichen Forschungsprojekten zum Thema Arbeit 4.0 hat er Chancen und Herausforderungen der digitalen Transformation aus Perspektive der Beschäftigten untersucht. Darüber hinaus liegen seine Forschungsinteressen in den Bereichen Nachhaltigkeit und Umweltschutz im Arbeitskontext.

Agnieszka Paruzel, M.Sc. ist wissenschaftliche Mitarbeiterin am Lehrstuhl für Arbeits- und Organisationspsychologie an der Universität Bielefeld und arbeitet im Projekt „IviPep – Arbeit 4.0 in der Produktentstehung", in dessen Rahmen Auswirkungen digitaler Technologien auf Beschäftigte untersucht werden. Weitere Forschungsschwerpunkte von Frau Paruzel sind Potentiale von Corporate Social Responsibility aus Perspektive der Beschäftigten und Arbeitgeberattraktivität.

Lisa Mlekus, M.Sc. Psychologie, arbeitet als wissenschaftliche Mitarbeiterin im Projekt „IviPep – Arbeit 4.0 in der Produktentstehung" und ist Doktorandin in der Arbeits- und Organisationspsychologie an der Universität Bielefeld. In ihrer Promotion beschäftigt sie sich mit psychologischer Arbeitsgestaltung und Kompetenzbedarfen in der digitalen Arbeitswelt.

Sascha Jenderny ist seit November 2016 als Wissenschaftlicher Mitarbeiter in der Gruppe „Assistenzsysteme" des Fraunhofer IOSB-INA in Lemgo angestellt. Im Rahmen der Evaluation technischer Systeme beschäftigt er sich insbesondere mit den Themen Technologieakzeptanz, Einführung neuer Technologien im Unternehmen sowie der partizipativen Entwicklung technologischer Lösungen.

Prof. Dr.-Ing. Roman Dumitrescu ist Direktor am Fraunhofer-Institut für Entwurfstechnik Mechatronik IEM und Leiter des Fachgebiets „Advanced Systems Engineering" an der Universität Paderborn. Sein Forschungsschwerpunkt ist die Produktentstehung intelligenter technischer Systeme. In Personalunion ist Prof. Dumitrescu Geschäftsführer des Technologienetzwerks Intelligente Technische Systeme OstWestfalenLippe (it's OWL).

Prof. Dr. Günter W. Maier ist Professor am Lehrstuhl für Arbeits- und Organisationspsychologie der Universität Bielefeld sowie stellvertretender Sprecher des NRW Forschungskollegs „Gestaltung von flexiblen Arbeitswelten" und des Forschungsschwerpunkts „Digitale Zukunft". Seine Forschungsinteressen liegen in den Bereichen Gerechtigkeit in der Mensch-Maschine-Interaktion, Qualifizierungsbedarf, Führung und Gestaltung von Arbeit in der digitalen Transformation sowie Kreativität.

Die Einführung eines ERP-/PLM-Systems in den frühen Phasen der digitalen Transformation erfolgreich vorbereiten

13

Viola Hellge, Tobias Thielen, Andreas Eiden und Nina Obreschkova

Zusammenfassung

Der folgende Beitrag beschreibt die Problemstellung eines mittelständischen Sondermaschinenherstellers im Kontext der digitalen Transformation. Ausgehend von der Ausgangslage des Unternehmens wird die Auseinandersetzung mit den Herausforderungen der digitalen Transformation in der Orientierungs- und Planungsphase eines ersten Pilotprojektes betrachtet. Als Meilenstein steht am Ende die Auswahl und Einführung eines ERP/PLM-Systems. Es werden Ansätze zur Orientierung und Planung sowie zentrale Herausforderungen eines derartigen Projekts beschrieben und Empfehlungen für eine mitarbeiterzentrierte Ausgestaltung und Umsetzung erläutert. Der Beitrag schließt mit einer Zusammenfassung wesentlicher Erfolgsfaktoren für ein gelungenes Durchlaufen der frühen Phasen im digitalen Transformationsprozess, speziell im Hinblick auf die Einführung von Anwendungssoftware zur optimalen Steuerung der betrieblichen Wertschöpfungsprozesse.

Der Beitrag entstand im Rahmen des Mittelstand 4.0-Kompetenzzentrums Kaiserslautern, gefördert durch das Bundesministerium für Wirtschaft und Energie (BMWi) im Förderschwerpunkt Mittelstand-Digital (FKZ: 01MF15004A-D).

V. Hellge (✉)
Institut für Technologie und Arbeit e.V., Kaiserslautern, Deutschland
E-Mail: viola.hellge@ita-kl.de

T. Thielen · N. Obreschkova
Technologie-Initiative SmartFactory KL e.V., Kaiserslautern, Deutschland
E-Mail: tobias.thielen@smartfactory.de; Nina.obreschkova@smartfactory.de

A. Eiden
Technische Universität Kaiserslautern, Lehrstuhl für virtuelle Produktentwicklung, Kaiserslautern, Deutschland
E-Mail: eiden@mv.uni-kl.de

© Springer-Verlag GmbH Deutschland, ein Teil von Springer Nature 2019
C. K. Bosse, K. J. Zink (Hrsg.), *Arbeit 4.0 im Mittelstand*,
https://doi.org/10.1007/978-3-662-59474-2_13

13.1 Ausgangslage und Problemstellung des Unternehmens

Bei dem betrachteten Unternehmen handelt es sich um ein mittelständisches, familiengeführtes Unternehmen aus dem Bereich Maschinenbau mit Sitz im westlichen Rheinland-Pfalz. In einer für viele Teile des Landes typischen ländlichen Region produziert das Unternehmen kundenindividuelle Sondermaschinen und ist damit ein führender Anbieter auf dem internationalen Markt. Trotz des innovativen Charakters hat der Sondermaschinenhersteller mit den neuen Herausforderungen der Digitalisierung zu kämpfen. Um diesen zu begegnen, beschäftigt sich das Unternehmen bereits seit einiger Zeit mit den Themen Automation, Industrie 4.0 und Digitalisierung.

Ausgangspunkt für die Zusammenarbeit mit dem Mittelstand 4.0-Kompetenzzentrum Kaiserslautern war ein erstes Kennenlernen im Rahmen eines Readiness-Check-Sprechtags. Bei der Ermittlung des Industrie 4.0-Reifegrades des Unternehmens zeigte sich, dass das Unternehmen innovativ und sehr kundenindividuell produziert und bereits zu einem bestimmten Grad digitalisiert ist. Optimierungspotenziale wurden insbesondere bei fehleranfälligen Schnittstellen zwischen Prozessen und Abteilungen identifiziert, welche mit Hilfe digitaler Technologien besser verknüpft werden können. Dadurch wäre eine medienbruchfreie Kommunikation und Informationsverwaltung gewährleistet.

Als mittelständisches Unternehmen in einem umkämpften und sich ständig weiterentwickelnden Markt hat der Sondermaschinenhersteller erkannt, dass nur diejenigen Unternehmen, die Digitalisierung als Chance begreifen, auf Dauer am Markt bestehen und dem Wettbewerbsdruck standhalten können. Die digitale Transformation ist hier als eine fortwährende Entwicklung zu verstehen, die unterschiedliche Veränderungsprozesse im Unternehmen anstößt. Die Geschäftsführung des Unternehmens war insbesondere an der weiteren Optimierung der Lieferzeiten interessiert. Hintergrund sind die häufig vorkommenden Änderungswünsche der Kunden während der Projektabwicklung, die zu mehreren Anpassungsschleifen zwischen Konstruktion, Fertigung und Montage führen. Hierzu wurden Optimierungsmöglichkeiten basierend auf technologischen Lösungen gesucht.

Im gemeinsamen Gespräch mit dem Mittelstand 4.0-Kompetenzzentrum Kaiserslautern zeigten sich schnell mögliche Ansatzpunkte für Digitalisierungsmaßnahmen. Insbesondere bei der Betrachtung der Schnittstellen zwischen den Organisationseinheiten und in der unternehmensinternen Warenlogistik konnten erste Möglichkeiten für Prozessverbesserungen identifiziert werden. Die bereits vorhandenen Vorstellungen und Ideen der Geschäftsführung wurden als Ausgangspunkt für die Zusammenarbeit genutzt. Ziel war es, einen individuellen Fahrplan für die erfolgreiche Realisierung des Projekts „Digitalisierung" zu erarbeiten, der auch konkrete Überlegungen zu Maßnahmen, detaillierten Arbeitsschritten und benötigten Ressourcen sowie Know-how beinhaltet.

13.2 Grundlagen des digitalen Transformationsprozesses

Der digitale Transformationsprozess kann als Veränderungs- bzw. Changeprozess in Unternehmen im Kontext der Digitalisierung, d. h. der Einführung digitaler Hard- und Softwarelösungen, verstanden werden. Mit der Einführung digitaler Technologien sind häufig auch organisatorische, prozessuale und auch kulturelle Veränderungen verbunden, bzw. Veränderungen auf allen Ebenen der Organisation (Zink 2007).

Im Rahmen der Ausgestaltung des digitalen Transformationsprozesses als Veränderungsprozess gilt es dabei die sozio-technologischen Ebenen des Unternehmens, hier verstanden als System, zu beachten (Zink 2007; Hellge et al. 2017). Transformationsmaßnahmen betreffen dabei die drei Ebenen der individuellen Mitarbeiter (Individuen), internen Strukturen des Unternehmens und der Unternehmenskultur (Lauer 2014).

Ein digitaler Transformationsprozess zeichnet sich durch vier spezifische Eigenschaften aus: Er ist unausweichlich, unumkehrbar, vollzieht sich sehr schnell und bringt Unsicherheit in der Umsetzung und Zielerreichung mit sich. Es gilt daher für mittelständische Unternehmen sich den Herausforderungen der digitalen Transformation zu stellen und diese aktiv mitzugestalten (Krcmar 2018). Dabei müssen etablierte KMU neben unternehmensinternen Ressourcen auch Fachwissen, sowie Kundenbeziehungen und weitere Partnerschaften berücksichtigen (Krcmar 2018; Hoberg et al. 2017).

Mit Hilfe einer möglichst frühzeitigen Einbindung der Mitarbeiter in den digitalen Transformationsprozess lässt sich deren Verständnis für die Notwendigkeit der Transformation hin zu Digitalisierung und die Akzeptanz für diese Ausrichtung sowie für ausgewählte digitale Lösungsansätze erhöhen. Daher sind partizipative Ansätze und Vorgehensweisen insbesondere in den frühen Phasen des Transformationsprozesses, wie der Orientierungs- und Planungsphase, besonders entscheidend. In diesen Phasen lassen sich Mitarbeiteranforderungen und deren Sicht auf bestehende Prozesse und Herausforderungen in Arbeitsabläufen der verschiedenen Unternehmensbereiche noch losgelöst von vordefinierten Lösungsvorstellungen erfassen. Diese können als Grundlage für eine systematische und anforderungsgerechte Technologieauswahl dienen, die später passgenaue Lösungen für das jeweilige Unternehmen und eine optimale Unterstützung der Mitarbeiter möglich macht. Die Akzeptanz digitaler Systeme kann erhöht werden, indem spätere Nutzer frühzeitig in den Auswahl und – Einführungsprozess eingebunden werden (Zink 2007). Die Ausgestaltung der Partizipation sollte dabei von den Rahmenbedingungen und Phasen des Transformationsprozesses aus angepasst werden, um geeignete Möglichkeiten der Mitarbeitereinbindung zu schaffen (Bosse et al. 2019).

Phase der Orientierung

Für viele Unternehmen bietet die Digitalisierung eine Möglichkeit der Weiterentwicklung, beispielsweise um Prozesse zu optimieren und digital zu unterstützen, die Ressourceneffizienz zu steigern oder Engpässe in der Produktion zu überwinden. Doch auch wenn die Digitalisierung schon als Mittel bzw. Instrument feststeht, sind die verschiedenen Möglichkeiten basierend auf den neuen Technologien meist unklar. Daher beginnt die Auseinandersetzung mit dem Thema Digitalisierung für Unternehmen in der Regel mit einer Orientierungsphase, in der z. B. Erfolgsbeispiele aus einem vergleichbaren betrieblichen Umfeld gesucht werden oder eine Vision bzgl. Digitalisierung erarbeitet wird (Bruch 2016).

Ziel ist es dabei, zum einen Vergleiche zu erhalten, im Sinne der Fragen „Was machen die anderen? Welche Möglichkeiten bietet die Digitalisierung spezifischer Bereiche?" und eine unternehmenseigene Vorstellung davon zu entwickeln, was Digitalisierung für das jeweilige Unternehmen, seine Mitarbeiter sowie Kunden bedeutet sowie welche Ziele durch sie erreicht werden können (Zink et al. 2017).

Planungsphase
Im Verlauf der Planungsphase gilt es für Unternehmen, ihre Digitalisierungsziele zu konkretisieren und erste Umsetzungsprojekte aufzusetzen, die als Pilotvorhaben der digitalen Transformation für das Unternehmen dienen können (Merz 2016). In diesem Abschnitt muss die operative Planung der Transformation unter Einbeziehung der Auswahl geeigneter Instrumente, Methoden und Maßnahmen bestimmt werden (Kirchgeorg und Beyer 2016). Im Rahmen dieser Phase sollten Ziele, Umsetzungszeitraum und Verantwortlichkeiten in einem Strategie- bzw. Projektteam abgestimmt und festgehalten werden, um eine Verbindlichkeit für die Umsetzung des Projektes zu schaffen. Zudem gilt es, die Strategie und Ziele des Projekts bzw. des Unternehmens bzgl. Digitalisierung an die (betroffenen) Mitarbeiter zu kommunizieren, um Transparenz über das geplante Vorhaben zu schaffen und Akzeptanz sowie Nachvollziehbarkeit der Planung zu erhöhen (Yamakawa et al. 2012; Winkelmann et al. 2018).

In der sich anschließenden Umsetzungsphase steht dann eine optimale Steuerung der angestrebten, digital gestützten Veränderungen im Vordergrund. Sowohl bei Planung als auch Umsetzung sind im Kontext der schnelllebigen, digitalen Transformation insbesondere auch Anpassungsnotwendigkeiten mit Hilfe agiler Planung und Rückkopplungsschleifen umzusetzen (Kirchgeorg und Beyer 2016).

Hemmende Faktoren im digitalen Transformationsprozess und Chancen durch Partizipation
Hemmende Faktoren der Veränderungen im digitalen Transformationsprozess liegen u. a. begründet in widersprüchlichen Prioritäten, einer fehlenden Digitalisierungsstrategie, ungenügenden technischen Kompetenzen, einem zu stark ausgeprägtem Sicherheitsbedürfnis, fehlendem Commitment der Unternehmensführung, geringer organisatorischer Agilität, zu geringer Risikobereitschaft, sowie einer mangelnden Kultur der Zusammenarbeit (Kirchgeorg und Beyer 2016; Thul et al. 2015). Andere Faktoren, die digitale Transformationsprozesse erschweren, sind bspw. (Institut für Technologie und Arbeit e.V. 2017; Fujitsu 2016; Capgemini 2017):

- Angst vor neuen Technologien
- Veränderungsaverse Unternehmenskultur
- Fehlende Routine/fehlende Berührungspunkte im Umgang mit digitalen Technologien
- Zu geringe Einbindung der Mitarbeiter
- Mangelndes unternehmerisches Denken/Innovationsbereitschaft
- Mangel an „Digital Leadership"
- Hoher Aufwand durch Mitbestimmungsrechte und datenschutzrechtliche Bestimmungen

- Schnelllebigkeit des technologischen Fortschritts
- Unklare Verantwortlichkeiten
- Unpassende Tools für die Mitarbeiter
- Verteidigung bestehender (Silo-)Strukturen im Unternehmen.

Insbesondere eine mangelnde Einbeziehung der Mitarbeiter in den digitalen Transformationsprozess kann diese Widerstände auslösen. Um dies zu verhindern, ist es sinnvoll, die Einstellungen und Reaktionen der Mitarbeiter auf die Veränderungsprojekte frühzeitig abzufragen und bei weiteren Planungen zu berücksichtigen. Die Einbindung kann bspw. über Projektteams, die Mitglieder verschiedener Unternehmensbereiche enthalten, ermöglicht werden. Derartige Teams besitzen häufig einen größeren Überblick über die Unternehmenssituation und mehr Wissen als Einzelpersonen und können genutzt werden, um eine umfassende, gemeinsame Wissens- bzw. Ausgangslage für ein Digitalisierungsprojekt zu schaffen. Zusätzlich können „early adopter" bzw. „super-user" unter den Mitarbeitern identifiziert und in das Team integriert werden, die eine hohe Affinität für neue Technologien besitzen. Diese Mitarbeiter schaffen es häufig, andere mit ihrer Begeisterung anzustecken bzw. Nutzen für digitale Lösungen zu vermitteln. Zum Start der Planungsphase eignen sich zur Teambildung sogenannte Buy-In-Meetings, in denen gemeinsame Entscheidungen zum weiteren Vorgehen getroffen werden und unterschiedlichen Anforderungen Raum gegeben werden kann (Winkelmann et al. 2018; Turban und Aronson 1998).

Auch weitere Mitarbeiter, die von der digitalen Veränderung voraussichtlich besonders betroffen sein werden, sollten früh in den Transformationsprozess eingebunden werden, um so ein Gefühl der Eigenverantwortung für ein Digitalisierungsprojekt zu schaffen und die Motivation für die Umsetzung dadurch zu erhöhen (Winkelmann et al. 2018; Vom Brocke et al. 2014). Zusätzlich trägt ein transformationaler Führungsstil im Kontext von Digitalisierungsprojekten – auf Ebene der Unternehmensführung sowie der Projektleitung – dazu bei, dass diese erfolgreich umgesetzt werden. Das Besondere an diesem Stil ist unter anderem, dass er Bottom-up-Prozesse unterstützt und eine konsequente Partizipation der Mitarbeiter ermöglicht (Zink et al. 2017; Winkelmann et al. 2018).

Zusammenfassend lässt sich festhalten, dass sich erfolgreiche Digitalisierungsprojekte – insbesondere in mittelständischen Unternehmen – durch eine Kombination aus Projektmanagement und Veränderungsmanagement-Ansätzen auszeichnen sowie folgende Eigenschaften aufweisen (Winkelmann et al. 2018; Dubé 2014):

- Hohe Transparenz
- Hohe Priorität und hohes Commitment der Unternehmensführung
- Hohes Maß an Partizipation
- Hochgradig selbstorganisierte Teams
- Flache Hierarchien und kurze Entscheidungswege.

13.3 Der Readiness-Check Digitalisierung als Ausgangspunkt des digitalen Transformationsprozesses

Richtet man sich am entscheidungsorientierten Ansatz der marktorientierten Unternehmensführung als Orientierungsrahmen für die digitale Transformation aus, lassen sich die Situationsanalyse, die Entwicklung von Strategien und Zielen sowie die Planung und Umsetzung von Maßnahmen als drei Schritte unterscheiden. In die Orientierungsphase fällt die Situationsanalyse, häufig als erster Schritt (Frage nach dem „Warum"). Eine Situationsanalyse sollte dabei neben der Betrachtung der unternehmensinternen Rahmenbedingungen auch die Analyse des unternehmensexternen Umfeldes berücksichtigen. Auf diese Weise kann der Transformationsbedarf bestimmt werden. Ergänzend trägt die Definition strategischer Digitalisierungsziele dazu bei, Schwerpunkte für die Umsetzung des Transformationsprozesses zu setzen (Kirchgeorg und Beyer 2016). Damit werden die Grundlagen für die weiteren Phasen der Planung, Umsetzung und Auswertung geschaffen.

Neben der Inspiration steht in der Orientierungsphase für mittelständische Unternehmen vor allem auch eine Bestimmung der digitalen Reife im Vordergrund. Diese kann als Teil der internen Situationsanalyse dazu beitragen:

- Digitalisierungsschwerpunkte als strategische Handlungsfelder zu identifizieren,
- eine bestehende Unternehmensstrategie zu ergänzen sowie
- erste Ansatzpunkte für eine systematische Beurteilung von digitalen Lösungen und Verbesserungspotenzialen liefern (Merz 2016; Universität St. Gallen und Crosswalk 2016).

Veränderungen, die die digitale Transformation auslöst, bringen sowohl für Großunternehmen als auch für mittelständische Unternehmen mit sich, dass sie ihre strategische Ausrichtung an neue Herausforderungen und Zielstellungen bzgl. Digitalisierung anpassen und damit auch gewachsene Prozesse und Strukturen verändern müssen (Kirchgeorg und Beyer 2016).

Ein Instrument, um die digitale Standortbestimmung eines Unternehmens zu ermöglichen, ist der Readiness-Check Digitalisierung des Mittelstand 4.0-Kompetenzzentrums Kaiserslautern. Der Check basiert auf bestehenden Ansätzen zum Digitalisierungsreifegrad und entwickelt diese für die Herausforderungen und Rahmenbedingungen von KMU weiter (Bosse und Hellge 2018). Der Check berücksichtigt die folgenden fünf Handlungsbereiche, die es bei der Ausgestaltung des digitalen Transformationsprozesses in Unternehmen zu beachten gilt:

- **Strategie** mit den Teilaspekten Unternehmensführung, Digitalisierungsstrategie, Geschäftsmodellentwicklung und Investitionsmöglichkeiten in digitale Technologien
- **Technologie** – hierzu gehören u. a. die Teilbereiche IT-Infrastruktur, Vernetzung und Modularisierung von Produktionsanlagen, Wandelbarkeit, Big Data

- **Produkte und Dienstleistungen** bzgl. IoT-Fähigkeit der Produkte, vernetzte Produktentwicklung, intelligente Produkte und Services
- **Organisation und Prozesse** – Aspekte hinsichtlich Standardisierungsgrad und Agilität von Prozessen, Kooperation und ortsunabhängiges Arbeiten
- **Mitarbeiter** – Fragestellungen der Partizipation, Qualifikation, Motivation und Führung (Bosse und Hellge 2018).

Aktuelle Ergebnisse des Readiness-Checks Digitalisierung (Abb. 13.1) zeigen, dass weniger als 40 Prozent der teilnehmenden Unternehmen (n = 862) über eine definierte Digitalisierungsstrategie verfügen und konkrete Ziele für die digitale Transformation festgelegt haben (Mittelstand 4.0-Kompetenzzentrum Kaiserslautern 2018). Dies gilt insbesondere für Unternehmen in der Orientierungsphase, die meist noch nicht über eine entsprechende Strategie verfügen (Hoberg et al. 2017). Hier zeigt sich ein entsprechender Handlungsbedarf insbesondere bei mittelständischen Unternehmen, ihre Strategien auf Herausforderungen der Digitalisierung auszurichten.

Der Check bietet zudem einem mittelständischen Unternehmen – wie dem hier beschriebenen Maschinenbauunternehmen – die Möglichkeit, sich über technologische Lösungsansätze, die aktuell und zukünftig in Zusammenhang mit Industrie 4.0 an Relevanz gewinnen, zu informieren.

Obwohl der Readiness-Check als Online-Instrument jederzeit zur Verfügung steht und von den Unternehmen selbstständig ausgefüllt werden kann, bietet ein gemeinsames Durcharbeiten und Ausfüllen mit den Experten mehrere Vorteile: Zum einen können Unklarheiten und Rückfragen zu bestimmten Themenfeldern direkt geklärt werden, zum anderen können die Experten Zusatzinformationen zu bestimmten Indikatoren und Hinweise auf geeignete Lösungsansätze für das jeweilige Unternehmen geben. Eine

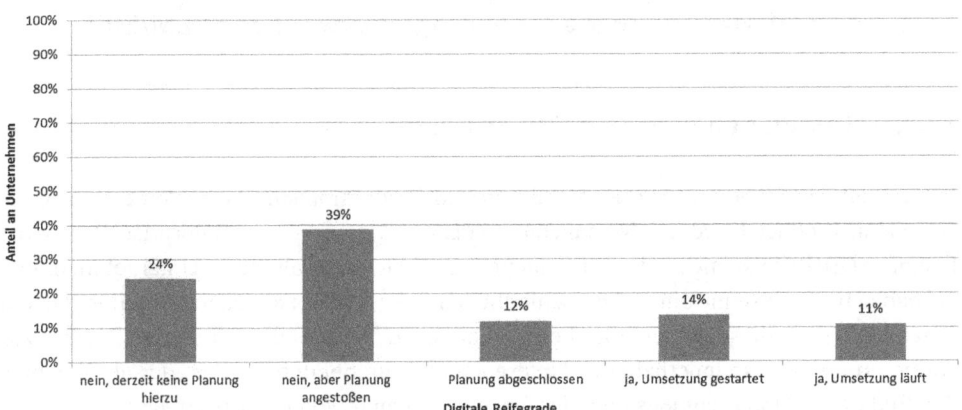

Abb. 13.1 Ergebnisse des Readiness-Checks Digitalisierung zu „Haben Sie eine Digitalisierungsstrategie mit konkreten Zielen und Zielwerten in Ihrem Unternehmen definiert?" (Mittelstand 4.0-Kompetenzzentrum Kaiserslautern 2018)

Readiness-Check-Sprechstunde bietet für das Unternehmen den Vorteil, individuellere Empfehlungen durch das Kompetenzzentrum zusätzlich zu den Reifegradempfehlungen zu erhalten. Des Weiteren ermöglicht sie einen ersten persönlichen Kontakt mit den Mitarbeitern des Kompetenzzentrums.

Die Readiness-Check-Sprechstunde mit dem Sondermaschinenhersteller bot die Möglichkeit, die Grundlage für ein Vertrauensverhältnis zu legen, das für die weitere Begleitung im Rahmen der Orientierungs- und Planungsphase wichtig war. Insbesondere im Bereich der organisationalen Prozesse des Unternehmens haben die Ergebnisse des Readiness-Checks erste Potenziale aufgezeigt: Durch die Digitalisierung können im Unternehmen Produktionsprozesse effizienter gestaltet und Schnittstellen zwischen verschiedenen Organisationseinheiten besser gemanagt werden, beispielsweise durch die Einführung eines neuen ERP-Systems. Zudem wurden Potenziale für das mobile Arbeiten der Angestellten via Tablet entdeckt sowie bei der Lagerautomatisierung und im übergreifenden Thema der papierlosen Fabrik, welches mit dem Thema ERP-System einherging.

Insgesamt waren die Ergebnisse des Readiness-Checks positiv: Das Unternehmen hat sich sehr innovativ präsentiert und ist bereits über alle Bereiche des Readiness-Checks hinweg digitalisierungsaffin, wenngleich auf dem Weg zum Industrie 4.0-Unternehmen noch Verbesserungspotenziale bestehen. Insbesondere bei den genutzten Technologien sowie angebotenen Produkten und Dienstleistungen hat sich eine hohe Digitalisierung gezeigt, während in den Bereichen Strategie, Prozesse oder auch digitale Unterstützungssysteme für die Mitarbeiter noch einige Potenziale besser ausgeschöpft werden konnten. Aufgrund der zukünftigen Bedeutung des Themenfelds „Organisation und Prozesse" wurde dieses Thema als wichtiger Potenzialbereich für die nachfolgende Zusammenarbeit in den Vordergrund gehoben, sodass im Anschluss eine Workshop-Reihe mit dem Mittelstand 4.0-Kompetenzzentrum Kaiserslautern stattfand.

13.4 Anforderungen an die Technologieauswahl von PLM/ERP-Systemen

13.4.1 Grundlagen PLM- und ERP-Systeme

In der heutigen Steuerung von Konstruktion und Produktion sind IT-Systeme nicht wegzudenken. Product Lifecycle Management (PLM)-Systeme sowie Enterprise Ressource Planning (ERP)-Systeme sind das Fundament der Datenverwaltung in Unternehmen. Dabei haben beide Systeme einen unterschiedlichen Fokus auf verschiedene Abteilungen und Bereiche. Sollen diese Systeme nun eingeführt werden, muss ein definierter Prozess zur Anforderungsanalyse innerhalb des Unternehmens durchlaufen werden, der als Ergebnis den Bedarf des Unternehmens und eine Vorauswahl an möglichen Lösungen vorsieht.

PLM dient als Datenfundament der Konstruktionsabteilung und wird dazu genutzt das Produktmodell des Unternehmens zu verwalten und das darauf aufbauende Prozessmanagement zu organisieren. Das Produktmodell ist hierbei zusammengesetzt aus

Stammdaten zu den einzelnen Produkten, Baugruppen und Bauteilen. Jeder dieser Artikelstammsätze ist mit Attributen und Verknüpfungen zu weiteren Artikeln oder Dokumenten ausgestattet. So hat z. B. jedes Bauteil mindestens einen Namen, eine Nummer sowie einen Änderungsindex. Weitere Attribute sind individuell im System hinterlegt und können z. B. Werkstoffe, Preise oder Klassifikationsmerkmale umfassen. Verknüpfungen zwischen Stammsätzen bauen eine Struktur auf, indem Bauteile zu Baugruppen und Produkten zugeordnet werden und eine Stückliste entsteht. Da die Daten aus der Konstruktionsabteilung entstammen, sind ihnen über Verknüpfungen auch die entsprechenden CAD (Computer Aided Design) Modelle und Zeichnungen zugeordnet. Die Prozessstruktur bildet Workflows ab, die zur Erstellung, Freigabe und Änderung der oben beschriebenen Struktur notwendig sind. Sie steuert, welche Objekte von welchen Personen oder Rollen bearbeitet werden müssen, welche Entscheidungen durch wen getroffen werden. Durch eine Kombination des Produkt- und Prozessmodells ist nachvollziehbar, welches Bauteil an einem bestimmten Zeitpunkt in welchem Status vorliegt. Vor dem Hintergrund der Produkthaftung ist u. a. relevant, welche Bauteile an einem bestimmten Zeitpunkt für die Fertigung freigegeben sind (Eigner und Stelzer 2009).

Im Bereich der Fertigung werden Module aus ERP-Systemen genutzt, um Materialien und Prozesse zu steuern. Durch die Kombination aus Kundenaufträgen, Stücklisten und Arbeitsplänen werden vom System Aufträge zur Fertigung und Montage generiert und so freigegeben, dass der Auftrag rechtzeitig fertiggestellt werden kann. Durch die Nutzung weiterer Module können auch Personalressourcen, Finanzmittel, der Einkauf und die notwendige Interaktion mit Zulieferbetrieben unterstützt werden, bis in der Vollintegration sämtlicher Module eines Unternehmens durch das ERP-System geleitet werden kann. ERP-Module sind häufig auch ein Teil der sog. Vertikalen Vernetzung von der Feld- bzw. Maschinenebene zur Fertigungs- und Unternehmensleitebene. Die hier aggregierten Daten dienen dem Reporting, der Steuerung von Fertigung und Montage und weiterer Unternehmensprozesse. Durch den modularen Aufbau ist es möglich, dass nach dem initialen Einsatz eine Erweiterung des Funktionsumfangs stattfinden kann, sofern der Einsatz weiterer Module notwendig ist. Auf der Ebene des Gesamtunternehmens dienen ERP-Systeme auch der vertikalen Integration und aggregieren Daten aus verschiedensten Quellen zur Schaffung eines gemeinsamen Datenfundaments über das gesamte Unternehmen. (Winkelmann et al. 2018)

13.4.2 Systemeinführung

Zur Einführung solcher PLM- bzw. ERP-Systeme wird von Winkelmann, Neuß und Hornung (2018) ein vierstufiger Prozess empfohlen, welcher aus den Schritten „Beschreiben", „Festlegen", „Suchen & Eingrenzen", sowie „Bewerten & Entscheiden" besteht. Nicht bei jeder Softwareeinführung werden sämtliche Detailschritte in Gänze durchlaufen, aber zumindest sollten diese Prozesse aus allen vier Grundphasen immer mit der nötigen Sorgfalt durchgeführt werden, damit die Einführung der Software sowohl zeitlich als auch finanziell im vorgesehenen Rahmen bleibt.

Die erste Phase „Beschreiben" dient dazu, einen ersten Überblick über Wünsche innerhalb des Unternehmens und den genauen Ist-Zustand zu erlangen. Eine genaue Analyse ist hier notwendig, damit man in den späteren Phasen ganz klar unterscheiden kann, was bereits jetzt innerhalb des Unternehmens machbar ist und welche zusätzlichen Anforderungen sich an eine neue Software ergeben. In vielen Unternehmen existiert aufgrund von Parallelplanung und fehlender Kommunikation mehr als eine Lösung für gewünschte Funktionen, da verschiedene IT-Systeme bereits vorhanden sind, aber nicht aufeinander abgestimmt wurden. Ebenfalls entstehen viele Probleme meist durch fehlende Absprachen und undefinierte Prozesse. Eine gelebte prozessorientierte Kultur im Unternehmen sollte vor der Einführung digitaler Lösungen umgesetzt werden. All diese Hürden müssen in dieser Phase erkannt und wenn möglich bereits gelöst werden.

In der zweiten Phase „Festlegen" soll nun ausgehend vom Ist-Zustand ein Soll festgelegt werden, welches den Zustand nach Einführung der neuen IT-Systeme beschreibt. Hier hat sich in der Praxis als nützlich erwiesen, wenn vor der Beschreibung des Soll- zuerst nach einem absoluten Ideal-Zustand gefragt wird, welcher frei von finanziellen oder zeitlichen Restriktionen erdacht werden soll. Auf diese Weise wird die Kreativität der beteiligten Personen angeregt und die Lösung visionärer gedacht. Anschließend wird aus der beschriebenen Ideal-Lösung eine machbare Soll-Zustandsbeschreibung abgeleitet. Diese dient als Grundlage für ein Lastenheft, welches notwendige und wünschenswerte Anforderungen an die einzuführende Software enthält.

In der dritten Phase „Suchen und Eingrenzen" wird das Lastenheft als Ausgangsbasis zur Suche nach möglichen Anbietern genutzt. Hier müssen die Ergebnisse aus Marktrecherchen mit den Anforderungen abgeglichen und eine Entscheidung getroffen werden, welche Anbieter für Gespräche kontaktiert werden. Mit der Marktrecherche und dem Lastenheft als Ausgangsbasis müssen nun Bewertungskriterien entwickelt werden, um die verschiedenen Anbieter miteinander zu vergleichen. Mögliche Entscheidungen können aufgrund einer Priorisierung der Anforderungen, des initialen oder des wiederkehrenden finanziellen Aufwandes oder der zeitlichen Dauer der Umsetzung bewertet werden.

In der vierten Phase „Bewerten & Entscheiden" werden mit den vorausgewählten Anbietern Gespräche geführt, um die Rahmenbedingungen eines gemeinsamen Projektes und die Erfüllung der Wünsche aus dem Lastenheft abzusichern. Die dadurch entstehenden Angebote sollten anschließend anhand der gesammelten Kriterien bewertet werden, um final eine Entscheidung zu treffen, welche Software eingeführt werden soll.

13.5 Kommunikation und Mitarbeiterpartizipation als Instrument in der Orientierungs- und Planungsphase

13.5.1 Vorgehen und Methoden in der Orientierungsphase

Im Rahmen der Orientierungsphase im digitalen Transformationsprozess stand das vorliegende Unternehmen wie viele andere vor der Herausforderung, die Veränderungen, die sich durch Industrie 4.0 und Digitalisierung ergeben und die mit unterschiedlicher

Dynamik und Intensität im Unternehmen ablaufen, zu identifizieren und zu bewerten. Die Mehrheit der mittelständischen Unternehmen durchläuft in dieser Phase einen Suchprozess zur Identifikation von Technologien und Einsatzmöglichkeiten dieser Technologien sowie zur Auswahl passgenauer Lösungsansätze für das eigene Unternehmen und dessen jeweilige Ausgangssituation. Eine Vielzahl der technologischen Lösungsansätze befindet sich in diesem Zusammenhang auch noch in einem Erprobungsstadium und es gilt für KMU, die geeigneten und nutzenstiftenden Erprobungs- und Anwendungsschritte zu priorisieren (Bergmann et al. 2016).

Durch die Situationsanalyse mit Hilfe des Readiness-Checks Digitalisierung konnte der Sondermaschinenhersteller erste Handlungsfelder identifizieren. Gleichzeitig erlaubte die detaillierte Sicht den Experten des Kompetenzzentrums, das mittelständische Unternehmen aus dem produzierenden Sektor in die digitale Reifegradstufe 3 – also als Fortgeschrittener – einzuordnen. Insbesondere in den Themenfeldern Organisation und Prozesse sowie Mitarbeiter weist das Unternehmen fortgeschrittene Strukturen, klar definierte Prozesse, die teilweise bereits digital unterstützt werden, sowie Mitarbeitereinstellungen und -kompetenzen auf.

Im Themenfeld Organisation und Prozesse sind Grundlagen für ein Arbeiten in einem zunehmend digitalisierten Umfeld vorhanden. Erste Maßnahmen für ein flexibles Agieren an und mit neuen technologischen Lösungen werden umgesetzt. In der Dimension Mitarbeiter lässt sich festhalten, dass Mitarbeiter und Führungskräfte des Unternehmens sich der Anforderungen durch Digitalisierung und Industrie 4.0 deutlich bewusst und weitgehend darauf vorbereitet sind. Erste mitarbeiterbezogene Maßnahmen im Hinblick auf Digitalisierung wurden realisiert, wie bspw. Schulungen bzgl. Umgang mit CAD-Systemen. Generell identifizierte das Unternehmen seine Mitarbeiter als Kernressourcen und Kompetenzträger, die auch im digitalen Transformationsprozess eine entscheidende Rolle bei der Umsetzung neuer Technologien und der Optimierung von Prozessen einnehmen müssen.

Im Thema Produkte und Dienstleistungen zeichnet sich das Unternehmen bereits durch hoch kundenindividuell gestaltete Produkte aus. Es gilt zu prüfen, inwiefern die Einführung eines digitalen Produktgedächtnisses ein sinnvoller Schritt in Richtung Predictive Maintenance (vorbeugende Instandhaltung) oder Zustandsüberwachung sein kann, um dadurch neue Serviceangebote in das Geschäftsmodell des Maschinenbauunternehmens zu integrieren. Zudem kann ein digitales Produktgedächtnis dazu beitragen, nachträgliche Kundenwünsche oder Änderungen an Produkten einfacher zu integrieren und nachvollziehbar zu machen.

Handlungsbereiche zeigten sich vor allem in den Themenfeldern Strategie und Technologie. Im Themenfeld Technologie wurde ein Bedarf nach einer stärkeren Vernetzung der Produktionsanlagen sowie der verschiedenen Unternehmensbereiche untereinander deutlich. Insbesondere die Reduzierung von Medienbrüchen und Stärkung des durchgängigen Informationsflusses zwischen den Abteilungen Konstruktion, Fertigung, Montage und Lager lassen sich hier nennen. Es bieten sich in erster Linie Optimierungspotenziale bzgl. effizienter Fertigung und Steigerung der Liefertreue gegenüber den Kunden an. Das Themenfeld Strategie zeigte einen Bedarf nach einer systematischen und detaillierten Ableitung und Definition der strategischen Handlungsfelder im Hinblick auf die Digitalisierung.

Demzufolge lag der Fokus in der weiterführenden Begleitung durch das Kompetenzzentrum Kaiserslautern zunächst auf der Analyse der Unternehmenssituation und Identifikation geeigneter strategischer Handlungsfelder (Abb. 13.2).

Ziel musste es sein, eine überschaubare Anzahl an „Stellhebeln" für die Gestaltung des digitalen Transformationsprozesses aufzudecken. Ein bedeutender Einflussfaktor dieses Prozesses sind dabei die Mitarbeiter des Unternehmens, die als solcher nicht unberücksichtigt bleiben dürfen (Gehrckens 2016). Aus diesem Grund wurde im Rahmen des weiteren Vorgehens ein partizipativ angelegter Strategieworkshop durchgeführt. Neben der Geschäftsführung und dem Betriebsleiter nahmen jeweils mehrere Vertreter der zentralen Unternehmensbereiche wie Montage, Fertigung, Konstruktion sowie Personal, Einkauf und Vertrieb an dem Workshop teil. Den Mitarbeitern wurde zunächst das Kompetenzzentrum Kaiserslautern vorgestellt, in dessen begleitender Rolle als Digitalisierungsexperte und Moderator im digitalen Transformationsprozess des Unternehmens. Auch die Readiness-Check-Ergebnisse wurden präsentiert und diskutiert (Longmuß und Steimle 2015).

Es wurde zunächst eine offene Herangehensweise gewählt: Die Zukunftsvision „Der Sondermaschinenhersteller als digitaler Vorreiter in Sachen Industrie 4.0" wurde vorgegeben, sodass die Workshop-Teilnehmer in einem ersten Schritt alle Ideen zum Thema Digitalisierung und Innovation einbringen konnten. Hierbei spielte es zunächst keine Rolle, ob die Ideen direkten Digitalisierungsbezug hatten oder auf neue Geschäftsmodelle, Produkte oder Dienstleistungen abzielten. Durch die interdisziplinäre Herangehensweise konnten so Überschneidungen zwischen Abteilungen ausgemacht und das Potenzial der Digitalisierung evaluiert werden.

Dieses Vorgehen trug dazu bei, die unterschiedlichen Sichtweisen der Abteilungen und Mitarbeiter auf die Unternehmenssituation und Bedarfslage zu integrieren. Zudem wurden auf diese Weise die Vertreter der verschiedenen Bereiche frühzeitig über das Vorhaben der Geschäftsführung informiert und in die Ausgestaltung des digitalen Transformationsprozesses eingebunden. So ließ sich ein stark ausgeprägtes gemeinsames Handlungsbewusstsein im Unternehmen bzgl. Digitalisierung aufbauen. Den Mitarbeitern wurde zudem die

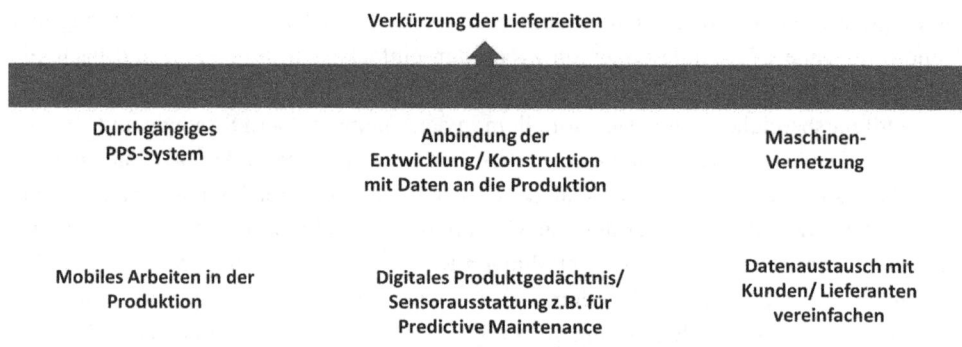

Abb. 13.2 Handlungsfelder Digitalisierung des Sondermaschinenherstellers

übergeordnete Zielstellung der Geschäftsführung verdeutlicht, nämlich das Unternehmen im Kontext der Digitalisierung zukunftsfähig und wettbewerbsfähig zu halten, indem man auf bestehenden Erfolgen aufbaut und das Unternehmen weiter verbessert.

Ergänzend zum Readiness-Check, in dem die interne Unternehmenssituation beleuchtet wird, wurde im Rahmen des Strategieworkshops mit Hilfe der SWOT-Analyse insbesondere auch die unternehmensexterne Sicht auf Chancen und Risiken des Maschinenbauunternehmens betrachtet. Im weiteren Verlauf wurden darauf aufbauend Kernhandlungsfelder für die digitale Transformation des Unternehmens identifiziert. Dazu wurden zunächst die Ideen des Strategieworkshops ohne Digitalisierungsbezug aussortiert. Diese sollten nicht vollständig verworfen, sondern lediglich auf einen späteren Umsetzungszeitpunkt verschoben werden. Manche Ideen konnten zudem zusammengefasst werden oder bildeten als Kombination ein übergeordnetes Thema.

Auch hier wurde Mitarbeitern aus allen Abteilungen die Gelegenheit gegeben, Ansatzpunkte und Handlungsfelder, die aus ihrer Sicht von Bedeutung sind, einzubringen und auch eine Priorisierung abzugeben. Die identifizierten Handlungsfelder wurden ebenfalls im Rahmen des Workshops gemeinsam mit allen Beteiligten priorisiert, um eine erste Orientierung für die Planung der Umsetzung zu erhalten. Dazu wurden die Handlungsfelder anhand ihrer Wirkung sowie ihrer Dringlichkeit für das Unternehmen in eine sog. „Impact-Urgency"- bzw. Wirkungs-Dringlichkeits-Matrix (Abb. 13.3) anhand folgender Fragen kategorisiert:

- Wie hoch ist der Einfluss des Projekts auf das Unternehmen bei erfolgreicher Durchführung und
- wie hoch ist die Dringlichkeit?

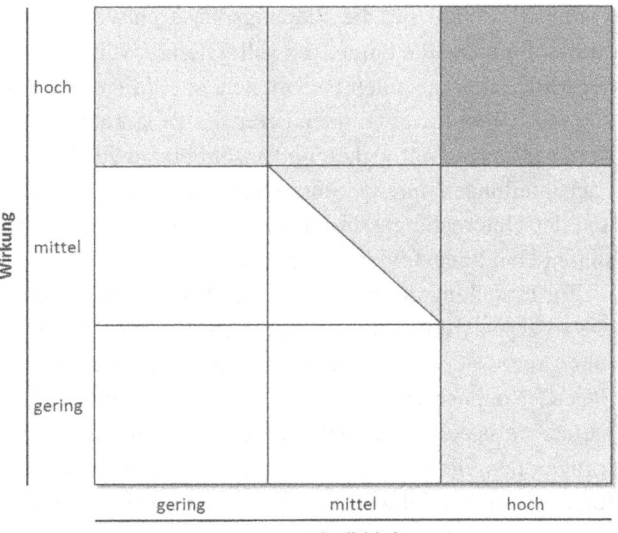

Abb. 13.3 Impact-Urgency-Matrix

Besonders in der Frage des Einflusses auf die Unternehmensorganisation zeigte sich schnell, dass die Einführung eines neuen IT-Systems, zunächst einmal unabhängig davon, ob es ein ERP- oder PLM-System werden soll, für die nahe Zukunft unumgänglich ist. Neben dem übergeordneten Ziel des „papierlosen Unternehmens" leiteten die Mitarbeiter das Handlungsfeld „Einführung eines ERP-Systems" ab, welches die bisher vereinzelten, siloartigen IT-Systeme ersetzt und den einheitlichen, übergreifenden Informationsfluss mit ganzheitlichem Datenmodell sicherstellen soll.

In diesem Zusammenhang wurde der Bedarf nach der ergänzenden Einführung eines Product-Lifecycle-Management-Systems zur Verbesserung der Abläufe in der Konstruktion/Produktentwicklung von Seiten der entsprechenden Mitarbeiter deutlich gemacht. Aufbauend auf dieser Bedarfslage wurde gemeinsam mit der Geschäftsführung sowie den bisher beteiligten Mitarbeitern ein weiterer Workshop durchgeführt, in dem die Möglichkeiten sowie Vor- bzw. Nachteile von PLM- und ERP-Systemen durch die Experten des Kompetenzzentrums Kaiserslautern vorgestellt und diskutiert wurden. Weiterhin wurde eine Übersicht über die bisher genutzten Teil-Systeme im Unternehmen erarbeitet und die benötigten Informationen der einzelnen Abteilungen und Prozesse skizziert. Damit wurde deutlich, dass sowohl die Einführung eines PLM-als auch eines ERP-Systems als zu priorisierende strategische Handlungsfelder des Unternehmens im digitalen Transformationsprozess im Vordergrund stehen. Diese wurden im Rahmen der Planungsphase gemeinsam mit dem Kompetenzzentrum Kaiserslautern weiterverfolgt.

13.5.2 Vorgehen und Methoden in der Planungsphase

Nach dem Abschluss der Orientierungsphase, in der mit der Unternehmensleitung abgeklärt wurde, dass sowohl PLM- als auch ERP mögliche Handlungsfelder sind, wurde ein Vorgehensmodell für die Planungsphase entwickelt, welches genaue Bedarfe und Lösungsmöglichkeiten aufdecken soll. Hierbei wurde vor allem auf eine starke Partizipation der Mitarbeiter aus allen betroffenen Abteilungen Wert gelegt, da diese als Fachexperten alle relevanten Informationen bereitstellen können. Aus diesem Grund wurde ein strukturiertes Interview entwickelt und anschließend vor Ort mit den Mitarbeitern der relevanten Fachabteilungen durchgeführt. Die Ergebnisse wurden anschließend analysiert, aggregiert und der Unternehmensführung vorgestellt, um eine Entscheidung hinsichtlich der priorisierten Handlungsfelder zu ermöglichen.

Zur Erstellung der Interviews wurde im Sinne des Prozessdenkens versucht, die Bereiche so zu unterteilen und zu interviewen, dass jeweils ein Abschnitt des Auftragsabwicklungsprozesses betrachtet wird. In diesem Sinne wurden Fragen gestellt, welche sich an das SIPOC (Supplier, Input, Process, Output, Customer) – Schema anlehnen. Jeder Gesprächspartner musste die (internen) Kunden und Lieferanten seiner Abteilung benennen, die Informationen, die ihn vom Vorgänger erreichen, und das Ergebnis, welches an den Nachfolger im Auftragsabwicklungsprozess weitergereicht wird. Der eigentliche Prozess wurde nur aus Sicht der Datenverarbeitung betrachtet, insbesondere durch die Fragen, welche

Daten benötigt werden und entstehen, mit welchen Systemen diese Daten verarbeitet werden und wie diese Daten gespeichert und weitergegeben werden. Weitere Fragen bezogen sich auf mögliche Verbesserungspotenziale hinsichtlich einer PLM- oder ERP-Einführung, sowie Aufgaben, die von den Mitarbeitern als Zeitfresser empfunden werden.

Konkret wurden die Interviews mit Vertretern der Abteilungen Vertrieb, mechanische, elektrische und hydraulische Konstruktion, Softwareentwicklung, Arbeitsvorbereitung, Fertigung, Montage sowie Service als Hauptabteilungen des Auftragsabwicklungsprozesses durchgeführt. Ergänzend kamen Einkauf, Buchhaltung und Lager als unterstützende Abteilungen hinzu. Die Interviewdauer wurde auf 30 Minuten veranschlagt, in einigen Fällen wurden mehrere Personen aus einer Abteilung befragt. Während der Interviews wurde auf ausreichend Raum für persönliche Anmerkungen und Erwartungen hinsichtlich neuer IT-Systeme geachtet. Gerade diese persönliche Sicht ist von größtem Wert, da dadurch ein Stimmungsbild abgeleitet werden kann, ob die Mitarbeiter der Veränderung offen oder eher skeptisch gegenüberstehen. Darüber hinaus werden persönliche Bedarfe und Ziele deutlich, welche wiederum für die Akzeptanz einer Softwareeinführung entscheidend sind.

Die anschließende Auswertung zeigt eine Lage im Unternehmen, die stellvertretend für viele Firmen herangezogen werden kann, bei denen das Mittelstand 4.0-Kompetenzzentrum Kaiserslautern Unterstützung geleistet hat. Die Prozesse des Maschinenbauunternehmens sind bereits sehr detailliert beschrieben, eine genaue Verknüpfung der Prozessschritte mit IT-Systemen ist bislang allerdings noch nicht vorhanden. In den einzelnen Abteilungen werden die Prozesse nicht präzise umgesetzt, wie es die Beschreibung vorgibt, so dass die Durchführung und Ergebnisse am Ende von Mitarbeiter zu Mitarbeiter abweichen. Häufig entstehen Situationen, in denen Informationen benötigt werden, die nicht vorhanden sind bzw. nicht „sichtbar" zur Verfügung stehen und von anderen Abteilungen zusammengesucht werden müssen. Durch diese Informationsdefizite entstehen unproduktive Wartezeiten und Doppelarbeiten. Das Problem verstärkt sich durch viele Medienbrüche, die zwischen Dokumenten in Papierform und selbstgeschriebener Software stattfinden. Ein einheitliches IT-System und somit eine zentrale Informationsquelle existiert nicht. Insgesamt hat sich deutlich gezeigt, dass in den Abteilungen, die an der Entwicklung der Produkte beteiligt sind, die Einführung eines zentralen Datenspeicherungstools zur Versionierung und prozessorientierten Datenverarbeitung sinnvoll wäre.

In den fertigungsnahen Bereichen Arbeitsvorbereitung, Fertigung und Montage sowie den unterstützenden Bereichen Einkauf, Buchhaltung und Lager haben viele Interviewaussagen ergeben, dass verschiedene Module aus den typischen ERP-Paletten sinnvoll wären. Zugleich haben die Interviewergebnisse gezeigt, dass weiteres Optimierungspotenzial auch ohne eine teure IT-Systemeinführung zu realisieren ist. Diese „Quick Wins", insbesondere im Bereich der Prozessgestaltung oder Nutzung von Open Source-Software, können kostengünstig und schnell umgesetzt werden und so der Organisation helfen, mehr zeitliche Kapazität für das eigentliche Projekt zu verschaffen.

Als letzten Schritt der Unterstützung hat das Kompetenzzentrum Kaiserslautern die Erkenntnisse aus den Interviews in eine erste Version eines Lastenhefts einfließen lassen und der Unternehmensleitung zur Verfügung gestellt. Neben Basisdaten wurden eine möglichst detaillierte Bewertung des Ist-Zustandes und eine Beschreibung des geplanten Soll-Zustandes formuliert sowie erste Anforderungen an die neue IT-Lösung definiert. Im nächsten Schritt kann das Unternehmen nun die Vorlage des Lastenheftes nutzen, um seine Anforderungen möglichst konkret zu formulieren und einen Zeit- und Kostenplan für die Einführung aufzustellen. Mit dieser Basis können dann Anbietergespräche für die Einführung eines ERP- bzw. PLM-Systems geführt werden und mittels des konkreten Lastenheftes auch bewertet werden.

Insgesamt konnten mit Hilfe der Interviews die Problemstellungen der einzelnen Abteilungen aufgezeigt und Verbesserungsvorschläge konkret benannt werden. Gemeinsam mit dem Lastenheft stehen der Unternehmensleitung die notwendigen Informationen zur Verfügung, um das Unternehmen intern weiter zu optimieren und mit ausreichender weiterer Vorbereitung Gespräche mit verschiedenen Softwareanbietern zu führen.

13.6 Schlussbetrachtung

Gemeinsam mit dem Mittelstand 4.0-Kompetenzzentrum Kaiserslautern hat der mittelständische Sondermaschinenhersteller die ersten Schritte auf dem Weg zur digitalen Transformation durchlaufen. Den Einstieg bildete der Readiness-Check, der anhand von Fragen Potenziale der Digitalisierung aufzeigt und eine Einordnung zulässt, inwiefern ein Unternehmen bereits Schritte in diese Richtung durchlaufen hat. Ausgehend von dieser ersten Einschätzung der digitalen Reife wurden in strukturierten Workshops Stärken, Schwächen, Chancen und Risiken betrachtet und Lösungsfelder für eine weitere Digitalisierung aufgestellt. Mittels der nachfolgenden Priorisierung wurde entschieden, dass zuerst ein durchgängiges IT-System die Struktur der Daten und Prozesse im Unternehmen ordnen und vernetzen soll, damit ein einheitliches Datenfundament geschaffen werden kann. Der Nutzen der neuen Software soll in einer deutlich reduzierten Fehlerhäufigkeit, einer höheren Transparenz von Prozessen und Produktdaten innerhalb des gesamten Unternehmens, der besseren Abstimmung zwischen Abteilungen und damit schnellerer Durchlaufzeit von Aufträgen liegen. Ebenfalls sollen Schnittstellen und Medienbrüche reduziert werden, generell Prozesse verbessert und eine von den Mitarbeitern akzeptierte Lösung gefunden werden.

Damit die Einführung einer neuen Software im gesamten Unternehmen erfolgreich abgeschlossen werden kann, ist es notwendig, diese Maßnahme transparent zu kommunizieren und die Anforderungen der Mitarbeiter zentral in den Auswahlprozess einfließen zu lassen, um Akzeptanzkriterien zu erarbeiten. Mit Hilfe eines strukturierten Interviewleitfadens wurden alle relevanten Abteilungen des Unternehmens nach ihren Bedürfnissen befragt und diese aggregiert. Zusätzlich wurden persönliche Sichtweisen dokumentiert, die entscheidend für die Akzeptanz neuer Arbeitsweisen und Softwareprodukte sind. Auf Basis der so erarbeiteten Anforderungen an eine IT-Lösung konnte die Geschäftsführung des Unternehmens eine Entscheidung treffen, welches Softwareprodukt eingeführt werden soll. Kernerfolgsfaktoren für ein ERP/PLM-Einführungsprojekt in mittelständischen Unternehmen, für die bereits in den frühen Phasen des Transformationsprozesses der Grundstein gelegt werden kann, sind u. a.:

- Überblick über Potenziale digitaler Lösungen sowie Situation anderer Unternehmen gewinnen, z. B. mit Hilfe von Benchmarkings, Reifegrad-Ansätzen
- Transparente Kommunikation gegenüber Mitarbeitern
- Berücksichtigung von Mitarbeiteranforderungen in der Planungsphase
- Integration von Sichtweisen verschiedener Abteilungen, um Silodenken abzubauen
- Erstellung eines Lastenhefts mit zentralen Anforderungen
- Vergleich von Anbietern anhand des Lastenhefts sowie über Anbietervorstellungen vor Ort.

Literatur

Bergmann, S.; Gobert, J.; Hüsson, N.; Klingenburg, K.; Kurz, C.; Rogalla, I. (2016). Die digitale Transformation im Betrieb gestalten – Beispiele und Handlungsempfehlungen für Aus und Weiterbildung. In: BMWi (Hrsg.). Plattform Industrie 4.0.

Bosse, C.K.; Hellge, V., Schröder, D. (2019). Partizipation als Schlüssel zum Erfolg. In: Mittelstand-digital Magazin Wissenschaft trifft Praxis, Ausgabe 11, S. 5–11.

Bosse, C.K.; Hellge, V. (2018). Digitalisierung im Mittelstand. Der Readiness-Check Digitalisierung des Mittelstand 4.0-Kompetenzzentrums Kaiserslautern. In : Zeitschrift für Organisationsentwicklung, 1/2018, S. 102–103.

Bruch, H. (2016). Suchen Sie Erfolgsbeispiele. In: Google (Hrsg.). Aufbruch München, Juni 2016, S. 8–9.

Capgemini (Hrsg.) (2017). Studie IT-Trends 2017 – Überfordert Digitalisierung etablierte Unternehmensstrukturen? Online verfügbar unter: https://www.capgemini.com/de-de/wp-content/uploads/sites/5/2017/02/it-trends-studie-2017.pdf [13.11.2018].

Dubé, L. (2014). Exploring how IT professionals experience role transitions at the end of successful projects. In: Journal of Management Information Systems, 31(1), S. 17–45.

Eigner, M.; Stelzer, R. (2009). Product Lifecycle Management. 2. Aufl. Dordrecht.

Fujitsu (Hrsg.) (2016). Der digitale Drahtseilakt Eine Studie von Fujitsu. Online verfügbar unter: : http://www.fujitsu.com/de/about/resources/news/digital-tightrope/ [13.11.2018].

Gehrckens, H.M. (2016). Agilität im Kontext der digitalen Transformation – Kernanforderung an die Organisation von morgen. In: Heinemann, G.; Gehrckens, H. M; Wolters, U. (Hrsg.) (2016). Digitale Transformation oder digitale Disruption im Handel, S. 79–110. Springer Gabler.

Hellge, V.; Schröder, D.; K.J. Zink (2017). Der Readiness-Check „Digitalisierung" als Instrument im digitalen Transformationsprozess. In: Lingnau, V.; Müller-Seitz, G.; Roth, S. (Hrsg.). Management der digitalen Transformation: Interdisziplinäre theoretische Perspektiven und praktische Ansätze. Vahlen.

Hoberg, P.; Krcmar, H.; Welz, B. (2017). Skills for Digital Transformation. URL: http://idt.in.tum.de/wp-content/uploads/2018/01/IDT_Skill_Report_2017.pdf [05.02.2019].

Institut für Technologie und Arbeit e.V. (Hrsg.) (2017). Reifegrad „Mensch und Technik": Eine Bestandsaufnahme. Digital Change mitarbeiterorientiert begleiten. Das Projekt „Altersgemischte Digitalisierungsteams". Verfügbar unter: https://chf-kl.de/projekte/aldigit-projekt1.html [13.11.2018].

Kirchgeorg, M.; Beyer, C. (2016) Herausforderungen der digitalen Transformation für die marktorientierte Unternehmensführung: In: Heinemann et al. (Hrsg.). Digitale Transformation oder digitale Disruption im Handel, S. 399–422, Springer Gabler.

Krcmar, H.(2018). Charakteristika digitaler Transformation. In: Oswald, G.; Krcmar, H. (Hrsg.). Digitale Transformation. Fallbeispiele und Branchenanalysen, S. 5–10. Springer.

Lauer, T. (2014). Change Management – Grundlagen und Erfolgsfaktoren (2. Aufl.). Wiesbaden: Springer.

Longmuß, J.; Steimle, U. (2015). Kompetenzanforderungen an Prozessbegleiter. In: Zink, K. J.; Kötter, W.; Longmuß, J.; Thul, M.J. (Hrsg.). Veränderungsprozesse erfolgreich gestalten. 2. Aufl., 2015, Springer Vieweg, S. 248–252.

Merz, S.L. (2016). Industrie 4.0-Strategie: So geht man bei der Einführung vor. In: Roth, A.: Einführung und Umsetzung von Industrie 4.0, S. 83–110. Berlin, Heidelberg.

Mittelstand 4.0-Kompetenzzentrum Kaiserslautern (2018). Kurzbericht zum Readiness Check Digitalisierung, September 2018, Kaiserslautern. Verfügbar unter: https://kompetenzzentrum-kaiserslautern.digital/wp-content/uploads/2019/01/RC_Kurzbericht_Sept2018.pdf [15.09.2018]

Thul, M.J.; Zink, K.J.; Kötter, W. (2015). Partizipation und Commitment im Führungskreis. In: Zink, K.J.; Kötter, W.; Longmuß, J.; Thul, M.J. (Hrsg.). Veränderungsprozesse erfolgreich gestalten. 2. Aufl., S. 99–107. Springer Vieweg.

Turban, E.; Aronson, J. (1998). Decision support systems and intelligent systems, 5. Aufl. Pearson Education.

Universität St. Gallen Institut für Wirtschaftsinformatik; Crosswalk (Hrsg.) (2016). Digital Maturity & Transformation Report 2016.

Vom Brocke, J.; Schmiedel, T.; Recker, J.; Trkman, P.; Mertens, W.; Viaene, S. (2014). Ten principles of good business process management. In Business Process Management Journal, 20(4), S. 530–548.

Winkelmann, A.; Neuß, D.; Hornung, D.J. (2018). eStandards einfach einführen. Julius-Maximilian-Universität Würzburg, Lehrstuhl für BWL und Wirtschaftsinformatik, Würzburg.

Zink, K.J. (2007). Mitarbeiterbeteiligung bei Verbesserungs- und Veränderungsprozessen. München.

Zink, K.J. (2006). Ganzheitliche Konzepte als Voraussetzung für nachhaltige Veränderungen. In: Schnauber, H. (Hrsg.). Kreativ und konsequent: Walter Masing ein Leben für die Qualität, S. 85–106. München, Wien.

Zink, K.J., Hellge, V.; Schröder, D. (2017). Führung und Organisation im digitalen Wandel. In: Schwuchow, K; Gutmann, J. (Hrsg.). Personalentwicklung. Themen, Trends, Best Practices 2017, S. 159–170. Freiburg, München, Stuttgart.

Dr. Viola Hellge studierte Diplom-Wirtschaftsingenieurwesen an der Technischen Universität Kaiserslautern und der St. Ambrose University in Davenport, Iowa. Seit 2012 ist Frau Hellge als wissenschaftliche Mitarbeiterin am Institut für Technologie und Arbeit e.V. beschäftigt. Sie promovierte im Jahr 2019 zu den Themen Personalmanagement und Unternehmenscluster. Ihre weiteren Forschungsschwerpunkte liegen in den Bereichen Organisation, Changemanagement insbesondere digitaler Transformationsprozess, soziotechnologische Systemgestaltung, Industrie 4.0 und Zukunft der Arbeit/Arbeit 4.0 im Rahmen des Mittelstand 4.0-Kompetenzzentrum Kaiserslautern.

Dr. Tobias Thielen, M.Sc. studierte Wirtschaftsingenieurwesen an der Technischen Universität Kaiserslautern und der Memorial University of Newfoundland, Kanada. Von 2015 bis 2018 war er wissenschaftlicher Mitarbeiter am Lehrstuhl für Strategie, Innovation und Kooperation an der Technischen Universität Kaiserslautern und arbeitete im Mittelstand 4.0-Kompetenzzentrum Kaiserslautern. Seit 2018 ist er im Industrietransfer an der SmartFactoryKL tätig. Er promovierte zum

Thema Geschäftsmodellinnovationen auf Whole Network Level. Seine Forschungsschwerpunkte liegen in den Bereichen Strategie und Geschäftsmodelle in der Digitalisierung, Industrie 4.0 sowie Netzwerkmanagement.

Dipl.-Ing. Andreas Eiden studierte Maschinenbau und Verfahrenstechnik an der Technische Universität Kaiserslautern sowie der Technisch-Naturwissenschaftlichen Universität Norwegens in Trondheim und arbeitet nun am Lehrstuhl für Virtuelle Produktentwicklung. Seine thematischen Schwerpunkte liegen in den Bereichen Prozessoptimierung, Product Lifecycle Management (PLM) und industrielle Datenanalyse. Er ist im Team des Mittestand 4.0-Kompetenzzentrums Kaiserslautern u. a. zuständig für die Themen PLM, CAD/CAM sowie die Unterstützung mittelständischer Unternehmen in Fragen der Digitalisierung.

Dipl.-Betriebsw. Nina Obreschkova studierte Diplom-Betriebswirtschaftslehre am Bodensee, mit Schwerpunkt Marketing und Vertiefung in Personalmanagement. Frau Obreschkova verfügt über mehrjährige und branchenübergreifende Berufserfahrung in der Wirtschaft. Seit 2016 ist sie bei der Technologie-Initiative SmartFactory KL e.V. beschäftigt und gehört zum Team des Mittestand 4.0 -Kompetenzzentrums Kaiserslautern.

14 Die Digitalisierung nutzerzentriert gestalten: Das digitale Kontrollzentrum für die Warenannahme

Jochen Scheeg, Michaela Scheeg und Tobias Thimm

Zusammenfassung

Viele kleine und mittlere Unternehmen (KMU) haben in den letzten Jahren in die Einführung von IT-Systemen investiert. Vielfach sind bereits Enterprise-Ressource-Planning-Systeme (ERP-Systeme) in der Verwaltung im Einsatz. Die Kommunikation zwischen der Verwaltung und Produktion erfolgt jedoch oftmals papierbasiert. Das führt zu Unterbrechungen im Informationsfluss, doppelter Datenhaltung sowie zu Informationsasymmetrien und -verlusten. Der folgende Beitrag zeigt am Beispiel der Entwicklung, Umsetzung und Einführung eines digitalen Kontrollzentrums (kurz: DiKo) für die Warenannahme bei der Firma Zemmler Siebanlagen GmbH, wie diese Herausforderungen nutzerzentriert gelöst werden können. Nach einer Beschreibung der Ausgangssituation werden die angewendeten nutzerzentrierten Methoden und das

---

Der Beitrag entstand im Rahmen des Mittelstand 4.0-Kompetenzzentrums Berlin, gefördert durch das Bundesministerium für Wirtschaft und Energie (BMWi) im Förderschwerpunkt Mittelstand-Digital (FKZ: 01MF15003A-F).

J. Scheeg (✉)
Technische Hochschule Brandenburg, Brandenburg, Deutschland
E-Mail: scheeg@th-brandenburg.de

M. Scheeg
Institut für Innovations- und Informationsmanagement GmbH, Brandenburg, Deutschland
E-Mail: m.scheeg@drei-i-m.de

T. Thimm
Bundesverband mittelständische Wirtschaft, Unternehmerverband Deutschlands e.V., Berlin, Deutschland
E-Mail: info@gemeinsam-digital.de

© Springer-Verlag GmbH Deutschland, ein Teil von Springer Nature 2019
C. K. Bosse, K. J. Zink (Hrsg.), *Arbeit 4.0 im Mittelstand*,
https://doi.org/10.1007/978-3-662-59474-2_14

Vorgehensmodell dargestellt. Den Kern des Beitrags bildet die Beschreibung der entwickelten technischen Lösung mit ihren Elementen. Ergänzend wird ein innovativer didaktischer Ansatz zur Übertragbarkeit der Lösung vorgestellt.

14.1 Einleitung

Die in der brandenburgischen Niederlausitz ansässige Firma Zemmler entwickelt und produziert seit mehr als 15 Jahren Siebanlagen in einer Kleinserienfertigung und wurde für ihre technischen Produktinnovationen u. a. mit dem Zukunftspreis Brandenburg ausgezeichnet. Durch die gute Auftragslage und das damit verbundene starke Wachstum des Unternehmens lag der Fokus bislang auf der Erhöhung der Produktionsfläche und der Erhöhung der Anzahl der produzierten Siebanlagen. Mit Unterstützung des Mittelstand 4.0-Kompetenzzentrums Berlin („Gemeinsam digital") sollten die Möglichkeiten der weiteren Qualitätsverbesserung und Effizienzsteigerungen untersucht und prototypisch umgesetzt werden. Wie eine Befragung des Instituts für Innovations- und Informationsmanagement (IIIM) von mehr als 90 kleinen und mittleren Unternehmen (KMU) gezeigt hat, verfolgt das Unternehmen damit die typischen Digitalisierungsziele.

Zu Projektbeginn war in der Verwaltung eine Enterprise-Ressource-Planning-Software (ERP-System) im Einsatz. Innerhalb der Fertigung hingegen waren die zentralen Informationsflüsse, wie bspw. die prozessbegleitende Dokumentation, ausschließlich papierbasiert. Ebenso die Informationsflüsse zwischen den Abteilungen „Konstruktion", „Einkauf" und „Warenannahme". Der papierbasierte Prozess führte zu Problemen. Beispielsweise, wenn unklar war, ob ein Warenteil tatsächlich den Spezifikationen entspricht oder Bestellungen ggf. nachträglich angepasst wurden. Für das gemeinsame Projekt im Rahmen des Kompetenzzentrums wurde der Fokus daher auf die Optimierung der Informationsflüsse zwischen den Abteilungen „Konstruktion", „Einkauf" und „Warenannahme" gelegt.

Die Gestaltungsdimensionen für die Lösungsentwicklung sind dabei keineswegs ausschließlich technisch. Ein entscheidender Erfolgsfaktor zur Erreichung der gesteckten Ziele ist die Fokussierung auf die Bedürfnisse der Nutzer (Brauner und Ziefle 2015). Dies kann u. a. durch die nutzerzentrierte Gestaltung der Systeme erreicht werden. Konkret heißt das, dass die Bedürfnisse der Mitarbeiter im Umgang mit Informationen bei der Gestaltung der digitalen Lösung, bspw. bei den Benutzeroberflächen, den Prozessabläufen und der Auswahl der Hardware, in den Mittelpunkt der Betrachtung gerückt werden. Diesem nutzerzentrierten Ansatz folgend begleitete das Institut für Innovations- und Informationsmanagement im Rahmen des Projektes „_Gemeinsam digital" die Zemmler Siebanlagen GmbH bei der Auswahl und Gestaltung von Digitalisierungsprojekten in der Produktion.

Um geeignete digitale Lösungen zu finden, die nutzerfreundlich und zielführend sind, wurden bei der Umsetzung Methoden des Design Thinkings (Uebernickel et al. 2015) und Methoden der nutzerzentrierten digitalen Innovationen (Dark Horse Innovation 2017) kombiniert. Für die Zemmler Siebanlagen GmbH konnte so eine nutzerzentrierte Lösung entwickelt werden, die eine inhaltliche und zeitlich synchrone Informationsversorgung für die Mitarbeiter in der Warenannahme, der Konstruktionsabteilung und der Einkaufsabteilung ermöglicht. Die Mitarbeiter in der Warenannahme können in Echtzeit prüfen, ob angelieferte Waren in der Anzahl und in den konstruktionstechnischen Vorgaben den Anforderungen aus der Bestellung entsprechen. Ebenso kann bei qualitativen oder quantitativen Abweichungen sofort die zuständige Abteilung informiert werden. Systemtechnisch basiert die Lösung auf der Integration der Daten aus den unterschiedlichen Systemen und deren Visualisierung auf einem mobilen Endgerät bzw. Tablet.

14.2 Ausgangssituation: Informationsasymmetrien zwischen Warenannahme und Einkauf

Ausgangspunkt bei der Lösungsentwicklung ist in der Regel die Problemdefinition. In diesem Rahmen wird der Problemraum umrissen. Bei Zemmler umfasste die Problemdefinition die Fragestellung nach der Gestaltung der Informationsversorgung für die Mitarbeiter der Warenannahme unter Berücksichtigung der Arbeitsumgebung und Teilevielfalt. Zur Bedürfnisanalyse wurden qualitative Interviews mit den Mitarbeitern vor Ort geführt, um zu verstehen, welche Ziele und Aufgaben an den einzelnen Stationen verfolgt werden und wie sich die jeweiligen Herausforderungen darstellen. Ergänzend dazu wurde die Methode „Fly on the Wall" eingesetzt. Hierbei werden die Mitarbeiter bei ihren Tätigkeiten stumm und ohne Einmischung – wie durch eine Fliege an der Wand – beobachtet.

Als Ergebnis dieser Analyse wurden Bereiche mit Handlungsbedarf identifiziert. Gemeinsam mit der Geschäftsleitung wurden die Potenziale abgeschätzt und eine Priorisierung vorgenommen. Sehr hoch priorisiert wurden die Prozesse in Verbindung mit der Warenannahme, wie z. B. Qualitätssicherung, Beschaffung und Konstruktion. Zentrale Herausforderungen in jenen Bereichen waren Medienbrüche und die zeitlich stark verzögerte Informationsversorgung zwischen den unterschiedlichen Abteilungen. Die Folge des fehlenden oder zeitaufwendigen papierbasierten Austausches zwischen den Abteilungen waren Informationslücken (sowohl inhaltlicher als auch zeitlicher Art) und ein aus der hybriden Datenhaltung (Papier und elektronisch) resultierender Mehraufwand. Dies wiederum führte zu Verzögerungen im Produktionsablauf und unnötigem Ressourcenaufwand.

Ein Beispiel verdeutlicht die Problematik: Für die Fertigung einer Siebanlage ordert das Unternehmen Zemmler entsprechend der Stückliste die Stahl- und Blechteile sowie weitere Vorprodukte. Die kontinuierliche Weiterentwicklung der Maschinen und die Berücksichtigung kundenindividueller Extras machen jede Maschine einzigartig. Dadurch werden viele der Stahlteile maschinenindividuell konstruiert und bei den Lieferanten bestellt. Die Unterschiede der gelieferten Teile liegen in den Bohrungen, Abkantungen und Aussparungen und sind teilweise marginal. Bei der großen Zahl der zu beschaffenden Teile je Maschine erfordert dies bei der Warenannahme den sorgfältigen Abgleich der gelieferten mit den bestellten Teilen hinsichtlich Anzahl, Art und Beschaffenheit. Für die Mitarbeiter in der Warenannahme blieb häufig unklar, ob eine Bestellung durch den

Einkauf ausgelöst und zu welchem Zeitpunkt neue Lieferungen im Unternehmen erwartet wurden. Die auf Papier gedruckten Bestellscheine und Auftragsbestätigungen verblieben in der Regel in der Einkaufsabteilung, weshalb in der Warenannahme keine Auskunft darüber gegeben werden konnte, ob eine erhaltene Lieferung tatsächlich der Bestellung durch den Einkauf entsprach. So entstand eine Informationslücke, da die Prüfung der Lieferung anhand des Lieferscheins erfolgte und nicht anhand der Bestellung aus dem ERP-System.

Die Anzahl und Art der Lieferungen konnten dadurch nur anhand der mitgelieferten Lieferscheine auf Papierbasis überprüft werden. Die Anordnung der Artikel auf den Lieferscheinen entsprach in der Regel nicht der Sortierung auf der Palette und die Anzahl der Positionen füllte in der Regel 3 bis 10 DIN-A4-Seiten je Lieferung. Durch die händische Suche auf den Lieferscheinen ging viel Zeit verloren.

Die Beschaffenheit der Ware wurde durch Konstruktionszeichnungen auf Papier abgeglichen. Die Zeichnungen im Ordner waren jedoch nicht immer aktuell, sehr klein gedruckt, durch den häufigen Einsatz stark verschmutzt und somit schwer lesbar. Daher gestaltete sich die Aufgabe, die Beschaffenheit der gelieferten Ware auf Basis von Konstruktionszeichnungen und -vorgaben zu überprüfen, als schwierig. Auch die Dokumentation von unvollständigen Lieferungen, fehlenden Bohrungen oder falschen Maßen geschah in der Warenannahme händisch auf den Lieferscheinen. Die Warenannahme war bisher nicht an das ERP-System angebunden, sodass kein digitaler Informationsfluss bestand. Abweichungen hinsichtlich Anzahl, Art und Beschaffenheit wurden manuell auf den Papierlieferscheinen kommentiert, die Mengen der Lieferung abgehakt. Der Papierstapel wurde anschließend an die Buchhaltung weitergeben und von dieser manuell im ERP-System verbucht (Abb. 14.1).

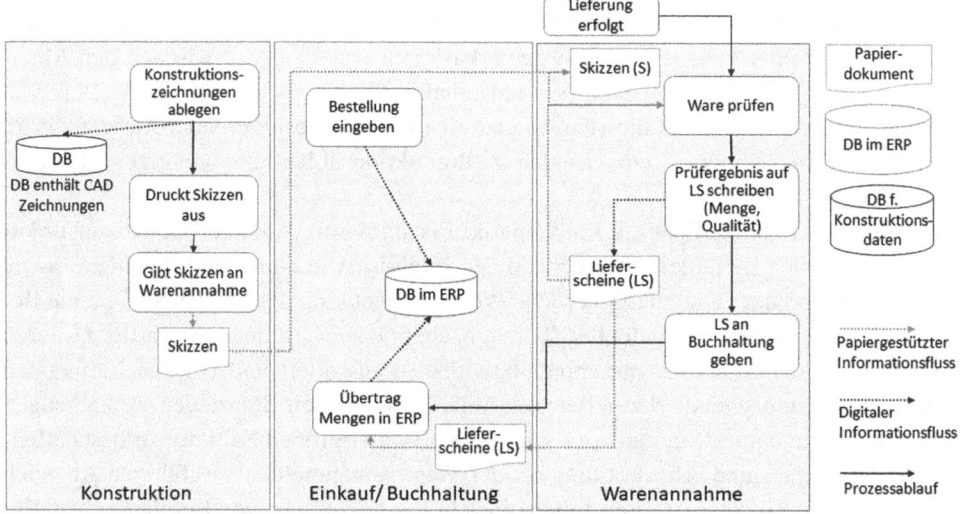

Abb. 14.1 Prozesse und Informationsfluss vor Projektbeginn. (Quelle: Eigene Darstellung)

Insgesamt war die Annahme und Qualitätssicherung der gelieferten Ware somit komplex und ressourcenintensiv. Auch wenn alle Informationen zu benötigten Bauteilen, ausgelösten Bestellungen sowie gelieferten Stahl- und Blechteilen im Unternehmen vorlagen, waren diese insbesondere für die Warenannahme, aber auch für andere Abteilungen, nur eingeschränkt verfügbar und nicht für den jeweiligen Nutzungskontext aufbereitet. Im Zeitablauf angepasste Konstruktionszeichnungen, schlecht lesbare oder falsche Angaben auf den Ausdrucken, führten regelmäßig dazu, dass eine hinreichende Qualitätssicherung nur mit erheblichem zeitlichem Aufwand möglich war. Wurden Abweichungen nicht frühzeitig erkannt und reklamiert, waren Störungen und Verzögerungen im Produktionsablauf unvermeidlich. Daher konnten die Mitarbeiter in der Warenannahme die Prüfung nicht effizient durchführen.

Die Problemstellung konnte somit in Form der folgenden Fragen zusammengefasst werden:

- Wie können die Informationen zu einzelnen Lieferungen auf Basis der ausgelösten Bestellungen und der konstruktionstechnischen Vorgaben wirksam geprüft und ggf. reklamiert werden?
- Wie lassen sich die gewonnenen Daten später für Prozessverbesserungen und Lieferantenbewertungen nutzen?

14.3 Das digitale Kontrollzentrum für die Warenannahme – von der Idee zur prototypischen Umsetzung

Auf Grundlage der in der Analysephase gewonnenen Erkenntnisse wurden zahlreiche Ideen für unterschiedliche Unternehmensbereiche entwickelt. Neben einem digitalen Kontrollzentrum (DiKo) stand auch eine vereinfachte Oberfläche des ERP-Systems zur Diskussion. Die Auswahl erfolgte dann auf Grundlage verschiedener Überlegungen: In der Analyse hatte sich gezeigt, dass die betroffenen Mitarbeiter in der Warenannahme und in der Produktion mehrheitlich nicht affin zu digitalen Technologien sind. Da bisher nur geringe Kenntnisse im Umgang mit solchen Anwendungen vorhanden waren, wurden u. a. der Zugriff auf Konstruktionszeichnungen und ERP-System als komplex empfunden. Daraus konnten verschiedene Anforderungen an die spätere Lösung abgeleitet werden. Neben einer einfachen Oberflächengestaltung mit eingängigen und großformatigen Interaktionsflächen wie z. B. Buttons und Eingabefeldern, sollten auch robuste Ein-/Ausgabegeräte eingesetzt werden. Letztlich wurde gemeinsam mit dem Unternehmen ein digitales Kontrollzentrum (DiKo) zur Qualitätssicherung in der Warenannahme als passende Option ausgewählt. Als Endgeräte wurden Tablets mit hoher Auflösung beschafft, die stoß-, staub- und wasserfest sind, sog. „Rugged Tablets".

Im nächsten Schritt wurden zahlreiche Prototypen gebaut. Dies sind physische Visualisierungen von Ideen und Lösungen, um diese erlebbar und greifbar zu machen (Vianna et al. 2012). Prototypen können in einfachen Papierversionen oder in Form einer Skizze

(„paper based") bis hin zu komplexeren, vollfunktionalen Nachbauten erstellt werden. Die künftigen Nutzer konnten so die Lösungen direkt ausprobieren; dabei wurden sie erneut befragt und beobachtet. Bei Zemmler wurden sowohl Papier-Prototypen als auch Entwürfe möglicher Bildschirmoberflächen auf unterschiedlichen Tablets entwickelt und den Mitarbeitern gezeigt.

Anschließend wurde ein Prototyp mit geringem Funktionsumfang und geringer technischer Auflösung programmiert und exemplarisch mit Daten befüllt. Diese Lösung konnte den Mitarbeitern der Warenannahme bereits zu einem frühen Zeitpunkt vorgelegt und gemeinsam mit ihnen getestet werden. In drei Iterationen wurden die Rückmeldungen aus dem Anwendertest Schritt für Schritt in die Gestaltung der Funktionen und der Benutzeroberfläche des DiKo eingearbeitet, um den Bedürfnissen der Mitarbeiter in der Warenannahme zu entsprechen.

Auf Basis der Ergebnisse dieser Tests wurden anschließend die Prototypen in weiteren Iterationen an die Bedürfnisse der Mitarbeiter angepasst. Durch die praktische Darstellung anhand der Prototypen können sich die Beteiligten frühzeitig auf die geänderten Prozesse und Rollen einstellen. Durch das nutzerzentrierte Vorgehen gelang es, eine Lösung zu entwickeln, die sich vollständig in die Abläufe der Beteiligten aus Einkauf, Konstruktion und Warenannahme integriert. Durch die Berücksichtigung der Impulse der Mitarbeiter von der Bedürfnisanalyse bis hin zum Testen der Prototypen war die Akzeptanz der finalen Lösung hoch.

Ohne einen nutzerzentrierten Ansatz wäre ein naheliegender Lösungsansatz, den Mitarbeitern in der Warenannahme eine vereinfachte Oberfläche des ERP-Systems zur Verfügung zu stellen. In der Analyse hatte sich jedoch gezeigt, dass die Mitarbeiter in der Warenannahme und in der Produktion mehrheitlich nicht affin zu digitalen Technologien sind und die Benutzeroberflächen und Eingabemasken des ERP-Systems als komplex und schwer lesbar empfinden. Gleiches gilt für den Zugriff auf Konstruktionszeichnungen.

Die Analysephase zeigte außerdem, dass zum einen Hemmungen der Mitarbeiter bei der Nutzung digitaler Lösungen bestehen würden und die Kenntnisse in der Anwendung digitaler Lösungen eher gering waren. Zum anderen wurden frühzeitig die besonderen Anforderungen an die spätere Lösung deutlich, wie bspw. robuste Ein-/Ausgabegeräte und eine einfache Oberflächengestaltung mit eingängigen und großformatigen Interaktionsflächen wie z. B. Buttons und Eingabefeldern. Die Auswahl der Endgeräte in der Produktion erfolgte nutzerzentriert: Die ausgewählten Tablets sind stoß-, staub- und wasserfest (sog. „Rugged Tablets") mit hoher Auflösung.

Für den neuen digitalen Informationsfluss von der Warenannahme bis hin in die Buchhaltung wurden auch die Bedarfe der Mitarbeiter der Buchhaltung hinsichtlich der Datenstruktur erfasst. Diese wurden in Anforderungen übertragen und in das DiKo eingearbeitet.

14.3.1 Lösungselemente, Funktionen und Oberfläche

Das DiKo verknüpft die Informationen aus dem Bestellsystem (ERP) und den Konstruktionsdaten und bildet sie in einer nutzerzentrierten Form, d. h. in einem auf die Bedürfnisse des Nutzers abgestimmten user interface und einem geeigneten Ausgabegerät ab. Zusätzlich ermöglicht das System die Rückmeldung von Mengen und Beschaffenheit der Lieferung an den Einkauf. Die Mitarbeiter der Warenannahme erhalten nun über das DiKo eine Übersicht über die avisierten Lieferungen für den aktuellen Tag und die folgenden drei Wochen. Das erlaubt der Produktion eine entsprechende Planung für die Freihaltung von Flächen in der Produktionshalle ebenso wie die zeitliche Planung der Schichten. Zu jedem Artikel ist die Anzahl an Teilen hinterlegt, die durch den Einkauf bestellt wurde. Diese kann über das Eingabefeld des DiKo mit der tatsächlich gelieferten Menge abgeglichen werden (Abb. 14.2). Über die Zuordnung der gelieferten Stahl- und Metallteile zu den jeweiligen Baureihen der Siebanlagen kann zudem bereits im Zuge der Warenannahme eine Vorkommissionierung für die weiteren Produktionsschritte vorgenommen werden. Dadurch können Verzögerungen im weiteren Produktionsablauf vermieden werden.

Entsprechen die gelieferten Teile den bestellten, wird der Wareneingang nun in der Warenannahme vorgebucht. Andernfalls, sollten die gelieferten Artikel in Art und Menge nicht mit der Bestellung übereinstimmen, werden die Abweichungen direkt an den Einkauf und die Buchhaltung übergeben. Sind die gelieferten Teile nicht gemäß den Spezifikationen der Bestellung, können die Mitarbeiter aus hinterlegten Formulierungen den Reklamationsgrund auswählen und dies ggf. mit der im Tablet eingebauten Kamera mit einem Bild dokumentieren. Die Einkaufsabteilung kann so unverzüglich bei den Lieferanten Abweichungen in der Menge oder in der Ausführung reklamieren. Zusätzlich sieht die Einkaufsabteilung den Bearbeitungsstatus in der Warenannahme zu den gelieferten Waren. Darüber hinaus konnten weitere Potenziale für das Lieferantenmanagement identifiziert werden: Der Einkauf kann nun Aussagen über offene oder unvollständige Lieferungen treffen und alle Reklamationsgründe bei unzureichender Qualität von Artikeln ablesen

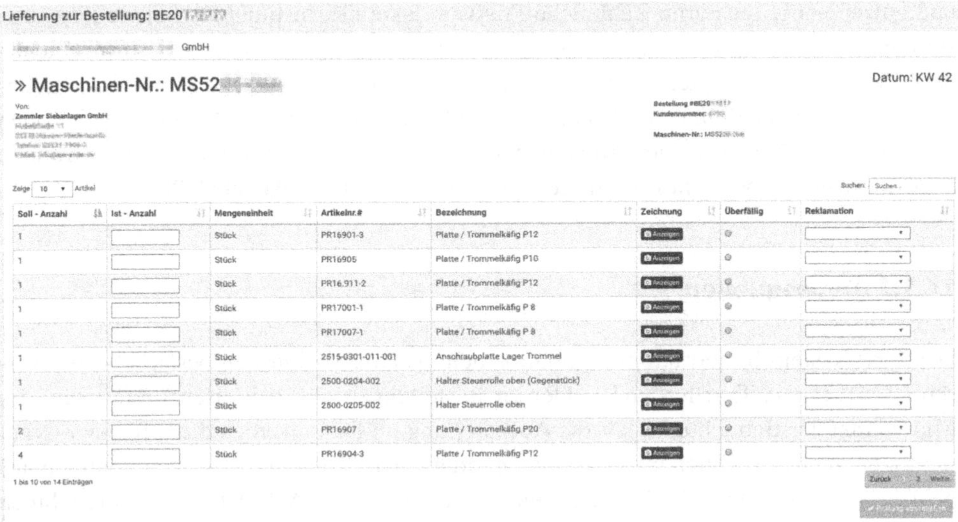

Abb. 14.2 Bedienoberfläche des digitalen Kontrollzentrums

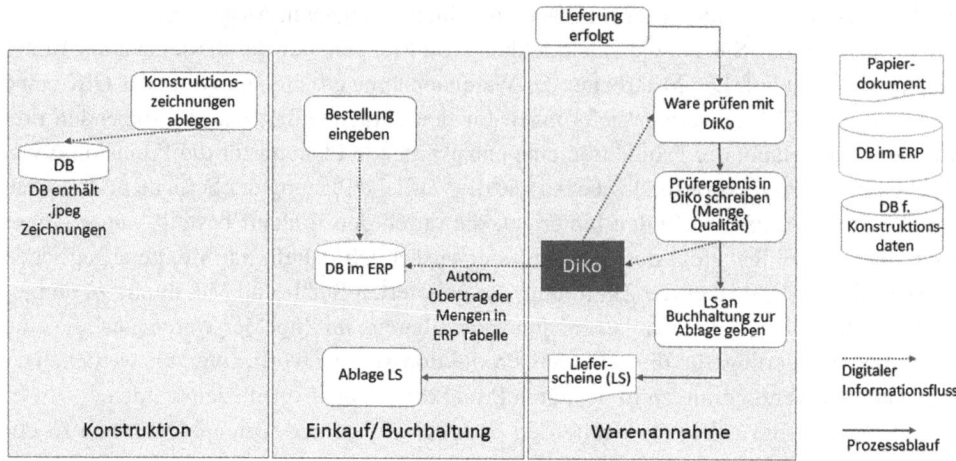

Abb. 14.3 Prozesse und Informationsfluss nach Projektabschluss

(Abb. 14.3). Neben der Termintreue lässt sich nun auch die Lieferqualität anhand der Reklamationsgründe strukturiert auswerten.

Die zuvor papierbasierten Konstruktionszeichnungen sind nun im DiKo digital zugänglich. Sie kommen unmittelbar aus der Konstruktionsabteilung, sind somit immer auf dem neusten Stand sowie durch eine vergrößerte Detailansicht gut lesbar. Das zeitaufwendige Suchen, Blättern und Identifizieren der benötigten Zeichnung entfällt. Mit Hilfe des DiKo sind die Mitarbeiter nun in der Lage, Zeichnungen und Artikel einfach und effizient abzugleichen.

Zusammenfassend formuliert verbindet das DiKo informationstechnisch die Warenannahme mit dem Einkauf, der Buchhaltung und der Konstruktionsabteilung in effektiver und nutzerzentrierter Form. Zahlreiche Praxisprojekte des Instituts für Innovations- und Informationsmanagement in den letzten Jahren haben gezeigt, dass durch das Einbeziehen der Nutzer in den gesamten Prozess die Berührungsängste der Mitarbeiter im Zusammenhang mit der neuen digitalen Lösung gering sind. Das schrittweise Durchlaufen der oben beschriebenen Phasen von der Problemanalyse bis hin zum Anwendertest erzeugt schnelle Ergebnisse und ermöglicht frühzeitige Anpassungen (Uebernickel et al. 2015).

14.3.2 Datenquellen

Das ERP-System basiert auf einer relationalen Datenbank. Für den beschriebenen Ausschnitt stehen die Tabellen und Felder zu Bestellungen und avisierten Lieferungen im Mittelpunkt der Betrachtung. Für die Aufbereitung im DiKo werden diese in einer dynamischen Tabelle als Datenbasis zusammengeführt. Die Konstruktionsdaten kommen aus dem Programm AutoCAD. Für die weitere Nutzung der CAD-Daten im Unternehmen wurde entschieden, dass sämtliche Konstruktionszeichnungen in einer Datenbank zusätzlich als Grafikdateien im JPG-Format mit einem eindeutigen Dateinamen abgelegt werden; möglich sind auch andere Formate wie PNG oder PDF. Als Dateiname eignen sich bspw. die Artikelnummer oder eine Teilenummer.

14.3.3 Technische Umsetzung und Verknüpfung der Systeme

Die Daten für das DiKo kommen aus den zwei oben beschriebenen, bisher nicht vernetzten Datenbasen: aus dem ERP-System und aus dem Datenverzeichnis des CAD-Systems für Konstruktionsdaten. Die Benutzeroberfläche, das sog. Frontend, wurde in HTML, PHP und JavaScript programmiert. Es basiert auf dem Cascading-Stylesheet-Framework (CSS-Framework) „Bootstrap". Die Programmlogik und die Verbindung in das ERP-System wurden in PHP sowie MS-SQL umgesetzt. Der lesende Zugriff auf die ERP-Datenbank mit den Belegdaten erfolgt per SQL Query. Der schreibende Zugriff erfolgt in eine zusätzliche, neu eingebundene Tabelle mit den ergänzenden Informationen zu Reklamationen bzw. Bestandsveränderungen.

Lieferscheine werden anhand der Bestellnummer und den dazugehörigen Positionen aus der Datenbank aufgerufen. Die einzelnen Artikel werden in Tabellenform zeilenweise gelistet. Die Verknüpfung zwischen den Bestell- bzw. Lieferpositionsdaten und den als Bilddatei abgelegten Konstruktionsdaten wird dynamisch während des Abrufs der Informationen hergestellt. Die Eingabemaske der Anwendung erlaubt den Mitarbeitern die Eingabe von korrigierten Mengen, Reklamationsgründen sowie die Dokumentation gelieferter Teile als Fotos. Mit dem System lassen sich diese Informationen direkt in eine eigens hierfür angelegte Tabelle im ERP-System übertragen.

14.3.4 Zusammenfassender Überblick und Mehrwerte aus der Verknüpfung der Informationsebenen

Der Mehrwert des DiKos entsteht durch die systemtechnische Integration beider Datenbasen auf Artikel-Ebene, sodass zu jeder Bestellposition jeweils die Zeichnung des Artikels abgerufen werden kann. Der Vergleich der originären Bestelldaten mit den übermittelten Daten zu den Bestellungen aus der Warenannahme erlaubt der Einkaufsabteilung jetzt die systemtechnisch unterstützte Bearbeitung von Reklamationen, eine zeitnahe Bestandsbuchung und schafft die Zahlenbasis für die Verbesserung des Lieferantenmanagements.

Abb. 14.4 zeigt an der Bedienoberfläche des DiKos Herkunft und Zielsystem der Daten. Die rot umrandeten Felder zeigen Daten, die originär aus dem ERP-System stammen. In blauer Farbe sind Daten und Inhalte angezeigt, die aus dem CAD-System stammen. Grün hinterlegt sind Daten, die bei der Bearbeitung in der Warenannahme entstehen und zur weiteren Bearbeitung an das ERP-System übertragen werden.

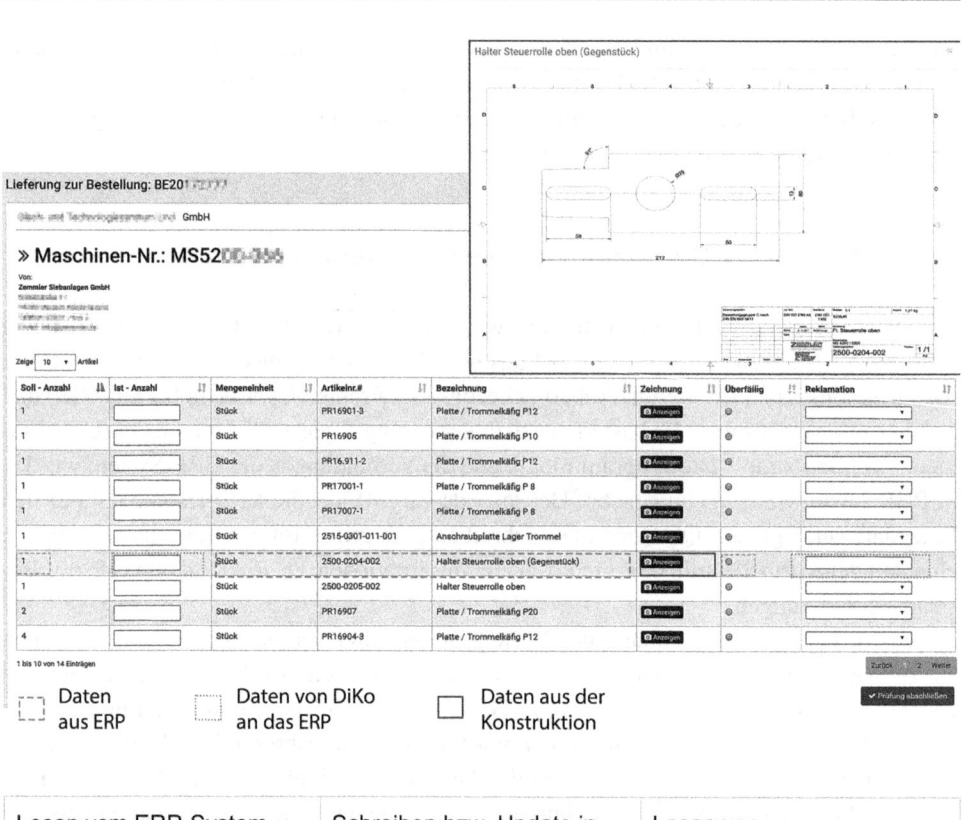

Abb. 14.4 Zusammenfassende Übersicht zur technischen Umsetzung

Lesen vom ERP-System (Linie rot gestrichelt dargestellt):	Schreiben bzw. Update in eine zusätzliche Tabelle innerhalb des ERP-Systems (Linie grün gepunktet dargestellt):	Lesen von Konstruktionszeichnungen (Linie blau durchgängig dargestellt):

• Bestellnummer
• Maschinen-Nr.
• Adresse des Auftraggebers (hier: Fa. Zemmler)
• Adresse des Lieferanten (Auftragnehmers)
• Avisierte Kalenderwoche für Lieferung
• Artikelinformationen:
   ○ Bestellmenge
   ○ Artikelnummer
   ○ Artikel-Bezeichnung
	• Liefermenge eines Artikels
	• Avisiertes Lieferdatum
	• bei Abweichungen Reklamationsgrund: Dies erfolgt über ein zusätzliches Feld innerhalb des ERP-Systems.
	• 0 - Artikel in Ordnung
	• 1 - Artikel überfällig
	• 2 - Reklamationsgrund
		• Konstruktionszeichnung (in Form von JPEG-Dateien)

14.4 Die übertragbare Lösung für den Mittelstand – die mobile Erlebnisstation

Die Warenannahme ist in vielen KMU eine zentrale Verbindungsstelle zwischen der kaufmännischen Umgebung und der Produktionsumgebung in der Fertigung. So treffen hier die unterschiedlichen (System-)Welten aufeinander. Um Unternehmen mit einer ähnlichen Problemstellung einen Eindruck zu geben, wie sich die Digitalisierung einer Warenannahme auf einfache Weise erfolgreich gestalten lässt, wurde die reale DiKo-Lösung in ein sog. Erlebnisszenario überführt.

Eine Herausforderung für zahlreiche mittelständische Unternehmen im Zusammenhang mit der Digitalisierung ist, dass sich mit der Einführung neuer Software in der Regel auch die zum Teil über Jahre etablierten Unternehmensprozesse ändern und entsprechend alle Mitarbeiter bei der Veränderung mitgenommen werden müssen, um eine breite Akzeptanz der neuen Lösungen herbeizuführen. Mitarbeiter, die sich aufgrund fehlender Qualifikation oder mangelnder digitaler Affinität im Umgang mit moderner Informations- und Kommunikationstechnik teilweise überfordert fühlen, lehnen Veränderungen erfahrungsgemäß oft ab (Chies 2016).

Das Erlebnisszenario ist eine vereinfachte Abbildung der real implementierten Lösung, die mit spielerischen Elementen ergänzt wurde. Unabhängig von Branche und digitalem Reifegrad sollen interessierte Personen dadurch motiviert werden, den kompletten Prozess einer Warenannahme in vereinfachter Form auszuprobieren und daraus Erkenntnisse für die Digitalisierung in ihrem Unternehmen abzuleiten. Ziel ist es, mit einem spielerischen Ansatz und dem Einsatz didaktischer Mittel auf Belehrungen und Vorträge zum Thema Digitalisierung zu verzichten und dennoch die Vorteile der Digitalisierung erlebbar zu machen. Dies geschieht, indem zwei Teams im Wettstreit (auf Zeit) Ware annehmen. Dabei arbeitet das eine Team papierbasiert und das andere digital mit dem DiKo. In der Regel gewinnt dabei das digitale Team – und keinem muss der Mehrwert der digitalen Lösung weiter erläutert werden. Solche Erlebnisszenarien können auch zur Schulung der Mitarbeiter vor der Einführung der neuen Lösung genutzt werden, um Hemmnisse abzubauen und die Qualifikation zu steigern.

14.5 Fazit

Eine papierbasierte Warenannahme stellt kleine und mittlere Betriebe oft vor große Herausforderungen: Der Prozess ist anfällig für Fehler und sehr zeitaufwendig. Die Kommunikation zwischen der Verwaltung/Buchhaltung und Produktion läuft jedoch auch heute oftmals noch papierbasiert ab. Das führt zu Medienbrüchen, Unterbrechungen im Informationsfluss, doppelter Datenhaltung sowie zu Informationsasymmetrien und -verlusten. Das Mittelstand 4.0-Kompetenzzentrum Berlin zeigt in dem Praxisprojekt mit der Firma Zemmler Siebanlagen GmbH, wie Digitalisierung im unternehmerischen Kontext verständlich, praxisnah und nutzerzentriert umgesetzt werden kann.

Gemeinsam mit den Mitarbeitern wurden Prozesse umfassend analysiert, um die gesamte Warenannahme zu digitalisieren. Mit dem entwickelten DiKo sind die Warenbestände im Lager nun in Echtzeit für den Einkauf und die Produktionsplanung verfügbar, der Aufwand wird verringert und die Produktion optimiert. Die Konstruktionsdaten der Waren stehen zur richtigen Zeit am richtigen Ort für die richtige Person in der aktuellsten Version zur Verfügung. Die Vorteile liegen auf der Hand: mehr Effizienz, Transparenz, eine höhere Mitarbeiterzufriedenheit und ein verbesserter Informationsfluss.

Eines wurde im Projektverlauf besonders deutlich: Neben der Geschäftsführung müssen die Mitarbeiter der einzelnen Abteilungen von Beginn an in den Digitalisierungsprozess mit einbezogen werden. Dies geschah mittels Beobachtungen, Interviews, Prototypenbau und Tests im laufenden Betrieb. So wurden die Mitarbeiter frühzeitig in die neuen Prozesse eingebunden und für das Digitalisierungsprojekt begeistert. Der nutzerzentrierte Prozess bei der Lösungsentwicklung ist ein Ansatz, um bei Digitalisierungsvorhaben die Mitarbeiter zielführend einzubinden und „mitzunehmen". So können Digitalisierungsprojekte nachhaltig und erfolgreich im Unternehmen vorangetrieben werden.

Literatur

Dark Horse Innovation (Hrsg.) (2017). Digital Innovation Playbook. Hamburg: Murmann Publishers GmbH.
Brauner, P.; Ziefle, M. (2015). Human Factors in Production Systems. In: Brecher C. (Hrsg.). Advances in Production Technology. Lecture Notes in Production Engineering, S. 187–197. Cham: Springer.
Chies, S. (2016). Change Management bei der Einführung neuer IT-Technologien. Wiesbaden: Spinger.
Uebernickel, F.; Brenner, W.; Pukall, B.; Naef, T.; Schindlholzer, B. (2015). Design Thinking – Das Handbuch. Frankfurt am Main: Frankfurter Allgemeine Buch.
Vianna, M.; Vianna, Y.; Adler, I.; Brendan, L.; Russo, B. (2012). Design Thinking – Business Innovation. Rio de Janeiro: MJV Press.

Prof. Dr. Jochen Scheeg ist Professor für Wirtschaftsinformatik, insbesondere Informationsmanagement und Unternehmensführung. Bei seinen Forschungsarbeiten steht die Digitale Transformation von Unternehmen und Verwaltung im Mittelpunkt. Vor seiner Berufung an die Technische Hochschule Brandenburg war er mehr als 15 Jahre in Leitungspositionen in der IT- und Telekommunikationsindustrie und Beratung tätig.

Michaela Scheeg leitet das Institut für Innovations- und Informationsmanagement und forscht u. a. im Bereich Einsatz von nutzerzentrierten Methoden zur Entwicklung von digitalen Anwendungen und die Auswirkungen auf die Nutzer, sowie Digitalisierung von KMU und ländlichen Räumen im Allgemeinen. Im Mittelstand 4.0-Kompetenzzentrum Berlin verantwortet Michaela Scheeg die Steuerung aller Umsetzungsprojekte.

Tobias Thimm war Projektreferent beim BVMW – Bundesverband mittelständische Wirtschaft e.V. Der BVMW ist Konsortialleiter von _Gemeinsam digital, dem Mittelstand 4.0-Kompetenzzentrum Berlin. Hier betreute Tobias Thimm die Presse- und Öffentlichkeitsarbeit. Aktuell ist er Wissenschaftlicher Mitarbeiter im Deutschen Bundestag.

15 Shopfloor-App als informatorisches Assistenzsystem zur Steigerung der Flexibilität der manuellen Montage

Christian K. Bosse und Viola Hellge

Zusammenfassung

Der folgende Beitrag beschreibt die Problemstellung und den Lösungsansatz der PS Automation GmbH zur Flexibilisierung der Montage durch ein informatorisches Assistenzsystem als Grundlage für den Aufbau eines Wissensmanagementsystems. Für den mittelständischen Hersteller von elektrischen Stellantrieben bedeuten individuelle Kundenwünsche meist eine hohe Variantenvielfalt, die es für das Unternehmen zu bewältigen gilt. Die daraus resultierenden hohen Flexibilitätsanforderungen bedeuten gleichzeitig eine Zunahme der Komplexität für die Mitarbeiter an den manuellen Montagestationen. Im Folgenden werden die Herausforderungen des mittelständischen Unternehmens sowie die Vorgehensweise zur Bestimmung einer geeigneten digitalen Lösung und der Prozess der Einführung des gewählten Systems, einer sog. Shopfloor-App, im Detail erläutert.

Der Beitrag entstand im Rahmen des Mittelstand 4.0-Kompetenzzentrums Kaiserslautern, gefördert durch das Bundesministerium für Wirtschaft und Energie (BMWi) im Förderschwerpunkt Mittelstand-Digital (FKZ: 01MF15004A-D).

C. K. Bosse (✉)
Institut für Technologie und Arbeit e.V.,
Kaiserslautern, Deutschland
E-Mail: christian.bosse@ita-kl.de

V. Hellge
Institut für Technologie und Arbeit e.V., Kaiserslautern, Deutschland
E-Mail: viola.hellge@ita-kl.de

© Springer-Verlag GmbH Deutschland, ein Teil von Springer Nature 2019
C. K. Bosse, K. J. Zink (Hrsg.), *Arbeit 4.0 im Mittelstand*,
https://doi.org/10.1007/978-3-662-59474-2_15

15.1 Flexibilität als Herausforderung

Kleine und mittlere Unternehmen (KMU) haben aufgrund ihrer flexiblen Strukturen die Chance, auf individuelle Kundenwünsche einzugehen und sich mit ihrem Angebot am Markt zu behaupten. Durch diesen strategischen Vorteil bieten sich den KMU große Potenziale, die aber auch mit neuen Herausforderungen einhergehen. So bedeuten individuelle Kundenwünsche meist eine hohe Variantenvielfalt, die es für das Unternehmen zu bewältigen gilt. Inwiefern sich dies auf die Effizienz in der Fertigung auswirkt, hat die PS Automation GmbH aus Bad Dürkheim erfahren müssen und das Mittelstand 4.0-Kompetenzzentrum Kaiserslautern um Unterstützung bei der Auswahl einer Lösung basierend auf digitaler Technologie gebeten.

Seit über 25 Jahren produziert die PS Automation GmbH verschiedene Stellantriebe zur Steuerung und Regelung von Gasen oder Flüssigkeiten. Sie stellen den Betrieb von Gebäudetechnik und Anlagen in der Industrie rund um die Uhr sicher. Die Stellantriebe aus Bad Dürkheim sind weltweit im Einsatz: Sie bewegen die gläsernen Wendeflügel in der Fassade der Hamburger Elbphilharmonie, verrichten ihren Dienst in türkischen Sodafabriken und sorgen am Flughafen von Abu Dhabi für Kühlung. Entsprechend groß ist das Produktportfolio des Familienunternehmens und die Anzahl der gefertigten Varianten durch spezielle Kundenwünsche steigt stetig. Flexibilität ist für ein mittelständisches Unternehmen sowohl Fluch, als auch Segen zugleich. Denn während das Eingehen auf spezifische Anforderungen die Zufriedenheit der Kunden und die Wettbewerbsfähigkeit des Unternehmens steigert, bedeutet die Flexibilität zugleich eine Zunahme der Komplexität für die Mitarbeiter an den manuellen Montagestationen.

Die Montage als Arbeitssystem fokussiert auf den Zusammenbau von Produkten aus Komponenten bzw. Baugruppen durch Mitarbeiter anhand von Informationen eines Arbeitsauftrages, Montagehandbüchern und Konstruktionszeichnungen. In der sog. Mehrprodukt- oder Variantenmontage müssen Mitarbeiter immer den Überblick zwischen den verschiedenen Alternativen behalten, beispielsweise bezüglich der zu montierenden Teile basierend aus den spezifischen Kundenwünschen zu einem Auftrag, der Werkzeuge oder benötigten Hilfsmittel (Bornewasser et al. 2018). Der Mitarbeiter befindet sich quasi immer vor einem neuen Auswahlproblem im Montageprozess. Damit verbunden ist ein höherer Aufwand der Verarbeitung von Informationen für den Mitarbeiter und dieser erfährt eine erhöhte kognitive Beanspruchung. Diese wiederum wird häufig in Verlusten der Produktivität im Montageprozess deutlich (Bornewasser et al. 2018; Falck et al. 2017).

Die Defizite der Informationsbereitstellung in einem manuellen Montagesystem lassen sich auch in folgenden Kategorien zusammenfassen (Hinrichsen und Bendzioch 2018; Bornewasser et al. 2018):

- Mangel an erforderlichen Informationen vorhanden,
- Vermittlung von nicht-erforderlichen Informationen bläht Informationsweitergabe auf,
- Unpassender Zeitpunkt der Informationsvermittlung,
- zu viele/zu geringe Vermittlung der Informationen,

- Vermittlung von nicht-aktuellen Informationen und
- Unpassende Aufbereitung der benötigten Informationen (keine einfache Aufnahme durch Montagemitarbeiter möglich).

Bei der PS Automation GmbH unterscheiden sich die Varianten teilweise nur anhand kleiner Details, beispielsweise einem anderen Material bei einem Zahnrad oder anderen Schrauben. Hier einen Überblick zu behalten und die Informationen zu Änderungen den Produktionsmitarbeitern immer aktuell bereitzustellen, ist eine zeitaufwändige Aufgabe.

Insbesondere neue Angestellte oder Aushilfskräfte müssen sich im Gegensatz zu langjährigen Mitarbeitern für die Montage der komplexen Stellantriebe immer wieder bei Kollegen erkundigen oder die dicken Papierordner mit gedruckten Konstruktionsplänen wälzen. Denn kundenspezifische Anforderungen sind anhand von händisch vorgenommenen Markierungen auf den Arbeitsaufträgen ersichtlich. Die dazu relevanten Konstruktionszeichnungen und Produktionshandbücher können in Ordnern nachgeschlagen werden, die an den Arbeitsstationen bereitstehen. Werden die Ordner benötigt, sind sie häufig an einem anderen Arbeitsplatz in Gebrauch, Änderungen nicht eingepflegt oder Pläne für eine neue Variante noch nicht ausgedruckt. Zusätzlich besteht das Problem, dass bei neuen bzw. komplexen Modellen mehrere Mitarbeiter an den Handarbeitsplätzen in der Montage gleichzeitig auf denselben Ordner zugreifen müssen und ein Engpass mit Zeitverzögerungen resultiert. Dies führt insgesamt zu vielen persönlichen Nachfragen bei den direkten Kollegen in der Produktion oder sogar darüber hinaus in der Konstruktion bzw. im Vertrieb. Das kostet in der Fertigung viel Zeit und kann zu Fehlern führen.

Um die Effizienz in der Produktion zu steigern und die zukünftige Wettbewerbsfähigkeit zu sichern, setzt das Unternehmen zukünftig auf eine digitale Lösung, die den Zugang zum Montagewissen erleichtert. „In einer Produktion, in der fast ausschließlich manuell gefertigt wird, nehmen die Mitarbeiter eine zentrale Rolle ein. Sie müssen optimal unterstützt und motiviert werden," bekräftigt der Geschäftsführer die Entscheidung zur Einführung eines digitalen Wissensmanagements.

15.2 Mitarbeiterorientierte Anforderungserhebung

Im Rahmen der Zusammenarbeit des Mittelstand 4.0-Kompetenzzentrums mit der PS Automation GmbH wurde zunächst eine ergebnisoffene Erhebung der Anforderungen und akuten Problemlagen der Mitarbeiter in der Montage realisiert. Dabei wurden sowohl Verbesserungspotenziale identifiziert, die eine digitale Lösung benötigen, als auch solche, die ohne die Einführung einer digitalen, technischen Komponente realisiert werden konnten. Aufbauend auf diesen Ergebnissen wurden einzelne Verbesserungsmaßnahmen in der Montage realisiert und als zentrales Verbesserungsprojekt die Einführung eines digitalen Assistenzsystems zur Anzeige/Bereitstellung aktueller Konstruktionsdaten und Auftragsinformationen identifiziert. In diesem Projekt stand die Verbesserung der Informationsbasis der Montagemitarbeiter im Vordergrund sowie der Bedarf, die Produktivität der Montage zu erhöhen und die Fehleranfälligkeit zu verringern. Auch die weitere Vorgehensweise zur Auswahl und Implementierung des Assistenzsystems war weiterhin ergebnisoffen gehalten, um keine Einschränkung durch eine Vorabfestlegung auf einzelne mobile Endgeräte oder Softwarelösungen vorzunehmen (Weber et al. 2014).

Die Anforderungserhebung basierte auf einem einfachen Modell zur Erfassung des Arbeitssystems (Abb. 15.1). Hierbei werden die Person des Beschäftigten, die Arbeitsaufgabe sowie die erforderlichen Arbeitsmittel als Ebenen des Systems unterschieden sowie die vorliegenden externen Einflussfaktoren bzw. Rahmenbedingungen des Montagesystems sowie die bestehenden EDV-Systeme (z. B. ERP-System). Als unterstützender Faktor für die Erfüllung der Arbeitsaufgabe durch die Arbeitsperson/den Montagemitarbeiter wird das informatorische Assistenzsystem als Basis für ein Wissensmanagementsystem in dieses Modell integriert. Das System kann dazu beitragen, den Verlust an Produktivität durch zunehmende Informationskomplexität und dadurch ausgelöste Unsicherheiten und kognitive Überforderung der Mitarbeiter, der im horizontalen Verlauf durch das Modell angenommen wird, zu reduzieren. Damit berücksichtigt die Anforderungserhebung neben der Arbeitsaufgabe und der sozialen Komponente des Mitarbeiters als Individuum auch die technische und die organisatorische Perspektive und folgt damit einem soziotechnischen Systemverständnis (Weber et al. 2014).

Da der Erfolg eines solchen digitalen, informatorischen Assistenzsystems in der Akzeptanz der Mitarbeiter sowie der einfachen Anwendbarkeit im Rahmen der bestehenden Arbeitsprozesse liegen, stand die Beteiligung der Belegschaft im Mittelpunkt des Projekts. Eine Einführung eines Assistenzsystems kann vor allem von einer mitarbeiter- und organisationsgerechten Ausgestaltung profitieren (Bosse et al. 2019). Die Mitarbeiterorientierung kann durch eine umfassende Anforderungserhebung unter Einbindung der Mitarbeiter, d. h. der späteren Nutzer und weiterer Stakeholder z. B. aus den im

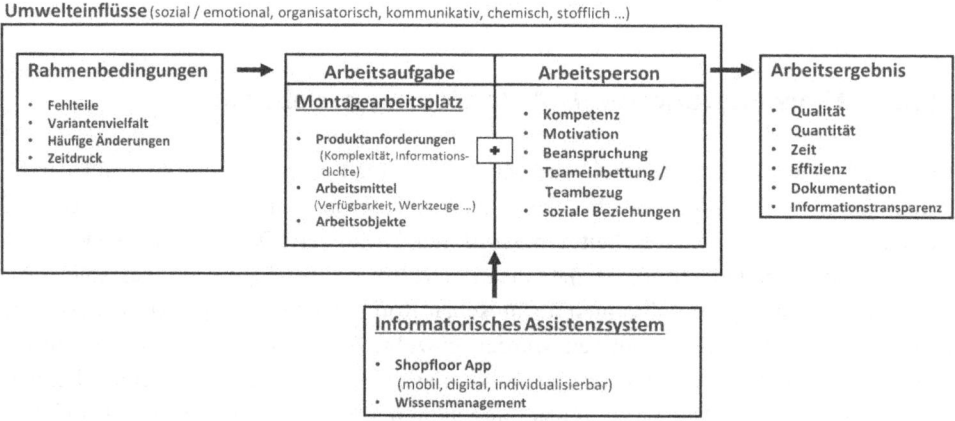

Abb. 15.1 Ebenen des Arbeitssystems plus Montagearbeitsplatz und Assistenzsystem (In Anlehnung an Bornewasser et al. 2018; Schlick et al. 2010; DIN EN ISO 6385 2016)

Prozess vorgelagerten Abteilungen sowie der Unternehmensleitung (z. B. Geschäftsführung, Betriebsleiter), die v.a. zu technischen und organisatorischen Rahmenbedingungen befragt wurden, gefördert werden (Weber et al. 2014).

Startschuss für das Digitalisierungsvorhaben waren daher ausführliche Interviews mit den Produktionsmitarbeitern sowie eine Analyse der bestehenden Arbeitsprozesse, um die spezifischen Anforderungen und Bedürfnisse an den Arbeitsstationen zu erfassen. Im Rahmen der Interviews wurden alle Aspekte des oben erläuterten Modells zur Erfassung der Arbeitssituation in der Variantenmontage berücksichtigt und mit den betroffenen Mitarbeitern angesprochen. Das Vorgehen folgt damit einem Verfahren zur Bestimmung von Komplexität in Montageprozessen, das sich an der subjektiven Einordnung der Schwierigkeit orientiert und die Eindrücke der Mitarbeiter zur Schwierigkeit der einzelnen Arbeitsschritte und Montageaufgaben erfasst. Auf diese Weise kann insbesondere eine hohe Nachvollziehbarkeit der Problemlagen erreicht werden (Bornewasser et al. 2018).

Die Gespräche dienten als Grundlage für die Konzeption der verschiedenen Lösungsansätze, die von der extern beauftragten App-Entwicklung, über eine intern zu entwickelnde Prototypen-App bis hin zur simplen Bereitstellung digitaler Konstruktionspläne über Touchscreens reichten. „Für uns war damit eine der größten Hürden genommen. Es war schwer, sich einen Überblick der spezifischen Anforderungen an den verschiedenen Arbeitsstationen in der Produktion zu verschaffen. Natürlich waren dafür die Mitarbeiter, die an diesen Stationen arbeiten, die beste Informationsquelle. Die externen Experten des Mittelstand 4.0-Kompetenzzentrums Kaiserslautern haben uns sehr dabei geholfen, eine neutrale und offene Betrachtung seitens unserer Mitarbeiter zu erhalten, "erklärt der Geschäftsführer die Zusammenarbeit mit dem Kompetenzzentrum.

Die Ergebnisse der Anforderungserhebung verdeutlichten, dass insbesondere an den manuellen Arbeitsstationen mit zunehmender Komplexität und Vielfalt der Montageprozesse ein steigender Informationsbedarf besteht. Suchzeiten infolge fehlender oder nicht aktueller Informationen führten teilweise zu abnehmender Produktivität, Montagefehlern oder Nacharbeiten.

Die Analyse der zugrunde liegenden Prozesse zeigte, dass für die Informationsbereitstellung bisher zwei parallele Wege genutzt wurden, die nicht immer miteinander verknüpft bzw. untereinander abgestimmt waren (Abb. 15.2). Zum einen erstellte der Vertrieb im ERP-System die Produktionsaufträge, die über den Produktionsleiter koordiniert als papierbasierte Montageaufträge mit verschiedenen Listen und Detailinformationen in die Produktion gegeben wurden. Zudem wurden weitere Zusatzinformationen aus dem Vertrieb häufig als händische Ergänzungen auf dem Montageauftrag ergänzt. Zum anderen stellte die Konstruktion parallel dazu die Konstruktionspläne und Produktionshandbücher über einen getrennten Dokumentenserver zur Verfügung, die in ausgedruckter Form in Ordnern- verbunden mit einem hohen Aktualisierungsaufwand für die Informationen in der Produktion- bereitgestellt wurden.

Da beide Prozesse getrennt voneinander abliefen, konnte es passieren, dass auf Kundenwünschen basierende, kurzfristige Anpassungen durch den Vertrieb in Verbindung mit nicht aktuellen Unterlagen in den Ordnern der Produktion zu häufigen Nachfragen und

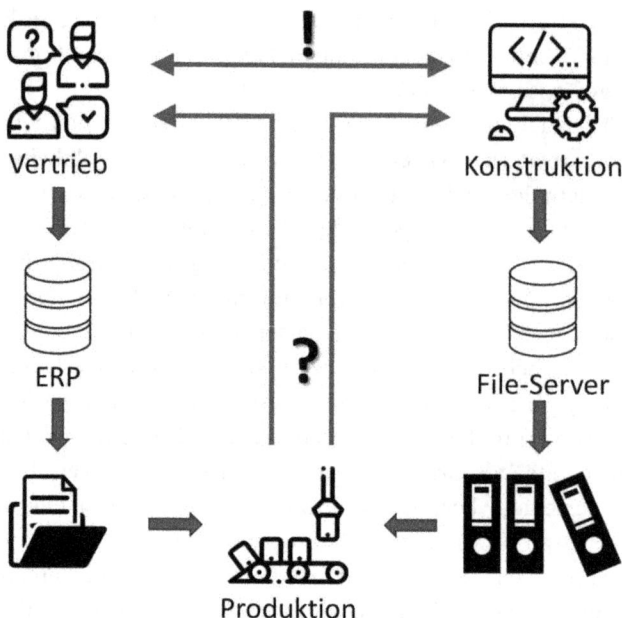

Abb. 15.2 Ist-Situation Informationsbereitstellungsprozesse im Unternehmen

daraus resultierenden Effizienzverlusten führte. Insgesamt wurde deutlich, dass die PS Automation GmbH zwar hochgradig individuell auf Kundenwünsche eingeht, dies aber insbesondere die zeitnahe Bereitstellung der aus den Kundenwünschen resultierenden Änderungen nicht reibungslos bis in die Montage fortgeführt wird.

Um dem entgegenzuwirken ist der Einsatz eines informatorischen Assistenzsystems, das die zentralen Bedarfe der Produktions- und Montagemitarbeiter an den Stationen adressiert, erfolgversprechend. So standen unter anderem eine strukturierte und schnelle Bereitstellung von Informationen in Form von Konstruktionsplänen und Produktionshandbüchern für den jeweils zu fertigenden Antrieb im Zentrum des Bedarfs, während Videosequenzen im Vergleich eher von den Mitarbeitern als zu zeitintensive Unterbrechung im Arbeitsprozess angesehen wurden. Ein weiterer Faktor, der bei der Erhebung deutlich herausgearbeitet wurde, war die Aktualität der Informationen. Kurzfristige Änderungen aufgrund von spezifischen Kundenwünschen führten in der Vergangenheit zu Unklarheiten und Komplikationen bei den Montagetätigkeiten. Durch eine Verknüpfung des ERP-Systems mit dem File-Server wurde es möglich, dass in jedem bestehenden Produktionsauftrag im ERP-System automatisch auf die dazugehörigen Konstruktionspläne und Produktionshandbücher verwiesen wurde. Dies gewährleistet zukünftig, dass stets die aktuellen Daten und Informationen zu jeder Variante, auch bei kurzfristigen Änderungen, für den Mitarbeiter in der Produktion gezielt abrufbar sind. Auf diese Weise wird die hohe Komplexität der Variantenmontage, die ein hohes Maß einer adaptiven Informationsbereitstellung erfordert, durch ein digitales Assistenzsystem optimiert (Abb. 15.3).

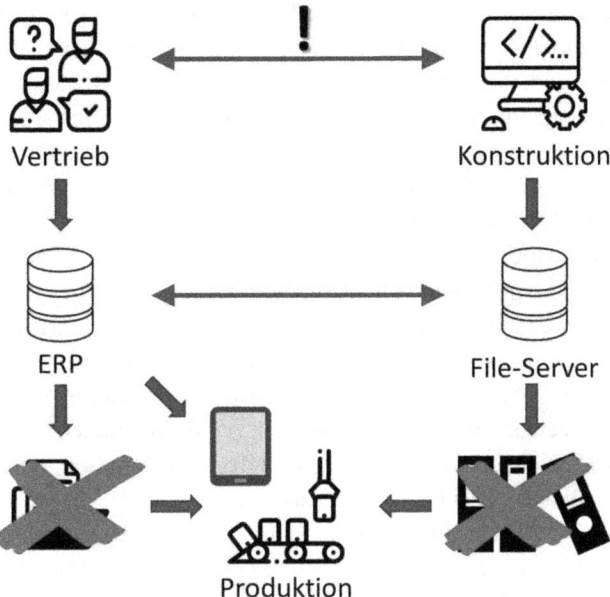

Abb. 15.3 Optimierte Informationsbereitstellungsprozesse im Unternehmen

Die Rollen des Vertriebs und der Konstruktion werden bei der Ausgestaltung des Assistenzsystems berücksichtigt, in dem eine „Redakteurs"-Rolle etabliert wird. Aufgabe des Redakteurs ist es, die Inhalte des Assistenzsystems für die Fach- bzw. Montagearbeiter so aufzubereiten, dass diese die relevanten Informationen in einem geeigneten Format erhalten (Brandl et al. 2015). Im Fall der PS Automation GmbH können der Vertrieb, die Konstruktion sowie der Betriebsleiter bzw. der Montageleiter diese Aufgabe übernehmen.

Parallel zur Anforderungserhebung mit den Montagemitarbeitern wurde zusätzlich eine Mitarbeiterzufriedenheitsbefragung im gesamten Unternehmen durchgeführt. Hiermit wurde das Ziel verfolgt, auch an den Schnittstellen der Produktion zu anderen Prozessen, bspw. der Konstruktion oder dem Vertrieb, Verbesserungspotenziale basierend auf den Eindrücken der Mitarbeiter zu identifizieren.

15.3 Wissensmanagement: Wissen ist Produktions- und Erfolgsfaktor auch im digitalen Zeitalter

Ziel des Wissensmanagements allgemein ist es, das für das Unternehmen relevante Wissen systematisch aufzubereiten, sodass es zielgerichtet eingesetzt werden kann und Mitarbeiter effizient für neue Tätigkeiten qualifiziert werden können (Brandl et al. 2015). Unter Wissen wird hierbei aber noch viel mehr verstanden, als nur die vorhandenen Daten und Dokumente. Aus betriebswirtschaftlicher Sicht umfasst Wissen ebenso alle Kenntnisse und Fähigkeiten, die von den Mitarbeitern bei der Erledigung ihrer Tätigkeiten sowie zur

Problemlösung eingesetzt werden. Das beste Beispiel hierfür ist das Erfahrungswissen. So ist ein neu eingestellter Berufsanfänger zwar durchaus mit den gängigen Arbeitsabläufen und Maschinen vertraut, dennoch fehlt diesem im Gegensatz zum langjährigen Mitarbeiter der Erfahrungshintergrund, um auch bei unerwarteten Problemen im Arbeitsablauf adäquat zu reagieren, sodass die Fertigung reibungslos weiterlaufen kann. Ein Wissensmanagementsystem macht in diesem Zusammenhang ein „Training on the job" oder ein „mobile workplace-based learning" möglich (Brandl et al. 2015).

Die rapiden Entwicklungen im Bereich der Informations- und Kommunikationstechnologie eröffnen dem Wissensmanagement umfangreiche Möglichkeiten zur Speicherung, Bereitstellung und zielgerichteten Suche. Insbesondere der Erfahrungsaustausch kann durch mobile, digitale Lösungen selbst über räumliche und zeitliche Grenzen hinweg unterstützt und gefördert werden. Systeme können neben textualen Erläuterungen der Arbeitsschritte auch Konstruktionszeichnungen und Fotos oder Videoaufnahmen zur Vermittlung von „Tipps und Tricks" beinhalten. Aber die digitalen Technologien bringen auch Herausforderungen mit sich, so zum Beispiel bei der Auswahl geeigneter Medien oder einer nutzerfreundlichen Gestaltung. Damit kann ein mobiles, ggf. kontext-sensitives Assistenzsystem einen Zugriff auf Wissen zur Unterstützung der Mitarbeiter in ihrem Arbeitsalltag ermöglichen und bspw. den Zugriff auf Unternehmens- und Kollegenwissen ermöglichen. Mitarbeiter werden zudem dabei unterstützt ihr eigenes, implizites Erfahrungswissen explizit im Wissensmanagementsystem festzuhalten zum Vorteil ihrer Kollegen (Weber et al. 2014). Hierzu gehören unter anderem Aspekte der Software-Ergonomie wie zum Beispiel intuitive Bedienbarkeit und leichte Verständlichkeit. Ebenfalls muss dafür Sorge getragen werden, dass die Mitarbeiter über die nötige Qualifikation zur Bedienung des Systems verfügen und entsprechend geschult werden. Denn auch wenn die technischen Möglichkeiten ein großes Potenzial eröffnen, im Zentrum des Wissensmanagements steht weiterhin der Mensch als Wissensträger, der fähig und gewillt sein muss, die eingesetzte Technologie zu nutzen.

Der effektive Einsatz eines Wissensmanagementsystems setzt allerdings die Bereitschaft der Mitarbeiter voraus, ihr implizites Erfahrungswissen mit den Kollegen teilen und in das System eingeben zu wollen (Niehaus 2017).

15.4 Bewertung und Auswahl von Lösungsalternativen

Aufbauend auf den ermittelten Anforderungen wurde durch die Experten des Mittelstand 4.0-Kompetenzzentrums ein Lösungsraum für die Auswahl und Implementierung eines informatorischen Assistenzsystems in der Montage zusammengestellt (Abb. 15.4).

Der Lösungsraum berücksichtigte zunächst die drei Arbeitsstationen (Montagestation, Prüfstand und Endmontage- bzw. Versandstation), die den höchsten Informationsbedarf aufwiesen und das größte Verbesserungspotenzial durch ein Assistenzsystem boten. Das Unternehmen entschied sich die Pilotumsetzung an der ersten Montagestation zu realisieren, da sich hier die größten Vorteile und Transfermöglichkeiten auf andere Stationen gezeigt hatten. Als Lösungsalternativen für die technische Realisierung des Assistenzsystems kamen die Optionen direkter ERP-Zugriff, mobile Shopfloor-App des bestehenden

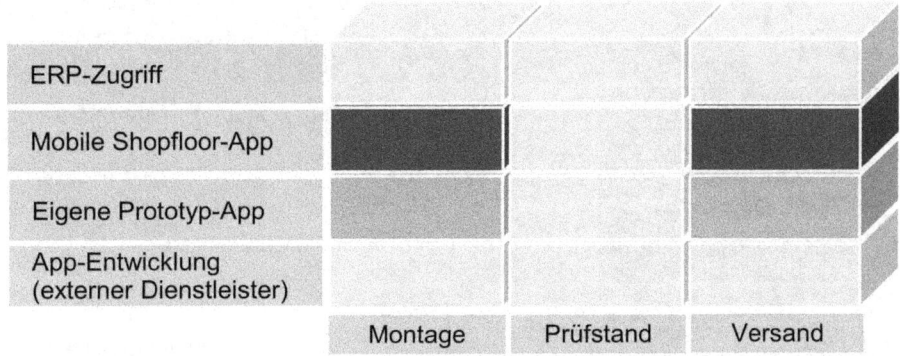

Abb. 15.4 Lösungsraum für die Auswahl und Implementierung eines Assistenzsystem bei der PS Automation GmbH

ERP-Anbieters, App-Prototyp-Entwicklung durch die Unternehmens-IT- und das Kompetenzzentrum sowie App-Entwicklung durch einen noch zu bestimmenden externen Dienstleister in Frage. Basierend auf den organisatorischen Rahmenbedingungen des Unternehmens (fehlende ERP-Vorkenntnisse der Montagemitarbeiter, enger zeitlicher Rahmen des Projekts) wurde die Optionen „Prototyp" und „direkter ERP-Zugriff" zunächst ausgeschlossen. Ausgehend von den Befragungsergebnissen und dem daraus abgeleiteten Anforderungskatalog für das Assistenzsystem wurde eine Nutzwertanalyse für die Optionen „Shopfloor-App" und „externe Entwicklung" durchgeführt (Abb. 15.5).

Die Analyse machte deutlich, dass für das Familienunternehmen die Shopfloor-App basierend auf dem ERP-System und von dessen Anbieter entwickelt, die am besten geeignete Lösung für die Realisierung des Assistenzsystems war.

Die Shopfloor-App bietet insbesondere folgende Vorteile:

- Systemunabhängige Webapplikation
- Eingabe (oder Scan) der Auftragsnummer möglich
- Anzeige von mit dem Auftrag verknüpften Dokumenten möglich
- Individualisierte Anpassung auf unternehmensspezifische Anforderungen möglich
- Support durch ERP-Anbieter über Projektlaufzeit hinaus möglich (Anbieter ist dem Unternehmen bereits bekannt, es bestehen Kooperationsbeziehungen)
- Ausbau hin zu Fertigungsrückmeldung möglich
- Erweiterung hin zu Wissensmanagementsystem möglich.

Die externe Entwicklung durch einen noch zu bestimmenden Software-Dienstleister, die nicht als Lösung gewählt wurde, beinhaltete insbesondere folgende Nachteile, die eine Realisierung und Nutzung des Systems erschwert hätten:

- Nicht abschätzbare Entwicklungszeit notwendig
- Projektbegleitung durch Kompetenzzentrum nur im Anfangsstadium möglich

Anforderungen		Shopfloor App	Eigene Prototyp-Entwicklung
A1.	Geräteunabhängigkeit	✓	nur auf Mobilgerät
A2.	Touch-Support	✓	✓
A3.	Betriebssystem-unabhängigkeit	✓	nur unter Android
A4.	Schnittstelle ERP	✓	Abhängigkeit zu ERP
A5.	Schnittstelle File-Server	✓	✓
A6.	Anzeige v. Dokumenten	✓	nicht Auftragsspezifisch
A6.1.	Konstruktionspläne/-zeichnungen	✓	✓
A6.2.	Produktionshandbücher	✓	✓
A6.3.	Zubehörliste für Versand	Vorarbeiten im ERP erforderlich	Vorarbeiten im ERP erforderlich
A6.4.	Schaltpläne	✓	✓
A6.5.	Bilder	✓	✓
A7.	Ergänzende Informationen	✓	✗
A7.1.	Fertigungstext	✓	✗
A7.2.	Bilder	✓	✗
A8.	Fertigungs-Barcode	✓	✗
A9.	Multiple Konfigurationen	unklar	✗
A10.	Anzeige v. Revisionen	✓	✗
A11.	Rückmeldung an ERP	✓	✗
A12.	Zusatzinformation von Produktionsleiter etc.	✓	✗
A13.	Implizites Wissen der Produktionsmitarbeiter	✓	✗

Abb. 15.5 Ergebnis der Nutzwertanalyse

- Hohe nicht abschätzbare Kosten (abhängig vom Entwicklungsprojekt)
- Eventuell Softwaresupport über das Entwicklungsprojekt hinaus notwendig; Zuverlässigkeit des Entwicklers als offene Größe, z. B. bei Änderungen der bereitgestellten Datenstruktur des ERP-Systems

Die Vor- und Nachteile der gewählten Shopfloor-App-Lösung zeigt Tab. 15.1 zusammenfassend im Vergleich:

Tab. 15.1 Übersicht über die Vor- und Nachteile der gewählten Shopfloor-App-Lösung

Vorteile	Nachteile
Grundmodule mit Basisfunktionen erhältlich	Relevante Daten (z. B. Produktionshandbücher) müssen im ERP eingepflegt und aktuell sein
In ERP-System integriert	Anpassung auf individuelle Anforderungen des Unternehmens möglich aber zeitaufwändig
Kein zusätzlicher, neuer Softwaredienstleister notwendig	Abhängigkeit von ERP-Anbieter (Kapazitätsengpässe)
Kostenrahmen überschaubar	
Voraussichtlich im Projekt umsetzbar	
Zukünftige Integration eines Wissensmanagements mit Anpassungen z. B. Rollendefinitionen möglich	
Grundmodule mit Basisfunktionen erhältlich	

15.5 Vorgehensweise im Einführungsprozess

Letztendlich bot eine Lösung in Verbindung mit dem bestehenden System zur Unternehmensressourcenplanung (Enterprise-Resource-Planning, kurz ERP) die größten Potenziale. Die im Unternehmen digital vorliegenden Dokumente, wie zum Beispiel die Konstruktionspläne für die verschiedenen Antriebstypen, wurden systematisch im ERP-System erfasst. Dadurch können sie mit den Aufträgen und den individuellen Kundenwünschen verknüpft und zielgerichtet an den entsprechenden Arbeitsstationen in der Fertigung über Tablets angezeigt werden. Auf den mobilen Endgeräten, die insbesondere auch Anforderungen gegenüber Schutz gegen Fett und Nässe erfüllen mussten, läuft hierfür eine gemeinsam mit dem ERP-Anbieter entwickelte Web-Applikation, die nach einem Barcodescan der Auftragsnummer direkt auf die individuellen Auftrags- und Kundeninformationen im ERP-System zugreift. Auf diese Weise werden in Sekundenschnelle immer die aktuellsten Konstruktionspläne und Fertigungsinformationen für den vorliegenden Arbeitsauftrag angezeigt. Unnötige Laufwege, Nachfragen und zeitaufwändiges Blättern in Papierunterlagen gehören damit in der PS Automation GmbH der Vergangenheit an. „Im ERP-System bereits vorhandene Informationen konnten entsprechend der Anforderungen und Bedürfnisse an den verschiedenen Arbeitsstationen aufbereitet werden. So können die Mitarbeiter mit Hilfe der neuen Web-Anwendung optimal bei ihren Tätigkeiten unterstützt werden," erklärt der Geschäftsführer den Vorteil und Mehrwert der Shopfloor-App.

Zunächst wurde der Pilot an einer zentralen Arbeitsstation eingeführt und das bei der Erprobung gesammelte Mitarbeiterfeedback floss in die Weiterentwicklung der App mit ein. So konnten eine hohe Nutzerfreundlichkeit sichergestellt sowie eine auf die Bedürfnisse und Anforderungen an den Arbeitsstationen bestmöglich zugeschnittene Lösung erarbeitet werden. Beispielsweise wurde die App um eine Suchfunktion sowie eine Funktion zur Anzeige von Zusatzinformationen zu kundenspezifischen Anforderungen, die der Vertrieb im System vermerken kann, ergänzt.

Bei der Einführung des Systems galt es zudem darauf zu achten, dass klare Regelungen zur Nutzung des Systems definiert wurden. Der Grundstein für das unternehmensinterne Wissensmanagementsystem ist gelegt und aufgrund der engen Einbindung der Mitarbeiter ist die Akzeptanz für das neue System hoch. In der Folge werden nun schrittweise weitere Arbeitsstationen mit Tablets oder Touchscreens ausgestattet und die Mitarbeiter für den Einsatz der neuen Anwendung geschult. Ebenso sind weitere Ausbaustufen wie Rückmeldungen der Mitarbeiter oder die Dokumentation individueller Erfahrungen (im Sinne von „Tipps und Tricks") bei der Montage komplexer Antriebe bereits angedacht. Der Nutzen des Systems liegt zum einen in der Sicherstellung des passenden Informationsflusses zum Mitarbeiter (es gibt immer die aktuellsten Konstruktionsdaten an der Montagestation) bei Aktualisierungen der Konstruktion oder dem Vertrieb sowie in einer Zeitersparnis bei den Montagemitarbeitern statt einem aufwändigen Suchen von Informationen in Ordnern. Zudem kann auf diese Weise eine Entlastung der Mitarbeiter auf kognitiver Ebene erreicht werden, indem sie bei Entscheidungssituationen unterstützt werden und weniger Ablenkung durch andere Kollegen erhalten, die ebenfalls auf Informationssuche sind. Damit ist das mittelständische Unternehmen gut gerüstet für den Weg in eine digitale Zukunft.

15.6 Zusammenfassung

In vielen Unternehmen steht die Digitalisierung ganz oben auf der Agenda. Während diese für größere Unternehmen eine Art „Spielwiese" ist, können fehlgeschlagene Digitalisierungsvorhaben für kleine und mittlere Unternehmen bereits existenzbedrohend sein. Daher gilt insbesondere für KMU das Gebot der „Digitalisierung nach Maß". Das bedeutet, dass die neuen digitalen Technologien zielgerichtet dafür einzusetzen sind, an bestehende Herausforderungen anzusetzen und die Wettbewerbsfähigkeit des Unternehmens nachhaltig zu steigern. Dies verdeutlicht das Vorgehen des mittelständischen Stellantriebsherstellers, der die Herausforderungen einer hohen Flexibilität sowie der daraus resultierenden Variantenvielfalt mithilfe eines informatorischen Assistenzsystems in der Produktion angegangen ist. Das in diesem Projekt etablierte Assistenzsystem dient v.a. der Steigerung der Flexibilität und Produktivität der Montage, ermöglicht eine Verkürzung von Anlernzeiten und einen flexibleren Mitarbeitereinsatz, bspw. über Jobrotation zwischen Arbeitsstationen. Zudem können Kommunikationsprozesse – insbesondere zwischen der Montage und den vorgelagerten Abteilungen wie Konstruktion –, effizienter gestaltet werden. Das System ermöglicht weiterhin eine selbstbestimmte Informationsbeschaffung für die Montagemitarbeiter und damit verbunden eine Entlastung bei Entscheidungsproblemen/-situationen (Niehaus 2017).

Bei der Einführung derartiger Assistenzsysteme ist darauf zu achten, dass sie an die Nutzeranforderungen angepasst sind. Auf diese Weise kann ein solches System dazu beitragen, den Mitarbeitern u. a. in Montagesystemen Sicherheit im Arbeitsprozess zu vermitteln und die Vermittlung von Wissen und den Erfahrungsaufbau zu unterstützen.

Das Vorgehen, um einen vereinfachten Zugang der Montagemitarbeiter zu relevanten Informationen mit Hilfe eines digitalen Assistenzsystems zu erreichen, orientiert sich an den folgenden Schritten:

- Definition Projektziele und Projektplan
- partizipative Anforderungs- und Prozessanalyse in allen betroffenen Ebenen des Arbeits-/Montagesystems (u. a. Aufgabe, Arbeitsmittel, Arbeitsperson)
- Anforderungskatalog und Lastenheft erstellen
- Anbieter- und Lösungsauswahl (u. a. mit Hilfe einer Nutzwertanalyse)
- Implementierung durch externen Dienstleister (Integration in bestehendes ERP-System sicherstellen, um Medienbrüche auszuschalten)
- Schulung der Mitarbeiter
- Schrittweise Einführung und Evaluation (Erprobung an einer Pilot-Montagestation)

Im Rahmen der Zusammenarbeit mit dem externen Dienstleister, der die Basis für die Shopfloor-App lieferte, waren insbesondere folgende Aspekte abzustimmen:

- Einbindung und Nutzung der vorhandenen Daten
- Individuelle Anpassung der App
- langfristigen Support sicherstellen
- Abschätzung des Kostenrahmens und eventueller Kostenvorteile
- Anforderungen an geeignete Hardware-Komponenten (Tablets, Touch-Screens etc.)

Die schrittweise Erprobung des Systems beinhaltete u. a. folgende Schritte sowie die Vorbereitung auf die Erweiterung der Nutzung des Systems als Wissensmanagement:

- Erprobung an Pilotstation mit Nutzerschulung und -evaluation
- Weiterentwicklung der App auf Basis der ersten Erfahrungen
- Einführung an weiteren Arbeitsstationen (z. B. Endmontage, Versandstation)
- Ergänzung des Basissystems zur Bereitstellung von Informationen an den Arbeitsstationen:
  - Statusmeldungen zum Arbeitsstand
  - Rückmeldungen der Produktionsmitarbeiter
  - Austausch über „Tipps & Tricks" (Mitarbeiter können Fotos oder kurze Videos zu Hilfestellungen selbst im System zu bestimmten Komponenten bzw. Baugruppen hinterlegen)
- Eine Erweiterung um eine Rückmeldefunktion über den aktuellen Arbeitsstand ist ebenfalls denkbar und mit der ausgewählten Shopfloor-App realisierbar, war aber bei dem hier vorgestellten Familienunternehmen zunächst kein Thema. Ggf. kann eine derartige Funktion zudem als Leistungsüberwachung der Mitarbeiter verstanden werden und bietet daher Gefahren für die Akzeptanz des Systems.

Literatur

Bornewasser, M.; Bläsing, D.; Hinrichsen, S. (2018). Informatorische Assistenzsysteme in der manuellen Montage: Ein nützliches Werkzeug zur Reduktion mentaler Beanspruchung? In: Zeitschrift für Arbeitswissenschaft, 72 (4), S. 264–275.

Bosse, C.K.; Hellge, V., Schröder, D. (2019). Partizipation als Schlüssel zum Erfolg. In: Mittelstand-Digital Magazin Wissenschaft trifft Praxis, Ausgabe 11, S. 5–11.

Brandl, P.; Aschbacher, H.; Hösch, S. (2015). Mobiles Wissensmanagement in der Industrie 4.0. In: Weisbecker, A.; Burmester, M.; Schmidt, A.; (Hrsg.). Mensch und Computer 2015. Workshopband, S. 225–232.Stuttgart: Oldenbourg Wissenschaftsverlag.

DIN EN ISO 6385:2016-12, Grundsätze der Ergonomie für die Gestaltung von Arbeitssystemen. Beuth: Berlin.

Falck, A.-C.; Örtengren, R.; Rosenqvist, M.; Söderberg, R. (2017). Basic complexity criteria and their impact on manual assembly quality in actual production. In: International Journal of Industrial Ergonomics, Vol. 58, S. 117–128.

Hinrichsen S., Bendzioch, S. (2018). How digital assistance systems improve work productivity in assembly. In: Nunes, I. (Hrsg). Advances in human factors and systems interaction AHFE 2018. Advances in intelligent systems and computing, Bd. 781. Springer: Berlin.

Niehaus, J. (2017). Mobile Assistenzsysteme für Industrie 4.0 Gestaltungsoptionen zwischen Autonomie und Kontrolle In: FGW-Impuls Digitalisierung von Arbeit 04, 2017, Düsseldorf.

Schlick, C.; Bruder, R.; Luczak, H. (2010). Arbeitswissenschaft. Springer: Berlin.

Weber, H.; Eierdanz, F.; Ottersböck, N.; Quint, F.; Gorecky, D. (2014). Nutzerzentrierte Gestaltung von mobilen, kontextsensitiven Assistenzsystemen für einen vereinfachten Wissensaustausch in komplexen Produktszenarien, VDI-Berichte Nr. 2222, S. 133–143.

Dipl.-Kfm. Techn. Christian K. Bosse studierte Betriebswirtschaftslehre mit technischer Qualifikation im Fach Informatik an der Technischen Universität Kaiserslautern und der Auckland University of Technology (Neuseeland). Seit 2011 ist er als Wissenschaftlicher Mitarbeiter am Institut für Technologie und Arbeit e.V. beschäftigt. Neben seiner Forschungstätigkeit in verschiedenen Projekten in den Themenbereichen (ei...) Digitalisierung und Zukunft der Arbeit/Arbeit 4.0 unterstützt er als Experte im Mittelstand 4.0-Kompetenzzentrum kleine und mittlere Unternehmen bei ihrer digitalen Transformation und der Einführung neuer Technologien.

Dr. Viola Hellge studierte Diplom-Wirtschaftsingenieurwesen an der Technischen Universität Kaiserslautern und der St. Ambrose University in Davenport, Iowa. Seit 2012 ist Frau Hellge als wissenschaftliche Mitarbeiterin am Institut für Technologie und Arbeit e.V. beschäftigt. Sie promovierte im Jahr 2019 zu den Themen Personalmanagement und Unternehmenscluster. Ihre weiteren Forschungsschwerpunkte liegen in den Bereichen Organisation, Changemanagement insbesondere digitaler Transformationsprozess, soziotechnologische Systemgestaltung, Industrie 4.0 und Zukunft der Arbeit/Arbeit 4.0 im Rahmen des Mittelstand 4.0-Kompetenzzentrum Kaiserslautern.

Smartes Fehlermanagement auf dem Shop Floor. Ein Lösungsansatz für KMU

Maximilian Rüßmann, Sajedeh Haghi, David Bergstein und Robert H. Schmitt

Zusammenfassung

Ansätze der Industrie 4.0, insbesondere der Smart Factory, ermöglichen es Unternehmen ihre Produktion zunehmend zu digitalisieren und zu vernetzen. Hieraus ergeben sich gleichermaßen Potenziale und Herausforderungen für das zukünftige Fehlermanagement. Die Reaktionsfähigkeit von Produktionssystemen lässt sich in Bezug auf Fehler verbessern, sodass Probleme schneller erkannt, analysiert und gelöst werden können. Herausforderungen liegen darin, entsprechende Strukturen sowie methodische und technische Unterstützung zu schaffen. Der Beitrag stellt einen praktikablen Lösungsansatz für kleine und mittlere Unternehmen (KMU) vor.

Der Beitrag entstand im Rahmen des Projekts „SmartFM: Fehlermanagementintegration in die Smart Factory", gefördert durch das Ministerium für Wirtschaft, Energie, Industrie, Mittelstand und Handwerk des Landes Nordrhein-Westfalen sowie aus Mitteln des Europäischen Fonds für regionale Entwicklung (EFRE).

M. Rüßmann (✉) · R. H. Schmitt
Werkzeugmaschinenlabor der RWTH Aachen, Lehrstuhl für Fertigungsmesstechnik und Qualitätsmanagement, Aachen, Deutschland
E-Mail: m.ruessmann@wzl.rwth-aachen.de; r.schmitt@wzl.rwth-aachen.de

S. Haghi
Technische Universität München, Institut für Werkzeugmaschinen und Betriebswissenschaften, Garching, Deutschland
E-Mail: sajedeh.haghi@iwb.mw.tum.de

D. Bergstein
i2solutions GmbH, Stolberg, Deutschland
E-Mail: d.bergstein@i2solutions.de

16.1 Einleitung

Die Smart Factory, als Herzstück der Industrie 4.0, zeichnet sich durch die systematische Verknüpfung der unternehmensinternen Betriebsanlagen und Informationssysteme aus. Deren Umsetzung im produzierenden Gewerbe erfordert in der Regel hohe Investitionskosten, welche nicht jedes Unternehmen aufbringen kann (Bendel 2017). Während Konzerne hohe Beträge in Industrie 4.0 Ansätze investieren, haben die meisten kleinen und mittleren Unternehmen (KMU) eine abwartende Haltung eingenommen. Ein zu langes Zögern der KMU könnte mittelfristig jedoch zu einer Erosion von Wettbewerbsvorteilen führen. Nicht alle Industrie-4.0-Lösungen müssen jedoch zwingend kostspielig sein. Der vorliegende Beitrag präsentiert eine prototypische Lösung für ein smartes Fehlermanagement auf dem Shop Floor.

Smartes Fehlermanagement
Unter Fehlermanagement verstehen wir die Aktivitäten, die nach dem Auftreten eines Fehlers durchgeführt werden und auf das Wiederherstellen eines fehlerfreien Zustands abzielen (Crostack et al. 2005). Generell lassen sich die Aktivitäten auf oberster Ebene zu drei Prozessschritten zusammenfassen: Fehlerbeschreibung, Fehlerursachenanalyse/Maßnahmendefinition und Maßnahmenumsetzung/Wissensmanagement (Abb. 16.1). Unter „smart" verstehen wir einen Fehlermanagementprozess, wenn er entsprechend zur gängigen Bezeichnung im Umfeld von Industrie 4.0 effizient, individualisierbar, digitalisiert und vernetzt abläuft.

Auf der Shop-Floor-Ebene kann der Auslöser des Fehlermanagementprozesses zum Beispiel das Bemerken eines beschädigten Werkstücks durch den Werker sein. Anschließend muss der Fehler dokumentiert werden. Unsere Studien, Forschungs- und Industrieprojekte im produzierenden Gewerbe zeigen großes Optimierungspotenzial im Bereich Fehlermanagement. Gerade bei KMU erfolgt die Fehlerdokumentation auf dem Shop Floor häufig noch analog in Fehlerlisten oder in lokal abgelegten MS Excel-Dateien. Dies macht eine datenbasierte Fehlerursachenanalyse und einen nachhaltigen Umgang mit Fehlern fast unmöglich. Zudem wird oft sehr geringer Aufwand betrieben, um das Fehlerereignis umfassend zu beschreiben und zu dokumentieren. Wird sich die Mühe gemacht, scheitert eine Fehlerursachenanalyse meist an fehlenden Standards der Fehlerbeschreibung. Zusätzlich werden Häufigkeitsanalysen durch Grammatik- und Rechtschreibfehler erschwert.

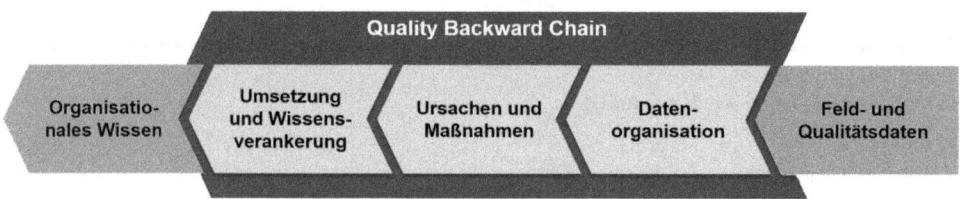

Abb. 16.1 Prozessschritte des Fehlermanagementprozesses (Türtmann et al. 2016)

Möglichkeiten zur Foto-, Video- oder Audiodokumentation werden selten genutzt. In einer vom Werkzeugmaschinenlabor WZL der RWTH Aachen und McKinsey & Company in den Jahren 2016 und 2017 durchgeführten Fehlermanagementstudie bewerten 78,2 Prozent der Teilnehmer den Informationsgehalt externer Fehlerdaten als unzureichend für ein effektives und effizientes Fehlermanagement (Ruessmann et al. 2018). Gespräche mit den partizipierenden Unternehmen haben deutlich gemacht, dass der Prozessreifegrad im internen Fehlermanagement (ein Fehler/Störung tritt innerhalb des Produktentstehungsprozesses auf) im Vergleich zum externen Fehlermanagement (ein Fehler tritt außerhalb der Unternehmensgrenzen auf) noch niedriger ist. Dies führen wir auf einen größeren Leidensdruck gegenüber dem Kunden zurück.

Dadurch, dass Fehlerursachenentstehung und Fehlerentdeckung völlig voneinander entkoppelt sein können, ist der Fehlermanagementprozess ein Prozess mit vielen Schnittstellen. Schäden, die am Werkstück auf dem Shop Floor entdeckt werden, können ihre Ursache in unterschiedlichsten Unternehmensbereichen, wie z. B. dem Einkauf, der Konstruktion, Logistik oder der Produktion haben. Die Vielzahl von Schnittstellen im Prozess der Fehlerursachenanalyse oder der Maßnahmenumsetzung machen eine schnelle und nachhaltige Fehlerabstellung zu einer Herausforderung. Nicht selten kommt es bei internen Schnittstellen zu Verzögerungen im Prozessablauf. Dies liegt zum Teil daran, dass der Fehlermanagementprozess nicht immer als durchgehender Prozess betrachtet wird. Definierte Prozessrollen und ein standardisiertes und transparentes Reporting fehlen häufig entlang des Fehlermanagementprozesses bei produzierenden Unternehmen. Werden Fehlerursachen identifiziert und somit Fehlerwissen aufgebaut, wird letzteres nicht adäquat für parallele oder zukünftige Produktgruppen genutzt. So gaben 58,4 Prozent der befragten Unternehmen an, dass sie über kein systematisches Management ihres Fehlerwissens verfügen (Ruessmann et al. 2018).

Herausforderungen bei der Umsetzung eines smarten Fehlermanagements
Eine Erhöhung des Prozessreifegrades im internen Fehlermanagement, gekoppelt mit einer Digitalisierung und Vernetzung des Prozesses, hin zu einem smarten Fehlermanagement ermöglicht eine langfristige Reduzierung von Fehler- und Prüfkosten sowie späterer Gewährleistungs- und Kulanzkosten. Im Zentrum steht eine verlässliche Fehlerdatenbasis, auf der durch statistische Analysen Fehlerwissen aufgebaut, Prozessparameter optimiert und Mitarbeiter gezielt geschult werden können.

Für KMU ergeben sich auf dem Weg hin zum smarten Fehlermanagement verschiedene Herausforderungen. Diese Herausforderungen orientieren sich an den oben beschriebenen Defiziten und lassen sich übergreifend in die Themenfelder „Datenorientiertes Prozessverständnis" und „Digitalisiertes und vernetztes Workflow-Managementsystem" unterteilen. Beide Themenfelder sind parallel zu adressieren, eine isolierte Umsetzung eines der beiden Themenbereiche wird nicht zum Ziel führen.

Das Themenfeld „Datenorientiertes Prozessverständnis" schafft die Voraussetzungen für die spätere Digitalisierung und Vernetzung des Fehlermanagementprozesses. Zentral ist ein durchgängiger, datenbasierter Fehlermanagementprozess von der Fehlerdatenaufnahme, über die Fehlerabstellung bis zur Ablage des Fehlerwissens. Orientierung für Unternehmen können in der Literatur beschriebene Fehlermanagement-Referenzprozesse geben. Beispielhaft seien die Referenzmodelle von Türtmann et al. (2016); Beaujean (2011) oder Crostack et al. (2005) genannt. Ein Vergleich der Referenzprozesse macht deutlich, dass sich der Fehlermanagementprozess im Ablauf sehr gut und einfach standardisieren lässt. Die Schwierigkeit für Unternehmen liegt meist darin, historisch gewachsene Prozesslandschaften aufzubrechen und Schnittstellen über den Fehlermanagementprozess hinweg zu minimieren. Damit einher geht auch ein Wandel der Organisations- und Fehlerkultur. Letztere lässt sich nur mittelfristig verändern.

Das Themenfeld „Digitalisiertes und vernetztes Workflow-Managementsystem" adressiert die systemische und technische Umsetzung des Fehlermanagementprozesses in ein Workflow-Managementsystem (WMS). Ziel ist die effiziente, datendurchgängige Abbildung und Unterstützung des gesamten Fehlerabstellprozesses. Zentral ist eine standardisierte Fehlerdatenbank, die (quasi)-Echtzeitanalysen und Reporting bzgl. der Fehlerlandschaft erlaubt und gleichzeitig als langfristiger Wissensspeicher für zukünftig auftretende Fehler dient. Wiederholfehler können somit erkannt und schnellstmöglich abgestellt werden. Eigenständige Fehlermanagement-WMS finden sich bisher vor allem bei größeren Unternehmen/Konzernen, bei KMU sind sie aus Kostengründen nicht verbreitet. Um das doppelte Einpflegen von Daten zu vermeiden, sind existierende, eigenständige Fehlermanagement-WMS in der Regel mit anderen Datenquellen wie z. B. ERP-, CAQ- oder PLM-Systemen verknüpft.

Die oben genannten Herausforderungen sind im Folgenden nochmals stichpunktartig zusammengefasst:

I. Datenorientiertes Prozessverständnis im Bereich Fehlermanagement
   - Durchgängiger Fehlermanagementprozess von der Datenaufnahme über die Datenaufbereitung, Fehlerursachenanalyse, Ableitung und Umsetzung von Maßnahmen bis zum Wissensmanagement über Produktgenerationen und -gruppen hinweg
   - Standardisierung der Fehlerdatenaufnahme und -beschreibung sowie Fehlerdatenablage
   - Methodische und datenbasierte Fehlerursachenanalyse und Ableitung von Fehlerabstellmaßnahmen
   - Transparenter Status über den Verlauf der Fehlerabstellung und adressatengerechtes Reporting
   - Minimierung der Anzahl beteiligter Rollen und Prozessschnittstellen
II. Digitalisiertes und vernetztes Workflow-Managementsystem
   - Abbildung des Fehlermanagementprozesses über ein geeignetes WMS
   - Aufbau einer zentralen, standardisierten Fehlerdatenbank
   - Integration oder Vernetzung des Fehlermanagement-WMS in/mit entsprechenden ERP/MES/CAQ-Systemen
   - Regelbasierte, automatisierte Analysen der Fehlerdatenbasis
   - Zentrales, benutzerspezifisches und adressatengerechtes Reporting in Echtzeit

16.2 Lösungsweg

Die in Abschn. 16.1 beschriebene Problemstellung und die aufgelisteten Herausforderungen zu adressieren, ist Ziel des vom Europäischen Fonds für regionale Entwicklung (EFRE) geförderten Forschungsprojektes SmartFM: Fehlermanagementintegration in die Smart Factory. Das Werkzeugmaschinenlabor WZL der RWTH Aachen ist als assoziierter Partner am Projekt beteiligt. Das Projekt SmartFM strebt eine Integration eines Fehlermanagementansatzes in eine bestehende IT-Infrastruktur an, um so einen Beitrag zur Weiterentwicklung des internen Fehlerabstellprozesses zu leisten. Der entwickelte Ansatz zeichnet sich durch einen hohen Vernetzungsgrad mit anderen Systemen, wie z. B. Enterprise Resource Planning (ERP), Manufacturing Execution (MES) oder Computer-aided quality (CAQ), und einer weitreichenden Automatisierung aus. In der SmartFM-Software wird ein vollständiger Fehlerabstellprozess abgebildet, der die dauerhafte Fehlerabstellung unterstützt. Ziel dieses Kapitels ist es, den Lösungsweg des Forschungsprojekts näher zu beschreiben, einzelne Bestandteile der Lösung mit ihren Vorteilen und Risiken vorzustellen und für Verbesserungspotenziale des Fehlermanagements zu sensibilisieren.

Der Lösungsansatz besteht aus drei Hauptbestandteilen: einer Applikation (App) für mobile Endgeräte zur einfachen und intuitiven Fehlererfassung via Smartphone oder Tablet, einer Middleware, die eine skalierbare Implementierung des Fehlermanagementansatzes je nach Reifegrad erlaubt und einem „Key Performance Indicator" (KPI)-Cockpit, das durch Datenanalysen in (quasi)-Echtzeit Entscheidungen in Bezug auf das Fehlermanagement unterstützt (Abb. 16.2).

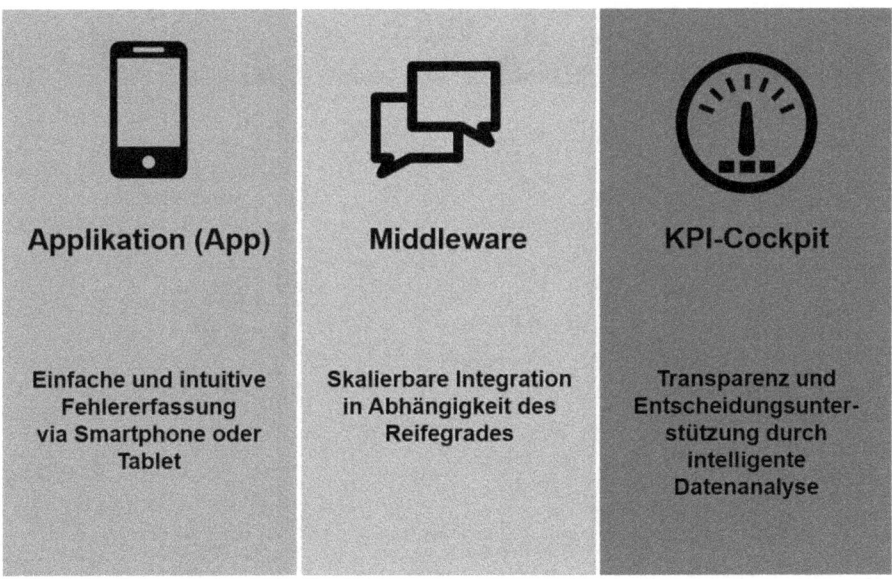

Abb. 16.2 Hauptbestandteile des Lösungsansatzes

Applikation (App) zur Fehlererfassung
Ziel der entwickelten Applikation ist es, dem Werker auf dem Shop Floor eine möglichst intuitive, effektive und simple Fehlererfassung zu ermöglichen. Über einen Button kann der Anwender eine neue Fehlermeldung anlegen oder seine letzten Fehlermeldungen einsehen und bearbeiten. In einer Fehlermeldung wählt er Fehlerort und -art aus und kann weitere Informationen wie Produktionsauftrag, Material, Maschine, Prozess oder Menge verknüpfen. Darüber hinaus können weitere Informationen wie Fotos, Audiodateien oder Texte erstellt und gespeichert werden, die bei der späteren Fehlerdatenanreicherung helfen (Abb. 16.3). Die Stammdaten zur Fehleranreicherung werden direkt mit der Middleware synchronisiert. Die automatische Speicherung von Zeit und Erfasser ergänzen die Datenbasis für die spätere Auswertung.

Jeder Schritt einer Fehlermeldung kann händisch angeklickt oder über einen Code (Barcode, QR-Code) eingelesen werden. Letzteres ist insbesondere bei sich wiederholenden Fehlern effizient. Wiederholfehler oder andere Standardinformationen können in der Middleware beschrieben und als Code hinterlegt werden. So ist es durch einen kurzen Scan des Codes möglich, innerhalb weniger Sekunden Fehlermeldungen mit hinterlegten Informationen zu befüllen oder sogar vollständige Fehlermeldungen anzulegen.

Sobald ein Fehler erfasst ist, erfolgt die weitere Bearbeitung durch den Vorarbeiter/Qualitätsmanager in der Managementkonsole der Middleware. Dort werden Verantwortlichkeiten, Maßnahmen und Aufgaben festgelegt (siehe Middleware). Der Fokus der App zielt darauf ab, die Hürden zur Erfassung eines Fehlers auf dem Shop Floor auf ein Minimum zu reduzieren und den Arbeitsprozess möglichst wenig zu unterbrechen.

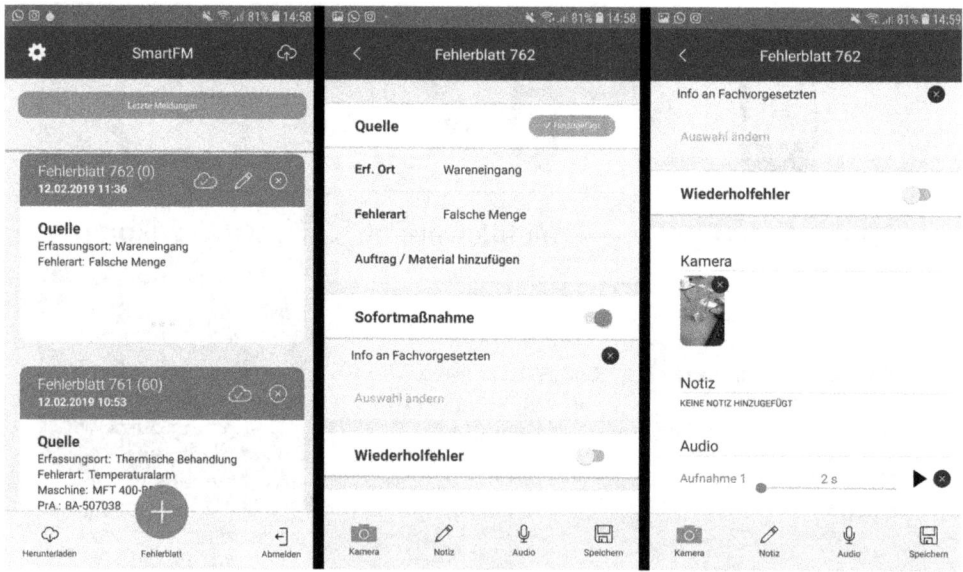

Abb. 16.3 Fehlermeldung in der Applikation

Der Effizienzgrad der Applikation lässt sich durch die Verknüpfung mit anderen unternehmensinternen Systemen (z. B. ERP-System) signifikant erhöhen. Zudem sehen die Autoren großes Potenzial in der Nutzung vorgefertigter QR- oder Barcodes, um Fehler in Sekunden zu erfassen. Jedoch bergen diese Potenziale auch das Risiko, Fehler zu schnell zu erfassen und eine aufwändigere Auseinandersetzung mit der Fehlerentstehung zu umgehen. Diesbezüglich gilt es, Zeitgewinne gegen einen möglichen Informationsverlust kritisch abzuwägen.

Middleware
Die Middleware dient als Unterbau für die Applikation und ist eine Web-basierte Managementkonsole, die es erlaubt, Inhalte unternehmensspezifisch anzupassen und abhängig von der Installationsvariante, von jedem beliebigen Ort mit Internetzugang zu bearbeiten bzw. zu managen. Sie besteht aus Anwendersicht im Wesentlichen aus einer Stammdatenverwaltung, einer standardisierten Fehlerdatenbank, einer Benutzerverwaltung und einem Kennzahlencockpit.

Die Verwaltung von Stammdaten kann manuell, in einem Batchverfahren oder mittels Schnittstelle zu den führenden Systemen umgesetzt werden. Dies macht es auch für KMU mit geringem Digitalisierungsgrad möglich, die Applikation sinnvoll in ihrer Fertigung zu implementieren. Als Stammdaten sind Maschinen, Materialien, Prozesse, Fehlerorte, Fehlerarten, Kunden, Lieferanten, Bestellaufträge, Produktionsaufträge, Serviceaufträge und Sofortmaßnahmen vorgesehen (Abb. 16.4). Es ist jedoch nicht zwingend erforderlich alle Stammdaten anzulegen. Der Umfang der benötigten Daten hängt stark vom Anwendungsfall und den benötigten Funktionen ab.

Abb. 16.4 Datenschnittstelle und Stammdaten

Die standardisierte Fehlerdatenbank ist der Ort, wo alle Fehlermeldungen chronologisch hinterlegt werden (Abb. 16.5). Die Fehlerdatenbank kann neben den Fehlerblättern auch Bilder, Dokumente, Reports und Audiofiles enthalten. Angezeigt werden in der Übersicht für jeden angelegten Fehler eine fortlaufende Identifikationsnummer, das Datum und die Uhrzeit der Fehlerdokumentation, der Autor und der zugewiesene Verantwortliche der Fehlermeldung, der Fehlerort, der Fehlertyp, ggf. eine festgelegte Sofortmaßnahme, ggf. die Kennzeichnung eines Wiederholfehlers und der Status. Durch das Erledigen von Aufgaben (z. B. Festlegen von Verantwortlichkeiten, Identifikation der Fehlerursache, Definition von Fehlerabstellmaßnahmen) wird der Status einer Fehlermeldung fortgeschrieben und der einzelne Fehler wird bis zur Feststellung der Wirksamkeit von Abstellmaßnahmen dokumentiert. Abschließend besteht die Option automatisch einen 8D-Report zu generieren. In diesem standardisierten Format sind die Art der Beanstandung, Verantwortlichkeiten sowie Maßnahmen zum Beheben des Fehlers Mangels dokumentiert.

Ansichts- und Bearbeitungsfunktionen sind an ein Rollenmodell gekoppelt und unternehmensspezifisch anpassbar. Die Benutzerverwaltung kann singulär genutzt werden oder mittels Synchronisation mit dem Active Directory des Unternehmens die Rollen und Berechtigungen im System steuern. Vorgesetzten ist es z. B. möglich, sämtliche Fehlermeldungen einzusehen, zu bearbeiten und deren Status zu setzen. Zusätzlich haben sie das Recht Verantwortliche zuzuweisen. Operative Anwender können hingegen nur ihre eigenen Fehlermeldungen einsehen und bearbeiten. So kann sichergestellt werden, dass nur berechtigte Personen eine Übersicht über die vollständige Fehlerlandschaft erhalten.

Das Potenzial der Webanwendung liegt in einem überdachten Rollenmanagement kombiniert mit einer adressatengerechten Aufbereitung der Inhalte. Ziel ist ein möglichst transparenter und schnittstellenarmer Fehlerabstellprozess, der für jede beteiligte Rolle möglichst wenige Iterationen vorsieht und dadurch die Akzeptanz des Systems erhöht. Eine zu komplexe Umsetzung reduziert die Akzeptanz der Nutzer und kann zum Scheitern der angedachten Zielsetzung eines Smarten Fehlermanagements auf dem Shop Floor führen.

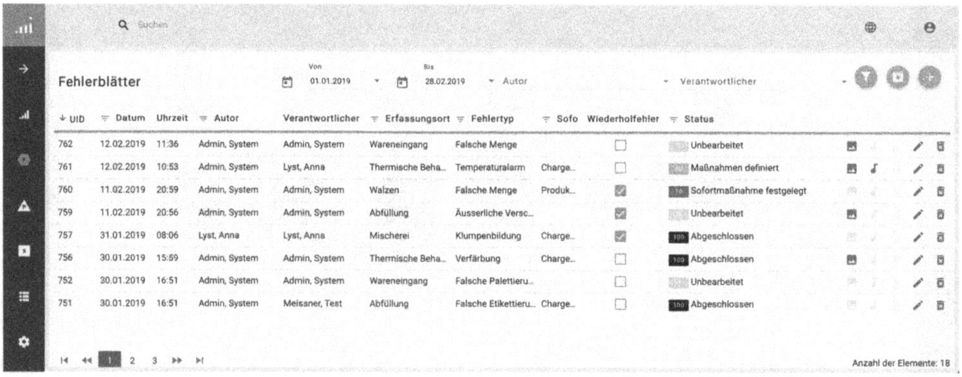

Abb. 16.5 Standardisierte Fehlerdatenbank

KPI-Cockpit

Das KPI-Cockpit ist über einen Reiter der Middleware zugänglich und dient als zentrale Berichtsstelle über den Fehlerabstellprozess (Abb. 16.6). Datenbasis der dargestellten Kennzahlen ist die bereits oben beschriebene Fehlerdatenbank. Abhängig von der zugewiesenen Rolle des Benutzers können Key Performance Indikatoren (KPI) benutzerspezifisch errechnet und visualisiert werden. Standardmäßig sind jedoch auch benutzerübergreifende KPI implementiert. Benutzerspezifisch werden die Kennzahlen „Anzahl der erstellten Fehlerblätter" und „Anzahl der dem Benutzer zugeordneten Fehlerblätter" errechnet. Übergreifend erhält der Benutzer Informationen über die Anzahl aktiver Fehlermeldungen/-blätter je Status, Material, Fertigungsschritt oder Maschinentyp sowie Häufigkeitsanalysen bzgl. Fehlerort und Fehlermeldungen je Wochentag. Zusätzlich wird die durchschnittliche Bearbeitungszeit pro Status angezeigt. Sowohl der Auswertezeitraum für die einzelnen Kennzahlen als auch die Kennzahlen selbst können beliebig angepasst bzw. durch unternehmensindividuelle Kennzahlen ergänzt/ersetzt werden.

Die implementierte Lösung erlaubt Analysen in (quasi)-Echtzeit. Fehlermeldungen, die in der App angelegt werden, erscheinen nach ca. drei Sekunden im KPI-Cockpit. Zukünftige Weiterentwicklungen des KPI-Cockpits in Richtung Gamification sind angedacht. Bei Gamification handelt es sich um spielerische Belohnungselemente, wie z. B. Highscores oder virtuelle Auszeichnungen, die den Benutzer dazu animieren sollen, im System zu arbeiten und Zeit in Aktivitäten der Fehlerabstellung zu investieren. Darüber hinaus sehen die Autoren großes Potenzial in der Umsetzung prädiktiver Analysen. So könnten z. B. anhand vergangener Fehlerereignisse zukünftige Fehlerhäufungen vorhergesagt oder für bestimmte Fehlersymptome Maßnahmen für die Fehlerbehebung vorgeschlagen werden, sobald eine ausreichende Datenmenge zur Auswertung angelegt ist.

Abb. 16.6 Beispielhafte Umsetzung eines KPI-Cockpits

16.3 Einführung der Lösung im Unternehmen

Die Einführung des in Abschn. 16.2 beschriebenen Lösungsansatzes erfolgte bei KMU des produzierenden Gewerbes, die sich des Verbesserungspotenzials ihres Fehlermanagementprozesses bewusst sind. Die von den Unternehmen vor der Umsetzung identifizierten Potenziale im Bereich Fehlermanagement decken sich mit den dargelegten Herausforderungen in Abschn. 16.1. Durch die hohe Auslastung der Unternehmen im Tagesgeschäft fehlte es in der Vergangenheit an Ressourcen, um sich mit dem Thema Fehlermanagement auseinanderzusetzen. Um Unternehmen eine strukturierte Umsetzung der SmartFM-Software zu ermöglichen, wurde der Einführungsprozess in die Phasen Vorbereitung, Einführungsworkshop, Testphase und Analyse untergliedert.

In der Vorbereitungsphase wurden die Dauer des Einführungsprozesses, das Anwendungsszenario, die Anzahl der einbezogenen Anwender und die Verantwortlichkeiten definiert. Zudem war ein wichtiger Punkt der Verknüpfungsgrad zur bestehenden IT-Infrastruktur des Unternehmens, z. B. um relevante Daten in die Software zu überführen. Anschließend wurden in einem Einführungsworkshop das Prozessverständnis und integrierte Funktionen der SmartFM-Software erläutert und mit den Fehlermanagementaktivitäten des Unternehmens übereinandergelegt. Ziel des Einführungsworkshops war es, die Funktionen an die Anforderungen des Unternehmens anzupassen und gleichzeitig Funktionen und Abläufe der Software zu vermitteln. In der anschließenden Testphase konnten die Unternehmen meist über einen Zeitraum von 4–8 Wochen die SmartFM-Software testen. Hierbei kam es häufiger zu Erweiterungen der Datenbasis in Bezug auf den Anwendungsfall (z. B. Ergänzungen von Fehlorten und -arten). Nach dem Ablauf der Testphase wurde das Nutzungsverhalten der SmartFM-Software z. B. bezüglich der Anzahl der dokumentierten Fehler, der Dauer der Nutzung oder der am häufigsten genutzte Funktionen analysiert. Die Rückmeldungen der Unternehmen bezüglich der umgesetzten Software-Lösung waren durchweg positiv. Aus Sicht der Autoren sollte die Anzahl der Fehlermeldungen pro Woche jedoch unternehmensweit bei über 20 liegen, um die Implementierung eines Fehlermanagementansatzes zu rechtfertigen. Zwingend erforderlich ist zudem eine verantwortliche Führungskraft, welche die Umsetzung beim Unternehmen begleitet und sicherstellt, dass relevante Daten eingepflegt und die Applikation zur Fehlermeldung genutzt wird.

Vorteil des entwickelten Software-Prototyps ist, dass der Fehlermanagementprozess mit seinen einzelnen Prozessschritten durch das „Durchklicken" erlebbar wird. Die Applikation auf dem Tablet oder Smartphone ist ein Medium, das für den Mitarbeiter auf dem Shop Floor wesentlich zugänglicher ist als eine klassische Prozessdarstellung des Fehlerabstellprozesses in Form eines Flussdiagramms. Durch das Ausprobieren der App von unterschiedlichen Benutzern wurden Verbesserungsvorschläge bzgl. des Prozessabdeckungsgrades oder des Prozessablaufs geäußert. In der Gruppe entstanden so häufig Diskussionen über das unternehmensinterne Prozessverständnis des Fehlermanagements.

Interessanter Zusatzwunsch einiger Unternehmen war die Umsetzung der Option, neben Fehlern auch Gutteile zu dokumentieren und so appbasiert die Rückverfolgbarkeit der produzierten Produkte zu garantieren. Da eine nachträgliche Umsetzung auf positive Resonanz der Anwender gestoßen ist, wird diese Möglichkeit zukünftig als Standardfunktion in die Applikation integriert.

16.4 Fazit: Was hat sich im Unternehmen dadurch verändert?

Während in vielen Unternehmen die externen Fehler (Kundenbeschwerden) oftmals bereits detailliert und explizit bearbeitet werden, sind die Fehlerkosten und Mengen im internen Fehlermanagementprozess noch oftmals intransparent. Diese Transparenz ist besonders für KMU notwendig, um im internationalen Wettbewerb zu bestehen, denn die Qualität des internen Leistungsprozesses bestimmt die Kosten und die Qualität der angebotenen Produkte. In unserem Forschungsprojekt zeigt sich diesbezüglich insbesondere bei KMU Handlungsbedarf. Der vorgestellte Ansatz beschreibt einen möglichen Lösungsweg, wie sich durch kalkulierbare Digitalisierung und einfache Technologien in KMU ein nachhaltiger und kontinuierlicher Fehlermanagementprozess unterstützen lässt.

Die Umsetzung des entwickelten Software-Prototyps hat den Umgang mit Fehlern bei den beteiligten Unternehmen nachhaltig verändert. Als positive Effekte seien beispielsweise die Entwicklung eines einheitlichen Prozessverständnisses, die Verbesserung der Qualitäts- und Fehlerkultur und die Prozesstransparenz genannt. Dank der intuitiven und simplen Bedienung der Applikationen haben wir beobachtet, wie Mitarbeiter auf dem Shop Floor proaktiver Fehler dokumentieren und insbesondere die Fehlererfassung via QR- oder Barcodes nutzen. Durch das (quasi)-Echtzeit Tracking von Prozesszuständen im Fehlermanagement werden Fortschritte in der Fehlerabstellung sichtbar. Letzteres führt insgesamt zu einer höheren Motivation der Mitarbeiter sich am Fehlermanagementprozess zu beteiligen. Diese Motivation spiegelte sich auch in der aktiven Einbringung von Verbesserungsideen in der Erprobungsphase wider.

Literatur

Beaujean, P. (2011). Modular gestaltetes reaktives Qualitätsmanagement auf Grundlage regelungstechnischer Analogien zur Nutzung qualitätsrelevanter Daten. Diss. RWTH Aachen. Aachen: Apprimus.

Bendel, O. (2017). Die Industrie 4.0 aus Sicht der Ethik. In: Reinheimer, S. (Hrsg.). Industrie 4.0. Herausforderungen, Konzepte und Praxisbeispiele, S. 161–172. Wiesbaden: Springer Vieweg.

Crostack, H.-A.; Ellouze, W.; Heinz, K.; Grimm, O.; Sackermann, R. (2005). SAFE – Umfassendes Fehlermanagement für ein schnelles und gesichertes Handeln in Ausnahmesituationen (FQS-DGQ-Band Nr. 84-04 (I)). Frankfurt Main.

Ruessmann, M.; Hellebrandt, T.; Heine, I.; Huber, U.; Telpis, V.; Rutten, P.; Nick, H.; Schmitt, R. (2018). Complaint and failure management. Key insights from a cross-industry study. Werkzeugmaschinenlabor WZL der RWTH Aachen, McKinsey & Company.

Türtmann, R.; Rüßmann, M.; Schröder, M.; Linder, A.; Schmitt, R. (2016). Challenges and design of a data-oriented complaint and failure management. Total quality management & business excellence 27(7/8), S. 885–896.

Maximilian Rüßmann studierte Wirtschaftsingenieurwesen Fachrichtung Maschinenbau an der RWTH Aachen und ist seit 2014 wissenschaftlicher Mitarbeiter am Lehrstuhl für Fertigungsmesstechnik und Qualitätsmanagement. Seit 2017 leitet er die Gruppe Industrial Transformation, die sich mit der organisationalen und prozessualen Befähigung von qualitätsorientierten Unternehmen im Kontext von Industrie 4.0 beschäftigt. Wichtiger Use Case ist das Fehlermanagement von Unternehmen.

Sajedeh Haghi studierte Maschinenbau im Iran und absolvierte ihr Masterstudium in Produktionstechnik an der RWTH Aachen. Während ihrer zweijährigen Beratertätigkeit bei der PRS Technologie Gesellschaft mbH hat sie sich primär mit Projekten im Bereich des Qualitätsmanagements, insbesondere Fehlermanagement beschäftigt. Seit November 2018 ist sie als wissenschaftliche Mitarbeiterin am Institut für Werkzeugmaschinen und Betriebswissenschaften der Universität München tätig.

David Bergstein ist Geschäftsführer und Partner der i2solutions GmbH, einem im Jahr 2000 gegründeten IT-Beratungsunternehmen mit den Schwerpunkten individuelle Software-Entwicklung und IT-Security. Mit Erfahrungen aus unterschiedlichen Branchen unterstützt er heute Unternehmen bei der Digitalisierung von Geschäftsprozessen und -modellen und verantwortet die Forschungstätigkeiten der i2solutions GmbH.

Prof. Dr.-Ing. Robert H. Schmitt war nach dem Studium der Elektrischen Nachrichtentechnik an der RWTH Aachen wissenschaftlicher Mitarbeiter am Lehrstuhl für Fertigungsmesstechnik und Qualitätsmanagement. 1997 wechselte Professor Schmitt zur MAN Nutzfahrzeuge AG in München, wo er leitende Positionen im Qualitätsbereich und in der Produktion innehatte. Zum 1. Juli 2004 wurde er als Professor an die RWTH Aachen berufen. Er ist als Inhaber des Lehrstuhls für Fertigungsmesstechnik und Qualitätsmanagement Mitglied des Direktoriums des Werkzeugmaschinenlabor WZL und des Fraunhofer Instituts für Produktionstechnologie IPT.

Digitale Assistenzsysteme für die Produktion: Von der Zielfindung bis zur Einbindung gemeinsam mit den Mitarbeitern

17

Laura Merhar, Georg Höllthaler und Christoph Berger

Zusammenfassung

In Zeiten von Digitalisierung und Industrie 4.0 bieten sich für das produzierende Gewerbe neuartige und innovative Technologien, deren Einsatz positive Effekte auf die Produktivität von Produktionsprozessen verspricht. Technologien wie digitale Assistenzsysteme ermöglichen in diesem Zusammenhang eine verbesserte Informationsgewinnung, -verarbeitung und -bereitstellung für Produktionsmitarbeiter bei ihren täglichen Aufgaben. Um das gesamte Potenzial derartiger Technologien auszuschöpfen, empfiehlt es sich, die Auswahl und Implementierung eines Assistenzsystems durch eine strukturierte Vorgehensweise zu unterstützen, die die beteiligten Mitarbeiter fall- und situationsspezifisch einbindet. Eine solche mitarbeiterorientierte Vorgehensweise in vier Schritten wird im folgenden Beitrag vorgestellt und anhand eines Praxisbeispiels veranschaulicht. Das Praxisbeispiel zeigt, wie bei der Einführung von Smartwatches in die Produktion zur Instandhaltungskoordination eines mittelständischen Unternehmens vorgegangen wurde.

Der Beitrag entstand im Rahmen des Mittelstand 4.0-Kompetenzzentrums Augsburg, gefördert durch das Bundesministerium für Wirtschaft und Energie (BMWi) im Förderschwerpunkt Mittelstand-Digital (FKZ: 01MF16002B).

L. Merhar (✉) · G. Höllthaler · C. Berger
Fraunhofer IGCV, Augsburg, Deutschland
E-Mail: laura.merhar@igcv.fraunhofer.de; georg.hoellthaler@igcv.fraunhofer.de; christoph.berger@igcv.fraunhofer.de

© Springer-Verlag GmbH Deutschland, ein Teil von Springer Nature 2019
C. K. Bosse, K. J. Zink (Hrsg.), *Arbeit 4.0 im Mittelstand*,
https://doi.org/10.1007/978-3-662-59474-2_17

17.1 Einleitung

In Zeiten der Globalisierung und der resultierenden Dynamisierung von Absatzmärkten sehen sich Unternehmen zunehmend mit wachsenden Herausforderungen, wie Produktindividualisierung, Volatilität der Nachfrage, aber auch demografischem Wandel und Fachkräftemangel, konfrontiert. Diese Herausforderungen spiegeln sich in Produktionsprozessen wider und führen zu einem Konflikt, nämlich dass diesen zunehmend individueller werdenden Produktionsprozessen eine höhere Flexibilität und Reaktionsfähigkeit abverlangt wird. Dem kann mit einem zusehends ausgeprägten Informations- und Wissensmanagement entgegengewirkt werden. Der Megatrend der Digitalisierung bietet Mittel und Werkzeuge, um diesem Konflikt angemessen begegnen zu können, da sowohl individuelle als auch flexible und reaktionsfähige Prozesse realisiert werden können (Reinhart und Zühlke 2017). Entscheidend für die Prozessverbesserungen mit Hilfe von Digitalisierung sind hierbei die Art und Qualität, wie relevante Prozessinformationen gewonnen, verarbeitet und bereitgestellt werden.

Die Fokussierung auf den Menschen aufgrund seiner Flexibilität und vielfältigen Einsatzmöglichkeiten bietet einen vielversprechenden Ansatz – nicht zuletzt, da automatisierte Systeme ohnehin häufig nicht rentabel oder flexibel genug sind, um menschliche Arbeit zu ersetzen. Ein Mittel, um den Menschen in der Produktion zu unterstützen, sind digitale Assistenzsysteme. Diese können sowohl physische – z. B. durch Mensch-Roboter-Interaktion – als auch kognitive – beispielsweise als Werkerinformationssystem – Hilfestellung bieten (Bischoff et al. 2015; Merkel 2017). Der vorliegende Beitrag fokussiert digitale kognitive Assistenzsysteme, die zur Gewinnung, Verarbeitung und Bereitstellung von Informationen beitragen und das Ziel verfolgen, Mitarbeiter bei der Erfüllung ihrer Arbeitsaufgaben zu unterstützen sowie Produktionsprozesse effizienter zu gestalten (VDMA 2015). Digitale kognitive Assistenzsysteme umfassen eine große Bandbreite an Technologien, Ein- und Ausgabegeräten sowie Anwendungen, die nach unterschiedlichen Kriterien klassifiziert werden können. So können verschiedene Arten der Bedienung (z. B. Touch-, Sprach- oder Gestensteuerung) mit bestimmter Software, Art der Informationsdarstellung (Stichwort: Multimodalität) und einem alternativen Realitätsgrad (z. B. Virtual Reality) zu einem digitalen Assistenzsystem kombiniert werden. Bei dieser Kombination sind zudem Sensoren, Aktoren oder Informations- und Kommunikationstechnologien entsprechend einzubinden und zu berücksichtigen (Gorecky et al. 2014; Senderek und Geisler 2015).

Vorteile von digitalen Assistenzsystemen können z. B. in der Zunahme von Mobilität und Flexibilität, der individuellen Anpassung an Vorwissen und Informationsbedarf des Bedieners, der Nutzung als Kommunikationskanal mit Kollegen oder Maschinen sowie der schnellen und aktuellen Informationsverfügbarkeit liegen (Bischoff et al. 2015; Deuse et al. 2015; Gorecky et al. 2014; Senderek und Geisler 2015).

Digitale Assistenzsysteme in kleinen und mittelständischen Unternehmen
Digitale Assistenzsysteme im Produktionsumfeld können demnach für die Gestaltung von Arbeitsorganisation sowie operativen Prozessen gezielt eingesetzt werden. Während Großunternehmen oftmals Testumgebungen für die Erprobung und den Einsatz

von Assistenzsystemen bereitstellen können, kann der ausbleibende Erfolg bei der Einbindung derartiger Technologien für kleine und mittelständische Unternehmen (KMU) existenzbedrohend sein.

Dies mag auch einer der Gründe für die derzeit noch vorherrschende Zurückhaltung beim Einsatz innovativer und digitaler Lösungen in KMU sein, da aktuell nur etwa jedes zweite KMU Digitalisierung als Chance sieht (Mohr et al. 2017). Deshalb ist es insbesondere für KMU wichtig, eine ziel- und prozessorientierte Vorgehensweise bei der Auswahl und Einführung geeigneter Assistenzsysteme zu verfolgen, damit die erwarteten Erfolge beim Einsatz eines Assistenzsystems eintreten. Bei diesem Vorgehen soll insbesondere einer angemessenen und situationsgerechten Einbindung von denjenigen Mitarbeitern Rechnung getragen werden, welche die jeweiligen Assistenzsysteme zur Unterstützung im operativen Alltag verwenden sollen. Eine derartige Mitarbeitereinbindung, bei welcher diese den Einsatz und die Gestaltung eines Assistenzsystems mitbestimmen können, legt den Grundstein für eine von den Mitarbeitern akzeptierten Lösung eines Assistenzsystems. Nur so kann außerdem die Produktivität von Produktionsabläufen mittels einer verbesserten Informationsgewinnung, -verarbeitung und -bereitstellung sichergestellt werden. Digitale Assistenzsysteme können in diesem Zusammenhang als Teil von Arbeitssystemen gesehen werden, in denen Mensch und Technologie miteinander arbeiten, interagieren und sich ergänzen. Deuse et al. (2015) definieren soziotechnische Arbeitssysteme als das Zusammenwirken von Menschen und Betriebsmitteln, um eine Arbeitsaufgabe zu erfüllen. Aus soziotechnischer Systemperspektive lassen sich Technologien in der Regel nicht implementieren, ohne die Struktur und Art der Arbeitsorganisation zu verändern. Eine integrierende Sichtweise auf technologische Innovationen mit dem Ziel, die Faktoren Mensch, Technik und Organisation in Einklang zu bringen, erscheint daher unabdingbar (Hirsch-Kreinsen und Ittermann 2015; Ullrich et al. 2015). Vor allem die Aufgabenteilung zwischen Mensch und Technik sowie die konkrete Ausgestaltung der Mensch-Technik-Interaktion rücken zusehends in den Fokus. Gorecky et al. (2014, S. 525) fordern eine stärkere Einbindung des Menschen in die digitale Fabrik „unter optimalem Einsatz seiner ureigenen Fähigkeiten". Dieser Beitrag schlägt daher ein Vorgehen für Digitalisierungsprojekte vor, das aus soziotechnischer Systemperspektive sowohl technische als auch soziale Aspekte fokussiert.

17.2 Allgemeines zur Vorgehensweise

17.2.1 Aufbau

Dieser Beitrag beschreibt eine praxisorientierte Vorgehensweise, wie die Einführung eines Assistenzsystems in der Produktion angegangen werden kann und wie beteiligte Akteure in diesem Zusammenhang einzubinden sind. Zu den Akteuren zählen zum einen Personen, welche die erforderlichen Rahmenbedingungen für die Einführung eines Assistenzsystems schaffen. Zum anderen sind in diesem Zusammenhang diejenigen Personen zu nennen, welche durch ein Assistenzsystem im operativen Alltag unterstützt werden und dieses mehrwertbringend anwenden sollen. Die Einführung eines Assistenzsystems ist in diesem

Zusammenhang *Top-down* von Führungsverantwortlichen zu ermöglichen und eine mehrwertbringende Anwendung eines Assistenzsystems soll durch die angemessene und akzeptanzschaffende Mitarbeitereinbindung *Bottom-up* gelebt werden können. Das Vorgehen zur Auswahl und Einführung eines Assistenzsystems, das die genannten Akteure einbindet, untergliedert sich in die folgenden vier Schritte:

1. Ziel festlegen
2. Produktionsprozesse bewerten und auswählen
3. Anforderungen beschreiben und Assistenzsystem finden
4. Assistenzsystem implementieren, testen und ausrollen

Wie in Abb. 17.1 skizziert, wird der Betrachtungsraum für die Einführung eines Assistenzsystems schrittweise eingeschränkt und die Prozess- und Umsetzungsorientierung zusehends fokussiert – vom Allgemeinen zum Spezifischen. Entsprechend dieser Schritte gilt es auch, eine Auswahl geeigneter mitarbeiterorientierter Methoden zu berücksichtigen, um die in den jeweiligen Schritten beteiligten Akteure angemessen einzubinden. Dadurch wird gewährleistet, dass ein anforderungsgerechtes Assistenzsystem in einem Produktionsprozess derart implementiert werden kann, sodass eine zielgerichtete Informationsgewinnung, -verarbeitung und -bereitstellung für die Mitarbeiter erfolgt.

Da die Schritte dieser Vorgehensweise die Grundstrukturen eines Projekts aufweisen, schildert der folgende Abschnitt, was im Rahmen eines Projekts zu beachten ist, und wie in diesem Rahmen ein Projektteam zusammenzustellen ist. Der darauffolgende Abschnitt konkretisiert die Bedeutung von und die Voraussetzung für eine gelingende Mitarbeiterpartizipation mit dem Ziel, die Technologie effizient und von den Mitarbeitern akzeptiert einzusetzen.

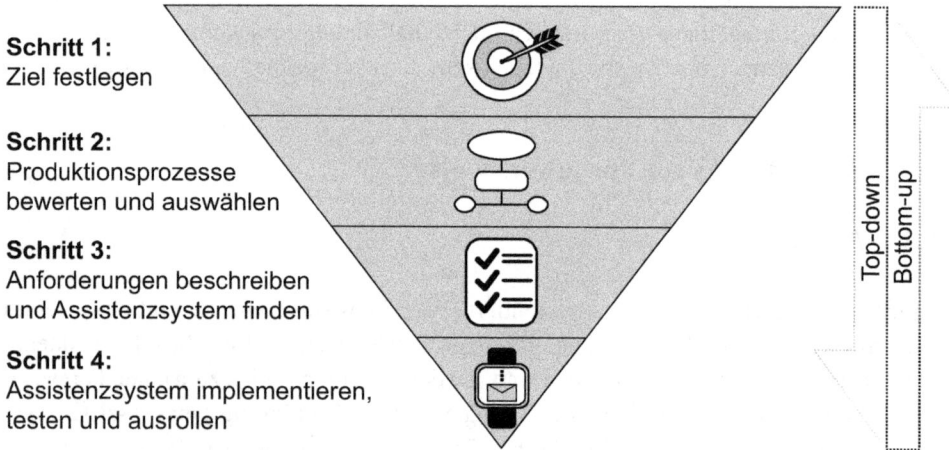

Abb. 17.1 Übersicht der mitarbeiterorientierten Vorgehensweise

17.2.2 Projekt und Projektteam

Bei einem Projekt handelt es sich um ein einmaliges und zeitlich definiertes Vorhaben, welches die Umsetzung eines festgelegten Ziels verfolgt. Hierbei sind die für die Durchführung des Projekts erforderlichen Ressourcen, wie beispielsweise Personal, Sachmittel und Zeit, zur Verfügung zu stellen, um das geplante Vorhaben umzusetzen und die Umsetzung selbst kontrollieren zu können (Lindemann 2009; Pawellek 2014). Ein Projektteam ist in diesem Zusammenhang eine interdisziplinär zusammengesetzte Arbeitsgruppe, welche dafür verantwortlich ist, die Projektziele mit den vorgegebenen und verfügbaren Projektressourcen innerhalb des zeitlich festgelegten Projektrahmens umzusetzen (Lindemann 2009). Besonderes Augenmerk ist hierbei auf die Interdisziplinarität des Projektteams zu legen, da bei Projekten zur Einführung eines Assistenzsystems in der Regel Akteure unterschiedlicher Disziplinen betroffen und bei dem skizzierten Vorgehen erforderlich sind. Durch die Einbindung von Akteuren unterschiedlicher Fachbereiche sowie unterschiedlicher Hierarchien soll sichergestellt werden, dass die Rahmenbedingungen und Gegebenheiten der von einem Digitalisierungsprojekt betroffenen Bereiche sowie die Erfahrungen und Meinungen der Produktionsmitarbeiter Berücksichtigung finden. Die vier aufgeführten Schritte können einer unterschiedlichen Zusammensetzung bezüglich der Projektbeteiligten bedürfen. Bei den ersten drei Schritten werden zunächst die Potenziale in den vorliegenden Produktionsprozessen ermittelt sowie ein geeignetes Assistenzsystem über eine Anforderungsklärung ausgewählt. Darauf aufbauend wird die Einführung eines Assistenzsystems in den ausgewählten Produktionsprozessen umgesetzt.

Die Besonderheit von Projekten zur Einführung eines Assistenzsystems liegt darin, dass derartige Projekte oftmals über die Grenzen des eigenen Unternehmens hinausgehen. Während konventionelle Projekte zur Anpassung und Verbesserung von Produktionsabläufen – beispielsweise die Umgestaltung von Montagearbeitsplätzen – in vielen Fällen rein mit eigenen Unternehmensressourcen bewerkstelligt werden können, empfiehlt es sich bei Projekten, in welchen Assistenzsysteme einzuführen sind, auf Wissen externer Experten zurückzugreifen. Wesentlicher Grund hierfür ist, dass diese Experten bereits in diversen anderen Projekten Erfahrung bei der Einführung der jeweiligen Assistenzsysteme, welche sie anbieten, gesammelt und Wissen aufgebaut haben. Dieses Wissen lässt sich oft nur mit unverhältnismäßig großem Aufwand im eigenen Unternehmen selbst aufbauen, sodass es vorteilhaft sein kann, die Expertise externer Anbieter in Anspruch zu nehmen.

17.2.3 Mitarbeiterpartizipation

Obwohl unter den Schlagworten *Industrie 4.0* oder *Digitalisierung* in erster Linie Themen mit technischem Bezug verstanden werden, bleibt der Mitarbeiter der wichtigste Produktionsfaktor und der bestimmende kritische Erfolgsfaktor in den Unternehmen (Lennings et al. 2015; Ullrich et al. 2016). Bei der Einführung eines Assistenzsystems sind besonders die Nutzerakzeptanz sowie die Qualifizierung für den Umgang mit einem Assistenzsystem zu beachten, um die Zufriedenheit der Mitarbeiter zu erhalten und um einen effektiven und effizienten Technologieeinsatz sicherzustellen (Senderek und Geisler 2015; Ullrich et al. 2016). Ein Mangel an Akzeptanz wiederum kann zu Barrieren im Wollen und Können der Mitarbeiter führen – im Extremfall Verhinderungsaktivitäten der Mitarbeiter zur Folge haben – und damit zum häufig unterschätzen Problem werden (Anstadt 1994; Becker et al. 2013; Senderek und Geisler 2015). Insbesondere direkte Veränderungen für die Mitarbeiter werden nicht immer positiv aufgenommen: Die Mitarbeiter verschließen sich gegenüber Neuerungen, da sie ein Durchbrechen eingespielter und gewohnter Handlungsmuster sowie weitreichende Anpassungen ihrer Arbeitsweise befürchten. Um die Akzeptanz bei der Einbindung neuer Technologien – insbesondere bei der Einbindung von Assistenzsystemen, mit denen der Mitarbeiter direkt arbeitet – zu fördern, sollte eine grundsätzliche Orientierung an den Bedürfnissen der späteren Nutzer erfolgen. Befürchtungen vor Veränderungen sollen geringgehalten werden, indem die Mitarbeiter in den Veränderungsprozess direkt eingebunden werden. Die Entwicklung, die Einführung und der Gebrauch der Assistenzsysteme sollte somit stets vor der Zielsetzung der Akzeptanzmaximierung gestaltet werden (Anstadt 1994; Plattform Industrie 4.0 2015; Ullrich et al. 2016).

Wie kann Akzeptanz gefördert werden?
Auf die Nutzerakzeptanz können sich unterschiedliche Einflussfaktoren auswirken. Auf organisatorischer Ebene spielen beispielsweise die Unternehmenskultur sowie die Personalpolitik eine bedeutende Rolle: Wird der Wandel durch ein unternehmensinternes Wertesystem unterstützt und gibt es eine ausgeprägte Vertrauenskultur? Eine langzeitorientierte Planung sowie ein strukturierter Ablauf können ebenfalls Einfluss auf die Bewertung seitens der Mitarbeiter haben (Flüter-Hoffmann 2015; Stocker et al. 2014; Ullrich et al. 2016). Eine weitere wichtige Rolle nimmt das Verhalten der Führungskräfte ein. Flüter-Hoffmann (2015) empfiehlt einen kommunikativen, motivierenden und unterstützenden Führungsstil, um bei den Mitarbeitern eine Veränderungsbereitschaft hervorzurufen. Die Führungsebene sollte sichtlich hinter der Innovation stehen, den Prozess klar befürworten und den Wandel (vor-)leben (Anstadt 1994). Ein zentraler Akzeptanzfaktor ist die nutzerfreundliche Gestaltung der Technologie. Im Fall von Assistenzsystemen, mit denen Mitarbeiter direkt arbeiten und die je nach Einbindung die Arbeitsweise maßgeblich verändern, kommt der Ausgestaltung der Technologie eine besonders wichtige Rolle zu (Merhar et al. 2019; s. Abschn. 17.2.3).

Schließlich sind die Qualifizierung der Mitarbeiter, die frühzeitige und kontinuierliche Information sowie die adäquate Partizipation der Mitarbeiter zentrale Pfeiler der Nutzerakzeptanz bezüglich einer erfolgreichen Einführung von Assistenzsystemen.

Information und Partizipation
Der Partizipation der Mitarbeiter werden einige positive Effekte sowohl auf Seiten des Empfindens der Mitarbeiter als auch auf Unternehmensebene zugeschrieben. Partizipation führt in erster Linie dazu, dass die Mitarbeiter Wertschätzung erfahren, indem ihnen von der Unternehmensführung Kompetenz zur aktiven Mitgestaltung beigemessen und ihren

Bedürfnissen ein Stellenwert verliehen wird. Durch die Mitgestaltung einer Technologie oder eines Prozesses wird von Beginn an Verantwortung übernommen, wodurch wiederum Widerstände und Ängste reduziert, Akzeptanz gefördert sowie die Identifikation mit dem Wandel begünstigt werden. Für das Unternehmen hat die Einbindung der Mitarbeiter ebenfalls positive Effekte: Aufgrund der Erfahrung und des dezentralen Wissens der von der Veränderung betroffenen Mitarbeiter, die Experten in ihrem jeweiligen Gebiet und hinsichtlich ihrer Aufgaben sind, kann eine effektive Lösung entwickelt und effizienter eingesetzt werden. Der Einarbeitungsaufwand sinkt, da beteiligte Personen während des Projekts bereits implizit lernen. Außerdem entsteht durch einen Multiplikatoreffekt ein positiver Kommunikationsfluss unter den Mitarbeitern (Anstadt 1994; Dinkelmann 2016; Senderek und Geisler 2015; Ullrich et al. 2016).

Voraussetzungen für eine gelingende Mitarbeiterpartizipation
Damit Partizipation gelingt und sich nicht gegenteilig auswirkt, sollten verschiedene Voraussetzungen beachtet werden. Change Prozesse in Unternehmen bewegen sich zwischen den Polen Top-down und Bottom-up. Während bei Top-down die Anleitungen von den oberen Unternehmenshierarchieebenen kommen, werden bei Bottom-up die Meinungen und Bedürfnisse der Mitarbeiter verstärkt berücksichtigt. Dinkelmann (2016) führt verschiedene Kriterien auf, die je nach Ausgangslage auf einen der beiden Pole verweisen: Ist beispielsweise das nötige Know-how der Führung zu gering oder der erwartete Widerstand der Mitarbeiter hoch, empfiehlt sich eine möglichst kooperative, partizipative Vorgehensweise. Steht der Erfolg oder das Fortbestehen des Unternehmens auf dem Spiel, kann ein verstärktes Top-down-Vorgehen unter Umständen die richtige Lösung sein. Generell sollte jedoch eine Orientierung an einem Bottom-up-Vorgehen erfolgen, um langfristig negative Folgen, wie Ablehnung oder Widerstand, zu vermeiden. In diesem Beitrag wird ein Vorgehen vorgeschlagen, bei dem Visionen und Ziele managementorientiert festgelegt und dann zunehmend Mitarbeiter eingebunden werden. Die Mitarbeiter werden jedoch von Beginn an informiert und deren Meinungen und Vorstellungen zu einem frühen Zeitpunkt abgefragt. Während das Management zunächst die grobe Richtung vorgibt, übernimmt es später verstärkt die Rolle des Kommunikators und Organisators, indem es laufend Informationskanäle bespielt und die nötigen Ressourcen für das Projektteam stellt.

Neben der allgemeinen Orientierung des Change Prozesses gibt es einige Voraussetzungen, die für eine gelingende Mitarbeitereinbindung entscheidend sein können. Die Faktoren Zeit bzw. richtiges Timing spielen eine wichtige Rolle, um nicht auf Widerstand zu stoßen. Die Information über ein anstehendes Projekt sollte frühzeitig beginnen und dann fortlaufend erfolgen – auch über die Implementierung hinaus. Dazu gehört, dass die Kommunikation strukturiert und glaubhaft gestaltet wird und genau überlegt wird, welche Information zu welchem Zeitpunkt vermittelt werden soll (Anstadt 1994). Hinzu kommt die angemessene Geschwindigkeit des Vorgehens: Während die Führung eine zügige Umsetzung und rasche Erfolge wünscht, brauchen Mitarbeiter unter Umständen länger, um den Wandel verinnerlichen und mitgestalten zu können (Dinkelmann 2016). Auch die

Form der Partizipation sollte zur jeweiligen Projektphase passen. Vorgehensweisen und Methoden werden daher in den folgenden Abschnitten zu den einzelnen Schritten im Projekt erläutert (Abschn. 17.3).

Partizipative Prozesse verlangen sowohl von Führungskräften als auch von Mitarbeitern verschiedene Kompetenzen und Vorkenntnisse, die z. B. Methoden, Gesprächsführung oder betriebliche Prozesse betreffen. Vor allem, wenn partizipative Veränderungsprozesse bislang nicht etabliert sind, sollten die beteiligten Personen darin zunächst qualifiziert werden. So sinkt das Risiko, dass der Prozess aufgrund fehlender Methodenkompetenz oder mangelnden Grundwissens über die betrieblichen Prozesse scheitert. Auch externe Unterstützung kann unter Umständen im ganzen Prozess hinzugezogen werden (Knothe et al. 2017; Merz 2016).

Eine der bedeutendsten und gleichzeitig schwer kurzfristig beeinflussbaren Voraussetzung ist die Unternehmenskultur. Diese sollte hinsichtlich der Kommunikation von Offenheit geprägt sein, unterschiedliche Meinungen zulassen und konstruktive Kritik fördern. Auch eine Vertrauenskultur sollte stark ausgeprägt sein, ebenso wie der lösungsorientierte statt eines schuldzuweisenden Umgangs mit Problemen. Dies sind wichtige Voraussetzungen, um einen offenen, ehrlichen und von allen getragenen Projektablauf zu ermöglichen. Eine langjährig eingespielte Unternehmenskultur kann nur schwer und nicht auf reinen Beschluss der Führungsebene geändert werden (Dinkelmann 2016; Spath et al. 2013).

Hand in Hand mit der Unternehmenskultur geht die Voraussetzung, eine Scheinpartizipation zu vermeiden. Diese liegt dann vor, wenn Beteiligung suggeriert wird, die Verantwortung aber bei anderen liegt, das Projekt bereits beschlossene Sache ist oder lediglich die Zustimmung zu einem fertigen Ergebnis eingeholt wird. Erkennen die Mitarbeiter das Vorgehen als Scheinpartizipation, kann es schnell zu negativer Bewertung und strikter Ablehnung kommen (Oser et al. 2001). Partizipation lässt sich nicht als Selbstzweck einsetzen, sondern bedarf eines überlegten, ernst gemeinten Vorgehens mit dem Ziel, die Bedürfnisse der Mitarbeiter zu berücksichtigen. Ab welchem Beteiligungsgrad es sich um Partizipation handelt, kann unterschiedlich betrachtet werden. Sie geht jedoch weit über die lediglich Zustimmung zu einem fertigen Ergebnis hinaus (Dinkelmann 2016; Oser et al. 2001). Grundvoraussetzung für echte Partizipation ist demnach, dass die Beteiligten mitbestimmen dürfen und das Projekt im Ergebnis offen ist. Nach Deutinger (2017) sollte die Führungsebene deshalb vor dem Projekt überlegen, ob partizipative Vorgehen überhaupt gewünscht sind oder nicht: „Wann immer Sie als Unternehmensspitze nicht bereit sind, die Ergebnisse einer Gruppe anzuerkennen, überlegen Sie sich gut, ob partizipative Methoden für Sie richtig sind" (Deutinger 2017, S. 39).

Die Grenzen des Machbaren sollten von Beginn an klar definiert und kommuniziert werden. So wird verhindert, dass das Gefühl einer Scheinpartizipation entsteht. Auch eine Rückmeldung an die Beteiligten ist wichtig, ob und vor allem warum eine Idee umgesetzt oder nicht weiterverfolgt wurde. Laufende Transparenz bezüglich des gesamten Vorhabens, des finanziellen und organisatorischen Rahmens sowie der Aufgaben und des Handlungsspielraums der Beteiligten kann ein wichtiges Mittel sein, um ein gelingendes partizipatives Digitalisierungsvorhaben hinsichtlich der Einführung eines Assistenzsystems durchzuführen.

> **Beispiel**
>
> **Die Vorgehensweise wird anhand eines Praxisbeispiels näher erläutert. Das Mittelstand 4.0-Kompetenzzentrum Augsburg hat diese Vorgehensweise angewandt, um die Einführung eines digitalen Assistenzsystems bei einem mittelständischen Unternehmen zu unterstützen. Nach einer allgemeinen Beschreibung der Vorgehensweise in vier Schritten wird ein durchgängiges Praxisbeispiel aufgegriffen. Das Unternehmen, um welches es sich bei diesem Praxisbeispiel handelt, gehört als GmbH einer Gruppe an und beschäftigt etwa 220 Mitarbeiter, wovon 75 % zu den Produktionsmitarbeitern zu zählen sind. Bei der Produktfamilie, welche den größten Anteil des Umsatzes ausmacht, wird Kunststoffgranulat erhitzt und durch eine anschließende spanende Bearbeitung zum Fertigprodukt verarbeitet. Diese Produkte werden in den Maschinen und Anlagen nachfolgender Wertschöpfungspartner integriert.**

17.3 Vorgehensweise

In diesem Abschnitt wird die oben skizzierte Vorgehensweise detailliert erläutert. Die Schritte werden im Folgenden jeweils in einen theorie- und einen praxisorientierten Teil untergliedert. Im Theorieteil erfolgt eine allgemeine Beschreibung, wie in dem jeweiligen Schritt vorzugehen ist und wie die erforderlichen Akteure einzubinden sind. In jedem Schritt wird zudem grafisch aufgezeigt, zu welchem Grad die jeweiligen Personengruppen in den Schritten einzubinden sind. Anschließend folgt ein kurzer Auszug aus dem Anwendungsfall, der illustriert, wie die einzelnen Schritte konkret bei einem mittelständischen Unternehmen durchgeführt wurden.

17.3.1 Schritt 1: Ziel festlegen

Vorgehensbeschreibung
Unternehmen des produzierenden Gewerbes verfolgen definierte Unternehmensziele, welche sich von der übergeordneten Vision sowie der Unternehmensstrategie ableiten lassen. Die übergeordnete Vision repräsentiert in diesem Zusammenhang die Unternehmensphilosophie und skizziert, wo sich das Unternehmen zukünftig in Bezug auf Märkte, Kundenstamm sowie erstrebte Absatzvolumina und Gewinnziele sieht. Der Geltungsbereich der Vision erstreckt sich standortunabhängig über das gesamte Unternehmen und soll für alle Prozesse als Leitbild dienen. Aus der Vision lassen sich Strategien allgemein für das Unternehmen sowie spezifisch für die jeweiligen Unternehmensbereiche ableiten. Diese Strategien dienen als Grundlage für die Bestimmung von konkreten Unternehmenszielen.

Unternehmensziele können hierbei in Wechselwirkung zueinanderstehen und sind bei ihrer Definition entsprechend aneinander anzugleichen. Bei der Formulierung von Zielen empfiehlt es sich diese *SMART* zu formulieren (Spezifisch, Messbar, Akzeptiert, Realistisch, Terminiert). Die Berücksichtigung dieser Vorgaben bei der Formulierung von Zielen bildet ein solides Fundament, welches ihre Umsetzung und erfolgreiche Realisierung fördert. Auf Basis einer Unterteilung von Zielen in die Kategorien Qualität, Zeit und Kosten können Zielsetzungen weiter differenziert werden (VDI 2870).

Gemäß der in Abschn. 17.2.3 beschriebenen Kombination von Top-down und Bottom-up stehen in diesem Schritt insbesondere das Management bzw. die Geschäftsführung in der Verantwortung. Für ein geplantes Digitalisierungsprojekt, wie beispielsweise die Einführung eines Assistenzsystems in der Produktion, sind von diesen Akteuren die hierfür erforderlichen Personen zu ermitteln und hinsichtlich ihrer Rollen in diesem Projektrahmen zu sensibilisieren. Auch wenn ein Digitalisierungsprojekt auf die Verbesserung von Produktionsabläufen abzielt, sollten in diesem Schritt nicht ausschließlich Produktionsverantwortliche zusammengebracht werden, sondern weitere für die Produktentstehung verantwortliche und am Produktlebenszyklus beteiligte Personen aus Bereichen wie Entwicklung, Industrial Engineering, Qualitätsmanagement, IT oder After Sales hinzugezogen werden (Abb. 17.2).

Neben der Sensibilisierung haben Management bzw. Geschäftsführung auch dafür Rechnung zu tragen, dass bei Digitalisierungsvorhaben der erforderliche Projektcharakter zugrunde liegt, damit Beteiligte diese auch in ihren Arbeitsalltag einplanen können, indem entsprechende Zeitkontingente zur Projektbearbeitung für die beteiligten Akteure freigesetzt werden.

Unter den oben genannten Voraussetzungen und Rahmenbedingungen soll die für ein Digitalisierungsprojekt übergeordnete Zielsetzung abgeleitet werden. Ziele können beispielsweise die Erhöhung der Maschinenauslastung oder Qualitätsrate sowie die Reduzierung von Produktionszeiten sein.

Information und Erklärung

Spätestens zum Projektbeginn sollte im Unternehmen über die Ziele und Vorhaben informiert werden. Von besonderer Bedeutung ist es, die Gründe für den Wandel herauszustellen und die Notwendigkeit hervorzuheben. Die aktuelle Situation des Unternehmens sollte

- Geschäftsführer
- Projektleiter
- Bereichsverantwortliche
- (Produktions-)Mitarbeiter

Abb. 17.2 Beteiligungsgrad der Personengruppen in Schritt 1

gedeutet und das Zielbild klar kommuniziert werden. Nur wenn die Mitarbeiter die Hintergründe und die Notwendigkeit des Wandels verstehen, können sie sich auch auf Veränderung einlassen. Durch eine ehrliche und schlüssige Begründung wird das Vorhaben legitimiert. Dabei sollten Führungskräfte – soweit hier schon möglich – die Vorteile für die Mitarbeiter aufzeigen und über die Potenziale von Digitalisierung allgemein informieren. Zielstellungen müssen konkret und greifbar vermittelt werden, beispielsweise angelehnt an die Zielformulierung nach *SMART*. Diffuse Zielbilder können in der Anbahnungsphase schnell zu Ablehnung führen. Die Akzeptanz der Veränderung und des Projekts ist direkt davon abhängig, ob ein Problemverständnis in den Köpfen der Mitarbeiter entsteht. Außerdem sollten mögliche Ängste und Bedenken – beispielsweise der Verlust des eigenen Arbeitsplatzes – direkt angesprochen und ausgeschlossen werden, sofern diese unbegründet sind (Anstadt 1994; Bischoff et al. 2015; Dinkelmann 2016; Ullrich et al. 2016). Unter Umständen kann das Unternehmen in einer Krise stecken, die Veränderungsdruck erzeugt. Insbesondere dann muss die Situation glaubhaft von der Geschäftsführung vermittelt werden (Dinkelmann 2016).

Zu Beginn des Projekts kann der Fokus auf die Top-down-Information gelegt werden, während partizipative Methoden in den folgenden Projektschritten verstärkt werden sollten (Deutinger 2017). Informieren können Geschäftsführer und Projektleiter mit unterschiedlichen Methoden und Medien. Möglichkeiten sind z. B. ein Aushang am schwarzen Brett, Flugzettel, Einträge im Intranet oder Onlineportal, E-Mails von der Führungsebene, ein persönlich adressierter Brief, eine Betriebsversammlung oder ein Kick-off-Event für das Projekt. Falls es eine Mitarbeiterzeitung gibt, kann auch hier ein Beitrag oder eine Sonderausgabe – beispielsweise mit ersten Interviews der Mitarbeiter – veröffentlicht werden. Schließlich sollten Einzelgespräche bis hin zu größeren Diskussionsrunden von Beginn an in Betracht gezogen werden, denn: „Das direkte Gespräch ist in der Veränderungssituation das wirksamste Instrument der Change-Kommunikation. Und dennoch ist es das am seltenste gebrauchte" (Deutinger 2017, S. 29).

Bereits im ersten Schritt erlangt eine weitere Form der Kommunikation Relevanz: Das Vorleben. Führungskräfte, die einen Wandel wollen, sollten laufend ihre eigene Haltung sowie ihr Verhalten reflektieren. Nur durch ein überzeugtes und unterstützendes Auftreten kann Glaubwürdigkeit erzeugt werden (Deutinger 2017).

Die Information wird nun über das gesamte Vorhaben aufrechterhalten. Dazu kann ein Verantwortlicher aus der Projektleitung bestimmt werden, dessen Aufgabe es ist, den Informationsfluss zu gewährleisten und die Kommunikationstätigkeiten zu managen.

Partizipation
Wenn sich die Geschäftsführung und Projektleiter über ein ehrliches, ergebnisoffenes partizipatives Vorgehen einig sind (siehe Voraussetzungen in Abschn. 17.2.3), ist es zunächst wichtig, die Art und Reichweite der Mitarbeiterbeteiligung bis zum Projektende zu durchdenken. Ein Ausstieg mittendrin ist kaum möglich, ohne Projektbeteiligte vor den Kopf zu stoßen.

Partizipation benötigt immer auch Information über die Ziele und insbesondere die Rahmenbedingungen des Projekts. Obwohl der Schritt der Zielfindung eher managementgetrieben ist, kann die Einschätzung der Bereichsverantwortlichen und Mitarbeiter schon hier von Interesse sein. Ist beispielsweise noch nicht klar, in welchem Bereich der Produktion durch Digitalisierung eine Veränderung am sinnvollsten oder dringendsten ist, oder wurde zwar ein Anwendungsfall identifiziert, aber tiefere Einblicke in die alltäglichen Herausforderungen fehlen, kann die Sichtweise von Mitarbeitern hilfreiche Hinweise geben. Geeignete Methoden können erste Gesprächsrunden oder Fragebögen mit einer Kombination aus offenen und geschlossenen Fragen sein. Während ein Fragebogen schnell eine große Anzahl an Teilnehmern erreichen kann, gehen Gesprächsrunden mehr in die Tiefe. Insbesondere bei schriftlichen Befragungen sollte vorab über das Vorhaben informiert werden, um Verständnis zu schaffen und zum Mitmachen zu motivieren (Dinkelmann 2016; Knothe et al. 2017; Deutinger 2017).

Eine gesonderte Rolle nimmt der Betriebsrat ein. Da viele Veränderungen dessen Zustimmung erfordern, dieser über wichtige Informationen und Hintergründe verfügt sowie eine vermittelnde Rolle zwischen Mitarbeiter- und Führungsebene einnimmt, sollte er von Beginn an in alle Schritte eingebunden werden. Ziel ist es, den Betriebsrat als Unterstützer zu gewinnen und gleichzeitig dessen Vorschläge oder Bedenken proaktiv für das Gelingen des Projekts zu nutzen (Dinkelmann 2016).

> **Beispiel**
> **Zum Auftakt waren beim ersten Treffen der Geschäftsführer ebenso wie die Leiter aus den Bereichen Entwicklung, Produktion und IT vertreten. Vorab wurde von der Geschäftsführung dem Themenfeld Digitalisierung eine strategisch wichtige Bedeutung für das eigene Unternehmen zugeschrieben. Im Rahmen dessen wurde klar kommuniziert, dass in diesem Zusammenhang zukünftig Projekte realisiert werden sollen, um Produktivitätssteigerungen zu erreichen. Initial sollen kleinere Projekte mit einem zeitlichen Horizont von einem Jahr die Mitarbeiter für das Thema Digitalisierung sensibilisieren und darauf aufbauend Projekte mit größerem Umfang begonnen werden.**

17.3.2 Schritt 2: Produktionsprozesse bewerten und auswählen

Vorgehensbeschreibung
Im Fokus der Betrachtung soll die Verbesserung von Produktionsprozessen stehen, in denen Mitarbeiter die Kernressource darstellen, wie zum Beispiel in der Fertigung, Montage und Logistik.

Die möglichen Gestaltungsfelder einer Produktion lassen sich differenzieren nach Wirk- und Funktionssystemen. Wirksysteme stellen hierbei Teilsysteme einer Fabrik dar, welche in einem wechselseitigen Zusammenwirken die Wertschöpfung von Produkten ermöglichen. Hierzu zählen beispielsweise Produkte, Technologien, Organisation, Anlagen,

Mitarbeiter aber auch Finanzen. Funktionssysteme hingegen sind in der Regel räumlich abgrenzbare und produkt- bzw. prozessorientierte Bereiche einer Fabrik, wie bspw. Fertigung, Montage, Logistik, Lager, technische Nebenbetriebe und sonstige interne Funktionsbereiche (Pawellek 2014).

Demnach sind bei der Verbesserung von Produktionsprozessen mit Hinblick auf die Wirk- und Funktionssysteme erforderliche Eingangsgrößen möglichst effizient einzusetzen, um geforderte Ausgangsgrößen mit minimalem Einsatz von Eingangsgrößen (Minimalprinzip) oder um mit gegebenen Eingangsgrößen ein Maximum an Ausgangsgrößen (Maximalprinzip) zu realisieren (DIN EN ISO 9000; VDI 2870).

Um den Wertschöpfungsanteil von Abläufen in der Produktion erhöhen zu können, ist es erforderlich, Verschwendung in Produktionsprozessen zu reduzieren. Zu den Verschwendungsarten in Produktionsprozessen zählen Überproduktion, Wartezeiten, Transport, unnötige Bearbeitungsschritte, Bestände, Bewegungen und Ausschuss bzw. Nacharbeit (VDI 2870). Eine mögliche Vorgehensweise zur Ermittlung derjenigen Prozesse, welche für ein Verbesserungsvorhaben näher betrachtet werden sollen, ist mit einer Beurteilung entsprechend vorliegender Verschwendungsarten möglich. Wird ein hoher Anteil an Verschwendung in den Prozessen ermittelt, empfiehlt es sich, diese Produktionsprozesse in den Fokus für weitere Betrachtungen zu rücken (Hoellthaler et al. 2018).

Um Prozesse umfassend und tiefgründig beurteilen zu können, ist es zielführend, die Prozessverantwortlichen oder Prozessbeteiligten bei ihrer Bewertung zu involvieren (Abb. 17.3). Durch die intensive Einbindung derjenigen Mitarbeiter, welche den jeweiligen Prozess tagtäglich durchführen, kann Klarheit darüber geschaffen werden, wie der Prozess tatsächlich abläuft. Bei einer Analyse des Prozesses kann eine Bewertung der oben aufgeführten Verschwendungsarten beispielsweise auf Grundlage einer Wertstromanalyse erfolgen. Zielsetzung ist in diesem Zusammenhang die Reduzierung und Eliminierung von Verschwendung, um mit gleichem Ressourceneinsatz wertschöpfende Prozesse verstärkt fokussieren zu können.

In diesem Schritt ist auch die Frage zu beantworten, ob mit einfachen und klassischen Maßnahmen (z. B. Methoden der schlanken Produktion) auf organisatorischer Ebene etwaige Verschwendungen im Prozess zu beheben sind. Hierbei kann der Prozess beispielsweise in einer Analyse feingliedrig in all seine Teilprozessschritte aufgeteilt werden. Anschließend sind diese Teilprozessschritte den Kategorien wertschöpfend

- Geschäftsführer
- Projektleiter
- Bereichsverantwortliche
- (Produktions-)Mitarbeiter

Abb. 17.3 Beteiligungsgrad der Personengruppen in Schritt 2

(z. B. Fügevorgänge), semi-wertschöpfend (z. B. Logistikabläufe) und nicht-wertschöpfend (z. B. Warten auf neuen Arbeitsschritt) zuzuordnen. Diese Kategorisierung soll als Grundlage dienen, um etwaige nicht zielführende Teilprozessschritte zum einen zu identifizieren und zum anderen entsprechende Maßnahmen zur Reduzierung dieser abzuleiten. Wenn sich als Ergebnis dieser Bewertung die Schlussfolgerung ziehen lässt, dass ohne einen spezifischen Technologieeinsatz keine weitere Prozessverbesserung mehr möglich ist, gilt es in einem nächsten Schritt ein geeignetes Assistenzsystem zur Prozessunterstützung und Prozessverbesserung auszuwählen.

Information und Partizipation
Bereits im zweiten Schritt nimmt sich die Geschäftsführung stärker zurück und verbleibt in der Rolle als Ermöglicher mit der Hauptaufgabe, die Selbstorganisation des Teams zu unterstützen (Dinkelmann 2016). Dazu gehört, den nötigen Rahmen zu schaffen: Ressourcen wie Räumlichkeiten oder Arbeitsmaterialien müssen bereitgestellt werden und den Beteiligten muss ausreichend Arbeitszeit für das Projekt eingeräumt werden. Letzteres sollte vor allem in voll ausgelasteten Betrieben gut geplant werden und darf nicht zu einer erhöhten Beanspruchung der weniger am Projekt beteiligten Kollegen führen. Weiterhin bleibt die Organisation oder zumindest Gewährleistung der Kommunikation über das Projekt Aufgabe der Führungsebene. Die Führungsebene sollte eingreifen, wenn das Projekt vom Ziel abweicht oder schwerwiegende Probleme auftauchen. Gleichzeitig sollte aber genügend Freiraum für das Projektteam gewahrt werden. Schließlich steht die Führungsebene für Konsultation zur Verfügung und zeigt ihre Unterstützung für das Projekt sichtbar nach außen. Je mehr und intensiver Mitarbeiter beteiligt werden, desto geringer wird der Aufwand für die Information, da die Beteiligten als Multiplikatoren fungieren. Solche Entwicklungen sollten gefördert werden. Dennoch sollten gleichzeitig gezielt Informationen verbreitet werden, um einerseits eine flächendeckende Information zu gewährleisten und um andererseits weiterhin klare Signale aus der Führungsebene zu senden. Während sich die Geschäftsführung stärker zurücknimmt, verkörpert die Projektleitung nun verstärkt die Koordinationsfunktion für das Gesamtvorhaben.

Für die Partizipation können unterschiedliche Methoden herangezogen werden. Als Methoden der Mitarbeiterbefragung können schriftliche Befragungen, Face-to-Face-Interviews oder auch telefonische Interviews durchgeführt werden. Während schriftliche Befragungen aufgrund der Anonymität auch schwierigere Themen adressieren können, geben diese weniger Aufschluss über komplexe Zusammenhänge oder Hintergründe. Persönliche Interviews, in denen offene Fragen gestellt und keine Antwortmöglichkeiten gegeben werden, bieten Einblicke in vielschichtige Deutungszusammenhänge und bringen Ideen zur Verbesserung ans Licht. Intern sollten die Ergebnisse der Befragungen danach anonymisiert veröffentlicht werden, um Transparenz über und Akzeptanz für das weitere Projektvorgehen zu schaffen (Dinkelmann 2016; Knothe et al. 2017). Weitere partizipative Methoden, die sich ab diesem Schritt eignen, sind Brainstorming und Methoden aus der kontinuierlichen Verbesserung, wie beispielsweise ein Ideenwettbewerb für Prozessverbesserungen. Workshops zur IST-Analyse mit Bereichsverantwortlichen und Mitarbeitern eignen sich, um Prozesse aufzunehmen, zu diskutieren und auszuwählen. Ein Workshop kann eine oder mehrere Aufgabenstellungen beinhalten, die in kombinierten Einzel- und Gruppenphasen bearbeitet, präsentiert und diskutiert werden. Auch Thementische sind möglich, an denen verschiedenen Fragestellungen in wechselnden oder thematisch zueinanderpassenden Gruppen behandelt werden. Für jede Form des Workshops oder einer Diskussionsrunde ist eine gute Moderation empfehlenswert. Der Moderator übernimmt das Zeitmanagement, regt zur aktiven Teilnahme an, behält das Ziel des Workshops im Blick und lenkt die Gruppe gegebenenfalls wieder zurück auf das Thema (Deutinger 2017). Eine weitere Möglichkeit ist, sich für Workshops externe Unterstützung zu holen. Im Praxisbeispiel wurde das Mittelstand 4.0-Kompetenzzentrum Augsburg hinzugezogen, das Gespräche mit Bereichsverantwortlichen und Mitarbeitern führte und Workshops begleitete. Externe Partner können durch einen unvoreingenommenen Blick eventuell andere Aspekte ins Gespräch bringen oder Fragen stellen, die bisher nicht bearbeitet wurden.

Wichtig bei jeder Form der Partizipation ist der offene Umgang mit den Zielstellungen und Rahmenbedingungen für das Projekt (Abschn. 17.2.3). So bleibt das Vorgehen realistisch, es gibt einen klaren Handlungsrahmen und Erwartungen werden nicht nachträglich enttäuscht.

> **Beispiel**
> Nachdem die Geschäftsführung die strategische Bedeutung des Themas Digitalisierung erläutert hat, wurde zusammen mit den Vertretern der Entwicklung, Produktion und IT ein Workshop durchgeführt. Ziel dieses Workshops war es, eine abgestimmte Übersicht zu den Produktionsprozessen zu schaffen. Diese Übersicht wurde mittels einer Wertstromanalyse angefertigt. Neben der Abbildung des zeitlichen Ablaufs der Produktionsprozesse lag der Fokus auf dem Aufzeigen von Verknüpfungen zu den anderen am Workshop beteiligten Fachbereichen Entwicklung und IT. In diesem Zusammenhang kamen bereits erste Diskussionen darüber zustande, bei welchen Produktionsprozessen ein angepasster Informationsfluss zwischen Entwicklung und Produktion möglich sei und wie die IT eingebunden werden könnte.
> Auf Grundlage dieses Workshops und der erstellten Übersicht zu den Produktionsprozessen hat der Leiter der Produktion die Verantwortlichen der Bereiche Fertigung, Logistik und Instandhaltung zu einem weiteren Workshop geladen. Ziel dieses Workshops war die Bewertung der aufgezeigten Prozesse hinsichtlich ihres Wertschöpfungsgrades. Durch ein Punktesystem haben die Workshopteilnehmer die Prozesse bewertet, woraus sich eine Priorisierung der Produktionsprozesse ergeben hat. Diese Priorisierung zeigte auf, in welchen Prozessen ein hohes Verbesserungspotenzial durch eine passende Digitalisierungsmaßnahme zu erwarten sei. Ergebnis dieses Workshops war, dass die Abläufe in der Instandhaltungskoordination die größten Verbesserungspotenziale aufweisen. Zeitliche Verzögerungen bezüglich der Informationsbereitstellung bzw. Informationsrückmeldung wurden im weiteren Fortlauf fokussiert.

17.3.3 Schritt 3: Anforderungen beschreiben und Assistenzsystem finden

Vorgehensbeschreibung

Nach der Prozessermittlung und -bewertung ist zu beurteilen, welche Technologie bzw. welches digitale Assistenzsystem Produktionsmitarbeiter bei ihren Abläufen geeignet unterstützen kann. Um die Mitarbeiter auch zielgerichtet bei der Prozessdurchführung zu unterstützen, sind die Anforderungen, welche sich aus den Prozessspezifikationen und den Erfahrungen und Anregungen der Mitarbeiter ergeben, zu ermitteln und zu beschreiben (Abb. 17.4).

Hierbei kann die Klärung von Fragestellungen hinsichtlich erforderlicher Funktionalitäten des Assistenzsystems bezüglich Aufgaben der Informationsverwaltung hilfreich sein. Mögliche Fragestellungen im Zusammenhang mit der Auswahl eines geeigneten Assistenzsystems, welches bei der Gewinnung, Verarbeitung und Bereitstellung von Informationen im Produktionsumfeld unterstützt, können sein:

- Welche Informationen sind bereitzustellen?
- Wie und in welcher Form sind Informationen am Arbeitsplatz bereitzustellen?
- Wann sollen diese Informationen bereitgestellt werden?
- Wie sollen Informationen vom Mitarbeiter zurückgemeldet werden können?
- An wen oder welches System sollen diese Informationen zurückgemeldet werden?
- In welcher Form soll die Kommunikation zwischen Mitarbeitern unterstützt werden?
- Wie kann die Koordination von Aufgaben unterstützt werden?
- ...

Diese Fragestellungen gilt es unter Berücksichtigung der jeweils vorliegenden Rahmenbedingungen zu betrachten und entsprechend situativ ist zu entscheiden, wie das Thema der Informationsverwaltung mittels eines Assistenzsystems unterstützt werden kann. Die Antworten auf diese Fragestellungen sollen das Zielbild des Prozesses sowie die Vorstellungen und Wünsche der Mitarbeiter beschreiben, woraus sich die Anforderungen an ein Assistenzsystem ableiten lassen. Wichtig in diesem Zusammenhang ist eine Abschätzung

- Geschäftsführer
- Projektleiter
- Bereichsverantwortliche
- (Produktions-)Mitarbeiter

Abb. 17.4 Beteiligungsgrad der Personengruppen in Schritt 3

der zu erwartenden Auswirkungen auf Prozesskenngrößen, wie beispielsweise eine Zeitersparnis bei Prozessabläufen oder eine schnellere Kommunikation zwischen Mitarbeitern.

Neben dieser Anforderungsermittlung ist in einem nächsten Schritt abzuwägen, wie sich eine geeignete weitere Vorgehensweise gestaltet, um ein geeignetes Assistenzsystem ermitteln zu können. In diesem Zusammenhang ist auch zu differenzieren, ob in dem eigenen Unternehmen das erforderliche Know-how vorhanden ist, um ein anforderungsgerechtes Assistenzsystem zu gestalten. Lässt sich ein unternehmenseigenes Assistenzsystem nicht gestalten und aufbauen, kann auf die Lösungen von Assistenzsystemen externer Anbieter zurückgegriffen werden.

Information und Partizipation
Nach dem zweiten Schritt, in dem anhand von Interviews, Diskussionsrunden und Workshops Anwendungsfälle für Digitalisierungsvorhaben bzw. für den Einsatz von Assistenzsystemen identifiziert wurden, gilt es zunächst die Belegschaft über die Ergebnisse zu informieren. Dazu kann an die bisher verwendeten Methoden angeknüpft werden. Gab es eine Richtungsänderung im Projekt, sollte sorgfältig über die Hintergründe informiert werden, damit diese Entscheidung für alle nachvollziehbar und verständlich bleibt. Wird mit Nachfragen oder Gesprächsbedarf gerechnet, empfiehlt sich ein Face-to-Face-Termin, wie z. B. offene Diskussionsrunden oder eine Betriebsversammlung mit Fragerunde.

Für die nächste Phase der Beteiligung eignen sich Workshops vor allem mit Mitarbeitern, die nun zielgerichtet auf die Anpassung des Assistenzsystems zur Arbeitsaufgabe und -umgebung vorbereitet werden. Hier steht im Fokus, die konkreten funktionalen Anforderungen an die technische Gestaltung des Assistenzsystems, dessen Aufgabenbereich und die Eingliederung in den Arbeitsplatz zu bestimmen. Technologien zur Informationseingabe und -ausgabe sollten vor diesem Hintergrund getestet und gegebenenfalls zu einem passenden System kombiniert werden.

Hier ist besonders wichtig, die späteren Nutzer intensiver zu beteiligen, da sich diese am besten mit der Arbeitsaufgabe auskennen und gleichzeitig diejenigen sind, die später mit dem System umgehen können wollen und müssen. Der Moderator oder Workshopleiter hat die Aufgabe, die Ergebnisse zu sichern und aufzubereiten, um für alle sichtbar festzuhalten, welche Systemeigenschaften für die Mitarbeiter in Frage kommen und welche abgelehnt werden.

Zur Technologieauswahl kann das Projektteam Exkursionen zu anderen Betrieben, die bereits ein Assistenzsystem für einen ähnlichen Anwendungsfall einsetzen, oder zu Technologieanbietern sowie auf Messen unternehmen. Hier gibt es viel Raum für Fragen und Diskussionen zum alltäglichen Umgang, zu Vor- und Nachteilen mit tatsächlichen Anwendern sowie Möglichkeiten zum direkten Vergleich von erhältlichen Technologien, z. B. auf Fachmessen. Darüber hinaus besteht die Möglichkeit, Forschungsinstitute zu besuchen, die Lernfabriken oder Testumgebungen bereitstellen und sich anbieterunabhängig mit den Eigenschaften vorhandener Technologien zu befassen. Weiterhin können Forschungsinstitute auch von bisherigen Erfahrungen in anderen Projekten mit Unternehmen berichten.

> **Beispiel**
>
> Der vorhergehende Workshop mit dem Produktionsleiter und den Leitern der Bereiche Fertigung, Logistik und Instandhaltung legte offen, dass die Mehrmaschinenbedienung ebenso wie Aufgaben in der Instandhaltung Möglichkeiten zur Prozessverbesserung bieten. Für eine weitere Workshoprunde wurden Mitarbeiter aus dem nunmehr betroffenen Bereich der Instandhaltung geladen, um die Möglichkeiten zur Prozessverbesserung weiter zu konkretisieren und hieraus die Anforderungen an ein Assistenzsystem ableiten zu können.
>
> Die Abläufe der Instandhaltung wurden in der ersten Phase des Workshops von den Instandhaltungsmitarbeitern detailliert aufgezeigt. Diese detaillierten Prozessbeschreibungen wurden anschließend hinsichtlich Verschwendung bewertet mit dem Ergebnis, dass eine beschleunigte Informationsbereitstellung bzgl. erforderlicher Instandhaltungsaufgaben wesentliche Prozessverbesserungen hervorrufen kann. Zudem wurde der Rückmeldeprozess hinsichtlich abgeschlossener Tätigkeiten an den Instandhaltungsleiter als sehr aufwands- und zeitintensiv beurteilt.
>
> Nach der Beurteilung des Instandhaltungsprozesses sowie der Instandhaltungskoordination erfolgte in einem Workshop die Ableitung von Anforderungen an ein Assistenzsystem durch den Instandhaltungsleiter und die Instandhaltungsmitarbeiter. Die wesentlichen Anforderungen an ein Assistenzsystem gestalteten sich wie folgt:
>
> - Der Instandhaltungsleiter soll einen Instandhaltungsauftrag direkt an alle Instandhalter gleichzeitig melden können.
> - Die Instandhaltungsmitarbeiter sollen Instandhaltungsaufträge annehmen können.
> - Alle weiteren Instandhalter sowie der Instandhaltungsleiter sollen über den angenommenen Instandhaltungsauftrag informiert werden.
> - Instandhalter sollen die Fertigstellung des Instandhaltungsauftrages sowie weitere Informationen, wie bspw. Art der durchgeführten Instandhaltungstätigkeit, an den Instandhaltungsleiter melden können.
> - Instandhalter sollen Informationen ortsunabhängig innerhalb der Produktion auch über größere Distanzen austauschen können. Dafür benötigt jeder Mitarbeiter ein mobiles Assistenzsystem. Im Idealfall kann hierfür die vorliegende Infrastruktur (z. B. flächendeckendes WLAN) genutzt werden.
> - Sowohl die Informationseingabe als auch die Informationsausgabe sollen intuitiv und unter rauen Produktionsumgebungen erfolgen können.
> - Durch die Anbindung an das Zeiterfassungssystem sollen die benötigten Instandhaltungszeiten automatisch in dem jeweiligen Instandhaltungsauftrag dokumentiert werden.
>
> Nach der Anforderungsklärung galt es, ein geeignetes Assistenzsystem zu finden, welches die oben genannten Anforderungen erfüllen kann. Das Resultat eines

Screenings hinsichtlich verfügbarer Assistenzsysteme führte in diesem Fall zu dem Einsatz von Smartwatches für die Produktion, welche die Anforderungen aus informationslogistischer Perspektive erfüllen sowie einem Einsatz bei rauen Arbeitsbedingungen gerecht werden. Über ein kleines Touchdisplay am Handgelenk können Informationen jedem Instandhalter übermittelt sowie von diesem quittiert und erfasst werden. Da das Unternehmen bereits über ein gut ausgebautes WLAN in der Produktion verfügte, musste keine zusätzliche Infrastruktur aufgebaut werden.

Die ermittelten Smartwatch-Lösungen wurden hinsichtlich ihrer Leistungsumfänge bewertet und Anbieter zu einer Produktvorstellung eingeladen. Schließlich wurde ein passender Anbieter ausgewählt, dessen Smartwatch-Lösungen die Anforderungen, welche in den Workshops zusammengetragen wurden, erfüllen.

17.3.4 Schritt 4: Assistenzsystem implementieren, testen und ausrollen

Vorgehensbeschreibung
Nachdem die Anforderungen an ein Assistenzsystem ermittelt und ein Assistenzsystem ausgewählt wurde, erfolgen anschließend die Implementierung, das Testen und das Ausrollen.

Ziel bei der Implementierung soll eine nahtlose Integration des Assistenzsystems in ein vorliegendes Produktionssystem sowie die ausgewählten Prozesse sein. Damit ein Assistenzsystem in eine vorliegende Produktionssystemlandschaft nutzbringend integriert werden kann, ist den Gegebenheiten des ermittelten Produktionsprozesses bei der Implementierung besonderes Augenmerk zu schenken. Die vorher definierten Ziele hinsichtlich Verschwendungsreduktion sowie Anforderungserfüllung seitens Prozess und Mitarbeiter sind in diesem Rahmen zu berücksichtigen.

Bei der Einführung neuer Assistenzsysteme empfiehlt es sich, ihre Implementierung in einem kleinen gekapselten Produktionsbereich anzugehen, ehe das Assistenzsystem auf alle vorgesehenen Prozesse ausgerollt wird. Aus der Implementierung in einem kleineren Rahmen sollen bereits durch Tests frühzeitig Erkenntnisse gewonnen werden, bevor die Implementierung eines Assistenzsystems flächendeckend auf die Produktion ausgeweitet wird. Durch diese Vorgehensweise sollen mögliche Herausforderungen und Schwierigkeiten bei einer Implementierung in kleinem Umfang und somit die Aufwände für Anpassungen gering gehalten werden. Begleitend zu einer Implementierung sind Tests des Assistenzsystems durchzuführen, bei welchen die Mitarbeiter einzubinden sind und somit auch direkt ihr Feedback geben können, um noch vor einem flächendeckenden Ausrollen des Systems Anregungen und Wünsche bei der Implementierung berücksichtigen zu können (Abb. 17.5). Erweist sich das Assistenzsystem in Testläufen oder bei seiner Einbindung in den operativen Produktionsbetrieb in dem gekapselten Bereich als stabil und robust, kann das Assistenzsystem auf weitere Bereiche und Prozesse ausgerollt werden.

- Geschäftsführer
- Projektleiter
- Bereichsverantwortliche
- (Produktions-)Mitarbeiter

Abb. 17.5 Beteiligungsgrad der Personengruppen in Schritt 4

Information und Partizipation
Der Beginn dieses Schritts stellt für die Informationsweitergabe einen weiteren Meilenstein dar. Nun gilt es, die Ergebnisse der Auswahl- und Entwicklungsphase des Assistenzsystems sowie das genaue Vorgehen bei der Implementierung an alle Mitarbeiter zu kommunizieren. Die durchgängige Berichterstattung über das Projekt sowie über Art und Ergebnisse der Mitarbeiterbeteiligung zeigt, dass Partizipation in der Unternehmenskultur einen wichtigen Stellenwert hat.

Im vierten Schritt erfolgt die Beteiligung der Bereichsverantwortlichen und Mitarbeiter vor allem in der Testphase, in der das Assistenzsystem in einem gekapselten Produktionsbereich implementiert wird. Den Mitarbeitern sollte die Möglichkeit gegeben werden, das System über einen Zeitraum von mehreren Tagen ausgiebig testen zu können, um umfassende Erfahrungen bezüglich Funktionalität und Zuverlässigkeit, Bedienung sowie Tragekomfort zu sammeln. In regelmäßigen Diskussionsrunden tauschen sich die Testkandidaten mit dem restlichen Projektteam aus, um auftretende Fehler zu beheben und gegebenenfalls nachzujustieren. Durch die enge Auseinandersetzung mit dem Assistenzsystem erfolgt gleichzeitig eine praktische Qualifizierung der Mitarbeiter (Dinkelmann 2016). Handelt es sich um ein komplexeres System, sollten die Testkandidaten vor der Pilotphase geschult werden, um Akzeptanzbarrieren zu vermeiden. Allgemein spielt ab hier die Qualifizierung der Belegschaft eine wichtige Rolle. Steht fest, wie das System aussehen soll, kann direkt mit Qualifizierungsmaßnahmen begonnen werden. Schulungs- und Fortbildungsmaßnahmen, die den Bedürfnissen und dem Wissensstand der Mitarbeiter gerecht werden, gelten als Grundvoraussetzung, sowohl für einen leichten Einstieg und einen fehlerfreien Umgang als auch für die Akzeptanz. Qualifikationsdefizite führen zu Problemen im Umgang mit dem System, was wiederum eine erhöhte Stressbelastung und verminderte Motivation zur Folge hat. Schulungsmaßnahmen sollten möglichst frühzeitig angeboten werden, auf die Aufgaben und Wissenslücken der Mitarbeiter zugeschnitten sein und nicht mit Minimalaufwand abgefertigt werden, sondern eine zentrale Rolle im Prozess spielen sowie möglichst praxisnah durchgeführt werden (Anstadt 1994; Bischoff et al. 2015).

Beispiel
Zum Zeitpunkt der Beitragserstellung befand sich das Unternehmen gerade zusammen mit einem Anbieter bzw. Implementierungsdienstleister von Smartwatches für

die Produktion in der Durchführung dieses Schritts. Deshalb erfolgt hier ein Ausblick auf das geplante Vorgehen.

Nach der erfolgten Anforderungsermittlung und Auswahl einer geeigneten Smartwatch-Lösung werden im Folgenden Abstimmungen zwischen der IT des Unternehmens und dem Anbieter, der die Smartwatches implementiert, durchgeführt. Ziel dieser Abstimmungen soll sein, die Smartwatches entsprechend den vorliegenden IT-Systemen des Unternehmens anzupassen, damit die Kompatibilität dieser Wearables mit den vorliegenden IT-Systemen sichergestellt ist. Nach Klärung grundlegender Fragestellungen bzgl. einer Implementierung soll es anschließend an die konkrete Einbindung der Uhren gehen. Hier sollen die Unternehmens-IT, der Implementierungsdienstleister sowie die Instandhaltungsmitarbeiter in einem engen Austausch miteinander stehen, um eine anforderungsgerechte Einbindung der Smartwatches für die Unterstützung der Instandhaltungskoordination und -dokumentation sicherstellen zu können. Zeigt das Smartwatch-System nach Testläufen gemeinsam mit den Mitarbeitern in einem kleinen Implementierungsrahmen einen stabilen Zustand, so soll das System darauf aufbauend auf die gesamte Instandhaltung des Unternehmens ausgerollt werden. Gleichzeitig soll auch die Qualifizierung der Instandhaltungsmitarbeiter beginnen, um zum Roll-out startbereit zu sein sowie um Barrieren im Können oder Wollen zu vermeiden.

17.4 Zusammenfassung und Ausblick

Der vorliegende Beitrag beschreibt ein schrittweises Vorgehen, das produktionsorganisatorische, technische sowie soziale Aspekte vereint betrachtet, Handlungsvorschläge sowie Methoden aufzeigt und diese durch Erfahrungen aus der Praxis ergänzt. Ziel von Digitalisierungsprojekten sollte sein, diese strukturiert anzugehen sowie umzusetzen und dabei die Mitarbeiterakzeptanz durch Information und Partizipation zu maximieren. Die vier vorgeschlagenen Schritte dienen als Orientierungsrahmen und können je nach Anwendungsfall angepasst, erweitert oder weiter untergliedert werden. Das Praxisbeispiel zeigt einen Anwendungsfall, der einen bestimmten Bereich im Unternehmen fokussiert und damit in gewissem Sinne abgekapselt von anderen Prozessen und Bereichen stattfindet. Soll ein Digitalisierungsvorhaben umgesetzt werden, das von vornherein viele Ebenen und Prozesse im Unternehmen betrifft und verändert, beispielsweise die Integration eines ERP- oder ME-Systems, werden hier unter Umständen verschiedene Projektteams, längere Vorlaufzeiten oder mehrere Implementierungsphasen benötigt. Vor allem für kleine und mittelständische Unternehmen, die erste Digitalisierungsprojekte angehen und sich schrittweise einer Industrie 4.0 annähern wollen, soll dieser Beitrag einen strukturierten Rahmen darstellen, der Orientierung im Vorgehen bietet sowie verschiedene Methoden zur Projektdurchführung und Mitarbeiterpartizipation, Stolpersteinen und Handlungschancen aufzeigt.

In diesem Rahmen sei darauf hingewiesen, dass keine isolierte Betrachtung vereinzelter Bereiche, wie in diesem Fall der Bereich der Instandhaltung, möglich ist. Die Anbindung an die IT, das Befolgen von Sicherheitsrichtlinien oder Datenschutzaspekten, die Mitarbeiterqualifizierung sowie die Zusammenarbeit mit dem Betriebsrat wurden in diesem Beitrag lediglich angeschnitten, bedürfen aber je nach Projekt einer tiefergehenden Betrachtung. Auch die Partizipation fordert eine tiefere Auseinandersetzung mit dem Thema und passenden Methoden, z. B. wenn die Voraussetzung einer offenen Kommunikations- und Vertrauenskultur nicht gegeben ist oder sich überzeugte Digitalisierungsgegner in der Belegschaft befinden.

Literatur

Anstadt, U. (1994). Determinanten der individuellen Akzeptanz bei Einführung neuer Technologien. Eine empirische arbeitswissenschaftliche Studie am Beispiel von CNC-Werkzeugmaschinen und Industrierobotern. Frankfurt a. M. u.a.: Peter Lang.

Becker, W.; Ulrich, P.; Vogt, M.; Botzkowski, T.; Hilmer, C.; Zimmermann, L. (2013). Digitalisierung im Mittelstand. Bamberg: Deloitte-Mittelstandsinstitut.

Bischoff, J.; Taphorn, C.; Wolter, D.; Braun, N.; Fellbaum, M.; Goloverov, A.; … Scheffler, D. (2015). Erschließen der Potenziale der Anwendung von 'Industrie 4.0' im Mittelstand. Mühlheim an der Ruhr: agiplan.

Deuse, J.; Busch, F.; Weisner, K.; Steffen, M. (2015). Differenzielle Arbeitsgestaltung durch hybride Automatisierung. In: Schlick, C.M. (Hrsg.), Arbeit in der digitalisierten Welt, S. 235–245. Frankfurt/New York: Campus.

Deutinger, G. (2017). Kommunikation im Chance. Erfolgreich kommunizieren in Veränderungsprozessen. Berlin, Heidelberg: Springer.

Dinkelmann, M. (2016). Methode zur Unterstützung der Mitarbeiterpartizipation im Change Management der variantenreichen Serienproduktion durch Lernfabriken. Stuttgart: Fraunhofer Verlag.

DIN Deutsches Institut für Normung EN ISO 9000 (2015). Qualitätsmanagementsysteme. Grundlagen und Begriffe. Berlin: Beuth.

Flüter-Hoffmann, C. (2015). Ausbalancierte Flexibilität – Wie werden Anforderungen und Angebote zu einer echten Win-win-Situation für Betriebe und Beschäftigte? In: Schlick, C.M. (Hrsg.), Arbeit in der digitalisierten Welt , S. 127–133. Frankfurt/New York: Campus.

Gorecky, D.; Schmitt, M.; Loskyll, M. (2014). Mensch-Maschine-Interaktion im Industrie 4.0-Zeitalter. In: Bauernhansl, T; ten Hompel, M.; Vogel-Heuser, B. (Hrsg.), Industrie 4.0 in Produktion, Automatisierung und Logistik, S. 525–542. Wiesbaden: Springer.

Hirsch-Kreinsen, H.; Ittermann, P. (2015). Essay – Soziotechnische Systeme und die Rolle des Menschen. In: Bischoff, J.; Taphorn, C.; Wolter, D.; Braun, N.; Fellbaum, M.; Goloverov, A.; … Scheffler; D. (Hrsg.). Erschließen der Potenziale der Anwendung von 'Industrie 4.0' im Mittelstand, S. 97–98. Mühlheim an der Ruhr: agiplan.

Hoellthaler, G.; Braunreuther, S.; Reinhart, G. (2018). Digital lean production – An approach to identify potentials for the migration to a digitalized production system in SMEs from a lean perspective. 11th CIRP Conference on Intelligent Computation in Manufacturing Engineering – CIRP ICME '17, Procedia CIRP 67, S. 522–527.

Knothe, T.; Ullrich, A.; Weinter, N. (2017). Wege in die Zukunft der Produktion. Ganzheitliche Mitarbeitereinbindung als Befähiger für die Transformation zur Industrie 4.0. wt Werkstattstechnik online, 107, S. 273–279.

Lennings, F.; Gärtner, R.; Harde, J.; Hasse, F.; Lacker, T. (2015). Auswirkungen und Chancen der Digitalisierung für KMU. In: Schlick, C.M. (Hrsg.), Arbeit in der digitalisierten Welt, S. 193–204. Frankfurt/New York: Campus.

Lindemann, U. (2009). Methodische Entwicklung technischer Produkte. Methoden flexibel und situationsgerecht anwenden. Berlin: Springer.

Merhar, L.; Berger, C.; Braunreuther, S.; Reinhart, G. (2019). Digitization of Manufacturing Companies: Employee Acceptance Towards Mobile and Wearable Devices. In: Ahram, T. (Hrsg.), Advances in Human Factors in Wearable Technologies and Game Design. AHFE 2018. Advances in Intelligent Systems and Computing. Cham: Springer.

Merkel, L. (2017). Application-specific design of assistance systems for manual work in production. IEEE International Conference on Industrial Engineering and Engineering Management. doi: https://doi.org/10.1109/IEEM.2017.8290080.

Merz, S. L. (2016). Industrie 4.0-Strategie: So geht man bei der Einführung vor. In: Roth, A. (Hrsg.), Einführung und Umsetzung von Industrie 4.0- Grundlagen, Vorgehensmodell und Use Cases aus der Praxis, S. 83–110. Berlin, Heidelberg: Springer.

Mohr, N.; Morawiak, D.; Köster, N.; Saß, B. (2017). Die Digitalisierung des deutschen Mittelstands. Kurzstudie McKinsey.

Oser, F.; Biedermann, S.; Ullrich, M. (2001). Teilnehmen und Mitteilen: Partizipative Wege in die res publica. Beobachtungen in 14 institutionellen Kontexten im Rahmen des Projekts „Education à la Citoyenneté Démocratique (ECD)" des Europarats zuhanden des Bundesamtes für Bildung und Wissenschaft. Freiburg: Universität, Department Erziehungswissenschaften.

Pawellek, G. (2014). Ganzheitliche Fabrikplanung. Grundlagen, Vorgehensweisen, EDV-Unterstützung. Berlin: Springer Vieweg.

Plattform Industrie 4.0 (2015). Umsetzungsstrategie Industrie 4.0. Ergebnisbericht der Plattform Industrie 4.0: https://www.bitkom.org/noindex/Publikationen/2015/Leitfaden/Umsetzungsstrategie-Industrie-40/150410-Umsetzungsstrategie-0.pdf [01.02.2019]

Reinhart, G.; Zühlke, D. (2017). Von CIM zu Industrie 4.0. In: Reinhart, G. (Hrsg.), Handbuch Industrie 4.0, S. XXXI-XL. München: Hanser.

Senderek, R.; Geisler, K. (2015). Assistenzsysteme zur Lernunterstützung in der Industrie 4.0. In: Rathmayer, S.; Pongratz, H. (Hrsg.), Proceedings der Pre-Conference Workshops der 13. E-Learning Fachtagung Informatik. DeLFI 2015 (S. 36–46). München.

Spath, D.; Ganschar, O.; Gerlach, S.; Hämmerle, M.; Krause, T.; Schlund, S. (2013). Produktionsarbeit der Zukunft – Industrie 4.0. Stuttgart: Fraunhofer Verlag.

Stocker, A.; Brandl, P.; Michalczuk, R.; Rosenberger, M. (2014). Mensch-zentrierte IKT-Lösungen in einer Smart Factory. Elektrotechnik und Informationstechnik, 131 (7), 207–211. doi:https://doi.org/10.1007/s00502-014-0215-z.

Ullrich, C.; Aust, M.; Blach, R.; Dietrich, M.; Igel, C.; Kreggenfeld, N.; Kahl, D.; Prinz, C.; Schwantzer, S. (2015). Assistenz- und Wissensdienste für den Shopfloor. In: Rathmayer, S.; Pongratz, H. (Hrsg.), Proceedings der Pre-Conference Workshops der 13. E-Learning Fachtagung Informatik. DeLFI 2015, S. 47–55. München.

Ullrich, A.; Vladova, G.; Gronau, N.; Jungbauer, N. (2016). Akzeptanzanalyse in der Industrie 4.0-Fabrik. Ein methodischer Ansatz zur Gestaltung des organisatorischen Wandels. In: Obermaier, R. (Hrsg.), Industrie 4.0 als unternehmerische Gestaltungsaufgabe, S. 291–307. Wiesbaden: Springer.

VDI Verein deutscher Ingenieure 2870-1 (2012). Ganzheitliche Produktionssysteme. Grundlagen, Einführung und Bewertung. Berlin: Beuth.

VDMA (2015). Leitfaden Industrie 4.0. Orientierungshilfe zur Einführung in den Mittelstand. Frankfurt: VDMA.

Laura Merhar, M.A. studierte Medien und Kommunikation an der Universität Augsburg. Seit 2017 arbeitet sie als wissenschaftliche Mitarbeiterin am Fraunhofer IGCV in der Abteilung Produktionsmanagement und beschäftigt sich mit der Einbindung von Mitarbeitern in Digitalisierungsprojekten sowie mit Kommunikation, Weiterbildung und Mediendidaktik.

Georg Höllthaler, M.Sc. studierte Maschinenwesen an der Technischen Universität München. Seit 2016 ist er als wissenschaftlicher Mitarbeiter am Fraunhofer IGCV in der Abteilung Produktionsmanagement tätig. Hier konzentriert er sich u. a. auf produktionsorganisatorische Fragestellungen mit dem Ziel die Produktivität von Abläufen im Shopfloor unter Berücksichtigung und Einbindung digitaler Technologien zu steigern.

Christoph Berger, M.Sc. arbeitete nach einer Ausbildung acht Jahre als Inbetriebnahme-Techniker im Anlagen und Maschinenbau und absolvierte anschließend ein Elektrotechnik-Studium an der Hochschule Augsburg mit der Fachrichtung Automatisierungstechnik. Seit 2014 ist er als wissenschaftlicher Mitarbeiter am Fraunhofer IGCV in der Abteilung Produktionsmanagement tätig und leitet die Gruppe Planung und Steuerung.

18 Einführung eines intelligenten Logistikkonzepts zur Unterstützung der Mitarbeiter in Fertigung und Montage

Stephanie Dupont, Stefan Braun, Carina Siedler, Jan C. Aurich und Klaus J. Zink

Zusammenfassung

Die Gestaltung der digitalen Transformation stellt viele KMU vor große Herausforderungen. Welche Digitalisierungslösung soll ausgewählt werden, um bestehenden Herausforderungen mit einer zielgerichteten Einführung begegnen zu können? Wie kann diese Einführung bestmöglich gestaltet und so der langfristige Erfolg des Unternehmens gesichert werden? Wie können technische und organisatorische Veränderungen mitarbeitergerecht gestaltet werden? Dieser Beitrag schildert die Einführung eines

---

Der Beitrag entstand im Rahmen des Verbundvorhabens Integrierte Arbeitssystemgestaltung in digitalisierten Produktionsunternehmen InAsPro (FKZ: 02L15A244). Das Forschungs- und Entwicklungsprojekt wird vom Bundesministerium für Bildung und Forschung (BMBF) und vom Europäischen Sozialfonds (ESF) im Rahmen des Programms „Zukunft der Arbeit" gefördert und vom Projektträger Karlsruhe (PTKA) betreut.

S. Dupont (✉)
Institut für Technologie und Arbeit e.V., Kaiserslautern, Deutschland
E-Mail: stephanie.dupont@ita-kl.de

S. Braun
Braun Maschinenbau GmbH, Landau, Deutschland
E-Mail: info@braun-maschinenbau.de

C. Siedler · J. C. Aurich
Technische Universität Kaiserslautern, Lehrstuhl für Fertigungstechnik und Betriebsorganisation, Kaiserslautern, Deutschland
E-Mail: carina.siedler@mv.uni-kl.de; fbk@mv.uni-kl.de

K. J. Zink
Institut für Technologie und Arbeit e.V., TU Kaiserslautern, Kaiserslautern, Deutschland
E-Mail: klaus.j.zink@ita-kl.de

© Springer-Verlag GmbH Deutschland, ein Teil von Springer Nature 2019
C. K. Bosse, K. J. Zink (Hrsg.), *Arbeit 4.0 im Mittelstand*,
https://doi.org/10.1007/978-3-662-59474-2_18

intelligenten Logistikkonzepts bei der Firma Braun Maschinenbau GmbH. Aufbauend auf einer Beschreibung der Ausgangssituation im Unternehmen sowie der zu bewältigenden Problemstellung werden in chronologischer Abfolge alle Schritte im angestoßenen Veränderungsprozess beschrieben. Ein Schwerpunkt liegt dabei auf richtungsweisenden Entscheidungen und der Erreichung der Meilensteine. Der Beitrag endet mit einer Zusammenfassung der wesentlichen Erkenntnisse, die die Firma Braun aus dem digitalen Transformationsprozess ziehen konnte. Anhand dieser Erkenntnisse können auch andere KMU erste Hinweise zur Bewältigung von möglichen Herausforderungen bei der Einführung von Digitalisierungslösungen ableiten und ihren individuellen Transformationsprozess entsprechend vorausschauend gestalten.

18.1 Ausgangssituation

Digitalisierung ist ein Megatrend, der sich in nahezu allen Bereichen eines Unternehmens auswirkt. Durch den Einsatz digitaler Technologien können physische Objekte mit dem Internet verbunden und so vernetzt werden. Auch analoge Objekte werden zunehmend mit Sensoren ausgestattet, die fortlaufend Daten generieren. Diese Daten können durch das informationstechnische Zusammenspiel verschiedener Netzwerke in einem globalen Datennetz gespeichert und ausgewertet werden (Hirsch-Kreinsen et al. 2018). Durch die so gewonnenen Erkenntnisse können neue Geschäftsmodelle entstehen, interne Prozesse können durch die verfügbaren Daten optimiert, Kunden- und Lieferantenbeziehungen durch automatisierten Informationsaustausch verbessert und die Vernetzung entlang der Wertschöpfungskette vertieft werden (Absenger et al. 2016).

Um die Chancen des digitalen Wandels nutzen zu können, müssen Unternehmen jedoch zunächst die notwendigen Voraussetzungen schaffen. Beispielsweise müssen IT-Systeme aufgebaut und miteinander vernetzt werden, um einen durchgängigen Informationsfluss zwischen Abteilungen und über Unternehmensgrenzen hinweg sicherzustellen (Urbach und Ahlemann 2016). Benutzerfreundliche Schnittstellen müssen entwickelt werden, sodass Mitarbeiter benötigte Informationen jederzeit kontextspezifisch abrufen können (Vogel-Heuser et al. 2017). Organisationale Abläufe müssen auf die neuen Bedingungen angepasst werden, z. B. durch agile Arbeitsformen, die die Flexibilität der Arbeitsprozesse und somit die Anpassungsfähigkeit der Organisation an sich verändernde Kundenwünsche erhöhen (Hofmann 2018). Bereits diese Beispiele zeigen, dass ausschließlich technologische Anpassungen nicht ausreichend sind, um den digitalen Wandel erfolgreich zu gestalten. Vielmehr müssen Aspekte in den drei Bereichen Mensch, Technik und Organisation (Ulich 2011) gleichrangig berücksichtigt werden.

Ein mittelständisches Unternehmen, das die Bedeutung der Digitalisierung erkannt und den Wandelprozess begonnen hat, ist die Firma Braun Maschinenbau GmbH aus Landau/Pfalz (im Folgenden: Firma Braun). Die Firma Braun wurde 1958 im rheinland-pfälzischen Burrweiler von Stefan Braun Senior in einer alten Dorfschmiede gegründet. Speziell für die ökologische Bodenbearbeitung im Wein- und Obstbau werden seitdem Maschinen konstruiert und auftragsorientiert produziert. Aus dem traditionellen Handwerksbetrieb hat sich in den letzten Jahren ein stark an Kundenwünschen orientierter Kleinserienfertiger entwickelt. Das Unternehmen beschäftigt heute 45 Mitarbeiter und beliefert über ein umfassendes Händlernetz weltweit Wein- und Obstbaubetriebe.

Das Motto „sauber um den Rebstock, ohne Chemie" beschreibt die zentrale Unternehmensphilosophie. Als charakteristisches Merkmal gilt das Braun'sche Baukastensystem. Eine modulare Bauweise der Maschinen ermöglicht eine flexible Anpassung an alle erforderlichen Arbeitssituationen. Alle einfachen Basisgeräte sind hierzu modular erweiterbar, so dass jedem Kunden eine individuelle und preisgünstige Einzellösung zur Verfügung gestellt werden kann. Durch ihre große mechanische Robustheit und Zuverlässigkeit nehmen die Maschinen im internationalen Vergleich eine führende Stellung ein. Das Unternehmen möchte bestehende Prozesse durch den Einsatz einer digitalen Lösung verbessern. Insbesondere sollen interne Logistikprozesse in der Produktion optimiert werden.

Bei der Umsetzung dieses Digitalisierungsvorhabens wird die Firma Braun durch das Forschungsprojekt InAsPro – Integrierte Arbeitssystemgestaltung in digitalisierten Produktionsunternehmen – unterstützt. Das Forschungsprojekt zielt darauf ab, ein generisches Transformationskonzept zur Auswahl und Implementierung von Digitalisierungstechnologien in verschiedenen Lebenszyklusphasen von Produktionsunternehmen unterschiedlicher Größen und Branchen zu entwickeln. Das Transformationskonzept soll nicht nur modular aufgebaut sein und partizipativ genutzt werden können, sondern auch die Prämissen der Gestaltung humaner Arbeitsbedingungen berücksichtigen, sodass eine ergonomische Arbeitsgestaltung ermöglicht werden kann (InAsPro 2017).

18.2 Problemstellung

Bei der Firma Braun soll im Bereich Fertigung und Montage der Logistikprozess durch den Einsatz von digitalen Lösungen vereinfacht werden. Aktuell werden Aufträge in Papierform manuell in die Produktion eingebracht. Eingehende Aufträge werden ohne digitale Unterstützung und teilweise auf Zuruf priorisiert. Hat ein Bauteil einen Fertigungsschritt vollendet, bringen die Mitarbeiter das Teil zum Arbeitsplatz des nachfolgenden Bearbeitungsschritts. An jedem Bearbeitungsplatz befindet sich ein dezentrales Lager, in das zu bearbeitende Teile und Materialien gelegt werden können. Die Lagerungssystematik wird von jedem Mitarbeiter für seinen Arbeitsplatz individuell festgelegt. Da Informationen zum Bearbeitungsstand und zum Lagerplatz der Teile somit nicht zentral verfügbar sind, werden diese vorwiegend mündlich zwischen den Mitarbeitern ausgetauscht. Eine kontinuierliche Absprache durch persönlichen Austausch ist daher für den Produktionsprozess zwingend erforderlich.

Dieses Vorgehen hat sowohl für die Effizienz des Produktionsprozesses als auch für die Mitarbeiter nachteilige Folgen. Da der Lagerplatz eines Teils nicht immer bestimmt werden kann und ein erhöhter Informationsaustausch zwischen den Produktionsmitarbeitern erforderlich ist, müssen die Mitarbeiter wiederholt Laufwege durch die Produktion in Kauf nehmen, um alle notwendigen Informationen und Teile für den anstehenden Bearbeitungsvorgang zu sammeln. Dieser Vorgang nimmt nicht nur viel Zeit in Anspruch, sondern es besteht auch eine erhöhte Verwechslungsgefahr, da die Teile nicht systematisch markiert und somit nicht eindeutig identifizierbar sind.

Die aktuelle Situation hat auch Auswirkungen auf andere Unternehmensbereiche, insbesondere auf die Verwaltung. Da der Austausch von produktbezogenen Informationen vorwiegend mündlich zwischen den Produktionsmitarbeitern stattfindet und die Mitarbeiter der Verwaltung räumlich von denen der Produktion getrennt sind, ist kein kontinuierlicher Informationsfluss zwischen diesen Unternehmensbereichen vorhanden. Dadurch ist für die Verwaltung die Nachverfolgung von Produkten durch den Produktionsprozess nur schwer möglich. Kundenanfragen zu Lieferterminen können ohne vorherige Absprache somit ebenso wenig zuverlässig beantwortet werden, wie auch Fragen von Lieferanten zu benötigten Materialien. Eine verbesserte Informationsbereitstellung durch digitale Technologien in der Produktion bietet dem Unternehmen somit auch Potenziale für externe Beziehungen zu Kunden und Lieferanten.

Um diesen Herausforderungen zu begegnen und die sich bietenden Potenziale zu nutzen, möchte die Firma Braun im Rahmen des Projekts InAsPro eine Digitalisierungslösung einführen, mit deren Hilfe die internen Logistikprozesse optimiert und die Nachverfolgbarkeit der Produkte erhöht werden soll. Durch die Einführung eines IT-Systems mit digitalen Informationen sollen logistische Vorgänge, also das Lagern, Handhaben und Transportieren von Bauteilen, unterstützt werden. Die Unterstützungsleistung der Digitalisierungslösung besteht für die Mitarbeiter hauptsächlich darin, dass ein unmittelbarer Zugriff auf alle notwendigen produktrelevanten Informationen ermöglicht wird.

Produktrelevante Informationen sind unter anderem:

- Priorisierte Liste aller Kundenaufträge
- Anzahl der zu bearbeitenden Bauteile
- Liefertermine der zu bearbeitenden Bauteile
- Identifikationsmerkmale der zu bearbeitenden Bauteile
- Informationen zum Bearbeitungsstand aller benötigten Bau- und Kleinteile
- Informationen zum Lagerort aller benötigten Bau- und Kleinteile
- Informationen zur Verfügbarkeit von Maschinen, die für die Bearbeitung benötigt werden
- Mitteilung, wenn ein Bauteil am vorherigen Bearbeitungsplatz fertiggestellt wurde und sich im Transport befindet
- Mitteilung, wenn ein Bauteil am nachfolgenden Bearbeitungsplatz benötigt wird
- Mitteilung, wenn sich Inhalte oder Prioritäten der Aufträge verändern

Die Verfügbarkeit der genannten Informationen führt für die Produktionsmitarbeiter zu einer Reihe von Vorteilen. Durch diese Informationen können Bauteile beispielsweise eindeutig identifiziert werden, wodurch die Verwechslungsgefahr reduziert wird. Dies führt zu einer Abnahme der kognitiven Belastung, die durch das Suchen fehlender Bauteile ausgelöst werden kann. Weiterhin kann die Bearbeitungszeit reduziert werden, da die Bearbeitungsreihenfolge der Bauteile durch die automatisch angezeigte Priorisierung der Aufträge eindeutig festgelegt ist. Da auch Lagerorte der Materialien und Bauteile zu jedem Zeitpunkt bekannt sein werden, können Laufwege reduziert werden. Somit verbessert die Einführung der Digitalisierungslösung nicht nur den Anteil der wertschöpfenden Tätigkeiten, sondern trägt auch durch die Reduktion physischer und psychischer Belastungen zum dauerhaften Erhalt der Arbeitsfähigkeit der Mitarbeiter bei.

Zusammenfassend möchte das Unternehmen durch die Digitalisierung drei Vorteile erreichen: Die Verbesserung der Qualität der Arbeit sowie die Steigerung der Produktqualität und der Produktivität.

Um diese Ziele zu erreichen, müssen nicht nur vielfältige Anpassungen in der Organisation des Produktionsprozesses und der Auftragsabwicklung vorgenommen werden, auch das bestehende IT-System muss angepasst werden. Alle Informationen zu Einzelteilen, Arbeitsplänen, logistischen Hintergrundinformationen und Hinweise zur ergonomischen Ausführung der Arbeitsschritte müssen im IT-System hinterlegt und verfügbar sein. Nur so kann auf Grundlage des digital hinterlegten Arbeitsplans die Materialbereitstellung und damit einhergehend die Montage und Fertigung von Einzelteilen sowie Baugruppen durch ein zentrales System koordiniert werden. Kundenspezifische Aufträge werden so zur Steuergröße, durch die nachgelagerte Fertigungs- und Montageprozesse auftragsbezogen initiiert werden können. Die notwendigen Informationen zu den Produktionsprozessen können den Mitarbeitern dann auftragsspezifisch zur Verfügung gestellt werden.

Dies impliziert, dass Veränderungen in einer Vielzahl von Abteilungen herbeigeführt werden müssen. Neben der Fertigung und Montage, in denen die Veränderung stattfinden wird und der Produktionsleitung, die die Veränderung maßgeblich vorantreiben soll, müssen auch Veränderungen in den Bereichen IT, Entwicklung/Konstruktion und Einkauf erfolgen. Zunächst muss der Einkauf die notwendige Hardware und Software beschaffen, bevor die IT-Abteilung die neuen Komponenten mit bestehenden Systemen in einem funktionstüchtigen System zusammenführt. Anschließend können Entwicklung und Konstruktion die Pläne der Bauteile im ERP-System einpflegen und den Zugriff auf diese Daten ermöglichen. Ein Enterprise-Resource-Planning-System (Kurzform: ERP-System) ist eine Datenbank, in der alle relevanten Informationen des Unternehmens gesammelt und verarbeitet werden. So können alle Planungsprozesse des Unternehmens durch die Verfügbarkeit von z. B. Informationen zu Lagerbeständen, Kapazitätsplanungen oder Produktdesigns abgebildet werden. (Ptak und Schragenheim 2004)

Um die Veränderungen bestmöglich aufeinander abzustimmen, wurde ein mehrstufiges Vorgehen angewendet, das im folgenden Abschnitt erläutert werden soll.

18.3 Vorgehensweise

Veränderungsprozesse sind bereits weitreichend erforscht, wodurch vielfältige Konzepte für verschiedene Aspekte vorhanden sind. Während Wagner et al. in diesem Kontext (Wagner und Fries 2010) die Kommunikation untersuchen, beschäftigt sich Janssen (Janssen 1996) vorrangig mit Emotionen im Wandelprozess. Andere Arbeiten betrachten spezifische Schritte des Prozesses, z. B. die Herstellung der Bereitschaft zum Wandel, die den Ausgangspunkt für Veränderungsprozesse bietet (Krüger und Bach 2014). Durch die Betrachtung von Emotionen und Kommunikationsmethoden eröffnen sie Möglichkeiten Widerständen vorzubeugen. Einige Publikationen versuchen auch alle Phasen des Prozesses mit ihren jeweiligen Fragestellungen abzubilden (Kotter 1995; Pfannenberg 2007). Gemeinsam ist allen Beiträgen, dass sie versuchen, den Veränderungsprozess zu systematisieren und so steuerbar zu machen. Gleichzeitig bieten sie mit den genannten Fragestellungen oder Meilensteinen eine Orientierung für die praktische Umsetzung. Weiterhin bieten sie auch durch die Betrachtung von Emotionen und Kommunikationsmethoden Möglichkeiten, aufkommenden Widerständen vorzubeugen und so die Voraussetzungen für die Akzeptanz der Veränderung zu schaffen.

Durch die Aggregation aller Vorarbeiten wurde für das Projekt InAsPro ein vierstufiger Prozess für die Transformationsprozesse der beteiligten Unternehmen entwickelt, der auch bei Firma Braun angewendet wurde.

Der Prozess beinhaltet vier Phasen: Orientierung, Planung, Realisierung und Anpassung/Auswertung (Zink et al. 2015). In der ersten Phase, der Orientierung, werden aktuelle Trends und Entwicklungen in der Umgebung des Unternehmens betrachtet und analysiert und mit vorhandenen strategischen Überlegungen zusammengebracht, um die Richtung der Veränderung zu bestimmen. Hierauf aufbauend werden Ziele formuliert. In der nächsten Phase, der Planungsphase, wird die Veränderung konkretisiert, wobei neben Anpassungsbedarfen im technologischen und organisatorischen Bereich auch Ängste und Wünsche der Mitarbeiter berücksichtigt werden. In der Realisierungsphase wird die Veränderung schrittweise umgesetzt. Dabei werden zunächst Pilotnutzer definiert, deren Rückmeldung vor der Einführung im gesamten Unternehmen berücksichtigt werden kann. Abgeschlossen wird der Prozess durch die Auswertungs- und Anpassungsphase, in der Verbesserungsbedarfe ermittelt werden.

Auf Grundlage des beschriebenen Vorgehens wurde bei der Firma Braun in der Orientierungsphase ein im Projekt InAsPro entwickelter Steckbrief eingesetzt. Der Steckbrief zielt darauf ab, in einer strukturierten Weise Auskunft zum Digitalisierungsvorhaben und dessen Zielen sowie zum prozessualen Vorgehen zu geben, d. h., er liefert eine Beschreibung der notwendigen Entwicklungsschritte vom Ist- zum Soll-Zustand. Ist- und Sollzustand werden durch eine Betrachtung des zu digitalisierenden Arbeitssystems beschrieben. Unter Arbeitssystem versteht man ein sozitechnologisches System, durch das die Erledigung einer Arbeitsaufgabe beschrieben werden kann. Um eine Arbeitsaufgabe zu erledigen sind eine oder mehrere Arbeitspersonen, Arbeitsmittel sowie Arbeitsobjekte notwendig, die unter den vorhandenen Rahmenbedingungen aus Umwelteinflüssen und Zielvorgaben zusammenwirken (Schlick et al. 2010). Die Betrachtung von Arbeitssystemen ist somit geeignet, um Arbeitssituationen zu beschreiben und Verbesserungen oder Veränderung zu unterstützen. (DIN EN ISO 6385:2016-12)

Nach der Festschreibung des Ist-Zustandes konnten mit Hilfe des Steckbriefs auch erste Zielvorstellungen als Soll-Zustand festgehalten werden. Bei der Firma Braun konnte man sich darauf verständigen, dass die Digitalisierungslösung den Materialfluss in Fertigung und Montage effizient gestalten soll, sodass Fehler im Prozess reduziert werden können. Um die Planungssicherheit sowohl für die Mitarbeiter als auch für die Verwaltung zu erhöhen, soll die Digitalisierungslösung eine transparente Informationsbereitstellung zu Materialien und Aufträgen bieten können. Insgesamt soll so ein intelligentes Logistikkonzept aufgebaut werden, das fertigbare Aufträge kundenbezogen innerhalb eines zweiwöchigen Produktionsplanungszeitraums anzeigt und zusammenfasst. Dabei soll die Digitalisierungslösung und das resultierende Logistikkonzept nicht als Kontrollinstrument gegenüber den Mitarbeitern eingesetzt werden. Die Beschreibung von Ist- und Sollzustand wurde anschließend um notwendige Veränderungsschritte ergänzt. Bei der Firma Braun wurde dabei deutlich, dass sich die Veränderungen hauptsächlich auf die Dimensionen Arbeitsmittel beziehen, da die Digitalisierungslösung als unterstützendes Arbeitsmittel eingesetzt werden soll.

Das Ausfüllen des Steckbriefs hatte für die Firma Braun zweierlei Vorteile. Zum einen wurden erstmals Ziele und Aktivitäten strukturiert erfasst, die als Vorlage für den nachfolgenden Planungsprozess dienen konnten. Zum anderen konnten teilweise unterschiedliche Vorstellungen zum Vorhaben identifiziert werden. Durch Diskussionen, die zum Ausfüllen des Steckbriefs notwendig waren, wurden Unklarheiten und Missverständnisse aufgedeckt und konnten bereits in einer frühen Phase des Prozesses beseitigt werden.

Um die Informationen zum Vorhaben und den gesetzten Zielen auch an die Mitarbeiter zu kommunizieren, wurde eine Einführungsveranstaltung durchgeführt. In dieser wurden sowohl das Projekt InAsPro als auch die geplanten Veränderungen im Rahmen der Pilotanwendung vorgestellt und mit den Mitarbeitern diskutiert. Um weitere Informationen einzuholen, wurden im Anschluss Interviews mit Mitarbeitern und Führungskräften durchgeführt, um Ängste und Wünsche zu erfassen und deren Konsistenz zu prüfen. Bei der Firma Braun konnten im Rahmen dieser Interviews fünf Personen befragt werden, drei Produktionsmitarbeiter sowie zwei Führungskräfte. Alle Interviews wurden mit Hilfe von halbstandardisierter Fragebögen basierend auf Leitfragen zu den verschiedenen Bereichen des Arbeitssystems durchgeführt. Die Fragebögen für Führungskräfte und Mitarbeiter enthielten teilweise gleiche Aspekte, teilweise wurden für diese Personengruppe spezifischen Fragen gestellt, um ein umfassendes Verständnis der Ist-Situation zu erhalten. Abb. 18.1 zeigt die Themenblöcke, aus denen Führungskräften und Mitarbeitern Fragen gestellt wurden.

Führungskräften wurden Fragen eher aus strategischer Sicht, Mitarbeitern eher aus operativer Sicht gestellt. Die Themenblöcke in der Mitte der Abb. 18.1 wurden an beide Gruppen adressiert, um einen Abgleich der Einschätzungen zu erhalten, während die Themenfelder auf der rechten bzw. linken Seite der Abbildung nur einer der beiden Gruppen gestellt wurden, da sie von der anderen Gruppe nicht zu beantworten sind. Beispielsweise wurden die Führungskräfte nach der Digitalisierungsstrategie des Unternehmens gefragt, während die Mitarbeiter Auskunft über ihre Zufriedenheit mit den vorhandenen Arbeitsmitteln geben sollten.

Die Antworten wurden aufgezeichnet und transkribiert. Anschließend wurden die Aussagen den vorher definierten Themenbereichen zugeordnet und inhaltlich zusammengefasst. Dieses Vorgehen war notwendig, um eventuelle Rückschlüsse auf die befragten Personen zu verhindern. Die inhaltlichen Zusammenfassungen wurden ebenfalls nach

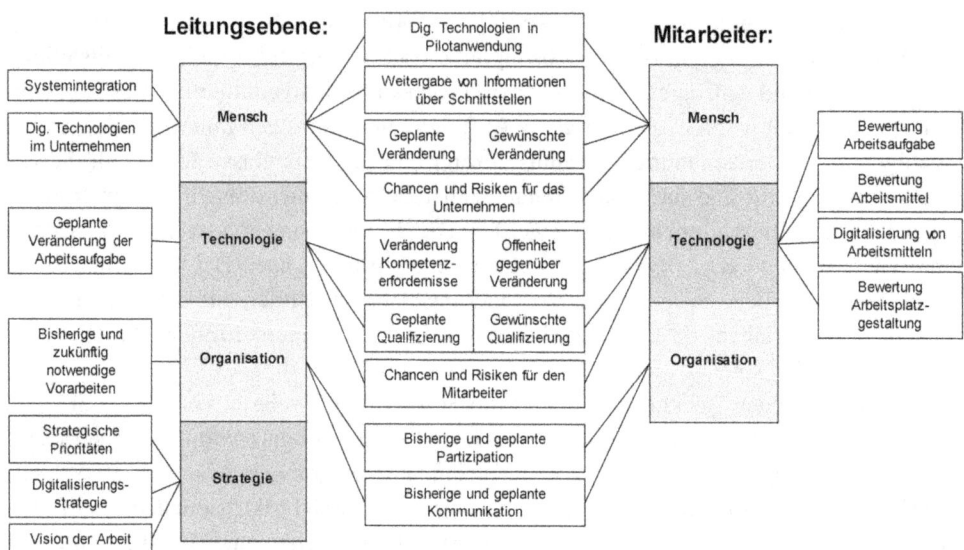

Abb. 18.1 Themenblöcke der Interviews. (Quelle: Eigene Darstellung)

Personengruppen getrennt, sodass die Ergebnisse der Führungskräfte und der Mitarbeiter ermittelt werden konnte. Die Resultate wurden anschließend grafisch aufbereitet, sodass auch ein Vergleich zwischen den beiden Personengruppen möglich war. Die Ergebnisse wurden den befragten Personen in einem gemeinsamen Workshop präsentiert. Ein besonderer Fokus lag dabei auf der Abstimmung zu gemeinsamen und auch abweichenden Vorstellungen bezüglich der Veränderung. Ziel der Workshops war es, zwischen Führungskräften und Mitarbeitern die vorhandene Zielvorstellung weiterzuentwickeln. Aufbauend auf diesen Diskussionen wurde abschließend eine Grobplanung zur Umsetzung der Pilotanwendung entwickelt, die den Startpunkt für die zweite Phase, die Planungsphase, markiert.

Die Grobplanung (Abb. 18.2) basiert auf den vier Phasen eines Veränderungsprozesses, die im Projekt InAsPro betrachtet werden (Zink et al. 2015), sowie auf den gleichwertig zu betrachtenden Dimensionen Mensch/Mitarbeiter, Technik und Organisation/Prozesse. Um diesen aufgespannten Rahmen mit Maßnahmen zu füllen, die zur Erreichung der definierten Zielstellung notwendig sind, wurden die Interviews hinsichtlich bereits genannter Aktivitäten ausgewertet. Die bereits genannten Aktivitäten, wie z. B. Schulungen durchführen, Technologie beschaffen, bestehende Prozesse aufnehmen, wurden in einem gemeinsamen Workshop von Führungskräften und Mitarbeitern in die Grobplanung eingeordnet. Um auch einen zeitlichen Rahmen festlegen zu können, wurden die Teilnehmer anschließend gebeten zu markieren, an welchem Punkt der Veränderung sie sich aktuell befinden und welchen Stand sie in ein bzw. zwei Jahren erreicht haben möchten. Abschließend wurden fehlende Maßnahmen ergänzt, die nicht in den Interviews genannt wurden, z. B. Kommunikation der bevorstehenden Veränderung an alle Mitarbeiter.

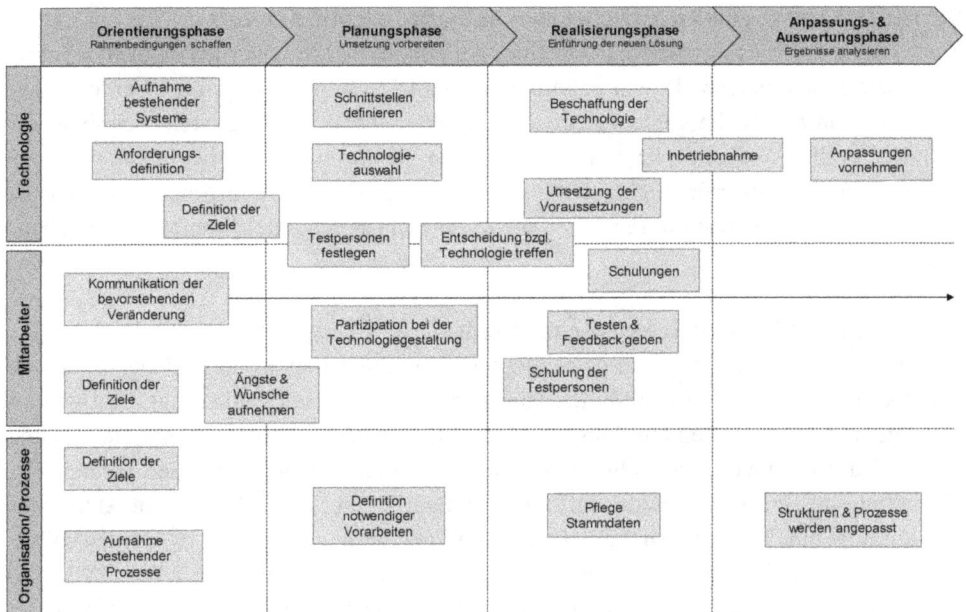

Abb. 18.2 Grobplanung der Pilotanwendung. (Quelle: Eigene Darstellung)

Basierend auf der Grobplanung wurde eine Detailplanung der Umsetzung der Pilotanwendung erarbeitet. Diese erfolgte in vier Schritten (Mascitelli und Thurnes 2015):

Schritt 1: Festlegen der Kern-Team Mitglieder
Das Kern-Team bei der Firma Braun besteht intern aus dem Geschäftsführer, dem Produktionsleiter, Mitarbeitern aus der Produktion und dem Einkauf sowie extern aus dem IT-Bereitsteller.

Schritt 2: Aufgaben mit Dauer festlegen und in Zeitplan einordnen
In einem nächsten Schritt wurden alle Aufgaben zur Umsetzung der Pilotanwendung gesammelt, wie z. B. die Festlegung der Technologie, Artikelstammpflege, Aufnahme betroffener Prozesse oder auch das Festlegen von Personen zur Durchführung von geplanten Technologietests. Die zur Aufgabe gehörende Umsetzungsdauer wurde für jede Aufgabe ebenso definiert wie eine verantwortliche Person. Während der Umsetzung ist die genannte Person sowohl für die inhaltliche Bearbeitung als auch für das Einhalten des Zeitplans verantwortlich. In einem letzten Schritt wurden die identifizierten Aufgaben chronologisch geordnet und um fehlende Aufgaben sowie Meilensteine ergänzt. Meilensteine dienen im Zeitplan als Orientierungshilfen, da diese Zielzustände beschreiben, die bis zu einem bestimmten Zeitpunkt erreicht werden müssen. Charakteristisch ist dabei der relativ kurze zeitliche Abstand zwischen den Meilensteinen, die das Projektcontrolling zur Überwachung des Fortschritts erleichtern.

Schritt 3: Abhängigkeiten zwischen den Aufgaben identifizieren
Abhängigkeiten, die zwischen den einzelnen Aufgaben bestehen, wurden im dritten Schritt identifiziert. So können z. B. erst Schnittstellen im IT-System bereitgestellt werden, wenn die einzuführende Technologie ausgewählt und deren benötigte IT-System-Schnittstellen definiert wurden. Weiterhin kann die Schulung der Testpersonen erst beginnen, wenn zuvor ein Testdatensatz erfasst, geeignete Personen ausgewählt, eine Informationsveranstaltung mit diesen Personen veranstaltet sowie eine entsprechende Simulationsumgebung kreiert wurde.

Schritt 4: Identifikation des kritischen Pfades
Anhand der zuvor identifizierten Abhängigkeiten konnte der kritische Pfad bestimmt werden. Der kritische Pfad beschreibt die längste Kette voneinander abhängiger Aktivitäten. Verzögern sich Aktivitäten auf dem kritischen Pfad, bedeutet dies, dass sich die Gesamtprojektdauer verlängert, da nachfolgende Aufgaben nicht begonnen werden können. Die Einhaltung des kritischen Pfads sollte bei der Bearbeitung der aufgelisteten Aktivitäten somit immer eine hohe Priorität erhalten, wenn Verzögerungen vermieden werden sollen.

Aus dem Durchlaufen dieser vier Schritte resultiert ein Gantt-Chart (Abb. 18.3), das verschiedene Arbeitspakete (abgekürzt mit AP) und deren Abhängigkeiten aufzeigt. Arbeitspakete aggregieren Teilaufgaben, da sie aus mehreren Aufgaben bestehen können, die inhaltlich zusammenhängen.

Zur Sicherstellung der Zielerreichung innerhalb der Umsetzung der Pilotanwendung wurde eine Risikoanalyse durchgeführt (Mascitelli und Thurnes 2015). Anhand von Risikokategorien, wie z. B. Technik-, Termin- und Kostenrisiken oder auch Risiken hinsichtlich des Menschen, wurden zunächst potenzielle Risikofaktoren bei der Umsetzung der Pilotanwendung identifiziert. Beispiele hierfür sind, dass die saisonale Auslastung zum Projektverzug führen kann, definierte Schnittstellen nicht umsetzbar sind oder aber auch, dass

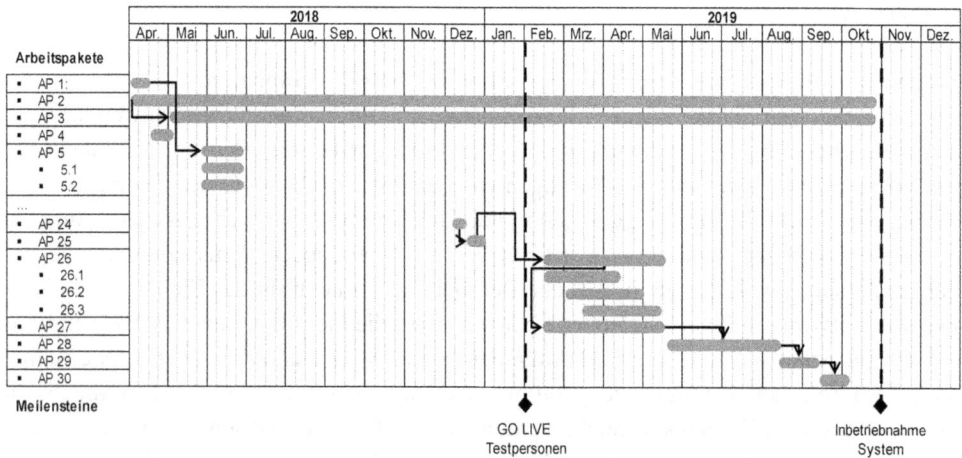

Abb. 18.3 Gantt-Chart der Pilotanwendung. (Quelle: Eigene Darstellung)

die Beschaffung und Installation von Hardware länger dauert als geplant. Diese Risikofaktoren wurden anschließend bezüglich ihrer Auftretenswahrscheinlichkeit (P) und ihrer möglichen Auswirkungen (A) jeweils auf einer Skala von 1 (sehr gering) bis 5 (sehr hoch) bewertet. Je höher die Bewertung für A und P ist, desto wichtiger ist die Definition von Gegenmaßnahmen zur Vermeidung dieser Risikofaktoren.

Nach der Durchführung der Risikoanalyse und dem Ableiten geeigneter Gegenmaßnahmen wurde die Auswahl einer geeigneten Digitalisierungslösung vorangetrieben. Hierbei wurden die bereits definierten Ziele genutzt, um Anforderungen an die technologische Lösung ableiten zu können. Dadurch konnte die Anzahl der technologischen Möglichkeiten verkleinert werden (Balzert 2009). Der resultierende Anforderungskatalog wurde in zwei Kategorien von Kriterien unterteilt, Muss- und Kann-Kriterien. Muss-Kriterien sind hierbei unerlässlich, damit die Digitalisierungslösung funktionsfähig ist und sie die gesetzten Ziele erfüllen kann. Kann-Kriterien sind optional, sodass auch ohne ihre Erfüllung eine Inbetriebnahme der Digitalisierungslösung möglich ist (Rupp und SOPHISTen 2014). Meist werden Kann-Kriterien durch Zusatzfunktionen repräsentiert, die zwar einen höheren Nutzen stiften, häufig aber auch mit höheren Kosten verbunden sind.

Als Muss-Kriterium wurde unter anderem definiert, dass die Digitalisierungslösung in der Lage sein muss, mit dem vorhandenen ERP-System zu kommunizieren, da Daten zwischen den beiden Systemen ausgetauscht werden sollen. Des Weiteren muss die Digitalisierungslösung Bauteile visualisieren und Rückmeldungen von Aufträgen geben können. Ein Kann-Kriterium stellt die Kommunikationsfähigkeit zwischen Digitalisierungslösung und dem vorhandenen Customer-Relationship-Management -Tool (Kurzform: CRM-Tool) dar. Für die Erreichung der gesetzten Ziele ist es für die Firma Braun nicht zwingend notwendig, dass die Digitalisierungslösung auf Kommunikationsdaten der Kunden zugreift, um bei Anfragen zum Auftrag direkt eine Antwort liefern zu können, es würde jedoch einen Mehrwert generieren.

Ein weiteres Muss-Kriterium ist die Fähigkeit der Digitalisierungslösung, (Teil-)Produkte und Transportboxen nachverfolgen und identifizieren zu können. Damit soll die Digitalisierungslösung im Zusammenspiel mit dem ERP-System exakte Angaben zu Lieferterminen machen können. Eine weitere Anforderung ist die Visualisierung und Priorisierung von Arbeitsaufträgen. Hierbei muss die Digitalisierungslösung, anhand der vorhandenen Daten, eine optimale Bearbeitungsreihenfolge festlegen können. Um die Flexibilität der Produktion weiter aufrecht zu erhalten, muss jedoch auch eine manuelle Anpassung der Prioritätenliste möglich sein. Weiterhin sollen dem Mitarbeiter für seinen spezifischen Arbeitsplatz und das zu bearbeitende Bauteil individuell Arbeitsanweisungen und Anleitungen angezeigt werden können, die die Montage erleichtern sollen. Die Digitalisierungslösung soll zudem in der Lage sein, den Lagerbestand zu überwachen und zugehörige Aufträge nur anzuzeigen, sofern das benötigte Material vorhanden ist. Zusätzlich sollen Informationen transparent sein, wie z. B. die Wiederbeschaffungszeit von Produkten und Produktteilen. Ein abschließendes Muss-Kriterium ist das Anzeigen und Ausdrucken von Checklisten zur Selbstkontrolle an den Fertigungs- und Montagearbeitsplätzen. Darüber hinaus ist die Möglichkeit des digitalen Ausfüllens und Speicherns der Checklisten ein Kann-Kriterium.

Um die beschriebenen Kriterien zu erfüllen und somit den Anforderungen gerecht zu werden, muss die erforderliche Digitalisierungslösung in der Lage sein, Informationen für die Bereiche Verwaltung und Produktion bereitzustellen. Diese sind in Tab. 18.1 zusammengefasst.

Basierend auf den Zielen der einzuführenden Digitalisierungslösung sowie den daran abgeleiteten Anforderungen konnte die Technologieauswahl eingegrenzt werden. Drei Varianten standen zur Auswahl:

- Tragbarer Scanner mit Display
- Feststehendes Touchscreen-Terminal mit Display
- Kombination aus tragbarem Scanner und feststehendem Touchscreen-Terminal

Vorteile des Scanners mit Display (Draber et al. 2018; Karp 2018) sind seine Mobilität und flexible Einsetzbarkeit im Herstellprozess, wodurch Barcodes auch an schwer zugänglichen Stellen abgescannt werden können. Weiterhin fallen doppelte Datenerfassungen sowie Medienbrüche weg, Laufwege und Benutzerführung werden optimiert und Übertragungsfehler werden minimiert (Rickert 2010). Des Weiteren wird eine stets aktuelle Datenbasis erzeugt, sodass die Prozesseffizienz gesteigert und Einsparpotenziale aufgedeckt werden können (Böhler 2016). Zudem können dem Mitarbeiter anhand des Displays alle notwendigen Arbeitsanweisungen sowie Montageanleitungen individuell angezeigt werden (Heiserich et al. 2011). Nachteilig ist, dass der tragbare Scanner durch die Mitarbeiter verlegt werden kann: Zur Vermeidung müssen die Regeln des 5S (REFA Bundesverband e. V. 2018) eingehalten werden. Ebenso können Informationen nicht ausgedruckt werden, sondern müssen auf dem relativ kleinen Bildschirm abgelesen werden. Weiterhin muss der Scanner sehr robust sein, da er während des laufenden Betriebes durch Verschmutzungen oder Herunterfallen beschädigt werden kann.

Ein feststehendes Touchscreen-Terminal (mirabyte GmbH & Co. KG 2018; Seidel und Jütte 2018; Nägele 2018) oder auch Kiosksystem (Holfelder 1995), bietet jedem

Tab. 18.1 Informationsbereitstellung für Verwaltung und Produktion

Informationen für die Verwaltung	Informationen für die Produktion
Lagerbestände (alle)	Lagerbestände (auftragsbezogen)
- Bestelldatum	- Bestelldatum
- Liefertermin	- Liefertermin
Lagerplatz	- Lagerplatz
	Einlagerungsanweisung
Status Kundenauftrag	Kundenbezogene Zusammenfassung von Aufträgen
	- Prioritäten-Liste
	Versandoptionen
Status Produktionsauftrag	Status Produktionsauftrag (pro Arbeitsplatz)
Checkliste mit Unterschrift	Checkliste
	Arbeitsanweisung
	Montageanleitung

Mitarbeiter Zugriff auf die hinterlegten Dokumente, wie zum Beispiel Arbeitsanweisungen, Montageanleitungen und Statusabfragen zu Aufträgen. Hierbei können Dokumente direkt am Terminal bearbeitet und abgespeichert sowie mit einem angeschlossenen Druckers direkt ausgedruckt werden. Allerdings ist das Terminal ortsgebunden, was bedeutet, dass der Mitarbeiter von seinem Arbeitsplatz weg hin zum Terminal gehen muss, wenn er Informationen benötigt.

Die Kombination aus Scanner und Terminal vereint alle genannten Vorteile, ist jedoch auch die kosten- und zeitintensivste Variante. Daher hat sich die Firma Braun nach einer ausführlichen Abwägung der Vor- und Nachteile dazu entschieden, zunächst mit der Einführung der Scanner zu beginnen und diese ggf. zu einem späteren Zeitpunkt um Terminals zu ergänzen.

18.4 Aktuelle Situation und weiteres Vorgehen

Um in der nun folgenden Realisierungsphase die Einführung der Scanner zu strukturieren, wird zunächst ein Pflichtenheft angelegt, mit dem alle Aufgaben sowie die Zuständigkeiten strukturiert erfasst werden (Teich et al. 2008). Das Pflichtenheft bildet somit eine Erweiterung der bisherigen Planung, indem es die Aufgaben nochmals für die ausführenden Personen konkretisiert. Es dient dazu, Informationen übersichtlich, vollständig und eindeutig abzubilden. Damit kann die Widerspruchsfreiheit und die Realisierbarkeit der Digitalisierungslösung sichergestellt werden (VDI 2519).

Es ist geplant, dass die Scanner zunächst an drei Fertigungs- und Montagearbeitsplätzen testweise eingeführt werden. Hierfür müssen jedoch zunächst Anpassungen in der Datenstruktur des ERP-Systems vorgenommen werden. Der Artikelstamm wurde bereits neu strukturiert und um fehlende Angaben erweitert. Weiterhin wurden für alle zu produzierenden Teile Stücklisten und Arbeitspläne im System hinterlegt. Diese Arbeiten dienten als Grundlage, damit Arbeitspläne und Montageanleitungen den Mitarbeitern an den jeweiligen Arbeitsstationen sowohl textuell als auch visuell zur Verfügung gestellt werden können. Anhand der Datensätze wurde anschließend ein Testdatensatz erstellt, der zur Schulung der Mitarbeiter an den drei Pilotarbeitsplätzen verwendet werden soll.

Des Weiteren müssen sowohl die Verbindung über WLAN sowie die Schnittstellen zwischen dem Scanner und dem vorhandenen ERP-System definiert und auf mögliche zukünftige Erweiterungen, wie z. B. den Anschluss von Bildschirmen oder Terminals, geprüft werden. Da auch eine Verknüpfung mit dem Lagersystem entstehen soll, müssen hier Schnittstellen definiert und aufgebaut werden. Hierfür wurde bereits ein Lagerplatzsystem definiert und eingeführt. Anhand der Verbindung können die in Tab. 18.1 genannten Informationen bezüglich des Lagerbestands an die Verwaltung sowie an die Mitarbeiter weitergegeben werden.

In der weiteren Umsetzung der Pilotanwendung werden nun der vorhandene Server sowie das WLAN-Netz für die geplanten und möglichen zukünftigen Erweiterungen vorbereitet und somit die notwendigen Schnittstellen bereitgestellt. Beide Aktivitäten werden von externen IT-Unternehmen unterstützt. Neben der Anpassung der IT-Prozesse werden auch organisatorische Prozesse und Arbeitsabläufe angepasst und Mitarbeiter geschult.

Um die Schulung der Mitarbeiter durchführen zu können, wird von einem externen Partner eine Simulationsumgebung geschaffen, in der zuvor generierte Testdatensätze genutzt werden, um eine mögliche Arbeitssituation nachzustellen. Auf dieser Grundlage wird den Mitarbeitern das neue System vorgestellt, bevor sie im Umgang damit geschult werden. Anschließend können die Mitarbeiter das System für eine bestimmte Zeit testen, bevor ihr Feedback aufgenommen wird. Das System sowie die zugehörigen Schnittstellen und Prozesse werden daraufhin überprüft und gegebenenfalls angepasst.

Nach erfolgreicher Anpassung kann anschließend die Digitalisierungslösung für den Test in realer Umgebung freigeschaltet werden. Der Test wird von drei Personen an ihren jeweiligen Arbeitsplätzen durchgeführt. Auch hier wird wieder Feedback aufgenommen und das System weiter verbessert. Die Testergebnisse werden weiterhin dazu genutzt, das Lagerplatzsystem sowie die vorhandenen Schnittstellen zu den Scannern zu optimieren.

Bevor in einem letzten Schritt die Scanner in der gesamten Produktion eingeführt werden können, werden Anwenderschulungen mit allen Mitarbeitern durchgeführt. Diese sollen in Klein- und in Funktionsgruppen durchgeführt werden, sodass die Akzeptanz der Mitarbeiter sowie deren Kenntnisse über Digitalisierung verbessert werden können. Anschließend werden die Scanner in Betrieb genommen.

Um den Fortschritt des Einführungsprozesses zu dokumentieren, wurde im Rahmen des Projekts InAsPro ein Regelmeeting initiiert, in dem der aktuelle Bearbeitungsstand auf Basis eines eigens dafür entwickelten Templates besprochen wird. Das Template ist in Abb. 18.4 dargestellt.

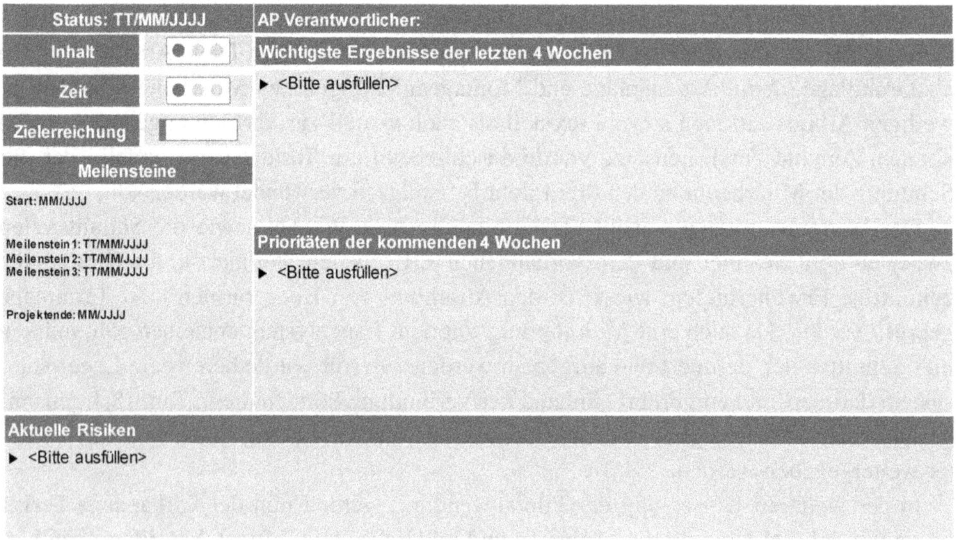

Abb. 18.4 Template der Regeltermine. (Quelle: Eigene Darstellung)

Der Stand der inhaltlichen Bearbeitung sowie die noch zur Verfügung stehende Zeit werden mit einer Ampel abgebildet. Sind beide Ampeln grün bedeutet das, dass die Umsetzung noch im zuvor entwickelten Zeitplan ist. Wird die Ampel gelb, verzögert sich die Bearbeitung und entsprechende Maßnahmen zur Problemlösung sollten ermittelt und umgesetzt werden. Die dritte Größe ist der Grad der Zielerreichung, der mit Hilfe einer Prozent-Leiste visualisiert wird. Je weiter die Einführung der Digitalisierungslösung fortgeschritten ist, desto weiter nach rechts wird der Balken verschoben.

Neben den Statusanzeigen werden auch die inhaltlichen Arbeiten aufgezeigt. Zunächst werden die wichtigsten Ergebnisse der zurückliegenden vier Wochen benannt, bevor die Aktivitäten der kommenden vier Wochen aufgelistet werden. Im Regeltermin vier Wochen später, werden die Inhalte neu eingegeben. Idealerweise sind dann die Aktivitäten der kommenden vier Wochen zu Ergebnissen der letzten vier Wochen geworden. Falls nicht, wird geprüft wodurch die Verzögerung ausgelöst wurde und welche Maßnahmen ergriffen werden können, um den Zeitplan zukünftig einzuhalten. Eine Orientierung bietet hierfür auch die Auflistung der Meilensteine, die zukünftig erreicht werden sollen. Weiterhin werden aktuelle und potenzielle Risiken identifiziert, diskutiert und gemeinsame Lösungs- bzw. Vermeidungsstrategien entwickelt.

Die Termine finden immer zwischen Vertretern der Firma Braun sowie einem Partner der begleitenden Institute der Technischen Universität Kaiserslautern statt. Durch den Austausch mit externen Partnern sollen Herausforderungen frühzeitig identifiziert und bewältigt werden, bevor daraus Probleme entstehen können, die die Umsetzung verzögern oder gefährden. Weiterhin stehen die externen Partner für fachlichen Input zur Verfügung, indem sie aktuelle Forschungserkenntnisse einbringen und somit Lösungsalternativen aufzeigen können.

18.5 Lessons Learned

Die Planung und Umsetzung des beschriebenen Digitalisierungsvorhabens bei der Firma Braun hat gezeigt, dass Digitalisierung als langfristiger Prozess verstanden werden muss, der Auswirkungen auf vielfältige Unternehmensbereiche und Arbeitsprozesse haben kann. Digitalisierung muss somit immer auch als Veränderungsprozess verstanden werden, weswegen ein mehrstufiges, geplantes und strategisch angelegtes Vorgehen ratsam erscheint, um zukunftsfähige Lösungen zu finden.

Die beschriebene Herangehensweise sowie die genutzten Planungsinstrumente können in vielfältigen Digitalisierungsvorhaben prozessbegleitend eingesetzt werden. Auch die gesammelten Erfahrungen und Lösungswege können für andere Unternehmen eine Orientierungshilfe bieten, weswegen im Folgenden die zentralen Erkenntnisse zusammengefasst sind:

- Von Anfang an sollte die geplante Veränderung an alle Mitarbeiter kommuniziert werden, um Vorbehalte zu erkennen und diesen entgegenwirken zu können.
- Wünsche und Ängste der Mitarbeiter sollten in Gesprächen identifiziert und besprochen werden.

- Ein Zeitplan zum Einführungsprozess sollte frühzeitig erstellt und kommuniziert werden. Durch regelmäßige Abstimmungen zu den notwendigen Schritten kann auch die Erreichung von Meilensteinen sichergestellt werden.
- Die Einführung sollte mit Pilotanwendungen gestartet werden, im Rahmen derer Digitalisierungslösungen an einigen Arbeitsplätzen eingeführt werden.
- Bei diesen Pilotarbeitsplätzen sollten Erfahrungswerte eingeholt werden, um Verbesserungspotenziale zu identifizieren.
- Schulungen sollten die Einführung begleiten, um einer späteren Überforderung vorzubeugen.
- Erfolge sollten regelmäßig präsentiert werden, um Verbesserungen sichtbar zu machen.

Zusammenfassend lässt sich feststellen, dass die Einführung digitaler Lösungen viele Veränderungen für Unternehmen mit sich bringt, die in mehreren Schritten vorgenommen werden sollten. Dabei dürfen nicht nur ökonomische und technische Fragen berücksichtigt werden, da Veränderungsprozesse immer auch eine soziale und organisatorische Veränderung nach sich ziehen. Es muss daher ein ganzheitlicher Ansatz gewählt werden, der alle Dimensionen gleichrangig berücksichtigt und in die Umsetzung integriert. Nur so kann ein tragfähiges Gesamtkonzept entstehen, das zur langfristigen Erfolgssicherung von Unternehmen beiträgt.

Literatur

Absenger, N., Ahlers, E., Herzog-Stein, A., Lott, Y., Maschke, M. & Schietinger, M. (2016). Digitalisierung der Arbeitswelt!? *Hans-Böckler-Stiftung*.

Balzert, H. (Hrsg.). (2009). *Lehrbuch der Softwaretechnik: Basiskonzepte und Requirements Engineering*. Heidelberg: Spektrum Akademischer Verlag. https://doi.org/10.1007/978-3-8274-2247-7

Böhler, T. (2016). Mobile Datenerfassung. *manager magazin online*. Zugriff am 27.08.2018.

DIN EN ISO 6385:2016-12 (12.2016). *Grundsätze der Ergonomie für die Gestaltung von Arbeitssystemen*. o. O.: Beuth Verlag.

Draber, M., Kruse, M. & Stoltzenburg, I. (ESTO IndustrieTechnik Stoltzenburg GmbH, Hrsg.). (2018). *Mobile Computer. Industrietaugliche Windows- und Android-Terminals, konfigurierbar und robust*. Zugriff am 27.08.2018. Verfügbar unter https://www.esto.de/barcodescanner/pda-scanner.html

Heiserich, O.-E., Helbig, K. & Ullmann, W. (2011). *Logistik*. Wiesbaden: Gabler Verlag. https://doi.org/10.1007/978-3-8349-6451-9

Hirsch-Kreinsen, H., Niehaus, J. & Ittermann, P. (Hrsg.). (2018). *Digitalisierung industrieller Arbeit. Die Vision Industrie 4.0 und ihre sozialen Herausforderungen* (2. Auflage). Baden-Baden: Nomos Verlagsgesellschaft mbH & Co. KG. https://doi.org/10.5771/9783845283340

Hofmann, J. (Hrsg.). (2018). *Arbeit 4.0 – Digitalisierung, IT und Arbeit. IT als Treiber der digitalen Transformation* (Edition HMD). Wiesbaden: Springer Vieweg.

Holfelder, W. (1995). *Multimediale Kiosksysteme*. Wiesbaden: Vieweg+Teubner Verlag. https://doi.org/10.1007/978-3-663-12250-0

InAsPro. (2017). *Verbundprojekt InAsPro: Integrierte Arbeitssystemgestaltung in digitalisierten Produktionsunternehmen*. Zugriff am 08.11.2018Uhr. Verfügbar unter https://www.inaspro.de/

Janssen, C. (1996). *The four Rooms of Change*. Zugriff am 08.11.2018Uhr. Verfügbar unter http://www.claesjanssen.com/four-rooms/matrix/index.shtml

Karp, S. (GOD BM Gesellschaft für Organisations- und Datenerfassungs-Systeme Barcode Marketing mbH, Hrsg.). (2018). *Mobile Datenerfassungsgeräte | MDE*. Zugriff am 27.08.2018. Verfügbar unter https://www.godbm.de/hardware/mobile-datenerfassung/

Kotter, J. P. (1995). Leading Change: Why Transformation Efforts Fail. *Harvard Business Review*, 59-67.

Krüger, W. & Bach, N. (2014). *Excellence in Change*. Wiesbaden: Gabler Verlag. https://doi.org/10.1007/978-3-8349-4717-8

Mascitelli, R. & Thurnes, C. M. (2015). *Mastering lean product development. Geschwindigkeit, Erfolg und Qualität der Produktentwicklung mit Lean-Events maximieren* (1. Aufl.). Kaiserslautern: Synnovating.

Mirabyte GmbH & Co. KG. (2018). *Touchscreen-Terminals zur Mitarbeiterinformation*. Zugriff am 27.08.2018. Verfügbar unter https://www.mirabyte.com/de/produkte/frontface-for-touch-kiosks/anwendungen/touchscreen-terminal-zur-mitarbeiter-information.html

Nägele, F. (Werkstation GmbH, Hrsg.). (2018). *Infoterminals und Kiosksysteme*. Zugriff am 27.08.2018. Verfügbar unter https://www.werkstation.de/infoterminals-und-kiosksysteme/

Pfannenberg, J. (2007). Veränderungskommunikation: Unterstützung von Change-Prozessen. In M. Piwinger & A. Zerfaß (Hrsg.), *Handbuch Unternehmenskommunikation* (S. 819–832). Wiesbaden: Gabler Verlag. https://doi.org/10.1007/978-3-8349-9164-5_47

Ptak, C. A. & Schragenheim, E. (2004). *ERP. Tools, techniques, and applications for integrating the supply chain* (The St. Lucie Press series on resource management, 2nd ed.). Boca Raton: St. Lucie Press.

REFA Bundesverband e. V. (2018). *5S-Methode*.

Rickert, N. (2010). Kommissionierung: Orientierung im Lager. *LOGISTRA*. Zugriff am 27.08.2018. Verfügbar unter https://www.logistra.de/fachmagazin/nfz-fuhrpark-lagerlogistik-intralogistik/fachartikel-test-und-technik/4823/kommissionierung-orientierung-im-lager

Rupp, C. & SOPHISTen, d. (2014). *Requirements-Engineering und -Management*. München: Carl Hanser Verlag GmbH & Co. KG. https://doi.org/10.3139/9783446443136

Schlick, C., Luczak, H. & Bruder, R. (2010). *Arbeitswissenschaft*. Heidelberg: Springer.

Seidel, T. & Jütte, P. (eKiosk GmbH, Hrsg.). (2018). *Das Infoterminal für jede Branche & jeden Einsatzbereich*. Zugriff am 27.08.2018. Verfügbar unter https://ekiosk.com/infoterminal/

Teich, I., Reiners, W. & Kolbenschlag, W. (2008). *Der richtige Weg zur Softwareauswahl*. Berlin, Heidelberg: Springer Berlin Heidelberg. https://doi.org/10.1007/978-3-540-71262-6

Ulich, E. (2011). *Arbeitspsychologie*. 7. Auflage. Stuttgart: Schäffer-Poeschel.

Urbach, N. & Ahlemann, F. (2016). *IT-Management im Zeitalter der Digitalisierung. Auf dem Weg zur IT-Organisation der Zukunft*. Berlin: Springer Gabler. https://doi.org/10.1007/978-3-662-52832-7

VDI, 2519 (Dezember 2001). *Vorgehensweise bei der Erstellung von Lasten-/Pflichtenheften*.

Vogel-Heuser, B., Bauernhansl, T. & Hompel, M. ten. (2017). *Handbuch Industrie 4.0, Bd.4*. Berlin, Heidelberg: Springer. https://doi.org/10.1007/978-3-662-53254-6

Wagner, E. & Fries, S. (2010). *Wie erfolgreiche Veränderungskommunikation wirklich funktioniert?! Das Change-Factory-Prinzip: erprobt. erfolgreich. einfach* (1. Aufl.). Berlin: Pro Business.

Zink, K. J., Kötter, W., Longmuß, J. & Thul, M. (Hrsg.). (2015). *Veränderungsprozesse erfolgreich gestalten* (VDI-Buch, 2., aktualisierte und erw. Aufl.). Berlin: Springer Vieweg. https://doi.org/10.1007/978-3-662-44702-4

Stephanie Dupont, M. Sc. studierte Wirtschaftswissenschaften an der Technischen Universität in Kaiserslautern und ist seit 2016 wissenschaftliche Mitarbeiterin am Institut für Technologie und Arbeit e.V. Dort befasst sie sich insbesondere mit den Themen Digitalisierung und Arbeit 4.0.

Dipl.-Ing. Stefan Braun schloss 1990 sein Maschinenbaustudium an der Fachhochschule Kaiserslautern erfolgreich ab, das er nach einer Ausbildung zum Maschinenbauer an der MHK Kaiserslautern von 1980–83 und der Erlangung der Fachhochschulreife 1984 begann. Anschließend war er bei Mannesmann-Rexroth in Lohr/Main maßgeblich an der Entwicklung und Einführung von interaktiven, vollautomatischen CAP-Systemen beteiligt. 1994 wechselte er in die Geschäftsführung der Fa. Braun, deren Vorsitz er 2002 übernahm und seitdem inhabender Geschäftsführer ist.

Carina Siedler, M. Sc. studierte Wirtschaftsingenieurwesen mit der Spezialisierung Applied System Dynamics an der Hochschule Aalen und der University of New South Wales, Australien. Von 2015 bis 2017 war sie als strategische Einkäuferin in der Optikbranche tätig. Seit 2017 arbeitet sie als wissenschaftliche Mitarbeiterin am FBK an der Entwicklung Cyber-Physischer Produktionssysteme.

Prof. Dr.-Ing. Jan C. Aurich studierte Maschinenbau mit Schwerpunkt Produktionstechnik an der Universität Hannover und der Colorado State University, USA. Bis 1995 war er Wissenschaftlicher Mitarbeiter am Institut für Fertigungstechnik und Werkzeugmaschinen (IFW) der Universität Hannover. Von 1995 bis 2002 war Prof. Aurich in verschiedenen leitenden Funktionen in Produktion und Entwicklung bei der Daimler AG tätig. Seit 2002 leitet er den Lehrstuhl für Fertigungstechnik und Betriebsorganisation (FBK) der TU Kaiserslautern. Er ist Fellow der Internationalen Akademie für Produktionstechnik (CIRP) und Vizepräsident der Wissenschaftlichen Gesellschaft für Produktionstechnik (WGP).

Prof. Dr. Klaus J. Zink war von 1980 bis 2012 ordentlicher Professor an der Technischen Universität (TU) Kaiserslautern (Lehrstuhl für Industriebetriebslehre und Arbeitswissenschaft) und hat seit 2012 eine Senior-Forschungs-Professor an der TU Kaiserslautern. Seit 1995 ist er wissenschaftlicher Leiter des Instituts für Technologie und Arbeit e.V. (ITA). Er ist Mitglied in nationalen und internationalen Gremien in leitender Funktion, Mitglied des Editorial Board mehrerer arbeitswissenschaftlichen Zeitschriften. Er wurde für Verdienste in der Arbeitswissenschaft mehrfach international ausgezeichnet.

Optimierung innerbetrieblicher Logistikprozesse mit Hilfe eines digitalen Assistenzsystems

Katharina Rönick, Christopher Stockinger, Ilka Zöller und Markus Weß

Zusammenfassung

Mittelständischen Unternehmen sehen sich vielfältigen Herausforderungen in den Bereichen Produktion und Logistik gegenüber. Digitale Assistenzsysteme bieten die Möglichkeit, sich diesen Herausforderungen zu stellen und Arbeitsprozesse effizienter und effektiver zu machen. Mit der Optimierung der Prozesse gehen allerdings auch Veränderungen für den Mitarbeiter einher, Arbeitsplätze und betriebliche Vorgänge werden umgestaltet. Bei der Entwicklung und Einführung solcher Assistenzsysteme ist es daher von großer Bedeutung, die Mitarbeiter von Anfang an in die Veränderungsprozesse mit einzubeziehen. Der menschzentrierte Gestaltungsprozess ist eine Methodik, die dieses Vorgehen unterstützt und auch für mittelständische Unternehmen geeignet ist. Am Beispiel der Entwicklung eines digitalen Assistenzsystems zur Optimierung von Logistikprozessen wird die Anwendung des menschzentrierten Gestaltungsprozesses in einem mittelständischen Unternehmen aufgezeigt.

Der Beitrag entstand im Rahmen des Mittelstand 4.0-Kompetenzzentrums Darmstadt, gefördert durch das Bundesministerium für Wirtschaft und Energie (BMWi) im Förderschwerpunkt Mittelstand-Digital (FKZ: 01MF15005A-D).

K. Rönick (✉) · C. Stockinger · I. Zöller
Institut für Arbeitswissenschaft, Darmstadt, Deutschland
E-Mail: k.roenick@iad.tu-darmstadt.de; c.stockinger@iad.tu-darmstadt.de; i.zoeller@iad.tu-darmstadt.de

M. Weß
Anlagenbau Günther GmbH, Wartenberg, Deutschland
E-Mail: info@albg.eu

Die Logistikprozesse werden mithilfe des digitalen Assistenzsystems transparenter und effizienter. Gleichzeitig wird der Mitarbeiter bei seinen Tätigkeiten entlastet und die Akzeptanz gegenüber dem System gefördert.

19.1 Einleitung

Klein- und mittelständische Unternehmen stehen vielfältige Herausforderungen gegenüber. Nach Bischoff, Taphorn und Wolter (2015) werden im Bereich der Produktion die steigende Produktvielfalt, höhere Anforderungen an die Qualität und hoher Kostendruck als Hauptherausforderungen für den Mittelstand identifiziert. Bei der innerbetrieblichen Logistik sehen sich die Unternehmen mit einer steigenden Komplexität und fehlenden Transparenz der Prozesse ebenso konfrontiert wie mit dem Umgang mit fehlerhaften Teilen und einer erschwerten Transparenz der Verfügbarkeit im Lagerbestand. Die heutigen Entwicklungen im Bereich Digitalisierung und Vernetzung können als Chance dienen, diesen Herausforderungen zu begegnen, wenn sie sinnvoll und an das mittelständische Unternehmen angepasst eingesetzt werden.

Das Unternehmen Anlagenbau Günther GmbH ist ein Kleinunternehmen in Nordhessen, das sich auf die Herstellung von individualisierten Recycling-Maschinen zur Trennung und Förderung von festen Abfällen spezialisiert hat. Der Familienbetrieb in dritter Generation beschäftigt insgesamt 120 Mitarbeiter. Eine Analyse im Betrieb zeigt Optimierungspotenzial im Bereich der Logistik. Aktuell ist die Logistik geprägt von einem hohen Maß an operativen Tätigkeiten, standardisierte Logistikkonzepte aus dem Bereich des Lean-Managements sind nicht umgesetzt. Es wird vor allem mit Papierdokumenten gearbeitet. Die Bereitstellung der notwendigen Materialien an den Arbeitsplätzen ist nicht zuverlässig, Arbeitsprozesse müssen teilweise aufgrund fehlender Teile unterbrochen werden. Die Lagerbestände sind nicht transparent, was zu zusätzlichen Suchvorgängen von fehlendem Material führt. Anlagenbau Günther GmbH wünscht sich daher eine Arbeitserleichterung durch die Integration digitaler Technologien vor allem im Bereich der Kommissionierung. Die Prozesse im Lager sollen transparenter, einfacher und stabiler werden. In einem Umsetzungsprojekt gemeinsam mit dem Mittelstand 4.0 Kompetenzzentrum Darmstadt wird der Logistikbereich mittels eines digitalen Assistenzsystems optimiert. Dabei werden sowohl wirtschaftliche Einflussfaktoren, wie z. B. die verbesserte Übersicht des Lagerbestandes und der Lagerorte und die Verringerung der Prozessdauern, als auch ergonomische Faktoren wie die Reduzierung von Laufwegen sowie geeignete Darstellung der Funktionen und Prozesse auf der Benutzeroberfläche berücksichtigt.

Neben der angestrebten Prozessoptimierung dürfen die Einflüsse, die durch die Einführung digitaler Assistenzsysteme auf den Mitarbeiter wirken, nicht unterschätzt werden. Wichtige Themen bei der Gestaltung von Assistenzsystemen sind daher die Gebrauchstauglichkeit und Nutzerfreundlichkeit, um die Akzeptanz der Systeme und die spätere Nutzung zu garantieren (Apt et al. 2018). Deshalb ist es von großer Bedeutung, bei der Entwicklung und Einführung entsprechender Systeme frühzeitig den Mitarbeiter mit einzubeziehen. Die Aufgaben zwischen Mensch und Technik sollen sinnvoll aufeinander aufgeteilt werden, um die Tätigkeiten der Mitarbeiter optimal zu unterstützen, ohne sie zukünftig zu über- oder zu unterfordern.

Ziel des Umsetzungsprojektes ist es daher, ein kontextsensitives Assistenzsystem zu entwickeln, das neben der Prozessoptimierung auch die Akzeptanz späterer Nutzer durch eine frühzeitige Einbindung dieser in den Gestaltungsprozess garantiert.

Bei der Entwicklung und Gestaltung des Assistenzsystems wird auf den menschzentrierten Gestaltungsprozess nach DIN EN ISO 9241-210 zurückgegriffen. Nach einer Prozessanalyse zur Aufnahme des Ist-Zustandes und der Analyse der Prozesse hinsichtlich Optimierungspotenzialen wird eine Nutzungskontextanalyse durchgeführt. Dies führt zu der Ableitung von menschbezogenen und technischen Anforderungen. Darauf aufbauend werden Gestaltungslösungen zur Umsetzung des Assistenzsystems erarbeitet und mit Mitarbeitern betroffener Arbeitsbereiche evaluiert. Der daraus entstandene Prototyp des Assistenzsystems weist neben einer passgenauen Unterstützung der optimierten Logistikprozesse auch eine hohe Akzeptanz bei den Mitarbeitern in der innerbetrieblichen Logistik auf. Dieses Vorgehen bei der Gestaltung und Einführung digitaler Assistenzsysteme reduziert auch die Gesamtkosten des Systems, da Mängel in der Entwicklung, wie z. B. Unstimmigkeiten bei der Passung zwischen System und Prozess sowie anwenderunfreundliche Funktionen rechtzeitig erkannt und einfach korrigiert werden können.

19.2 Darstellung des Optimierungspotenzials in der innerbetrieblichen Logistik

Am Standort der Anlagenbau Günther GmbH in Nordhessen befinden sich die Montage- und Fertigungshalle, das Lager sowie die Verwaltung der Firma. Der Vertrieb der Produkte erfolgt weltweit, zu den größten Absatzmärkten gehören Nordamerika, Australien, Frankreich und die Niederlande. Die Fertigung läuft auf kundenspezifischer Basis und ist sehr variantenreich ab. Der Kunde kann zwischen stationären, semimobilen und mobilen Maschinen wählen, es werden unterschiedliche Siebtechnologien angeboten, die wiederum verschiedene Siebdeckenvarianten aufweisen.

Die nachfolgenden Abschnitte beschreiben die aktuellen Logistik- und Produktionsprozesse des Unternehmens und geben einen Überblick über die identifizierten Digitalisierungspotenziale des Assistenzsystems.

19.2.1 Ausgangszustand der zu optimierenden Arbeitsbereiche

Logistik und Produktion befinden sich in einer Produktionshalle, wobei sich die Produktion in die Bereiche Fertigung und Montage untergliedert. Die Logistik umfasst die Arbeitsbereiche Wareneingang, Kommissionierung und Warenausgabe (Warentheke). Bei der Analyse des Digitalisierungspotenzials wurde der Fokus der Untersuchung auf die Logistikprozesse gelegt, wobei auch die Schnittstellen zur Produktion berücksichtigt wurden.

Beim Wareneingang wird die Ware, nach der Bestellung durch die Einkaufsabteilung, empfangen und entladen. Anschließend geschieht eine visuelle Überprüfung im Qualitätsmanagement, die im Regelfall aus einer Zählung und Inspektion der Artikel besteht. Die Überprüfung erfolgt durch einen Lagermitarbeiter. In seltenen Fällen werden bestimmte Lieferungen, die eine detailliertere Überprüfung benötigen, zu einem Mitarbeiter der Arbeitsvorbereitung weitergeleitet. Die Waren werden etikettiert und auf Paletten gelegt. Die Paletten werden ebenfalls etikettiert und in der Produktionshalle eingelagert. Der genaue Ort der Einlagerung hängt vom Bedarf und der Größe des Artikels ab. Größere Teile werden eher außerhalb der Produktionshalle gelagert, während Artikel, deren Bearbeitung sofort geschehen soll, direkt zu den verschiedenen Arbeitsbereichen der Produktion gebracht werden. Abschließend wird die Ware in das interne Warensystem gebucht. Dafür wird die Freischaltung des Lieferscheins der Ware bei der Einkaufsabteilung benötigt, die erst nach der Einreichung der Auftragsbestätigung stattfindet. Diese wird gebraucht, um den Preis am Einkaufstag der Ware mit dem Preis, zu dem die Ware tatsächlich gekauft wurde, zu vergleichen.

Im Arbeitsbereich der Kommissionierung werden zum einen Bauteile für die Produktion, zum anderen Bauteile für die Ersatzteillieferung kommissioniert. Bei der Kommissionierung der Bauteile für die Produktion werden zuerst Kommissionierungs- und Reservierungslisten ausgedruckt und an einer vorgesehenen Fläche aufgehängt. Die Kommissionierungsliste beinhaltet alle Produktionsaufträge, die für ein Projekt vorgesehen sind, während die Reservierungsliste alle vorgemerkten Artikel für einen Produktionsauftrag beinhaltet. Zusätzlich wird in Excel-Listen eine Übersicht über alle Produktionsaufträge mit Anfangs- und Enddatum geführt. Anhand dieser Listen werden die Aufträge von der Lagerleitung priorisiert und den verfügbaren Kommissionierern zugewiesen. Die auf der Kommissionierungsliste aufgeführten Bauteile werden vom Kommissionierer auf einer weiteren Palette gesammelt, diese wird wieder etikettiert und in ein vorgesehenes Regal des Produktionsbereichs eingelagert. Zum Schluss werden die Bauteile auf den Produktionsauftrag umgebucht. Bei der Ersatzteillieferung werden externe Bestellaufträge kommissioniert und für die Auslieferung vorbereitet. Der Service bereitet die Bestellaufträge vor und reicht sie in einer Vorgangsmappe im Lagerbüro ein. Ein Mitarbeiter des Lagerbüros markiert die wichtigen Informationen des Bestellauftrags für die Kommissionierung und gibt den Auftrag an den Kommissionierer weiter. Dieser stellt die Waren zusammen, wiegt und etikettiert sie. Anschließend werden die Artikel verpackt, außerhalb der Halle zur Auslieferung bereitgestellt und aus dem Lagerbestand ausgebucht.

Im Arbeitsbereich der Warentheke werden Bauteile angenommen oder ausgegeben. Im Produktionsauftrag finden sich die einzelnen Arbeitsgänge, die mit Barcodes hinterlegt sind. Startet ein Produktionsmitarbeiter einen Arbeitsgang, so wird der Barcode zu Beginn und Ende des Arbeitsganges eingescannt. Anschließend wird der Produktionsauftrag unterschrieben und in die Palette der gefertigten Teile eingelegt. Sobald die Produktionsmitarbeiter Unstimmigkeiten mit den kommissionierten Bauteilen finden, weitere Bauteile für die Bearbeitung des Auftrags brauchen oder Bauteile nach der Bearbeitung des

Auftrags übriggeblieben sind, wenden sie sich an die Theke des Lagers. Bei fehlenden Teilen werden diese von einem Lagermitarbeiter gesucht und falls vorhanden direkt dem Produktionsmitarbeiter ausgehändigt. Ansonsten wird die Bearbeitung des Produktionsauftrags gestoppt bis die fehlenden Bauteile zur Verfügung stehen. Wenn Bauteile defekt oder überschüssig sind, werden diese dem Lagermitarbeiter übergeben. Der Lagermitarbeiter bucht sie je nach Zustand vom Lagersystem ab oder ins Lagersystem ein.

19.2.2 Ansatzpunkte für den Einsatz eines digitalen Assistenzsystems

Die in Abschn. 19.2.1 aufgezeigten Prozesse der Logistik wurden hinsichtlich ihres Verbesserungspotenzials analysiert. Es stellten sich in jedem Arbeitsbereich Prozesspunkte heraus, die mithilfe des Einsatzes eines digitalen Assistenzsystems für die Logistik optimiert werden können. Die Ansatzpunkte des Assistenzsystems werden in Abb. 19.1 präsentiert.

Im Arbeitsbereich Wareneingang kann das Assistenzsystem bei einer besseren Übersicht der Warenwirtschaft sowie bei der Qualitätskontrolle der gelieferten Bauteile unterstützen. Im Ausgangszustand der Prozesse ohne digitales Assistenzsystem können gelieferte Produkte erst dann in das Lagersystem gebucht werden, wenn für den jeweiligen Artikel eine Auftragsbestätigung des Zulieferers vorliegt. Dies führt zu einer ungenauen

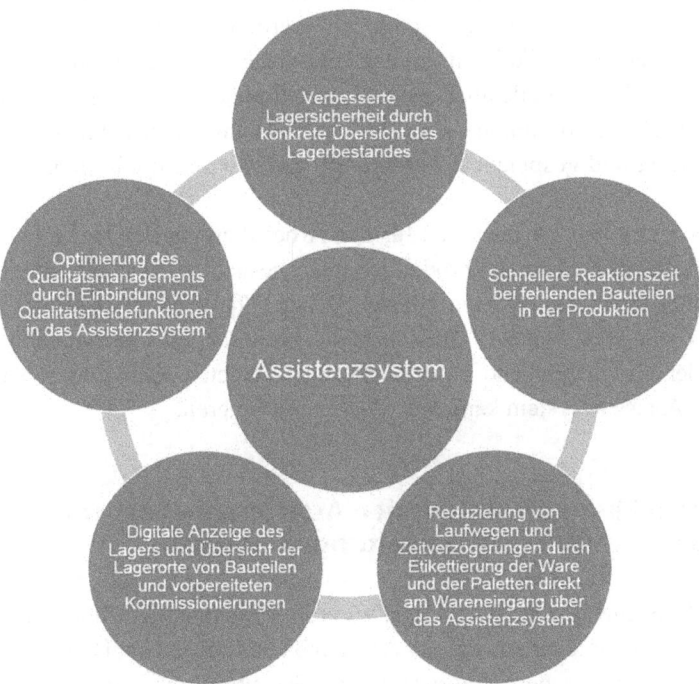

Abb. 19.1 Ansatzpunkte des Assistenzsystems im Überblick

Übersicht des Lagerbestandes und somit zu Verzögerungen weiterer Prozessabläufe, da für die Produktionsaufträge benötigte Bauteile schon angeliefert, durch die Nichtregistrierung aber für die Produktionsbereiche nicht sichtbar und somit nicht nutzbar sind. Bei der Qualitätskontrolle müssen Anmerkungen zur Qualität der Ware mit Hilfe eines Computerprogramms im Lagerbüro getätigt werden, was sich außerhalb des Wareneingangs befindet. Das Computerprogramm benötigt einige Zeit zur Bedienung, da der Mitarbeiter sich für jede Anmerkung im Programm einloggen, die Bestellung suchen, die Anmerkung hinterlegen und anschließend die Information an die zuständigen Personen schicken muss. Die Mitarbeiter nutzen häufig ein kleines Notizbuch oder ihre Handfläche für Notizen, um die Anmerkungen auf dem Weg vom Wareneingang zum Büro nicht zu vergessen. Das Qualitätsmanagement mithilfe des Assistenzsystems erleichtert die Dokumentation der Anmerkungen erheblich, Laufwege und Bearbeitungszeiten können reduziert werden, die Lagermitarbeiter können Auffälligkeiten direkt am Wareneingang eingeben und benötigen keine Gedächtnisstütze mehr.

Die Etiketten für die Kennzeichnung der Ware oder der Paletten werden während der Vorgänge bei Wareneingang und Kommissionierung im Lagerbüro gedruckt, was zu vielen Laufwegen und Zeitverzögerungen führt. Die Mitarbeiter pendeln ständig zwischen Arbeitsplatz und Lagerbüro. Die Aktivierung des Etikettendrucks über das Assistenzsystem sowie die Nutzung eines mobilen Druckers im Lagerbereich kann Laufwege reduzieren und zu einer Zeitersparnis führen.

Bei der Analyse der Prozesse im Arbeitsbereich Kommissionierung fällt auf, dass die Ablageorte der Bauteile nicht festgehalten werden. Der Kommissionierer hat meist eine Idee, wo welcher Artikel sein könnte, muss die für einen Produktionsauftrag zusammenzustellenden Bauteile aber erst im Lager finden. Gleiches gilt für die Ersatzteillieferung. Mittels des digitalen Assistenzsystems kann beim Einlagern der Teile der Ablageort erfasst und gespeichert werden, um die Kommissionierungsvorgänge zu erleichtern.

Die gleiche Problematik lässt sich für den Arbeitsbereich der Theke feststellen. Fehlende Bauteile müssen erst in der Produktionshalle gesucht werden, bevor sie dem Produktionsmitarbeiter übergeben werden können. Da die Theke nicht ständig besetzt ist, entstehen zusätzliche Wartezeiten für die Produktionsmitarbeiter, wenn sie fehlende Bauteile anfordern oder übriggebliebene Bauteile abgeben möchten. Eine einfache Kommunikation über das Assistenzsystem kann Wartezeiten minimieren.

19.3 Entwicklung eines digitalen Assistenzsystems mithilfe des menschzentrierten Gestaltungsprozesses

Um die beschriebenen Prozesse im Lager zu verbessern und die Mitarbeiter zu unterstützen, wurde in Zusammenarbeit mit der Anlagenbau Günther GmbH ein Assistenzsystem konzipiert. Dabei wurde der menschzentrierte Gestaltungsprozess (DIN EN ISO 9421-210) angewendet.

19.3.1 Menschzentrierter Gestaltungsprozess

Der menschzentrierte Gestaltungsprozess nach DIN EN ISO 9421-210 ist ein Produktentwicklungsprozess, der die späteren Nutzer eines Systems von Beginn an systematisch einbindet und an der Entwicklung teilhaben lässt. Der Ablauf ist in Abb. 19.2 dargestellt und gliedert sich im Wesentlichen in vier Schritte: Zunächst muss der Nutzungskontext verstanden und beschrieben werden, daraufhin werden im nächsten Schritt die Nutzungsanforderungen erarbeitet. Als dritter Schritt folgt der Entwurf von Gestaltungslösungen, die im letzten Schritt anhand der Nutzungsanforderungen evaluiert werden. Der Prozess ist iterativ, wobei die vier Schritte wiederholt werden, bis die entwickelte Lösung die Nutzungsanforderungen erfüllt. Die einzelnen Schritte werden nachfolgend noch einmal erläutert.

In der Analyse des Nutzungskontexts wird insbesondere der Nutzer des Systems betrachtet und beschrieben. Bei Einführungsprozessen von technischen Systemen in der Produktion, etwa Assistenzsystemen, sind die direkten Nutzer immer die Mitarbeiter selbst, die mit dem System interagieren. Hier gilt es, deren Merkmale, Arbeitsaufgaben und Ziele zu verstehen und zu beschreiben. Was macht die Nutzergruppe aus? Bestehen möglicherweise Einschränkungen, die es zu berücksichtigen gilt? Die Arbeitsaufgaben sind in der Regel formalisiert (und z. B. in Arbeitsplatzbeschreibungen festgehalten). Die Ziele der Mitarbeiter können allerdings von diesen abweichen und sollten daher in vertraulichen Gesprächen oder anonymisierten Befragungen analysiert werden. Auch eine Begleitung des Arbeitsprozesses, z. B. in Form einer Arbeitsprozessanalyse ist an dieser Stelle sinnvoll. Weiterhin gilt es, die Umgebung des Systems zu analysieren: Herrschen hier Einschränkungen wie Schmutz, Lärm oder Hitze? Alle Ergebnisse werden in der Beschreibung des Nutzungskontexts festgehalten.

Der zweite Schritt ist das Festlegen der Nutzungsanforderungen. Hier werden die Ergebnisse aus Schritt eins weiter zusammengefasst und formalisiert: Die Beschreibung wird in eine Liste mit klaren Anforderungen überführt. Diese sollten nach Themenblöcken geordnet und möglichst präzise und anhand eindeutiger Werte festgelegt werden. Hierfür kann jede Anforderung entweder als Festforderung (das zu entwickelnde System muss den festgelegten Wert zwingend erfüllen), Bereichsforderung (das System muss den festgelegten Wertebereich erfüllen) oder Wunschforderung (das System sollte einen bestimmten Wert bestmöglich erfüllen) formuliert werden. Die Einteilung der Anforderungen und die damit verbundene Diskussion der Wichtigkeit der einzelnen Anforderungen sollte mit den Mitarbeitern zusammen durchgeführt werden, beispielsweise in einem Workshop. Die

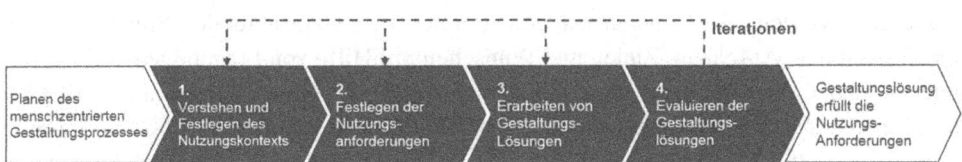

Abb. 19.2 Der menschzentrierte Gestaltungsprozess nach DIN EN ISO 9421-210

Liste der Nutzungsanforderungen ist dann ähnlich einem Lastenheft und kann durch weitere Anforderungen (z. B. technische Aspekte) ergänzt werden.

Die im dritten Schritt erarbeiteten Gestaltungslösungen erfüllen die Nutzungsanforderungen bestmöglich. Der Begriff „Gestaltungslösung" deutet bereits an, dass hier nicht zwingend ausgereifte, „fertige" Systeme oder Produkte entwickelt werden müssen. Im Gegenteil: Ideen und Ansätze sollten möglichst früh, z. B. in Form von Skizzen und Prototypen, umgesetzt werden. Diese schnelle Visualisierung ermöglicht eine erste Diskussion und Bewertung und kann damit sehr früh mögliche Schwachstellen und Verbesserungspotential aufzeigen. Denn Anpassungen sind in diesem Stadium meist wesentlich günstiger und leichter durchführbar als zu späteren Zeitpunkten.

Die Evaluation folgt in Schritt vier und beschreibt die Analyse und Bewertung der entwickelten Gestaltungslösung. Werden alle Anforderungen erfüllt? Wie ist die Meinung der Zielgruppe? Die Evaluation passiert immer mit der Nutzergruppe gemeinsam, etwa in einem Workshop, einer Gruppendiskussion, Testen und Verbalisieren mittels „Thinking-Aloud"- Technik (Nielsen 1993), oder einer Bewertung (z. B. mit der System Usability Scale, Brooke 1996).

Schneidet das Produkt in der Evaluationsphase gut ab, kann es umgesetzt und eingeführt werden. Falls nicht, so muss am entscheidenden Schritt nachgeschärft und eine weitere Schleife im Prozess durchlaufen werden: Wurde ein wichtiger Bestandteil des Nutzungskontexts nicht bedacht? Zeigt die Gestaltung Verbesserungsmöglichkeiten?

Hier wird deutlich: Der menschzentrierte Gestaltungsprozess stellt den späteren Nutzer eines Systems in den Mittelpunkt seiner Entwicklung. Da es sich bei Produktionssystemen häufig um individuelle Lösungen mit langen Einführungsprozessen handelt, werden die Mitarbeiter durch dieses Vorgehen automatisch an der Gestaltung und Einführung beteiligt.

19.3.2 Vorgehen bei der Entwicklung

Bei der Entwicklung des Assistenzsystems bei der Anlagenbau Günther GmbH wurde der menschzentrierte Gestaltungsprozesse zwei Mal durchlaufen. Die folgenden Kapitel beschreiben die Anwendung der einzelnen Schritte beim Unternehmen.

19.3.2.1 Nutzungskontextanalyse

Zur Analyse des Nutzungskontexts wurde im Unternehmen eine ausführliche Beobachtung der Lagermitarbeiter sowie der Lagerleitung durchgeführt. Dies geschah gleichzeitig mit einer Arbeitsprozessanalyse, die bereits in Abschn. 19.2 beschrieben wurden. Außerdem wurden alle 15 Mitarbeiter im Bereich Lager zur aktuellen Situation, ihren Qualifikationen, Aufgaben, Zielen und Wünschen mit Hilfe von Fragebögen und Einzelinterviews befragt. Eine Zusammenfassung der wichtigsten Ergebnisse ist in Tab. 19.1 für den Arbeitsbereich Wareneingang und in Tab. 19.2 für den Arbeitsbereich Kommissionierung dargestellt. Die Mitarbeiter arbeiten hauptsächlich innerhalb der Produktionshalle und sind dabei nicht nur im Lager unterwegs, sondern stellen auch Teile in den anderen

Tab. 19.1 Ergebnisse der Nutzungskontextanalyse für den Arbeitsbereich Wareneingang

Merkmale & Eigenschaften der Benutzergruppe			
Demographisch		Alter	zwischen 29 und 40 Jahren
		Geschlecht	männlich
Physisch		Größe	1,74–1,83 m
		Einschränkungen	leichte visuelle Einschränkungen
		Händigkeit	rechtshändig
Arbeitsaufgaben			
Aufgaben	Zentrale Arbeitsaufgaben		Empfang, Entladung, Überprüfung, Etikettierung, Einlagerung und Buchung von Waren Transport von Waren zwischen den Bereichen
Sonstiges	Ausrüstung		Hand- und Sicherheitsschuhe
	Probleme		Einbuchung von Waren im System ist manchmal unmöglich, da der Prozess nicht freigeschaltet wird zu viel „Hin- und Hergehen" für die Etikettierung von Waren Probleme beim Erkennen von Waren ohne zusätzliche Hilfe

Tab. 19.2 Ergebnisse der Nutzungskontextanalyse für die Kommissionierung der Produktion

Merkmale & Eigenschaften			
Demographisch		Alter	zwischen 30 und 62 Jahren
		Geschlecht	männlich
Physisch		Größe	1,70–1,89 m
		Einschränkungen	leichte visuelle Einschränkungen
		Händigkeit	rechtshändig
Arbeitsaufgaben			
Aufgaben	Zentrale Arbeitsaufgaben		Abholung, Etikettierung und Einlagerung von Bauteilen in Paletten zur Bearbeitung Transport von Waren zwischen den Bereichen
Sonstiges	Ausrüstung		Hand- und Sicherheitsschuhe
	Probleme		Probleme beim Finden von Teilen, da keine Liste mit dem Lagerort der Waren vorhanden ist

Bereichen bereit, wie z. B. Stahlbau, Lackierung, Bänderbau und Montage. Jeder Raum ist mit Regalen für die Lagerung von Bauteilen ausgestattet, die in eine Höhe von bis zu 6,50 m reichen. Außerhalb der Halle befinden sich ebenfalls Lagerflächen für sehr große Bauteile. Neben den Regalen sind Kommissionierungs- und Lackierwägen vorhanden. Diese stehen direkt bei den entsprechenden Arbeitsbereichen der Produktion.

Alle Mitarbeiter sind mit Handschuhen und Sicherheitsschuhen ausgestattet. Außerdem besitzt jeder Mitarbeiter ein mobiles Telefon für die interne Kommunikation. Neben dieser Grundausstattung erhält jeder Mitarbeiter zusätzliche Ausrüstung, die abhängig von seinem Arbeitsbereich ist. Die meisten Lagermitarbeiter tragen eine kleine Hängetasche bei sich, die allgemeine Büromaterialien wie Stifte, Marker, Messband oder Cutter beinhaltet. Des Weiteren werden Werkzeuge und Maschinen benutzt, z. B. neun Gabelstapler, die sich

Tab. 19.3 Umgebungsbeschreibung für Wareneingang und Produktion

Umgebung		
Physisch	Arbeitsplatzgestaltung	**Im Lagerbüro:** Ausführung von Tätigkeiten im Sitzen; Büromaterial, Tische und Stühle vorhanden **Inner- und außerhalb der Produktions- und Lagerhalle:** Ausführung von Tätigkeiten im Stehen; Lagerregale unterschiedlicher Größen vorhanden; Paletten und verschiedene Arten von Staplern vorhanden
	Gefahren	Erhöhte Aufmerksamkeit erforderlich, wegen der allgemeinen Gefahren in einer Produktions- und Lagerhalle
Technisch	Hardware	**Bei den Mitarbeitern:** Mobiltelefon **Innerhalb der Lagerhalle:** Scanner **Im Lagerbüro:** PC; Drucker
	Software	System für die Buchung von Waren und für die Bearbeitung von Produktionsaufträgen
	Energiequellen	Stromanschlüsse im Lagerbüro und an einigen Stellen der Lagerhalle
Organisationsbezogen	Arbeitsstruktur	größtenteils selbstständiges Arbeiten; manche Aufträge werden in Gruppen bearbeitet; viel Zeitdruck bei der Einhaltung der Auftragsfristen

die Mitarbeiter aller Produktionsbereiche teilen, sowie Bauteil- und Hallenkräne. Die Analyse der technischen Ausrüstung sowie der physischen und sozialen Umgebungsbedingungen für die Arbeitsbereiche Wareneingang und Produktion zeigt Tab. 19.3 auf.

19.3.2.2 Anforderungsliste

Die identifizierten Optimierungspotentiale, insbesondere die verbesserte Transparenz des Lagerbestandes, eine vereinfachte Annahme und Buchung von Waren sowie schnellere Reaktionszeiten, sind nun durch die Analyse des Nutzungskontexts komplettiert worden. Die darauf aufbauende Anforderungsliste definiert zunächst grundlegende Funktionen, die das System bieten soll, sowie Aspekte der Gestaltung und Interaktion. Die Anforderungen werden in die Kategorien Funktionen, Gestaltung und Sonstiges eingeteilt, für die jeweils eine Festforderung, Bereichsforderung, Zielforderung und Wunschforderung formuliert wird.

Ein Schwerpunkt hinsichtlich der Funktionen liegt auf der schnellen und übersichtlichen Ein- und Abbuchung von Waren. Zusätzlich soll der Lagerort der Waren für alle Mitarbeiter schnell zu finden sein. Hierbei ist wünschenswert, dass das Assistenzsystem einen

Lageplan der Regale in der Produktionshalle und der Position der Waren sowie technische Zeichnungen der Artikel anzeigt. Damit lässt sich nicht nur Zeit sparen, sondern auch Missverständnissen vorbeugen. Es entfällt auch das Suchen von Waren. Eine weitere Aufgabe, bei der das Assistenzsystem unterstützen soll, ist die Warenprüfung, bei der Anmerkungen oder Fehler bei der Prüfung gemeldet werden sollen. Außerdem sollen die Mitarbeiter das Drucken von Etiketten durch das Assistenzsystem tätigen. Weiterhin soll das Assistenzsystem der Leitung des Lagers bei der Auftragszuweisung und Kategorisierung helfen. Aufträge können dabei nach Zeit, Dringlichkeit und Umfang kategorisiert und Mitarbeitern zugewiesen werden. Hierbei sollen ebenfalls alle Auftragsinformationen, wie Artikellisten, Fehlteile oder Anfangs- und Enddaten im System enthalten sein.

Neben diesen Anforderungen an die Funktionen des Assistenzsystems wurden auch Anforderungen an seine Gestaltung bspw. die Größe von Icons und Schriften, und an seine Hardware abgeleitet. Anforderungen bzgl. der Gestaltung der Benutzeroberfläche werden den Dialogrichtlinien der DIN EN ISO 9241-110 entnommen. Bei der Hardwareauswahl wurde ein Tablet mit geeigneter Hülle gefordert, das ausreichend robust für die Produktionsumgebung ist. Die Icon- und Schriftgrößen müssen so gewählt sein, dass die Anzeige auch beim Laufen und in einer angemessenen Entfernung sichtbar ist. Außerdem muss der Benutzer die Oberfläche mit einer Hand bedienen können.

19.3.2.3 Entwickeln von Gestaltungslösungen

Die in den beiden Entwicklungsschleifen entstandenen Gestaltungslösungen unterscheiden sich in ihrem Detailgrad fundamental: Als Gestaltungslösung in der ersten Schleife wurden einfache Papierskizzen erstellt, in der zweiten Schleife ein interaktiver Software-Prototyp. Bereits mit den Papierskizzen konnte die grundsätzliche Funktionsweise dargestellt werden, um zu sehen, ob diese zu den Arbeitsprozessen passt. Auch war es so möglich, alle miteinzubeziehenden Funktionen und einen ersten Entwurf des Layouts zweckmäßig zu visualisieren. Auf diese Weise konnte sehr früh der Ansatz des Assistenzsystems überprüft werden. Eine zweite Schleife des menschzentrierten Gestaltungsprozesses war dann nötig, um das System im Detail auszugestalten. Die zweite Gestaltungslösung wurde als Clickdummy realisiert, mit dem das Assistenzsystem auf einem Tablet-PC simuliert werden konnte. Dieses wird in Abschn. 19.3.3 näher beschrieben.

19.3.2.4 Evaluation

Die Evaluation des ersten Prototyps wurde in einer Fokusgruppenbesprechung durchgeführt. Hier waren neben den Mitarbeitern des Instituts für Arbeitswissenschaft die technische Leitung und die Produktions- und Lagerleitung der Anlagenbau Günther GmbH sowie fünf Lagermitarbeiter anwesend. In einem Workshop wurde der Prototyp vorgestellt und die Funktionsweise erläutert. Später erfolgte eine Diskussion zu den damit verbundenen, neuen Prozessen im Lager. Anregungen und Kritik zum Entwurf wurden während des ganzen Workshops aufgenommen und besprochen. Die Anregungen bezogen sich dabei im Wesentlichen auf eine klarere Formulierung und eine vereinfachte Interaktion. Außerdem wurde eine Möglichkeit gewünscht, Gabelstapler anfordern zu können, was bisher noch nicht implementiert wurde.

Die Evaluation des zweiten Prototyps erfolgte zum einen ebenfalls in einem Workshop, identisch zur ersten Evaluation. Weiterhin erhielt jeder Mitarbeiter des Bereichs Lager die Möglichkeit, den Prototyp auszuprobieren, sodass die Auswirkungen auf die eigene Arbeit unmittelbar nachvollzogen werden konnten. Im Anschluss daran wurde eine individuelle Evaluation mittels System Usability Scale und einem kurzen Interview mit jedem Mitarbeiter des Lagers durchgeführt.

19.3.3 Das entwickelte Assistenzsystem im Überblick

Das entwickelte System wurde in der zweiten Schleife als interaktiver Softwareprototyp konzipiert und ist in Abb. 19.3 abgebildet. Als Hardware wurde ein 7 Zoll Tablet ausgewählt, das durch eine robuste Hülle geschützt wird und an der Arbeitskleidung der Lagermitarbeiter befestigt werden kann.

Nach einem Login gelangt der Mitarbeiter auf das Startfenster (Abb. 19.3 links oben), das einen Überblick über Tätigkeiten, Mitteilungen und den Kalender bietet. Die inhaltlichen Funktionen sind über eine Seitenleiste erreichbar, die jederzeit angezeigt wird. Die Funktionen sind:

- Warensuche: Hier kann über die Suchmaske nach einem Artikel gesucht werden, wobei Standort und Regal ausgegeben werden.

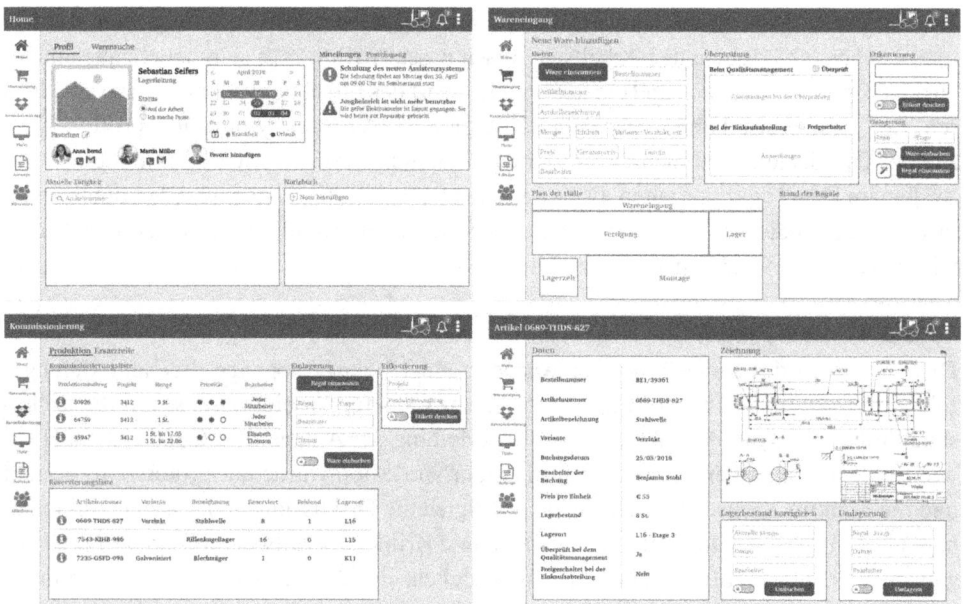

Abb. 19.3 Darstellung des Prototyps

- Wareneingang: Dies betrifft die Prozesse bei der Anlieferung von neuen Artikeln. Ein neuer Artikel kann entweder durch das Scannen des Lieferscheins oder dessen manuelles Eintragen angelegt werden. Der Mitarbeiter prüft dann die Ware und vermerkt dies ebenfalls im Assistenzsystem. Gleichzeitig kann er einsehen, ob eine Freigabe durch die Einkaufsabteilung erfolgt ist und ein entsprechendes Etikett drucken. Bei Bedarf kann er auch den Lagerort manuell wählen (Abb. 19.3, rechts oben).
- Kommissionierung (Abb. 19.3 unten links): Eine Liste der bereitzustellenden Artikel sowie deren Priorität wird angezeigt. Durch Anwählen eines Artikels werden genaue Informationen dazu bereitgestellt, z. B. technische Zeichnungen (Abb. 19.3 unten rechts).
- Im Bereich Theke des Lagers können Produktionsmitarbeiter kleine Artikel individuell für die Produktion anfordern. Der Lagermitarbeiter erhält die Liste der bereitzustellenden Artikel auf dem Assistenzsystem. Durch eine Wisch-Geste gibt der Lagermitarbeiter den Artikel frei, sodass der Produktionsmitarbeiter den bereitgestellten Artikel abholen kann.
- Der Bereich Aufträge ist rein für die Lagerleitung vorgesehen. Hier werden die Produktionsaufträge angelegt, die bestimmen, welche Artikel mit welcher Priorität von den Lagermitarbeitern bereitgestellt werden.
- Der Bereich Mitarbeiter zeigt Kalenderinformationen und die Kontaktdaten der anderen Mitarbeiter.
- Weiterhin kann über das Gabelstapler-Symbol ein Gabelstapler angefordert werden.

Mit dem Assistenzsystem werden die Prozesse im Lager deutlich effizienter, transparenter und für Mitarbeiter einfacher. So ergeben sich deutliche Entlastungen bei der Anlieferung und dem Ablegen von Waren, die mit dem Assistenzsystem einfach angenommen und geprüft werden können. Auch die Kommissionierung und das Suchen von Waren werden deutlich vereinfacht und durch das Assistenzsystem unterstützt. Konkret ergeben sich für die Bereiche Wareneingang, Kommissionierung und Warenausgabe folgende Verbesserungen:

Im Bereich des Wareneingangs kann die angelieferte Ware direkt eingescannt und in das Lagersystem gebucht werden, inkl. Hinterlegung des Lagerortes. Somit werden Verzögerungen von Prozessabläufen in der Produktion durch fehlende oder nicht registrierte Bauteile verhindert. Auch das Ergebnis der Qualitätsprüfung wird direkt nach Durchführung über das Tablet im System vermerkt. Lange Bearbeitungszeiten sowie unnötige Laufwege bei der Qualitätskontrolle werden dadurch vermieden.

Kommissioniervorgänge machen den größten Anteil an Tätigkeiten im Bereich der Logistik aus. Mithilfe des Assistenzsystems werden diese Vorgänge papierlos gestaltet. Über das Assistenzsystem wird die Kommissionierliste mit einer klaren Priorisierung bzgl. der Bearbeitung der Kommissonieraufträge an den Mitarbeiter übermittelt. Der Lagermitarbeiter erhält so eine übersichtliche Aufgabenliste, der er jederzeit die notwendigen Informationen entnehmen kann, wie Zustand des Artikels und Lagerort. Im Assistenzsystem sind außerdem zusätzliche Informationen wie z. B. technische Zeichnungen enthalten, die ihm helfen, Bauteile und Artikel unterscheiden zu können. Sollten darüber hinaus Fragen zu den einzelnen Bauteilen aufkommen, so stellt das System eine Schnittstelle bereit, mit der betreffende Mitarbeiter schnell und einfach per E-Mail oder Telefon kontaktiert werden können.

Eine besondere Gruppe von Kommissioniertätigkeiten stellt die Warenausgabe dar. Hier werden von Produktionsmitarbeitern kleine Artikel, die für die Produktion benötigt werden (bspw. Schrauben), angefragt und von den Lagermitarbeitern bereitgestellt. Die Anfragen der Produktionsmitarbeiter erscheinen ebenfalls in der priorisierten Aufgabenliste im Assistenzsystem. Die Bearbeitung dieser Aufträge funktioniert dann äquivalent zur normalen Kommissioniertätigkeit. Sind die Artikel bereitgestellt, kann der Lagermitarbeiter dies im System bestätigen und der Produktionsmitarbeiter die Ware abholen. Dies verkürzt die Wartezeiten für Produktionsmitarbeiter an der Warentheke.

19.4 Fazit und Ausblick

Die Digitalisierung bietet neue Möglichkeiten der Arbeitsgestaltung, die mit einfachen Mitteln auch in Kleinunternehmen umgesetzt werden können. Das Praxisbeispiel des digitalen Assistenzsystems in der Logistik der Anlagenbau Günther GmbH zeigt, wie mit strategischem Vorgehen und einer frühen Einbindung der Mitarbeiter ein effizientes System zur Optimierung der Prozesse entwickelt werden kann. Das System bietet dem Mitarbeiter eine Unterstützung und Entlastung, unter- oder überfordert ihn aber nicht. Mit dem Einsatz des entwickelten Assistenzsystems ist eine zuverlässige Materialbereitstellung möglich, der Lagerbestand des Unternehmens wird in Realzeit abgebildet. Die Prozesse sind papierlos, effizienter und transparenter gestaltet. Laufwege sowie zusätzliche Arbeitsschleifen für die Mitarbeiter werden reduziert.

Unter Nutzung des menschzentrieten Gestaltungsprozesses ist außerdem gewährleistet, dass eine Akzeptanz gegenüber dem Assistenzsystem bei den Mitarbeitern gegeben ist. Durch die Einbindung der Mitarbeiter als spätere Nutzer in den Entwicklungsprozess der Gestaltung des Assistenzsystems ist gewährleistet, dass das entwickelte Assistenzsystem die Arbeitsanforderungen erfüllt und die Mitarbeiter bei ihren Tätigkeiten sinnvoll unterstützt. Das Feedback der Mitarbeiter zum entwickelten Assistenzsystem fiel sehr positiv aus. Die betroffenen Arbeitsbereiche können sich sehr gut vorstellen, das System zukünftig einzusetzen.

Parallel zur Entwicklung des digitalen Assistenzsystems wurde mit der Einführung eines ERP-Systems im Unternehmen begonnen. Da das Assistenzsystem auf die Logistik- und Produktionsprozesse Einfluss nimmt, muss eruiert werden, welche Schnittstellen zwischen ERP- und Assistenzsystem vorhanden sind. Das Assistenzsystem könnte auch autark mit eigener Datenbank arbeiten. Ist jedoch ein ERP-System vorhanden, ist es sinnvoll, die Informationen von Lager und Produktion, die über das Assistenzsystem übertragen werden, auch an das ERP-System weiterzuleiten. Neben der Schnittstellenanalyse ist ebenfalls zu prüfen, welche Funktionen des Assistenzsystems durch zusätzliche Informationen des ERP-Systems unterstützt werden können. Hierbei ist neben einer funktionalen Überprüfung auch eine technische Analyse durchzuführen. Die finale Programmierung des Assistenzsystems ist noch nicht abgeschlossen, weshalb Programmiersprache und Form des Assistenzsystems angepasst werden können. Gleichzeitig ist zu klären, wie der

Austausch zwischen ERP-System und Assistenzsystem zukünftig technisch umgesetzt werden kann. Nachdem das ERP-System erfolgreich im Unternehmen umgesetzt wurde, soll das digitale Assistenzsystem, angepasst an die Schnittstellen des ERP-Systems, programmiert und eingesetzt werden.

Literatur

Apt, W.; Schubert, M.; Wischmann, S. (2018). Digitale Assistenzsysteme: Perspektiven und Herausforderungen für den Einsatz in Industrie und Dienstleistungen. Berlin.
Bischoff, J.; Taphorn, C.; Wolter, D. (2015). Erschließen der Potenziale der Anwendung von „Industrie 4.0" im Mittelstand. Mühlheim an der Ruhr.
Brooke, J. (1996). SUS: a „quick and dirty" usability scale. In: Jordan, P. W.; Thomas, B.; Weerdmeester, B. A. & McClelland, A. L. (Hrsg.). Usability Evaluation in Industry. London: Taylor and Francis.
DIN EN ISO 9241-110 (2006). Ergonomie der Mensch-System-Interaktion-Teil 110: Grundsätze der Dialoggestaltung. Deutsches Institut für Normung e. V.
DIN EN ISO 9241-210 (2011). Ergonomie der Mensch-System-Interaktion – Teil 210: Prozess zur Gestaltung gebrauchstauglicher interaktiver Systeme. Deutsches Institut für Normung e. V.
Nielsen, J. (1993). Evaluating the thinking-aloud technique for use by computer scientists. In: Hartson, H.R.; Hix, D. (Hrsg.) *Advances in human-computer interaction, Vol. 3*. Ablex Publishing Corp., Norwood, NJ, USA 69-82.

M. Sc. Katharina Rönick ist wissenschaftliche Mitarbeiterin am Institut für Arbeitswissenschaft an der Technischen Universität Darmstadt. Sie studierte Maschinenbau an der Technischen Universität Darmstadt mit den Schwerpunkten Arbeitswissenschaft und Produktionstechnik. Ihre Forschungsschwerpunkte liegen bei der Entwicklung von Demonstratoren und Unterstützungssysteme für digitalisierte und vernetzte Arbeitsplätze sowie die Auswirkungen digitaler Technologien auf die menschliche Arbeit.

M. Sc. Christopher Stockinger ist wissenschaftlicher Mitarbeiter am Institut für Arbeitswissenschaft an der Technischen Universität Darmstadt. Im Rahmen dieser Tätigkeit beschäftigt er sich mit den Auswirkungen der Digitalisierung und Vernetzung auf die Arbeit sowie mit technischen Assistenzsystemen. Er studierte an der Technischen Universität Darmstadt Wirtschaftsingenieurwesen mit der technischen Fachrichtung Maschinenbau mit der Vertiefung in den Bereichen Arbeitswissenschaft und Innovationsmanagement.

Dr.-Ing. Ilka Zöller hat Wirtschaftsingenieurwesen mit der technischen Fachrichtung Maschinenbau an der Technischen Universität Darmstadt studiert. Seit Mai 2012 ist sie als wissenschaftliche Mitarbeiterin am IAD tätig und promovierte dort im Mai 2015. In ihrer Dissertation beschäftigte sie sich mit der Fahrerverhaltensvalidität von Fahrsimulatoren und dem Einfluss ausgewählter Gestaltungsparameter auf diese Validität. Im September 2018 übernahm sie schließlich die Leitung der Forschungsgruppe Mensch & Organisation.

Dipl.-Ing. Markus Weß hat Maschinenbau an der Dualen Hochschule Baden-Württemberg Mosbach studiert. Seit September 2010 ist er bei der Anlagenbau Günther GmbH tätig. Nach der Leitung der Abteilung Konstruktion übernahm er 2016 die Stelle als technischer Leiter.

Stärkung von Selbstorganisation und Autonomie der Beschäftigten in der Pflege durch eine digitalisierte kollaborative Dienstplanung

20

Vanessa Kubek, Annette Blaudszun-Lahm, Sebastian Velten, Rasmus Schroeder, Nadine Schlicker, Alarith Uhde und Ursula Dörler

Zusammenfassung

Die Pflegebranche leidet unter einem massiven Fachkräftemangel. Der Pflegeberuf als solcher wird als wenig attraktiv wahrgenommen: physische Belastungen, Schichtdienst, vergleichsweise geringes Gehalt sind – neben weiteren Faktoren – dafür ausschlaggebend. Negative Auswirkungen von Schichtarbeit können dadurch reduziert werden, dass das Autonomieerleben der Mitarbeitenden erhöht wird. Sie haben nicht mehr das Gefühl, dass (neben ihrem Berufsleben auch) über ihr Privatleben verfügt wird, sondern sie haben selbst die Chance, die Balance herzustellen und zu gestalten. Diesen Gestaltungsspielraum adressiert das Projekt GamOR („Game of Roster"): mit

---

Dieser Beitrag entstand im Rahmen des Verbundprojekts GameOfRoster – Spielifizierte kollaborative Dienste-Plattform für Pflegeberufe (GamOR). Das Vorhaben wird im Rahmen des Programms „Zukunft der Arbeit" (Förderkennzeichen 02L15A210-02L15A216) vom Bundesministerium für Bildung und Forschung (BMBF) und dem Europäischen Sozialfonds (ESF) gefördert und vom Projektträger Karlsruhe (PTKA) betreut.

V. Kubek (✉) · A. Blaudszun-Lahm
Institut für Technologie und Arbeit e.V., Kaiserslautern, Deutschland
E-Mail: vanessa.kubek@ita-kl.de; annette.blaudszun-lahm@ita-kl.de

S. Velten · R. Schroeder
Fraunhofer-Institut für Techno- und Wirtschaftsmathematik ITWM, Kaiserslautern, Deutschland
E-Mail: sebastian.velten@itwm.fraunhofer.de; r.schroeder@insiders-technologies.de

N. Schlicker
Ergosign GmbH, Saarbrücken, Deutschland
E-Mail: nadine.schlicker@ergosign.de

© Springer-Verlag GmbH Deutschland, ein Teil von Springer Nature 2019
C. K. Bosse, K. J. Zink (Hrsg.), *Arbeit 4.0 im Mittelstand*,
https://doi.org/10.1007/978-3-662-59474-2_20

Hilfe einer kollaborativen, d. h. gemeinschaftlichen und zugleich digitalisierten Dienstplanung soll die Zufriedenheit der Pflegekräfte erhöht werden. Der Beitrag beschreibt die Her angehensweise im Projekt GamOR, die im Hinblick auf digitalgestützte Veränderungsprojekte insgesamt viel Übertragunspotential bietet.

20.1 Einführung in die Problemstellung: Warum kollaborative Dienstplanung?

Die Pflegebranche, die vor dem Hintergrund des demografischen Wandels mit einer immer weiter ansteigenden Zahl zu Pflegender konfrontiert ist, leidet unter einem in weiten Teilen Deutschlands bereits deutlich spürbaren Fachkräftemangel. Dieser ist zurückzuführen auf vielfältigste Ursachen, die den Pflegeberuf in der Summe als wenig attraktiv erscheinen lassen: Vergleichsweise geringe Bezahlung, körperlich und psychisch beanspruchendes Arbeiten, häufig unter hohem Zeitdruck sowie problematische Work-Life-Balance in der Folge von Schicht-, Nacht- und Wochenendarbeit.

Trotz eines rückläufigen Anteils an Beschäftigten in den klassischen Schichtarbeitsbereichen bleibt der Anteil der Schichtarbeitenden an den Gesamtbeschäftigten konstant bzw. steigt sogar leicht an (Beermann 2008). Der Anteil der Beschäftigten, die dauerhaft oder gelegentlich in Schicht arbeiten, beläuft sich bei öffentlichen und privaten Dienstleistungen auf rund 24 Prozent (Beermann 2008). In der Pflegebranche dürfte dieser Anteil deutlich höher ausfallen.

Unter Bezugnahme auf arbeitswissenschaftliche Belastungs-Beanspruchungskonzepte lässt sich Schichtarbeit den so genannten objektiven Belastungsfaktoren zuordnen. 2007 wurde das Integrative Belastungs-Beanspruchungskonzept (Hornberger 2006) auf den Kontext der Schichtarbeit adaptiert (Knauth 2007). Danach lassen sich physiologische Belastungen durch das Arbeiten gegen den natürlichen Tagesrhythmus der Körperfunktionen sowie die sozialen Störungen durch die Unvereinbarkeit betrieblicher und privater Zeitansprüche bei Schichtarbeit objektivieren (Angerer und Petru 2010; Höfflin 2002).

Vor dem Hintergrund der betrieblichen Notwendigkeit von Schichtarbeit in bestimmten Branchen (z. B. in der Pflege), beschäftigt sich die Arbeitswissenschaft daher seit vielen Jahren intensiv damit, vorbeugende Maßnahmen gegen ungünstige Auswirkungen dieser Arbeit zu identifizieren (Smith et al. 2011). Dabei steht insbesondere die Schichtmodellgestaltung im Fokus.

A. Uhde
Universität Siegen, Fakultät III Ubiquitous Design, Siegen, Deutschland
E-Mail: alarith.uhde@uni-siegen.de

U. Dörler
Prot. Altenhilfe Westpfalz gem. Betriebsgesellschaft mbH, Enkenbach-Alsenborn, Deutschland
E-Mail: ursula.doerler@prot-altenhilfe.de

Knauth und Hornberger haben bereits 1997 zentrale arbeitswissenschaftliche Empfehlungen zur Schichtplangestaltung formuliert. Diese lauten:

1. Nicht mehr als drei Nachtschichten hintereinander
2. Schnelle Rotation von Früh- und Spätschichten
3. Frühschichtbeginn nicht zu früh
4. Keine Massierung von Arbeitszeiten
5. Vorwärtswechsel der Schichten
6. Geblockte Wochenendfreizeiten
7. Ungünstige Schichtfolgen vermeiden
8. Länge der Schichten der Arbeitsbelastung anpassen
9. Kurzfristige Schichtplanänderung durch Arbeitgeber vermeiden
10. Mindestens ein freier Abend pro Woche von Montag bis Freitag
11. Mitarbeiterorientierte Flexibilisierung und Individualisierung der Arbeitszeit auch im Schichtbetrieb

Knauth und Hornberger betonen im Kontext der Kriterien 9 und 11, dass Planbarkeit der Freizeit für Schichtarbeitende sowie die Akzeptanz von Schichtplänen durch die Mitarbeitenden von hoher Bedeutung sind. Eine große Rolle spielt dabei die Einbindung der Mitarbeitenden. Dies greift arbeitspsychologische bzw. motivationspsychologische Erkenntnisse auf, die darauf verweisen, dass sowohl Leistungsverhalten als auch psychische Gesundheit durch die Erzeugung intrinsischer Arbeitsmotivation gefördert werden. So zeigten Ryan und Deci, dass neben Kompetenzerleben und sozialer Eingebundenheit Autonomieerleben eine maßgebliche Rolle spielt (Deci und Ryan 2002; vgl. auch Hackman und Oldham 1980). Sie konnten außerdem darlegen, dass Vorgaben, die durch andere getätigt werden, am ehesten akzeptiert werden, wenn

- man Wahlalternativen bietet bzw. zulässt,
- man im Falle einer fehlenden Wahlfreiheit Begründungen liefert.

Die motivierende Wirkung der Einbindung von Mitarbeitenden wurde in weiteren arbeitspsychologischen Kontexten nachgewiesen wie beispielsweise im Zusammenhang mit dem sog. Catch-ball-Prinzip (u. a. Jochum 2002), in der Partizipationsforschung (u. a. Haas 2012; Lohmann und Prümper 2003) oder in der Organisationsentwicklung (u. a. Kotter 1996; Kotter und Schlesinger 2008; Menzel und Günther 2011). Allerdings gibt es ebenso Hinweise darauf, dass Partizipationsmöglichkeiten nicht nur positive Auswirkungen, sondern – wenn diese ohne Begleitung und Zielgruppenadäquatheit stattfinden – auch negative Auswirkungen wie beispielsweise Überforderung oder Unsicherheit auf das Wohlbefinden der Mitarbeitenden haben können (Lohmann und Prümper 2003). Im Zuge von Veränderungsprozessen müssen demnach Begleitungsdesigns konzipiert und realisiert werden, die die positiven Aspekte von Partizipation stärken und ggf. nachteilige Auswirkungen abmildern.

Engel et al. (2014) haben eruiert, dass Vorhersehbarkeit das Ausmaß erlebter Beanspruchung deutlich reduziert. Das heißt konkret: Eine schlechte Planbarkeit der eigenen Arbeitszeit sowie Freizeit führt zu einer Zunahme subjektiver Gesundheitsbeschwerden und einer Steigerung der Unzufriedenheit mit den eigenen Arbeitszeitregelungen. Eine höhere Planungssicherheit und ein Gefühl der Kontrolle, realisiert durch Einbindung der Mitarbeitenden in die Dienstplangestaltung, führen hingegen zu einer signifikant besseren Bewertung der eigenen Arbeitszeiten und zu einer Minderung sozialer Beeinträchtigungen.

In der Sozialwirtschaft ist eine zunehmende Digitalisierung erst in Ansätzen zu beobachten. Das Projekt GamOR („Game of Roster") hat zum Ziel, Potenziale der Digitalisierung zur Steigerung der Arbeitszufriedenheit zu nutzen, indem Mitarbeitende gemeinsam (kollaborativ) und digital einen Dienstplan erstellen. Dadurch soll sowohl das Autonomieerleben der Beschäftigten als auch die Verlässlichkeit der Dienstpläne gestärkt werden. In vielen aktuell diskutierten Ansätzen zu „Arbeit 4.0", „New Work" oder „Arbeiten im Zeitalter der Digitalisierung" kommt der Selbstorganisation von Mitarbeitenden hohe Bedeutung zu. Wenn Dienstplanung als gemeinschaftlicher Prozess installiert wird, handelt es sich dabei maßgeblich um ein Element von Selbstorganisation. Als zentraler Erfolgsfaktor von Selbstorganisation wird immer wieder soziale Dichte benannt (Vollmer 2018; Gloger und Rösner 2017). Selbstorganisation setzt ein hohes Maß an Konfliktfähigkeit voraus. Diese entsteht nur durch intensiven Kontakt, durch gemeinsames Lernen, durch gemeinschaftliches Wachsen als Mannschaft (Vollmer 2018). Entsprechend wird der analogen Abstimmung im Team als Voraussetzung für eine erfolgreiche kollaborative und digitalisierte Dienstplanung in GamOR hohe Bedeutung beigemessen.

Die im Zuge von GamOR einzuführende Innovation ist damit zusammenfassend sowohl technischer als auch sozialer Natur und betrifft das Arbeitssystem der Pflegenden insgesamt. Im Rahmen einer aufgaben-, mensch- und organisationsgerechten Gestaltung von Arbeitssystemen ist grundsätzlich eine umfassende Anforderungsanalyse, welche alle wesentlichen Stakeholder des zu entwickelnden Systems in ihrem realen Arbeits- bzw. Anwendungskontext von Anfang an berücksichtigt, unabdingbar (Robertson und Robertson 2013). Auf die im Zuge von GamOR erhobenen Anforderungen wird in den folgenden Kapiteln eingegangen.

Kurzbeschreibung des Anwendungspartners und Interesse an einer veränderten Dienstplanung

Die Protestantische Altenhilfe Westpfalz gGmbH (PAW) ist Träger von Einrichtungen der Altenhilfe mit Hauptsitz in Enkenbach-Alsenborn im Kreis Kaiserslautern (Rheinland-Pfalz). Ihre Wohn-, Pflege- und Betreuungsangebote umfassen die vollstationäre Pflege, Kurzzeit- und Reha-Pflege sowie Tagesbetreuung und betreutes Wohnen. Als Trägerorganisation ist sie Mitglied im Diakonischen Werk der Pfälzischen Landeskirche und versorgt mit vier Pflegeheimen in der Westpfalz knapp 400 Bewohner.

Die PAW plant den Personaleinsatz in allen Fachbereichen, hauptsächlich für den sehr komplexen Dienstplan im größten Fachbereich, dem Pflegedienst, aber auch für Betreuung,

Hauswirtschaft und Verwaltung. Die Planung erfolgt bedarfsgerecht und ist seit mehreren Jahren durch eine Software elektronisch unterstützt, die sowohl Tarif- als auch Arbeitsrecht berücksichtigt und speziell auf die Bedürfnisse eines Dienstleisters des Sozialsektors angepasst ist (VIVENDI PEP). Die monatliche Dienstplanung wird vierzehn Tage im Voraus und dezentral (Fach- bzw. Wohnbereichsleitungen) durchgeführt. Lediglich der Plan des Nachtdienstes im Pflegebereich wird zentral durch die Pflegedienstleitung vorgenommen, da der Bedarf bereichsübergreifend zu decken ist. Hier ist auch in Letztverantwortung die akute Personalbedarfsanpassung angesiedelt, was unter Umständen eine hohe Belastung sowie einen hohen Zeitfaktor bedeutet.

Zur Veranschaulichung der eigenen Motivation im Hinblick auf eine veränderte Dienstplanung greift die PAW auf eine Persona („Thorsten"), einen fiktiven Nutzer, zurück (eine detaillierte Erläuterung zur Entstehung und Verwendung von Personas folgt im Abschn. 20.2.3):

> Thorsten arbeitet im „Haus an den Schwarzweihern" (135 Belegplätze) und ist gerne Altenpfleger. In seinem Team fühlt er sich gut integriert und bei seinem Träger auch gut aufgehoben. Aber wieder einmal hadert er mit Unzuverlässigkeiten bei der Dienstplanung. Wie so oft hat sich während seiner Gültigkeitsdauer eine kurzfristige Anpassung ergeben; er findet einen neuen Dienst für morgen vor, der so nicht mit ihm kommuniziert worden war. Dadurch gerät er in Konflikt mit seiner Familie, mit der er den freien Tag verbringen wollte. Das wird wohl wieder nichts. Auch kam der Dienstplan ziemlich spät heraus diesen Monat, wie soll er da rechtzeitig seine Freizeit planen können?

Die PAW fasst ihre Motivation, sich als Praxispartner am Projekt zu beteiligen, folgendermaßen zusammen:

> „Der Dienstplan ist ein wichtiges Steuerungs- und Führungsinstrument in der Pflege. Er stellt sicher, dass genügend Mitarbeiter zur Versorgung der Bewohner bereitstehen. Zwar geschieht der Planungsprozess bereits seit 2012 automatisiert (Software) und seit 2014 dezentral. Doch nach wie vor kann seine Erstellung sehr viel Zeit beanspruchen, insbesondere sind bei kurzfristigem Änderungsbedarf oder bei Konfliktlösungen die mittlere und untere Führungsebene zeitlich stark eingebunden (Pflegedienstleitung und Wohnbereichsleitung). So erhoffen wir uns, die Potenziale der Digitalisierung im Sinne einer höheren Effizienz nutzen zu können und Planer zu entlasten. Auf Seiten der Pflegekräfte, d. h. den Fachkräften sowie den ausgebildeten und angelernten Pflegehelfern, ist eine höhere Zufriedenheit anvisiert. Erreicht werden soll dies durch eine transparentere, zuverlässigere, weil kollaborative Planung. Mitarbeitende geben in zur Verfügung gestellten mobilen Endeingabegeräten standortunabhängig ihre Wunschdienste ein und stimmen sich bedarfsweise mit potenziellen Tauschpartnern selbstständig in ihren Teams (gerne auch bereichsübergreifend) ab. Diese Art der (bisher privaten) Selbstorganisation ist vielen durch soziale Netzwerke bekannt. Die Ressourcen der Selbstorganisation wollen wir wohnbereichsübergreifend zur Stärkung aller Teams mobilisieren."

20.2 Wie wurde die Problemstellung angegangen?

20.2.1 Was wünschen Beschäftigte und Leitungskräfte? Erkenntnisse aus der Anforderungserhebung

Im Rahmen des Projektes GamOR wurde, unter Berücksichtigung der in Kap. 1 angesprochenen Erkenntnisse aus arbeits- und sozialwissenschaftlichen Forschungen, eine umfangreiche Anforderungsanalyse durchgeführt, in die alle relevanten Personengruppen des Praxispartners einbezogen wurden. Hierzu wurde auf einen Methodenmix aus halbstrukturierten Einzelinterviews, teilnehmender Beobachtung, Fokusgruppeninterviews und schriftlicher Befragung zurückgegriffen. Dies schaffte die Grundlage dafür, relevante Erfolgsfaktoren bzw. Kriterien für Zufriedenheit mit der Dienstplanung zu identifizieren und für die Konzeption der kollaborativen, digital unterstützten Dienstplanung durch die Mitarbeitenden der einzelnen Wohnbereiche optimal zu nutzen.

Die Ausgangslage zeigte dabei eine hohe Unzufriedenheit sowohl auf Seiten des Pflegepersonals der einzelnen Wohnbereiche als auch auf Seiten der für die Dienstplanung bis zum Projektbeginn verantwortlichen Personen in Leitungsfunktion, d. h. den einzelnen Wohnbereichsleitungen, der Pflegedienst- und Einrichtungsleitung. Während die Personen mit Planungsverantwortung vorrangig den hohen Zeitaufwand für die Erstellung der Monatspläne sowie für Organisation und Umsetzung notwendiger Dienstplanänderungen aufführten, zeigte sich beim Pflegepersonal durchgängig ein Wunsch nach Planungssicherheit, nach Fairness und der Berücksichtigung individueller Wünsche.

Sollen alle gesetzlichen und ökonomischen Vorgaben, ergonomische Erkenntnisse und individuelle Wünsche bei der Dienstplanung berücksichtigt werden, sehen sich die dafür verantwortlichen Personen in der Regel mit mehreren Zielkonflikten konfrontiert. Um gesundheitliche Belastungen zu vermeiden, sollten zum einen, wie bereits in Kap. 1 erwähnt, bspw. lange tägliche Arbeitszeiten, lange Schichtfolgen ohne freie Tage, kurze Ruhezeiten zwischen Diensten oder Dienste gegen die „innere Uhr" vermieden werden. Zum anderen entstehen soziale Belastungen besonders dann, wenn sich die betrieblichen Anforderungen nicht oder nur unzureichend mit den privaten Zeitansprüchen vereinbaren lassen. Darüber hinaus führen ökonomische Vorgaben, Schichten nur mit einer Mindestbesetzung zu planen, häufig zu kurzfristigen Dienstplanänderungen oder ungeplanter Mehrarbeit. Höfflin (2002) zufolge besteht aber kein unmittelbarer Zusammenhang zwischen objektiven Belastungen, wie beispielsweise das zum Circadianrhythmus der Körperfunktionen verschobene Arbeiten im Schichtdienst, und subjektivem Beanspruchungsempfinden, da dies u. a. von individuellen Bewältigungsstrategien abhängig ist und ob bzw. in welchem Maß es möglich ist, darauf Einfluss nehmen zu können. Arbeitszeitpräferenzen können also selbst innerhalb relativ homogener Berufsgruppen beträchtlich variieren (Büssing et al. 1997).

Um die Ausgangssituation genauer zu untersuchen, wurden in einer schriftlichen Befragung der Mitarbeitenden zur Zufriedenheit mit der Dienstplanung zu Projektbeginn zwei unterschiedliche Instrumente eingesetzt: Eine Befragung richtete sich an das Pflegepersonal der Wohnbereiche (im Folgenden als „Verplante" oder „verplantes" Pflegepersonal bezeichnet), eine zweite an die Personen in Planungsverantwortung (im Folgenden als „Planer" bezeichnet), d. h. vorrangig die Wohnbereichsleitungen, die Pflege- und die Einrichtungsleitung.

Gefragt nach der Priorisierung ausgewählter Eigenschaften, die einen Dienstplan besonders gut machen, wurden von beiden Personengruppen „Regelmäßige freie Wochenenden alle 14 Tage" auf Rang 1 (von insgesamt 9 Rängen) und „Nicht zu viele Arbeitstage am Stück" auf Rang 2 genannt. Doch während für das verplante Pflegepersonal „Wunschfrei wird eingehalten" Platz 3 erreichte, wurde bei den Planern dieser Rangplatz mit einer gleichen Anzahl Nennungen zweimal vergeben: „Dienste zusammen mit Kolleginnen und Kollegen, die Sie mögen" und „Kontinuität der Dienste". Hierbei zeigen sich zwei interessante Aspekte: Während Planer davon ausgingen, gemeinsame Dienste von Personen, die sich mögen, seien besonders wichtig, erreichte diese Frage beim verplanten Pflegepersonal nur Rang 8. Mit der Kontinuität der Dienste wird eine einrichtungsinterne Vereinbarung und für die Qualität der Bewohnerbetreuung relevante Frage aufgegriffen, die einen Zielkonflikt mit den Interessen des verplanten Pflegepersonals nahelegen könnte; stattdessen bewerten aber auch die Verplanten diese Frage mit Rang 4 relativ hoch. Dagegen liegen die Einhaltung individuell vereinbarter Sonderkonditionen und die Berücksichtigung des eigenen Alters und/oder der Belastbarkeit für Verplante auf den Rängen 4 und 5, bei den Planern erhalten diese Fragen die letzten Rangplätze (Rangplätze 8 und 9).

Im bisherigen Dienstplanungsprozess hatte das Pflegepersonal die Möglichkeit, individuelle Wünsche bis zu einem bestimmten Stichtag zu dokumentieren. Auch wenn dieses Vorgehen scheinbar ohne Probleme umgesetzt wurde, 100 Prozent der Befragten waren hiermit sehr zufrieden oder zufrieden, gaben dennoch nur 30 Prozent der Befragten an, Einfluss auf die Gestaltung des Dienstplans nehmen zu können. Konnten bei Veröffentlichung des Dienstplans Wünsche nicht berücksichtigt werden, gab nur etwa ein Viertel der Planer an, immer bzw. fast immer unmittelbar darüber zu informieren, warum Wünsche nicht berücksichtigt werden konnten. In der Wahrnehmung der Verplanten geschah dies mit unter 10 Prozent noch seltener. Planer dagegen erlebten ihre Pflegekräfte bei Veröffentlichung häufig unzufrieden: 25 Prozent gaben an, dies geschehe immer/fast immer. Mit der Art und Weise, wie über Veränderungen des aktuellen Dienstplans informiert wurde, war zwar nur die Hälfte der Verplanten zufrieden bzw. sehr zufrieden, die Fairness des Dienstplans innerhalb des Wohnbereichs wurde aber mit etwa 60 Prozent etwas höher eingeschätzt.

Planbare Änderungen nach Veröffentlichung des Dienstplans können immer noch vor Inkrafttreten aus organisatorischen oder privaten Gründen der Pflegekräfte notwendig werden. Diese Änderungen sind in der Regel mit einem zusätzlichen Planungs- und Organisationsaufwand verbunden. Ein Viertel der Planer gab an, Mitarbeitende wollten immer nach Veröffentlichung des Dienstplans noch Dienste tauschen. Allerdings wurde auch die von den Verplanten eingeschätzte Bereitschaft, unter Kolleginnen und Kollegen Dienste zu tauschen, mit knapp 90 Prozent sehr hoch eingeschätzt und daher von Seiten des Pflegepersonals dieser Umstand weniger kritisch eingeschätzt.

Mussten durch Erkrankungen oder andere Situationen kurzfristig Dienstplanänderungen vorgenommen werden, waren Mitarbeitende besonders dann bereit einzuspringen, wenn sie dadurch mehr zusammenhängende Tage frei bekommen konnten, aber auch wenn die Wohnbereichsleitung mit gutem Beispiel voranging, man an den Tagen zuvor nicht so viel gearbeitet hatte oder Kolleginnen oder Kollegen fragten, die man mochte. Als am stärksten belastend wurde erlebt, wenn Absprachen nicht eingehalten wurden oder kurzfristig Nachtdienste organisiert werden mussten. Nur die Hälfte des verplanten Pflegepersonals war mit der Verlässlichkeit des Dienstplans zufrieden.

Diese hohe Unzufriedenheit lässt sich u. a. auch dadurch erklären, dass die Dienstpläne nach Erstellung durch die Wohnbereichsleitungen im Sinne eines Controllings durch verschiedene Hierarchieebenen bewertet und angepasst wurden, wodurch zuvor berücksichtigte Wünsche des Pflegepersonals oder individuelle Vereinbarungen wieder entfallen konnten. Welche Wünsche der Mitarbeitenden sowie der Leitungskräfte lassen sich aus der Anforderungsanalyse zusammenfassen? Gesetzliche, einrichtungs- und pflegerelevante sowie andere zu berücksichtigende Vorgaben sollen im System hinterlegt werden. Außer der Wohnbereichs- und Pflegedienstleitung sollen keine weiteren Instanzen zur Verabschiedung eines Dienstplans notwendig sein. Im Planungsprozess auftretende Verstöße gegen hinterlegte Vorgaben, wie bspw. Regelungen des Arbeitszeitgesetzes, sollen der aktuell planenden Person angezeigt und erläutert werden. Das Planungsinstrument soll Partizipation bei der Gestaltung des Dienstplans in einem hohen Maß unterstützen, ohne aber eine Beteiligung von Personen zu erzwingen, die sich an der gemeinsamen Planung nicht oder nur wenig beteiligen möchten. Daher soll ein Rahmendienstplan hinterlegt werden, der eine individuelle Planung nicht zwingend vorsieht.

Ziel ist, dass das System nachvollziehbar abbildet, warum unter Umständen Dienstplanwünsche nicht umgesetzt werden können. Entstehen Planungskonflikte, weil bspw. mehrere Personen einen bestimmten Dienst vermeiden möchten, werden Konsequenzen angezeigt und Möglichkeiten angeboten, Tauschgesuche an Kolleginnen und Kollegen zu richten. Erhalten bleiben soll sowohl die Funktion des bisherigen Wunschbuchs, einmalig auftretende Dienstplanwünsche für den zu planenden Folgemonat hinterlegen zu können, als auch die Möglichkeit, aus gesundheitlichen oder privaten Gründen individuelle Vereinbarungen im Sinne regelmäßiger Präferenzen anzugeben (z. B. „immer nur Frühschicht"). Derartige Präferenzen sollen – nach Freigabe durch die Pflegedienstleitung – im Mitarbeiterprofil gespeichert werden, ohne dass diese Profile von Kolleginnen und Kollegen eingesehen werden können.

20.2.2 Wie wird kollaborative Dienstplanung technisch realisiert? Konflikterkennung und Architektur der Kollaborationsplattform

Technische Assistenzsysteme zur Unterstützung von kombinatorischen Planungsaufgaben sind weit verbreitet und helfen Planern (z. B. in produzierenden Unternehmen), gute Kompromisslösungen unter Berücksichtigung einer Vielzahl von Randbedingungen, beschränkten Kapazitäten sowie verschiedener Zielkriterien zu finden. Die Erstellung eines

Dienstplans für eine Planungsgruppe eines Unternehmens aus der Sozialwirtschaft umfasst die Lösung einer ähnlichen Planungsaufgabe. Mitarbeitenden müssen Dienste bzw. Schichten zugewiesen werden, gleichzeitig müssen Besetzungsanforderungen beachtet und gesetzliche, tarifliche und ergonomische Regeln möglichst eingehalten werden. Bei der Lösung solcher Probleme können technische Systeme, welche in der Regel auf mathematischen Modellen und Algorithmen basieren (Van den Bergh et al. 2013), daher ebenfalls einen wichtigen Beitrag zur Entscheidungsunterstützung leisten. Dabei ist es allerdings wichtig, dass es sich um „echte" Assistenzsysteme handelt, bei denen der Planer sein Kontextwissen in die Entscheidung miteinfließen lassen kann, z. B. durch die Präsentation verschiedener Alternativen sowie das Aufzeigen der Konsequenzen getroffener Entscheidungen. Im Rahmen einer kollaborativen Dienstplanung spielt die Assistenz zur Konflikterkennung und -lösung eine entscheidende Rolle. In diesem Zusammenhang können mögliche Probleme aufgrund von Planungswünschen frühzeitig erkannt und entsprechende Kompromisse gefunden werden. Darüber hinaus ist die Umsetzung in Form einer Plattform entscheidend, denn nur so stehen die Assistenzfunktionalitäten allen Mitarbeitenden zur Verfügung und können zum Aufzeigen von Alternativen und somit zur Auflösung von Konflikten eingesetzt werden. Im Folgenden wird daher zunächst die Bedeutung von Konflikten sowie deren automatische Bestimmung erläutert. Hierbei stehen vor allem sogenannte Minimalkonflikte im Fokus der Betrachtung. Darauf aufbauend wird die Architektur der Kollaborationsplattform erklärt und die einzelnen Komponenten werden kurz vorgestellt. Abschließend wird der geplante Ablauf der kollaborativen Bestimmung eines Dienstplans beschrieben.

Konflikte
Ob ein Dienstplan „gut" oder gar „fair" ist, wird oft an ganz konkreten Punkten wahrgenommen. Ist es beispielsweise möglich, an der Einschulung der Tochter oder am Geburtstag des Freundes frei zu bekommen? Im Projekt GamOR wird der Fokus auf derartige Wünsche von freien Zeiten gelegt. Ziel ist es, durch die Assistenz der eingeführten Software mehr Wünsche von Mitarbeitenden zu ermöglichen. Es liegt nahe, ein Wunschbuch zu führen, in dem diese ihre Präferenzen angeben können. Dabei erfolgt zunächst eine Beschränkung auf die einfachste Form von Wünschen: Eine Pflegekraft möchte „morgens frei", „nachmittags frei" oder „ganztägig frei" bekommen. Sollten alle von den Mitarbeitenden angegebenen Wünsche mit dem Dienstplan vereinbar sein, d. h., es können alle Besetzungsanforderungen der Einrichtung erfüllt werden, so spricht nichts dagegen, auch alle Wünsche zu erfüllen. Leider wird dies in der Regel nicht der Fall sein. Möchten z. B. drei Mitarbeitende am Freitagnachmittag frei bekommen, die Mindestbesetzung fordert aber, dass mindestens einer von ihnen anwesend sein muss, so gibt es keinen Weg daran vorbei, dass einer der Mitarbeitenden seinen Wunsch zurückziehen muss. Dies wird als Konflikt bezeichnet. Dieser Konflikt hat die Eigenschaft, dass er kleinstmöglich ist. Hätten z. B. nur zwei Personen eine Präferenz angegeben, so könnten beide Wünsche erfüllt werden, ohne die Besetzungsanforderungen zu verletzen. Der Konflikt existiert in diesem Fall also erst, wenn drei Pflegekräfte diesen Wunsch äußern, was als Minimalkonflikt

bezeichnet wird. Aus einem solchen Minimalkonflikt lassen sich alle Möglichkeiten ableiten, wie der Konflikt behoben werden kann. Konkret kann jeder Beteiligte den Konflikt dadurch beheben, dass er seinen Wunsch zurückzieht. Eine äußerst nützliche Eigenschaft der Minimalkonflikte ist es, dass sie unabhängig von weiteren Wünschen der Pflegekräfte sind. Das bedeutet, Minimalkonflikte müssen gelöst werden, ganz egal, ob es an anderen Tagen weitere Wünsche von anderen oder auch denselben Pflegekräften gibt. Sie sind auch unabhängig davon, ob in Zukunft weitere Wünsche angegeben werden. Selbst wenn eine weitere Pflegekraft einen Wunsch für eben diesen Freitag angibt, muss mindestens eine/einer der bereits beteiligten drei Pflegekräfte ihren/seinen Wunsch zurückziehen. Es spricht also nichts dagegen, in einer sehr frühen Planungsphase die Minimalkonflikte zu identifizieren und direkt zu beheben. In der verwendeten Software ist ein Algorithmus implementiert, der all diese Minimalkonflikte findet. Der Algorithmus nutzt die sogenannte Constraint Programming Methode (Rossi et al. 2006), um zu überprüfen, welche Kombinationen von Wünschen nicht mit dem Dienstplan vereinbar sind. Hierfür wird getestet, ob es einen vollständigen Dienstplan gibt, selbst wenn die entsprechenden Mitarbeitenden an den gewünschten Terminen frei bekommen.

Die Komponenten des Systems
Um allen involvierten Parteien eine möglichst komfortable Nutzung zu ermöglichen, besteht das System aus einem Zusammenspiel verschiedener Komponenten. Die Mitarbeitenden bedienen die Plattform über Tablets, perspektivisch auch vom eigenen Smartphone. Die Datenhaltung und Algorithmik der Konfliktberechnung geschieht im Backend auf einem Server. Für die Wohnbereichsleitung existiert eine Webanwendung zum Einpflegen aller planungsrelevanten Daten. Jede Pflegekraft bekommt einen Account für die App. Dort gibt es eine übersichtliche Darstellung des Planungsmonats mit allen bereits angegebenen Wünschen (Abb. 20.1).

Die Pflegekraft kann neue Wünsche hinzufügen oder bestehende Wünsche zurücknehmen. Sollte es Konflikte geben, in denen die Pflegekraft selbst beteiligt ist, so werden diese übersichtlich angezeigt. Insbesondere werden Lösungsmöglichkeiten aufgezeigt (Abb. 20.2). Es ist sofort ersichtlich, welche weiteren Pflegekräfte in den Konflikt involviert sind. Dies ermöglicht eine Konfliktlösung ohne Einschreiten der Wohnbereichsleitung. Die App zeigt auch eine Übersicht, welche Wünsche in den vergangenen Monaten erfüllt wurden.

Alle für die Planung relevanten Daten liegen auf dem Server. Dies beinhaltet die Besetzungsanforderungen für jeden Wohnbereich sowie Stammdaten der Mitarbeitenden (vertragliche Arbeitszeit, Qualifikationsgrad). Sollte sich an diesen Rahmendaten etwas ändern, kann die Wohnbereichsleitung die Daten über eine Webseite anpassen. Werden in der App von den Pflegekräften neue Wünsche eingegeben, so werden diese über eine REST-Schnittstelle an den Server übermittelt. Im Backend wird daraufhin eine neue Berechnung von Minimalkonflikten angestoßen. Hierfür werden die notwendigen Daten der Mitarbeitenden sowie alle bestehenden Wünsche an die Berechnungskomponente gesendet. Die Berechnungskomponente überprüft, ob es für eine Menge an Pflegekräften mit

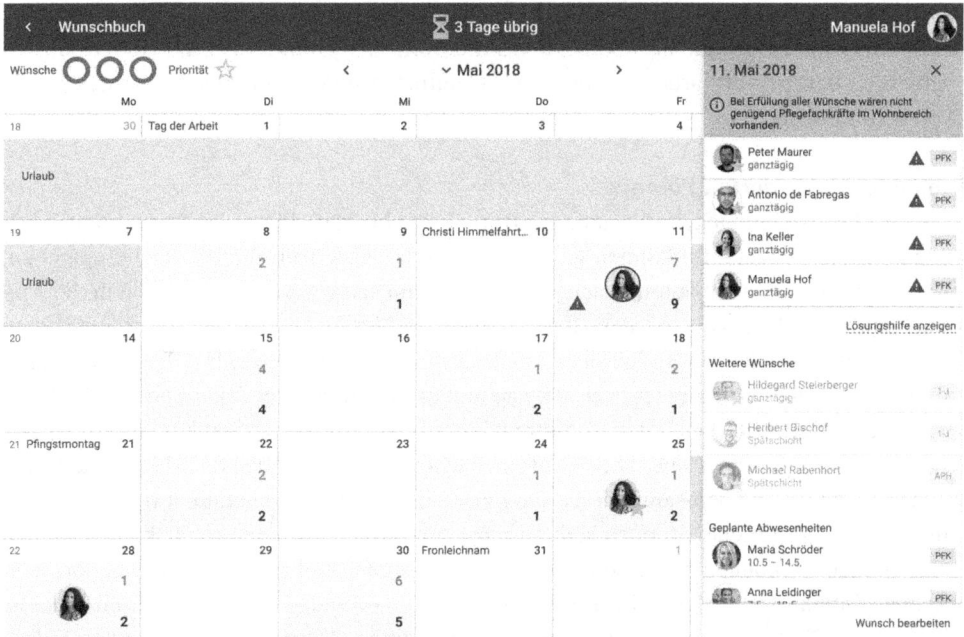

Abb. 20.1 Prototypische Ansicht des digitalen Wunschbuches als eingeloggter Mitarbeiter

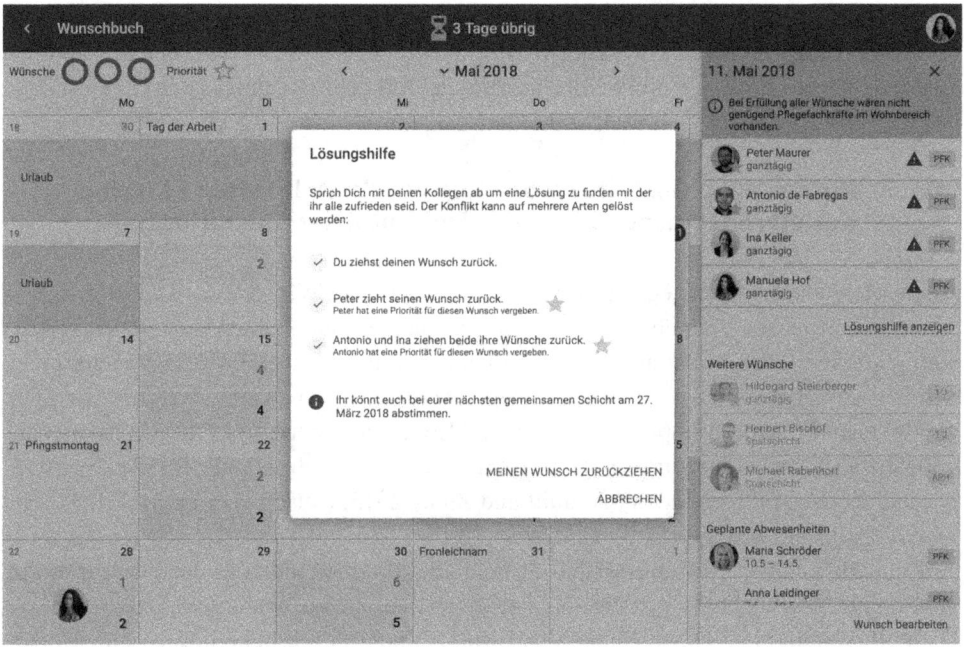

Abb. 20.2 Prototypische Anzeige aller möglichen Auflösungen für einen Konflikt

eingegebenen Wünschen Konflikte gibt. Hierfür wird das bereits angesprochene Constraint Program aufgebaut und berechnet. Alle vom Algorithmus gefundenen Konflikte werden an den Server zurückgegeben. Die Konflikte werden dann wieder zurück in die App kommuniziert.

Ablauf der assistierten Planung
Das für GamOR entwickelte System greift in eine sehr frühe Phase der Dienstplanerstellung ein. Die Pflegekräfte können gewissermaßen beliebig früh ihre Wünsche eingeben. Hierbei gilt jedoch nicht automatisch „first come, first serve". Sobald Wünsche in die App eingegeben wurden, wird auf dem Server der Algorithmus angestoßen. In dieser frühen Phase existiert weder ein endgültiger, noch ein vorläufiger Dienstplan. Es werden aber bereits Minimalkonflikte berechnet. Alle gefundenen Minimalkonflikte können direkt an die betreffenden Mitarbeitenden kommuniziert werden, da diese unabhängig von später eingegebenen Wünschen sind. Die betroffenen Mitarbeitenden haben die Möglichkeit, sich abzustimmen und gemeinsam eine Lösung zu finden. Die App unterstützt hierbei, indem aufgezeigt wird, welche Gruppen sich austauschen müssen. Können sie sich auf eine Lösung einigen, so können sie diese im System hinterlegen. Ziel ist es, dass jeweils bis zum 14. eines Monats so viele Konflikte wie möglich bereits von den Pflegekräften selbst gelöst wurden. Die Wohnbereichsleitung kann daraufhin einen endgültigen Plan für den Folgemonat erstellen. Alle bereits behobenen Konflikte können somit berücksichtigt werden. Für den Fall, dass keine einvernehmliche Einigung gefunden werden kann, werden derzeit verschiedene Lösungsmöglichkeiten untersucht. Dabei stellt sich die Frage, ob es von den Mitarbeitern als fairer wahrgenommen wird, wenn die Wohnbereichsleitung die Entscheidung trifft oder das System und zudem welche Mechanismen der Entscheidungsfindung zugrunde liegen (z. B. subjektive Entscheidung, Zufall oder Leistungsdaten).

20.2.3 Wie kann die Gestaltung der App zur digitalisierten Planung motivieren? Ansatz der erlebnisorientierten Gestaltung

Anknüpfend an das vorangegangene Kapitel wird deutlich: Während der Dienstplanungsprozess bislang von fremdbestimmten Entscheidungen durch die Planersteller geprägt war, fokussiert GamOR darauf, dass man in einem kollaborativen Prozess gemeinsam einen Dienstplan gestaltet und Probleme gelöst werden, weil man sich dazu bereit erklärt, als Teil einer Planungsgruppe Kolleginnen und Kollegen zu entlasten. Die so beschriebene Teilhabe an Entscheidungsprozessen ist ein elementarer Einflussfaktor für die Arbeitszufriedenheit der Mitarbeitenden (Colquitt und Zipay 2015; Nelson und Tarpey 2010). Dies wird als prozedurale Fairness bezeichnet.

Ein kollaboratives Planungssystem, in dem alle Mitarbeitenden an der Planung teilhaben, sollte diese auch langfristig dazu motivieren, sich zu beteiligen. Daher wird im GamOR-System eine langanhaltende und wohlbefindensförderliche intrinsische Motivation angestrebt, basierend auf psychologischer Bedürfnisbefriedigung. Die Gestaltung des

Systems zielt darauf ab, den Bedürfnissen, die in bereits existierenden Dienstplanungsprozessen befriedigt werden, möglichst gut gerecht zu werden.

Im Folgenden wird beschrieben, wie sich die Erkenntnisse aus der Anforderungserhebung im Design der Anwendung wiederfinden und wie das Design die Nutzerinnen und Nutzer, also die Pflegekräfte, langfristig dazu motivieren soll, das System in den Arbeitsalltag zu integrieren.

Vorgehen
Auf Basis der erhobenen Daten konnte ein Überblick über den Arbeitskontext und die generellen Herausforderungen verschafft werden, welchen sich die Pflegekräfte stellen müssen. Aus diesen Daten wurden Anforderungen an das Planungssystem abgeleitet und ein Gesamtbild über die existierenden Planungsprozesse entwickelt. Um jedoch die individuellen Beweggründe und den Arbeitsalltag besser verstehen zu können, wurden Hospitationen im Pflegealltag verschiedener Wohngruppen der PAW durchgeführt. Diese wurden komplementiert durch weitere themenbezogene Interviews (Smith et al. 2009) zu subjektiver Fairness und zu positiven Planungspraktiken der Dienstplanung mit dem Ziel, die Datenbasis um die motivationale Ebene und wichtige Bereiche des Nutzererlebens zu erweitern. Diese ausführliche quantitative und qualitative Analyse bildete das Fundament für die anschließende Designphase. Nur durch das umfangreiche Verständnis des Kontexts, der Situation, der Interaktion und der zugrundeliegenden Bedürfnisse und Motivationen war es möglich, ein Abbild des Nutzers zu schaffen, welches seine Anforderungen adäquat widerspiegelt.

Konzeptgestaltung
Die Erkenntnisse in Bezug auf motivationale Aspekte, Bedürfnisbefriedigung und Nutzererleben flossen zusammen mit den Prozessanforderungen in die Entwicklung des kollaborativen Planungsprozesses ein. Der Designprozess basierte dabei auf einer Mischform eines nutzer- und praktikenorientierten Ansatzes (Klapperich et al. 2018; Steimle und Wallach 2018).

Hierzu wurden zwei Personas entwickelt, die eine Pflegekraft beziehungsweise eine Wohnbereichsleitung repräsentierten (Abb. 20.3). Diese fiktiven Nutzerinnen und Nutzer

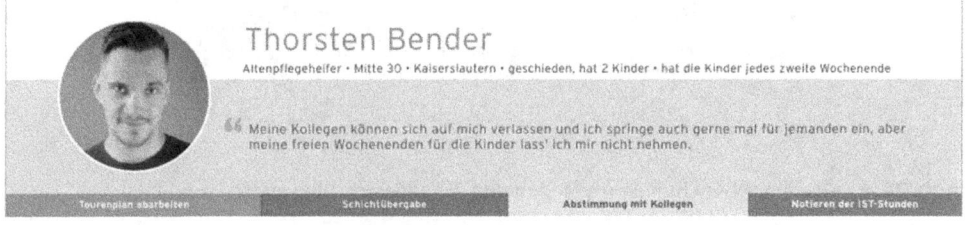

Abb. 20.3 Kurzform der Persona der Pflegekraft, welche die Nutzer im Designprozess vertritt

sind hilfreich, um die Perspektive der Pflegekräfte einzunehmen und deren Bedürfnisse besser zu identifizieren. Die Personas wurden beim Praxispartner (PAW) vorgestellt und validiert.

Um freudvolle Interaktionen in der bisherigen Dienstplanung zu identifizieren, wurde auf die Ergebnisse der Praktikeninterviews zurückgegriffen. Hierbei waren vier Bedürfnisse wichtig, die die Pflegekräfte während ihrer Planungstätigkeiten adressierten: Kompetenz bei der Planerstellung, Autonomie in Zusammenhang mit Freizeitwünschen, Sicherheit in Bezug auf die Planbarkeit des Privat- und Arbeitslebens sowie Popularität/Helfen bei prosozialen Verhaltensweisen in der Gruppe. Auch diese Bedürfnisse und die freudvollen Interaktionen wurden mit Mitarbeitenden der PAW validiert und angepasst.

Die Bedürfnisse, die freudvollen Aktivitäten und die Personas bilden die Grundlage für die Entwicklung eines Erlebnisprototypen, den sogenannten PIX („Prototype of Intended eXperience"). Der PIX beschreibt den vollständigen Planungsprozess aus Sicht einer Pflegekraft, wobei besonders auf subjektives Empfinden, frustrierende und freudvolle Momente eingegangen wird. Ein Pfleger (hier „Thorsten") beschreibt zunächst seinen Grundkonflikt bei der Schichtplanung: Vereinbarkeit von Privat- und Arbeitsleben (Abb. 20.4). Daraufhin durchläuft er in einer Erzählung alle Phasen der Dienstplanung, von der Vorbereitung und Sollplanerstellung über verschiedene Aktivitäten während des laufenden Dienstes bis zu einem Rückblick auf die geleistete Arbeit. Zunächst wurde der PIX im Projektkonsortium in zwei Feedbackrunden überarbeitet, sodass die jeweilige Expertise aller Projektpartner einfließen konnte. Die resultierende Geschichte wurde in einem animierten Kurzfilm erlebbar gemacht und konnte direkt genutzt werden, um den Pflegekräften das neue System vorzustellen. Somit konnte bereits vor Beginn der Softwareentwicklung wichtiges Feedback und

Abb. 20.4 Aus dem PIX: Grundkonzept „Ich und die anderen – Die anderen und Ich"

Kritik eingefangen und durch eine frühzeitige Anpassung der Konzepte späterer Entwicklungsaufwand vermieden werden. Die Rückmeldungen zum PIX waren sehr positiv und bestätigten somit den gewählten Ansatz.

Interfacegestaltung
Mithilfe von User Stories wurde eine Art Narrative erzählt, wie der Nutzer („Thorsten") sich durch die Anwendung bewegt und welche Funktionen das gesamte GamOR-System enthalten soll. Das gewählte iterative Vorgehen ermöglichte, den kompletten Funktionsumfang nicht auf einmal zu implementieren, sondern nur kleine Teile, die nacheinander hinzugefügt werden sollen. Ziel war es, schnell Nutzerfeedback zu bekommen, um möglichst früh feststellen zu können, ob das Design Schwachstellen enthält.

Das erste Minimum Viable Product, also der erste Schritt im Projekt, der mit den Nutzern validiert wurde, war das Wunschbuch, welches den Pflegekräften die Möglichkeit bietet, Wünsche einzutragen und bereits im Vorfeld mögliche Konflikte zu erkennen und eigenständig zu lösen.

Mit Low Fidelity-Prototypen wurde das Konzept schrittweise entwickelt. Am Anfang standen einfache Skizzen auf Papier, welche jedoch schon einen guten Anhaltspunkt zur Diskussion innerhalb des Designteams lieferten. Nach mehreren Iterationen erreichte der Papierprototyp ein Stadium, mit dem die Nutzungsanforderungen zufriedenstellend abgedeckt werden konnten. Daraufhin wurde der Prototyp digitalisiert und klickbar gemacht. Dieser digitale Prototyp verhält sich genauso wie die finale Anwendung selbst, ohne dass Implementierungsaufwände notwendig sind. Dadurch konnte das gesamte Projektkonsortium das Interaktionskonzept nachvollziehen und wertvolle Anmerkungen geben.

Nachdem das Feedback der Projektpartner und vor allem des Praxispartners eingearbeitet wurde, begann die technische Umsetzung des Designs. Mit einer ersten Version der App konnten die Nutzerinnen und Nutzer erneut ihr Feedback geben. Hierfür wurden typische Szenarien kreiert, wie die Pflegekräfte die App verwenden könnten. Dazu zählte beispielsweise das Eintragen und Bearbeiten von Schicht-Wünschen, das Erkennen von Konflikten sowie deren Lösung. Innerhalb eines geschützten Rahmens spielten einzelne Pflegekräfte der PAW diese Szenarien durch und nutzten dazu die App. Die Anwendung wurde vorher nicht explizit eingeführt oder erklärt. Dieses Vorgehen sollte dabei helfen, Schwachstellen im Design zu entdecken und die intuitive Bedienbarkeit zu testen. Mithilfe der Methode des „Lauten Denkens" wurde analysiert, an welchen Stellen noch Barrieren für die Pflegekräfte auftraten oder inwiefern die Bedienung von den gesetzten Intentionen abwich.

Diese Informationen fließen aktuell in die weitere Gestaltung des GamOR-Systems ein. Anfang 2019 wurde die Anwendung erstmals im Arbeitsalltag in einem Wohnbereich der PAW erprobt. Im weiteren Projektverlauf wurden dann schrittweise Funktionen hinzugefügt, gemeinsam mit den Anwendern getestet und iterativ angepasst, jeweils mit dem Ziel, das Wohlbefinden der Pflegekräfte zu steigern – eine Vision, auf die das Projekt GamOR hinarbeitet und welches mittels einer technischen Unterstützung erreicht werden soll.

20.3 Wie wird die technische Innovation in einen Organisationsentwicklungsprozess eingebunden? Partizipative Projektumsetzung

Das Projekt GamOR rückt – wie beschrieben – die Mitarbeitenden in der Pflege ins Zentrum. Wie bereits im vorangegangenen Kapitel im Kontext der erlebnisorientierten Gestaltung deutlich wurde, ist das Projekt durchgängig partizipativ und reflexiv konzipiert. Über die konkrete Beteiligung der Pflegekräfte im Kontext des technischen Prozesses hinausgehend wird die Information, Einbindung und Motivierung der Mitarbeitenden über den gesamten Projektverlauf durch ausgewählte Strukturelemente sichergestellt. Gleichzeitig sichern diese Strukturelemente das Projektmanagement innerhalb der Pflegeeinrichtung. Nachfolgend werden jene Strukturelemente und Umsetzungsschritte beschrieben, welche Information, Partizipation und Projektmanagement sicherstellen und gleichzeitig die Grundlage für eine Akzeptanz der einzuführenden technischen Innovation legen.

In einem ersten Schritt ging es darum, innerhalb der Pflegeeinrichtung klare Rollen zu benennen und Verantwortlichkeiten zu definieren (Königswieser und Exner 2008). Dazu wurde eine interne Projektleitung benannt. Ihr obliegt das Management des Projekts inkl. Freigabe von Ressourcen, Terminbestimmung, Überwachung der Umsetzung und Steuerung der hausinternen Kommunikation über das Projekt. Die Projektleitung steht in regelmäßigem Austausch mit dem arbeitswissenschaftlichen Partner aus dem Projektkonsortium. In einem zweiten Schritt wurde in der Pflegeeinrichtung eine Steuergruppe installiert. Ihr gehören an: Geschäftsleitung, Hausleitung, Pflegedienstleitung, Vorsitzende der Mitarbeitervertretung (MAV) sowie der Systemadministrator der Einrichtung. Der Steuergruppe kommen folgende Funktionen zu (Königswieser und Exner 2008):

- Management-Funktion: Vorbereitung und Treffen von Entscheidungen; Sicherstellung der Umsetzung
- Reflexions- und Controlling-Funktion: Kontinuierliche Reflexion der Ergebnisse, ggf. Nachsteuerung
- Katalysatoren-Funktion: Anregung zur Mitarbeit, Entwicklung von Verbesserungsvorschlägen
- Adressaten-Funktion: Anlaufstelle und Ansprechpartner für die Mitarbeitenden bei allen projektbezogenen Fragen

Ein weiterer struktureller Pfeiler im Projekt sind Mitarbeiterversammlungen sowie Schlüsselpersonentreffen. Mitarbeiterversammlungen wurden bzw. werden in Abstimmung mit der MAV einberufen zu zentralen Schlüsselmomenten im Projekt. Bislang sind dies: grundlegende Information über das Projekt, Vorstellung von Ergebnissen zur Mitarbeiterbefragung sowie Information über die Pilotphase der kollaborativen, digitalisierten Dienstplanung. Die Mitarbeiterversammlungen wurden jeweils zwei Mal täglich angeboten, so dass allen Mitarbeitenden eine Teilnahme ermöglicht wurde.

Schlüsselpersonentreffen wurden und werden ebenfalls zu neuralgischen Projektzeitpunkten durchgeführt (zum Beispiel Rückspiegelung, welche der durch die Mitarbeitenden und Führungskräfte benannten Anforderungen an die Plattform können tatsächlich adressiert werden). Sie haben in erster Linie das Ziel, die Akzeptanz des Projekts bzw. der einzuführenden Technik unter der Mitarbeiterschaft durch die Sensibilisierung entsprechender Multiplikatoren zu fördern. Zu Schlüsselpersonen zählen im Projekt GamOR interessierte Wohnbereichsleitungen und technik-affine, am Projekt interessierte Mitarbeitende.

Ein weiteres Strukturelement, das im Kontext von GamOR von Bedeutung ist, sind Führungskräfte-Coachings. GamOR versetzt Mitarbeitende in die Lage, ihren Dienstplan weitgehend selbstbestimmt zu planen und auf Basis einer Abstimmung im Team auch entsprechend ihrer Präferenzen zu realisieren. Dadurch entfallen zentrale Planungsaufgaben auf Ebene der Wohnbereichs- und Pflegedienstleitung. Diesen Leitungskräften kommt nach wie vor eine Controlling-Funktion zu – sie sind aber nicht mehr „Herr des Gesamtverfahrens", d. h., eine zentrale Führungsaufgabe entfällt. Von den Wohnbereichsleitungen wird dies teilweise explizit begrüßt („Ich möchte nicht über die Freizeit meiner Mitarbeitenden befinden"), teilweise sind damit aber auch Gefühle von Macht- und Kontrollverlust verbunden. Erwartungen und Befürchtungen im Hinblick auf die Plattform werden daher im Rahmen eines Coachingprozesses mit Wohnbereichsleitungen und Pflegedienstleitung explizit erörtert. Weiteres Ziel dieses Prozesses ist es, das Teamgefühl unter den Wohnbereichsleitungen zu stärken.

Die Coachings werden auch die Frage aufgreifen, wie mit dem Risiko der Überforderung, welche Selbstorganisation immer inhärent ist, umgegangen werden kann. Wie können zum Beispiel weniger technik-affine Mitarbeitende gut mitgenommen werden? Wie wird vermieden, dass aus der Selbstorganisation nicht ein zusätzlicher Belastungsfaktor entsteht?

Darüber hinaus widmet sich ein zweiter Coaching-Prozess mit Hausleitung und Pflegedienstleitung übergeordneten Organisationsentwicklungsfragen, die im Kontext des Projekts relevant sind. Hierzu zählen beispielsweise folgende Themen:

- Wie können Geschäftsleitung, Personalverantwortliche, Hausleitung und Pflegedienstleitung bei der für die zu erstellenden Dienstpläne erforderlichen Personalbemessung synergetischer zusammenwirken?
- Wie kann das Zusammengehörigkeitsgefühl in der Einrichtung gestärkt werden, so dass Einsätze jenseits des eigenen Wohnbereichs für die Mitarbeitenden akzeptiert werden?

In der Summe führen die eingerichteten Gremien, die Veranstaltungen mit Mitarbeitenden und Schlüsselpersonen, die Coachings und vor allem natürlich auch die Beteiligung im Designprozess dazu, dass in der Einrichtung insgesamt eine hohe Motivation in Bezug auf GamOR zu spüren ist. Über die tatsächliche Akzeptanz wird die nun anstehende Pilotierungsphase Aufschluss geben.

20.4 Welche Chancen ergeben sich, welche Herausforderungen stellen sich? Fazit und Ausblick

Zur Bewertung der Projektumsetzung sowie der Chancen und Herausforderungen kommt die PAW als Anwendungspartner zu Wort:

> „Positiv überrascht hat uns der Rücklauf (knapp 60 Prozent) der Mitarbeiterbefragung zur vorangegangenen Messung der Zufriedenheit mit der bisherigen Dienstplanung. Erleichtert waren wir auch, dass die arbeitswissenschaftlichen und technischen Projektpartner durch die Anforderungserhebung auf eine hinreichend gute Datenbasis zurückgreifen konnten.
>
> Viele Kollegen fanden es ausgesprochen gut, dass sie sich in den diversen Workshops offen und ausgiebig über ihre Sorgen und Nöte aussprechen konnten. Immer wieder wurden ihre alltäglichen positiven Praktiken nachgefragt: „Was wäre für Sie eine gute Dienstplanung?"
>
> Das Design-Konzept wurde den Mitarbeitenden mit Hilfe eines konzeptionellen Storyboards, einer szenischen Erzählung, anschaulich vor Augen geführt. In Hospitationen der Designer wurde Feedback zu offenen Punkten eingeholt, neue Ideen und weiterführende Anregungen wurden mit ausgewählten Teammitgliedern aufgenommen (Videofeedback) und diskutiert. Dass ein Dienstplan einfach und intuitiv zu bedienen ist und übersichtlich und erlebnisorientiert gestaltet sein kann, beeindruckte sie. Die Mitarbeitenden waren auch sehr zufrieden, als auf einer weiteren Mitarbeiterversammlung das fertig erarbeitete Dienstplan-Konzept in Form eines PIX vorgestellt wurde. Mit Hilfe dieser mit Cartoons visualisierten Erzähldarstellung, einem personifizierten „Ich", konnten sie ein Gefühl dafür bekommen, wie die App im Planungsalltag konkret funktioniert. Es war toll zu erleben, wie Wunschdienste in Absprachen (kollaborativ) und fair gestaltet wurden und im Ergebnis ein zufriedenstellender Plan entstand.
>
> Natürlich gab es – und gibt es – auch Skepsis: Wie soll ein anforderungs- und bedarfsgerechter, praktisch einsetzbarer Dienstplan gelingen, wenn die GamOR-App so viele individuelle Bedürfnisse der Pfleger adressiert?
>
> Und es gibt weitere projektübergreifende, aber durch das Projekt angestoßene arbeitsorganisatorische Fragestellungen: Welche neuen Ansätze zur Gestaltung flexibler Arbeitszeiten können wir uns vorstellen, um Wünsche von Mitarbeitenden verstärkt aufgreifen zu können (z. B. bessere Vereinbarkeit von Beruf und Familie)? Wie ändern sich möglicherweise die Rollen der Führungskräfte? Durch die Digitalisierung (Wunschpläne, Konfliktmanagement, selbstorganisierte Dienstabstimmungen im Team) werden frühzeitig Lösungsvorschläge zur Konfliktlösung, Modelle der Konfliktgestaltung geliefert und Führungskräften entlastet. Aber: Können Führungskräfte auch (Gestaltungs-) „Macht" oder liebgewonnene Einflussmöglichkeiten abgeben? Welche neuen Führungskonzepte braucht es? Auch gibt es Stimmen, die die Kollaboration selbst betreffen: „Muss ich jetzt auch noch den Dienstplan selbst machen?" Wie kann eine Überforderung von Mitarbeitenden durch den Prozess der Selbstorganisation vermieden werden?"
>
> Zusammenfassend sieht die PAW große Chancen: „Als zentraler Anwendungspartner im GamOR-Konsortium zu fungieren, erachten wir als glückliche strategische Fügung, unsere Prozesse zukunftsfähig zu gestalten. Es ist erklärte Absicht des Trägers, bei erfolgreicher Implementierung der Dienstplan-App das Projekt in alle Einrichtungen auszurollen."

Literatur

Angerer, P.; Petru, R. (2010). Schichtarbeit in der modernen Industriegesellschaft und gesundheitliche Folgen. In: Somnologie, 14, S. 88–97.

Beermann, B. (2008). Nacht- und Schichtarbeit – ein Problem der Vergangenheit? Verfügbar unter www.baua.de. [21.01.2019]

Büssing, A.; Natour, N.; Glaser, J. (1997). Arbeitszeiten in der Krankenpflege im Spannungsfeld zwischen Flexibilität und Normalität. In: Büssing, A. (Hrsg.). Von der funktionalen zur ganzheitlichen Pflege, S. 193–222; Göttingen: Verlag für Angewandte Psychologie.

Colquitt, J. A.; Zipay, K. P. (2015). Justice, Fairness, and Employee Reactions. Annual Review of Organizational Psychology and Organizational Behavior, 2(1), S. 75–99.

Deci, E. L.; Ryan, R. M. (2002). Handbook of self-determination research. Rochester, NY: University of Rochester Press.

Engel, C.; Hornberger, S.; Kauffeld, S. (2014). Organisationale Rahmenbedingungen und Beanspruchungen im Kontext einer Schichtmodellumstellung nach arbeitswissenschaftlichen Empfehlungen – Spielen Anforderungen, Ressourcen und Personenmerkmale eine Rolle? In: Zeitschrift für Arbeitswissenschaft, 68 (2), S. 78–88.

Gloger, B.; Rösner, D. (2017). Selbstorganisation braucht Führung. Die einfachen Geheimnisse des agilen Managements. München: Carl Hanser Verlag.

Haas, M. (2012). Direkte Partizipation abhängig Beschäftigter: Konzept, organisatorische Realisierung und die Wirkung auf Arbeitszufriedenheit und Gesundheitsressourcen, WZB Discussion Paper, No. SP I 2012-302.

Hackman, J. R.; Oldham, G. R. (1980). Work redesign. Reading, MA: Addison-Wesley.

Höfflin, P. (2002). Arbeitszeitgestaltung zwischen Normalarbeitszeitstandard und Flexibilisierung: Eine Untersuchung am Fallbeispiel der Kernarbeitszeitregelungen in der Krankenpflege. Dissertation. Albert-Ludwigs-Universität, Freiburg.

Hornberger, S. (2006). Individualisierung in der Arbeitswelt aus arbeitswissenschaftlicher Sicht, Frankfurt am Main: Peter Lang GmbH.

Jochum, E. (2002). Hoshin Kanri. Management by Policy: Grundlagen eines effizienten Ziel-Management-Systems. In: Bungard, W.; Kohnke, O. (Hrsg). Zielvereinbarungen erfolgreich umsetzen. 2. Auflage; Wiesbaden: Gabler.

Klapperich, H.; Laschke, M.; Hassenzahl, M. (2018). The positive practice canvas: gathering inspiration for wellbeing-driven design. In: Proceedings of the 10th Nordic Conference on Human-Computer Interaction – NordiCHI '18, S. 74–81. Oslo, Norway: ACM Press.

Knauth, P.; Hornberger, F. (1997). Schichtarbeit und Nachtarbeit. Probleme – Formen – Empfehlungen. München.

Knauth, P. (2007). Schichtarbeit. In: Letzel, S. et al. (Hrsg.). Handbuch der Arbeitsmedizin. Arbeitsphysiologie, Arbeitspsychologie, klinische Arbeitsmedizin, Prävention und Gesundheitsförderung, S. 1–30.

Königswieser, R.; Exner, A. (2008). Systemische Intervention. Architekturen und Designs für Veränderungsmanager, Stuttgart: Schäffer-Poeschel Verlag.

Kotter, J. P. (1996). Leading Change. Boston: Harvard Business Review Press.

Kotter, J. P.; Schlesinger, L. A. (2008). Choosing strategies for change. Verfügbar unter: http://nielsen.wfdemo.com/uploads/files/ChoosingStrategiesForChange.pdf [17.07.2016].

Lohmann, A.; Prümper, J. (2003). Der moderierende Einfluss direkter Partizipation auf den Zusammenhang zwischen wöchentlicher Arbeitszeit und psychischer Beanspruchung. In: Psychologie der Arbeitssicherheit und Gesundheit, S. 377–341.

Menzel, D., Günther, L. (2011). Nachhaltigkeit und strategisches Management in kleinen und mittleren Unternehmen. In: Meyer, J.-A. (Hrsg.). Nachhaltigkeit in kleinen und mittleren Unternehmen. Jahrbuch der KMU-Forschung und -Praxis 2011 in der Edition „Kleine und mittlere Unternehmen" Band 2011, S. 85–114.

Nelson, M. F.; Tarpey, R. J. (2010). Work scheduling satisfaction and work life balance for nurses: the perception of organizational justice. Academy of Health Care Management Journal, 6(1), S. 25.

Robertson, S.; Robertson, J. (2013). Mastering the Requirements Process, Getting Requirements Right. Massachusetts: Addison Wesley.

Rossi, F.; van Beek, P. ; Walsh, T. (2006). Handbook of Constraint Programming, Foundations of Artificial Intelligence, Elsevier, Science Inc., New York.

Smith, C. S.; Folkard, S.; Tucker, P.; Evans, M. S. (2011). Work schedules, health, and safety. In: Quick, J. C.; Tetrick, L. E. (Hrsg.). Handbook of occupational health psychology. Washington, D. C.: American Psychological Association, S. 185–204.

Smith, J. A.; Flowers, P.; Larkin, M. (2009). Interpretative Phenomenological Analysis: Theory, Method and Research.

Steimle, T.; Wallach, D. (2018). Collaborative UX Design. Heidelberg: dpunkt.verlag.

Van den Bergh, J.; Belien, J.; De Bruecker, P.; Demeulemeester, E.; De Boeck, L. (2013). Personnel scheduling: A literature review, European Journal of Operational Research, 226 (3), S. 367–385.

Vollmer, L. (2018). Wie sich Menschen organisieren, wenn ihnen keiner sagt, was sie tun sollen.

Dr. Vanessa Kubek studierte Diplom-Politikwissenschaft in Augsburg, promovierte in Wirtschaftswissenschaften an der TU Kaiserslautern und ist Systemische Beraterin (DGSF) sowie Systemischer Coach (DGSF/SG). Sie ist Mitglied des geschäftsführenden Vorstandes des Instituts für Technologie und Arbeit e.V. (ITA) und u. a. spezialisiert auf das Thema Management und Transformation in der Sozialwirtschaft.

Dipl.-Pflegewirtin Annette Blaudszun-Lahm ist Krankenschwester und studierte von 1995–1999 Pflegewissenschaft an der Evangelischen Fachhochschule Darmstadt. Seit 2002 ist sie wissenschaftliche Mitarbeiterin am Institut für Technologie und Arbeit e.V. und arbeitet vorrangig in Projekten zur Beurteilung und Verbesserung der Arbeitszufriedenheit, der Lebensqualität und der Teilhabe von Menschen mit Behinderung am Arbeitsleben.

Dr. Sebastian Velten studierte Wirtschaftsmathematik an der TU Kaiserslautern und promovierte in Wirtschaftswissenschaften an der Universität des Saarlandes in Saarbrücken. Seit 2008 arbeitet er als wissenschaftlicher Mitarbeiter am Fraunhofer Institut für Techno- und Wirtschaftsmathematik ITWM und beschäftigt sich u. a. mit der Entwicklung von Entscheidungsunterstützungssystemen sowohl für die produzierende Industrie als auch für Unternehmen aus der Sozialwirtschaft.

M. Sc. Rasmus Schroeder studierte Mathematik an der Universität Bonn. Von 2014 bis 2019 arbeitete er als wissenschaftlicher Mitarbeiter am Fraunhofer Institut für Techno- und Wirtschaftsmathematik an der Entwicklung und Einführung von Software zur Entscheidungsunterstützung. Seit 2019 ist er Consultant bei der Insiders Technologies GmbH.

Nadine Schlicker studiert Psychologie in Saarbrücken und schreibt derzeit ihre Masterarbeit zu den Themen Fairness und Trust in Automation an der Universität des Saarlandes. Sie ist seit 2017 UX Researcherin bei Ergosign GmbH in Saarbrücken und arbeitet vorwiegend im Forschungsprojekt GamOR. Ihre Themenschwerpunkte liegen in der Mensch-Maschine Interaktion sowie in den Bereichen Green UX und Gamification.

M. Sc. Alarith Uhde hat Psychologie, Bildungswissenschaften und Informatik in Saarbrücken, Rennes (Frankreich) und Kyoto (Japan) studiert. Neben dem Studium arbeitete er mehrere Jahre beim Deutschen Forschungszentrum für Künstliche Intelligenz (DFKI), wo er intelligente Benutzerschnittstellen zur barrierefreien Mobilität konzipierte und evaluierte. Seit 2017 forscht er an der Universität Siegen zum Einfluss von digitalen Technologien auf Zeitwahrnehmung und Wohlbefinden.

Ursula Dörler ist Diplom-Psychologin und M.A. in Gesundheits-und Sozialmanagement. Sie ist seit 1988 in verschiedenen Funktionen im Gesundheits- und Sozialwesen tätig gewesen und leitete bis September 2019 die Senioreneinrichtung für pflegebedürftige alte Menschen „Haus an den Schwarzweihern" der Protestantischen-Altenhilfe Westpfalz. Sie unterrichtet außerdem an einer Fachschule für Sozialwesen.

21

Einsatz eines textilbasierten Assistenzsystems zur Analyse von körperlich anstrengenden Arbeitsprozessen

Rocco Raso, Andreas Emrich, Torsten Burghardt, Oliver Sträter, Peter Fettke und Peter Loos

> **Zusammenfassung**
>
> Die Überwachung, Identifizierung und Bewertung von ergonomisch kritischen Situationen ermöglichen die Verbesserung der Arbeitsabläufe in Arbeitsprozessen mit hoher menschlicher Beteiligung. Ergonomie ist eine wesentliche Komponente der Prozessgestaltung und da ergonomische Fehlhaltungen in physisch anspruchsvollen Berufen zu einem erhöhten Krankenstand beitragen, ist die Entwicklung neuer Lösungen für manuelle Arbeitstätigkeiten im Rahmen der Arbeit 4.0 erforderlich. Das Projekt PREFLOW entwickelt ein intelligentes Assistenzsystem, welches Prozessinformationen und ergonomisch kritische Situationen für Beschäftigte in physisch anspruchsvollen Berufen identifiziert und durch präventive Maßnahmen entgegenwirkt. Mit Hilfe einer vernetzten Infrastruktur von Sensoren erhebt das Assistenzsystem Daten, die für eine ergonomiebasierte Prozesserkennung und -prognose notwendig sind, um die Verhaltensprävention bei kritischen Körperhaltungen und ungünstigen oder fehleranfälligen Prozessdurchführungen

---

Möglich wurde diese Arbeit durch das Forschungsprojekt „Textilbasiertes Assistenzsystem zur Analyse von körperlich anstrengenden Arbeitsprozessen (PREFLOW)" (FKZ: 16SV7286), das vom Bundesministerium für Bildung und Forschung (BMBF) im Rahmen des Programms KMU-Innovativ für Informations- und Kommunikationstechnologien gefördert wurde.

R. Raso (✉) · A. Emrich
Deutsches Forschungszentrum für Künstliche Intelligenz (DFKI), Saarbrücken, Deutschland
E-Mail: rocco.raso@dfki.de; andreas.emrich@dfki.de

T. Burghardt · O. Sträter
Universität Kassel, Kassel, Deutschland
E-Mail: torsten.burghardt@uni-kassel.de; straeter@uni-kassel.de

P. Fettke · P. Loos
Universität des Saarlandes, Saarbrücken, Deutschland
E-Mail: peter.fettke@dfki.de; peter.loos@dfki.de

© Springer-Verlag GmbH Deutschland, ein Teil von Springer Nature 2019
C. K. Bosse, K. J. Zink (Hrsg.), *Arbeit 4.0 im Mittelstand*,
https://doi.org/10.1007/978-3-662-59474-2_21

der Beschäftigten zu ermöglichen. Dieser neuartige Ansatz basiert auf einem leichten, kostengünstigen Sensoranzug und einem Machine-Learning-Ansatz und eignet sich besonders für kleine und mittlere Unternehmen, die typischerweise über begrenzte wirtschaftliche Ressourcen verfügen.

21.1 Notwendigkeit eines Workflow-Managementsystems in physisch anspruchsvollen Berufen

Das Konzept der „Smart Factory" ist das beispielhafte Ziel des Paradigmas der Industrie 4.0. Hochdigitalisierte und vernetzte Produktionsanlagen ermöglichen die Entwicklung anpassungsfähiger Geschäfts- und Wertschöpfungsprozesse. Die Integration von cyber-physischen Systemen (CPS) in die Arbeitsumgebung ermöglicht es, Produktionsprozesse und Waren zu verfolgen, um die Effizienz der intelligenten Fabriken zu steigern (Wang et al. 2016). Mit Hilfe von Maschinendaten wird es möglich, Arbeitsabläufe von Produktions- und Geschäftsprozessen abzuleiten. Dies führt zu verbesserten Prozessmanagementstrategien, die die Optimierung des gesamten Produktionslebenszyklus sicherstellen. Die Ableitung einer Darstellung der Geschäftsprozesse eines Unternehmens ist grundlegend für das Verständnis der Leistungen eines Fertigungssystems. Zur Identifikation von Anomalien und Unannehmlichkeiten während der Prozessausführung wird die Konformität der durchgeführten Prozesse und Prozessmodelle überprüft. Zu diesem Zweck dienen Prozess-Discovery-Ansätze und Process-Mining-Techniken als hilfreiches Instrument (Kurgan und Musilek 2006).

Einerseits ist der Einsatz von Process-Discovery-Techniken für hochinformatisierte Prozesse mit einer großen Anzahl von Event-Logs unproblematisch. Andererseits ist der Einsatz dieser Techniken eine Herausforderung für den Abbau und die Analyse von Prozessen, die mit Hilfe manueller Aktivitäten durchgeführt werden. Selbst in hochautomatisierten industriellen Kontexten ist eine Vielzahl von Produktionsprozessen nach wie vor auf manuelle Fertigungs- und Montagetätigkeiten angewiesen. Insbesondere im Logistikbereich spielen teilautomatisierte und manuelle Tätigkeiten weiterhin eine wichtige Rolle. Die Vision, einige Fertigungsbereiche vollständig zu automatisieren, ist aktuell sehr utopisch (Frohm et al. 2008). Trotz des rasanten Wachstums der künstlichen Intelligenz können Maschinen noch nicht die gesamte Bandbreite der manuellen Tätigkeiten ersetzen, die für den Industriesektor erforderlich sind. Bestimmte Arten von Be- und Entladevorgängen lassen sich nicht einfach automatisieren und werden wahrscheinlich auch in den intelligenten Fabriken der Zukunft bestehen bleiben. In den kommenden Jahrzehnten werden manuelle Arbeitstätigkeiten weiterhin für den industriellen Sektor von Bedeutung sein.

Des Weiteren hat die gesundheitsförderliche Optimierung von Arbeitsprozessen eine hohe Relevanz, um die Gesundheit und Leistungsfähigkeit der Beschäftigten langfristig zu gewährleisten. Durch Beobachtungen besteht die Möglichkeit, ergonomisch kritische Verhaltensweisen frühzeitig zu erkennen und durch effektive Rückkopplungen grundlegende sozioökonomische Vorteile zu gewährleisten. Dadurch soll insbesondere das Risiko von

Muskel-Skelett-Erkrankungen seitens der Beschäftigten minimiert werden, denn Rückenbeschwerden gelten als eine der häufigsten Ursachen der Arbeitsunfähigkeit in Deutschland. Unter DAK-Versicherten führten Rückenschmerzen mit 5,6 Prozent zu Arbeitsunfähigkeitstagen. Dadurch wurden ebenfalls 5,8 Prozent aller AU-Fälle im Jahr 2016 verursacht (Statista 2018). Da die Fachkräfte stetig älter werden, ist es notwendig geeignete Werkzeuge für die gesundheitsförderliche Verbesserung der Arbeitstätigkeiten zu entwickeln.

In Deutschland steigt das durchschnittliche Alter der Arbeitskräfte stetig. Laut Informationen von Mikrozensus sind es vorwiegend ältere Beschäftigte, die in qualifizierten manuellen Berufen tätig sind. Problematisch ist allerdings, dass beispielsweise Bauarbeiter oder Industriemechaniker ihren Beruf überdurchschnittlich häufig im höheren Alter nicht mehr ausüben können. Bei Managementberufen, z. B. Geschäftsführern oder Bereichsleitern, aber auch bei einfachen Dienstleistungstätigkeiten, z. B. Raum- und Gebäudereinigern, ist dagegen die Wahrscheinlichkeit höher, über das 60. Lebensjahr hinaus erwerbstätig zu sein (Brussig 2010). Wenn man bedenkt, dass das geplante Renteneintrittsalter von der Bundesregierung schrittweise auf 67 Jahre angehoben wurde, ist es selbstverständlich, dass der Anteil der älteren Beschäftigten vermehrt überproportional sein wird.

Da die Arbeitsprozesse häufig nicht ergonomisch sinnvoll gestaltet sind, werden ältere Beschäftigte häufig von physisch anspruchsvollen Berufen ausgeschlossen und bekommen Aufgaben, die außerhalb ihrer Fähigkeiten und Erfahrungen liegen. Die unergonomische Gestaltung von Arbeitsprozessen resultiert in einer dauerhaft überhöhten physischen Belastung seitens der Beschäftigten. Schlecht gestaltete Arbeitsplätze und -prozesse, mangelndes Bewusstsein für Fehlhaltungen und Überlastungen der Beschäftigten implizieren wirtschaftliche und soziale Probleme, die oftmals untergeschätzt werden.

Darüber hinaus ist die Trennung der Disziplinen Ergonomie und Process Management im industriellen Umfeld nicht sinnvoll. Die Untersuchung wertvoller Ansätze zur Überwachung, Identifizierung und Bewertung von Arbeitsabläufen mit hoher menschlicher Beteiligung können die Durchführung von ergonomisch korrekten Arbeitstätigkeiten unterstützen. Workflow-Management-Systeme (WMS) zielen darauf ab, Arbeitsabläufe zu verifizieren (Matt 2012). Allerdings berücksichtigen aktuelle WMS keine physischen Risiken der Gesundheit für am Arbeitsprozess beteiligte Beschäftigte. Die Möglichkeit, einzelne Prozessschritte innerhalb einer Prozessdurchführung an ergonomische Fehlbeanspruchungen anzupassen, ist nach wie vor eine große Herausforderung. Dafür ist die Entwicklung eines Assistenzsystems zur Analyse von körperlich anstrengenden Arbeitsprozessen notwendig.

21.2 Das Forschungsprojekt „PREFLOW"

In einem fächerübergreifenden Konsortium aus Forschern und Industrieexperten entwickelt das vom Bundesministerium für Bildung und Forschung geförderte Forschungsprojekt PREFLOW ein intelligentes Assistenzsystem, das Arbeitsprozesse in physisch anspruchsvollen Berufen analysiert und durch präventive Maßnahmen optimiert und steuert. Das intelligente Assistenzsystem benutzt Wearable-Sensoren und cyber-physische Systeme, um die Arbeitsschritte eines Beschäftigten während der Ausführung ergonomischer Fehlhaltungen zu untersuchen. Mit Hilfe von Vorschlägen für die Minimierung von Risikoverhalten unterstützt das PREFLOW-Assistenzsystem die Gesunderhaltung von Beschäftigten. Ein direktes Feedbacksystem liefert Rückmeldungen und Empfehlungen bezüglich ergonomisch kritischer Situationen. Dieses erfolgt über haptische und visuelle Signale, die die Arbeitsprozessausführung nicht behindern. Diese signalisieren dem Träger der intelligenten Kleidung, ob eine mögliche gesundheitliche Gefährdung vorliegt. Je nach Dringlichkeit wurden dazu optische Elemente (etwa in Form einer Ampel mit rotem, gelbem oder grünem Licht) und haptische bzw. taktile Elemente (Vibrationsalarm) verwendet. Akustische Elemente (Warntöne, gesprochene Hinweise), die ursprünglich als mögliche Feedbacksysteme dienten, wurden nicht eingesetzt, da das Arbeitsumfeld des untersuchten Anwendungsfalls zu laut war, um eine reibungslose Anwendung solcher akustischen Feedbacks zu ermöglichen. Auf Basis der gewonnenen Ergonomiedaten werden Verbesserungen der Arbeitsprozesse und der Workflow-Managementsysteme, eine Verbesserung der Arbeitsreihenfolgen sowie Gefährdungsbeurteilungen von Arbeitsplätzen durchgeführt (Abb. 21.1).

Das PREFLOW-Assistenzsystem sammelt Sensordaten des Mitarbeiters, der während der Ausführung von manuellen Tätigkeiten einen Sensoranzug trägt. Diese Daten werden durch einen zuvor trainierten maschinellen Lernalgorithmus einer Teilmenge von 21 möglichen Aktivitäten zugeordnet, durch welche alle vorhandenen Arbeitsprozesse beschrieben werden können. Für die Zuordnung von Aktivität auf entsprechende Sensordatenbereiche wurde die Anwendung „Tagging App" entwickelt. Diese Anwendung für Tablets und PCs ermöglicht die Identifizierung und Kategorisierung (Labeling) der erkannten Tätigkeiten, welche zum Trainieren des maschinellen Lernalgorithmus benötigt werden. Durch die Beobachtung verschiedener Mitarbeiter bei der Durchführung typischer

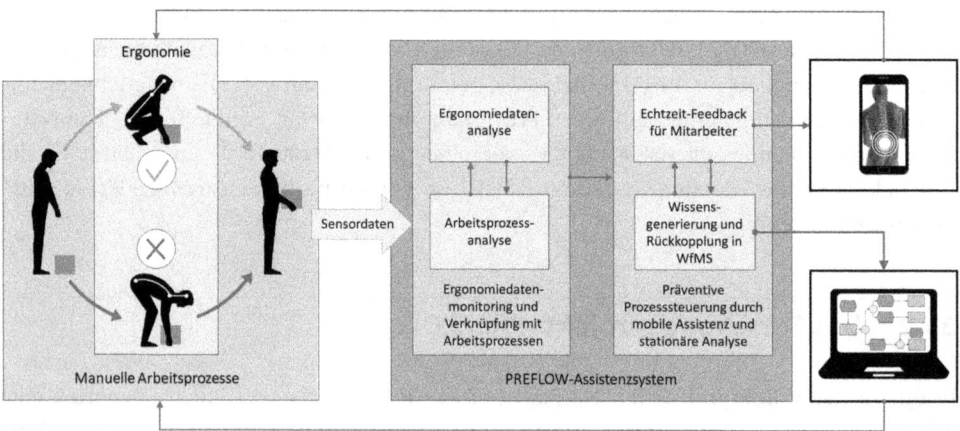

Abb. 21.1 Systemkomponenten des PREFLOW-Assistenzsystems

Arbeitsprozesse ermöglicht die Tagging App, manuelle Aktivitäten und Sensordaten zu verknüpfen, um einen Datensatz von Aktivitäten und entsprechenden Sensorwerten zu erstellen, aus dem dann Prozessinformationen abgeleitet werden können. Es wurden unterschiedliche Mitarbeiter in mehreren Iterationen der Arbeitsprozesse beobachtet, sowie Videoaufzeichnungen für einen nachgelagerten, detaillierten Labeling-Prozess angefertigt. Nachdem sämtliche Kategorien von Aktivitäten definiert und gekennzeichnet sind, ist das PREFLOW-Assistenzsystem in der Lage, bis zu einer bestimmten Granularitätsstufe die Aktivitäten zu erkennen, die von einem Mitarbeiter mit dem Sensoranzug ausgeführt werden. Im nächsten Schritt kann das PREFLOW-Assistenzsystem auf Basis der erkannten Aktivitäten auf die damit verknüpften Arbeitsprozesse schließen. Die Verknüpfung von Ergonomiedatenmonitoring und Arbeitsprozessen ermöglicht es zu verstehen, welche Prozessabläufe potenziell problematisch sind und in welchen Situationen die Mitarbeiter wahrscheinlich ein ungesundes, nicht ergonomisches Verhalten aufweisen könnten. Mit der Durchführung von Ergonomiedatenanalysen bietet das System die Möglichkeit, das Risikopotential bestimmter manueller Arbeitsprozesse und Tätigkeiten aufzuzeigen. Anhand dieser Analyse erzeugt das PREFLOW-Assistenzsystem ein Echtzeit-Feedback für den Beschäftigten, welches während der Ausführung manueller Tätigkeiten über ein mobiles Gerät direkt an den Mitarbeiter gesendet wird. Durch dieses Feedback reduziert das System die Menge an ungesunden, unergonomischen Verhaltensweisen. Unter Berücksichtigung von Ergonomiedaten in Bezug auf erkannte Arbeitsprozesse ist das System in der Lage, die im WMS verfügbaren Informationen zu vergleichen und zu integrieren, um eine präventive Prozesssteuerung durch nachgelagerte stationäre Analysen zu erreichen. Die stationären Analysen tragen dazu bei, die bestehenden und zukünftigen manuellen Arbeitsprozesse neu zu gestalten, um sowohl die Prozessabläufe als auch die Erkennung und Funktionalität des Assistenzsystems zu optimieren.

21.2.1 Systemkomponenten

Das entwickelte System zur Erfassung der Körperhaltungen besteht aus zwei Sensortypen. Zum einen wurden Drucksensoren eingesetzt, um die Haltung der Arme zu bestimmen. Zum anderen dienen kapazitative Dehnungssensoren in der Kleidung der Erfassung von Beugung, Rotation und Neigung. Die Integration der Sensoren erfolgte in einem dehnbaren Shirt, an dem ebenso die Elektronik (AD-Wandler, Mini-PC bzw. Rasberry PI 3, WLAN-Modul) angebracht wurde. Das System kann so vollständig autark die Ergonomie rückmelden. Durch eine TCP/IP-Schnittstelle bestand die Möglichkeit die Ergonomiedaten sowohl für das Workflowmanagement-System als auch zur Erstellung einer Belastungshistorie zu verwenden. Ebenso wird die Anwendung weiterer Analysetools durch die Schnittstelle möglich. Die Rückmeldung einer unergonomischen Haltung an den Nutzer erfolgte über ein am Unterarm angebrachtes Display (iPod Touch), das visuell (blinkende Grafik) und taktil (dreimalige Vibration) Feedback generierte. Eine Übersicht des Systems gibt Abb. 21.2.

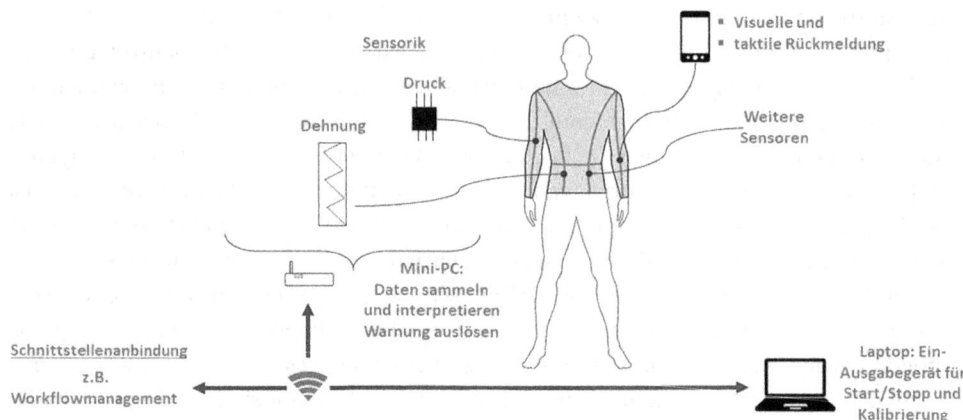

Abb. 21.2 Übersicht der Systemkomponenten

Die Auswahl der unergonomischen Haltungen zur Rückmeldung und deren Kritikalität basieren auf dem „Ergonomic Assessment Worksheet" (EAWS), das als Standardverfahren zur Beurteilung physischer Arbeitsbelastungen in der Automobilindustrie Anwendung findet. EAWS greift Internationale (ISO), europäische (CEN) und nationale (DIN) Normen sowie einschlägige Literatur und Studien auf (IAD 2018).

Zur Rückmeldung wurden die einzelnen Haltungen der Beugung, Rotation und Neigung in Abhängigkeit vom Körperwinkel sowie die Entfernung der Hand zum Kopf genutzt. Dabei erfolgte, unabhängig von der Art der Haltung, ein übergreifendes Feedback, das anzeigte, dass eine unergonomische Haltung vorlag. Grenzwerte, die zum Auslösen des Feedbacks führten, wurden nach EAWS in folgende Bereiche unterteilt (siehe auch Abbildung 2):

- Beugung ~ 60°
- Rotation ~ 30°
- Neigung ~ 30°
- Hand über Kopfhöhe

Zudem wurde das Feedback über die Zeit gewichtet und so die Dauer als Faktor berücksichtigt. Erst nach einer Verweildauer von mehr als zwei Sekunden, in den oben angeführten kritischen Bereichen, löste das Feedback des Systems aus.

21.2.2 Interoperabilität der Systembestandteile

Die Softwarearchitektur umfasst die Sensorverarbeitung, die Prozessüberwachung, Prozesserkennung und Prozessanalyse sowie die Feedbackmechanismen für den Anwender des PREFLOW-Assistenzsystems. Die Quelle zur Erhebung von Ergonomiedaten sind die in der Kleidung verteilten Sensoren und CPS. Die Sensordaten werden nicht sofort an einen externen Systembestandteil übertragen, sondern weiter vom in der Kleidung integrierten System verarbeitet. Das Ergebnis ist eine kontinuierliche ergonomische Analyse, die die spätere Übertragung an eine Referenzschnittstelle ermöglicht, die von weiteren Workflow-Management-Systemen angesprochen werden kann. Darüber hinaus dient die ergonomische Analyse der Sensordaten dazu, ebenfalls in der Kleidung verteilte Feedback-Elemente anzusteuern. Um dieses zu ermöglichen, wurden unterschiedliche, modulare Bestandteile entwickelt, die in einem allgemeineren Framework integriert wurden.

Die Analyse und Verarbeitung der von Sensoren erfassten Daten werden von der Hauptkomponente „Process Engine" des Frameworks erledigt. Die Process Engine empfängt Informationen und Daten, die von den Sensoren des PREFLOW-Assistenzsystems gesammelt werden. Ihre Aufgabe ist es, Informationen über Handlungen und Aktivitäten des Arbeiters, der den PREFLOW-Sensoranzug trägt, zu analysieren und zu verarbeiten. Empfangene Sensordaten werden gefiltert, normiert, aggregiert und segmentiert, um von der Process Engine verarbeitet zu werden. Diese Ereignisdaten werden dann auf dem Data Layer gespeichert, damit das System lernen kann und seine Fähigkeit, manuelle Aktivitäten und Prozessinformationen zu korrelieren, verbessert wird. Anhand der Sensordaten kann das System weitere Informationen für die Prozessüberwachung, die Prozessermittlung und die Prozessanalyse bereitstellen. Die verarbeiteten Daten werden dann von der Process Engine in Echtzeit-Feedback und Benachrichtigungen für den Endanwender umgewandelt. Mit Hilfe von Kontextwissen löst die Process Engine potenziell mehrdeutige Situationen bei der Erkennung von Aktivitäten und Prozessschritten unter Berücksichtigung der Spezifität der Wissensdomäne, in der sie arbeitet. Jede Prozessinstanz wird in Bezug auf den Kontext analysiert, in dem sie stattfindet. Wenn man die Bewegungen eines Arbeiters, der eine Box vom Boden hebt, mit den Bewegungen eines Arbeiters vergleicht, der sich beugt, um seine Schuhe zu binden, stellt man fest, dass diese Bewegungen fast identisch sind. Um Handlungen und Aktivitäten eines Mitarbeiters mit dem PREFLOW-Sensoranzug zu erkennen, kann diese Art von Mehrdeutigkeit ein großes Problem darstellen. Die Lösung, die die Process Engine bietet, besteht darin, weitere Kontextinformationen zu berücksichtigen, um mit der Mehrdeutigkeit der Aktivitätserkennung umzugehen. Wenn in dem Beispiel das Framework feststellt, dass der Arbeiter mit einer Box neben seinen Füßen im Lager ist, kann das PREFLOW-System mit großer Wahrscheinlichkeit davon ausgehen, dass der Arbeiter seine Schuhe nicht binden wird. Darüber hinaus ermöglicht die Schnittstelle zu operativen BPM-Tools die Integration und Berücksichtigung bestehender Modell-Artefakte. Die Process Engine erkennt und vergleicht ausgeführte Prozesstypen und -modelle, die in Form einer EPK oder einer BPMN vorliegen. Diese Verbindung mit operativen BPM-Systemen ermöglicht die Auswertung der Prozesshistorie und den Vergleich zwischen dem geplanten Modell des Prozesses und dem realen Prozess. Jede menschliche Aktivität, die vom Framework erkannt und analysiert wird, wird entsprechend der Eigenart der verschiedenen Prozessinstanzen verarbeitet. Dies bedeutet, dass die Process Engine in der Lage ist, probabilistische Überlegungen im Zusammenhang mit den zu verarbeitenden komplexen Ereignissen

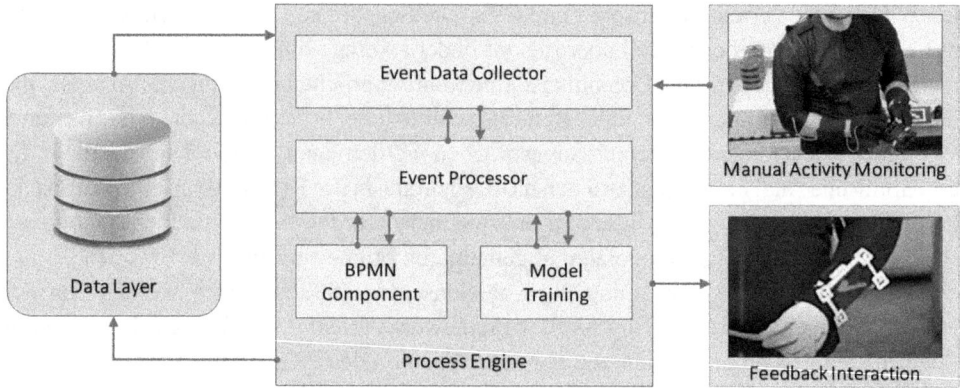

Abb. 21.3 Die PREFLOW-Process-Engine

abzuleiten. Datenfusionsmethoden zum Zusammenführen verschiedener Informationen sind von grundlegender Bedeutung für eine genaue Interpretation der durchgeführten Aktivitäten, um Prozessinformationen zu berücksichtigen und zu integrieren.

Da die Process Engine eine direkte Schnittstelle zu jeder Komponente der Softwarearchitektur hat, kann das Feedback für den Anwender direkt verarbeitet und bereitgestellt werden. Mit Hilfe eines mobilen Geräts, das am Unterarm des Benutzers befestigt ist, gibt die Process Engine haptisches und visuelles Feedback bezüglich ungünstiger oder gefährlicher Arbeitsabläufe. Diese Feedback-Informationen beziehen sich nicht nur auf unergonomisches Verhalten, sondern auch auf probabilistische Überlegungen zur sensorgestützten Vorhersage der Prozessaktivität (Abb. 21.3).

21.3 Anwendung des Workflow-Managementsystems unter realen Bedingungen

21.3.1 Das PREFLOW-System in industriellen Anwendungsfällen

Um das PREFLOW-Konzept zu testen, wurden drei unterschiedliche Anwendungsfälle identifiziert, welche Arbeitsprozesse mit hoher menschlicher Beteiligung haben. Die drei Arbeitsprozesse werden durch Prozessmodelle wiedergegeben, die sich in Reihenfolge und Art der Arbeitsgänge unterscheiden. Alle Anwendungsfälle haben manuelle Prozessaktivitäten, die durch die Beschäftigten durchgeführt werden. Anhand des Datensatzes an erkennbaren manuellen Aktivitäten und mit Hilfe der Prozessmodelle, werden Informationen über den laufenden Arbeitsprozess abgeleitet. Es wurde eine konkrete Studie unter realen Bedingungen im Werk OTC des Volkswagen-Konzerns in Kassel durchgeführt. Im ersten Anwendungsfall musste der Beschäftigte kleine, aber schwere Autoteile bewegen, um sie an dafür vorgesehenen Stellen zu platzieren. Dazu muss der Arbeiter die Komponenten auf einen Gabelstapler laden. Dann müssen die

Komponenten an die richtige Stelle gefahren und manuell entladen werden. Im zweiten Anwendungsfall muss der Beschäftige mit einem halbautomatischen Lagersystem interagieren. Nach dem Empfangen von Anfragen auf dem Bildschirm eines Computers sollte der Beschäftige leichte Fahrzeugkomponenten manuell von einem Lastenaufzug auf einen anderen Lastenaufzug transferieren. Im dritten Anwendungsfall sollte der Beschäftige mehrere große und sperrige Fahrzeugkomponenten in einen Container stellen, welcher daraufhin via Gabelstapler in ein Lager gebracht werden musste. Die Studie wurde an sechs verschiedenen Tagen unter realen Bedingungen von den Arbeitern der jeweiligen Produktionsstätte durchgeführt. Jeder Nutzer trug dafür den PREFLOW-Sensoranzug mit der beschriebenen Konfiguration, die das Empfangen von Echt-Zeit-Feedback ermöglichte. Alle Testpersonen haben dabei jeweils zweimal die gleichen Arbeitsvorgänge durchgeführt. Während der ersten Iteration erhielt der Benutzer kein Feedback bei ungünstiger ergonomischer Position. In der zweiten Iteration wurde dieses jedoch gegeben.

21.3.2 Evaluation und Ergebnisse

Zur Evaluation des Systems wurden die Kriterien Effektivität, Effizienz und Zufriedenstellung nach der ISO 9241-110 Norm zugrunde gelegt. Neben der Analyse der Ergonomiedaten, als Maß der Effektivität, wurde zur Beurteilung der Effizienz und Zufriedenstellung ein Eye-Tracking-System gepaart mit den Fragebögen des NASA-Task Load Index (NASA-TLX) (Pfendler und Widdel 1988) und der Usability (Gebrauchstauglichkeit) verwendet. Die Blickbewegungsanalyse (Eye-Tracking) liefert Einblicke in Aufmerksamkeits- sowie Beanspruchungsprozesse; auch Gebrauchstauglichkeitsaspekte von Assistenzsystemen können darüber beurteilt werden (Duchowski 2007).

Die Evaluation des Systems fand in allen Anwendungsszenarien statt. Die Auswahl der Arbeitsplätze konzentrierte sich auf verschiedenen Tätigkeitsaspekte des Kommissionierens, wie hohe Repetition, enge räumliche Verhältnisse, physische Belastung – Arbeitsplätze, die einen allgemeinen Bedarf an Ergonomie-Unterstützung aufzeigten. Zwei Bedingungen von je ca. 15 Minuten Dauer wurden miteinander verglichen (n = 30): Eine Baseline, bei der die Probanden das System trugen, aber kein Feedback aufgenommen wurde, sowie eine Bedingung mit Ergonomieassistenz. Über alle Arbeitsplätze tritt eine Reduzierung der unergonomischen zeitlichen Anteile durch Ergonomieassistenz ein. Dabei wird durch das System sowohl die Anzahl als auch die mittlere Dauer in einer nicht ergonomischen Haltung reduziert. Dies lässt den Schluss zu, dass neben der unmittelbaren Reaktion, bei Feedback die Haltung zu verlassen, auch eine wiederholte Einnahme derselben verhindert wird; also ein Lerneffekt eintritt. Die Ergebnisübersicht wird in Abb. 21.4 präsentiert.

Der NASA-TLX und die Usability-Bewertung sind in Abb. 21.5 zu sehen. Das subjektive Beanspruchungsempfinden, das nach jeder Messung erhoben wurde, zeigt einen Anstieg von 0,28 Punkten. Diese minimale Veränderung macht deutlich, dass die zusätzliche

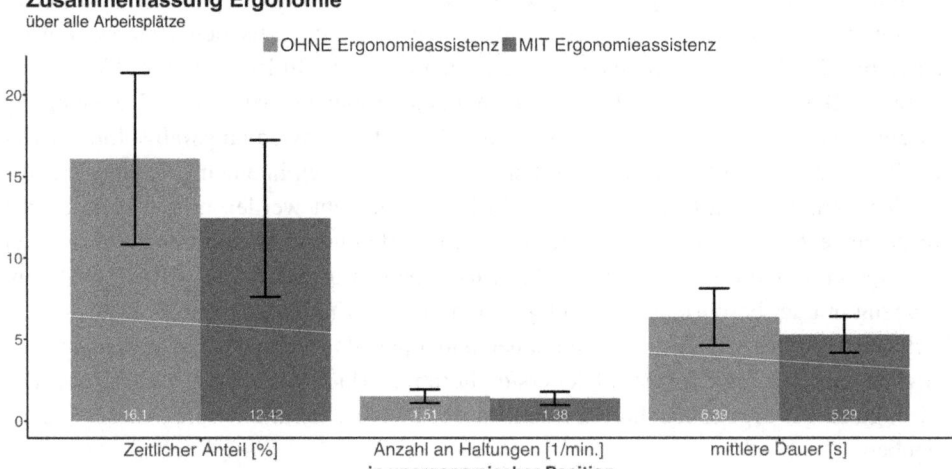

Abb. 21.4 Ergebnisse Ergonomie

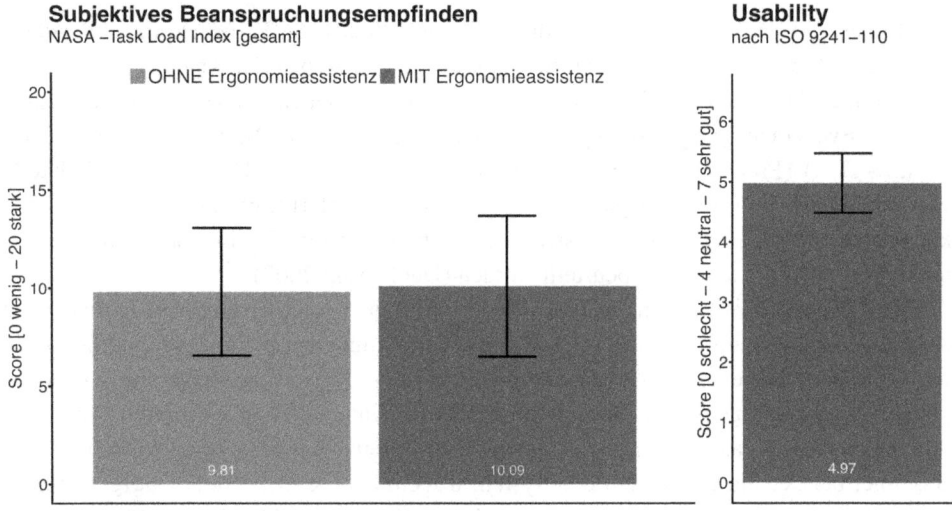

Abb. 21.5 Ergebnisse Beanspruchung und Usability

Beanspruchung, die durch das Feedback entsteht, sehr gering ist. Zur Usability-Bewertung wurden die einzelnen Dimensionen des Fragebogens zusammengefasst. Der Wert von 4,97 ist auf einem guten Niveau und indiziert keinen Anpassungsbedarf.

Um die Auswirkungen und Effekte des visuellen sowie taktilen Feedback spezifischer zu untersuchen, konnte durch die Blickbewegungsanalyse eine Aufteilung in Nutzergruppen durchgeführt werden. Zwei Nutzergruppen wurden identifiziert: Eine Gruppe mit einer geringen Nutzung des Displays, weniger als zwei Blicke pro Minute, sowie

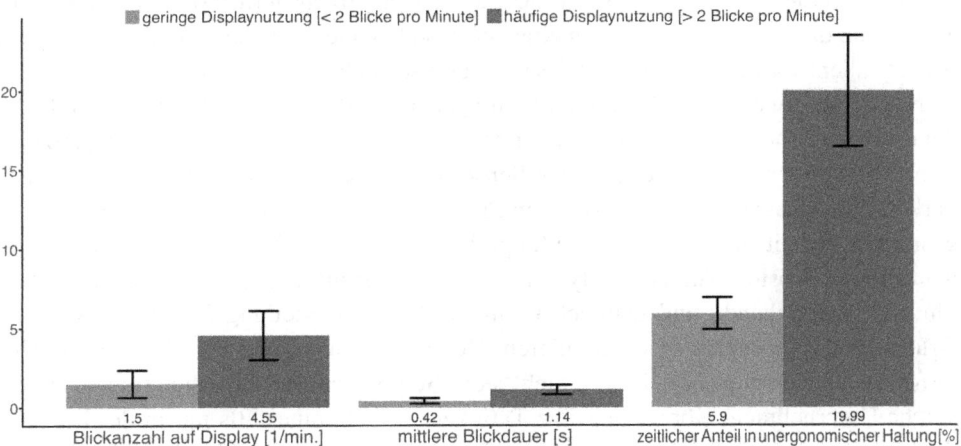

Abb. 21.6 Ergebnisse Nutzergruppenanalyse

eine Gruppe mit einer häufigen Nutzung, mehr als zwei Blicke pro Minute. Die Gruppe mit einer geringen Displaynutzung ist mit einer durchschnittlichen Verweildauer von 0,63 Sekunden pro Minute, auf dem Display des Assistenzsystems deutlich unter der Gruppe mit einer häufigen Nutzung, die eine durchschnittlichen Verweildauer von 5,19 Sekunden pro Minute aufweist.

Wie in Abb. 21.6 dargestellt, ist neben der Anzahl an Blicken pro Minute und der mittleren Dauer, die Ergonomie des entscheidenden Kriteriums zwischen den beiden Gruppen. Die zeitlichen Anteile in einer nicht ergonomischen Haltung sinken von der Gruppe mit häufiger Nutzung zur Gruppe mit geringer Nutzung um über 14 Prozent. Entscheidender Unterschied, der maßgeblich zu dieser Diskrepanz beiträgt, ist die Feedback-Art.

Die Ergebnisse zeigen, dass innerhalb der Gruppe mit häufiger Displaynutzung die ständige Kontrolle bzw. Überwachung des Displays auf Rückmeldung dazu führt, dass die Probanden länger in einer unergonomischen Haltung verweilen. Dagegen erlaubt das taktile Feedback über den Vibrationsalarm eine vom Fokus der Aufmerksamkeit unabhängige Beurteilung der Rückmeldung, die ohne Notwendigkeit der Blickzuwendung und Abwendung von der Tätigkeit geschieht. Das taktile Feedback zeigt damit einen entscheidenden Design-Vorteil, der sich in der deutlichen Verbesserung der Ergonomie niederschlägt.

21.4 Fazit

Der vorgestellte Ansatz verdeutlicht, wie cyber-physische Systeme und künstliche Intelligenz Arbeit 4.0 wirksam unterstützen können: Es geschieht hierbei keine Überwachung von Mitarbeitern zum Selbstzweck, sondern als gezielte Hilfestellung in der täglichen

Arbeit – durch die entsprechenden Ergonomie- und Arbeitsprozessempfehlungen. Auf diesem Weg wird dem Mitarbeiter sein operativer Ablauf erleichtert und ein maßgebliches persönliches Ziel des Mitarbeiters, seine Gesundheit langfristig aufrechtzuerhalten. Gleichzeitig kann das Unternehmen seinen Krankenstand bei älteren Arbeitnehmern reduzieren, was vor allem vor dem Hintergrund des demografischen Wandels von Bedeutung ist.

Neben den operativen Ablaufempfehlungen kann das Unternehmen so durch die Analyse der Arbeitsprozesse Rückschlüsse für die Ausgestaltung von Arbeitsplatzeinrichtungen bilden. Der kostengünstige Sensoraufbau gewährleistet eine hohe Anwendbarkeit des Ansatzes in der industriellen Praxis. Eine zukünftige Entwicklung der vorgestellten Arbeit muss jedoch umfangreichere Sensoraufbauten beinhalten. Eine detailliertere Kosten-Nutzen-Analyse soll für Industrieaufbauten durchgeführt werden, um eine ausreichende und dennoch minimale Sensoraufstellung für eine bestimmte Gruppe von Arbeitsplätzen zu definieren. Gerade für kleine und mittelständische Unternehmen ist dies unerlässlich, da nicht jedes Setup auch wirtschaftlich tragbar ist für solche Unternehmen. Körperintensive Tätigkeiten sind keinesfalls nur in der Logistik denkbar, sondern auch in Szenarien der Montage und Instandhaltung. Gerade bei der Produktion zu Losgröße 1 hin, sind sehr individuelle Arbeitsgänge gefragt, die sich nicht immer vollständig durch Maschinen unterstützen lassen. Gerade dort kann ein solcher Ansatz dabei helfen, Potentiale für bessere Arbeitsplatzeinrichtungen und letztendlich ergonomischere Arbeitsprozesse zu haben. Demografischer Wandel und auch der Fachkräftemangel werden die Thematik Ergonomie in Zukunft noch relevanter machen. Insbesondere im Bereich langjähriger Mitarbeiter und gut eingearbeiteter Fachkräfte ist es speziell im ländlichen Raum sehr schwierig ansonsten adäquaten Ersatz zu finden.

Literatur

Brussig, M. (2010). Altersübergangs-Report. Erwerbstätigkeit im Alter hängt vom Beruf ab: Ausdifferenzierung der Erwerbschancen vor allem nach dem 60. Lebensjahr, in einigen Berufen aber schon früher. Hans Böckler Stiftung. Verfügbar unter: https://www.boeckler.de/pdf_fof/96920.pdf [30.01.2019].

DIN EN ISO 9241-110 (2009). Grundsätze der Dialoggestaltung.

Duchowski, A. T. (2007). Eye tracking methodology: theory and practice. 2. Auflage. London.

Frohm, J.; Lindström, V.; Winroth, M.; Stahre, J. (2008). Levels of Automation in Manufacturing. International Journal of Ergonomics and Human Factors, 30 (3).

Institut für Arbeitswissenschaft der TU Darmstadt IAD (2018). Ergonomic Assessment Worksheet EAWS. Institut für Arbeitswissenschaft der TU Darmstadt. Verfügbar unter: https://www.iad.tu-darmstadt.de/forschung_15/methodenundlabore/ergonomic_assessment_worksheet_eaws.de.jsp [29.01.2019].

Kurgan, L.A.; Musilek, P. (2006). A survey on knowledge discovery and data mining processes. The Knowledge Engineering Review, 21 (1), S. 1–24.

Matt, C. (2012). Workflow-Management-Systeme. Controlling & Management ZfCM, 56 (1), S. 8–10.

Pfendler, C.; Widdel, H. (1988). Gedächtnisleistung und Beanspruchung beim Wiedererkennen von farbigen und schwarzen Reizmustern auf elektronischen Anzeigen. (FAT Bericht Nr.81). Wachtberg: Forschungsinstitut für Anthropotechnik.

Statista (2018). Statistiken zu Rückenschmerzen. Verfügbar unter: https://de.statista.com/themen/1364/rueckenschmerzen [28. November 2018].

Wang, S.; Wan, J.; Li, D.; Zhang, C. (2016). Implementing smart factory of Industrie 4.0: An outlook. International Journal of Distributed Sensor Networks, 12 (1), S. 1–10.

M.Sc. Rocco Raso ist wissenschaftlicher Mitarbeiter am Deutschen Forschungszentrum für Künstliche Intelligenz (DFKI) in Saarbrücken. Er hat einen Master-Abschluss mit Auszeichnung in Ingenieurwesen von der Polytechnischen Universität Turin. Seine Forschungsinteressen liegen im Bereich Mixed Reality, Data Mining und Assistenzsysteme für die Unterstützung von menschlichen Tätigkeiten im Beruf. Seine Forschungsarbeit führte zu mehreren peer-reviewten wissenschaftlichen Publikationen und einem Patent.

Dipl.-Wirtsch.-Ing. Andreas Emrich ist wissenschaftlicher Mitarbeiter am Deutschen Forschungszentrum für Künstliche Intelligenz (DFKI) in Saarbrücken und Ansprechpartner für das Thema „Geschäftsmodelle" im Mittelstand 4.0-Kompetenzzentrum Kaiserslautern. Er studierte Wirtschaftsingenieurwesen an der Universität Kaiserslautern und er kann eine langjährige Erfahrung in der Leitung und Mitarbeit nationaler und internationaler Forschungs-, Transfer- und Entwicklungsprojekte aufweisen. Er ist Autor von mehr als 50 Beiträgen in wissenschaftlichen Journalen, Büchern und Konferenzbänden.

M. Sc. Torsten Burghardt ist wissenschaftlicher Mitarbeiter am Fachgebiet Arbeits- und Organisationspsychologie der Universität Kassel. Als Wirtschaftsingenieur und Pilot Spezialist für das Human Factors Engineering. Im Rahmen seiner Promotion und Tätigkeit am Fachgebiet entwickelt, designt und evaluiert er Assistenzsysteme an der Schnittstelle zwischen Menschen und Maschine mit den Methoden des Eye-Trackings, Motion-Capturings und der Augmented Reality, um menschliche Informationsverarbeitung und Handlungen zu erfassen und zu unterstützen.

Prof. Dr. Oliver Sträter ist Professor und Fachgebietsleiter der Arbeits- und Organisationspsychologie in Kassel, vormals bei EUROCONTROL verantwortlich für die Entwicklung der Sicherheitsfragen der Vereinigung des europäischen Luftraumes (Single European Sky) und bei der Gesellschaft für Anlagen und Reaktorsicherheit (GRS) für menschliche Fehler in kerntechnischen Anlagen. Er promoviert und habilitiert an der TU München und ist Obmann des VDI-Arbeitskreises „Menschliche Zuverlässigkeit".

Prof. Dr. Peter Fettke ist Professor für Wirtschaftsinformatik an der Universität des Saarlandes und Forschungsgruppenleiter am Deutschen Forschungszentrum für Künstliche Intelligenz (DFKI) in Saarbrücken. Seine Forschungsinteressen umfassen sämtliche Facetten sozio-technischer Prozesse, insbesondere Prozessmanagement, Prozessmodellierung und Data Mining in Prozessdaten. Seine Arbeiten zählen zu den meistzitierten Artikeln führender Zeitschriften zur Wirtschaftsinformatik und er gehört zu den Top zehn der meistzitierten Wissenschaftler am DFKI.

Prof. Dr. Peter Loos ist Lehrstuhlinhaber für Wirtschaftsinformatik an der Universität des Saarlandes und wissenschaftlicher Direktor des Instituts für Wirtschaftsinformatik (IWi) im Deutschen Forschungszentrum für Künstliche Intelligenz (DFKI) in Saarbrücken. Seine Forschungsinteressen umfassen u.a. Geschäftsprozessmanagement, Informationsmodellierung und Informationssysteme. Er hat über 100 Buchbeiträge und 400 Artikel in Zeitschriften und Konferenzen veröffentlicht.

Glossar

8D-Report Ein 8D-Report ist ein Instrument aus dem Qualitätsmanagement, das bei der Abarbeitung von Kunden-Reklamationen eingesetzt wird. Bei der Reklamationsbearbeitung werden acht obligatorische Disziplinen (8D) berücksichtigt bzw. Prozessschritte durchlaufen, um das Problem, auf dem eine Reklamation beruht, zu beheben. Der 8D-Report ist ein Teil des Reklamationsmanagements und unterstützt die Qualitätssicherung bei Lieferanten. Die Disziplinen weisen Überschneidungen zum Six-Sigma-Prozess DMAIC (Define, Measure, Analyze, Improve, Control) auf.

Arbeit 4.0 Der Begriff „Arbeit 4.0" oder auch „Arbeiten 4.0" kann als Diskussionsplattform für die Zukunft der Arbeit verstanden werden – angelehnt an die Diskussion um die vierte industrielle Revolution (Industrie 4.0). Allgemein betrachtet umschreibt Arbeit 4.0 das Arbeiten in der digitalisierten Wirtschaft, wobei insbesondere Arbeitsformen und Arbeitsverhältnisse im Fokus stehen. Diese werden, ausgelöst durch die fortschreitende Entwicklung von Informations- und Kommunikationstechnologien (IKT), immer vernetzter, digitaler und flexibler.

Assistenzsystem Assistenzsysteme sollen den Menschen bei der Durchführung seiner Tätigkeiten unterstützen und können wie folgt differenziert werden: Zum einen unterstützen technische Assistenzsysteme den Nutzer bspw. bei der Ausführung körperlich schwerer oder gefährlicher Tätigkeiten physisch. Zum anderen versorgen informatorische bzw. kognitive Assistenzsysteme den Nutzer mit relevanten Informationen, bspw. als Grundlage einer Entscheidungsfindung. Sie unterstützen somit auf kognitiver Art den Menschen bei der Ausführung komplexer Aufgaben und ermöglichen ihm einen möglichst einfachen und schnellen Zugang zu den benötigten Informationen.

Augmented Reality (AR) Augmented Reality bedeutet „erweiterte Realität" und beschreibt die computergestützte Erweiterung der Realitätswahrnehmung bspw. mit Hilfe einer Datenbrille, in der digitale Informationen jedweder Art (z. B. Textinformationen oder Abbildungen) direkt im realen Arbeitsumfeld eingeblendet werden. Ein bekanntes Beispiel ist die Google Glass, die unter anderem nicht nur Informationen in die reale Welt einblendet, sondern beide miteinander in der Darstellung verknüpft.

© Springer-Verlag GmbH Deutschland, ein Teil von Springer Nature 2019
C. K. Bosse, K. J. Zink (Hrsg.), *Arbeit 4.0 im Mittelstand*,
https://doi.org/10.1007/978-3-662-59474-2

Big Data Mining Big Data Mining umfasst alle systematischen, oftmals statistischen Auswertungen großer Datenbestände (Massendaten oder auch „Big Data") mit dem Ziel, Muster zu erkennen und Beziehungen zu bilden, um neues Wissen aus diesen Daten abzuleiten und insbesondere neue Querverbindungen und Trends aufzuzeigen. Data Mining greift hierfür auf computergestützte Datenanalyse- und Entdeckungsalgorithmen zurück, die systematische und damit nicht zufällige Zusammenhänge und Trends identifizieren. Eine deutsche Übersetzung für den Begriff Data Mining (wörtlich aus dem Englischen: „Abbau von Daten") kann bspw. „Datenmustererkennung" oder der umfassendere Begriff der „Wissensentdeckung in Datenbanken" sein. Letzterer schließt Schritte der Vorbereitung und Auswertung der Daten mit ein. Die Methoden können bspw. eingesetzt werden, um im Kundenbeziehungsmanagement (Customer Relationship Management, CRM) nach Mustern im Benutzerverhalten zu suchen.

Business-to-Business (B2B) B2B (auch B-to-B) bezeichnet Beziehungen zwischen Unternehmen (Business-to-Business), unabhängig davon, ob es sich um Beziehungen basierend auf dem Austausch von Gütern oder Dienstleistungen handelt. Wenn Unternehmen zusätzlich zu ihrem traditionellen Geschäft eine Onlineplattform betreiben, die zum Beispiel für den Ein- und Verkauf genutzt werden kann, spricht man auch von einem B2B-Marktplatz. Der Vertrieb in B2B-Beziehungen hat sich meist mit komplexeren Produkten, höheren Auftragswerten und längeren Vertriebszyklen zu befassen als im Business-to-Consumer (B2C)- Bereich. Aufgrund gut informierter Kunden verschiebt sich außerdem der Fokus im B2B-Vertrieb im Vergleich zum Vertrieb im B2C.

Business-to-Consumer (B2C) Business-to-Consumer (B2C) beschreibt alle Transaktionen, die direkt zwischen einem Unternehmen und einem Kunden als Privatperson, die der Endnutzer eines Produktes bzw. einer Dienstleistung ist, stattfinden.

Cloud bzw. Cloud-Computing Unter einer Cloud (deutsch Rechner- oder Datenwolke) wird eine IT-Infrastruktur verstanden, die abstrahierte virtualisierte IT-Ressourcen (z. B. Datenspeicher, Rechenkapazität, Anwendungen oder Dienste wie z. B. Anwendungssoftware) umfasst, die von Dienstleistern verwaltet werden. Der Zugang wird über das Internet ermöglicht. Der Begriff „Wolke" (engl. cloud) wird eingesetzt, weil der eigentliche physische Standort der Infrastruktur dieser Leistungen für die Nutzer oft nicht erkennbar ist, sondern der Zugriff auf die IT-Infrastruktur über ein Rechnernetz ermöglicht wird. So muss bspw. Software nicht mehr auf einem lokalen Rechner installiert sein. Als Servicemodelle von Cloud-Infrastukturen werdern Software-as-a-Service (SaaS), Platform-as-a-Service (PaaS) und Infrastructure-as-a-Service (IaaS) unterschieden.

Changemanagement Changemanagement oder auch Veränderungsmanagement umfasst alle Ansätze, die die Vorbereitung, Unterstützung und Begleitung von Individuen, Teams oder Organisationen bei einem organisatorischen Wandel betreffen, d. h. im Rahmen einer bereichsübergreifenden und inhaltlich umfassenden Veränderung von Strukturen, Prozessen, Verhaltensweisen und oft auch der Unternehmenskultur. Ansätze des Veränderungsmanagements verstehen diese Veränderungen häufig als Prozesse, die sich bspw. in die Phasen Orientierung, Fokussierung, Realisierung und Stabilisierung einteilen lassen.

Computer Aided Design (CAD) Computer Aided Design, kurz CAD, oder auch zu Deutsch rechnergestütztes Konstruieren, steht für die Unterstützung konstruktiver Aufgaben im Rahmen des Entwurfs von Produkten mit computerunterstützter Grafikerstellung. Mit Hilfe von CAD-Anwendungen werden hierbei geometrische Modelle erstellt, die in weiteren Schritten (bspw. bei CAM oder in Simulationen) zum Einsatz kommen. Einsatzgebiete von CAD-Anwendungen finden sich von der Konzeptentwicklung bis hin zur Übergabe an die Fertigung eines Produkts.

Computer Aided Manufacturing (CAM) Computer Aided Manufacturing, kurz CAM oder zu Deutsch computergestützte Fertigung, beschreibt den Einsatz von Software zur Steuerung von Fertigungsmaschinen mit dem Ziel, einen effizienteren Produktionsprozess zu ermöglichen. Zumeist bezieht sich CAM auf die Verwendung von Software zur Erstellung von detaillierten Anweisungen, mit denen CNC-Werkzeugmaschinen bei der Teilefertigung gesteuert werden. In einer weiteren Definition umfasst CAM zusätzlich den Einsatz von Software zur Erstellung eines Fertigungsplans bspw. für die Werkzeugkonstruktion, die Modellvorbereitung mit Hilfe von CAD sowie automatisierte Transportsystem und Nachbearbeitung.

Computer Aided Quality Assurance (CAQ) Computer Aided Quality Assurance, kurz CAQ oder zu Deutsch Computerunterstützte Qualitätssicherung, bezeichnet den Einsatz von Software und computergesteuerten Maschinen und Arbeitsmitteln zur Qualitätssicherung von Produkten im Rahmen von Fertigungsprozessen. So können bspw. in der Produktion CAQ-Systeme für Funktionstests eingesetzt werden, um die spezifizierten mechanischen und elektrischen Toleranzen zu überprüfen. Unter anderem können im Rahmen von CAQ-Systemen optische, elektrische und mechanische Tests durchgeführt sowie deren Messergebnisse dokumentiert werden.

Computerized Numerical Control (CNC) Computerized Numerical, Control, kurz CNC oder auch zu Deutsch Rechnergestützte numerische Steuerung bezeichnet eine elektronische Methode zur Steuerung und Regelung von Werkzeugmaschinen (CNC-Maschinen), bzw. die dafür eingesetzten Geräte (Controller, Computer). CNC-Werkzeugmaschinen sind heutzutage in der Lage, basierend auf CAD-Daten, die mit Hilfe eines Postprozessors in ein CNC-Programm umgewandelt werden, Werkstücke mit hoher Präzision auch für komplexe Formen automatisiert herzustellen. Sie übertreffen dabei mechanisch gesteuerte Maschinen in Präzision und Geschwindigkeit.

Constraint Programming Methode Die Constraint Programming Methode ist ein Programmierungsparadigma, im Rahmen dessen die Beziehungen zwischen Variablen in Form von einschränkenden Bedingungen bzw. Restriktionen (engl. Constraints) festgehalten werden. Es werden keine Sequenzen definiert, die ablaufen, sondern es müssen Eigenschaften einer Lösung gefunden werden, um den Lösungsraum einzuschränken. Mit Hilfe einer Constraint-Programmierung lassen sich Probleme auf Basis mathematischer Logik modellieren und behandeln.

Crowdwork-Plattformen Crowdwork-Plattformen sind Intermediäre zwischen Crowdsourcern (Auftraggebenden/-innen) und Crowdworkern (Auftragnehmenden/-innen). Crowdsourcer können hier Arbeitsaufträge online stellen, für die sie Crowdworker zur Realisierung suchen. Inzwischen gibt es eine Vielzahl solcher Plattformen, z. B. Jovoto, AppJobber oder Clickworker. Eine der ältesten und bekanntesten Crowdwork-Plattformen ist Amazon Mechanical Turk.

Cyber-physisches System Cyber-physische Systeme gelten als eine Grundlage für Industrie 4.0, in der informations- und softwaretechnische mit mechanischen Komponenten verbunden sind und über eine gemeinsame Datenstruktur bzw. ein Netzwerk, wie z. B. das Internet, in nahezu Echtzeit Daten austauschen können. Zu den Bestandteilen eines cyber-physischen Systems zählen sowohl mobile Einrichtungen als auch stationäre Maschinen, Anlagen und Roboter. Sensoren liefern dabei Messdaten aus der physischen Welt und übermitteln diese an eine Software. Dort werden die Daten analysiert und Steuerdaten abgeleitet, die anschließend mit Hilfe von Aktoren in der physischen Welt eine Aktion auslösen.

Demografiefestigkeit Demografiefestigkeit beschreibt einen Zustand von Organisationen, bei dem diese optimal auf die Herausforderungen des demografischen Wandels vorbereitet sind. Teilaspekte können bspw. die Beschäftigungsfähigkeit der Mitarbeiter, das Betriebsklima oder die Attraktivität eines Unternehmens als Arbeitgeber sein. Entsprechend sind demografiefeste Unternehmen hinsichtlich ihrer Unternehmenskultur, ihrer strukturellen Voraussetzung und Prozesse so aufgestellt, dass sie die Veränderungen durch den demografischen Wandel bewusst gestalten, die auftretenden Herausforderungen bewältigen und sich bietende Chancen erfolgreich nutzen können.

Demografischer Wandel Unter dem Begriff demografischer Wandel werden verschiedene Veränderungen und Tendenzen der Bevölkerungsentwicklung, wie z. B. die Geburtenentwicklung oder die Veränderung der Altersstruktur oder Bevölkerung eines Landes, verstanden. In Deutschland bspw. sinken die Geburtenzahlen und das Durchschnittsalter der Bevölkerung steigt. Daher wird verallgemeinernd von einem Trend zu einer alternden Bevölkerung gesprochen. Gleichzeitig gehen Prognosen von einem Bevölkerungsrückgang aus. Bis zum Jahr 2060 wird für Deutschland eine Einwohnerzahl von nur noch ca. 73 Millionen erwartet.

Design Thinking Design Thinking ist ein innovativer, nutzerzentrierter Ansatz, der Insbesondere der Ideenfindung und Lösung komplexer Probleme dient. Entwickelt wurde er von der Design-Agentur IDEO im Silicon Valley. Aktuell erfreut sich der Ansatz einer großen Beliebtheit und wird in den verschiedensten Anwendungsbereichen eingesetzt. Er umfasst eine Vielzahl an Methoden, die sich meist durch Benutzerorientierung, Visualisierung, Simulation sowie durch iteratives und oft auch durch forschendes Vorgehen auszeichnen.

Digitale Transformation Digitale Transformation, kurz auch DX oder digitaler Wandel, beschreibt den Einsatz neuer digitaler Technologien zur Lösung traditioneller Fragestellungen und Probleme. Sie wird auch als digitale Revolution bezeichnet und betrifft sowohl gesellschaftliche als auch wirtschaftliche Akteure. Neue digitale Technologien, wie bspw. digitale Infrastrukturen, die sich immer schneller weiterentwickeln, ermöglichen eine durchgängige Vernetzung aller Wirtschaftsbereiche, neuartige und zunehmend disruptive, digitale Geschäftsmodelle und erfordern eine Anpassung der Akteure an neue Rahmenbedingungen und Herausforderungen der digitalen Ökonomie. Als digitale Transformation wird insbesondere auch der unternehmensinterne Veränderungsprozess im Kontext der Einführung digitaler Technologien verstanden.

Enterprise Ressource Planning (ERP) Enterprise Resource Planning (kurz: ERP) steht für die Planung aller Unternehmensressourcen und dient der Planung, Steuerung und Kontrolle der Aufgaben eines Unternehmens. Umgesetzt wird es als eine Anwendungssoftware, die Geschäftsprozesse u. a. aus den Bereichen Lagerhaltung, Vertrieb, Produktion, Einkauf, Finanzbuchhaltung, Personalwirtschaft und Kostenrechnung eines Unternehmens koordiniert und abteilungsübergreifend unterstützt. Oftmals werden diese betriebswirtschaftlichen Funktionen im System mit Hilfe von Modulen umgesetzt, um es kundenindividuell anpassen bzw. erweitern zu können.

Exoskelett Das Exoskelett (Außenskelett) ist eine äußere, maschinelle Stützstruktur, die bspw. der Mensch zur Unterstützung seiner Tätigkeiten direkt an seinem Körper trägt. Mensch und Maschine vereinen sich, insofern dass die Maschine aktiv über ihre Sensorik menschliche Signale misst (z. B. Signale, die das Gehirn an die Muskulatur sendet) oder das Wohlbefinden des Arbeitnehmers aufzeichnet und einzelne Aktionen bzw. Bewegungen auslöst. Ziel einer Anwendung kann u. a. die Optimierung körperlicher Bewegungen sowie betrieblicher Abläufe sein.

Hackathon Der Begriff ist eine Wortschöpfung aus den Worten „Hack" und „Marathon", die ein modernes Veranstaltungskonzept bezeichnet, bei dem Innovationen entstehen, Lösungen erarbeitet oder Produkte entworfen werden. Zumeist handelt es sich hierbei um die Entwicklung von kollaborativer Soft- und/oder Hardware mit dem Ziel, kreative, nützliche oder unterhaltsame Lösungen für Probleme zu erarbeiten. Während hackatons anfangs nur für IT-Spezialisten gedacht waren, wird heutzutage der Grundgedanke des Konzepts auf eher ungezwungene Veranstaltungen übertragen, in deren Zentrum die gemeinsame Entwicklung von kreativen Lösungsansätzen und neuen Ideen in einer lockeren Atmosphäre und mit großer Kreativität steht.

Industrie 4.0 Die Bezeichnung Industrie 4.0 wurde in Deutschland geprägt für die sog. vierte industrielle Revolution und der umfassenden Digitalisierung der industriellen Fertigung. Technische Grundlage bilden intelligente Systeme, auch Cyber-physische Systeme (CPS) genannt, die Arbeitsmittel, Maschinen, Produkte und Menschen miteinander vernetzen, um eine weitgehend selbstgesteuerte Produktion zu ermöglichen.

Internet der Dinge und Dienste (englisch Internet of Things, kurz IoT oder auch „Allesnetz") Der Einsatz von digitalen Technologien in Alltagsgegenständen ermöglicht eine Verknüpfung der realen und virtuellen Welt. Diese Vernetzung von Geräten, Produkten und Menschen untereinander sowie mit virtuellen Objekten wird als „Internet der Dinge" (englisch: Internet of Things, IoT) oder auch im weiteren Sinn als „Internet der Dinge und Dienste" bezeichnet. Der Begriff bezieht sich auf die voranschreitende Integration von physikalischen Gegenständen – bspw. Geräten, Maschinen und Sensoren – in das Internet. Anwendungsfälle sind z. B. die sogenannte Smart Factory oder der Bereich Smart Home. Beispiele sind eingebettete IT-Systeme, die in Kleidungsstücken die Vitalfunktionen des Trägers überwachen (sog. „Wearables"), aufgedruckte QR- oder Barcodes, die eine Paketverfolgung über das Internet ermöglichen, und Kühlschränke, die selbstständig die Nachbestellung von Nahrungsmitteln bei sinkendem Vorratsbestand regeln.

Key Performance Indicator (KPI) Ein Key Performance Indicator, kurz KPI bzw. deutsch Leistungskennzahl, wird in der Betriebswirtschaftslehre als Bezeichnung für Kennzahlen verwendet, die den Fortschritt bzw. den Erfüllungsgrad eines Unternehmens bzgl. zentraler strategischer Zielsetzungen oder kritischer Erfolgsfaktoren erfassen. Als Beispiel lässt sich die Gesamtanlageneffektivität als Leistungskennzahl für die Auslastung einer Produktionsanlage nutzen.

Kleine und mittlere Unternehmen (KMU) Die Abkürzung KMU steht für kleine und mittleregroße Unternehmen. Kleine und mittleregroße Unternehmen müssen die Anforderungen der EU-Definition EU L 124/36 vom 20.05.2003 erfüllen bzgl. der Kriterien Unternehmensgröße und Jahresumsatz oder Jahresbilanzsumme. Kleinstunternehmen (kurz auch KKMU) sind Unternehmen, die weniger als 10 Mitarbeiter und einen Jahresumsatz oder eine Jahresbilanzsumme von max. 2 Mio. EUR aufweisen. Kleine Unternehmen sind Unternehmen, die weniger als 50 Mitarbeiter und einen Jahresumsatz oder eine Jahresbilanzsumme von max. 10 Mio. EUR haben. Mittelgroße Unternehmen beschäftigen weniger als 250 Mitarbeiter und weisen einen Jahresumsatz von max. 50 Mio. EUR oder eine Jahresbilanzsumme von max. 43 Mio. EUR auf.

Kollaborationsplattform Kollaborationsplattformen sind computergestützte Arbeitsumgebungen, die gemeinschaftliches Arbeiten besonders bei wenig strukturierten und nicht wiederkehrenden Aufgaben, wie beispielweise in Projekten, erleichtern. Ihr Ziel ist die Überbrückung räumlicher und zeitlicher Grenzen in der Gruppenarbeit, wodurch eine höhere Effizienz entstehen soll. Insbesondere Web-Lösungen erleichtern die Zusammenarbeit von Projektmitgliedern, wobei in zunehmendem Maße die Mitwirkenden nicht nur aus einem einzelnen Unternehmen stammen und sich eine unternehmensübergreifende Zusammenarbeit etabliert. Eine spezielle Form sind hierbei Crowdwork-Plattformen, auf denen bspw. Unternehmen als Crowdsourcer spezifische Aufgabenstellungen an eine Masse an Crowdworkern (auf der Plattform arbeitende bzw. mitwirkende Personen) zur Bearbeitung veröffentlichen.

Kollaborative Technologien Der Begriff beschreibt die systematische Anwendung von kollaborativer Software (auch Social Software oder Social Media) in Unternehmen. Kollaborative Software setzt die Funktionen Suchen, Verlinken, eigenes Erstellen von Inhaltenund und Kategorisierung durch Nutzerverhalten ein und ermöglicht das Entwickeln weiterer Nutzungsvorschläge basierend auf dem bisherigen Nutzerverhalten.

Künstliche Intelligenz (KI) Künstliche Intelligenz (KI, englisch artificial intelligence bzw. kurz AI) beinhaltet als Teilbereich der Informatik die Erforschung der Automatisierung „intelligenten" Problemlösungsverhaltens sowie die Erstellung „intelligenter" Computersysteme. Künstliche Intelligenz beschäftigt sich mit Methoden des maschinellen Lernens, die es einem Computer ermöglichen, vergleichsweise eigenständig solche Aufgaben zu lösen, die, wenn sie vom Menschen gelöst werden, Intelligenz erfordern. In vielen Fällen wird damit nachgeahmte Intelligenz bezeichnet, wie bspw. Algorithmen, die ein intelligentes Verhalten simulieren.

Manufacturing Execution System (MES) Als Manufacturing Execution System, kurz MES, wird eine prozessnah operierende Ebene eines mehrschichtigen Fertigungsmanagementsystems bezeichnet. Sie umfasst Softwaresysteme, die in der Fertigung von Produkten eingesetzt werden, um den Einsatz von Rohmaterialien bei der Erstellung von Produkten nachvollziehen zu können. Unter anderem helfen sie dabei Produktionsprozesse zu optimieren und liefern dem Unternehmen einen Überblick über den Status von Fertigungsaufträgen.

Prototype of Intended eXperience (PIX) Ein PIX ist eine Methode, die im Experience Prototyping zum Einsatz kommt, um erste Ideen und Konzepte eines Systems zu veranschaulichen und für die zukünftigen Nutzer „erlebbar" zu machen. Der PIX beschreibt bspw. den vollständigen Schicht-Planungsprozess aus Sicht eines Mitarbeiters, wobei besonders auf subjektives Empfinden, frustrierende und freudvolle Momente eingegangen wird.

Plattformökonomie (englisch „Platform Economics") Im Zuge der Digitalisierung der Wirtschaft nimmt die Bedeutung von Intermediären zu, die als zentraler, digitaler Makler mehrere Gruppen über digitale Plattformen miteinander und zum beiderseitigen Vorteil verbinden. Eine digitale Plattform verknüpft zwei oder mehr unterschiedliche Akteursgruppen im Markt, wobei die Gruppen jeweils von der Größe der anderen Gruppe oder Gruppen/n profitieren und ohne die Plattform nicht oder nicht so effizient interagieren können. Nicht nur B2B- sondern auch B2C-Märkte werden neu definiert. Bekannte Plattformbetreiber sind Google, Apple, Facebook und Amazon.

Product Lifecycle Management (PLM) Product Lifecycle Management (deutsch: Produktlebenszyklusmanagement) ist ein Ansatz zur ganzheitlichen und bestenfalls unternehmensweiten Verwaltung aller Produktdaten und Prozesse. Sein Ursprung liegt in der systematischen Verwaltung mechanischer Produktdaten. Der Ansatz bezieht sich auf den gesamten Produktlebenszyklus von der Entwicklung und Produktion über den Vertrieb bis hin zur Wartung und Demontage. Ziel eines PLM-Systems ist, ein zentrales und konsistentes Datenmanagement zu unterstützen. Die Umsetzung eines PLM erfolgt zumeist mit softwaretechnischen Lösungen und üblichen IT-Systemen.

Usability Unter Usability wird allgemein die Gebrauchstauglichkeit oder auch Benutzerfreundlichkeit einer Software, eines physischen Produkts oder einer Dienstleistung verstanden. Sie beschreibt das „Ausmaß, in dem ein System, ein Produkt oder eine Dienstleistung durch bestimmte Benutzer in einem bestimmten Nutzungskontext genutzt werden kann, um festgelegte Ziele effektiv, effizient und zufriedenstellend zu erreichen" (DIN ISO 9241-210, 2010). Usability ist demnach ein zentraler Aspekt bei der Ausgestaltung von Schnittstellen zwischen Mensch und Technik bzw. Mensch und Maschine.

User Experience (UX) Die User Experience, auch kurz als UX bezeichnet, adressiert alle „Wahrnehmungen und Reaktionen einer Person, die aus der tatsächlichen und/oder der erwarteten Benutzung eines Produkts, eines Systems oder einer Dienstleistung resultieren. User Experience umfasst sämtliche Emotionen, Vorstellungen, Vorlieben, Wahrnehmungen, physiologischen und psychologischen Reaktionen, Verhaltensweisen und Leistungen, die sich vor, während und nach der Nutzung ergeben" (DIN ISO 9241-210, 2010). Dieser ganzheitliche Ansatz erweitert den Begriff Usability um ästhetische und emotionale Faktoren wie bspw. eine ansprechende Ausgestaltung einer Softwareoberfläche oder Spaß bei der Nutzung einer Anwendung. Somit umfasst User Experience das gesamte Nutzungserlebnis, das bei der Verwendung eines Produkts erfahren wird.

Virtual Reality (VR) Der Begriff „Virtual Reality" bzw. „virtuelle Realität" bezeichnet die Darstellung und Wahrnehmung eines virtuellen Nachbaus der Realität in einem computergenerierten, interaktiven Feld, z. B. mit Hilfe von 360-Grad-Kameras und Virtual-Reality-Brillen. Nutzer werden in ein vollständig künstliches, virtuelles Umfeld eingetaucht. VR ist von Augmented Reality (AR) zu unterscheiden, bei der virtuelle Objekte in ein reales Umfeld eingefügt werden. Neue Entwicklungen, sog. „Mixed Reality (MR)" oder „Hybrid Reality", kombinieren beide Ansätze zu neuen Mischumgebungen, in denen virtuelle und reale Objekte koexistieren und miteinander und mit dem Nutzer in Echtzeit agieren.

Wearables Wearables, oder auch Wearable Computer, sind mobile Endgeräte mit Internetzugang, die während der Anwendung am menschlichen Körper getragen werden, wie bspw. Smartwatches, Datenbrillen oder Kleidung mit integrierten Sensoren (Sensoranzüge). Sie können in vielen Anwendungsbereichen eingesetzt werden, zumeist um mit Hilfe von Sensoren Daten über die Umgebung, das Verhalten oder den physiologischen Zustand des Trägers zu erfassen. Bekannte Beispiele für Wearable Computer sind Smartwatches, Activity Tracker (z. B. Fitnessarmbänder und -uhren) oder Kleidungsstücke, in die elektronische Hilfsmittel zur Kommunikation, Musikwiedergabe oder zur Messung von Aktivitäten eingearbeitet sind.

Workflow-Management-System (WMS) Ein WMS ist eine Software-Lösung zur Unterstützung des Workflow Managements. Es ermöglicht die Arbeitsabläufe (engl. Workflow), also die zeitliche und räumliche Abfolge von Arbeitsvorgängen, zu modellieren, zu analysieren und zu koordinieren. Ziel des Systemeinsatzes ist es, die Gestaltung des Arbeitsablaufs zu optimieren und anschließend zu überwachen. Es bietet sich insbesondere für solche Unternehmen an, die überwiegend standardisierte Arbeitsabläufe definiert haben.

CPSIA information can be obtained
at www.ICGtesting.com
Printed in the USA
LVHW100556171219
640672LV00002B/6/P